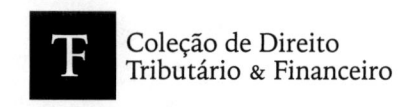

Coleção de Direito
Tributário & Financeiro

organização
André Mendes Moreira
Onofre Alves Batista Júnior
Paulo Roberto Coimbra Silva
Valter de Souza Lobato

DIREITO TRIBUTÁRIO
UMA VISÃO DA ESCOLA MINEIRA

em homenagem ao Professor Sacha Calmon Navarro Coêlho

Copyright © 2020 by Editora Letramento

DIRETOR EDITORIAL | Gustavo Abreu
DIRETOR ADMINISTRATIVO | Júnior Gaudereto
DIRETOR FINANCEIRO | Cláudio Macedo
LOGÍSTICA | Vinícius Santiago
COMUNICAÇÃO E MARKETING | Giulia Staar
EDITORA | Laura Brand
ASSISTENTE EDITORIAL | Carolina Fonseca
DESIGNER EDITORIAL | Gustavo Zeferino & Luís Otávio Ferreira

COORDENADORES DA COLEÇÃO
Misabel de Abreu Machado Derzi
Onofre Alves Batista Júnior

ORGANIZAÇÃO DO LIVRO
André Mendes Moreira
Onofre Alves Batista Júnior
Paulo Roberto Coimbra Silva
Valter de Souza Lobato

CONSELHO EDITORIAL
André Parmo Folloni
André Mendes Moreira
Élida Graziane Pinto
Elival da Silva Ramos
Fernando Facury Scaff
Heleno Taveira Torres
Hugo de Brito Machado Segundo
Humberto Bergmann Ávila
João Félix Pinto Nogueira
José Maurício Conti
Ludmila Mara Monteiro de Oliveira
Luís Eduardo Schoueri
Marciano Buffon
Mary Elbe Queiroz
Pasquale Pistone
Paulo Rosenblatt
Ricardo Lodi Ribeiro
Sacha Calmon Navarro Coêlho
Tarcísio Diniz Magalhães
Thomas da Rosa de Bustamante
Ulisses Schwarz Viana
Valter de Souza Lobato

Todos os direitos reservados.
Não é permitida a reprodução desta obra sem
aprovação do Grupo Editorial Letramento.

Dados Internacionais de Catalogação na Publicação (CIP) de acordo com ISBD

D598   Direito tributário: uma visão da escola mineira – em homenagem ao Professor Sacha Calmon Navarro Coêlho / Alessandra Machado Brandão Teixeira ... [et al.] ; organizado por André Mendes Moreira; Onofre Alves Batista Júnior; Paulo Roberto Coimbra Silva; Valter de Souza Lobato. - Belo Horizonte, MG : Letramento ; Casa do Direito ; Coleção de Direito Tributário e Financeiro, 2020.
484 p. : il. ; 15,5cm x 22,5cm. – (Coleção de Direito Tributário e Financeiro)

Inclui bibliografia.
ISBN: 978-65-86025-37-8

1. Direito. 2. Direito tributário. 3. Sacha Calmon Navarro Coêlho. I. Teixeira, Alessandra Machado Brandão. II. Garcia, Ana Carolina Moreira. III. Cardoso, Ana Paula Oliva. IV. Costa, André Ferrão da. V. Moreira, André Mendes. VI. Muzzi Filho, Carlos Victor. VII. Muzzi, Carolina Laboissière. VIII. Mayrink, Cristina Padovani. IX. Pimenta, Dalmar do Espírito Santo. X. Bayão, Enéas Virgílio Saldanha. XI. Carvalho, Fábio Junqueira de. XII. Bernardes, Flávio Couto. XIII. Rolim, João Dácio. XIV. Senna, Juliana Ferreira Alvim Soares de. XV. Lara, Laura Figueiredo Felix. XVI. Santos, Luciana Batista. XVII. Pereira, Luiz Augusto da Cunha. XVIII. Murgel, Maria Inês. XIX. Barros, Mônica de. XX. Siqueira, Natércia Sampaio. XXI. Gaia, Patrícia Dantas. XXII. Silva Filho, Paulo Antônio Machado da. XXIII. Silva, Paulo Roberto Coimbra. XXIV. Vieira Filho, Pedro de Assis. XXV. Frattari, Rafhael. XXVI. Dalla, Ricardo Corrêa. XXVII. Vogas, Rosíris Paula Cerizze. XXVIII. Cohen, Sarah Amarante de Mendonça. XXIX. Lobato, Valter de Souza. XXX. Miranda, Victor Pimenta de. XXXI. Batista Júnior, Onofre Alves. XXXII. Título. XXXIII. Série.

CDD 341.39
CDU 34:336.2

2020-1458

Elaborado por Vagner Rodolfo da Silva - CRB-8/9410

Índice para catálogo sistemático:
1. Direito tributário 341.39
2. Direito tributário 34:336.2

Belo Horizonte - MG
Rua Magnólia, 1086
Bairro Caiçara
CEP 30770-020
Fone 31 3327-5771
contato@editoraletramento.com.br
editoraletramento.com.br
casadodireito.com

Grupo Editorial LETRAMENTO

CASA DO DIREITO

Casa do Direito é o selo jurídico do
Grupo Editorial Letramento

SOBRE OS COORDENADORES

ANDRÉ MENDES MOREIRA

Professor Adjunto de Direito Tributário dos Cursos de Graduação, Mestrado e Doutorado da Faculdade de Direito da UFMG. Doutor em Direito Tributário pela USP, onde realizou Residência Pós-Doutoral. Mestre em Direito Tributário pela UFMG, onde se bacharelou em Direito. Professor convidado do curso de especialização em Direito Tributário do Instituto Brasileiro de Estudos Tributários - IBET. Advogado e Consultor Tributário, atuante em SP, RJ, MG e DF. Diretor da Associação Brasileira de Direito Tributário (ABRADT). Membro da Associação Brasileira de Direito Financeiro (ABDF) e International Fiscal Association (IFA). Autor de mais de 100 (cem) artigos e capítulos de livros em matéria tributária, publicados no Brasil e no exterior.

ONOFRE ALVES BATISTA JÚNIOR

Graduado em Direito, Administração e Engenharia Civil. Mestre em Ciências Jurídico-Políticas pela Faculdade de Direito da Universidade de Lisboa. Doutor em Direito pela Universidade Federal de Minas Gerais (UFMG). Pós-Doutoramento em Democracia e Direitos Humanos pela Faculdade de Direito da Universidade de Coimbra. É Professor Associado de Direito Público da Graduação, Mestrado e Doutorado na Universidade Federal de Minas Gerais (UFMG). Foi Professor de Direito Tributário da PUC/ Minas, da UNA e das Faculdades Pitágoras, bem como da Pós-Graduação de Direito Tributário das Faculdades Milton Campos e IEC/PUC/Minas. É autor/organizador de mais de 25 livros e já escreveu mais de 80 artigos em livros e revistas especializadas. Atualmente é Sócio Conselheiro do Coimbra & Chaves Advogados.

Foi Advogado-Geral do Estado (AGE) de Minas Gerais, havendo sido Procurador Chefe da Dívida Ativa; Procurador-Regional do Estado; Diretor do Centro de Estudos da AGE; membro do Conselho Consultivo do Colégio de Procuradores-Gerais dos Estados e do Distrito Federal – CONPEG e do Conselho Curador da Fundação de Amparo à Pesquisa do Estado de MG – FAPEMIG. É Diretor Científico da Associação Brasileira de Direito Tributário – ABRADT e foi também Superintendente e Auditor Fiscal do Estado de Minas Gerais. Membro da Comissão Especial da Ordem dos Advogados do Brasil (OAB Federal) para defesa do Federalismo.

PAULO ROBERTO COIMBRA SILVA

Professor Associado de Direito Tributário e Financeiro da Universidade Federal de Minas Gerais (UFMG), onde se graduou em Direito. Foi professor convidado da *Faculté de Droit de l'Université Paris I Panthéon-Sorbonne* (França), da *Facultat de Dret da Universitat de Barcelona* (Espanha), da Fundação Getúlio Vargas (FGV-Rio) e da Fundação Dom Cabral (FDC). Atuou como professor na Faculdade Mineira de Direito (PUC Minas), na Fundação João Pinheiro (FJP), no Instituto de Educação Continuada (IEC) e nos cursos de Pós-Graduação em Direito Público do TJMG. Foi assessor da 1a Câmara Cível do Tribunal de Justiça do Estado de Minas Gerais (TJMG) e membro do Conselho de Política Tributária da Federação das Indústrias do Estado de Minas Gerais (FIEMG).

Doutor e Mestre em Direito Tributário pela Universidade Federal de Minas Gerais (UFMG). Especialista em *Fiscalidad Internacional pela Universidad de Santiago de Compostela* (Espanha). Especialista em *International Tax Planning pela Harvard Law School* (MA/EUA). Membro da Ordem do Mérito Legislativo do Estado de Minas Gerais. É membro ativo de instituições nacionais e internacionais, como a *International Fiscal Association* (IFA), o *Instituto Latinoamericano de Derecho Tributario* (ILADT) e a Associação Brasileira de Direito Tributário (ABRADT). É conselheiro da Associação Brasileira de Direito Financeiro (ABDF) e ex-coordenador acadêmico da Aliança de Advocacia Empresarial (ALAE). Autor de diversos livros, dezenas de capítulos de livros e dezenas de artigos publicados em revistas especializadas nacionais e estrangeiras. É conferencista em diversos seminários no Brasil e no exterior. Sócio fundador do escritório Coimbra & Chaves Advogados. Advogado tributarista de destaque no Brasil, com reconhecimento em diversos diretórios nacionais internacionais por sucessivos anos, tais como Análise 500, *Chambers and Partners, Legal 500, Best Lawyers* e congêneres.

VALTER DE SOUZA LOBATO

Graduado em Direito pela Universidade Federal de Minas Gerais (UFMG) - ganhador do Prêmio Barão do Rio Branco (melhor aluno das turmas concludentes) e do Prêmio de melhor aluno de Direito Civil; Mestre e Doutor em Direito Tributário pela UFMG; Professor de Direito Tributário e Ex-Coordenador-Adjunto do Curso de Pós-graduação Lato Sensu em Direito Tributário das Faculdades Milton Campos; Coordenador do Curso de Pós-graduação Lato Sensu em Direito Tributário CEDIN/ABRADT; Professor Adjunto de Direito Tributário dos cursos de Direito (graduação e pós), Ciências Contábeis e Ciência do Estado da UFMG;

Presidente da Associação Brasileira de Direito Tributário (ABRADT); Ex-Conselheiro Seccional da Ordem dos Advogados do Brasil 13º Subseção, 13º OAB/MG, Brasil; Membro do Conselho Editorial das Revistas: Revista de Direito Tributário Contemporâneo - RDTC; Grupo Editorial Letramento; Revista Direito Tributário Internacional Atual; Revista Direito Tributário Atual; Revista ABRADT/FÓRUM de Direito Tributário - RAFDT; Coordenador da Revista ABRADT/FÓRUM de Direito Tributário - RAFDT; Sócio do escritório Sacha Calmon - Misabel Derzi Consultores e Advogados; Advogado tributarista de destaque no Brasil, ranqueado, desde 2013, nas principais certificadoras jurídicas nacionais e internacionais: *Chambers and Partners Latin America, Chambers Global;* Lacca - The Latin American Corporate Counsel Association (LACCA), Análise Advocacia; *International Tax Review* (ITR), *Best Lawyers, The Legal 500* e *Who's Who Legal.* Endereço para acessar este CV: http://lattes.cnpq.br/1032742283143550.

AUTORES

ALESSANDRA MACHADO BRANDÃO TEIXEIRA

ANA CAROLINA MOREIRA GARCIA

ANA PAULA OLIVA CARDOSO

ANDRÉ FERRÃO DA COSTA

ANDRÉ MENDES MOREIRA

CARLOS VICTOR MUZZI FILHO

CAROLINA LABOISSIÈRE MUZZI

CRISTINA PADOVANI MAYRINK

DALMAR DO ESPÍRITO SANTO PIMENTA

ENÉAS VIRGÍLIO SALDANHA BAYÃO

FÁBIO JUNQUEIRA DE CARVALHO

FLÁVIO COUTO BERNARDES

JOÃO DÁCIO ROLIM

JULIANA FERREIRA ALVIM SOARES DE SENNA

LAURA FIGUEIREDO FELIX LARA

LUCIANA BATISTA SANTOS

LUIZ AUGUSTO DA CUNHA PEREIRA

MARIA INÊS MURGEL

MÔNICA DE BARROS

NATÉRCIA SAMPAIO SIQUEIRA

PATRÍCIA DANTAS GAIA

PAULO ANTÔNIO MACHADO DA SILVA FILHO

PAULO ROBERTO COIMBRA SILVA

PEDRO DE ASSIS VIEIRA FILHO

RAFHAEL FRATTARI

RICARDO CORRÊA DALLA

ROSÍRIS PAULA CERIZZE VOGAS

SARAH AMARANTE DE MENDONÇA COHEN

VICTOR PIMENTA DE MIRANDA

VALTER DE SOUZA LOBATO

	13	SELO ABRADT – ESCOLA MINEIRA DE DIREITO TRIBUTÁRIO
	15	PREFÁCIO
1	19	O CONCEITO DE INSUMO PARA O PIS/COFINS NÃO CUMULATIVOS: REFLEXÃO APÓS O RECURSO ESPECIAL Nº 1.221.170/PR Alessandra M. Brandão Teixeira Laura Figueiredo Felix Lara
2	61	FEDERALISMO, CONSTITUIÇÃO E TRIBUTAÇÃO André Mendes Moreira
3	37	A COMPOSIÇÃO DA BASE DE CÁLCULO DO ICMS-ST E OS DESCONTOS INCONDICIONAIS: CONSIDERAÇÕES CRÍTICAS ACERCA DA JURISPRUDÊNCIA DO SUPERIOR TRIBUNAL DE JUSTIÇA André Mendes Moreira Patrícia Dantas Gaia Juliana Ferreira Alvim Soares de Senna
4	89	CONSIDERAÇÕES SOBRE O LANÇAMENTO DO ITCD "CAUSA MORTIS" (IMPOSTO SOBRE HERANÇA) Carlos Victor Muzzi Filho
5	118	CONTRIBUIÇÃO DE MELHORIA – FONTE DE RECEITA IGNORADA Cristina Padovani Mayrink
6	131	DA PRESCRIÇÃO TRIBUTÁRIA Dalmar do Espírito Santo Pimenta
7	149	RESPONSABILIDADE CIVIL, ADMINISTRATIVA E CRIMINAL DOS DIRIGENTES DE ENTIDADES FECHADAS DE PREVIDÊNCIA COMPLEMENTAR Enéas Virgílio Saldanha Bayão
8	161	DA INTERVENÇÃO DO ESTADO NO DOMÍNIO ECONÔMICO ATRAVÉS DA TRIBUTAÇÃO DA PREVIDÊNCIA COMPLEMENTAR Fábio Junqueira de Carvalho Maria Inês Murgel

9   173   **O IMPOSTO SOBRE VALOR AGREGADO E A NOVA REFORMA TRIBUTÁRIA -SEGURANÇA JURÍDICA, "GUERRA FISCAL" E A COMPLEXIDADE NORMATIVA**
Flávio Couto Bernardes
Victor Pimenta de Miranda

10   194   **CASO SABOU E CASO JANYR - DIREITO DE DEFESA DOS CONTRIBUINTES NO CONTEXTO DA TROCA DE INFORMAÇÕES INTERNACIONAL EM MATÉRIA TRIBUTÁRIA**
João Dácio Rolim
Ana Carolina Moreira Garcia

11   221   **NÃO CUMULATIVIDADE NO ICMS - QUE O FUTURO NÃO SEJA UM MUSEU DE SUPOSTAS NOVIDADES**
Luciana Batista Santos

12   241   **O PANORAMA ATUAL DO ARTIGO 146-A DA CONSTITUIÇÃO FEDERAL DE 1988 NO ORDENAMENTO JURÍDICO BRASILEIRO**
Luiz Augusto da Cunha Pereira
Carolina Laboissière Muzzi

13   264   **LIMITAÇÕES ÀS SANÇÕES FISCAIS À LUZ DOS PRECEITOS CONSTITUCIONAIS**
Mônica de Barros
Ana Paula Oliva Cardoso
André Ferrão da Costa

14   288   **FATO GERADOR E NATUREZA DAS ESPÉCIES TRIBUTÁRIAS: A NARRATIVA JURÍDICA ADEQUADA AO ESTADO DEMOCRÁTICO DE DIREITO**
Natércia Sampaio Siqueira

15   309   **A CFEM À LUZ DA TEORIA DA NORMA – BREVES COMENTARIOS E CRÍTICAS A ALGUMAS MODIFICAÇÕES PRETENDIDAS PELA LEI 13.540/2017**
Paulo Roberto Coimbra Silva

16   341   **NORMAS ANTIELUSIVAS INTERNAS E TRATADOS INTERNACIONAIS TRIBUTÁRIOS: REANÁLISE DE PROBLEMA DE PESQUISA NA ERA PÓS BEPS**
Paulo Antônio Machado da Silva Filho

17	356	**DECADÊNCIA E PRESCRIÇÃO: MAIS DE UMA DÉCADA DE ORIENTAÇÃO** Rafhael Frattari
18	372	**ARRECADAÇÃO MUNICIPAL DE VITÓRIA-ES, SOBRE O PATRIMÔNIO PARTICULAR. CONTRAPARTIDA FINANCEIRA OU OUTORGA ONEROSA? SUBSUNÇÃO AO DIREITO URBANÍSTICO, CIVIL OU AO DIREITO TRIBUTÁRIO? DEFINIÇÃO DA SUA RELAÇÃO JURÍDICA** Ricardo Corrêa Dalla
19	401	**NOVOS CONTORNOS DA GUERRA FISCAL NO BRASIL – PERSPECTIVAS PÓS LEI COMPLEMENTAR N° 160/2017** Rosíris Paula Cerizze Vogas Pedro de Assis Vieira Filho
20	423	**DO CONFISCO À LEGALIDADE: HISTÓRIA DO TRIBUTO E INTERPRETAÇÃO DA NORMA TRIBUTÁRIA** Sarah Amarante de Mendonça Cohen
21	445	**NÃO CUMULATIVIDADE DO IPI E A INDÚSTRIA SIDERÚRGICA: O ATRASO QUE EMPERRA O PAÍS** Valter de Souza Lobato

SELO ABRADT –
ESCOLA MINEIRA DE DIREITO TRIBUTÁRIO

Foi submetida à nossa apreciação, para certificar o *selo ABRADT,* uma coletânea de artigos dos orientandos na pós-graduação dos Professores Misabel Abreu Machado Derzi e Sacha Calmon Navarro Coêlho, tratando-se de homenagem a esses dois professores que moldaram, e permanecem moldando, a Escola Mineira de Direito Tributário.

O Selo Abradt é uma iniciativa desta Associação Brasileira de Direito Tributário e tem por objetivo permitir que obras de alto relevo científico levem a certificação de que se tratam de trabalhos merecedores de atenção e leitura por parte do público em geral. Via de regra, os trabalhos são submetidos à ABRADT, que se encarrega de buscar a certificação pela avaliação de dois membros da comissão formada para este fim. Não é o caso presente.

E não o é porque, no caso em tela, a ABRADT é que pede para apor sua certificação em tais obras, pois a sua razão de existir está exatamente fundada na figura dos dois Professores homenageados; ambos Fundadores e Presidentes Honorários da Associação. Portanto, a ABRADT nada mais é do que fruto desta Escola Mineira de Direito Tributário, que reflete o maravilhoso trabalho dogmático realizado pelos Professores Misabel e Sacha.

Poderíamos dizer que os ensinamentos de Sacha Calmon e Misabel Derzi, se compreendidos em conjunto, enformam o que se pode compreender como Escola Mineira de Direito Tributário, uma vez que se completam. Em Sacha Calmon, tivemos lições memoráveis nas quais pude apreender as melhores reflexões sobre a estrutura da norma tributária. Há, no pensamento autor, preocupação científico-dogmática para compreender a completude das normas jurídicas de tributação. A obra de Misabel Derzi, por sua vez, é marcada pelas lições relativas à Metodologia Jurídica (como a discussão sobre tipos e conceitos) e à Principiologia, tais como o estudo do Estado de Direito, do Federalismo, da Justiça Social, da Proteção da Confiança e da Boa-fé Objetiva.

Mas eles representam muito mais do que isso. Ambos defendem, ao fim, a luta permanente dos povos para suprimir o arbítrio e a desigualdade no rumo de uma *sociedade livre dos iguais*. E, neste espírito democrático, sempre conduziram seus orientandos, dando a eles a liberdade necessária do pensar e os rumos corretos do que estudar. Se hoje a Escola Mineira de Direito Tributário é tão respeitada no país, não há dúvida em afirmar que esta árvore se fincou em raízes sólidas e perenes.

Resta à ABRADT parabenizar os coordenadores por esta justa homenagem e agradecer aos homenageados por tudo que fazem pelo Direito Tributário. Seremos sempre, e a qualquer tempo, seus orientandos.

Feitas essas considerações, fica deferida a certificação Selo Abradt para as publicações supramencionadas.

Belo Horizonte, 11 de agosto de 2020.

VALTER DE SOUZA LOBATO
Presidente da ABRADT
Associação Brasileira de Direito Tributário

PREFÁCIO

Sacha Calmon é soteropolitano de nascimento, belo-horizontino por adoção, mas, acima de tudo, brasileiro por opção. A despeito de conhecer todos os continentes do planeta, tanto por expedições *in loco* como pela leitura de incontáveis livros de sociologia, história e religião, Sacha rechaça a alcunha de cidadão do mundo. Preocupa-se, eminentemente, com sua pátria e seu povo, a quem, carinhosamente, nomina "concidadãos" – do que já se dessume sua peculiar e aprazível verve literária.

Talvez uma das definições mais precisas e singelas da personalidade e *modus vivendi* de Sacha Calmon tenha sido ofertada por ocasião do XXII Congresso Internacional de Direito Tributário da Abradt, realizado em sua homenagem no ano de 2018, nas palavras do Dr. Alberto Andrade, que ora pedimos licença para reproduzir:

> "Juntou-se a homens de bem mais que de posses, apostou na inteligência mais que no poder e obteve sucesso ajudando e sendo ajudado, pois soube dar as mãos aos mais necessitados."

Sua vida é digna de filme (brasileiro, de preferência, em que pese o também baiano Glauber Rocha não estar mais entre nós). Nascido em pleno Estado Novo de Vargas, nos idos de 1940, teve em seu pai, o afável engenheiro Josias Coelho Junior (Joca), o grande modelo de vida que replicou e sofisticou. Sua mãe, da nobre família Calmon Navarro, era igualmente seu porto seguro, ao menos até completar os estudos na Salvador em fins dos anos 1950. Porque foi nessa época que, preocupados com o futuro do jovem Sacha – capoeirista de primeira linha, é de se gizar – os pais decidiram encaminhá-lo para uma nova vida em Belo Horizonte.

Na capital mineira, já estudante de direito, Sacha encontra o celeiro propício para dar vazão a toda sua vitalidade e inteligência: imerso em livros, descobre o movimento estudantil, que ganhava força na mesma medida em que a democracia brasileira empalidecia. Agora já se estava no início dos anos 1960, marcados em seu alvorecer pela renúncia de um Presidente voluntarioso, pela mudança do regime de governo para o parlamentarismo (com Tancredo Neves à frente) e pelo retorno ao presidencialismo, menos de dois anos depois. Porém, com a derrubada de Jango na madrugada de 1º de abril de 1964, Sacha se vê diante de uma realidade com a qual não mais podia compactuar, e intensifica sua atuação – sempre no plano dos estudos e da livre manifestação das ideias – na política pró-democracia.

Nesse momento, o destino lhe prega uma peça. Denunciado anonimamente, descobre-se entre seus pertences uma carteira de membro das Ligas Camponesas de Julião, o que lhe rendeu prisão imediata. Com o apoio de sua esposa Maria da Glória (a Glorinha), Sacha impetra, em nome próprio e de dezenas de outros estudantes presos, um *habeas corpus*. Após alguns meses de ilegítimo encarceramento, é finalmente libertado por decisão do Tribunal de Justiça de Minas Gerais – juntamente com os demais, cujo benefício pleiteou *sponte propria*. Pouco tempo depois, um Ato Institucional transferiria da justiça comum para a militar o julgamento dos crimes considerados políticos – tivesse Sacha tardado a agir, possivelmente seu destino teria sido outro.

A partir de então, já casado e com seu primogênito nascido, Sacha se vê às voltas com a necessidade de todos os pais de família: buscar o sustento para casa. É, então, aprovado em concurso público para Fiscal de Rendas do Estado de Minas Gerais. Sua competência é desde cedo notada e logo ele é designado para assessorar o Secretário de Fazenda. Aprofundando-se nos problemas tributários da forma mais prática possível, seu pendor para os livros conclama o retorno à academia. Inicialmente, leciona Economia na Universidade Católica de Minas Gerais e, na sequência, em um disputado concurso público com mais de vinte candidatos – no qual ele não era um dos favoritos, tanto por não ter raízes mineiras como por ter militado contra o regime castrense, que exibia plena força naquele momento – é aprovado em primeiro lugar para Professor de Direito Tributário da Faculdade de Direito da UFMG. O papel de um dos examinadores foi decisivo para que o brilhantismo intelectual do melhor candidato superasse os conchavos políticos e preferências pessoais reinantes à época: Geraldo Ataliba.

É nesse momento que Sacha é integrado – sem opção de resistir – ao restrito círculo intelectual da tributarística pátria, capitaneado por Ataliba, que lecionava na Universidade Católica de São Paulo. A partir de então, o Brasil conhece o Professor Sacha Calmon, que, em mais de mil conferências proferidas, centenas de artigos e dezenas de livros publicados, se torna palestrante, autor e jurista aclamado.

Na década de 1980, já não mais pertencendo aos quadros da Secretaria de Fazenda mineira, é convidado a chefiar a Procuradoria-Fiscal do Estado de Minas Gerais, cargo que exerce por um mandato. Poucos anos depois, decide se tornar juiz federal. O período era anterior à Constituição de 1988 e o concurso era nacional – não existia o STJ, mas sim o Tribunal Federal de Recursos (os Tribunais Regionais Federais somente viriam a ser criados em 1989). Em um concurso altamente concorrido – tanto em número como em qualidade de inscritos – o já Professor Titular da UFMG é aprovado em primeiro lugar.

Nesse momento, decerto a lembrança da Baía de Todos os Santos exerce algum papel e Sacha escolhe a Justiça Federal do Rio de Janeiro para iniciar seus trabalhos como magistrado, o que lhe permitia estar perto tanto da família, em Belo Horizonte, como do mar – afinal, a Guanabara, em que pese não ser a de Todos os Santos, era e é, do mesmo modo, uma linda baía.

O período na JFRJ, todavia, não dura muito e logo Sacha retorna a Belo Horizonte, onde exerce a judicatura até 1993.

No ano seguinte, juntamente com a Professora Misabel Derzi, inicia um escritório de advocacia que já completa vinte e seis anos de existência e que foi formado em torno da vida acadêmica dos seus fundadores.

Desde sua entrada na Vetusta Casa de Afonso Pena, Sacha orientou dezenas de mestres e doutores, que hoje ocupam as mais consagradas posições na academia, no Judiciário, na advocacia pública e privada, no Ministério Público e nas mais variadas carreiras de Estado, para orgulho indisfarçado do orientador, que, sempre que pode, faz questão de frisar o sucesso de um ex-orientando.

Esta obra, formada por artigos daqueles que tiveram o privilégio de ser por ele orientados, é uma singela homenagem ao Professor que a tantos inspirou e inspira.

Professor Sacha, receba este livro como um pequeno gesto de agradecimento daqueles por quem o senhor muito fez e que, hoje, podem fazê-lo por si, embora sempre lembrando do papel do Mestre, indelével pelo tempo.

Belo Horizonte, inverno de 2020.

Os organizadores,

PAULO ROBERTO COIMBRA SILVA
ANDRÉ MENDES MOREIRA
ONOFRE ALVES BATISTA JÚNIOR
VALTER DE SOUZA LOBATO

O CONCEITO DE INSUMO PARA O PIS/COFINS NÃO CUMULATIVOS: REFLEXÃO APÓS O RECURSO ESPECIAL Nº 1.221.170/PR

ALESSANDRA M. BRANDÃO TEIXEIRA[1]

LAURA FIGUEIREDO FELIX LARA[2]

SUMÁRIO: Introdução; 1. PIS/Cofins não cumulativos; 2. Análise do conceito de insumos utilizado na jurisprudência; 2.1. Evolução Jurisprudencial – CARF; 1º Grupo; 2º Grupo; 3º Grupo; 4º Grupo; 3. Compreensão do Superior Tribunal de Justiça – Recurso Especial n. 1.221.170/PR; 4. Conclusão; Referências Bibliográficas

INTRODUÇÃO

Com o intuito de estimular o crescimento e a eficiência econômica, bem como corrigir distorções surgidas com a tributação feita de forma cumulativa e, com isso criar empresas mais competitivas, foi instituída sistemática diversa – não cumulativa - de apuração das contribuições PIS/Cofins. Cabe mencionar, ambas as contribuições – a contribuição social do Programa de Integração Social (PIS) e a Contribuição para o Financiamento da Seguridade Social (Cofins) - tem por finalidade precípua a obtenção de recursos para o custeio da seguridade social.

Embora estas tenham sido instituídas por diplomas legais diversos, vez que a primeira foi prevista pela Lei Complementar n. 7/70, recepcionada pela Constituição da República de 1988 e a segunda foi estabelecida com a Lei Complementar n. 70/91, já sob a égide da atual Constituição, estas possuem o mesmo regramento, em função da unificação feita pela Lei 9.718/91.

---

1 Doutora em Direito Tributário pela UFMG. Mestre em Direito Tributário pela UFMG. Professora de Direito Tributário da PUC Minas. Advogada.

2 Discente do Curso de Direito da Faculdade Mineira de Direito, PUC Minas.

Todavia, no período anterior às Leis n. 10.637/02 e 10.833/03, a apuração das contribuições mencionadas ocorria apenas de forma cumulativa. Com a promulgação das leis referidas, passou-se a admitir, em paralelo à sistemática cumulativa, a apuração não cumulativa de tais contribuições. Tal sistemática seria efetivada mediante a autorização de creditamento de bens e serviços utilizados como insumos nas prestações de serviços e na produção ou fabricação de bens ou produtos destinados à venda.

Entretanto, embora o legislador tenha instituído referida sistemática, este não cuidou de definir o conceito de insumo, hábil a ensejar o creditamento. Tal indefinição conceitual, como era de se prever, gerou ampla discussão judicial e administrativa sobre o alcance do dito conceito. Referido cenário, incumbe ressaltar, se justifica, principalmente, em virtude da natureza conflituosa própria da relação tributária[3].

Após longo período de discussões, o Superior Tribunal de Justiça, no julgamento do REsp n. 1.221.170/PR, realizado em sede de repetitivos, cuidou de delimitar o conceito de insumo a ser utilizado para fins de creditamento nas contribuições narradas. O presente estudo tem, portanto, o escopo de analisar o mencionado julgado, com o exame do conteúdo e alcance do conceito de insumo fixado pela Corte Cidadã, visando formar uma concepção do que poderia ser ou não objeto de creditamento e, com isso, outorgar maior segurança jurídica para os partícipes dessa relação.

Para tanto, será necessário examinar, anteriormente, a instituição da sistemática não cumulativa das contribuições PIS/Cofins no ordenamento jurídico pátrio, com suas respectivas previsões legais e as razões que guiaram ao estabelecimento deste modelo.

Na sequência, impõe-se analisar, ainda, a evolução da compreensão jurisprudencial sobre o conceito de "insumos", em específico, a compreensão do CARF – Conselho Administrativo de Recursos Fiscais, sobre o tema. Tal análise envolverá o exame das diferentes correntes adotadas ao longo do período em que a questão foi reiteradamente submetida à apreciação do referido órgão.

---

3 Nesse sentido, cita-se: "A relação tributária é, por natureza, uma relação conflituosa. De um lado dessa relação o contribuinte busca sempre a interpretação que lhe permita pagar menos, e do outro, a Fazenda Pública, no anseio de arrecadar busca sempre uma interpretação que lhe permita arrecadar o maior valor possível.". MACHADO, Hugo de Brito. Do conceito de insumo no contexto da não cumulatividade dos tributos. **Revista Dialética de Direito Tributário**, São Paulo, n. 227, p. 66, ago. 2014.

Só então o presente estudo abordará o tema central, qual seja, o conceito de insumo definido pelo STJ para fins de creditamento do PIS/Cofins. Referida análise, além de examinar de forma detida os fundamentos utilizados na decisão judicial, se ocupará também de apontar as potenciais consequências que poderão advir com a referida conceituação adotada no julgamento.

1. PIS/COFINS NÃO CUMULATIVOS

Em observância à tendência mundial de redistribuição da carga tributária[4] e com o intuito de evitar os impactos negativos da cumulatividade ao desenvolvimento da atividade econômica, foi instituída forma não cumulativa de apuração das contribuições sociais PIS/Cofins. Tal alteração foi feita, primeiramente, em relação à contribuição do PIS, com a edição da Lei n. 10.637/02. Necessário destacar, referida lei resulta de conversão da Medida Provisória n. 66/02, em cuja exposição de motivos já constava a intenção de instituir o regime não cumulativo também à Cofins[5]. De fato, tendo em vista que ambas as contribuições incidem sobre o faturamento, se apresenta coerente e razoável a instituição de regime equivalente a estas.

Conforme consta na mencionada exposição de motivos, a nova sistemática pretendia introduzir gradualmente a cobrança das contribuições mencionadas "em regime de valor agregado" e tinha por intuito gerar a "modernização do sistema tributário brasileiro". Todavia, tais alterações não foram pensadas para reduzir a arrecadação tributária. Em sentido contrário, o modelo proposto foi concebido com o intuito de se assegurar "a manutenção da carga tributária correspondente ao que hoje se arrecada em virtude da cobrança do PIS/Pasep". Portanto, os benefícios da não cumulatividade seriam gerados ao setor econômico apenas a partir da redistribuição do encargo tributário entre os diferentes setores, sem que isso causasse a diminuição do nível de tributação e/ou arrecadação.

---

4 Relatório OCDE 2014 – Tendências da Tributação sobre o consumo.

5 Nesse aspecto: "Após a instituição da cobrança monofásica em vários setores da economia, o que se pretende, na forma desta Medida Provisória, é, gradualmente, proceder-se à introdução da cobrança em regime de valor agregado – inicialmente com o PIS/Pasep para, posteriormente, alcançar a Contribuição para o Financiamento da Seguridade Social (Cofins)." BRASIL. Medida Provisória n. 66, de 29 de agosto de 2002. **Diário Oficial da União**, Brasília, 29 ago. 2002.

Seguindo a intenção já exposta, no ano seguinte, o referido modelo foi instituído também em relação à Cofins, com a edição da MP n. 135/03, posteriormente convertida na Lei 10.833/03. Tal modelo segue as mesmas diretrizes do anterior e pretende alcançar as mesmas finalidades já apontadas.

Prosseguindo, para que a arrecadação fiscal não fosse prejudicada com a instituição da mencionada sistemática, as alíquotas das contribuições devidas no regime não cumulativo foram majoradas, de modo que passaram a ser de 1,65% para o PIS e 7,6% no caso da Cofins[6].

Expostas as justificativas que ensejaram a instituição de tal regime, bem como as alterações acessórias feitas com esta, tem-se que a principal inovação pretendida com as modificações legais consiste na instituição da não cumulatividade em relação às contribuições PIS/Cofins. Em breve síntese, a não cumulatividade consiste em técnica que pretende neutralizar os efeitos da reiterada incidência de tributos idênticos, que faz com que a tributação recaia sobre os preços dos produtos e serviços majorando-os e, com isso, impedindo o seu consumo. Este último fenômeno, afora ser fato "regressivo e odioso para as classes de menor capacidade econômica"[7], como já apontou Aliomar Baleeiro, é responsável, também, por prejudicar a atividade econômica, vez que a torna mais onerosa, o que impede a criação de novos postos de trabalho.

De fato, é inegável que a incidência reiterada de um mesmo tributo, ao tornar determinado produto mais oneroso, prejudica sobremaneira o poder aquisitivo das classes de menor capacidade econômica. Isto ocorre devido ao fato de que as pessoas que possuem renda inferior, em geral, possuem toda sua renda comprometida com os gastos necessários para sua manutenção, sem que haja parcela restante a ser poupada e que, por esta razão, não seja destinada ao consumo, o que

---

[6] O aumento das alíquotas, em comparação às aplicáveis ao regime cumulativo, ocorreu em valor superior a 150%. FERREIRA; Erika Borges, GALLO; Mauro Fernando, PEREIRA; Anísio Candido e REZENDE; Amaury José. As consequências da indefinição do conceito de insumo para as contribuições não cumulativas do PIS e da COFINS na indústria, no comércio e na prestação de serviços. *Contaduría Universidad de Antioquia*, 65, 233-250. Disponível em: < https://aprendeenlinea.udea.edu.co/revistas/index.php/cont/article/viewFile/24406/19927> Acesso em 29 ago. 2018.

[7] BALEEIRO, Aliomar. **Direito Tributário Brasileiro**. 11ª Edição. Atualizada por Misabel Abreu Machado Derzi. Rio de Janeiro: Forense, 2000.

a protegeria dos efeitos da incidência tributária. Dessa forma, quanto maior o valor de tributos incluído no preço das mercadorias, menor será a parcela da renda remanescente, disponível para a aquisição de outros bens e custeio de outros gastos.

Ademais, a incidência reiterada de tributos implica no aumento do custo das mercadorias, o que, por conseguinte, pode prejudicar a concorrência dos produtos nacionais e colocá-los em posição inferior quando comparados aos demais, que ingressam no País livres de tributação.

Nesse aspecto, tem-se que a técnica da não cumulatividade poderá ser concretizada mediante diferentes métodos como, por exemplo, o do "imposto sobre imposto" ou "base sobre base". É dizer: a neutralização poderá ser efetivada por meio da compensação do montante de imposto já pago em etapa anterior, caso utilizado o primeiro método, ou, no caso do segundo método, esta será alcançada a partir da subtração do valor das mercadorias e serviços adquiridos pelo contribuinte da base de cálculo do tributo.

No caso tratado, a neutralização da incidência reiterada das contribuições é alcançada por meio do segundo método, uma vez que com a possibilidade de creditamento dos produtos e serviços utilizados como insumos, retira-se da base de cálculo das contribuições os valores relativos à incidência do PIS/Cofins sobre a venda destes. Cabe desde logo destacar que não são todos os custos porventura incorridos pelo contribuinte que dão direito ao creditamento, mas apenas aqueles caracterizados como insumos.

Logo, é possível verificar que o conceito de "insumos", consiste em elemento central para a aplicação da sistemática da não cumulatividade. Isso porque, caso não lhe seja atribuída a correta extensão, a intenção de redistribuição da carga tributária entre diferentes entidades não seria alcançada. Mais do que isso, com a definição equivocada de sua amplitude, seria possível que o ônus econômico suportado pelas empresas se tornasse excessivo, estagnando a economia dado o resíduo de tributação nos preços das mercadorias e dos serviços. Além de aumentar indevidamente a carga tributária, dado o aumento das alíquotas que ocorreu quando da introdução de tal sistemática[8].

---

8 Tal fenômeno já foi identificado em estudos e ocorre porque não há a possibilidade de opção do contribuinte pelo regime de apuração das contribuições PIS/Cofins. Normalmente, salvo exceções, o regime seguirá a forma de apuração do IRPJ. Como aponta estudo, no caso de empresas que atuam no setor de prestação de

Entretanto, embora tal conceito seja de suma importância, a lei não definiu o que pode ser compreendido como "insumo" para efeitos de creditamento do PIS/Cofins. Assim, em virtude da omissão do legislador na definição do indispensável conceito, a Receita Federal do Brasil, com o intuito de dirimir a controvérsia, estabeleceu o conceito mencionado nas Instruções Normativas n. 247/02 e 404/04. Tal definição foi feita nos moldes do que é aplicável ao Imposto sobre Produtos Industrializados – IPI, de modo que seriam insumos[9]:

> I - utilizados na fabricação ou produção de bens destinados à venda:
> a) as matérias primas, os produtos intermediários, o material de embalagem e quaisquer outros bens que sofram alterações, tais como o desgaste, o dano ou a perda de propriedades físicas ou químicas, em função da ação diretamente exercida sobre o produto em fabricação, desde que não estejam incluídas no ativo imobilizado;
> b) os serviços prestados por pessoa jurídica domiciliada no País, aplicados ou consumidos na produção ou fabricação do produto;
> II - utilizados na prestação de serviços:
> a) os bens aplicados ou consumidos na prestação de serviços, desde que não estejam incluídos no ativo imobilizado; e
> b) os serviços prestados por pessoa jurídica domiciliada no País, aplicados ou consumidos na prestação do serviço.

No entanto, é importante destacar desde logo que o conceito importado do IPI e adotado nos referidos atos normativos não se apresenta compatível com as contribuições ora tratadas. Na realidade, as contribuições PIS/Cofins possuem incidência mais abrangente se comparada a do o IPI. Enquanto este último incide tão somente sobre as atividades de industrialização, as contribuições incidem sobre o ganho de quaisquer receitas pelos contribuintes, salvo aquelas expressamente discriminadas.

---

serviço, a sistemática não cumulativa se apresenta mais onerosa às empresas do que a sistemática cumulativa. Tal conclusão, por óbvio, contraria toda a finalidade pretendida com a instituição do regime não cumulativo. Nesse sentido: FERREIRA; E., GALLO; M., PEREIRA; A. REZENDE; A. As consequências da indefinição do conceito de insumo para as contribuições não cumulativas do PIS e da COFINS na indústria, no comércio e na prestação de serviços. **Contaduría Universidad de Antioquia**, 65, 233-250. Disponível em: < https://aprendeenlinea.udea.edu.co/revistas/index.php/cont/article/viewFile/24406/19927> Acesso em 29 ago. 2018.

9 BRASIL. Instrução Normativa n. 247 de 21 de Novembro de 2002. Dispõe sobre a Contribuição para o PIS/Pasep e a Cofins, devidas pelas pessoas jurídicas de direito privado em geral. **Diário Oficial da União**, Brasília, 26 nov. 2002.

Desse modo, se por um lado o conceito de insumos aplicável ao IPI deve guardar relação apenas com os elementos que forem utilizados nessa restrita operação de industrialização, o mesmo não ocorre nas contribuições em apreço. Ressalte-se: as contribuições mencionadas incidem sobre o faturamento, o qual não se restringe apenas à atividade industrial. Por esta razão, não é possível importar de forma imediata e automática a lógica aplicável ao IPI, em função das particularidades de ambos os tributos.

Nesse sentido, a delimitação restrita do conceito feita nas referidas instruções normativas não solucionou o impasse que havia surgido inicialmente com a lacuna legislativa. Portanto, mesmo com a definição efetivada pela Receita Federal do Brasil, a discussão jurídica e administrativa sobre o alcance do conceito mencionado permaneceu, o que fez com que diferentes entendimentos surgissem.

2. ANÁLISE DO CONCEITO DE INSUMOS UTILIZADO NA JURISPRUDÊNCIA

2.1. EVOLUÇÃO JURISPRUDENCIAL – CARF

A questão da definição do conceito de "insumos", a qual já foi objeto de inúmeros debates, tem sido analisada pelo CARF desde 2006. Diferentes posicionamentos foram adotados ao longo do tempo, de maneira que distintas compreensões da extensão do conceito mencionado foram feitas.

Após análise de diversos julgados, é possível observar uma evolução dos entendimentos adotados por este órgão. Para fins didáticos, é possível reunir tais entendimentos em quatro grupos que adotam conceituações diversas, os quais serão analisados de forma detida a seguir:

1º GRUPO

O primeiro grupo de decisões[10] consiste em corrente que entende que o conceito de insumo definido pelas Instruções Normativas n. 247/02 e 404/04, equivalente ao que é aplicável ao IPI, se apresenta válido e, portanto, deve ser observado.

Segundo fundamentos lançados nas decisões, diferentemente do que se deu com os outros regimes não cumulativos já conhecidos no Brasil – IPI e ICMS – nos quais o texto constitucional cuidou de definir

---

10 Nesse sentido: CARF, 3ª Seção, 3ª Câm., 2ª T. Ordinária, Processo 11080.720525/2010-19, Acórdão 3302-002.779, rel. Maria Da conceição Arnaldo Jaco, j. 11.12.2014.

a forma em que este deveria ocorrer, o legislador constitucional não estabeleceu a forma em que a não cumulatividade ocorreria em relação às contribuições. À título de ilustração, é possível mencionar, por exemplo, que o art. 153, §3º, II da CR/88 definiu que a não cumulatividade do IPI ocorreria a partir da compensação do montante de tributo devido em cada operação com o valor pago na operação anterior. Entretanto, em sentido contrário, o dispositivo relativo às contribuições – art. 195, §12 da CR/88 – não tratou sobre a forma de realização da não cumulatividade.

Assim, diante da omissão do legislador constitucional, caberia ao legislador ordinário tratar sobre a questão. Este último, por sua vez, possuiria ampla liberdade para definir a forma de sua realização e não estaria obrigado a observar a sistemática de outros impostos. Mais do que isso, como o texto constitucional não estabeleceu a obrigatoriedade de creditamento de todos os bens e serviços adquiridos e utilizados nas atividades da empresa, este poderia definir a hipótese de creditamento em quaisquer termos, inclusive, restritos.

Seguindo o raciocínio, o legislador ordinário poderia fixar o conceito de "insumos" nas condições em que pretendesse, incluindo ou impedindo o creditamento de determinados elementos ao seu critério. Em tais decisões observa-se que a possibilidade de creditamento é entendida como mera liberalidade do legislador e não como direito do contribuinte, nem forma de realização da não cumulatividade.

Assim, tais decisões partem do pressuposto de que, em tese, todas as situações estariam sujeitas à tributação ampla, considerando o valor total da mercadoria ou do serviço, razão pela qual a exclusão de determinados elementos da base de cálculo seria equivalente à concessão de benefício fiscal, o que o legislador não estaria obrigado a realizar. Logo, não se poderia exigir definição ampla do conceito de "insumos", como pretendiam alguns contribuintes, de forma que a restrita definição promovida pela RFB nas mencionadas instruções normativas seria válida.

Esse raciocínio utilizado diversas vezes pelos órgãos fazendários, com relação à extensão da não-cumulatividade, entendendo que o creditamento consistem em uma política de benefício fiscal merece severas críticas e merece ser denunciado.

O fato de o legislador ordinário poder definir o conceito de um determinado instituto não significa que ele seja livre, podendo não considerar o que a Constituição estabelece. Os preceitos constitucionais condicionam a ação do Poder Legislativo ao delinear os institutos tributários. No caso do ICMS e do IPI, a CF possui uma disposição expressa com relação a não cumulatividade desses impostos, que visa resguardar a incidência excessiva sobre o consumo, onerando o preço das mercadorias e dos serviços, o que diminuiria o acesso da população aos produtos essenciais ao desenvolvimento de sua vida.

Com relação ao PIS/Cofins, embora não exista um dispositivo expresso na Constituição com relação à não cumulatividade das contribuições, essa liberdade do legislador não significa que ele possa desconsiderar totalmente o conjunto de garantias individuais dos cidadãos com relação a uma carga tributária justa.

Nesse sentido, resta patente que uma tributação excessiva sobre o consumo, como se dá no caso do PIS/Cofins torna o sistema de tributação cada vez mais regressivo, penalizando o consumo dos mais pobres, que deixam de ter acesso a uma série de produtos e serviços, dado o comprometimento de sua renda pela tributação incidente sobre as compras por eles efetivadas.

Não é possível, que se defenda a liberdade do legislador em criar tributos regressivos e excessivamente onerosos, que impedem a circulação econômica dos mesmos, estagnando a atividade econômica e sua capacidade de ofertar postos de trabalho.[11]

Além disso, existem decisões que justificam a possibilidade de aplicação do conceito restrito de insumos sob o fundamento de que este já existia previamente no ordenamento jurídico em relação ao IPI e, portanto, seria razoável supor que o legislador, ao estabelecer referido conceito às contribuições tratadas, tomaria por base o conceito já existente e utilizado há mais tempo.

---

11 Importante mencionar que as Constituições europeias não contém dispositivos relativos à não cumulatividade do IVA. As Constituições sequer mencionam que seria criado um imposto sobre o consumo, nos moldes de um IVA. Nem por isso, os legisladores europeus se sentem no direito de desenharem um imposto sobre o consumo excessivamente regressivo, que onera o preço das mercadorias e dos serviços, impedindo o desenvolvimento econômico. A não cumulatividade do IVA é ampla. Isso porque os legisladores respeitam as garantias dos cidadãos frente à tributação sobre o consumo, enxergando os efeitos concretos dela sobre a atividade econômica. Embora não exista determinação expressa/escrita nesse sentido. No nosso caso, temos regras constitucionais expressas e, mesmo assim, são desconsideradas da conformação da tributação sobre o consumo, havendo quem defenda que a sistemática do crédito financeiro representaria um benefício fiscal concedido aos contribuintes de direito dos impostos incidentes sobre o consumo.

Nesse sentido, embora a sistemática da não cumulatividade do IPI não seja igual a das contribuições PIS/Cofins, tendo em vista que esta última não ocorre por meio da compensação dos valores de tributos pagos em etapa anterior, mas através da exclusão de determinados elementos da base de cálculo, tem-se que o conceito de insumo adotado em ambos os tributos, ainda assim, pode ser equivalente, segundo os defensores desta corrente.

Dessa forma, a partir deste entendimento, ensejariam o creditamento apenas os produtos que sofram, em função da ação exercida diretamente sobre o produto em fabricação, ou por ele diretamente sofrida, alterações como o desgaste, o dano ou a perda de propriedades físicas ou químicas. Ou seja, apenas dariam direito à crédito, os produtos diretamente utilizados na produção, ou seja, que tiveram contato físico com os bens produzidos, cuja venda será onerada pelas contribuições.

Referido raciocínio, conforme crítica já exposta, não se apresenta o mais razoável, vez que importa lógica aplicável a tributo com incidência totalmente diversa e mais estreita do que as contribuições. Com isso, permite-se apenas o creditamento de elementos utilizados de forma direta na atividade industrial, o que não se mostra coerente, haja vista que as contribuições não se restringem a esta atividade, mas incidem sobre a totalidade de receitas auferidas pela pessoa jurídica.

2º GRUPO

Em sentido contrário, conferindo interpretação mais ampla e extensa ao conceito de "insumos" é possível apontar outro grupo de decisões[12]. Este grupo possui número inferior de acórdãos, os quais datam de 2008 a janeiro de 2012.

A partir do entendimento desta corrente, não seria possível importar o conceito de insumo utilizado pela legislação do IPI às contribuições PIS/Cofins, vez que ambos os tributos possuem materialidade diversa e a hipótese de incidência do IPI refere-se a fato mais restrito.

Tal raciocínio, o qual parte de fundamento presente na crítica já exposta, entende que o termo "insumo" não possui apenas um significado e deve ser interpretado de forma diversa, a depender da característica do tributo em análise. Ou seja, para que a neutralização do efeitos da reiterada incidência de tributos seja, de fato, atingida, é necessário que o conceito de insumos seja interpretado de acordo com as peculia-

---

12 CARF, 3ª Seção, 2ª Câm., 2ª T. Ordinária, Processo 11020.001952/2006-22, Acórdão 3202-000-226, rel. Gilberto de Castro Moreira Junior, j. 08.12.2010.

ridades próprias de cada tributo. Portanto, no que tange às contribuições, deve-se adotar conceito de insumo análogo ao aplicável a tributo que guarde conexão com estas.

Nesse aspecto, tem-se que a materialidade das contribuições mencionadas estaria mais próxima do Imposto de Renda das Pessoas Jurídicas - IRPJ do que do IPI, pois estas incidem sobre o faturamento, o qual contém maior similitude com a renda do que com a atividade industrial. Por conseguinte, o conceito de "insumos" que seria pertinente e que, por esta razão, deveria ser adotado para as contribuições PIS/Cofins é o utilizado na legislação do IRPJ.

Dessa forma, tais decisões afastam a aplicação do restritivo conceito de insumos definido nas Instruções Normativas n. 247/02 e 404/04 e admitem a interpretação do conceito de insumos como custos e despesas operacionais, nos termos do disposto nos arts. 200 e 299 do RIR/99.

Necessário destacar que tal posicionamento é defendido, em razão de possuírem as contribuições incidência ampla. Em outros termos, a simples previsão legal da existência da não cumulatividade, por si só, não assegura sua ocorrência, de maneira que para que esta tenha, de fato, eficácia é essencial garantir o creditamento de todos os gastos pertinentes com o faturamento. Dessa feita, tendo em vista que este último advém de todas as atividades desenvolvidas pela empresa, o conceito de insumos deve, também, possuir acepção ampla – o que permitiria sua equiparação ao conceito de custos e despesas operacionais.

Referida compreensão, embora promova interpretação mais abrangente, também se apresenta criticável, vez que pode ser capaz de incluir elementos não necessariamente caracterizáveis como insumos, nem ligados a não cumulatividade. É que o IRPJ, por se tratar de imposto sobre a renda, não possui a característica de cumulatividade. Em sentido oposto, o conceito de custos e despesas operacionais utilizado neste imposto não consiste em técnica de não cumulatividade, mas sim em forma de assegurar que a tributação ocorra nos exatos moldes de sua hipótese de incidência: sobre o acréscimo patrimonial.

Logo, a importação de tal ideia ampla às contribuições poderia reduzir sobremaneira a base de cálculo destas, de forma superior à necessária para se garantir a não cumulatividade e, com isso, prejudicar a arrecadação de recursos às relevantes ações desenvolvidas na seguridade social. O que, da mesma forma que a consequência restritiva anterior, não é a finalidade da sistemática instituída.

3º GRUPO

Além dos posicionamentos acima indicados, verifica-se a existência de outro grupo de acórdãos[13], em número minoritário e restrito, o qual propõe a adoção de conceito distinto de insumos. Em síntese, os defensores desta terceira corrente entendem que o conceito de insumos que deve ser adotado para as contribuições PIS/Cofins não pode ser equivalente ao aplicável ao IPI, tampouco ao IRPJ, visto que se referem a tributos diversos, com características próprias. Desse modo, deve ser conferido significado singular ao conceito de "insumos" a ser aplicado às contribuições, diverso dos já existentes, o qual deve levar em consideração as características e particularidades daquelas.

Nesse sentido, com o intuito de obter tal conceituação única e determinar a amplitude do conceito, tais acórdãos fazem uso de lógica existente na contabilidade que permitiria identificar o que seriam os custos. Apropriando-se dessa ideia contábil, o conceito de insumos para esta corrente deveria, então, ser interpretado como "custo de absorção" ou "custo integrado". Dessa maneira, dariam direito ao creditamento e, por conseguinte, seriam insumos todos os itens que integrassem a composição do custo de um produto.

Observe-se que tal lógica, embora seja similar à sistemática adotada no IRPJ, não se utiliza da ideia de despesas dedutíveis, como pretendiam os defensores da corrente anterior. Na realidade, a corrente ora analisada promove interpretação mais restrita do termo, se comparada à anterior, visto que para esta não seria insumo todo e qualquer bem ou serviço que produza despesa necessária à empresa, mas, apenas, os bens e serviços que sejam direta e efetivamente utilizados na prestação de serviços e na produção ou fabricação de bens ou produtos destinados à venda que possam ser classificados como custos, segundo a lógica contábil.

Tal posicionamento, assim como os demais, não é imune a críticas. Em relação a este, há quem argumente que não seria possível a importação da teoria aplicável à contabilidade de forma integral, de maneira que para que fosse possível sua aplicação ao direito seriam necessárias algumas adaptações, as quais acabariam por descaracterizá-la. Ainda assim, não obstante esta não seja a posição prevalecente, referido posicionamento possui pontos positivos, haja vista que permite a adoção de ideia própria do conceito de insumos, não restrita apenas ao concei-

---

13 CARF, 4ª Câm., 2ª T. Ordinária, Processo 10840.002227/2005-74, Acórdão 3402-001.986, rel. João Carlos Cassuli Junior, j. 29.01.2013.

to de "crédito físico", como na legislação do IPI, mas levando em conta os custos do desenvolvimento da atividade econômica.

4º GRUPO

Por fim, há ainda outro grupo de decisões do CARF[14] que adotam conceituação do termo "insumos" distinta das anteriores. Segundo o entendimento contido em tais decisões, não se apresenta razoável a utilização do conceito de "insumos" empregado em relação ao IPI pelo simples fundamento de que este é pré-existente à instituição do regime não cumulativo das contribuições, sendo necessário buscar a interpretação mais adequada do conceito ao caso, independentemente das demais adotadas para outros tributos.

Além do mais, o referido conceito também não poderia ser utilizado, vez que a sistemática da não cumulatividade no imposto apontado é diversa e se preocupa, fundamentalmente, em aferir os itens diretamente relacionados à atividade industrial - fato tributado na hipótese. Em contrapartida, nas contribuições analisadas há a tributação da totalidade das receitas, as quais, conforme já exposto, consistem em conceito mais amplo do que a industrialização, não necessariamente relacionado à produção de bens. Dessa maneira, não seria possível aplicar o conceito restrito de insumos, admitido para o IPI, sob pena de se violar a racionalidade da não cumulatividade das contribuições PIS/Cofins.

De forma equivalente, embora a materialidade das contribuições seja mais próxima a do IRPJ do que do IPI, tampouco seria possível a importação da noção de "custos e despesas operacionais", aplicáveis ao primeiro imposto. Isto porque, o conceito de "despesas operacionais" possuiria amplitude maior do que a ideia de insumos que deve ser adotada para as contribuições. Por consequência, ao se admitir a utilização do critério de despesas necessárias, seria possível consentir com o creditamento de elementos que não necessariamente se caracterizariam como insumos.

Tais decisões entendem, ainda, que a adoção do conceito como "custo de absorção/custo integrado" igualmente não seria possível, vez que as Leis n. 10.833/03 e 10.637/02 excluem, de forma expressa, a possibilidade de creditamento do valor gasto com folha de salários – verbas que se tratam eminentemente de custos.

---

14 Nesse sentido: CARF, 3ª Seção, 3ª Câm., 2ª T. Ordinária, Processo 13811. 002249/2005-70, Acórdão 3302-002.922, rel. Maria do Socorro Ferreira Aguiar, j. 15.02.2016.

Nesse sentido, tais decisões, as quais consistem em entendimento majoritário do CARF, defendem a adoção de conceituação própria que se situaria em posição intermediária entre a ideia aplicável ao IPI e a contida na legislação do IRPJ. Assim, estas entendem que o conceito de insumos deve considerar a relação entre o item – bem ou serviço – e sua pertinência com a atividade desenvolvida pelo contribuinte.

Portanto, gerariam direito ao creditamento os produtos que possuíssem pertinência com o processo produtivo da empresa e não apenas as matérias-primas, produtos intermediários e os materiais de embalagem ou outros bens que sofram alterações em função da ação diretamente exercida sobre o produto em fabricação.

3. COMPREENSÃO DO SUPERIOR TRIBUNAL DE JUSTIÇA – RECURSO ESPECIAL N. 1.221.170/PR

Em razão da significativa divergência de entendimento sobre o conceito de "insumos", bem como dos distintos posicionamentos adotados ao decorrer do tempo, incumbiu ao Superior Tribunal de Justiça pacificar a questão e este o fez no julgamento do REsp n. 1.221.170/PR, realizado em sede de repetitivos.

Na oportunidade, o entendimento que prevaleceu foi o exarado pela Ministra Regina Helena Costa, ao qual o relator originário, o Ministro Napoleão Nunes Maia Filho, posteriormente aderiu, com a revisão de seu entendimento inicial. Tendo em vista que as razões que prevaleceram foram as expostas no voto da Ministra apontada, faz-se necessário analisa-lo de forma pormenorizada, com todos os seus argumentos.

A Ministra Regina Helena Costa reconhece a ilegalidade das Instruções Normativas n. 247/02 e 404/04, em virtude de terem estas ultrapassado os limites legais. Conforme fundamentação, não se poderia extrair do texto legal comando que autorizasse a aplicação do conceito de insumos admitido para o IPI em relação às contribuições, de forma que ao preverem a utilização do mesmo, referidas instruções excederam o poder de regulamentar. Ademais, a adoção de tal conceito para as contribuições também não seria possível, como pretenderam os mencionados atos normativos, pois ambos os tributos possuem sistemática de não cumulatividade diversa e, principalmente, possuem materialidade distinta.

Tal entendimento adota, portanto, compreensão presente na maioria das decisões proferidas no âmbito do CARF, com exceção das pertencentes ao primeiro grupo analisado, segundo a qual o conceito de insumos adotado no IPI possui pertinência apenas com a atividade industrial, a qual é mais restrita do que o objeto das contribuições PIS/Cofins. Dessa forma, não se afigura possível a utilização da ideia de crédito físico, admitida no IPI, sob pena de se violar a finalidade da não cumulatividade das contribuições.

Diante da impossibilidade de utilização de tal conceito, a Ministra Regina Helena Costa propõe a adoção de outro conceito centrado em, fundamentalmente, dois critérios: essencialidade e/ou relevância. A partir destes seria possível identificar a imprescindibilidade ou a importância de determinado elemento para a atividade econômica desenvolvida.

Em suma, a essencialidade consistiria na imprescindibilidade do item para o produto ou serviço. Tal critério, assim, "[...] diz com o item do qual dependa, intrínseca e fundamentalmente, o produto ou o serviço"[15]. Com isso, este se verifica quando o item analisado se trate de "[...] elemento estrutural e inseparável do processo produtivo ou da execução do serviço, ou, quando menos, a sua falta lhes prive de qualidade, quantidade e/ou suficiência."[16]

Por outro lado, a partir do critério da relevância, o item poderia ser considerado insumo quando "[...] embora não indispensável à elaboração do próprio produto ou à prestação do serviço, integre o processo de produção, seja pelas singularidades de cada cadeia produtiva [...], seja por imposição legal [...]"[17].

Nesse sentido, com os dois critérios propostos, tem-se que o conceito de insumos adotado não se limita à perspectiva do crédito físico, admitido na legislação do IPI. Ou melhor, embora a ideia de essencialidade possua direta conexão e semelhança com a ideia de insumos adotada para o IPI, dada sua imprescindibilidade ao produto ou ao serviço desenvolvido, o critério da relevância aí não se limita, pois admite elementos não utilizados de forma direta na produção. Logo, a conceituação proposta e admitida pelo STJ abrange a sistemática do crédito físico, mas vai além deste. Portanto, é possível afirmar que tal definição se situa entre o conceito utilizado para fins do IPI e a ideia de despesas necessárias para o IRPJ.

---

15 STJ, REsp n. 1.221.170/PR, rel. Ministro Napoleão Nunes Maia Filho, DJe: 22.02.2018.

16 Ibidem.

17 Ibidem.

Por oportuno, faz-se necessário realizar uma distinção. É que, embora os critérios adotados pelo STJ sejam similares ao entendimento adotado pelo quarto grupo de decisões do CARF, anteriormente analisado, estes não são totalmente equivalentes. Na realidade, as decisões do CARF utilizam-se da ideia de pertinência do item para a definição do conceito de insumos. No entanto, como consta no voto ora analisado, o critério da relevância é mais amplo do que o da pertinência, vez que este último refere-se apenas ao emprego do item na produção ou na execução do serviço. Em sentido oposto, o critério da relevância não exige que o item seja empregado diretamente na produção ou na execução do serviço e, assim, admite o reconhecimento como insumos de itens que, apesar de não comporem o produto, consistam em exigência legal, como exemplificado na decisão, o equipamento de proteção individual – EPI.

Por todo o exposto, é possível verificar que ao fixar os dois critérios como pressupostos para a identificação do que pode ser caracterizado como insumo para a legislação das contribuições PIS/Cofins, a decisão do STJ pretendeu cessar os inúmeros debates anteriores e, com isso, diminuir a litigiosidade existente.

Em relação a esta questão, há quem argumente que com a conceituação abstrata, feita apenas a partir de ideias gerais, tal objetivo não seria alcançado. Mais ainda, há quem defenda que tal proposição poderia, inclusive, estimular e promover ainda mais a litigiosidade do tema.

Entretanto, com respeito aos posicionamentos contrários, tem-se que tal entendimento não se apresenta o mais acertado. Ao revés, a conceituação proposta pelo STJ, feita a partir de critérios delineadores se apresenta positiva e, mais do que isso, a única possível. De fato, em razão da extensão das atividades econômicas desenvolvidas, bem como da diversidade destas, não é possível a previsão legal anterior de todas as situações, tampouco a delimitação de todas as circunstâncias existentes, estabelecendo uma lista taxativa de insumos passíveis de creditamento. Dessa maneira, somente a proposição abstrata, a qual delineia os contornos a serem observados na aplicação do conceito, permite abranger todas as hipóteses.

Nesse sentido, apenas a análise de cada caso concreto, com o respectivo exame da atividade econômica desenvolvida, permite aferir se o item, de fato, se caracteriza como insumo, enquanto essencial ao processo produtivo ou relativo à prestação de serviços. Tal análise deverá ser feita, por sua vez, tomando-se por base a demarcação feita pelo STJ, com os critérios mencionados. Logo, apesar de a aplicação do conceito depender da análise de cada situação individualmente, identifica-se que conceituação feita apenas de forma abstrata, com os contornos gerais, é responsável por conferir parâmetros e critérios para a análise das situações.

Esse fenômeno já é conhecido tanto pelo Fisco Federal, quanto pelos contribuintes, no que se refere ao conceito de despesas dedutíveis para fins de apuração do IRPJ, pelo lucro real. Em alguns casos, há certa dúvida sobre o enquadramento ou não da despesas ao conceito abstrato adotado legalmente. Mas, esses são casos excepcionais, sendo que a maioria das despesas está contemplada pelo conceito.

Finalmente, é possível afirmar que o que poderia ensejar – e de fato ensejou – a litigiosidade da questão é a ausência de definição ou, ainda, a incerteza dos critérios a serem seguidos, conforme ocorreu durante diversos anos, e não a existência de sua definição conceitual, ainda que sua concretização dependa de análise casuística, nos moldes em que ocorre no IRPJ, para fins de caracterização de despesa dedutível.

4. CONCLUSÃO

Ante o exposto, é possível verificar que a instituição da não cumulatividade em relação às contribuições PIS/Cofins teve por intuito estimular as atividades econômicas desenvolvidas no país, por meio da distribuição do encargo tributário entre diversos setores. Nesse aspecto, tendo em vista que tais contribuições não se encontram diretamente relacionadas a um ciclo ou cadeia produtiva, a técnica da não cumulatividade instituída adotou o método da "base sobre base", o qual, em resumo, exclui determinados itens da base de cálculo do tributo.

No caso tratado, tal técnica é concretizada mediante a autorização de creditamento de bens e serviços utilizados como insumos nas prestações de serviços e na produção ou fabricação de bens ou produtos destinados à venda. Não obstante isso, a lei não cuidou de definir o que poderia ser entendido como insumos para o caso tratado. Por esta razão, surgiram diversas discussões e inúmeros debates administrativos e judiciais acerca da extensão do conceito.

No âmbito do CARF, foi possível notar a existência de quatro posicionamentos diversos sobre a definição do termo. Em função de tal indefinição conceitual, incumbiu ao STJ solucionar a questão, o que fez no julgamento do REsp n. 1.221.170/PR.

A Corte Cidadã propôs a adoção de critério de insumos baseado em dois critérios, quais sejam, essencialidade ou relevância. Tais critérios, em suma, permitem identificar quando o item é considerado indispensável à produção ou, então, no caso do segundo critério, quando este, embora não seja imprescindível, se apresenta relevante à atividade desenvolvida.

A definição conceitual proposta, embora seja objeto de crítica por alguns, vez que supostamente não seria capaz de cessar as controvérsias e debates existentes, pois propôs a definição em termos abstratos e gerais, ou, ainda, que tal conceituação poderia aumentar os litígios existentes entre os contribuintes e o fisco, ao contrário, deve ser considerada positiva.

Afora o fato de a conceituação abstrata ser a única capaz de abarcar a diversidade das atividades econômicas desenvolvidas e, com isso, possibilitar o creditamento das mais diversas hipóteses que se caracterizem como insumos, independentemente de previsão legal exaustiva, esta se mostra positiva, ainda, por fato diverso. É que a litigiosidade, em geral, decorre da ausência, incerteza ou da imprecisão dos critérios legais. Ou melhor: somente a ausência de delimitação dos critérios gera a discussão.

Por conseguinte, a precisão e a definição conceitual, ao contrário, não são fatos que ensejem grandes debates, nem que aumentem o número de demandas propostas. Apesar de a aplicação do conceito mencionado depender da análise de cada caso, o balizamento proposto pelo STJ se apresenta positivo na medida em que é responsável por estabelecer critérios e parâmetros a serem seguidos para a identificação do que pode ser caracterizado como insumo – o que inexistia na legislação e, conforme exposto, era objeto de grande debate na jurisprudência.

Portanto, mesmo que a definição conceitual abstrata proposta torne necessária a análise de cada atividade desenvolvida e os elementos pertinentes a esta, a existência e definição de critérios a serem seguidos, os quais guardem pertinência com os tributos, é fato louvável, se comparado ao cenário anterior de insegurança que ocorria em razão da ausência de conceituação e definição dos critérios a serem utilizados.

Por fim, deve-se mencionar a importância da referida decisão do STJ, inaugurando um novo ordenamento, com relação ao conceito de insumo e, principalmente, à compreensão do que representa a não cumulatividade na tributação sobre o consumo. A decisão rompe com a ideia de que o crédito financeiro (no caso, dos produtos essenciais à atividade econômica), decorre de uma política de benefício concedido pelo legislador, que dentro de sua liberdade de delinear a não cumulatividade, poderia restringir ou ampliar o creditamento.

O posicionamento do STJ parte da ideia de que o legislador, ao delinear um conceito jurídico tributário, tem que estar atento às consequências nocivas de sua escolha no processo econômico de uma forma geral, dada a repercussão direta do PIS/Cofins sobre o preço dos bens e serviços, não podendo tomar decisões que contrariem o ordenamento jurídico de forma geral, considerando suas regras e seus princípios, explícitos e implícitos.

O sistema de crédito físico é um ponto de estrangulamento da atividade produtiva, dado ao excesso de resíduo tributário no preço, o que compromete de sobremaneira a renda disponível dos mais pobres, impedindo-os de ter acesso ao consumo de produtos e serviços. Além disso, estagna a atividade produtiva que com o incremento das vendas, em função da redução do excesso de tributo nos preços, poderia empregar mais pessoas, que passariam a consumir, criando assim um ciclo virtuoso na economia.

Assim, pode-se afirmar que a decisão do STJ, ao enxergar na não cumulatividade algo além de uma técnica de tributação, que estaria a serviço do legislador ordinário, para que ele a conformasse com base no que entendesse relevante, termina por reduzir a desigualdade social no Brasil, uma vez que diminui a excessiva tributação incidente sobre o consumo dos mais pobres. Dessa forma, pode-se afirmar que o entendimento vitorioso com relação ao conceito de insumo para fins de creditamento do PIS/Cofins fez a coisa certa, agindo com justiça, que no dizer de Michael J. Sandel[18] significa adotar soluções que reconstruam a infraestrutura da vida cívica, que é corroída pela desigualdade, criando, assim, uma política do bem comum.

REFERÊNCIAS BIBLIOGRÁFICAS

BALEEIRO, Aliomar. *Direito Tributário Brasileiro*. 11ª Edição. Atualizada por Misabel Abreu Machado Derzi. Rio de Janeiro: Forense, 2000.

FERREIRA; Erika Borges, GALLO; Mauro Fernando, PEREIRA; Anísio Candido e REZENDE; Amaury José. As consequências da indefinição do conceito de insumo para as contribuições não cumulativas do PIS e da COFINS na indústria, no comér-

---

[18] SANDEL, Michael J. *O que é fazer a coisa certa*. Tradução de Heloisa Matias e Maria Alice Maximo. 13a ed. Rio de Janeiro: Civilização Brasileira, 2014, p. 328.

cio e na prestação de serviços. *Contaduría Universidad de Antioquia*, 65, 233-250. Disponível em:https://aprendeenlinea.udea.edu.co/revistas/index.php/cont/article/viewFile/24406/19927. Acesso em 29 ago. 2018.

MACHADO, Hugo de Brito. Do conceito de insumo no contexto da não cumulatividade dos tributos. *Revista Dialética de Direito Tributário*, São Paulo, n. 227, ago. 2014.

SANDEL, Michael J. *O que é fazer a coisa certa*. Tradução de Heloisa Matias e Maria Alice Maximo. 13a ed. Rio de Janeiro: Civilização Brasileira, 2014.

A COMPOSIÇÃO DA BASE DE CÁLCULO DO ICMS-ST E OS DESCONTOS INCONDICIONAIS: CONSIDERAÇÕES CRÍTICAS ACERCA DA JURISPRUDÊNCIA DO SUPERIOR TRIBUNAL DE JUSTIÇA

ANDRÉ MENDES MOREIRA[1]
PATRÍCIA DANTAS GAIA[2]
JULIANA FERREIRA ALVIM SOARES DE SENNA[3]

SUMÁRIO: 1. Introdução; 2. Considerações introdutórias acerca do cenário normativo concernente à composição da base de cálculo do ICMS no que diz respeito aos descontos incondicionais; 3. A regra matriz constitucional do ICMS: aspecto quantitativo do ICMS – ST e a exclusão dos descontos incondicionais; 4. A força normativa da Constituição e a base de cálculo do ICMS – ST na legislação infraconstitucional; 5. Considerações finais; Referências Bibliográficas

---

[1] Professor Adjunto de Direito Tributário dos Cursos de Graduação, Mestrado e Doutorado da Faculdade de Direito da UFMG. Doutor em Direito Tributário pela USP, onde fez residência Pós-Doutoral. Mestre em Direito Tributário pela UFMG. Diretor da Associação Brasileira de Direito Tributário – ABRADT. Advogado e Consultor Tributário.

[2] Mestre em Direito Empresarial pela Faculdade de Direito Milton Campos. Especialista em Direito Tributário pela Faculdade de Direito Milton Campos. Graduada em Direito pela Faculdade de Direito Milton Campos. Advogada e Consultora Tributário. Advogada.

[3] Mestranda em Direito Constitucional pela UFMG. Pós-graduanda em Direito Tributário pela PUC-MG. Graduada em Direito pela UFMG e em Relações Internacionais pela PUC-MG. Advogada.

1. **INTRODUÇÃO**

Desde o ICM, tributo que antecedeu o ICMS[4], o imposto brasileiro sobre a circulação de mercadorias gera confrontos interpretativos e de aplicação, ao ponto que chegou a ser chamado por Sacha Calmon de "imposto bandoleiro".

Tal questão foi exacerbada com a prática da substituição tributária progressiva. A referida técnica arrecadatória, embora tivesse os objetivos originários de facilitar a fiscalização e de reduzir a sonegação, acabou por aumentar substancialmente a complexidade do sistema tributário brasileiro a nível estadual. De forma correlata, acabou também por permitir um afastamento entre o ICMS e o ICMS-ST no bojo da atuação dos entes federados, ao arrepio do núcleo constitucional do referido imposto e muito embora a própria Constituição (CR/88) outorgue à Lei Complementar (LC) a competência exclusiva para disciplinar sobre a matéria[5].

Esse é o caso dos descontos incondicionais, pertinentes a parcelas redutoras dos preços de vendas independentes de eventos posteriores à emissão das notas fiscais das operações. Tais descontos, por não integrarem o valor real da operação, jamais poderiam ser considerados na base de cálculo do ICMS. Não obstante, diversos Estados tributavam tais parcelas, pelo que a matéria foi dirimida pelo Superior Tribunal de Justiça (STJ), no bojo do Recurso Especial (REsp) n. 1.111.156/SP. Na oportunidade, o Tribunal Superior determinou que os descontos incondicionalmente concedidos não compõem a base de cálculo do ICMS, mas acabou por expressamente excluir do âmbito da

---

[4] Sobre a questão: "Criado pela EC nº 18/65, o ICM gravava as operações de circulação jurídica de mercadorias, exceto as que envolviam combustíveis, lubrificantes, minerais e energia elétrica, submetidas aos vetustos impostos únicos federais. Os serviços passavam ao largo de sua hipótese de incidência, sendo tributados tanto pelos Municípios, por meio do ISSQN, como pela União, que se valia do ISSC (Imposto sobre Serviços de Comunicação) e do ISTR (Imposto sobre Serviços de Transporte). Com a Constituição de 1988, o ICM incorporou os fatos geradores dos imposto federais acima referidos (ISSC, ISTR e impostos únicos) e também do ISSQN – este último apenas na parte referente aos serviços de comunicação de natureza estritamente municipal – tornando-se, com isso, o hodierno ICMS (...)." Cf. MOREIRA, André Mendes. **A Não Cumulatividade dos Tributos**. 3ª ed. São Paulo: Noeses, 2018, p. 339-340.

[5] Vide artigo 146, inciso III, da CR/88; artigo 155, §2º, inciso XII, alíneas "b" e "i", da CR/88. Cf. BRASIL. **Constituição da República Federativa do Brasil**, de 05.10.1988. Brasília, 1988.

decisão o ICMS-ST, ao argumento de que os dispositivos específicos da Lei Complementar n. 87/96 ("Lei Kandir") não foram abordados pelo *decisum*.

A inadequação do referido posicionamento reverberou na jurisprudência subsequente do Tribunal, que acabou se consolidando no sentido da possibilidade de inclusão dos descontos incondicionais na base de cálculo do ICMS-ST, em inobservância à regra-matriz constitucional do ICMS.

O presente artigo, portanto, busca abordar a composição da base de cálculo do ICMS-ST, especificamente em relação à parcela dos descontos incondicionais, à luz da regra-matriz constitucional do ICMS e de sua base de cálculo na modalidade de substituição tributária. Para tanto, com esteio nas lições de Sacha Calmon Navarra Coêlho, homenageado do livro cujo presente artigo compõe, serão abordados os seguintes pontos: (i) primeiramente, será realizado breve relato histórico acerca da jurisprudência do STJ quanto à temática; (ii) em segundo lugar, demonstrar-se-á a inadequação da atual jurisprudência do Tribunal à luz da regra-matriz constitucional do ICMS; e (iii) finalmente, em terceiro lugar, serão explicitadas considerações adicionais acerca das incorreções legais que permeiam a *ratio* da referida jurisprudência.

2. CONSIDERAÇÕES INTRODUTÓRIAS ACERCA DO CENÁRIO NORMATIVO CONCERNENTE À COMPOSIÇÃO DA BASE DE CÁLCULO DO ICMS NO QUE DIZ RESPEITO AOS DESCONTOS INCONDICIONAIS

Conforme adiantado acima, os entes federados estaduais tinham por prática a cobrança de ICMS sobre as parcelas concernentes aos descontos incondicionais, o que foi reputado incabível pelo STJ. Apesar disso, foram promulgadas legislações estaduais – em alguns casos, por meio de normas infralegais – permitindo a cobrança de ICMS-ST sobre tais importes. A título exemplificativo, veja-se que foi este o caso do Estado de Minas Gerais[6] e do Estado do Rio de Janeiro[7].

---

6 Vide artigo 19, inciso I, alínea "b", item 3 do Anexo XV do Regulamento do ICMS do Estado de Minas Gerais. Cf. ESTADO DE MINAS GERAIS. Decreto n. 43.080, de 13 de dezembro de 2002. **Diário Oficial do Estado de Minas Gerais**, 14 dez. 2002.

7 Vide artigo 5º, §1º, do Decreto Estadual n. 27.427/00. Cf. ESTADO DO RIO DE JANEIRO. Decreto n. 27.427, de 17 de novembro de 2000. **Diário Oficial do Estado do Rio de Janeiro**, 22 nov. 2000.

Ao contrário do que se poderia pensar, no entanto, a atuação dos Estados não foi fruto de diálogos constitucionais[8] entre o Poder Judiciário e os Poderes Executivo e Legislativo (estaduais), no bojo de um *override*[9], *o que, embora questionável à luz de análises de parametricidade constitucional e legal, é um alicerce do complexo jogo* democrático. Em todo caso, fato é que a atuação estatal em questão foi fruto de expressa permissão jurisprudencial. Isso porque o entendimento do STJ acabou por se firmar no sentido da inclusão dos descontos incondicionais na base de cálculo do ICMS-ST, em que pese tenha se firmado em sentido diametralmente oposto em relação ao ICMS.

Desse modo, para a adequada compreensão da atual orientação do Tribunal da Cidadania, torna-se fundamental voltar à origem da jurisprudência do STJ quanto à temática. Vejamos, portanto.

Ainda em 2009 e 2010, o Superior Tribunal de Justiça julgou, sob a sistemática de recursos especiais repetitivos, o REsp n. 1.111.156/SP[10], pertinente ao Tema n. 144, e o REsp n. 923.012/MG[11], pertinente ao Tema n. 382. Naquela oportunidade, a já reiterada jurisprudência da Corte foi confirmada, tendo restado assentada a impossibilidade de inclusão dos descontos incondicionais na base de cálculo do ICMS. Em síntese, consagrando-se a regra de ouro da quantificação do ICMS que o alicerça à operação efetivamente realizada, pontuou-se que a "base

---

8 A teoria dos diálogos constitucionais, construída por Conrado Hübner Mendes, busca superar o tradicional binarismo acerca do detentor da última palavra da Constituição (*judicial review* v. *legislative review*) ao propor que qualquer definição de sentido constitucional seria apenas provisória, não constituindo, portanto, o fim de um debate, mas sim o início de uma nova rodada de diálogos. Tratar-se-ia, portanto, de uma relação de contínua e dialógica construção da democracia deliberativa, no bojo da qual o sentido da Constituição seria definido no curso das rodadas procedimentais dialógicas, em função de uma interação ativa e continuada interação entre os Poderes. Cf. MENDES, Conrado Hübner. **Direitos fundamentais, separação de poderes e deliberação**. São Paulo: Saraiva, 2011.

9 No bojo da sistemática de precedentes, o *override* diz respeito à superação legislativa de determinada decisão prolatada pelo Poder Judiciário.

10 BRASIL. Superior Tribunal de Justiça (STJ). Recurso Especial nº 1.111.156 – SP. Relator: Ministro Humberto Martins, Brasília, DF, 14 out. 2009. **Diário Oficial de Justiça**, Brasília, 22 out. 2009.

11 BRASIL. Superior Tribunal de Justiça (STJ). Recurso Especial nº 923.012/MG. Relator: Ministro Luiz Fux, Brasília, DF, 09 jun. 2010. **Diário Oficial de Justiça**, Brasília, 24 jun. 2010.

de cálculo do ICMS nas operações mercantis é aquela efetivamente realizada, não se incluindo os 'descontos concedidos incondicionais'".[12]

Contudo, os referidos precedentes, que foram inclusive sumulados, analisaram apenas os dispositivos gerais da LC n. 87/96, não abordando o regramento específico atinente à base de cálculo do ICMS no regime da substituição tributária. Assim, por cautela, o STJ expressamente ressalvou que os casos em questão não versavam sobre "mercadoria dada em bonificação no regime de substituição tributária".[13]

Por conseguinte, a matéria pertinente à incidência do ICMS-ST sobre descontos incondicionais continuou sendo objeto de debates no âmbito do Tribunal da Cidadania, no bojo dos quais a Primeira e a Segunda Turmas apresentavam opiniões diametralmente opostas.

Por um lado, a Primeira Turma entendia pela absoluta impossibilidade de inclusão dos descontos incondicionais na base de cálculo do ICMS-ST, ao argumento de que a regra-matriz constitucional do ICMS impossibilitaria que a sua base de cálculo fosse composta por elementos estranhos à operação mercantil realizada, como o caso dos descontos incondicionais[14]. Por outro lado, a Segunda Turma entendia que

---

12 BRASIL. Superior Tribunal de Justiça (STJ). Recurso Especial nº 1.111.156 – SP. Relator: Ministro Humberto Martins, Brasília, DF, 14 out. 2009. **Diário Oficial de Justiça**, Brasília, 22 out. 2009.

13 BRASIL. Superior Tribunal de Justiça (STJ). Recurso Especial nº 1.111.156 – SP. Relator: Ministro Humberto Martins, Brasília, DF, 14 out. 2009. **Diário Oficial de Justiça**, Brasília, 22 out. 2009.

14 Veja-se ementa de julgado que ilustra o posicionamento da Primeira Turma:

"PROCESSUAL CIVIL. TRIBUTÁRIO. RECURSO ESPECIAL. VIOLAÇÃO DO ART.535, II, DO CPC. INOCORRÊNCIA. ICMS. BASE DE CÁLCULO. VALOR OPERAÇÃO MERCANTIL. INCLUSÃO DE MERCADORIAS DADAS EM BONIFICAÇÃO. DESCONTOS INCONDICIONAIS. IMPOSSIBILIDADE. LC N.º 87/96. SUBSTITUIÇÃO TRIBUTÁRIA. (...) 3. Infere-se do texto constitucional que este, implicitamente, delimitou a base de cálculo possível do ICMS nas operações mercantis, como sendo o valor da operação mercantil efetivamente realizada ou, como consta do art. 13, inciso I, da LC n.º 87/96, "o valor de que decorrer a saída da mercadoria". (...) 4. Consectariamente, tendo em vista que a Lei Complementar n.º 87/96 indica, por delegação constitucional, a base de cálculo possível do ICMS, fica o legislador ordinário incumbido de explicitar-lhe o conteúdo, devendo, todavia, adstringir-se à definição fornecida pela Lei Complementar. 5. Desta sorte, afigura-se inconteste que o ICMS descaracteriza-se acaso integrarem sua base de cálculo elementos estranhos à operação mercantil realizada, como, por exemplo, o valor intrínseco dos bens entregues por fabricante à empresa atacadista, a título de bonificação, ou seja, sem a efetiva co-

os descontos incondicionais deveriam compor a base de cálculo do ICMS-ST em função da inviabilidade de se presumir, sem previsão legal, que o desconto dado pelo substituto chegaria ao consumidor final.[15]

---

brança de um preço sobre os mesmos. (...) 7. As assertivas ora expostas infirmam a pretensão do fisco de recolhimento do ICMS, incidente sobre as mercadorias dadas em bonificação, em regime de substituição tributária. Isto porque, a despeito dos propósitos de facilitação arrecadatória que fundam a substituição tributária, é evidente que a mesma não pode ensejar a alteração dos elementos estruturais do ICMS, especialmente no que atine a composição de sua base de cálculo. (...) 8. Outrossim, o fato gerador do imposto (a circulação) decorre da saída da mercadoria do estabelecimento do vendedor, pouco importando a legislação local do adquirente, aplicável aos produtos dessa origem. É que nessa Unidade, nas operações posteriores observar-se-á a transferência eventual das mercadorias fruto de bonificação à luz da não cumulatividade. 9. Recurso especial provido." Cf. BRASIL. Superior Tribunal de Justiça (STJ). Recurso Especial nº 715.255/MG. Relator: Ministro Luiz Fux. Brasília, DF, 28 mar. 2006. **Diário Oficial de Justiça**, Brasília, 10 abr. 2006.

15 Veja-se ementa de julgado que ilustra o posicionamento da Segunda Turma: "PROCESSUAL. TRIBUTÁRIO. OMISSÃO. ALEGAÇÃO GENÉRICA. NÃO-CONHECIMENTO. ICMS. SUBSTITUIÇÃO TRIBUTÁRIA "PARA FRENTE". DESCONTO INCONDICIONAL. BASE DE CÁLCULO. ART. 8º DA LC 87/1996. (...) 3. A substituição tributária "para frente" é técnica de arrecadação prevista no art. 150, § 7º, da CF e no art. 6º da LC 87/1996, em que o contribuinte-substituto recolhe não apenas o tributo por ele devido, mas também antecipa o montante relativo à operação subseqüente (a ser realizada pelo substituído). In casu, há duas operações de circulação de mercadoria: a) a primeira é a saída da fábrica-recorrida para a distribuidora, hipótese em que há o desconto, e b) a segunda (futura) é a venda da mercadoria pela distribuidora para o consumidor final. 4. É inquestionável que, se não houvesse substituição tributária, o desconto incondicional não integraria a base de cálculo do ICMS na primeira operação (saída do fabricante para a distribuidora), e, então, aplicar-se-ia o disposto no art. 13, § 1º, II, "a", da LC 87/1996. No entanto, em se tratando de substituição tributária, a base de cálculo refere-se ao preço cobrado na segunda operação (saída da mercadoria da distribuidora para o consumidor final), nos termos do art. 8º da LC 87/1996. Inviável presumir, sem previsão legal, que o desconto dado pela fábrica, na primeira operação, será repassado ao preço final (segunda operação). 5. Não se aplicam, portanto, os precedentes relativos à exclusão dos descontos incondicionais da base de cálculo do ICMS que não se referem especificamente à substituição tributária (v.g. EREsp 505.905/SP, rel. Min. Denise Arruda, j. 12.3.2008). 6. A base de cálculo do ICMS, no caso de substituição tributária, é regulada pela norma especial do art. 8º da LC 87/1996, e não pelo art. 13 da mesma Lei (aplicável às operações normais, sem substituição). Precedente: REsp 1.027.786/MG, j. 11.3.2008, rel. Min. Herman Benjamin.7. Recurso Especial parcialmente conhecido e, nessa parte, provido." Cf. BRASIL. Superior Tribunal de Justiça (STJ). Recurso Especial nº 1.041.331/RJ.

A questão foi, então, submetida à Primeira Seção do STJ mediante os Embargos de Divergência em Recurso Especial (EREsp) n. 715.255/MG[16], no âmbito do qual acabou por se decidir pela validade da inclusão dos descontos incondicionais na base de cálculo do ICMS-ST.

Antes de nos atentarmos ao conteúdo do referido precedente que, vale dizer, não possui caráter vinculativo, duas observações se fazem necessárias.

Primeiramente, em que pese a usual composição da Primeira Seção do STJ abarcar paritariamente membros da Primeira e da Segunda Turmas, certo é que, quando do julgamento do EREsp n. 715.255/MG, dos seis julgadores presentes, apenas um era da Primeira Turma. O quadro abaixo ilustra a questão concernente à composição da turma julgadora em questão:

Quadro 1 – Relação da composição da turma julgadora do EREsp n. 715.255/MG.

MINISTRO	TURMA	VOTO NO ERESP
Eliana Calmon (Relatora)	Segunda Turma	A FAVOR da incidência
Humberto Martins	Segunda Turma	A FAVOR da incidência
Herman Benjamin	Segunda Turma	A FAVOR da incidência
Mauro Campbell Marques	Segunda Turma	A FAVOR da incidência
Castro Meira	Segunda Turma	CONTRA a incidência
Benedito Gonçalves	**Primeira Turma**	**CONTRA a incidência**

Fonte: elaborado pelos autores.

Por consequência, o entendimento prolatado pela Primeira Seção não foi fruto da uniformização dos entendimentos díspares das Primeira e Segunda Turmas do STJ, mas sim de uma reafirmação do entendimento da Segunda Turma que, conforme explicitado anteriormente, era a favor da inclusão dos descontos incondicionais na base de cálculo do ICMS-ST.

Tal questão se torna ainda mais latente quando considerado que (i) o entendimento da Primeira Turma pela impossibilidade de incidência do ICMS-ST sobre os descontos incondicionais foi formado com

---

Relator: Ministro Herman Benjamim. Brasília, DF, 02 set. 2010. **Diário Oficial de Justiça**, Brasília, 24 set. 2010.

16 BRASIL. Superior Tribunal de Justiça (STJ). Embargos de Divergência em Recurso Especial (EREsp) nº 715.255/MG. Relatora: Ministra Eliana Calmon. Brasília, DF, 23 jun. 2010. **Diário Oficial de Justiça**, Brasília, 23 fev. 2011.

base em unanimidade; e (ii) por sua vez, o entendimento da Segunda Turma acerca da possibilidade de inclusão dos descontos incondicionais na BC do ICMS-ST se deu apenas por maioria – aliás, no próprio EREsp n. 715.255/MG, o Ministro Castro Meira, integrante da Segunda Turma, foi voto vencido. Nesses termos, acaso tivesse sido observada a paridade entre as Turmas na composição da Primeira Seção quando do julgamento do EREsp n. 715.255/MG, provavelmente a conclusão alcançada seria oposta, isto é, pela impossibilidade de inclusão dos descontos incondicionados na base de cálculo do ICMS-ST.

Em segundo lugar, importa pontuar que, logo após a prolação do acórdão pela Primeira Seção do STJ, o contribuinte que integrava a demanda desistiu da ação em função de inclusão dos débitos em programa de parcelamento. Em decorrência, o acórdão do EREsp n. 715.255/ MG não foi analisado por todas as instâncias devidas, de modo que o precedente foi prematuramente formado, ao menos no que diz respeito ao sistema de revisão judicial constante do ordenamento jurídico brasileiro.

Realizadas tais considerações preliminares, cumpre, então, analisar o teor da *ratio decidendi* do EREsp n. 715.255/MG. No precedente em comento, restou assentada a tese de que os descontos incondicionais deveriam compor a base de cálculo do ICMS-ST, porque, nessa modalidade de recolhimento do tributo, haveria o elemento da presunção da base de cálculo, de modo que só se poderia excluir tais valores se fosse provado o repasse dos descontos ao consumidor final – do contrário, dever-se-ia presumir que não seriam repassados, razão pela qual incidente o ICMS-ST.

Destrinchando o raciocínio, o STJ considerou que (i) o ICMS-ST teria base de cálculo distinta da do ICMS, sendo que (ii) a base de cálculo preconizada pelo artigo 8º da LC n. 87/96 seria o valor que a mercadoria presumidamente alcançaria no mercado nas operações subsequentes e que, nesse sentido, (iii) dever-se-ia trabalhar com a presunção de que os descontos incondicionais não são repassados ao longo da cadeia de produção, beneficiando somente o consumidor imediato.

Contudo, o referido entendimento encontra óbices não apenas na regra-matriz constitucional do ICMS, como também se equivoca em relação às suas premissas, em termos da própria legislação infraconstitucional mencionada pelo acórdão. Vejamos, pois, respectivamente, as inadequações do referido precedente.

3. A REGRA MATRIZ CONSTITUCIONAL DO ICMS: ASPECTO QUANTITATIVO DO ICMS – ST E A EXCLUSÃO DOS DESCONTOS INCONDICIONAIS

Antes de nos atentarmos às considerações atinentes à regra-matriz constitucional do ICMS, é necessário realizar uma digressão preliminar, concernente à natureza da substituição tributária.

A substituição tributária progressiva, pela qual "se atribui a agente situado nas fases iniciais do processo de circulação da mercadoria a responsabilidade pelo pagamento do imposto que será devido nas operações anteriores"[17], remonta à redação original do artigo 58, §2º, inciso II, do Código Tributário Nacional (CTN), que previa a possibilidade de se atribuir o dever de recolhimento do ICM pelo comerciante varejista ao industrial ou ao comerciante atacadista, mediante acréscimo no preço da mercadoria de até 30% (trinta por cento). Tal dispositivo foi revogado pelo artigo 13 do Decreto-Lei n. 406/68, pelo que a jurisprudência do Supremo Tribunal Federal (STF) se firmou no sentido da impossibilidade da instituição de tal regime tão somente sob a alcunha do artigo 128 do CTN.

Contudo, "nos últimos tempos, com o objetivo de simplificar a tributação e dar maior praticidade ao sistema tributário, garantindo maior eficiência e celeridade na cobrança tributária"[18], aprofundaram-se as discussões atinentes às presunções e ficções no bojo do Direito Tributário. De fato, conforme pontua Sacha Calmon,

> Nas modernas sociedades de massas, a tentação dos Fiscos, escudados nos 'grandes números' e em nome da 'racionalização', é para 'simplificar' a tributação. Fala-se muito, inclusive no princípio da 'praticabilidade'. Ao nosso sentir, este tal não foi e jamais será princípio jurídico. É simples tendência para igualar e simplificar sem considerar os princípios da justiça, da igualdade e da capacidade contributiva. E, a não ser que os respeite ou seja benéfico ou opcional para o contribuinte, não poderá prevalecer.[19]

---

17 MOREIRA, André Mendes. **A Não Cumulatividade dos Tributos**. 3ª ed. São Paulo: Noeses, 2018, p. 224.

18 GAIA, Patrícia Dantas. **Os limites da substituição tributária progressiva do ICMS para manifestação do princípio da preservação das empresas**. 254 fls. Dissertação (Mestrado em Direito) – Faculdade de Direito Milton Campos, Nova Lima, 2010, p. 151.

19 COÊLHO, Sacha Calmon Navarro. **Curso de Direito Tributário Brasileiro**. 12ª ed. Rio de Janeiro: Gen/Forense, 2012, p. 263.

Nesse aspecto, a substituição tributária progressiva foi novamente autorizada no ordenamento jurídico pátrio por meio do artigo 150, §7º, da CR/88. De fato, segundo o entendimento do STF enunciado no Recurso Extraordinário (RE) n. 593.849/MG, a referida constitucionalização encontrou esteio na praticidade, "tendo em conta que esse dispositivo constitucional promove a comodidade, economicidade e eficiência na execução administrativa das leis tributárias."[20]

Em todo caso, "a substituição tributária *para frente* permite ao legislador exigir do contribuinte inicial da cadeia que recolha antecipadamente o tributo que será devido em todos os fatos que presumivelmente ocorrerão no futuro."[21] Assim, certo é que a substituição tributária é mera *técnica* de arrecadação que visa a facilitar a arrecadação do ICMS, suprimindo, na prática, uma ou mais etapas da circulação tributável por meio do referido imposto.

Por conseguinte, a mera sujeição de uma exação tributária à técnica arrecadatória da substituição tributária não poderia desnaturar a natureza do tributo. Tanto é verdade, que, a teor do que constou do RE n. 593.849/MG, a "praticidade tributária encontra freio nos igualmente normativos princípios da igualdade, capacidade contributiva e vedação do confisco, assim como na arquitetura de neutralidade fiscal do ICMS"[22], mormente não ter o condão de alterar a estrutura material do imposto.

Aliás, jamais se poderia admitir um mecanismo de simplificação da arrecadação tributária que tivesse poder para relegar, a segundo plano, os direitos e garantias dos contribuintes ou o próprio perfil constitucional do ICMS. Em verdade, a ordem é diametralmente oposta: a praticidade somente se sustenta enquanto não violados direitos e garantias dos contribuintes, que só deverão submeter à tributação aque-

---

[20] BRASIL. Supremo Tribunal Federal (STF). Recurso Extraordinário nº 593.849/MG. Relator: Ministro Edson Fachin. Brasília, DF, 19 out. 2016. **Diário Oficial de Justiça**, Brasília, 05 abr. 2017.

[21] GAIA, Patrícia Dantas. **Os limites da substituição tributária progressiva do ICMS para manifestação do princípio da preservação das empresas**. 254 fls. Dissertação (Mestrado em Direito) – Faculdade de Direito Milton Campos, Nova Lima, 2010, p. 150, grifos no original.

[22] BRASIL. Supremo Tribunal Federal (STF). Recurso Extraordinário nº 593.849/MG. Relator: Ministro Edson Fachin. Brasília, DF, 19 out. 2016. **Diário Oficial de Justiça**, Brasília, 05 abr. 2017.

las materialidades econômicas expressamente elencadas pelo texto constitucional.

Nesses termos, certo é que o ICMS-ST é, na realidade, o próprio ICMS, havendo diferenciação tão somente em relação à forma arrecadatória, que nada influi – e nem poderia – nos elementos estruturais do imposto estadual. Sobre a temática, vale anotar as lições de Roque Antônio Carrazza:

> De qualquer forma, mesmo sem perdermos de vista os propósitos arrecadatórios da substituição tributária, é óbvio que ela não pode servir de instrumento para alterar os elementos estruturais do ICMS, sobretudo os que dizem respeito à composição de sua base de cálculo.[23]

Para clarificar a questão, vale rememorar a fenomenologia da incidência tributária, pela qual, segundo Sacha Calmon[24], os quatro aspectos da hipótese de incidência (material, temporal, espacial e pessoal) devem ser satisfeitos para que seja faticamente concretizado o fato gerador e, assim, nasça a obrigação tributária. A obrigação tributária, concernente ao comando da norma, é dividida entre elementos essenciais (sujeitos, base de cálculo, alíquotas, etc.) e elementos acidentais (temporal, espacial e modal), sendo que somente os últimos poderão sofrer modificações em função da sujeição à substituição tributária.

Assim, a adoção de técnica arrecadatória simplificada - a substituição tributária - não autoriza a conclusão de que o ICMS-ST se torna outro imposto, mormente a manutenção de todos os elementos estruturais e essenciais do próprio ICMS. Por conseguinte, há igual aplicabilidade da regra-matriz constitucional do ICMS ao ICMS-ST.

Realizado tal esclarecimento preliminar, deve-se, então, analisar a regra-matriz constitucional do ICMS. Conforme determinação do artigo 155, inciso II, da CR/88, o referido imposto incide, entre outros fatos, sobre as *"operações relativas à circulação de mercadorias"*. Trata-se, portanto, de imposto que visa onerar o consumo dos contribuintes, sendo essa a materialidade abarcada pela hipótese de incidência do

---

23 CARRAZZA, Roque Antônio. **ICMS**. 17ª ed. São Paulo: Malheiros Editores, 2015, p. 173-174.

24 COÊLHO, Sacha Calmon Navarro. **Teoria Geral do Tributo e da Exoneração Tributária**. 3ª ed. Belo Horizonte: DelRey, 2000.

referido imposto nesta modalidade, conforme lições de Sacha Calmon e Misabel Derzi[25].

A teor das lições de Geraldo Ataliba e Cleber Giardino, o cerne do aspecto material da hipótese de incidência reside em "operações", sendo que os vocábulos "circulação" e "mercadorias" são apenas aspectos adjetivos de "operações". Vale anotar:

> O conceito nuclear da materialidade da hipótese de incidência do ICM é o de **operações**. Esta é, efetivamente, uma expressão substantiva de descrição constitucional do tributo; é o núcleo em torno do qual se constrói a própria descrição do campo material de competência dos Estados. Os demais termos, constantes dessa locução constitucional, são adjetivos em torno do substantivo **operações**.[26] (destaques no original)

Por conseguinte, considerando que a base de cálculo do tributo deve ser a "expressão econômica do aspecto material da hipótese de incidência do tributo"[27], a regra de ouro da quantificação do ICMS na modalidade sob análise é a efetiva operação realizada pelos sujeitos. Isso porque a base de cálculo "deve estar em perfeita sintonia com a hipótese de incidência do tributo, já que ela confirma sua natureza jurídica. Havendo qualquer descompasso entre elas, o tributo, porque mal-instituído, não poderá ser validamente lançado e cobrado."[28]

Nesses termos, certo é que a Constituição de 1988, ao delimitar a regra-matriz constitucional do ICMS, aponta, ainda que de forma implícita, a moldura atinente à base de cálculo de tal tributo, qual seja, o valor da operação efetivamente realizada.

Assim, em que pese a possibilidade de digressões legais subsequentes, "o valor da operação ou da prestação de serviço é o dado básico, fundamental da base de cálculo, que constitui o aspecto material do fato gerador, ou do fato imponível, e sua expressão valorativa", con-

---

25 COELHO, Sacha Calmon Navarro; DERZI, Misabel Abreu Machado. ICMS – Direito ao creditamento – princípio da não-cumulatividade. **Revista Dialética de Direito Tributário**, São Paulo, n° 102, mar./2004, pp. 141-156.

26 ATALIBA, Geraldo; GIARDINO, Cleber. Núcleo da Definição Constitucional do ICM. **Revista de Direito Tributário**, vols. 25/26, ano VII, jul./dez. 1983, p. 104.

27 CARRAZZA, Roque Antônio. **ICMS**. 17ª ed. São Paulo: Malheiros Editores, 2015, p. 162.

28 CARRAZZA, Roque Antônio. **ICMS**. 17ª ed. São Paulo: Malheiros Editores, 2015, p. 162.

forme constou do voto do Ministro Carlos Velloso na Ação Direta de Inconstitucionalidade (ADI) n. 1.851/AL[29].

No mesmo aspecto, é de se anotar que o Supremo Tribunal Federal, nos autos do RE n. 593.849/MG[30], determinou, com esteio no artigo 150, §7º, da CR/88, a necessidade de restituição do excesso de ICMS frente à diferença entre a base de cálculo presumida e o valor da operação efetivamente realizada. Tal entendimento encontra alicerce justamente na mencionada regra de ouro da quantificação do ICMS, intrinsecamente relacionada ao aspecto material da hipótese de incidência da norma constante do artigo 155, inciso II, da CR/88.

Repise-se, portanto: consoante inteligência do artigo 155, inciso II, da CR/88, a moldura constitucional da base de cálculo do ICMS é o valor da operação efetivamente realizada. Por conseguinte, o ICMS não poderá incidir sobre os descontos incondicionais. Ora, tais descontos são parcelas redutoras dos preços de vendas independentes de eventos posteriores à emissão das notas fiscais de vendas, de modo que não compõem o *preço* da mercadoria circulada; isto é, não dizem respeito ao valor da operação tributada.

Veja-se que "a descoincidência entre o valor real (efetiva operação realizada entre o substituído e o consumidor) e o valor presumido (anterior situação existente entre substituto e substituído) caracteriza uma base de cálculo fictícia, resultando num ICMS fictício".[31] Nesse sentido, parcela que anunciadamente não compõe o preço da mercadoria e, assim, não compõe o valor real da operação, não pode igualmente compor a base de cálculo do tributo, sob pena de se criar um imposto fictício.

---

29 BRASIL. Supremo Tribunal Federal (STF). Ação Direta de Inconstitucionalidade n. 1.851/AL. Relator: Ministro Ilmar Galvão. Brasília, DF, 08 mai. 2002. **Diário Oficial de Justiça**, Brasília, 22 nov. 2002.

30 BRASIL. Supremo Tribunal Federal (STF). Recurso Extraordinário nº 593.849/MG. Relator: Ministro Edson Fachin. Brasília, DF, 19 out. 2016. **Diário Oficial de Justiça**, Brasília, 05 abr. 2017.

31 MELO, João Eduardo Soares de. **ICMS**: teoria e prática. 12 ed. São Paulo: Dialética, 2012, p. 228.

A esse respeito, é ver a doutrina de Roque Antônio Carrazza:

> Estas novas considerações reforçam a ideia, já exibida, de que a inclusão, na base de cálculo do ICMS, do valor intrínseco das mercadorias bonificadas, não se sustenta, porque atropela a estrutura e o perfil constitucional deste tributo.[32]

Em conclusão, pois, os descontos incondicionais não podem compor a base de cálculo do ICMS, mormente seu perfil constitucional. Ademais, a moldura constitucional do referido imposto se aplica igualmente ao ICMS-ST, porquanto (i) a base de cálculo se relaciona intrinsecamente com o aspecto material da hipótese de incidência, sendo que (ii) há a impossibilidade constitucional de se estabelecer qualquer diferenciação entre as materialidades econômicas dos contribuintes alcançadas pela tributação do ICMS e pela do ICMS-ST, sob pena de violação ao artigo 155, inciso II, c/c artigo 150, §7°, da CR/88.

Dito de outro modo, inclusive em relação ao ICMS-ST, "só integra a operação tributável o valor pelo qual as mercadorias foram vendidas"[33]. Pelo exposto, ao contrário do que entendeu o Superior Tribunal de Justiça nos autos do EREsp n. 715.255/MG, certo é que os descontos incondicionais não poderão compor a base de cálculo do ICMS devido na substituição tributária, às vistas de regra-matriz constitucional do ICMS.

4. A FORÇA NORMATIVA DA CONSTITUIÇÃO E A BASE DE CÁLCULO DO ICMS – ST NA LEGISLAÇÃO INFRACONSTITUCIONAL

Conforme elucidado acima, em função da regra-matriz constitucional do ICMS, a regra de ouro de sua quantificação – e, portanto, de sua base de cálculo – é o valor da operação efetivamente realizada. Cumpre, portanto, analisar de que modo tal determinação constitucional reverbera na legislação infraconstitucional.

No bojo do que se convencionou chamar de neoconstitucionalismo, a Constituição deve ser compreendida como a ordem jurídica fundamental de uma sociedade[34], um verdadeiro "norte" normativo e valo-

---

[32] CARRAZZA, Roque Antônio. **ICMS**. 17ª ed. São Paulo: Malheiros Editores, 2015, p. 167.

[33] CARRAZZA, Roque Antônio. **ICMS**. 17ª ed. São Paulo: Malheiros Editores, 2015, p. 168.

[34] HESSE, Konrad. **Elementos de Direito Constitucional da República Federal da Alemanha**. Tradução por Luís Afonso Heck. Porto Alegre: Sergio Antonio Fabris Editor, 1998, p. 37.

rativo para todo o ordenamento jurídico. Isso porque, segundo Konrad Hesse[35], o "desenvolvimento da força normativa da Constituição depende não apenas do seu conteúdo, mas também de sua práxis", exigindo-se de todos os partícipes da vida constitucional a prática da "vontade de Constitôção".

Nesses termos, certo é que "a Constituição não configura, portanto, apenas expressão de um ser, mas também de um dever ser"[36], sendo a sua pretensão de eficácia real uma decorrência de sua força normativa. Em outras palavras, como a Magna Carta possui força normativa fundante e fundacional que reverbera sobre todo o ordenamento jurídico, a sua pretensão de eficácia exige dos Poderes atuação negativa e positiva no sentido de concretizar todas as suas normas e valores.

A aplicação das considerações supra ao caso sob apreço impõe a conclusão de que a legislação infraconstitucional deve necessariamente seguir a direção dada pela Constituição no tocante à composição da base de cálculo do ICMS, sob pena de violação à regra-matriz do mencionado imposto. Não por outro motivo, a LC n. 87/96 expressamente atrelou, em seu artigo 13, inciso I, a base de cálculo do ICMS ao "valor de que decorrer a saída de mercadoria".[37]

Contudo, a mera réplica da base de cálculo constante do mencionado dispositivo normativo para o ICMS devido em substituição tributária não atenderia ao propósito de tal técnica arrecadatória. Isso porque, "na substituição para frente ou progressiva, faz-se necessário inventar por presunção um fato gerador e uma base de cálculo (fato gerador e base de cálculo presuntivos)."[38]

Assim, visando conciliar a realidade da operação (regra de ouro da quantificação do ICMS) e o signo presuntivo constante da substituição tributária, o artigo 8º da LC n. 87/96 determina, especificamente em relação à antecipação com substituição, que o ICMS-ST será apurado a partir dos seguintes critérios:

---

[35] HESSE, Konrad. **A Força Normativa da Constituição**. Porto Alegre: Sergio Antonio Fabris Editor, 1991, p. 21-22

[36] HESSE, Konrad. **A Força Normativa da Constituição**. Porto Alegre: Sergio Antonio Fabris Editor, 1991, p. 19.

[37] CARRAZZA, Roque Antônio. **ICMS**. 17ª ed. São Paulo: Malheiros Editores, 2015, p. 168.

[38] COÊLHO, Sacha Calmon Navarro. **Curso de Direito Tributário Brasileiro**. 12ª ed. Rio de Janeiro: Gen/Forense, 2012, p. 339.

Art. 8º A base de cálculo, para fins de substituição tributária, será:

I - em relação às operações ou prestações antecedentes ou concomitantes, o valor da operação ou prestação praticado pelo contribuinte substituído;

II - em relação às operações ou prestações subseqüentes, obtida pelo somatório das parcelas seguintes:

a) o valor da operação ou prestação própria realizada pelo substituto tributário ou pelo substituído intermediário;

b) o montante dos valores de seguro, de frete e de outros encargos cobrados ou transferíveis aos adquirentes ou tomadores de serviço;

c) a margem de valor agregado, inclusive lucro, relativa às operações ou prestações subsequentes.

(...)

§ 2º Tratando-se de mercadoria ou serviço cujo preço final a consumidor, único ou máximo, seja fixado por órgão público competente, a base de cálculo do imposto, para fins de substituição tributária, é o referido preço por ele estabelecido.

§ 3º Existindo preço final a consumidor sugerido pelo fabricante ou importador, poderá a lei estabelecer como base de cálculo este preço.

§ 4º A margem a que se refere a alínea c do inciso II do caput será estabelecida com base em preços usualmente praticados no mercado considerado, obtidos por levantamento, ainda que por amostragem ou através de informações e outros elementos fornecidos por entidades representativas dos respectivos setores, adotando-se a média ponderada dos preços coletados, devendo os critérios para sua fixação ser previstos em lei.

§ 5º O imposto a ser pago por substituição tributária, na hipótese do inciso II do caput, corresponderá à diferença entre o valor resultante da aplicação da alíquota prevista para as operações ou prestações internas do Estado de destino sobre a respectiva base de cálculo e o valor do imposto devido pela operação ou prestação própria do substituto.

§ 6o Em substituição ao disposto no inciso II do caput, a base de cálculo em relação às operações ou prestações subseqüentes poderá ser o preço a consumidor final usualmente praticado no mercado considerado, relativamente ao serviço, à mercadoria ou sua similar, em condições de livre concorrência, adotando-se para sua apuração as regras estabelecidas no § 4o deste artigo.[39]

Conforme se nota, o artigo 8º da LC n. 87/96 estabeleceu uma ordem subsidiária de critérios a serem empregados na definição da base de cálculo do ICMS-ST, qual seja: (1) Preço definido por autoridade competente, ou, sem sua ausência, (2) Preço definido pelo fabricante, ou, acaso inexistente, (3.1) margem de valor agregado (MVA), que poderá

---

[39] BRASIL. Lei Complementar n. 87, de 13 de setembro de 1996. **Diário Oficial da União**, Brasília, 16 nov. 1996.

ser substituída pelo (3.2) preço médio por pauta fiscal (PMPF). Em outras palavras, na ausência de preço final fixado por autoridade competente ou sugerido pelo fabricante, o ICMS-ST será calculado a partir do PMPF ou MVA.

Dentre os critérios supramencionados, a MVA foi o que constou do cenário fático subjacente ao julgamento do EREsp n. 715.255/MG. Veja-se que, a partir de tal método de aferição do *quantum* devido de ICMS na substituição tributária, o Superior Tribunal de Justiça entendeu que os descontos incondicionais comporiam a base de cálculo do ICMS-ST porque inexistiria garantia de que os descontos incondicionais efetivamente refletiriam nos preços das operações futuras desde logo tributadas pelo substituto, por antecipação.

Contudo, conforme se demonstrará a seguir, o referido entendimento parte de premissa equivocada acerca da aferição do ICMS-ST a partir da MVA.

De fato, em atenção à mencionada regra de ouro da base de cálculo do ICMS, o artigo 8º, inciso II, da LC n. 87/96 estabelece que o ICMS-ST será calculado a partir do somatório (a) do "valor da operação" realizada pelo substituto, o qual, por dicção constitucional, necessariamente deverá ser atinente ao valor real de tal operação e (b) dos encargos transferíveis ao adquirente, somatório o qual deverá ser multiplicado (c) pela MVA Ajustada, esta última que é pertinente a um coeficiente numérico determinado pelo próprio ente tributante a partir dos preços usualmente praticados no mercado varejista.

Nesses termos, a base de cálculo presumida será formada pelo preço da operação própria realizada pelo substituto acrescido da MVA (além dos valores relativos a frete, seguro etc.). A presunção, portanto, consiste justamente no fato de que a margem de valor agregado será estabelecida pela legislação de cada Estado-membro, nos termos do §4º do artigo 8º da LC n. 87/96, levando em conta os preços usualmente praticados no mercado considerado.

É dizer: é a partir do coeficiente da MVA que se chega ao elemento da presunção da base de cálculo do ICMS no âmbito da substituição tributária. E isso porque

> a MVA ou Margem de Valor Agregado é um percentual utilizado no regime de substituição tributária para exprimir a evolução ou majoração dos preços das mercadorias e serviços à medida que percorrem as diversas etapas de circulação no mercado, contando a partir da etapa em que se dá a transferência de responsabilidade, representando uma projeção elaborada

pelo fisco estadual a respeito do comportamento do mercado no que se refere à composição dos lucros brutos agregados pelos diversos partícipes da cadeia de comercialização, de tal modo que, dados o preço praticado pelo substituto e a MVA, é possível estimar com o preço final a consumidor que alcançará aquela mercadoria ou serviço.[40]

Desse modo, o ponto de partida de apuração da base de cálculo é "o valor da operação ou prestação própria realizada pelo substituto tributário ou pelo substituído intermediário"[41]. Em outras palavras, a MVA fornecida pelo Poder Público é aplicada sobre o valor real da operação, ou seja, sobre o preço inicial de venda praticado pelo substituto, que é justamente aquele formado após a concessão voluntária do desconto incondicionado.

Sobre a questão, assim lecionam Sacha Calmon e Misabel Derzi:

> O que apenas se presume é a margem de lucro a ser auferida pelo substituído, a partir da aplicação de um percentual legalmente fixado sobre o **preço real** pelo qual adquiriu as mercadorias tributadas (valor da operação praticada pelo substituto). Sobre este último não se admite qualquer presunção, já que é fato passado e conhecido.[42] (destaques no original)

Para que dúvidas não pairem, importa mencionar que as alíneas "a" (valor da operação própria) e "b" (encargos cobrados ou transferíveis) do inciso II do artigo 8º da LC n. 87/96 constituem a base de cálculo do ICMS no regime de apuração normal. Desse modo, a distinção entre a base de cálculo do ICMS e a do ICMS-ST reside apenas na alínea "c" (MVA) do mencionado dispositivo, dado que, conforme dito acima, é este o fator presuntivo do aspecto quantitativo do tributo na modalidade de substituição tributária.

Por conseguinte, ao contrário da tese que restou assentada no EREsp n. 715.255, é absolutamente irrelevante saber se os descontos incondicionalmente concedidos pelo substituto reverberam até o final da cadeia de produção. Isso porque, no âmbito da apuração pela MVA, (a)

---

40 GAIA, Patrícia Dantas. **Os Limites da Substituição Tributária Progressiva do ICMS para Manifestação do Princípio da Preservação das Empresas**. 254fls. (Mestrado em Direito) – Faculdade de Direito Milton Campos, Nova Lima, 2010, p. 200.

41 BRASIL. Lei Complementar n. 87, de 13 de setembro de 1996. **Diário Oficial da União**, Brasília, 16 nov. 1996.

42 DERZI, Misabel Abreu Machado; COELHO, Sacha Calmon Navarro. **Parecer: Base de cálculo do ICMS no Regime de Substituição Tributária para a frente – exclusão dos descontos incondicionais**, p. 28-29.

o valor da operação considerado é o valor real praticado pelo substituto e que (b) a presunção do preço em relação às etapas subsequentes é realizada mediante a multiplicação do valor pela MVA, que é um coeficiente determinado pelos Estados tributantes.

5. CONSIDERAÇÕES FINAIS

A teor do que demonstrado acima, a atual jurisprudência do Superior Tribunal de Justiça entende pela possibilidade de inclusão dos descontos incondicionais na base de cálculo do ICMS-ST, fato que remonta a dois precedentes: (i) o Recurso Especial n. 1.111.156/SP, no âmbito do qual o STJ definiu que os descontos incondicionais não podem compor a base de cálculo do ICMS, mas expressamente excluiu do escopo da decisão o ICMS devido na substituição tributária; e (ii) os Embargos de Divergência em Recurso Especial n. 715.255/MG, no bojo do qual o Tribunal da Cidadania assentou a tese de que os descontos incondicionais deveriam compor a base de cálculo do ICMS-ST porque, nessa modalidade de recolhimento do tributo, haveria o elemento da presunção da base de cálculo, de modo que só se poderia excluir tais valores se fosse provado o repasse dos descontos ao consumidor final – do contrário, dever-se-ia presumir que não seriam repassados, razão pela qual incidente o ICMS-ST.

Conforme demonstrado ao longo do presente trabalho, com o fôlego que lhe é permitido, o precedente constante do EREsp n. 715.255/MG não apenas revela-se juridicamente inadequado, como também possui déficit de legitimidade, sobretudo em função da composição da turma julgadora do referido caso. É que, em que pese a usual composição da Primeira Seção do STJ abarcar paritariamente membros da Primeira e da Segunda Turmas, certo é que, quando do julgamento do EREsp n. 715.255/MG, dos seis julgadores presentes, apenas um era da Primeira Turma. Nesse sentido, o entendimento prolatado pela Primeira Seção não foi fruto da uniformização dos entendimentos díspares das Primeira e Segunda Turmas do STJ, mas sim de uma reafirmação do entendimento da Segunda Turma que conforme era favorável à inclusão dos descontos incondicionais na base de cálculo do ICMS-ST.

Para além de tal questão, contudo, certo é que o referido precedente se revela inadequado, devendo ser sujeito ao *overruling*, por três principais motivos.

Primeiramente, porque advém de injustificada diferenciação entre o ICMS e o ICMS-ST. Ora, a substituição tributária consiste tão somente em técnica arrecadatória, não lhe sendo permitido desvirtuar o ICMS-ST em relação à regra-matriz constitucional do ICMS. De fato, o ICMS-ST é, na realidade, o próprio ICMS, havendo diferenciação tão somente em relação à forma arrecadatória, que nada influi – e nem poderia – nos elementos estruturais do imposto estadual.

Em segundo lugar, a regra-matriz constitucional do ICMS – igualmente aplicável ao ICMS – impõe que a regra de ouro da quantificação do ICMS na modalidade sob análise seja a efetiva operação realizada pelos sujeitos, considerando a necessidade de sintonia entre a base de cálculo e o aspecto material do tributo. Por conseguinte, parcela que anunciadamente não compõe o preço da mercadoria e, assim, não compõe o valor real da operação, não pode igualmente compor a base de cálculo do tributo, sob pena de se criar um imposto fictício.

Em terceiro lugar, o referido precedente engana-se, ainda, em relação à composição da base de cálculo do ICMS-ST na modalidade da margem de valor agregado. Quando calculado a partir de tal critério, o ICMS-ST concerne ao somatório (a) do "valor da operação" realizada pelo substituto, o qual, por dicção constitucional, necessariamente deverá ser atinente ao valor real de tal operação e (b) dos encargos transferíveis ao adquirente, somatório o qual deverá ser multiplicado (c) pela MVA Ajustada, esta última que é pertinente a um coeficiente numérico determinado pelo próprio ente tributante a partir dos preços usualmente praticados no mercado varejista. Nesses termos, a presunção consiste no fato de que a margem de valor agregado será estabelecida pela legislação de cada Estado-membro, levando em conta os preços usualmente praticados no mercado considerado, razão pela qual, ao contrário da tese que restou assentada no EREsp n. 715.255, é absolutamente irrelevante saber se os descontos incondicionalmente concedidos pelo substituto reverberam até o final da cadeia de produção.

Pelo exposto, torna-se necessária a revisão da jurisprudência do Superior Tribunal de Justiça, porquanto o precedente que embasa toda a cadeia de julgados atuais revela-se não apenas ilegítimo, como também inadequado.

REFERÊNCIAS BIBLIOGRÁFICAS

ATALIBA, Geraldo; GIARDINO, Cleber. Núcleo da Definição Constitucional do ICM. *Revista de Direito Tributário*, vols. 25/26, ano VII, jul./dez. 1983.

BRASIL. *Constituição da República Federativa do Brasil*, de 05.10.1988. Brasília, 1988. Disponível em: < http://www.planalto.gov.br/ccivil_03/constituicao/constituicao.htm>. Acesso em 15.10.2019.

BRASIL. Lei Complementar n. 87, de 13 de setembro de 1996. *Diário Oficial da União*, Brasília, 16 nov. 1996.

BRASIL. Supremo Tribunal Federal (STF). Recurso Extraordinário nº 593.849/MG. Relator: Ministro Edson Fachin. Brasília, DF, 19 out. 2016. *Diário Oficial de Justiça*, Brasília, 05 abr. 2017. Disponível em: <http://portal.stf.jus.br/processos/detalhe.asp?incidente=2642284>. Acesso em 15.10.2019.

BRASIL. Supremo Tribunal Federal (STF). Ação Direta de Inconstitucionalidade n. 1.851/AL. Relator: Ministro Ilmar Galvão. Brasília, DF, 08 mai. 2002. *Diário Oficial de Justiça*, Brasília, 22 nov. 2002. Disponível em: <http://stf.jus.br/portal/jurisprudencia/listarJurisprudencia.asp?s1=%28ADI%24%2ESCLA%2E+E+1851%2ENUME%2E%29+OU+%28ADI%2EACMS%2E+ADJ2+1851%2EACMS%2E%29&base=baseAcordaos&url=http://tinyurl.com/cqcr8f7>. Acesso em 15.10.2019.

BRASIL. Superior Tribunal de Justiça (STJ). Embargos de Divergência em Recurso Especial (EREsp) nº 715.255/MG. Relatora: Ministra Eliana Calmon. Brasília, DF, 23 jun. 2010. *Diário Oficial de Justiça*, Brasília, 23 fev. 2011. Disponível em: <https://ww2.stj.jus.br/processo/pesquisa/?tipoPesquisa=tipoPesquisaNumeroRegistro&termo=200901678596&totalRegistrosPorPagina=40&aplicacao=processos.ea>. Acesso em 15.10.2019.

BRASIL. Superior Tribunal de Justiça (STJ). Recurso Especial nº 923.012/MG. Relator: Ministro Luiz Fux, Brasília, DF, 09 jun. 2010. *Diário Oficial de Justiça*, Brasília, 24 jun. 2010. Disponível em:<https://ww2.stj.jus.br/processo/pesquisa/?tipoPesquisa=tipoPesquisaNumeroRegistro&termo=200700314980&totalRegistrosPorPagina=40&aplicacao=processos.ea>. Acesso em 15.10.2019.

BRASIL. Superior Tribunal de Justiça (STJ). Recurso Especial nº 1.041.331/RJ. Relator: Ministro Herman Benjamim. Brasília, DF, 02 set. 2010. *Diário Oficial de Justiça*, Brasília, 24 set. 2010. Disponível em: <https://ww2.stj.jus.br/processo/pesquisa/?tipoPesquisa=tipoPesquisaNumeroRegistro&termo=200800606665&totalRegistrosPorPagina=40&aplicacao=processos.ea>. Acesso em 15.10.2019.

BRASIL. Superior Tribunal de Justiça (STJ). Recurso Especial nº 1.111.156 – SP. Relator: Ministro Humberto Martins, Brasília, DF, 14 out. 2009. *Diário Oficial de Justiça*, Brasília, 22 out. 2009. Disponível em: <https://ww2.stj.jus.br/processo/pesquisa/?tipoPesquisa=tipoPesquisaNumeroRegistro&termo=200900217734&totalRegistrosPorPagina=40&aplicacao=processos.ea>. Acesso em 15.10.2019.

BRASIL. Superior Tribunal de Justiça (STJ). Recurso Especial nº 715.255/MG. Relator: Ministro Luiz Fux. Brasília, DF, 28 mar. 2006. *Diário Oficial de Justiça*, Brasília, 10 abr. 2006. Disponível em: <https://ww2.stj.jus.br/processo/pesquisa/?-

tipoPesquisa=tipoPesquisaNumeroRegistro&termo=200401828229&totalRegistros-PorPagina=40&aplicacao=processos.ea>. Acesso em 15.10.2019.

CARRAZZA, Roque Antônio. *ICMS*. 17ª ed. São Paulo: Malheiros Editores, 2015.

COÊLHO, Sacha Calmon Navarro. *Curso de Direito Tributário Brasileiro*. 12ª ed. Rio de Janeiro: Gen/Forense, 2012.

COÊLHO, Sacha Calmon Navarro. *Teoria Geral do Tributo e da Exoneração Tributária*. 3ª ed. Belo Horizonte: DelRey, 2000.

COELHO, Sacha Calmon Navarro; DERZI, Misabel Abreu Machado. ICMS – Direito ao creditamento – princípio da não-cumulatividade. *Revista Dialética de Direito Tributário*, São Paulo, nº 102, mar./2004, pp. 141-156.

DERZI, Misabel Abreu Machado; COELHO, Sacha Calmon Navarro. *Parecer: Base de cálculo do ICMS no Regime de Substituição Tributária para a frente – exclusão dos descontos incondicionais*.

ESTADO DE MINAS GERAIS. Decreto n. 43.080, de 13 de dezembro de 2002. *Diário Oficial do Estado de Minas Gerais*, 14 dez. 2002. Disponível em: < http://www.fazenda.mg.gov.br/empresas/legislacao_tributaria/ricms_2002_seco/sumario2002seco.htm>. Acesso em 15 out. 2019.

ESTADO DO RIO DE JANEIRO. Decreto n. 27.427, de 17 de novembro de 2000. *Diário Oficial do Estado do Rio de Janeiro*, 22 nov. 2000. Disponível em: < http://www.fazenda.rj.gov.br/sefaz/faces/oracle/webcenter/portalapp/pages/navigation-renderer.jspx?_afrLoop=542706058150633&datasource=UCMServer%23dDocName%3A81002&_adf.ctrl-state=89rduwskv_9>. Acesso em 15 out. 2019.

GAIA, Patrícia Dantas. *Os limites da substituição tributária progressiva do ICMS para manifestação do princípio da preservação das empresas*. 254 fls. Dissertação (Mestrado em Direito) – Faculdade de Direito Milton Campos, Nova Lima, 2010.

HESSE, Konrad. *Elementos de Direito Constitucional da República Federal da Alemanha*. Tradução por Luís Afonso Heck. Porto Alegre: Sergio Antonio Fabris Editor, 1998.

HESSE, Konrad. *A Força Normativa da Constituição*. Porto Alegre: Sergio Antonio Fabris Editor, 1991.

MACHADO, Hugo de Brito. *Direito Tributário*. Vol. II. São Paulo: Ed. RF, 1994.

MELO, João Eduardo Soares de. *ICMS: teoria e prática*. 12. ed. São Paulo: Dialética, 2012.

MENDES, Conrado Hübner. *Direitos fundamentais, separação de poderes e deliberação*. São Paulo: Saraiva, 2011.

MOREIRA, André Mendes. *A Não Cumulatividade dos Tributos*. 3ª ed. São Paulo: Noeses, 2018.

FEDERALISMO, CONSTITUIÇÃO E TRIBUTAÇÃO

ANDRÉ MENDES MOREIRA[1]

SUMÁRIO: Proêmio; 1. Introdução; 2. Definição de Estado Federal; 2.1. Origens etimológicas; 2.2. Distinção entre Federação e Confederação; 2.2.1. A União como representante única dos Estados-membros no plano internacional; 2.2.2. A indissolubilidade do vínculo entre os Estados-membros; 2.2.3. Ordenamento jurídico vinculativo da União e dos Estados-membros e o postulado da simetria; 2.3. Distinção entre Federação e Estado Unitário; 2.3.1. Lei da Participação; 2.3.2. Lei da Autonomia; 2.3.2.1. Origem etimológica; 2.3.2.2. As faces da autonomia no Estado Federal: administrativa, judiciária, legislativa e política; 2.3.2.3. Autonomia financeira: independência, suficiência e eficiência na obtenção de recursos; 3. A repartição do produto da arrecadação; 3.1. A necessidade de repartição das receitas auferidas para preservação da autonomia financeira dos entes federados; 3.2. As formas de repartição vertical de receitas: obrigatórias e voluntárias; vinculadas e não-vinculadas; diretas e indiretas; 3.3. O sistema de participação direta; 3.3.1. Participação dos Estados no produto da arrecadação de impostos federais; 3.3.2. Participação dos Municípios no produto da arrecadação de impostos federais e estaduais; 3.3.3. Conceito de Valor Adicionado Fiscal: critérios para a partilha entre os Municípios do ICMS e do IPI repassados pelos Estados; 3.3.4. A repartição das receitas do IPI: o limitador de 20% por Estado; 3.3.5. A partilha da CIDE-combustíveis: participação dos Estados e dos Municípios; 3.4. O sistema de participação indireta; 3.4.1. Características dos fundos; 3.4.2. Fundos não vinculados a despesas específicas; 3.4.2.1. Fundo de Participação dos Estados e Distrito Federal; 3.4.2.2. Fundo de Participação dos Municípios; 3.4.3. Fundos vinculados a despesas específicas; 3.4.3.1. Fundos constitucionais de financiamento ao setor produtivo das regiões Norte, Nordeste e Centro-Oeste; 3.4.3.2. Fundo de Desenvolvimento da Educação Básica – FUNDEB; 3.4.3.3. Fundo da Saúde; 3.5. Previsões constitucionais de retenção de recursos; 4. Conclusões

---

[1] Professor Adjunto de Direito Tributário da UFMG. Doutor em Direito Tributário pela USP, onde fez residência Pós-Doutoral. Mestre em Direito Tributário pela UFMG. Membro Consultor da Comissão de Direito Tributário da OAB/SP e do Conselho de Altos Estudos em Finanças e Tributação da Associação Comercial de São Paulo. Diretor da ABRADT. Advogado.

PROÊMIO

O tema do federalismo sempre foi caro ao Professor Sacha Calmon, em sua luta incessante contra o autoritarismo e os déspotas, ainda que "esclarecidos". Essa travessia ainda está sendo feita por nosso País, que, desde 1889, vem, em movimentos nem sempre regulares e, por vezes, pendulares, rompendo com os grilhões dos que se consideram donos do Estado – que pertence somente ao povo, a quem todos os governantes devem servir, jamais o contrário. O federalismo contribui para a repartição do poder político e para o controle mútuo das ordens de governo. E, em sua essência, está a lapidar frase de Alexander Hamilton, para quem "a finança é o princípio vital do corpo político, é o que lhe sustenta e dá suporte, capacitando-o para suas funções mais essenciais". Noutro giro verbal, o direito tributário e a forma de repartição das receitas amealhadas da sociedade **é determinante para o adequado funcionamento de um Estado que se pretenda democrático.**

Assim, como a democracia é e sempre foi a principal bandeira do homenageado, escolhemos o presente tema com o intuito de ofertar-lhe nosso agradecimento por todos os ensinamentos, de direito e de vida, que temos tido o privilégio de receber *in personae* nas últimas décadas. Muito obrigado, Professor Sacha.

1. INTRODUÇÃO

O Federalismo, como atualmente conhecido, é usualmente creditado à experiência norte-americana do final do século XVIII.

ALEXIS DE TOCQUEVILLE[2] argumentou, com propriedade, que a Constituição Americana se assentou em uma teoria inteiramente nova,

---

2 O autor assim justifica o seu ponto de vista:

"Em todas as confederações que precederam a confederação americana de 1789, os povos, que se aliavam com um objetivo comum, consentiam em obedecer às injunções de um governo federal, mas preservavam o direito de ordenar e fiscalizar em seu território a execução das leis da União.

Os Estados americanos que se uniram em 1789 não apenas consentiram em que o governo federal lhes ditasse leis, mas também em que ele próprio zelasse pelo cumprimento das suas.

Nos dois casos, o direito é o mesmo, só é diferente o seu exercício. Mas essa simples diferença produz imensos resultados." (DE TOCQUEVILLE, Alexis. *A Democracia na América - leis e costumes. De certas leis e certos costumes políticos que foram naturalmente sugeridos aos americanos por seu estado social democrático*. Trad. por EDUARDO BRANDÃO. São Paulo: Martins Fontes, 2005, p. 175).

que deve ser aclamada como uma das maiores descobertas da ciência política de nossos tempos. Afinal, ligas e confederações já existiam antes dos EUA – contudo, a administração central não governava os cidadãos diretamente. A inovação americana residiu exatamente na possibilidade de se desenvolver duas ordens de governo que exercessem soberania sobre o mesmo território e os mesmos cidadãos, ao mesmo tempo.

Não obstante sua originalidade, podemos encontrar nas ideias de ALEXANDER HAMILTON, JAMES MADISON e JOHN JAY[3], semelhanças com o pensamento de JOHN LOCKE e MONTESQUIEU.

A proximidade com LOCKE[4], considerado o pai do Estado liberal, decorre da orientação individualista que pautou os ensaios pró-Constituição americana, que assentaria as bases para o modo capitalista de produção. A seu turno, a influência de MONTESQUIEU[5] é clara, porquanto este propunha a república confederativa como a forma de governo que possui todas as vantagens internas de uma república aliada às vantagens externas de uma monarquia. Sem mencionar, obviamente, a teoria da tripartição dos poderes, desenvolvida por MONTESQUIEU a partir dos ensaios de LOCKE e defendida expressamente por JAMES MADISON ao asseverar que a concentração do poder de legislar, executar e julgar nas mesmas mãos equivale à tirania. Nesse particular, lembre-se aqui a lição de FLÁVIO BERNARDES[6], para quem o controle do Executivo sobre os seus próprios atos, do Legislativo sobre os atos do Executivo e do Judiciário sobre ambos é essencial ao Estado de Direito.

---

3 HAMILTON, Alexander; MADISON, James; JAY, John. *The Federalist*. Indianapolis: Liberty Fund, 2001.

Os artigos foram publicados inicialmente em jornais do Estado de Nova Iorque para convencer a população e os delegados daquela ex-colônia britânica a ratificar a Constituição, aprovada em 1787. Alexander Hamilton redigiu 51 artigos, James Madison 29 e John Jay 5, sendo outros 3 em coautoria entre Hamilton e Madison.

4 LOCKE, John. *Segundo Tratado sobre o Governo*. Trad. por ALEX MARINS. São Paulo: Martin Claret, 2006.

5 MONTESQUIEU, Baron de. *The Spirit of the Laws*. Encyclopaedia Britannica: Chicago, 1952, p. 58-9.

6 BERNARDES, Flávio Couto. A Lei de Responsabilidade Fiscal e o Controle da Atividade Financeira do Estado: a efetividade do princípio constitucional do equilíbrio econômico e financeiro. *Revista da Procuradoria-Geral do Município de Belo Horizonte*, ano 1, n. 2. Belo Horizonte: Fórum, jul.-dez./2008, p. 119.

Outrossim, GEORGE MACE[7] sustenta que a inspiração dos federalistas se assenta também no pensamento de HOBBES[8], haja vista a importância que se conferiu à necessidade de existência de um poder soberano central forte, que seria imprescindível para a paz interna e a defesa externa.

O federalismo apregoado por HAMILTON, MADISON e JAY era do tipo dualista, em que a independência plena entre união e estados é preservada. Há uma repartição horizontal do poder, separando radicalmente a competência dos entes políticos, que atuarão de forma independente um do outro. A União americana possuía poderes expressos e enumerados na Constituição, reservando-se aos Estados todos os demais poderes não enunciados na Lei Maior, o que restou posteriormente denominado pela doutrina de *técnica dos poderes reservados*.

Esse modelo pautou a definição clássica de federalismo trazida por Sir KENNETH WHEARE[9]. Segundo o Professor de Oxford, "o princípio federativo significa o método de divisão de poderes pelo qual os governos central e regional são, cada um dentro de sua esfera, independentes", definição que foi adotada pela doutrina como sinônimo de federalismo dualista. Nas palavras de DERZI e BUSTAMANTE[10]:

> Ora, um Estado-membro não goza apenas de autonomia administrativa e financeira, nem apenas de personalidade pública. Trata-se de ente político, a que é atribuída parcela de poder estatal, de tal modo que a ordem jurídica que somente vale em seu âmbito territorial nasce de fonte legislativa própria. O Estado-membro, como Estado Federado, se auto ordena uma ordem jurídica própria. É pessoa inconfundível com autarquia, ente dotado de certa independência administrativa e gerencial, jamais um ser político-estatal. Como ser estatal, o Estado-membro nasce originalmente na Constituição Federal, no mesmo instante, forma e com as limitações ali impostas. Não é criatura da União, mas com ela nasce junto, integrando vínculo indissolúvel no concerto federativo. A essência do Federalismo

---

7 MACE, George. *Locke, Hobbes and the Federalist Papers* – an essay on the genesis of the American Political Heritage. Carbondale: South Illinois University, 1979.

8 DE MALMESBURY, Thomas Hobbes. *Leviatã ou Matéria, Forma e Poder de um Estado Eclesiástico e Civil*. Trad. por JOÃO PAULO MONTEIRO e MARIA BEATRIZ NIZZA DA SILVA. São Paulo: Abril Cultural, 1978.

9 WHEARE, Kenneth, *Apud* TELFORD, Hamish. Liberalism versus Communitarianism and Canada's Constitutional Conundrum. *Journal of Canadian Studies*, v. 33, 1998.

10 DERZI, Misabel Abreu Machado. Federalismo, Liberdade e Direitos fundamentais. *Revista Estudos Institucionais*. Rio de Janeiro, Vol. 4, nº 1, 2018. Disponível em: <https://www.estudosinstitucionais.com/REI/issue/view/6/showToc>. Acesso em: 28 set. 2018.

não está apenas na relativa descentralização administrativa ou financeira, fenômeno comum ao Estado unitário, mas ainda na relativa autonomia político-jurídica dos Estados que o integram.

Com o tempo e especialmente a partir da segunda metade do século XX, o modelo de federalismo dualista foi bastante modificado, havendo atualmente uma aproximação muito forte entre as distintas ordens jurídicas parciais, o que levou à cunhagem do termo federalismo de cooperação ou de integração, cujo pressuposto é a atribuição a todas as ordens jurídicas de competência para tratamento da mesma matéria (competência comum ou concorrente), gerando uma necessária interação e cooperação entre os entes da federação, inclusive com a repartição vertical das receitas tributárias dos entes maiores para os menores.

Sob essa perspectiva, WALLACE OATES[11] chega a recomendar expressamente a redivisão intergovernamental do produto da arrecadação tributária como forma de se mitigar as externalidades e realizar a necessária redistribuição de renda no âmbito de um Estado federado.

De fato, é impossível falar-se em autonomia política, legislativa, administrativa ou judiciária – que, juntas, asseguram a existência autônoma dos entes federados – sem recursos financeiros para tanto, o que levou os teóricos (tanto do direito como da economia) ao estudo do intitulado "Federalismo Fiscal", cujo objeto são as relações financeiras entre os entes de uma federação.

No bojo do federalismo fiscal, o estudo da repartição tanto de competências como de receitas tributárias é essencial para a compreensão do grau de autonomia das entidades federadas respectivas.

Dessarte, a presente análise se estrutura em três partes, a saber:

a. a primeira, em que se buscará definir as principais nuanças do Estado Federal, diferenciando-o das Confederações e dos Estados Unitários;

b. a segunda, na qual, em vista do federalismo fiscal, analisa-se o conceito de competência tributária e sua repartição no Brasil, inclusive sob a ótica dos tratados internacionais firmados pelo País em matéria tributária; e

c. a terceira e última, em que a repartição das receitas tributárias, tanto por via direta (participação no produto da arrecadação) como indireta (pela via dos intitulados fundos de participação) é analisada.

---

[11] OATES, Wallace E. *Federalismo fiscal*. Madri: Instituto de Estudios de Administración Local, 1977, p. 101.

2. DEFINIÇÃO DE ESTADO FEDERAL

2.1. ORIGENS ETIMOLÓGICAS

Etimologicamente, o termo federação deriva do latim *foederatus*, que designava inicialmente uma tribo ligada a Roma por um *foedus*, que significa pacto, aliança, liga. O Império Romano se valeu de diversos *foederati* para sua defesa, tendo financiado várias tribos bárbaras para garantir sua segurança.

Todavia, a única identidade entre os *foederati* romanos e as federações hodiernas é etimológica, pois, como bem aponta BONAVIDES[12], o federalismo é um fenômeno moderno, "debalde buscamos, nas épocas clássicas ou nos séculos de transição medieval, o federalismo como técnica, arte de governo, ou instrumento de organização política". Conforme leciona TORRES[13]:

> Deve-se a Proudhon (*Do princípio federativo*, de 1874) uma definição de "federalismo" que recorda a etimologia da palavra federal, que deriva de foedus, genitivo foederis, que quer dizer pacto, contrato, tratado, convenção. A partir desta base, define-o como "pacto" pelo qual um ou mais estados ou municípios obrigam-se recíproca e igualmente, uns em relação aos outros. Com isso, o federalismo opõe-se à hierarquia e à centralização administrativa e governamental.

2.2. DISTINÇÃO ENTRE FEDERAÇÃO E CONFEDERAÇÃO

A proposta, neste momento, é obter o conceito de federação por exclusão, antes de detalharmos suas notas características.

Assim, impende diferençá-la da confederação, instituto de longa tradição que, no final século XIII, foi implementado por alguns cantões da atual Suíça.

Confira-se.

2.2.1. A UNIÃO COMO REPRESENTANTE ÚNICA DOS ESTADOS-MEMBROS NO PLANO INTERNACIONAL

Um primeiro dado distintivo entre federação e confederação reside na ausência, nesta última, de um poder central único, ao contrário do que se dá na primeira, em que a União é a única detentora do poder soberano.

---

[12] BONAVIDES, Paulo. *Teoria do Estado*. São Paulo: Saraiva, 1967, p. 182.

[13] TORRES, Heleno Taveira. Federalismo Cooperativo exige reformas política e tributária no país. *Consultor Jurídico Online*. 27 ago.2014. Disponível em: <https://www.conjur.com.br/2014-ago-27/consultor-tributario-receita-promover-politicas-coerentes-economia>. Acesso em: 29 set.2018.

Isso ocorre porque o Estado Federal não surge por tratado internacional, pelo qual os países reconhecem entre si uma União de Estados, mas sim com base em uma voluntária cessão de soberania de um ente a outro, em prol do todo, formando uma união indissolúvel, que deterá o monopólio da representação dos Estados no plano internacional.

2.2.2. A INDISSOLUBILIDADE DO VÍNCULO ENTRE OS ESTADOS-MEMBROS

Um segundo elemento diferenciador apontado é a indissolubilidade do pacto federativo, porquanto a possibilidade de secessão, enquanto presente nas confederações, é vedada no Estado Federal.

Com vistas a assegurar essa indissolubilidade, as federações são dotadas de Cortes Constitucionais e do direito, conferido à União, de intervir nos Estados para assegurar a manutenção do pacto.

Para o que nos interessa, que são as relações financeiras entre os membros da Federação, vale mencionar que a falta de repasse de receitas tributárias pelos Estados[14] aos Municípios autoriza a União a intervir nos primeiros. Outrossim, a não aplicação do mínimo exigido da receita obtida com os impostos nos serviços públicos de saúde[15] também autoriza a União a intervir nos Estados e estes a intervir nos Municípios.

2.2.3. ORDENAMENTO JURÍDICO VINCULATIVO DA UNIÃO E DOS ESTADOS-MEMBROS E O POSTULADO DA SIMETRIA

Por fim, talvez o mais relevante elemento diferenciador entre Confederações e Federações seja a existência, nestas últimas, de uma legislação comum, que cria de forma indistinta direitos e obrigações para os cidadãos dos diversos Estados-membros, o que seria impensável em uma Confederação.

---

14 Os Municípios participam diretamente na arrecadação do ICMS (25%) e do IPVA (50%). Outrossim, dos 10% da arrecadação do IPI que são repartidos pela União com os Estados na proporção das exportações realizadas em seus territórios (com o intuito, portanto, de compensar a imunidade do ICMS nas vendas ao exterior), os Municípios fazem jus a 25%. Da mesma forma, dos 29% da receita global da CIDE-combustíveis que é entregue pela União aos Estados, estes devem partilhar com os Municípios 25% do total recebido.

15 Segundo o art. 198, § 2º da CR/88 c/c LC nº 141/12, os Estados devem aplicar em serviços de saúde 12% e os Municípios 15% da receita obtida com a arrecadação dos seus impostos, com a retenção na fonte por eles feita do IR e com o repasse da parcela do IPI destinada a compensar a imunidade do imposto nas exportações de produtos industrializados.

De fato, segundo o já citado ALEXIS DE TOCQUEVILLE, nos Estados Unidos do século XIX existiam duas sociedades distintas, encaixadas uma na outra.

Todavia, apesar da autonomia dos ordenamentos jurídicos, deve também existir entre eles uma simetria, para que suas dessemelhanças não se tornem motivo de desagregação.

Isso levou a doutrina a identificar, nos Estados Federais, o nominado princípio da simetria, pelo qual se postula uma obrigação geral implícita, imposta às ordens jurídicas menores, de observar algumas correspondências com o modelo federal estabelecido pela Constituição nacional na elaboração de seus próprios diplomas constitucionais.

Consoante o STF, a imposição da simetria é "revelada por meio da obrigatoriedade de reprodução nas Constituições Estaduais e nas Leis Orgânicas municipais das características dominantes no modelo federal[16]".

De fato, em decisões antigas, da década de 1940, o STF julgou inconstitucionais algumas medidas de forte tom parlamentarista adotadas pelos Estados à época. Afinal, quando no âmbito da União se acolhe o presidencialismo, é imprópria a adoção pelos Estados de modelos de governo que impliquem uma quase absorção do Executivo nos quadros do Legislativo.

Com base nessa mesma orientação, já sob a égide da Constituição de 1988, decidiu o STF ser inconstitucional norma da lei orgânica do município de Betim que não autorizava o Prefeito a ausentar-se do país, por qualquer período, sem prévia licença da Câmara Municipal, sob pena de perda do cargo[17].

De fato, agrediria a unidade constitucional a possibilidade de entes convivendo sob o mesmo macrossistema jurídico recepcionarem valores conflitantes entre si, pelo que a diversidade de ordenamentos jurídicos somente convive em harmonia se assegurada uma mínima (mas obviamente não completa) simetria entre eles.

2.3. DISTINÇÃO ENTRE FEDERAÇÃO E ESTADO UNITÁRIO

Da mesma forma que se distinguiu a federação da confederação, faz-se mister estremá-la do estado unitário, o que exige a compreensão

---

16 STF, Pleno, ADI nº 3.549/GO, Relatora Min. CÁRMEN LÚCIA, DJ 31.10.2007, p. 77.
17 STF, Pleno, RE nº 317.574/MG, Relator Min. CÉZAR PELUSO, DJe 31.01.2011.

de dois postulados a esse respeito, intitulados "lei da participação" e "lei da autonomia". É ver.

2.3.1. LEI DA PARTICIPAÇÃO

A Lei da Participação prescreve a atuação efetiva dos Estados-membros na formação das decisões federais. Dessarte, mesmo não sendo soberanos, os Estados-membros integram o organismo da soberania, tanto na sua criação quanto no seu exercício.

Nessa linha, as Constituições Federais brasileira, americana e alemã preveem a existência de um órgão legislativo destinado aos representantes dos Estados federados, ao lado da câmara dos representantes do povo. Costuma-se dar a tal órgão o nome de Senado, que usualmente possui composição paritária (idêntico número de representantes por Estado), em homenagem ao princípio da igualdade entre os entes.

Entretanto, diante da existência de entes federados que não participam da formação da vontade do Estado Federal (como os Municípios no Brasil) e considerando ainda que há Estados federais, como o Canadá e a Áustria, nos quais não existe órgão semelhante ao Senado, a Lei da Participação fica relegada a um segundo plano, residindo na Lei da Autonomia o verdadeiro critério de distinção entre uma federação e um estado unitário ou regional, como se analisará a seguir.

2.3.2. LEI DA AUTONOMIA

2.3.2.1. ORIGEM ETIMOLÓGICA

O vocábulo "autonomia" deriva do grego *autos* (si próprio) e *nemein* (governar), querendo significar, do ponto de vista etimológico, "governar a si próprio".

A definição de ente autônomo é condição essencial para o reconhecimento de uma federação em contraposição a um estado unitário, no qual os entes regionais, apesar de possuírem funções administrativas, não detêm autonomia[18].

---

18 CONSTANTINO MORTATI define autonomia como "a liberdade de determinação consentida para um sujeito", que se assenta "no poder de estabelecer para si a lei reguladora da própria ação". (MORTATI, Constantino. *Istituzioni di Diritto Pubblico*, tomo II, 9ª ed. Padova: Cedam, 1976, p. 824).

2.3.2.2. AS FACES DA AUTONOMIA NO ESTADO FEDERAL: ADMINISTRATIVA, JUDICIÁRIA, LEGISLATIVA E POLÍTICA

Apesar de ser impossível a quantificação da medida da autonomia necessária à qualificação do Estado como Federal, esta se manifesta de quatro formas essenciais, conforme leciona SACHA CALMON[19]:

a. autonomia administrativa, consistente no poder de ter administração executiva própria;
b. autonomia judiciária, configurada na existência de um aparato jurisdicional próprio;
c. autonomia legislativa, consistente no poder de produzir normas jurídicas; e
d. autonomia política, consistente no poder de formar o seu próprio governo.

KELSEN nos oferta ainda insumos relevantes para distinção entre o Estado Unitário e o Federal com base no critério da autonomia legislativa. Segundo o autor, no Estado Unitário tem-se apenas a descentralização estática das normas jurídicas, porquanto as normas são produzidas por um único poder central com validade para todo o território ou para partes dele (regiões). Lado outro, no Estado Federal há a descentralização dinâmica, pela qual se confere aos entes menores o direito de produzir suas próprias normas jurídicas, por meio de seus legislativos, que irão valer dentro dos seus respectivos territórios. Assim, para além do poder central, emissor de normas que vincularão os entes menores (descentralização estática) existem, no Estado Federal, outras fontes de produção de normas (descentralização dinâmica). Não obstante, reconhece KELSEN a existência de grande proximidade entre Estados Unitários com províncias às quais se outorga o poder de legislar e o Estado Federal, diferenciando-se ambos "apenas pelo fato de que as matérias sujeitas à legislação dos Estados componentes são mais numerosas e importantes do que as sujeitas à legislação das províncias autônomas"[20].

A este dado adicione-se que, contrariamente ao que se dá nos Estados Unitários, a descentralização dinâmica na federação não ocorre por concessão política feita por um ente em benefício de outro. Essas concessões, intituladas "*devolution*" nos países unitários de lín-

---

19 COELHO, Sacha Calmon Navarro. *Comentários à Constituição de 1988 – Sistema Tributário*, 10ª ed. Rio de Janeiro: Forense, 2006, p. 23.

20 KELSEN, Hans. *Teoria Geral do Direito e do Estado*. Trad. por LUÍS CARLOS BORGES. São Paulo: Martins Fontes, 2000, p. 452.

gua inglesa, são revogáveis *ad nutum* pelo concedente, consoante leciona MATHEW LEEKE[21].

Ao revés, no contexto federativo, a capacidade política do Estado-membro decorre da própria Constituição, sendo irrevogável e, entre nós, inclusive protegida por cláusula pétrea da Lei Maior.

2.3.2.3. AUTONOMIA FINANCEIRA: INDEPENDÊNCIA, SUFICIÊNCIA E EFICIÊNCIA NA OBTENÇÃO DE RECURSOS

O aspecto financeiro da autonomia dos entes federados é, sem dúvida, o seu lado mais relevante. Afinal, sem recursos para exercer as funções que lhe são atribuídas, toda e qualquer delegação de poder (administrativo, judiciário, legislativo e político) aos Estados-membros será inócua, porquanto estes dependerão permanentemente das verbas do poder central para o atingimento de suas finalidades. Conforme pontuam ONOFRE BATISTA e MARINA MARINHO:

> Não há como falar em autonomia, requisito do princípio da subsidiariedade, e fundamental para permitir a participação em igualdade de consideração, sem "independência financeira". Em outras palavras, não é possível exercer autonomamente os poderes políticos atribuídos sem suporte financeiro; da mesma forma, é impossível realizar qualquer projeto de governo sem os recursos necessários para tanto. Apenas é possível falar em autogoverno, auto-organização e autoadministração se houver recursos disponíveis para exercê-los. A dependência financeira destrói a autonomia de governo porque subordina a atuação de um ente ao auxílio do outro e tudo isso só ocorre na prática com o alinhamento das demais pessoas políticas às propostas do ente central.[22]

A autonomia financeira possui três características essenciais, que são a independência, a suficiência e a eficiência na obtenção de recursos[23].

---

21 Para MATHEW LEEKE *et alii*, comentando a Constituição inglesa, *devolution* é "o processo de devolução do poder do centro para as unidades subnacionais. É diferente do que ocorre em um sistema federal de governo, pois (...) é reversível e as instituições por ela beneficiadas são subordinadas ao Parlamento Central". (LEEKE, Mathew, SEAR, Chris e GAY, Oonagh. *An Introduction to Devolution in the UK*. London: House of Commons Library Research Papers, 2003, p. 7 – tradução livre do original em inglês).

22 BATISTA JR. Onofre Alves. Marinho, Marina Soares. A DRU e a deformação do sistema tributário nacional nestes 30 anos de Constituição. *Revista de Informação Legislativa – Senado Federal*. Brasília, ano 55, nº 219, p. 27-52. jul./set.2018. p 29.

23 CONTI, José Maurício, Federalismo Fiscal e a Repartição das Receitas Tributárias. In *Tratado de Direito Tributário*, vol. 1. MARTINS, Ives Gandra da Silva; NASCIMENTO, Carlos Valder do; MARTINS, Rogério Gandra da Silva (org.). São Paulo: Saraiva, 2011, p. 189.

A *independência* na obtenção de recursos deve existir para que o ente federado não precise sujeitar-se a outro com vistas a obter os meios financeiros de que precisa.

A *suficiência* dos recursos angariados é fundamental para que os entes possam atender às necessidades públicas que estejam sob sua responsabilidade. Afinal, se a Constituição dá os fins, precisa também prover os meios.

Por fim, a *eficiência* na arrecadação (designada por FRITZ NEUMARK[24] como praticidade, comodidade e economicidade arrecadatórias) busca privilegiar cada ente com os impostos mais adequados à sua abrangência (local, regional ou nacional). É o que justifica, por exemplo, a atribuição à União dos impostos sobre o comércio exterior e aos Municípios do imposto sobre propriedade imóvel urbana. Diga-se ainda, com base em ONOFRE BATISTA JUNIOR[25], que desde a EC n° 19/98 o princípio da eficiência administrativa é expresso no ordenamento jurídico-constitucional brasileiro.

É dentro do escopo da autonomia financeira do ente federado que se insere o estudo do federalismo fiscal e da respectiva repartição das receitas tributárias, que será feito a seguir.

3. A REPARTIÇÃO DO PRODUTO DA ARRECADAÇÃO

3.1. A NECESSIDADE DE REPARTIÇÃO DAS RECEITAS AUFERIDAS PARA PRESERVAÇÃO DA AUTONOMIA FINANCEIRA DOS ENTES FEDERADOS

Os mecanismos intergovernamentais de transferências de receitas, que radicam na solidariedade federativa (federalismo de cooperação), integram – ao lado da repartição das fontes de receita – o segundo grande grupo de instrumentos da autonomia fiscal.

Usualmente, a repartição ocorre do ente maior para o menor; no entanto, seria possível imaginar-se um cenário no qual o ente menor dividiria suas receitas com os entes maiores, conforme pugnado pelos defensores do intitulado princípio da subsidiariedade[26].

---

[24] *Apud* LOBO, Rogério Leite. *Federalismo Fiscal Brasileiro*: discriminação das rendas tributárias e centralidade normativa. Rio de Janeiro: Lumen Juris, 2006, p. 117.

[25] BATISTA JR., Onofre Alves. *Princípio Constitucional da Eficiência Administrativa*, 2ª ed. Belo Horizonte: Fórum, 2012, pp. 109-63.

[26] O princípio da subsidiariedade representa uma reação ao centralismo federativo, defendendo a conferência aos entes menores do maior plexo possível de competências (inclusive, portanto, as tributárias), haja vista que a proximidade com o

De todo modo, a transferência intergovernamental de receitas (repartição do produto da arrecadação) desempenha papel de relevo no amortecimento das desigualdades fiscais no contexto da Federação, contribuindo decisivamente para a erradicação da pobreza, da marginalização e para a redução das desigualdades sociais e regionais (art. 3º, III da CR/88).

3.2. AS FORMAS DE REPARTIÇÃO VERTICAL DE RECEITAS: OBRIGATÓRIAS E VOLUNTÁRIAS; VINCULADAS E NÃO-VINCULADAS; DIRETAS E INDIRETAS

As transferências de receitas entre os entes federados podem decorrer de uma obrigação constitucional ou legal entre as unidades da federação (sendo denominadas na doutrina estrangeira de *"revenue-sharing arrangements"*) ou, então, de uma relação contratual entre as ordens jurídicas parciais, a título de assistência financeira (são os *"grants"* do direito forâneo).

Outro critério classificatório é o que destaca a vinculação dos recursos repassados a finalidades específicas, o que permite a classificação dos repasses como vinculados ou não-vinculados, conforme o ente beneficiado possa ou não utilizar livremente os valores percebidos.

Por fim, pode-se discernir no sistema de transferências as participações diretas das indiretas. As primeiras se fazem presentes quando a arrecadação do tributo de competência de uma unidade federativa é constitucionalmente destinada a outro ente, ao qual aquela deverá fazer o necessário repasse (ou ao qual, caso delegada a capacidade tributária ativa, competirá remanescer com o todo ou parte do produto auferido). Já as participações indiretas se dão quando as parcelas de um ou mais tributos são destinadas a fundos, cujos recursos são posteriormente distribuídos às unidades federadas, consoante critérios previamente estabelecidos.

Estudaremos, a seguir, casos de repartição obrigatória das receitas no âmbito da federação brasileira, que ocorrem tanto de forma direta como indireta, em ambos os casos com e sem vinculação do montante repassado a destinações específicas.

---

cidadão permite maior eficiência no atendimento às necessidades públicas. Dentro dessa perspectiva, os entes maiores teriam competências subsidiárias, meramente supletivas, atuando nos campos em que os entes menores não conseguissem, por limitações que lhe são inerentes, apresentar soluções satisfatórias. Todavia, esta é apenas uma teoria nos dias atuais, que não encontra solo fértil para sua implementação nos diversos estados federativos de "cooperação" existentes.

3.3. O SISTEMA DE PARTICIPAÇÃO DIRETA

3.3.1. PARTICIPAÇÃO DOS ESTADOS NO PRODUTO DA ARRECADAÇÃO DE IMPOSTOS FEDERAIS

Estatuem os arts. 153, § 5°, I, 157, I, II e 159, II e III da Carta Magna que pertencem aos Estados e ao Distrito Federal:

a. 30% da arrecadação do IOF incidente na origem sobre o ouro, quando este for ativo financeiro ou instrumento cambial (art. 153, § 5°, I);

b. a totalidade do IRRF incidente na fonte sobre rendimentos pagos, a qualquer título, pelos Estados, suas autarquias e pelas fundações que instituírem e mantiverem (art. 157, I);

c. 20% do produto da arrecadação do imposto que a União instituir no exercício da competência residual (art. 157, II);

d. 10% do IPI arrecadado pela União, proporcionalmente ao valor das exportações de produtos industrializados realizadas em cada Estado (art. 159, II); e

e. 29% da CIDE-combustíveis arrecadada pela União, partilhada na forma da lei federal (art. 159, III).

3.3.2. PARTICIPAÇÃO DOS MUNICÍPIOS NO PRODUTO DA ARRECADAÇÃO DE IMPOSTOS FEDERAIS E ESTADUAIS

Conforme os arts. 153, § 5°, II e 158 da Constituição, têm as municipalidades participação direta sobre:

a. 70% da arrecadação do IOF incidente na origem sobre o ouro, quando este for ativo financeiro ou instrumento cambial;

b. a totalidade do IRRF incidente na fonte sobre rendimentos pagos, a qualquer título, pelos Estados, suas autarquias e pelas fundações que instituírem e mantiverem;

c. 50% do produto da arrecadação do ITR relativamente aos imóveis nelas situados. Admite-se a delegação da capacidade tributária ativa aos Municípios, na forma do art. 153, § 4°, III, caso em que lhes caberá a totalidade do valor arrecadado;

d. 25% do IPI recebido pelos Estados da União na proporção de suas exportações de produtos industrializados;

e. 50% do IPVA relativo aos veículos licenciados nos respectivos territórios;

f. 25% do ICMS. A participação neste caso é regulada no art. 158, IV e parágrafo único, pelo qual três quartos do valor total arrecadado são reservados e repassados na proporção do valor adicionado nas operações realizadas nos respectivos territórios, e até um

quarto na forma prevista pela legislação estadual (ou federal, no caso dos territórios) que venha a dispor sobre o assunto;
g. 25% do montante da CIDE-combustíveis destinado aos Estados, partilhado na forma da lei federal.

3.3.3. CONCEITO DE VALOR ADICIONADO FISCAL: CRITÉRIOS PARA A PARTILHA ENTRE OS MUNICÍPIOS DO ICMS E DO IPI REPASSADOS PELOS ESTADOS

A Constituição Federal, em seu artigo 158, IV, estabelece que 25% do produto da arrecadação do ICMS pertence aos Municípios, ditando, em seu parágrafo único, os seguintes critérios de repartição:

a. ¾, no mínimo, serão repartidos na proporção do valor adicionado nas operações relativas à circulação jurídica de mercadorias e prestações de serviços de transporte (interestadual e intermunicipal) e comunicação ocorridas nos territórios dos respectivos municípios; e
b. ¼, no máximo, será repassado na forma disposta em lei estadual.

Mais adiante, ao determinar em seu art. 159, II que 10% do IPI arrecadado pela União será repassado aos Estados e ao Distrito Federal na proporção das exportações de produtos industrializados por aqueles realizadas, a CR/88 também exige (art. 159, § 3°) que os Estados repassem aos respectivos Municípios 25% do valor por eles percebido da União, "observados os critérios estabelecidos no art. 158, parágrafo único, I e II".

A Lei Complementar n° 63/90 definiu que o valor adicionado corresponderá ao valor das mercadorias saídas, acrescido das prestações de serviços em território municipal, deduzido o valor das mercadorias entradas em cada ano civil.

Ou seja, consoante a legislação federal que disciplina a matéria (com espeque no art. 161, I da Lei Maior, que atribui à lei complementar a definição de valor adicionado para fins do disposto no seu art. 158, parágrafo único, I), o VAF é obtido a partir de uma simples operação aritmética:

> VAF = valor das saídas de mercadorias e serviços − valor das entradas de mercadorias

Prosseguindo, a LC n° 63/90 esclarece que deverão ser computadas como saídas de mercadorias:

a. todas as operações e prestações que constituírem fato gerador do ICMS, inclusive as diferidas, isentas ou alcançadas por benefícios fiscais; e
b. as operações imunes do imposto.

É fácil concluir – uma vez que está literalmente consignado na Constituição – que a norma fundamental adota, como critério de distribuição do ICMS entre os Municípios, o da territorialidade do valor adicionado, sendo que este é calculado com base em todas as operações potencialmente (mas não necessariamente) tributáveis pelo ICMS

Segundo esse critério básico e obrigatório em todo o âmbito nacional, cada Município fica com o valor adicionado produzido em seu próprio território.

3.3.4. A REPARTIÇÃO DAS RECEITAS DO IPI: O LIMITADOR DE 20% POR ESTADO

A previsão de repasse para os Estados de 10% do IPI arrecadado (com a obrigação destes repassarem aos respectivos Municípios 25% do que receberem, seguindo os mesmos critérios da repartição do ICMS) tem duas regras a serem observadas.

A primeira se refere à proporção em que os valores serão pagos. Leva-se em consideração o valor das exportações de produtos industrializados realizadas no território do ente federado.

Como a redação originária da Lei Maior previa imunidade de ICMS apenas para a exportação de produtos industrializados, o aludido repasse foi criado para compensar a perda dos Estados com a não-incidência do imposto estadual nessas operações.

Todavia, para que não houvesse uma concentração excessiva do repasse em um determinado Estado (notadamente São Paulo, que concentra a maior parte das exportações de produtos industrializados do país), a própria Constituição prescreveu que nenhum ente federado receberia mais de 20% do montante total entregue pela União, de modo a prestigiar os demais Estados, menos industrializados e, por conseguinte, exportadores em menor escala desses produtos.

Vale notar que alguns doutrinadores se referem ao repasse do IPI como "Fundo de Compensação pela Exportação de Produtos Industrializados". Todavia, adotamos a classificação mais usual para fins desta exposição, que considera a hipótese como sendo de participação direta do produto da arrecadação dos Estados no IPI arrecadado pela União.

Outrossim, como já aludido no item anterior, os Municípios fazem jus a 25% do valor percebido pelos Estados a título de IPI. A divisão entre as municipalidades seguirá os mesmos critérios da repartição do ICMS, a saber: ¾, no mínimo, segundo as regras do Valor Adicionado Fiscal; ¼, no máximo, consoante o padrão estabelecido por lei estadual.

3.3.5. A PARTILHA DA CIDE-COMBUSTÍVEIS: PARTICIPAÇÃO DOS ESTADOS E DOS MUNICÍPIOS

Criada pela EC n° 33/01 e instituída pela Lei n° 10.336/01, a CIDE-combustíveis – de competência da União – incide sobre a importação e comercialização de petróleo e seus derivados, gás natural e seus derivados e álcool combustível. Constitucionalmente, suas receitas são mandatoriamente aplicadas em (art. 177, § 4°, II da CR/88):

a. pagamento de subsídios a preços ou transporte de álcool combustível, gás natural e seus derivados e derivados de petróleo;
b. financiamento de projetos ambientais relacionados com a indústria do petróleo e do gás;
c. financiamento de programas de infraestrutura de transportes.

Em face dos elevados volumes de arrecadação, em 2003 foi aprovada a EC n° 42 que, inicialmente, destinou aos Estados 25% da arrecadação da CIDE, na forma da lei federal, assegurando ainda aos Municípios respectivos a participação em 25% desse montante.

Posteriormente, por meio da EC n° 44/04, a parcela dos Estados foi elevada para 29%, permanecendo incólume, todavia, o montante a ser repassado às respectivas municipalidades.

A Lei n° 10.866/04 regulamentou a forma de partilha da CIDE entre os Estados, erigindo os seguintes critérios:

a. 40% proporcionalmente à extensão da malha viária federal e estadual pavimentada existente em cada Estado e no Distrito Federal, conforme estatísticas elaboradas pelo DNIT;
b. 30% proporcionalmente ao consumo, em cada Estado e no Distrito Federal, dos combustíveis a que a CIDE se aplica, conforme estatísticas elaboradas pela ANP;
c. 20% proporcionalmente à população, conforme apurada pelo IBGE;
d. 10% distribuídos em parcelas iguais entre os Estados e o Distrito Federal.

Os valores deverão, conforme teor da lei, ser obrigatoriamente aplicados pelos Estados em programas de infraestrutura de transportes.

Os Municípios fazem jus, consoante o art. 159, § 4° da Lei Maior, a 25% do montante da CIDE percebido pelos Estados.

O critério de repartição entre as Municipalidades foi estabelecido de forma provisória pela Lei n° 10.866/04, a saber:

a. 50% proporcionalmente aos mesmos critérios previstos na regulamentação da distribuição dos recursos do Fundo de Participação dos Municípios (valor adicionado fiscal + lei estadual); e

b. 50% proporcionalmente à população, conforme apurada pelo IBGE.

Da mesma forma que os Estados, os Municípios restam obrigados a aplicar os recursos da CIDE em programas de infraestrutura de transportes.

3.4. O SISTEMA DE PARTICIPAÇÃO INDIRETA

3.4.1. CARACTERÍSTICAS DOS FUNDOS

Complementando este cenário, encontram-se na Constituição várias formas de participação indireta, em que a distribuição da pecúnia recolhida é intermediada pelos fundos, dando-se em mais de uma etapa.

Tais formas de participação estão essencialmente descritas no art. 159 da CR/88, que prevê dois dos principais fundos: o de Participação dos Estados e Distrito Federal (FPE) e o de Participação dos Municípios (FPM), tratando ainda dos Fundos de Financiamento da Região Norte (FNO), Nordeste (FNE) e Centro-Oeste (FCO).

Fundo pode ser definido como toda reserva de receita, para a aplicação determinada em lei, não sendo dotados de personalidade jurídica e tampouco de capacidade postulacional.

Caso determinado Estado ou Município entenda que recebeu valores a menor não é ao Fundo que se dirigirá, mas ao Tribunal de Contas da União, entidade encarregada de efetuar o cálculo das quotas e fiscalizar sua distribuição. Os cálculos elaborados pelo TCU são anuais, não podendo haver qualquer alteração nos índices durante o exercício financeiro, porque prevalece a ideia da *anualidade* de sua vigência, conforme precedentes do STF[27].

---

[27] STF, Pleno, MS n° 24.098/DF, Relator Min. CÉZAR PELUSO, DJ 21.05.2004, p. 33.

3.4.2. FUNDOS NÃO VINCULADOS A DESPESAS ESPECÍFICAS

3.4.2.1. FUNDO DE PARTICIPAÇÃO DOS ESTADOS E DISTRITO FEDERAL

O FPE tem assento no art. 159 da Constituição Federal, sendo formado por receitas provenientes dos impostos federais sobre a renda e sobre produtos industrializados, a serem distribuídas segundo os critérios estabelecidos em normas infraconstitucionais. Este fundo tem como principal fonte de receita 21,5% do que for arrecadado pela União com o IR e o IPI, descontados da base de cálculo, no primeiro caso, os valores retidos na fonte e diretamente apropriados pelos Estados, Distrito Federal e Municípios.

Sua regulamentação era realizada, até o ano de 2012, pela Lei Complementar 62/89, que continha, em seu anexo único, os coeficientes individuais de participação dos Estados e do Distrito Federal no Fundo, que, inicialmente, foram criados para serem aplicados até o exercício de 1991, prevendo-se a criação de lei específica para o exercício de 1992 e posteriores.

No entanto, ante a inércia do Congresso, os coeficientes originários continuaram sendo aplicados nos anos subsequentes, em que pesem as modificações tanto da renda *per capita* como da população de cada ente federado ao longo dos anos.

Em face disso, o STF declarou a inconstitucionalidade da LC n° 62/89, todavia sem pronúncia de nulidade, com efeitos *pro futuro*, mantida a sua vigência até 31 de dezembro de 2012[28], conferindo tempo para que o Congresso dispusesse novos critérios, por meio de lei. A declaração de inconstitucionalidade acolheu os argumentos de que o transcurso de longos anos sem qualquer alteração nos critérios de repartição não reflete a situação populacional e socioeconômica do Brasil do hoje,

---

28 Confira-se a ementa:

"Fundo de Participação dos Estados - FPE (art. 161, inciso II, da Constituição). Lei Complementar n° 62/1989. Omissão inconstitucional de caráter parcial. Descumprimento do mandamento constitucional constante do art. 161, II, da Constituição, segundo o qual lei complementar deve estabelecer os critérios de rateio do Fundo de Participação dos Estados, com a finalidade de promover o equilíbrio socioeconômico entre os entes federativos. Ações julgadas procedentes para declarar a inconstitucionalidade, sem a pronúncia da nulidade, do art. 2°, incisos I e II, §§ 1°, 2° e 3°, e do Anexo Único, da Lei Complementar n.° 62/1989, assegurada a sua aplicação até 31 de dezembro de 2012." (STF, Pleno, ADI n° 875/DF, Relator Min. GILMAR MENDES, DJe 29.04.2010).

que devem ser considerados, por expressa disposição do CTN, para essa finalidade

Assim, sanando a situação apresentada, foi editada, no ano de 2013, a Lei Complementar nº 143 que deu nova redação para a LC nº 62/89, estabelecendo que os valores devem ser distribuídos aos Estados nas seguintes proporções:

a. Aplicação, até o dia 31 de dezembro de 2015, dos coeficientes individuais de participação dos Estados e do Distrito federal nos termos do Anexo Único da Lei Complementar[29];

b. A partir do dia 1º de janeiro de 2016, o valor igual ao que foi distribuído no exercício de 2015, corrigido pelo IPCA e pelo percentual equivalente a 75% da variação do PIB do ano anterior ao ano considerado para base de cálculo;

c. A parcela que superar o montante especificado no inciso II será distribuída proporcionalmente a coeficientes individuais de participação obtidos a partir da combinação de fatores representativos da população e do inverso da renda domiciliar per capita da entidade beneficiária.

Além disso, A LC nº 143/2013 revogou ainda os artigos 88 e 89 do Código Tributário Nacional, que tratavam da repartição do FPE em 5% proporcionalmente à superfície da entidade participante e 95% proporcionalmente ao coeficiente individual de participação.

Por fim, anote-se que, por obra da EC nº 53/06, 20% do FPE é destinado ao FUNDEB respectivo (há um por Estado), viabilizando os investimentos em educação básica. Da mesma forma, 18% do FPE é vinculado a investimentos na área da saúde, conforme a EC nº 29/00 c/c LC nº 141/12. Desse modo, a livre destinação do FPE se aplica a somente 62% dos valores percebidos pelos Estados e pelo Distrito Federal.

3.4.2.2. FUNDO DE PARTICIPAÇÃO DOS MUNICÍPIOS

O critério de repartição do Fundo de Participação dos Municípios, financiado por 23,5% da arrecadação do IR e do IPI, é estabelecido pelo

---

29 Nos termos do Anexo Único da Lei Complementar 62/89, são os coeficientes: Acre, 3,4210; Amapá, 3,4120; Amazonas, 2,7904; Pará, 6,1120; Rondônia, 2,8156; Roraima, 2,4807; Tocantins, 4,3400; Alagoas, 4,1601; Bahia, 9,3962; Ceará, 7,3369; Maranhão 7,2182; Paraíba, 4,7889; Pernambuco, 6,9002; Piauí, 4,3214; Rio Grande do Norte, 4,1779; Sergipe4,1553; Distrito Federal, 0,6902; Goiás, 2,8431; Mato Grosso, 2,3079; Mato Grosso do Sul, 1,3320; Espírito Santo, 1,5000; Minas Gerais, 4,4545; Rio de Janeiro, 1,5277; São Paulo, 1,0000; Paraná, 2,8832; Rio Grande do Sul, 2,3548; e Santa Catarina, 1,2798.

art. 91 do Código Tributário Nacional. Conforme esse dispositivo, 10% do valor do fundo é destinado às capitais, ao passo que os demais 90% são repartidos entre os Municípios do interior, valendo ainda notar que, por força do Decreto-lei n° 1.881/81, 4% dos recursos destinados aos municípios do interior constituem uma reserva que é repartida exclusivamente entre os municípios com população superior a 156.216 habitantes, sem prejuízo da participação destes na divisão dos 96% restantes.

Há basicamente dois critérios que orientam a repartição do FPM:

a. o número de habitantes do município, conforme os dados mais recentes divulgados pelo IBGE; e

b. o inverso da renda *per capita* do Estado em que o Município estiver situado.

Dessarte, quanto maior o número de habitantes e quanto menor a renda *per capita* estadual, maior será a parcela do Município no âmbito do FPM, o que ocasionalmente gera protestos por parte das Municipalidades cuja população se reduz ao longo dos anos.

Vale notar que, por obra da EC n° 53/06, 20% do FPM é destinado ao FUNDEB do Estado em que o Município estiver situado, para financiar investimentos em educação básica. Outrossim, 12% do FPM é vinculado à aplicação em ações relativas à saúde por meio de fundos municipais destinados a essa finalidade, consoante a EC n° 29/00 c/c LC n° 141/12.

A vinculação ao FUNDEB e aos Fundos de Saúde não alcança, entretanto, o um ponto porcentual da arrecadação do IR/IPI que foi adicionado ao FPM pela EC n° 55/07, cujo escopo é financiar os Municípios para pagamento do 13° salário de seus funcionários, razão pela qual o valor somente é creditado em favor daqueles no primeiro decêndio do mês de dezembro de cada ano.

Desse modo, a livre destinação do FPM se aplica apenas a 68% dos valores percebidos pelos Estados e pelo Distrito Federal.

3.4.3. FUNDOS VINCULADOS A DESPESAS ESPECÍFICAS

3.4.3.1. FUNDOS CONSTITUCIONAIS DE FINANCIAMENTO AO SETOR PRODUTIVO DAS REGIÕES NORTE, NORDESTE E CENTRO-OESTE

O art. 159, I da Carta Magna prescreve a destinação de 3% do produto da arrecadação do IPI e do Imposto de Renda a fundos direcionados especificamente às regiões mais necessitadas do país.

Tais fundos visam a contribuir para o desenvolvimento econômico e social das respectivas regiões, mediante a execução de programas de financiamento aos setores produtivos, em consonância com os respectivos planos regionais de desenvolvimento (Lei n° 7.827/89, art. 2°).

No caso do Nordeste, o Fundo Constitucional de Financiamento inclui a finalidade específica de financiar, em condições compatíveis com as peculiaridades da área, atividades econômicas do semiárido, às quais serão destinadas metade dos recursos ingressados nos termos do art. 159, I, c da Constituição (Lei 7.827/89, art. 2°, § 2°).

Frequentam o rol de beneficiários dos Fundos de Financiamento os produtores e empresas, pessoas físicas e jurídicas, além das cooperativas de produção que desenvolvam atividades produtivas nos setores agropecuário, mineral, industrial e agroindustrial das regiões Norte, Nordeste e Centro-Oeste.

Conforme a legislação aplicável, a divisão dos recursos (3% do produto da arrecadação do IR e do IPI) se opera da seguinte forma:

a. 1,8% para o Fundo da região Nordeste;
b. 0,6% para cada um dos Fundos das regiões Norte e Centro-Oeste.

3.4.3.2. FUNDO DE DESENVOLVIMENTO DA EDUCAÇÃO BÁSICA – FUNDEB

O *caput* do art. 212 da CR/88 determina que a União aplicará, anualmente, no mínimo 18% da receita proveniente da arrecadação de impostos em manutenção e desenvolvimento da educação, sendo esse porcentual de 25% para os Estados, Distrito Federal e Municípios, incluindo nesse montante os valores recebidos a título de transferências intergovernamentais.

Trata-se de uma exceção ao princípio inserto na parte inicial do art. 167, IV, da CR/88, pelo qual é vedada a vinculação a órgão, fundo ou despesa do produto da arrecadação de impostos.

Todavia, constatada a importância da educação e a insuficiência dos recursos a ela destinados, criou-se, em 1997, o intitulado FUNDEF – Fundo de Manutenção e Desenvolvimento do Ensino Fundamental e de Valorização do Magistério, que vigorou até 2006, tendo sido substituído pelo atual FUNDEB – Fundo de Desenvolvimento da Educação Básica e Valorização dos Profissionais da Educação (com validade até 2020), cujo escopo é o de incrementar os recursos destinados à educação básica, compreendida esta desde a educação infantil até o ensino médio.

O FUNDEB foi criado pela Emenda Constitucional nº 53/06, que determinou o direcionamento de *20% das receitas auferidas pelos Estados com*:

a. a cobrança dos seus próprios impostos (art. 155, I, II e III da CR/88);
b. a transferência, pela União, da parcela correspondente a 20% dos impostos por ela criados no exercício da competência residual (art. 157, II da CR/88);
c. a transferências de receitas, pela União, por meio do Fundo de Participação dos Estados, formado por 21,5% da arrecadação do IPI e do IR (art. 159, I, *a* da CR/88);
d. a transferência, pela União, de 10% da arrecadação do IPI, na proporção das exportações realizadas em cada Estado (art. 159, II da CR/88).

Outrossim, também comporão o FUNDEB *20% das receitas auferidas pelos Municípios com*:

a. as transferências de receitas, pela União, relativas à arrecadação do ITR (50% ou, caso o Município tenha assumido a capacidade tributária ativa, 100% do produto da arrecadação);
b. as transferências de receitas, pelos Estados, relativas à arrecadação do IPVA (50%) e do ICMS (25%);
c. as transferências de receitas, pela União, por meio do Fundo de Participação dos Municípios (excetuada a parcela de 1% da arrecadação do IR e do IPI que é distribuída aos Municípios pelo FPM no primeiro decêndio do mês de dezembro de cada ano, para que as municipalidades possam arcar com o 13º salário dos seus funcionários).

A razão de estarmos tratando do FUNDEB no âmbito das transferências intergovernamentais de receitas deve-se ao fato de que a União, por expressa determinação da EC n° 53/06, contribui quando necessário com até 10% do valor aportado pelos Estados e Municípios, de modo a viabilizar que, em cada Estado da Federação, os recursos para a educação básica alcancem um valor mínimo por aluno definido na legislação.

Assim é que o FUNDEB constitui mais uma forma de transferência intergovernamental de receitas, todavia com expressa vinculação aos dispêndios com a educação básica.

Essa a razão, inclusive, pela qual a EC n° 53/06 prescreveu que o art. 160 da Constituição (cujo parágrafo único trata da possibilidade de retenção, pela União e Estados, dos repasses de receitas devidos aos demais entes) se aplica ao FUNDEB.

3.4.3.3. FUNDO DA SAÚDE

A EC n° 29/00 determinou que União, Estados e Municípios aplicassem parcela das receitas oriundas de suas arrecadações de impostos e transferências intergovernamentais em ações relativas à saúde pública.

Para o período entre 2000 e 2004, por força de dispositivo da própria EC n° 29/00, os porcentuais mínimos destinados à saúde foram previstos na Lei Maior (art. 74 do ADCT).

Todavia, a partir de então, o mínimo da receita de impostos/transferências a ser aplicado em saúde passou a depender da edição de lei complementar.

Somente em janeiro de 2012 foi editada a LC n° 141/12, que estabeleceu:

a. para a União, a obrigatoriedade de aplicação em saúde de, no mínimo, o mesmo valor empenhado no exercício imediatamente anterior, acrescido da variação positiva do PIB;

b. para os Estados e Distrito Federal, a aplicação em saúde de, pelo menos, 18% das receitas obtidas com a arrecadação dos impostos estaduais (art. 155, I, II e III da CR/88), do IRRF que lhes compete (art. 157, I da CR/88), dos repasses dos impostos residuais (art. 157, II da CR/88), do Fundo de Participação dos Estados (art. 159, I, a) e do IPI (art. 159, II da CR/88);

c. para os Municípios, a aplicação em saúde de, pelo menos, 12% das receitas obtidas com a arrecadação dos impostos municipais (art. 156, I, II e III da CR/88) e do IRRF que lhes compete (art. 158, I da CR/88), bem como das transferências do ITR (50% ou 100% do produto arrecadado – art. 158, II da CR/88), do IPVA (50% – art. 158, III da CR/88), do ICMS (25% – art. 158, IV da CR/88), do Fundo de Participação dos Municípios (excetuada a parcela destinada ao pagamento do 13° do funcionalismo municipal – art. 159, I, b da CR/88) e do IPI repassado pelos Estados pela compensação das perdas com a exportação de produtos industrializados (art. 159, § 3° da CR/88).

A LC n° 141/12 determinou, ainda, a criação de Fundos de Saúde federal, estaduais e municipais, sendo certo que o seu estudo neste capítulo, relativo às transferências intergovernamentais vinculadas, deve-se ao fato de que os recursos do Fundo federal serão transferidos aos Fundos Estaduais e Municipais com base em critérios estabelecidos pelo Conselho Nacional de Saúde, criado no âmbito do Ministério da Saúde. A seu turno, os fundos estaduais farão aportes ao fundos municipais, seguindo igualmente as regras pactuadas pelos respectivos fundos estaduais de saúde.

Tais transferências são classificadas como automáticas e obrigatórias pela LC n° 141/12, sendo certo que eventual retenção dos valores deverá fundar-se apenas nas hipóteses constitucionalmente estipuladas, que serão a seguir detalhadas.

3.5. PREVISÕES CONSTITUCIONAIS DE RETENÇÃO DE RECURSOS

O art. 160 da Lei Maior veda, em seu *caput*, a "retenção ou qualquer restrição à entrega e ao emprego dos recursos atribuídos aos Estados, ao Distrito Federal e aos Municípios, neles compreendidos adicionais e acréscimos relativos a impostos".

Seu parágrafo único, todavia, autoriza excepcionalmente a retenção dos repasses, condicionando a entrega dos valores pela União:

a. ao pagamento de seus créditos, inclusive de suas autarquias; e
b. ao cumprimento do dever de aplicação da parcela constitucional dos recursos em ações e serviços de saúde[30].

Outra possibilidade na qual o repasse das verbas pode ser obstado é a prevista no art. 167, § 4° da Lei Maior. Este dispositivo permite a vinculação de receita de impostos pelos Estados, DF e Municípios para pagamento de débitos perante a União, assim como para prestação de garantia ou contragarantia em operações de crédito.

Noticia JOSÉ MAURÍCIO CONTI[31] que, "dada a dificuldade financeira que assola grande parte dos Estados e Municípios, não é incomum que a União proceda ao bloqueio das contas a serem repassadas, em razão de os beneficiários não terem saldado suas dívidas", o que acaba gerando questionamentos judiciais sobre o exercício desta prerrogativa prevista no texto constitucional.

---

30 É interessante notar que, apesar de a CR/88 também estipular valores mínimos a serem empregados em educação, a possibilidade de retenção somente passa a existir caso o ente federado descumpra a obrigação de aplicação mínima dos recursos de impostos e repasses em ações de saúde.

31 CONTI, José Maurício. *Federalismo Fiscal e Fundos de Participação*. São Paulo: Juarez de Oliveira, 2001, p. 117.

Fato que provocou grande repercussão na imprensa foi a lide instaurada, em 1999, por Minas Gerais, em razão da apropriação pela União do repasse de recursos devidos ao Estado, para saldar dívidas deste (PET 1654/99, PET 1662/99 e PET-AgRg 1665-MG).

Os desentendimentos se deram em razão do "Protocolo de Acordo", firmado pelos Estados com a União em setembro de 1996, através do qual fixaram-se diretrizes para a renegociação das dívidas estaduais no bojo do "Programa de Apoio à Reestruturação e ao Ajuste Fiscal dos Estados".

À época Procuradora-Geral do Estado, MISABEL DERZI[32] lecionou que as cláusulas ali pactuadas

> "autorizavam, em caso de inadimplência, a intervenção da União nas contas bancárias do Estado, para se apropriar dos recursos necessários à quitação das obrigações assumidas. O credor, sem mesmo notificar o devedor, sem sequer ouvi-lo, calcula o que entende valer o seu crédito, apura-o, atualiza-o e pratica execução extrajudicial sumária".

Ora, as cláusulas autorizativas da retenção dos repasses, para se compatibilizarem com o espírito federativo, apenas admitem interpretação restritiva. De fato, o condicionamento da entrega do repasse (consoante autoriza o parágrafo único do art. 160 da Lei Maior) não pode ser compreendido como permissão para que a União utilize os recursos que pertencem aos demais entes federados. Assim, os valores retidos devem permanecer na respectiva conta bancária, aguardando a quitação das dívidas entre as unidades federadas.

Quanto à vinculação das receitas de impostos para pagamento de débitos perante a União (art. 167, par. 4°), tampouco se pode compreender como uma possibilidade de apropriação direta pela União dos valores titularizados pelos Estados e Municípios. Ao revés, trata-se tão-somente de permissão para que o ente federado, no exercício de sua competência orçamentária, destine parcela dos seus impostos à quitação de suas dívidas com o ente maior ou, então, à prestação de garantia em novas operações de crédito contratadas com aquele.

Descabido, portanto, o autopagamento mediante a apoderação de recursos alheios. De fato, como leciona RÉGIS FERNANDES DE

---

32 DERZI, Misabel de Abreu Machado. Comentários aos arts. 40 a 47 da Lei de Responsabilidade Fiscal. In MARTINS, Ives Gandra da Silva e NASCIMENTO, Carlos Valder do (org.). *Lei de Responsabilidade Fiscal*. São Paulo: Saraiva, 2001, p. 303.

OLIVEIRA[33], "a forma adequada para exigir o pagamento é a comum utilizada por todas as pessoas físicas ou jurídicas portadoras de um título, isto é, levá-lo ao Judiciário para apuração de sua liquidez e, então, sujeitar-se à expedição de precatórios".

Outrossim, em atenção ao pacto federativo, deve-se considerar como argumento de defesa dos Estados e Municípios a impossibilidade material do pagamento, dada a escassez de recursos ou insuficiência para satisfação das obrigações primárias da população.

Segundo esta linha argumentativa, é de se concluir que extrapolou os limites do que prevê a Constituição o art. 40, § 1º, II da Lei de Responsabilidade Fiscal (LC nº 101/00) ao estatuir que

> "a contragarantia exigida pela União a Estado ou Município, ou pelos Estados aos Municípios, poderá consistir na vinculação de receitas tributárias diretamente arrecadadas e provenientes de transferências constitucionais, com outorga de poderes ao garantidor para retê-las e empregar o respectivo valor na liquidação da dívida vencida".

Todavia, o dispositivo segue sendo aplicado, em que pese ser altamente questionável.

4. CONCLUSÕES

Dizia RUI BARBOSA, nos idos de 1889, que antes de ser republicano já o era federalista.

De fato, a organização político-jurídica trazida pela experiência norte-americana, em que pesem suas mutações ao longo de mais de dois séculos, vincula-se aos propósitos do Estado Democrático de Direito.

Todavia, há claramente, em decorrência do hodierno "federalismo de cooperação", um descompasso entre a capacidade financeira do ente central e dos demais entes subnacionais. Afinal, como leciona BERNARD SCHWARTZ[34] sobre o tema, "aquele que paga o flautista escolhe a música".

Nesse sendeiro, o estudo da repartição das competências tributárias, assim como da repartição do produto da arrecadação, possibilita inferir-se a dimensão efetiva da autonomia que os entes federados efetivamente possuem. Afinal, como já mencionado, é impensável falar-se

---

33 OLIVEIRA, Régis Fernandes de. *Curso de Direito Financeiro*. São Paulo: Revista dos Tribunais, 2006, p. 340.

34 SCHWARTZ, Bernard. *O Federalismo Norte-Americano*. Rio de Janeiro: Forense Universitária, 1984, pp. 44-5.

em autonomia administrativa, judiciária, legislativa e política se não houver suficiência de recursos para sustentá-las.

O mecanismo de repartição das receitas tributárias, após sua arrecadação pelos entes competentes, é hoje a principal forma de redistribuição interna de riquezas entre as unidades da federação brasileira.

Por esse motivo, toda e qualquer autorização para retenção dos valores repassados precisa ser interpretada *cum grano salis*, para não se ferir a cláusula pétrea do Estado brasileiro que é exatamente o pacto federativo.

Contudo, um Estado que foi unitário durante 389 anos não se transforma por ato legislativo em uma federação. Não obstante, transcorridos 123 anos da data em que os "românticos de 1889", como diz PONTES DE MIRANDA, se puseram a serviço das oligarquias locais contra o poder central, já é tempo de nos despirmos das antigas vestes e assumirmos de plano nossa união federativa, fortalecendo as Municipalidades e os Estados de modo a aproximar a população do poder que lhes ampara e, com isso, propiciar-se uma democracia mais plena e participativa do que a hoje vivenciada.

CONSIDERAÇÕES SOBRE O LANÇAMENTO DO ITCD "CAUSA MORTIS" (IMPOSTO SOBRE HERANÇA)

CARLOS VICTOR MUZZI FILHO[1]

SUMÁRIO: 1. Introdução; 2. O ITCD "Causa Mortis" e o processo de inventário; 2.1. A regulamentação do "cálculo do tributo" no processo de inventário e partilha; 2.2. O julgamento do "cálculo do tributo" e o lançamento tributário; 3. O ITCD "Causa Mortis" E O Lançamento Administrativo; 4. decorrências das formas de lançamento adotadas; 4.1. Prazo decadencial no lançamento do ITCD *"Causa Mortis";* 4.2. Vencimento do ITCD *"Causa Mortis"* e irrelevância do "cálculo do imposto"; 4.3. A intimação da Fazenda Pública no processo de inventário; 5. Ponderação Final; Referências Bibliográficas

1. INTRODUÇÃO

O presente artigo tem como base o tema tratado em minha dissertação de mestrado, aprovada em 2004, na Faculdade de Direito da Universidade Federal de Minas Gerais. Escrita sob a orientação segura e erudita do Professor Sacha Calmon Navarro Coêlho, justo homenageado nesta coletânea, a dissertação versou sobre os "Tributos lançados pelo juiz (estudo sobre o lançamento jurisdicional)" (MUZZI FILHO, 2004), abordando situações nas quais o lançamento tributário é realizado pelo juiz, no exercício da função jurisdicional. Dentre as situações examinadas naquele trabalho, retoma-se o lançamento do Imposto sobre Transmissão *"Causa Mortis"* e Doações (ITCD), concentrando-se, porém, no exame na tributação das heranças (Transmissão *"Causa Mortis"* – ITCD *"Causa Mortis"*).

---

[1] Mestre e doutor em Direito Tributário pela Faculdade de Direito da Universidade Federal de Minas Gerais. Professor (graduação e mestrado) do Curso de Direito da Universidade FUMEC. Advogado e Procurador do Estado.

Justifica-se essa opção metodológica de se examinar o ITCD *"Causa Mortis"*, excluindo-se o exame do ITCD *Doações*, porque o imposto sobre a herança, no Brasil, é tradicionalmente apurado no curso do processo judicial de inventário e partilha de bens. Tem-se, aqui, relevante peculiaridade do imposto sobre a herança que, muitas vezes, passa despercebida: também a legislação processual civil, e não apenas a legislação tributária estadual, cuida do "cálculo do imposto" incidente sobre as transmissões *"causa mortis"*.

Daí a afirmação, feita na dissertação, de que o juiz do processo de inventário realiza o lançamento tributário do ITCD *"Causa Mortis"*, quando profere decisão (de natureza jurisdicional) que define o valor do ITCD *"Causa Mortis"* devido pelos herdeiros. Aliás, o juiz atua como autoridade tributária também quando reconhece, no processo judicial, eventuais hipóteses de isenção do imposto sobre a herança.

Saliente-se que, em minha dissertação, sustentei que ao legislador estadual é dado, no exercício de sua competência tributária, optar por outra forma de lançamento tributário, a ser realizada diretamente pela autoridade administrativa, prescindindo-se da atuação do juiz no âmbito do processo judicial de inventário e partilha. Por outros termos, as regras processuais sobre o "cálculo do imposto" terão aplicação apenas nos casos em que o legislador estadual optar por apurar o ITCD *"Causa Mortis"* na forma da legislação processual civil, aproveitando-se, assim, da tramitação do processo de inventário. Dessa maneira, a forma de apuração judicial do imposto sobre heranças não é de compulsória adoção pelos Estados, prevalecendo, na hipótese, a autonomia estadual no exercício de sua competência tributária.

O tema, passados mais de quinze anos da dissertação, mantém-se atual, até porque, ao longo dos últimos anos, os Estados têm dado maior importância à exigência do ITCD, com sensível aumento da arrecadação tributária relativa a esse tributo.[2] E muitas discussões deri-

---

[2] Como registra Cristiano Scarpelli Aguiar Pacheco, se referindo tanto ao imposto incidente sobre heranças, como sobre doações, "[...]o cenário observado no Brasil tem sido de alta na arrecadação do imposto. O crescimento do ITCD em valores reais foi vertiginoso de 2001 a 2014, crescendo 548% em 13 anos", salientando ainda que "[...]o ITCD melhorou sua participação na receita total e também como proporção do PIB. O crescimento médio do ITCD frente à receita total triplicou ao longo de 13 anos, passando de 0,34% em 2001 para 1,038% em 2014. O mesmo aconteceu frente ao total do PIB estadual, quando passou de 0,026% para 0,077% entre 2001 e 2012 (último ano com dados para o PIB estadual)" (PACHECO, 2017, p. 17/18). Dados mais recentes da Secretaria Nacional do Tesouro Nacional igualmente apontam para o incremento da arrecadação do ITCD (TESOURO NACIONAL, 2018, s/p).

vadas da peculiaridade do lançamento do ITCD *"Causa Mortis"* ainda persistem, justamente porque não se tem a adequada compreensão da natureza jurídica da atuação do juiz, no processo do inventário, assim como também não se considera adequadamente as hipóteses em que a legislação estadual prevê o lançamento do ITCD *"Causa Mortis"* na esfera administrativa, independentemente do processo judicial.

Exemplos claros dos resultados dessas incompreensões acerca do lançamento do imposto sobre a herança se têm nas discussões sobre a decadência do ITCD *"Causa Mortis"* e sobre o momento de vencimento do imposto, com exigência de multa e juros de mora. Até mesmo a supostamente indispensável participação da Fazenda Pública no processo de inventário e de partilha de bens é tema que permanece mal resolvido, justamente, insisto, porque também mal compreendido o modo de apuração do ITCD *"Causa Mortis"*. Dessa forma, tomando-se ainda como premissa a argumentação deduzida na dissertação de mestrado, serão aqui examinados esses temas que, por opção metodológica, não foram objeto da dissertação (MUZZI FILHO, 2004, p. 68). Pretende-se, a partir da correta compreensão sobre a forma de lançamento tributário utilizada para apuração do ITCD *"Causa Mortis"*, oferecer uma melhor solução para as polêmicas em torno da decadência do imposto, do seu prazo de vencimento e da necessidade da participação da Fazenda Pública no processo de inventário.

Há, todavia, uma séria ameaça à consecução do objetivo aqui proposto. Vencidas as etapas do mestrado e do doutorado em Direito Tributário, o autor deste artigo já não conta com a orientação do homenageado, o jurista (muito além do que apenas tributarista) Sacha Calmon. Assim, os inevitáveis equívocos das afirmações aqui feitas são de inteira responsabilidade do autor, não podendo ser imputados ao homenageado.

2. O ITCD "CAUSA MORTIS" E O PROCESSO DE INVENTÁRIO

Tanto o atual Código de Processo Civil – CPC/2015 (Lei nº 13.105, de 16 de março de 2016, art. 637 e art. 638), como os anteriores, Código de Processo Civil – CPC/1973 (Lei nº 5.869, de 11 de janeiro de 1973, art. 1.012 e art. 1.013) e Código de Processo Civil – CPC/1939 (Decreto-lei nº 1.608, de 18 de setembro de 1939, art. 499 e art. 500), cuidaram da apuração do ITCD *"Causa Mortis"*, atribuindo ao juiz a incumbência de julgar o cálculo do tributo (art. 638, § 2º, do

CPC/2015; art. 1.013, § 2º, do CPC/1973; e art. 500 do CPC/1939)[3].
Historicamente, pois, há cerca de oitenta anos (desde o CPC/1939), pelo menos, a apuração do ITCD *"Causa Mortis"* encontra-se vinculada ao processo judicial de inventário e partilha de bens.

Nathália Daniel Domingues, em obra decorrente do mestrado em Direito Tributário também realizado na Faculdade de Direito da Universidade Federal de Minas Gerais (DOMINGUES, 2017), traça a evolução da tributação das heranças e doações no Brasil, desde a época colonial. Registra, então, a Constituição da República de 1934 "[...] passou a distinguir a transmissão de propriedade *causa mortis* da transmissão da propriedade *inter vivos*, que antes consistiam em elemento de um mesmo tributo" (DOMINGUES, 2017, p. 137)[4]. Nesse cenário, mostra-se possível afirmar que, efetivamente, a apuração do imposto sobre a herança esteve sempre vinculada ao processo de inventário, razão pela qual se tem a impressão de ser inexorável a submissão da apuração do ITCD *"Causa Mortis"* aos ditames da legislação processual.

Assinale-se, ainda, que, até a Constituição da República de 1946, era dos Estados a competência tributária para instituir os impostos sobre a transmissão da propriedade, fosse por ato *"causa mortis"*, fosse por ato *"inter vivos"* (art. 19, incisos II e III). Foi a Emenda Constitucional nº 5, de 21 de novembro de 1961, que, alterando a Constituição da República de 1946, passou a atribuir aos Municípios a competência para exigir o Imposto sobre Transmissão de Propriedade Imobiliária *Inter Vivos* (conforme artigo 29, inciso III), permanecendo estadual a competência tributária para exigência do Imposto sobre

---

3 É curioso observar que o título da Seção V do Capítulo VI do Título III do CPC/2015 cuida "Da avaliação e do cálculo do imposto". Já os arts. 637 e 638, § 2º, referem-se ao "cálculo do tributo". Tem-se, assim, a impressão de que o legislador processual ficou em dúvida sobre o termo correto a ser empregado, empregando, então, ambos os termos. Os anteriores CPC/1973 (art. 1.012 e art. 1.013, § 2º) e CPC/1939 (art. 499 e art. 500) referiam-se apenas a "imposto". Na realidade, "imposto" é a expressão mais adequada, por se referir à espécie tributária específica. O uso, porém, da expressão genérica "tributo" não se mostra equivocado. Não se compreende, todavia, o uso das duas expressões, quando uma só delas, pela elegância do estilo, poderia ser empregada.

4 Vale, pela curiosidade, a anotação de Ricardo Lobo Torres, sobre ser o ITCD "dos mais antigos na história da tributação e já era cobrado em Roma, sob a forma de vigésima (5%) sobre heranças e legados. No Brasil, havia a décima da herança ou legado (Alvará de 17.6.1809) e, a partir de 1891, coube aos Estados a cobrança do imposto *causa mortis*" (TORRES, 2013, p. 385).

Transmissão de Propriedade *Causa Mortis* (artigo 19, inciso I). Anota Aliomar Baleeiro que, com a Reforma Tributária de 1965 (Emenda Constitucional nº 18, de 1965), "[...] os impostos de transmissão de propriedade imobiliária *inter vivos* e de transmissão de quaisquer bens *causa mortis* (herança e legados) foram fundidos num só, em disposição que hoje figura no artigo 23, I, da Emenda nº 1/1969" (BALEEIRO, 2013, p. 340), de modo que, novamente, a competência para tributar transmissões de propriedade (por causa da morte ou por ato entre vivos) voltou a ser apenas dos Estados. Finalmente, a Constituição da República de 1988 (CR/1988) retomou, de certa forma, a sistemática da Emenda Constitucional nº 5, de 1961, separando novamente a competência municipal da competência estadual, com a peculiaridade de que aos Municípios se atribuiu a competência para tributar as transmissões onerosas de bens imóveis ou direitos reais sobre imóveis, exceto os de garantia, por ato *"inter vivos"* (artigo 156, II). Aos Estados se atribuiu, como sabido, a competência para tributar as heranças (transmissões *"causa mortis"*) e as doações (artigo 155, inciso I).

Noutro passo, se é indiscutível a competência estadual para legislar sobre o ITCD *"Causa Mortis"*, também é indiscutível que a legislação federal, regulamentando o direito sucessório e o processo civil, fixa as regras procedimentais para se proceder ao inventário e à partilha dos bens do falecido. Trata-se do exercício da competência legislativa federal para dispor sobre direito civil e processual (art. 22, inciso I, da CR/1988).

Até o advento da Lei nº 11.441, de 04 de janeiro de 2007, o processo de inventário e partilha de bens somente poderia ser efetivado na esfera judicial. Todavia, a alteração produzida no art. 982 do CPC/1973, por força da referida Lei nº 11.441, de 2007, permitiu a realização do inventário e da partilha por escritura pública (extrajudicialmente, portanto), se não houvesse testamento e se todos os interessados fossem capazes e concordes (art. 982 do CPC/1973, na redação da Lei nº 11.441, de 2007). Essas regras não foram alteradas pelo vigente CPC/2015, de modo que, atualmente, ainda se cogita, ressalvadas as exceções mencionadas, tanto do inventário judicial, quanto do inventário extrajudicial, cabendo aos interessados optar por uma ou outra forma de se inventariar e partilhar os bens do autor da herança (art. 610, § 1º, do CPC/2015).

2.1. A REGULAMENTAÇÃO DO "CÁLCULO DO TRIBUTO" NO PROCESSO DE INVENTÁRIO E PARTILHA

Tratando, então, do inventário judicial, a legislação processual, como visto, sempre cuidou de disciplinar a forma de apuração do ITCD *"Causa Mortis"*. E os atuais dispositivos que tratam "da avaliação e do cálculo do imposto" (art. 630 ao art. 638 do CPC/2015), fundamentalmente, apenas repetem a regulamentação que havia nos Códigos anteriores, como anotado por Sérgio Bermudes (BERMUDES, 2018, p. 102/103).

Pontue-se que, além do inventário, o CPC/2015 também mantém o procedimento mais simplificado do arrolamento (art. 659 ao art. 667), empregado quando houver apenas herdeiros capazes e "partilha amigável" (art. 659). Na hipótese de arrolamento, porém, o legislador federal veda a apreciação de "questões relativas ao lançamento, ao pagamento ou à quitação das taxas judiciárias e de tributos incidentes sobre a transmissão da propriedade de bens do espólio" (art. 662 do CPC/2015). E o art. 662, § 2º, esclarece que o ITCD, na hipótese de arrolamento, "será objeto de lançamento administrativo, conforme dispuser a legislação tributária".

Em relação, portanto, ao inventário, sinteticamente, o CPC/2015 prevê que, após a citação de todos os herdeiros, e caso não haja impugnação às primeiras declarações (que devem ser apresentadas pelo inventariante), ou, em havendo, após a decisão sobre a impugnação (art. 627 do CPC/2015), será feita a avaliação dos bens do espólio (art. 630). O art. 631 e o art. 632, ambos do CPC/2015, estabelecem os critérios a serem adotados na avaliação dos bens do espólio.

Essa avaliação será dispensada se, sendo capazes todas as partes, a Fazenda Pública, "[…] intimada pessoalmente, concordar de forma expressa com o valor atribuído, nas primeiras declarações, aos bens do espólio" (art. 633 do CPC/2015). Prevê-se, ainda, que a avaliação judicial será feita apenas em relação aos bens em relação aos quais não haja concordância entre os herdeiros e a Fazenda Pública sobre a avaliação (art. 634 do CPC/2015).

Realizada a avaliação judicial, se houver impugnação das partes ou da Fazenda Pública, o juiz decidirá sobre tais impugnações (art. 635 do CPC/2015), lavrando-se, após resolvidas todas as questões, "[…] o termo de últimas declarações, no qual o inventariante poderá emendar, aditar ou completar as primeiras" (art. 636 do CPC/2015).

Após as últimas declarações, dispõe o art. 637 do CPC/2015, se procederá ao "cálculo do tributo".

Esse cálculo do tributo é, na prática, realizado por auxiliares do juízo (o serviço de contadoria judicial ou assemelhado), não cabendo propriamente ao juiz realizar as operações matemáticas para apuração do imposto devido. Esse o entendimento adotado, em trabalhos relativos ao CPC/2015, entre outros, por Antônio Carlos Marcato (MARCATO, 2016, p. 188), Ricardo Alexandre da Silva e Eduardo Lamy (SILVA; e LAMY, 2018, p. 555), Humberto Theodoro Júnior (THEODORO JÚNIOR, 2016, p. 270) e Paulo Cezar Pinheiro Carneiro (CARNEIRO, 2019, p. 131). Também aqui não houve novidade em relação ao entendimento que prevalecia na vigência do anterior CPC/1973, entre vários outros processualistas[5].

Após realizado o cálculo, "[...]sobre ele serão ouvidas todas as partes no prazo comum de 5 (cinco) dias, que correrá em cartório, e, em seguida, a Fazenda Pública" (art. 638 do CPC/2015). Havendo impugnação, o juiz deverá apreciá-la, "[...] determinando as alterações que devam ser feitas no cálculo" (art. 638, § 1º, do CPC/2015).

Finalmente, "cumprido o despacho, o juiz julgará o cálculo do tributo" (art. 638, § 2º, do CPC/2015).

2.2. O JULGAMENTO DO "CÁLCULO DO TRIBUTO" E O LANÇAMENTO TRIBUTÁRIO

Entre os tributaristas, Alberto Xavier (XAVIER, 1997, p. 63), José Souto Maior Borges (BORGES, 1999, p. 132) e Regina Celi Pedrotti Vespero Fernandes (FERNANDES, 2005, p. 116), são autores que afirmam ser administrativa essa atividade de julgar o cálculo do imposto, não sendo atividade materialmente jurisdicional[6]. Entretanto, na esfera do Direito Processual Civil, não há dúvida relevante sobre a natureza materialmente jurisdicional dessa decisão que julga o cálculo do tributo, sendo decisão de eficácia declaratória, que produz os efeitos da coisa

---

[5] Hamilton de Moraes e Barros afirmava que "esse cálculo é feito pelo contador do juízo", acrescentando, em outra passagem, que, "feito o cálculo pelo contador do juízo, atendendo ao que dispõem a lei civil e as leis fiscais, sobre tal cálculo serão ouvidas todas as partes (...) e, em seguida, a Fazenda Pública" (BARROS, 1980, p. 223 e 225, *"passim"*). Ainda nesse sentido, Sérgio Sahione Fadel (FADEL, 2010, p. 1.220), Humberto Theodoro Júnior (THEODORO JÚNIOR, 1997, p. 282), Ernane Fidélis dos Santos (SANTOS, 1999, p. 310); e Paulo Cezar Pinheiro Carneiro (CARNEIRO, 2001, p. 140), todos embasados no anterior CPC/1973.

[6] Para discussão mais alongada sobre o tema, o Capítulo II de minha já mencionada dissertação de mestrado (MUZZI FILHO, 2004, p. 40/67).

julgada, obrigando a todas as partes e interessados envolvidos, inclusive a própria Fazenda Pública (MUZZI FILHO, 2004, p. 81/85, *"passim"*).

Nesse cenário, a atuação do juiz substitui a atuação da autoridade administrativa, cabendo ao órgão judiciário verificar a ocorrência do fato gerador, determinar a matéria tributável, calcular o montante do tributo devido e identificar o sujeito passivo, todas essas funções próprias do lançamento tributário, nos termos do art. 142 do CTN. Logo, ao julgar o cálculo do imposto, o Poder Judiciário efetua, sob a ótica tributária, o lançamento do ITCD *"Causa Mortis"*.

Nessa linha de argumentação, é relevante observar que, nos termos da Súmula nº 114 do colendo Supremo Tribunal Federal (objeto de considerações em tópico subseqüente), é a "homologação do cálculo" que atribui exigibilidade ao crédito tributário. Ora, como ensina Sacha Calmon Navarro Coêlho, há dois "efeitos relevantes" do lançamento tributário (COÊLHO, 2020, p. 505), ante o que dispõe o referido art. 142 do CTN. O primeiro efeito do lançamento é o de "[...] traduzir a lei e especificar a existência concreta da obrigação tributária entre o sujeito ativo e o passivo, bem como o seu conteúdo" (COÊLHO, 2020, p. 506). O segundo efeito é o de "[...] conferir exigibilidade – quando a sua prática se faz necessária – ao crédito tributário, acrescentando *densidade* ao direito subjetivo da Fazenda Pública" (COÊLHO, 2020, p. 506). Portanto, o julgamento do "cálculo do tributo", produzindo ambos os efeitos do lançamento tributário, deve ser compreendido como lançamento tributário, ainda que realizado por autoridade judiciária, no exercício da função jurisdicional.

Em sentido oposto, contudo, como já anotado, pode ser mencionada a lição de Regina Celi Pedrotti Vespero Fernandes, segundo a qual haveria, no caso, lançamento misto ou por declaração (conforme art. 147 do CTN), realizado pela Fazenda Pública, que tomaria conhecimento das informações sobre matéria de fato prestadas pelos contribuintes, podendo aquiescer com tais informações ou as impugnar, antes da homologação do cálculo (FERNANDES, 2005, p. 116). Como exposto em minha dissertação de mestrado, esse entendimento, todavia, não se mostra o mais correto, porque a atuação do juiz, nos processos de inventário, tem, sim, natureza jurisdicional:

> [...] O fato de a autoridade administrativa conhecer as informações prestadas pelos contribuintes, dando sua aquiescência ou impugnando-as, não transforma o ato decisório do juiz em ato administrativo. A afirmação definitiva do *"quantum debeatur"* cabe, não ao fisco estadual, mas ao

juiz, e, justamente por isso, aplicam-se à decisão sobre o cálculo do imposto as regras processuais peculiares às decisões judiciais (MUZZI FILHO, 2004, p. 79).

E o próprio legislador federal parece concordar com a afirmação de que, no caso, o lançamento tributário é ato jurisdicional. Isso porque, ao tratar do arrolamento, como visto, o vigente CPC ressalva que o "imposto de transmissão será objeto de lançamento administrativo" (art. 662, § 2º). *"A contrario sensu"*, pois, no inventário, o ITCD será objeto de "lançamento jurisdicional".

E como já assinalado, a decisão que julga o "cálculo do tributo" é reconhecida, na seara processual, como decisão de natureza declaratória, que produz os efeitos próprios da coisa julgada[7]. Pontes de Miranda, examinando o CPC/1973, era bastante enfático ao afirmar que a própria Fazenda Pública, se não recorrer da decisão que julga o cálculo do tributo, a ela ficaria submetida, assim como as partes: "A interpretação de que a decisão sobre o cálculo não passa formalmente em julgado é falsa. Deve ser repelida. Nem ficam os herdeiros com a ação para haver o excesso; ou a Fazenda Pública para haver o que falta" (PONTES DE MIRANDA, 2006, p. 112)[8]. Ainda nessa mesma linha, mas agora com base no CPC/2015, tem-se a lição de Paulo Cezar Pinheiro Carneiro, segundo a qual:

---

[7] Pontes de Miranda, em obra atualizada por Sérgio Bermudes, mas ainda baseada no CPC/1973, referia-se à natureza "declarativa" dessa decisão, que "[...] tem efeitos de coisa julgada material" (PONTES DE MIRANDA, 2006, p. 112), o que é reiterado por Ernane Fidélis, já à luz do CPC/2015, ao assinalar que "[...] o juiz julga o cálculo através de sentença declaratória (art. 1.013)" (SANTOS, 2017, p. 151).

[8] Nessa linha, Aliomar Baleeiro menciona a possibilidade de se interpor "[...] recurso da sentença que julga o cálculo" do imposto (BALEEIRO, 2013, p. 371). Também Yoshiaki Ichihara entende que, "[...] quando atrelado ao processo de arrolamento, inventário ou alvará", o procedimento de apuração do Imposto de Transmissão será "judicial (...), e a homologação pelo Juiz aparece como criação de uma norma individual ao caso concreto, sujeitas aos recursos próprios com a observância do devido processo legal, a ampla defesa e o contraditório" (ICHIHARA, 2002, p. 379). Ricardo Lobo Torres, por sua vez, reconhecendo que é atribuição do juiz "proceder ao lançamento", entende que essa seria "[...] uma atividade que do ponto de vista material é administrativa e não jurisdicional" (TORRES, 2007, p. 222). Em minha dissertação, afirmo se tratar de atividade materialmente jurisdicional, razão pela qual a decisão proferida, como abordado no texto deste artigo, além de estar sujeita a recurso, produz os efeitos próprio da coisa julgada (MUZZI FILHO, 2004, p. 54/57).

> [...] não poderá o Estado, seja nos próprios autos do inventário, seja em ação própria, exigir eventual diferençado imposto a que eventualmente tenha direito; assim como não poderão as partes repetir aquilo que pagaram em excesso, em razão da decisão que julgou os cálculos (CARNEIRO, 2019, p. 133)[9].

Justamente porque a decisão que julga o "cálculo do tributo", isto é, a decisão que realiza o lançamento, produz coisa julgada material, também se entende que a ação rescisória é o instrumento processual adequado para se discutir eventuais erros em tal decisão, em havendo o seu trânsito em julgado. À luz do anterior CPC/1973, Hamilton de Moraes e Barros, após sublinhar que "[...] essa sentença é definitiva", eis que "[...] resolve essa controvérsia parcial", afirmava ser necessária a ação rescisória, se "[...] passada em julgado a sentença sobre o cálculo" (BARROS, 1980, p. 225, *passim*"). Por esse motivo, arrematava Hamilton de Moraes e Barros, "[...] não poderá em ação repetir o herdeiro o que a mais se pagou, nem a Fazenda cobrar em execução fiscal o que a menos recebeu. Nas duas hipóteses, necessário é que, antes, se mova ação rescisória" (BARROS, 1980, p. 225/226)[10].

---

9 Embora tal questão não interfira nas considerações principais deste trabalho, anote-se que o recurso cabível contra a decisão que julga o cálculo do imposto é o agravo de instrumento. Na lição de Humberto Theodoro Júnior, discutiu-se, no passado, se caberia apelação ou agravo de instrumento contra a decisão que julga o cálculo do tributo: "Hoje, porém, o entendimento que prevalece é o de tratar-se de decisão interlocutória, que, por isso mesmo, desafia o agravo de instrumento", acrescentando que a redação do atual art. 1.015, parágrafo único, do CPC/2015, deixou "[...] superada a velha corrente jurisprudencial que atribuía a natureza de sentença à decisão que julga o cálculo do imposto devido na sucessão hereditária" (THEODORO JÚNIOR, 2016, p. 271, *passim*"). No mesmo sentido, Ricardo Alexandre da Silva e Eduardo Lamy (SILVA; LAMY, 2018, p. 560); também Paulo Cezar Pinheiro Carneiro (CARNEIRO, 2019, p. 133). Em sentido contrário, contudo, Ernane Fidélis dos Santos, afirmando ser cabível o recurso de apelação, porque a decisão que julga o cálculo do imposto seria sentença, que põe fim ao processo de inventário, permitindo, então, o início do processo de partilha de bens (SANTOS, 2017, p. 152).

10 Ainda no CPC/1973, Paulo Cezar Pinheiro Carneiro igualmente entendia que, "[...] sendo de mérito, a decisão que julga o cálculo, ela produzirá, uma vez transitada em julgado, coisa julgada material", de forma que aos prejudicados apenas restará "[...] a possibilidade de desconstituí-la através de ação rescisória, se cabível no caso concreto" (CARNEIRO, 2001, p. 143). Pontue-se ainda que não há incoerência em se afirmar que a decisão que julga o "cálculo do tributo" é decisão interlocutória, e ainda assim se admitir o cabimento de rescisória. Como reconhecido em decisões do Superior Tribunal de Justiça, "a 'sentença de mérito' a que se refere o art. 485

Em síntese, pois, se o ITCD *"Causa Mortis"* for apurado no processo de inventário, haverá lançamento jurisdicional, isto é, o ato de apuração do imposto devido será ato judicial (decisão interlocutória), sujeito à revisão pela via recursal, com produção dos efeitos próprios da coisa julgada. Assim, transitada em julgado a decisão que faz as vezes do lançamento, contribuinte e Fazenda Pública a ela estarão submetidos, restando apenas a estreita via da ação rescisória, caso se entenda incorreto o lançamento tributário insculpido na decisão judicial.

3. O ITCD "CAUSA MORTIS" E O LANÇAMENTO ADMINISTRATIVO

Tudo o que se vem de dizer, como já pontuado, não afasta a possibilidade de o Estado optar, em sua legislação tributária, por realizar o lançamento tributário do ITCD *"Causa Mortis"* independentemente do processo judicial de inventário. Apesar de ser tradicional a previsão de apuração do imposto no curso do processo do inventário, interpretação sistemática da Constituição da República conduz ao reconhecimento de que a autonomia legislativa dos entes federativos permite a adoção de outra forma de lançamento do ITCD *"Causa Mortis"*, que se contenha, é claro, dentro dos limites traçados pelo Código Tributário Nacional – CTN (Lei nº 5.172, de 25 de outubro de 1966).

A competência legislativa da União se prende à edição de normas de direito civil e de direito processual (art. 22, inciso I, da CR/1988). O exercício dessa competência, todavia, há de se compatibilizar com a competência estadual para instituir e disciplinar o imposto sobre heranças (art. 155, inciso I, também da CR/1988). Já o exercício da competência tributária, pelo Estado ou qualquer outro ente federado, está limitado pelas chamadas normas gerais de direito tributário, contidas em lei complementar (art. 146, inciso III, da CR/1988).

As normas gerais de direito tributário estão contidas basicamente no CTN, "[...] que é uma lei complementar *ratione materiae*" (COÊLHO, 2020, p. 69 e p. 264). Nesse tom, o CTN dispõe que a competência tributária, que decorre da Constituição, "[...] compreende a compe-

---

do CPC[de 1973, esclareça], sujeita a ação rescisória, é toda a decisão judicial (= sentença em sentido estrito, acórdão ou decisão interlocutória) que faça juízo sobre a existência ou a inexistência ou o modo de ser da relação de direito material objeto da demanda' (REsp n. 784.799/PR, publicado em 2.2.2010, Primeira Turma, Ministro Teori Albino Zavascki)" (Superior Tribunal de Justiça. Agravo Regimental na Ação Rescisória nº 4.799/AL. Primeira Seção, Relator Ministro Herman Benjamin, DJe, 8.nov.2016).

tência legislativa plena" (art. 6º do CTN). Ao ente federativo, assim, se reconhece a aptidão para legislar sobre todos os aspectos e procedimentos atinentes ao tributo de sua competência, sempre respeitadas, insista-se na obviedade, as balizas da Constituição da República e das normas gerais de direito tributário.

Ora, o CTN define o que é o lançamento tributário (art. 142), prevendo, ainda, nos arts. 147, 149 e 150, três diferentes espécies de lançamento tributário (COÊLHO, 2020, p. 516)[11]. Não há, por outro lado, nenhuma norma no CTN que vincule o lançamento do ITCD ao processo judicial de inventário. Daí, pois, a afirmação de que cabe ao legislador estadual, no exercício de sua competência (constitucional) tributária, fixar qual o tipo de lançamento será adotado para o ITCD *"Causa Mortis"*.

Nesse contexto, as previsões da legislação processual, relativamente ao "cálculo do imposto", somente podem ser entendidas como forma alternativa de apuração do imposto sobre a herança, em razão da obrigatoriedade, em certos casos, de haver processo judicial de inventário. Trata-se de opção existente no ordenamento jurídico, mas é exclusiva atribuição do legislador estadual adotar, ou não, o lançamento jurisdicional.

Entendo que sequer poderia o CTN, em relação ao ITCD *"Causa Mortis"* ou a qualquer outro tributo, determinar peremptoriamente a forma de sua apuração. As normas gerais de direito tributário, como pontifica Sacha Calmon Navarro Coêlho, "[...] são normas sobre como fazer normas em sede de tributação" (COÊLHO, 2020, p. 69). Essas normas gerais não podem ser usadas para suprimir a competência dos entes federados. Há, como novamente pontua Sacha, "[...] uma zona cinzenta na delimitação das fronteiras objetivas da *norma geral, o ponto além do qual não pode ela passar sem ferir a competência das pessoas políticas*" (COÊLHO, 2020, p. 70/71, destaque no original). O "grande risco" representado pelas normas gerais de direito tributário, em relação à autonomia tributária dos entes federativos, impõe que a fixação dessas normas gerais seja feita "[...] com cautela para não arranhar o estado federal armado na Lei Maior" (COÊLHO, 2020, p. 69/70).

Mantém-se atual a lição de Celso Cordeiro Machado, na linha de Sacha Calmon, proferida na ordem constitucional anterior, igualmente

---

[11] O "lançamento por arbitramento", previsto no art. 148 do CTN, "[...]é apenas técnica – inerente ao lançamento de ofício – para avaliação contraditória de preços, bens, serviços ou ato jurídicos[...]" (COÊLHO, 2020, p. 516).

recomendando "cautela e prudência" na edição de normas gerais, dado os "riscos de abuso que encerra" (MACHADO, 1968, p. 198). E, como critério de interpretação, assinalava Celso Cordeiro Machado que a adoção de norma geral não pode resultar em "[...] abdicação a uma competência institucional, mas sim o reconhecimento de que o exercício dessa competência se insere no contexto de um sistema, cujo funcionamento orgânico há de ser preservado" (MACHADO, 1968, p. 197).

Portanto, até poderá o legislador federal definir que, no curso do processo de inventário, será feita a apuração do ITCD *"Causa Mortis"*, mediante lançamento jurisdicional. Não poderá, contudo, o legislador processual, determinar que os Estados, necessariamente, adotarão tal forma de apuração do imposto, nada impedindo, ao contrário, que, no exercício de sua competência tributária, o Estado opte pelo lançamento administrativo, cuja realização não se vincula ao processo judicial de inventário.

Em minha dissertação, estão colacionadas as lições de Aliomar Baleeiro, Misabel de Abreu Machado Derzi, Hugo de Brito Machado e Marilene Talarico Martins Rodrigues (MUZZI FILHO, 2004, p. 69/72), autores que afirmam ser possível, sim, que os legisladores estaduais disciplinem o lançamento do ITCD *"Causa Mortis"*. Em sentido contrário, foi registrada a lição de Regina Celi Pedrotti Vespero Fernandes (MUZZI FILHO, 2004, p. 72), reiterada pela autora em edição posterior à minha dissertação (FERNANDES, 2004, p. 115).

Segundo Regina Celi Fernandes, "[...] a apuração do imposto sobre a transmissão *"causa mortis"* depende de uma série de procedimentos estranhos à competência da autoridade administrativa, que deles não poderá prescindir" (FERNANDES, 2004, p. 115). Na verdade, a apuração dos bens a partilhar, dos herdeiros, dos quinhões, etc., depende da apuração de determinados fatos, que também não apurados no processo de inventário, mas isso não significa que tais fatos necessariamente tenham que ser apurados judicialmente. Basta registrar que, nos casos de inventário extrajudicial, não há "apuração judicial" dos fatos pertinentes à sucessão, mas, ainda assim, o lançamento do ITCD *"Causa Mortis"* é efetuado, cabendo à autoridade fiscal se encarregar de apurar o monte-mor, os herdeiros, os quinhões, etc, sem necessidade de eventual aquiescência judicial

Ademais, em diversas situações análogas à sucessão civil, as autoridades fiscais realizam lançamentos tributários, não obstante os atos jurídicos sob tributação dependam de procedimentos alheios à autoridade fiscal. A compra e venda de um imóvel é ótimo exemplo, porque sua realização depende de uma série de procedimentos que também são alheios à competência da autoridade tributária, como a lavratura do instrumento público de compra e venda (art. 108 da Lei nº 10.406, de 10 de janeiro de 2002, Código Civil) e o posterior registro do título translativo no Registro de Imóveis (art. 1.245 do Código Civil). Nem por isso, entretanto, se nega à autoridade fiscal a competência para lançar o imposto sobre a transmissão onerosa por ato *"inter vivos"* do bem imóvel.

Dessa forma, também quanto ao imposto sobre heranças, a Fazenda Estadual poderá apurar o imposto, ainda que, posteriormente, por força de eventual decisão judicial (que exclua um herdeiro, ou inclua outro, ou que altere a partilha considerada pelo Fisco, entre outros exemplos), seja necessário fazer a revisão do lançamento (art. 149 do CTN).

A vinculação do lançamento do ITCD *"Causa Mortis"* ao processo de inventário, portanto, não é vinculação lógica ou juridicamente necessária, mas opção do legislador estadual. Nada impede que o legislador estadual opte pelo lançamento administrativo, tornando inaplicáveis, desse modo, as regras federais insculpidas no CPC, que somente serão adotadas, reitere-se, por opção de cada Estado. Essa a melhor interpretação das regras contida no CPC, a partir de uma compreensão constitucional da questão, valorizando adequadamente a competência legislativa dos Estados e da União Federal.

Noutro giro, não é o caso, neste artigo, de se examinar todas as vinte e sete legislações estaduais sobre o ITCD *"Causa Mortis"*, mas alguns exemplos podem ilustrar o que se vem de dizer[12].

Em Minas Gerais, a Lei Estadual nº 14.941, de 29 de dezembro de 2003 (com alterações posteriores), adota o lançamento administrativo, na modalidade lançamento por homologação, dispondo no art. 17 que o "contribuinte apresentará declaração de bens com discriminação dos respectivos valores em repartição pública fazendária e efetuará o pagamento do ITCD no prazo estabelecido no art. 13". Esclarece o §

---

12 Em minha dissertação, há exame um pouco mais minucioso das legislações estaduais, embora, claro, seja provável haver certa desatualização, em razão do tempo decorrido desde a realização daquela pesquisa (MUZZI FILHO, 2004, p. 72/75). Pesquisa mais atualizada e completa das vinte e sete legislações estaduais se encontra na dissertação de Mestrado de Paulo Roberto Lassi de Oliveira, sob orientação do Professor Rafhael Frattari, na Universidade FUMEC, em Belo Horizonte realizada em 2017 (OLIVEIRA, 2017, p. 109-136).

3º do mesmo art. 17 que, apresentada a declaração pelo contribuinte e recolhido o ITCD, "[...] o pagamento ficará sujeito à homologação pela autoridade fiscal [...]". Frise-se que o prazo de recolhimento do imposto é totalmente desvinculado do processo de inventário, devendo ser pago "[...] no prazo de cento e oitenta dias contados da data da abertura da sucessão" (art. 13, inciso I).

Igualmente no Ceará, a Lei Estadual nº 15.812, de 20 de julho de 2015 (e alterações posteriores), não atrela o lançamento do ITCD ao processo de inventário, dispondo, no art. 19, que o "lançamento do ITCD ocorre no momento da apuração do tributo pela autoridade fazendária, conforme definido em regulamento". Prevê-se, inclusive, a possibilidade de realização de lançamento de ofício (art. 20, inciso I) ou de lançamento por declaração, "[...] efetuado pelo Fisco mediante informações prestadas pelo contribuinte ou responsável ou, conforme o caso, pela autoridade judicial" (art. 20, inciso II). E, segundo o art. 22, o pagamento deverá ser feito "[...] em até 60 (sessenta) dias, contados da notificação, ao sujeito passivo, pela autoridade fazendária", sendo irrelevante, pois, o processo judicial de inventário e o "cálculo do imposto".

Por outro lado, no Rio Grande do Sul, a Lei Estadual nº 8.821, de 27 de janeiro de 1989 (com alterações posteriores), dispõe no art. 16: "As transmissões decorrentes de sucessão legítima ou testamentária e àquelas formalizadas mediante procedimento judicial, aplicam-se, no que respeita à avaliação contraditória, as disposições do Código de Processo Civil", optando-se, pois, pelo lançamento judicial (havendo, contudo, no art. 12, § 4º, previsão do lançamento administrativo, nos casos de arrolamento sumário, por exemplo). Mas Lei Estadual nº 8.821, de 1989, não define o prazo de pagamento do imposto, remetendo a definição ao regulamento (art. 12). Este, o Regulamento do ITCD, aprovado pelo Decreto Estadual nº 33.156, de 31 de março de 1989 (com alterações posteriores), nos casos em que haja inventário judicial, dispõe que o pagamento deverá ser feito "[...] 30 dias, contado da data em que transitar em julgado a sentença homologatória do cálculo, ou, na falta desta, na data em que transitar em julgado a sentença homologatória da partilha ou da adjudicação" (art. 30, inciso I, letra "a").

Também em São Paulo há vinculação do lançamento do ITCD (abreviado pela legislação paulista como ITCMD) com o processo judicial. A Lei Estadual nº 10.705, de 28 de dezembro de 2000 (com alterações posteriores), determina, no art. 17, que, na "[...] transmissão 'causa mortis', o imposto será pago até o prazo de 30 (trinta) dias após a decisão homologatória do cálculo ou do despacho que determinar seu pagamento, observado o disposto no artigo 15 desta lei". Ainda dispõe o legislador paulista que a base de cálculo do imposto deve corresponder ao valor "[...] atribuído na avaliação judicial e homologado pelo Juiz" (art. 10).

Já no Rio de Janeiro, embora a Lei Estadual n° 7.174, de 28 de dezembro de 2015 (com alterações posteriores), disponha que o imposto deve ser "[...] lançado pela autoridade fiscal com base na declaração do sujeito passivo e na avaliação judicial ou administrativa dos bens e direitos transmitidos" (art. 28), há clara vinculação do lançamento ao processo judicial de inventário. Isso porque se atribui ao contribuinte o dever de "[...] prestar ao Fisco declaração relativa à ocorrência do fato gerador do ITD e aos bens e direitos transmitidos, contendo todas as informações indispensáveis à efetivação do lançamento, conforme previsto na legislação" (art. 27). Mas tal dever (obrigação acessória) somente se tornará exigível sessenta dias após a "[...] decisão homologatória do cálculo, na transmissão 'causa mortis' que se processe sob o rito de inventário" (art. 27, § 4°, inciso I, letra "a").

Esses exemplos permitem constatar, pois, a variedade de opções adotadas em cada Estado, confirmando a existência de lançamentos administrativos (alheios, pois, ao processo judicial de inventário), mas também de lançamentos jurisdicionais, realizados no âmbito dos processos de inventário.

Assentadas, então, todas essas premissas, impõe-se examinar, em seguida, os efeitos decorrentes da adoção do lançamento jurisdicional ou do lançamento administrativo, o que será feito no tópico subseqüente.

4. DECORRÊNCIAS DAS FORMAS DE LANÇAMENTO ADOTADAS

Não é questão meramente acadêmica, sem repercussões práticas, a definição correta da forma de lançamento do ITCD *"Causa Mortis"*. O embaralhamento das formas de lançamento tributário produz muita confusão, afetando a solução de problemas simples, como a contagem do prazo decadencial, a fixação do momento de vencimento do imposto e a necessidade de intervenção da Fazenda Pública no processo de inventário. Neste tópico, serão examinados esses temas, apontando-se além do atual "estado da arte", a solução que se me apresenta como a mais correta para os problemas apontados.

4.1. PRAZO DECADENCIAL NO LANÇAMENTO DO ITCD "CAUSA MORTIS"

As regras de contagem do prazo decadencial, no Direito Tributário, estão insculpidas no art. 173 do CTN, sendo esse prazo contado, como regra geral, a partir do primeiro dia do exercício seguinte àquele em que o lançamento tributário poderia ter sido realizado (conforme inciso I do referido art.173). Ora, para que se realize o lançamento, necessária e bastante é a realização do fato gerador do tributo, sobre ele não pendendo, obviamente, nenhuma condição suspensiva. Não é pressuposto, para se iniciar a contagem do prazo decadencial, que o Fisco tenha ciência da ocorrência do fato gerador, porque o prazo decadencial é, justamente, o prazo para que o Fisco realize o lançamento tributário (COÊLHO, 2020, p. 563), verificando a ocorrência do fato gerador, identificando o sujeito passivo e calculando o tributo devido.

O ITCD *"Causa Mortis"* tem como fato gerador a transmissão de bens e direitos por causa da morte (art. 35, incisos I e II, do CTN), o que ocorre no momento da morte do autor da herança, em razão do disposto no art. 1.784 e do art. 1.923, ambos do Código Civil (FERNANDES, 2005, p. 81). Logo, ocorrida a morte do autor da herança, realiza-se o fato gerador do ITCD *"Causa Mortis"*, podendo já se realizar o lançamento tributário. Assim, o prazo decadência fluirá a partir do primeiro dia do exercício seguinte ao da morte do autor da herança.

Se a legislação tributária imputar ao sujeito passivo o dever de informar ao Fisco a ocorrência do fato gerador (o que se dá nos casos de lançamento por declaração e por homologação, conforme art. 147 e art. 150, respectivamente, do CTN), a omissão desse dever não postergaria indefinidamente o prazo decadencial. Configurada a omissão do sujeito passivo, cumpriria ao Fisco realizar o lançamento de ofício (art. 149, incisos II e V, respectivamente, do CTN). Ainda nesse caso, a contagem do prazo decadencial seguiria a regra do art. 173, inciso I, do CTN.

Como já registrei, pode ser que o *"status"* de eventual herdeiro seja objeto de controvérsia judicial, assim como também pode haver litígio em torno da partilha (dever de colação, bens partilháveis, etc.). A existência de tais litígios, contudo, não impede o Fisco de fazer o lançamento tributário, com os dados então disponíveis, sem ter que aguardar eventual solução judicial (a não ser, claro, que haja decisão judicial impedindo a realização do lançamento, o que não é comum). Se houver a instauração de litígios, chegando-se, ao final, a solução diversa daquela considerada pelo Fisco, o caso exigirá eventual revisão do lançamento, a ser feita na forma disciplinada também pelo art. 149 do CTN.

O entendimento jurisprudencial dominante no Superior Tribunal de Justiça (STJ), porém, não compartilha dessa orientação. É correto afirmar, sem muitas dúvidas, que:

> […] a jurisprudência do STJ entende que a prolação da sentença de homologação da partilha é que possibilita a identificação dos aspectos material, pessoal e quantitativo da hipótese normativa de incidência do ITCMD, não sendo possível a realização de lançamento antes de tal homologação. Precedentes: REsp 1.668.100/SP, Rel. Min. Herman Benjamin, Segunda Turma, DJe 20.6.2017; AgInt no AREsp 1.376.603/PR, Rel. Ministro Mauro Campbell Marques, Segunda Turma, DJe 26.2.2019 (STJ. Recurso Especial nº 1.793.143/MG. 2ª Turma. Relator: Ministro Herman Benjamin, DJe, 29.maio.2019).

Não é fácil entender essa orientação do STJ, que se reproduz em diversas outras decisões[13]. Como visto, o "cálculo do imposto" (art. 638,

---

13 As decisões colegiadas que identifiquei vêm, quase todas, da Segunda Turma do STJ, havendo, porém, decisões monocráticas da Primeira Turma que se baseiam nas decisões colegiadas da Segunda Turma. É possível afirmar, assim, a prevalência do entendimento de que "[…]'enquanto não homologado o cálculo do inventário, não há como efetuar a constituição definitiva do tributo, porque incertos os valores inventariados sobre o qual incidirá o percentual da exação, haja vista as possíveis modificações que os cálculos sofrerão ante questões a serem dirimidas pelo magistrado, nos termos dos arts. 1.003 a 1.011 do CPC' (AgRg no REsp 1257451/SP, Rel. Ministro Humberto Marins, Segunda Turma, julgado em 06/09/2011, DJe 13/09/2011) No mesmo sentido: AgRg no AREsp 396.457/RS, Rel. Ministro Og Fernandes, Segunda Turma, julgado em 03/12/2013, DJe 09/12/2013; AgRg no REsp 1274227/MS, Rel. Ministro Herman Benjamin, Segunda Turma, julgado em 07/02/2012, DJe 13/04/2012" (Agravo Regimental no Recurso em Mandado de Segurança nº 40.958/MS. Segunda Turma. Relator: Ministro Mauro Campbell Marques, DJe, 09.set.2015). Ainda nesse tom: "[…] 3. Embora a herança seja transmitida, desde logo, com a abertura da sucessão (art. 1.784 do Código Civil), a exigibilidade do imposto sucessório fica na dependência da precisa identificação do patrimônio transferido e dos herdeiros ou legatários, para que sejam apurados os 'tantos fatos geradores distintos' a que alude o citado parágrafo único do art. 35, sendo essa a lógica que inspirou a edição das Súmulas 112, 113 e 114 do STF. 4. O regime do ITCMD revela, portanto, que apenas com a prolação da sentença de homologação da partilha é possível identificar perfeitamente os aspectos material, pessoal e quantitativo da hipótese normativa, tornando possível a realização do lançamento (cf. REsp 752.808/RJ, Rel. Ministro Teori Albino Zavascki, Primeira Turma, julgado em 17.5.2007, DJ 4.6.2007, p. 306; AgRg no REsp 1257451/SP, Rel. Ministro Humberto Martins, Segunda Turma, julgado em 6.9.2011, DJe 13.9.2011). 5. Pelas características da transmissão causa mortis, não há como exigir

§ 2º, do CPC/2015), encerrando a etapa de inventário dos bens do autor da herança, antecede a etapa de partilha dos bens inventariados da partilha. Por isso, de modo absolutamente lógico e coerente, a legislação processual civil (art. 654 do CPC/2015) e o CTN (art. 192) exigem o prévio pagamento do imposto como pressuposto para que seja proferida a sentença de partilha: "Pago o imposto de transmissão a título de morte e juntada aos autos a certidão ou informação negativa de dívida para com a Fazenda Pública, o juiz julgará por sentença a partilha" (art. 654 do CPC/2015).

O STJ, todavia, parece entender que, inicialmente, se faz o cálculo do imposto, seguindo-se a homologação da partilha, permitindo-se, a partir daí, que o Fisco faça o lançamento do imposto. Confira-se a seguinte ementa, que bem expõe esse inusitado *"iter"*:

> [...] 2. No caso, tratando-se de inventário, compete ao juiz, depois de ouvida a Fazenda Pública, proceder ao cálculo do imposto de transmissão causa mortis, conforme dispõem os arts. 1.012 e 1.013 do CPC.
> 3. Consequentemente, enquanto não homologado o cálculo do inventário, não há como efetuar a constituição definitiva do tributo, porque incertos os valores inventariados sobre o qual incidirá o percentual da exação, haja vista as possíveis modificações que os cálculos sofrerão ante questões a serem dirimidas pelo magistrado, nos termos dos arts. 1.003 a 1.011 do CPC.
> 4. No caso em apreço, homologado o cálculo em 27.6.2008, o prazo decadencial só ocorrerá após 31.12.2013. Agravo regimental improvido

o imposto antes do reconhecimento judicial do direito dos sucessores, seja mediante Arrolamento Sumário, seja na forma de Inventário, procedimento mais complexo" (Recurso Especial nº 1.660.491/RS. Segunda Turma. Relator: Ministro Herman Benjamin, DJe, 16.jun.2017). Também vinculando o prazo decadencial à sentença de partilha, tem-se a seguinte decisão da Primeira Turma: "2. O fato gerador do imposto causa mortis se dá com a transmissão da propriedade, que, no direito pátrio, coincide com a morte, por força do direito de sucessão (art. 1.572 do CC/1916). Precedentes. 3. No Estado do Rio de Janeiro, a Lei 1.427/89 estabelece que, quando o inventário se processar sob a forma de rito sumário o imposto de transmissão será objeto de declaração do contribuinte nos 180 (cento e oitenta) dias subseqüentes à ciência da homologação da partilha ou da adjudicação. 4. Não havendo tal declaração no prazo legal, nasce para o Fisco o direito de proceder ao lançamento de ofício (art. 149, II, do CTN), o que deverá ocorrer no prazo qüinqüenal do art. 173, I, do CTN ('primeiro dia do exercício seguinte àquele em que o lançamento poderia ter sido efetuado'). 5. No caso dos autos, não tendo o contribuinte efetuado a declaração no prazo legal (encerrado em 16.12.1997), iniciou-se, a partir de 01.01.1998, o prazo para o lançamento de ofício, que foi efetuado tempestivamente, em 29.01.2002" (Recurso Especial nº 752.808/RJ. Primeira Turma. Relator: Ministro Teori Zavascki, DJ, 04.jun.2007).

(Agravo Regimental no Recurso Especial nº 1.257.451/SP. Segunda Turma. Relator: Ministro Humberto Martins, DJe, 13.set.2011).

Nesse contexto, é de se perguntar a utilidade do "cálculo do imposto", se ele não faz as vezes do lançamento tributário? Como já pontuado neste trabalho, o cálculo do imposto faz coisa julgada, obrigando, então, as partes e o próprio Fisco, que dele não pode se afastar. Qual o sentido, então, de o Fisco "repetir" o cálculo do imposto, fazendo um "novo lançamento"? É evidente a confusão feita pelo STJ, justamente por não perceber que o julgamento do "cálculo do imposto" é o lançamento tributário, feito no âmbito jurisdicional[14]. E, na realização desse lançamento tributário, não é necessário aguardar o julgamento da partilha, porque esta pressupõe, justamente, o prévio recolhimento do imposto (art. 192 do CTN e art. 654 do CPC/2015).

Por outras palavras, na apuração do ITCD *"Causa Mortis"*, ocorrido o fato gerador (morte do autor da herança, o que importa na transmissão da propriedade), cumpre à autoridade (judicial ou administrativa, conforme o lançamento se efetiva nos autos do processo de inventário ou extrajudicialmente) apurar a base tributável (o *"monte-mor"*, no jargão do Direito Civil), os herdeiros e os respectivos quinhões, apurando-se, então, o imposto devido (sempre ressalvada, como anotado, a possibilidade de revisão do lançamento, caso alterados os pressupostos fáticos do lançamento tributário inicialmente realizado).

Não me convencem argumentos exposto por alguns autores, como Ricardo Lobo Torres (TORRES, 2007, p. 223), Milton Delgado Soares (SOARES, 2006, p. 83), Clayton Eduardo Prado (PRADO, 2009, p. 113) e Eduardo Moreira Peres e Jefferson Valentin (PERES; VALENTIN, 2017, p. 256), os quais vinculam a contagem do prazo decadencial do ITCD *"Causa Mortis"* à ciência que a Fazenda Pública tenha das informações recolhidas no processo de inventário. Peres e Valentim, por exemplo,

---

14 Em minha dissertação, citei vetusta decisão do Tribunal de Justiça do Rio de Janeiro, relatada pelo então Desembargador Menezes Direito, que identificou a natureza jurídica da decisão que julga o cálculo do imposto: "Por isso, enche-se de razão assertiva feita pelo hoje Ministro Carlos Alberto Menezes Direito, quando ainda judicava no Tribunal de Justiça do Rio de Janeiro: 'o despacho que homologa os cálculos equivale ao lançamento do imposto de transmissão causa mortis, constituindo-o definitivamente' (Tribunal de Justiça do Rio de Janeiro, Agravo n. 119, Primeira Câmara Cível, datada de 11/06/91, 'apud' José Jayme de Macêdo Oliveira. Código Tributário Nacional – comentários, doutrina e jurisprudência. São Paulo: Saraiva, 1998. p. 174)" (MUZZI, 2014, p. 85).

afirmam que o Fisco paulista, "norteado pela jurisprudência, sobretudo do STJ, considera o início da contagem do prazo decadencial da data da ciência da autoridade fiscal das primeiras declarações apresentadas em juízo" (PERES, VALENTIN, 2017, p. 256). Ricardo Lobo Torres, por outro lado, sustenta que, "se os herdeiros não abrem o inventário, a Fazenda não pode fazer o lançamento, por desconhecer o óbito", motivo pelo qual o termo inicial do prazo decadencial seria o "primeiro dia do exercício seguinte ao da data em que o credor foi citado para o inventário" (TORRES, 2007, p. 223, *"passim"*).

Como sustentei em outro artigo em que abordei o tema da decadência do ITCD *"Causa Mortis"*, "não há razão jurídica, contudo, que justifique a criação de regra diversa daquela contida no art. 173, I, do CTN" (MUZZI FILHO, 2013, p. 34). O prazo decadencial é o prazo para que seja realizado o lançamento tributário, o que pressupõe que o "[...] Fisco verifique a ocorrência do fato gerador, apurando, então, o tributo devido" (MUZZI FILHO, 2013, p. 34). Não se conta o prazo decadencial somente após o Fisco ter ciência do fato gerador; conta-se, na forma do art. 173, I, do CTN, do primeiro dia do exercício seguinte em que o lançamento poderia ser realizado, sendo que, na fluência do prazo decadencial, deve ser apurada a ocorrência do fato gerador, apurado o montante tributável, etc.

Ademais, a morte das pessoas deve ser certificada por oficial de registro, cabendo ao Fisco requisitar dos oficiais de registro as certidões de óbito, para investigar a ocorrência do fato gerador do ITCD (MUZZI FILHO, 2013, p. 34). Em Minas Gerais, por exemplo, o art. 20 da Lei Estadual nº 14.941, de 29 de dezembro de 2003 (com modificações posteriores), prevê que os "titulares do Tabelionato de Notas, do Registro de Títulos e Documentos, do Registro Civil das Pessoas Jurídicas, do Registro de Imóveis e do Registro Civil das Pessoas Naturais prestarão informações [...] de atestado de óbito à repartição fazendária, mensalmente, conforme dispuser o regulamento". E, mesmo nos casos em que o lançamento do ITCD *"Causa Mortis"*, por opção do legislador estadual, tenha que ser feito em juízo ao Fisco também se reconhece a legitimidade ativa para requerer a abertura do processo de inventário, como observa Paulo Roberto Lassi de Oliveira: "A abertura do inventário pode ser requerida, com base na regra disposta no art. 616, VIII, do Código de Processo Civil de 2015, em razão do interesse da Fazenda Pública, como um dos legitimados concorrentes (art. 616, inciso VIII, do CPC/2015)" (OLIVEIRA, 2017, p. 81)[15].

Portanto, "ocorrida a abertura da sucessão, com a morte do autor da herança, no exercício seguinte se inicia o prazo, inclusive nos casos em que adotado o lançamento jurisdicional, pouco importando a eventual inércia dos herdeiros, que pode ser suprida pelo Fisco [...]" (MUZZI FILHO, 2013, p. 35). É necessário que o STJ, bem compreendendo a natureza da decisão judicial que julga o cálculo do imposto, reconheça nela o lançamento tributário, revendo, então, sua confusa jurisprudência a respeito do prazo decadencial para lançamento do ITCD *"Causa Mortis"*.

4.2. VENCIMENTO DO ITCD "CAUSA MORTIS" E IRRELEVÂNCIA DO "CÁLCULO DO IMPOSTO"

Outro exemplo de confusão provocada pela incorreta compreensão do lançamento tributário do ITCD *"Causa Mortis"* se tem na *eternização* da Súmula nº 114/STF, com a seguinte redação: "O imposto de transmissão 'causa mortis' não é exigível antes da homologação do cálculo". Referida Súmula foi aprovada em sessão plenária do STF, realizada em 13 de dezembro de 1963, apontando-se como paradigma os Embargos Infringentes no Recurso Extraordinário nº 21.673/BA, Pleno, Relator Ministro Pedro Chaves, DJe, 12.abr.1962, tendo o acórdão a seguinte ementa: "Imposto de transmissão causa mortis. Multa moratória indevida. Observância do art. 500, do Código de Processo Civil que prevalece sobre a lei local. Embargos rejeitados".

No sucinto voto do Relator, Ministro Pedro Chaves, foi afirmada a prevalência da regra contida no art. 500 do CPC/1939, ao argumento de que a disposição da legislação baiana não poderia prevalecer ante a lei federal, em razão de "atentar contra a hierarquia das leis" e também contra a lógica, "pois antes da liquidação e julgamento do cálculo, não é possível recolher o imposto" (Embargos Infringentes no Recurso Extraordinário nº 21.673/BA, Pleno, Relator Ministro Pedro Chaves, DJe, 12.abr.1962). Este fundamento, como já visto, não se sustenta em

---

15 O atual CPC/2015 alterou o anterior CPC/1973, porque já não mais permite que o próprio juiz inicie o processo de inventário, caso os legitimados fiquem inertes. O art. 989 do CPC/1973 dispunha que "O juiz determinará, de ofício, que se inicie o inventário, se nenhuma das pessoas mencionadas nos artigos antecedentes o requerer no prazo legal". Na observação de Humberto Theodoro Júnior, a "exceção ao princípio da inércia [judicial] não mais subsiste no NCPC" (THEODORO JÚNIOR, 2016, p. 261).

razão da inexistência, no caso de "hierarquia" entre a lei federal e a lei estadual, devendo prevalecer, sim, a lei estadual, em razão da competência tributária outorgada aos Estados.

Lembre-se que, após a edição da Súmula nº 114/STF, sobrevieram duas novas ordens constitucionais, instauradas pela Constituição Federal de 1967 (com a Emenda Constitucional nº 1, de 1969) e pela CR/1988. A ordem constitucional vigente desde 1988 assentou novo modelo federativo, reforçando a autonomia dos Estados e Municípios, notadamente em matéria tributária, com a vedação de isenções ou benefícios fiscais heterônomos (art. 150, § 6º). Dispositivo deste quilate não existia nas ordens constitucionais anteriores, que, ao contrário, eram reconhecidamente centrípetas, concentrando poderes na União Federal.

É necessário observar que há várias decisões do Supremo Tribunal Federal afirmando que o tema versado na Súmula nº 114/STF tem natureza infraconstitucional, razão pela qual as discussões não envolveriam tema constitucional, devendo ser resolvidas no âmbito do recurso especial, perante o Superior Tribunal de Justiça[16]. O argumento, no caso, não é correto. Como visto, o fundamento invocado pelo Supremo Tribunal Federal, em 1963, para editar a Súmula nº 114/STF, foi a maior "hierarquia" da lei federal (no caso, o art. 500 do CPC/1939) sobre as legislações estaduais. Logo, há questão constitucional relativa à distribuição da competência legislativa entre Estados e a União, como abordado neste trabalho, impondo-se ao Supremo Tribunal Federal resolver tal questão constitucional, nos termos do art. 102, inciso III, letra *d*, da CR/1988.

---

16 Nesse sentido, como exemplo, colha-se a afirmação da Ministra Cármen Lúcia, Relatora: "[...]o Supremo Tribunal Federal pacificou o entendimento de que cabe ao Superior Tribunal de Justiça a apreciação de controvérsias atinentes à matéria infraconstitucional objeto de súmulas editadas à luz das constituições anteriores à 1988, como é o presente caso, no qual se discute a aplicação da Súmula n. 114 do Supremo Tribunal Federal, aprovada na Sessão Plenária de 13.12.1963, com base na interpretação do art. 500 do Código de Processo Civil de 1939" (Supremo Tribunal Federal. Agravo Regimental no Agravo em Recurso Extraordinário nº 768.206/MG. Segunda Turma. Relatora Ministra Cármen Lúcia, DJe, 29.out.2013; no mesmo sentido, em, decisões monocráticas: Supremo Tribunal Federal. Agravo em Recurso Extraordinário nº 867.458/MG. Relator Ministro Dias Toffoli, DJe, 8.abr.2015; e Recurso Extraordinário nº 805.508/MG. Relator Ministro Gilmar Mendes, DJe, 28.abr.2014.

Já o Superior Tribunal de Justiça, sem maiores preocupações com o tema, tem se limitado a aplicar, monocordiamente, a Súmula 114/STF[17], deixando, então, mal-resolvida a questão sobre qual seria o legislador competente (federal ou estadual) para disciplinar o Imposto sobre a Herança. Eterniza-se, assim, o entendimento sufragado em 1963, baseado em equivocada afirmação de maior hierarquia da lei federal (Código de Processo Civil) sobre a lei estadual (sobre o imposto em questão), em inaceitável acomodação intelectual dos tribunais superiores.

Também aqui é imperiosa a revisão da jurisprudência do Supremo Tribunal Federal, de modo a se fazer prevalecer, em homenagem ao princípio federativo (art. 1º e art. 18, ambos da CR/1988), a autonomia dos Estados para disciplinar o ITCD *"Causa Mortis"*, fixando em suas próprias normas a forma de lançamento tributário a ser adotada, com a definição, também, do momento do vencimento do *"quantum"* apurado. E, a não ser nos casos em que o legislador estadual optar pela apuração judicial do ITCD *"Causa Mortis"*, não se poderá reconhecer validade ao prazo de vencimento do imposto estabelecido na lei federal.

4.3. A INTIMAÇÃO DA FAZENDA PÚBLICA NO PROCESSO DE INVENTÁRIO

Por fim, mais um último exemplo de equívoco decorrente da incompreensão acerca do lançamento tributário do ITCD *"Causa Mortis"*. O CPC/2015 dispõe, em seu art. 626, que, após a apresentação das primeiras declarações pelo inventariante, "[...]o juiz mandará citar, para

---

17 Nesse sentido, como exemplo, afirmou o Ministro Herman Benjamin: "[...] 1. A Corte de origem entendeu que o prazo de 180 dias para pagamento dos tributos de transmissão começa a contar da data da abertura da sucessão ou da morte do proprietário do bem. 2. No entanto, a jurisprudência do STJ entende que a prolação da sentença de homologação da partilha é que possibilita a identificação dos aspectos material, pessoal e quantitativo da hipótese normativa de incidência do ITCMD, não sendo possível a realização de lançamento antes de tal homologação. Precedentes: REsp 1.668.100/SP, Rel. Min. Herman Benjamin, Segunda Turma, DJe 20.6.2017; AgInt no AREsp 1.376.603/PR, Rel. Ministro Mauro Campbell Marques, Segunda Turma, DJe 26.2.2019. 3. Aplica-se ao caso o disposto na Súmula 114/STF: 'O imposto de transmissão causa mortis não é exigível antes da homologação do cálculo'" (Superior Tribunal de Justiça. Recurso Especial 1.793.143/MG. Segunda Turma. Relator: Ministro Herman Benjamin, DJe, 29.maio.2019; também aplicando a Súmula nº 114/STF, entre outros, Agravo Regimental no Recurso em Mandado de Segurança nº 40.958/MS. Segunda Turma. Relator: Ministro Mauro Campbell Marques, DJe, 09.set.2015; Recurso Especial nº 1.793.143/MG. Segunda Turma. Relator: Ministro Herman Benjamin, DJe, 29.maio.2019).

os termos do inventário e da partilha, o cônjuge, o companheiro, os herdeiros e os legatários e intimar a Fazenda Pública, o Ministério Público, se houver herdeiro incapaz ou ausente, e o testamenteiro, se houver testamento". Regra análoga se encontra no art. 999 do anterior CPC/1973, com uma importante distinção: atualmente, determina-se a intimação da Fazenda Pública; antes, porém, determinava-se a citação, ato processual que guarda maior importância e formalidade do que a intimação.

No Tribunal de Justiça de Minas Gerais, na vigência do CPC/1973, reconhecia-se que a ausência de citação da Fazenda Pública provocava a nulidade do processo de inventário[18]. Na vigência do atual CPC/2015, parece não ter havido ainda apreciação da questão. Em pesquisa desenvolvida para este trabalho, encontrei apenas uma decisão proferida em 2019, mas relativa a processo de inventário iniciado muitos anos antes, em 1989, na vigência do anterior CPC/1973, tendo se reconhecido a nulidade do feito, por ausência de "citação" da Fazenda Pública[19].

Esta "intimação" da Fazenda Pública, contudo, somente se justifica caso a legislação do Estado tenha fixado que o ITCD *"Causa Mortis"* será apurado no bojo do processo de inventário. Nesse cenário, a Fazenda Pública deve ser intimada a integrar o feito, a fim de acompanhar o lançamento tributário do imposto, a se desenvolver no âmbito daquela ação judicial. Cássio Scarpinella Bueno afirma que a intimação da Fazenda Pública é feita para ela "[...]informar ao magistrado o valor dos bens imóveis constantes das primeiras declarações, de acordo com os dados de seu cadastro imobiliário (art. 629)" (BUENO, 2017, p. 521). No mesmo tom, José Miguel Garcia Medina também afirma que "[...] a Fazenda Pública informará ao juiz o va-

---

18 "[...] Nos termos do art. 999 e seguintes do CPC, após a apresentação das primeiras declarações, deve-se proceder à citação/intimação da Fazenda Pública, para que esta pronuncie no feito, sob pena de nulidade do processo, tendo em vista possuir interesse na arrecadação dos tributos que lhe são devidos" (Tribunal de Justiça de Minas Gerais. Agravo de Instrumento nº 1.0324.13.001533-6/001. Primeira Câmara Cível Relator: Desembargador Antônio Sérvulo, Minas Gerais, 12.ago.2014). No mesmo sentido, Agravo de Instrumento nº 1.0324.11.011038-8/001. Oitava Câmara Cível. Relator: Desembargador Alyrio Ramos, Minas Gerais, 15.abr.2014; e Agravo de Instrumento nº 1.0074.08.047241-3/001. Sétima Câmara Cível. Relator: Desembargador Belizário de Lacerda, Minas Gerais, 23.nov.2012.

19 Tribuna de Justiça de Minas Gerais. Apelação Cível nº 1.0024.89.604515-0/001. Primeira Câmara Cível. Relator: Desembargador Washington Ferreira, DJe, 3.jul.2019.

lor dos bens de raiz indicados nas primeiras declarações (art. 629 do CPC/2015). Tal manifestação relaciona-se à subseqüente cobrança de tributos devidos, por conta da transmissão da propriedade dos bens" (MEDINA, 2017, p. 812).

No caso, porém, em que a legislação estadual opte pelo lançamento tributário administrativo, desenvolvido independentemente do processo de inventário, desnecessária a intimação da Fazenda Pública. Isso porque os agentes fiscais se encarregarão do lançamento tributário, não se justificando que, nos autos do processo de inventário, sejam prestadas quaisquer informações sobre os bens cuja propriedade foi transmitida. Nesse caso, cabe reiterar, a partilha judicial de bens somente poderá ser efetivada após o pagamento do imposto, cabendo ainda ao juiz exigir a demonstração desse pagamento, mediante a juntada aos autos do processo de inventário da certidão competente, como previsto no já mencionado art. 654 do CPC/2015: "Pago o imposto de transmissão a título de morte e juntada aos autos certidão ou informação negativa de dívida para com a Fazenda Pública, o juiz julgará por sentença a partilha".

A regra processual, vale insistir, apenas reitera o que também se contém no art. 192 do CTN: "Nenhuma sentença de julgamento de partilha ou adjudicação será proferida sem prova da quitação de todos os tributos relativos aos bens do espólio, ou às suas rendas". Assim, se o imposto sobre a herança é objeto de lançamento administrativo, não se justifica a intimação da Fazenda Pública para integrar o processo de inventário. O controle do recolhimento do imposto deverá ser feito pelo próprio Judiciário, no momento de se proferir a sentença de partilha, o que somente ocorrerá com a "prova da quitação de todos os tributos relativos aos bens do espólio" (art. 192 do CTN), notadamente a prova do pagamento do ITCD *Causa Mortis* (art. 654 do CPC/2015).

Dessa maneira, a "intimação" da Fazenda Pública, nos processos de inventário, somente se aplica aos casos em que, por opção do legislador estadual, o lançamento tributário do ITCD *Causa Mortis* ocorre no âmbito do processo de inventário. Fora daí, não se justifica tal "intimação", cabendo apenas às partes juntar aos autos, antes de proferida a sentença de partilha (e como condição para que ela seja proferida) a prova da quitação desse imposto.

5. PONDERAÇÃO FINAL

Como assinalou Geraldo Ataliba, em prefácio à clássica obra de Misabel Abreu Machado Derzi, "não há nada mais prático do que uma boa teoria" (DERZI, 2007, p. 18). O lançamento tributário do ITCD *"Causa Mortis"*, certamente em razão da confluência do Direito Processual com o Direito Tributário, ainda é alvo de muitas incompreensões e equívocos. Esses equívocos e incompreensões provocam confusões (especialmente, no que tange à configuração da decadência, à definição do prazo de vencimento do tributo e à necessidade de intervenção da Fazenda Pública nos processos de inventário, abordados neste artigo) que poderiam ser facilmente evitadas, caso houvesse a correta compreensão teórica do lançamento tributário do ITCD *"Causa Mortis"*.

Procurou-se, assim, no curso deste artigo, compreender o lançamento tributário do imposto em questão, compatibilizando as regras do Código de Processo Civil com o exercício da competência legislativa tributária dos Estados, deixando-se de lado práticas arraigadas, mas teoricamente incorretas, de modo a se aperfeiçoar a própria dinâmica da tributação das heranças.

Certamente, a tentativa desenvolvida ficou bem aquém do brilho a que faz jus o homenageado. Espero, todavia, que a intenção de prestar a justa homenagem ao Professor Sacha Calmon sirva, de algum modo, como atenuante para as limitações do eterno aluno.

REFERÊNCIAS BIBLIOGRÁFICAS

BALEEIRO, Aliomar. *Direito tributário brasileiro.* 12 ed. atualizada por Misabel Abreu Machado Derzi. Rio de Janeiro: Forense, 2013.

BARROS, Hamilton de Moraes. *Comentários ao Código de Processo Civil.* Rio de Janeiro: Forense, 1980, vol. IX.

BERMUDES, Sergio. *CPC de 2015 – Inovações.* Rio de Janeiro: LMJ Mundo Jurídico. 2018.

BUENO, Cássio Scarpinella. *Manual de direito processual civil – Volume único.* 3 ed – 2 tiragem. São Paulo: Saraiva, 2017.

CARNEIRO, Paulo Cézar Pinheiro. *Inventário e partilha – Judicial e extrajudicial.* Rio de Janeiro: Forense, 2019.

———. *Comentários ao código de processo civil.* Rio de Janeiro: Forense, 2001, vol. IX – Tomo I.

COÊLHO, Sacha Calmon Navarro. *Curso de direito tributário brasileiro.* 17 ed. Rio de Janeiro: Forense, 2020.

DERZI, Misabel Abreu Machado. *Direito tributário, direito penal e tipo*. 2 ed. São Paulo: Revista dos Tribunais, 2007.

DOMINGUES, Nathália Daniel. *Tributação da herança*. Belo Horizonte: Arraes Editores, 2017.

FADEL, Sergio Sahione. *Código de Processo Civil comentado*. 8 ed. Rio de Janeiro: Forense, 2010, vol. II.

ICHIHARA, Yoshiaki. Imposto sobre Transmissão "Causa Mortis" e Doação, de Quaisquer Bens ou Direito – ITCMD. *In: Revista de Direito Tributário*. São Paulo: Malheiros, vol. 85, 2002, p. 372-384.

MACHADO, Celso Cordeiro. *Limites e conflitos de competência tributária no sistema brasileiro*. Belo Horizonte: sem editora, 1968.

MARCATO, Antônio Carlos. *Procedimentos especiais*. 16 ed. São Paulo: Atlas, 2016.

———. *Procedimentos especiais*. 6 ed. São Paulo: Malheiros, 1994.

MEDINA, José Miguel Garcia. *Curso de direito processual civil moderno*. 4 ed. São Paulo: Revista dos Tribunais, 2017.

MUZZI FILHO, Carlos Victor. *Tributos lançados pelo juiz (estudo sobre o lançamento jurisdicional)*. Dissertação (Mestrado em Direito Tributário) – Faculdade de Direito da Universidade Federal de Minas Gerais, Belo Horizonte, 2004.

———. Imposto sobre transmissão *"causa mortis"*: lançamento e decadência. *In: Revista dialética de direito tributário*. São Paulo: Dialética, vol. 212, maio de 2013, p. 29-36.

OLIVEIRA, Paulo Roberto Lassi de. *A aplicação do prazo decadencial no lançamento do Imposto sobre Transmissão Causa Mortis e Doação*. Dissertação (Mestrado em Direito), Universidade FUMEC, Faculdade de Ciências Humanas, Sociais e da Saúde, Belo Horizonte, 2017.

PACHECO, Cristiano Scarpelli Aguiar. Evolução, padrões e tendências na arrecadação do imposto sobre Heranças e doações. *Revista de Finanças Públicas, Tributação e Desenvolvimento*. Rio de Janeiro: UERJ, vol. nº 5, nº 5, jan-dez, 2017, disponível em https://www.e-publicacoes.uerj.br/index.php/rfptd/article/view/18025/19711.

PERES, Eduardo Moreira; VALENTIN, Jefferson. *Manual do ITCMD – SP*. São Paulo: Letras Jurídicas, 2017.

PRADO, Clayton Eduardo. *Imposto sobre herança*. São Paulo: Verbatim, 2009.

SANTOS, Ernane Fidélis dos. *Manual de processo civil*. 15 ed. São Paulo: Saraiva, 2017, vol. 3.

———. *Dos procedimentos especiais no Código de Processo Civil*. 3 ed. Rio de Janeiro: Forense, 1999.

SILVA, Ricardo Alexandre da; LAMY, Eduardo. *Comentários ao Código de Processo Civil (arts. 539 ao 673)*. 2 ed. São Paulo: Thomson Reuters Brasil, 2018 (Coleção Comentários ao Código de Processo Civil: v. 9, direção MARINONI, Luiz Guilherme; Coordenação ARENHART, Sérgio Cruz; e MITIDIERO, Daniel).

SOARES, Milton Delgado. *O imposto sobre a transmissão causa mortis e doação (ITCMD) e suas hipóteses de incidência nos procedimentos sucessórios*. Rio de Janeiro: Lumen Juris, 2006.

TESOURO NACIONAL. *Estimativa da carga tributária bruta no Brasil – 2018*. Brasília: Tesouro Nacional, 2018, disponível em http://www.tesouro.fazenda.gov.br/documents/10180/476865/Boletim_CTB_2018.pdf/dfb14303-a1de-4510-9c-28-077d7af6ab27, consulta em 13.jan.2020.

THEODORO JÚNIOR, Humberto. *Curso de direito processual civil*. 50 ed. Rio de Janeiro: Forense, 2016, vol. II.

──────. *Curso de direito processual civil*. 16 ed. Rio de Janeiro: Forense, 1997, vol. III.

TORRES, Ricardo Lobo. *Curso de direito financeiro e tributário*. 19 ed. Rio de Janeiro: Renovar, 2013.

──────. *Tratando de direito constitucional financeiro e tributário – Os tributos na Constituição*. Rio de Janeiro: Renovar, 2007, vol. IV.

CONTRIBUIÇÃO DE MELHORIA – FONTE DE RECEITA IGNORADA

CRISTINA PADOVANI MAYRINK[1]

SUMÁRIO: 1. Considerações Preliminares; 2. Antecedentes Históricos; 2.1. No Direito Comparado; 2.2. No Brasil; 3. Contribuição de Melhoria e Município; 4. Problema Político ou Técnico da Aplicação; 5. Como Cobrar a Contribuição de Melhoria; 6. Conclusão

1. CONSIDERAÇÕES PRELIMINARES

Com a Reforma Tributária em pauta, e as múltiplas propostas que estão em discussão, um dos pontos que estão mais em voga é a criação do IBS (imposto sobre bens e serviços), cuja pretensão é unificar alguns tributos nas três esferas de governo, e, ainda que exista proposta a poupar os tributos de competência estadual (ICMS) e municipal (ISS), há uma tendência em incorporá-los no denominado IBS.

Não obstante o ordenamento jurídico-tributário brasileiro determinar que as normas gerais para instituição de cada tipo de tributo sejam definidas em legislação federal (nacional), a introdução (criação) e o regramento detalhado cabem à legislação interna dos 26 Estados e do Distrito Federal e dos 5.570 Municípios brasileiros. Dessa forma, a implementação do IBS, mesmo que com as regras e períodos para sua transição, apresenta-se complexa, uma vez que envolve as principais fontes de arrecadação própria de Estados e Municípios, respectivamente ICMS e ISS. Nesse sentido, premente se pensar em formas compensatórias para que esses entes federados, que são os responsáveis por boa parte dos direitos essenciais assegurados aos cidadãos, tais como

---

[1] Bacharelado em Direito (UFV), Mestre em Direito Tributário (UFMG), Especialista em Direito Público (UFMG), Advogada e Consultora Jurídica, especializada na inter-relação público privado.

educação, saúde, segurança pública e saneamento básico, tenham um mínimo de autonomia financeira, sobretudo os Municípios.

Diante do contexto, para que a Reforma Tributária seja bem sucedida, imprescindível a garantia de mecanismos efetivos de manutenção dos níveis de arrecadação própria, da gestão de receitas e do poder fiscalizatório de Estados e Municípios; caso contrário, poderá configurar risco ao pacto federativo e insegurança jurídica para o ambiente que se pretende reformar.

Tomando como foco os Municípios, desde a época em que trabalhamos o tema para dissertação de mestrado (na virada do século passado 1999/2000), tendo a honra de ser orientada pelo Professor Sacha Calmon, e co-orientada pelo Professor Paulo Neves de Carvalho, eis que ainda se apresenta pertinente a espécie tributária mais justa e equânime, qual seja, a contribuição de melhoria, que vem sendo praticamente ignorada no cenário normativo tributário brasileiro, a *contrario sensu* da Lei de Responsabilidade Fiscal, que reclama a instituição, previsão e efetiva arrecadação de todos os tributos de competência constitucional do ente da Federação (art. 11, Lei Complementar 101/2000).

A contribuição de melhoria, inclusive, com sua forma de cobrança transparente e com participação efetiva do contribuinte, vem ao encontro da nova cultura a ser consolidada no País, a da integridade e da ética.

Nesse viés, mister reafirmar o conceito dessa espécie tributária, e para tanto, oportuno revolver à obra clássica de Bilac Pinto[2]:

> "É o pagamento obrigatório decretado, exclusiva ou concorrentemente, pelo Município, pelo Estado e pela União, em razão da valorização produzida em imóvel do contribuinte, por obra pública, realizada após sua audiência, e cujo montante não pode ultrapassar nem o custo da obra, nem o valor do benefício."

Por essa explanação conceitual, percebe-se que o ilustre jurista opta pelo critério "valorização", na tentativa de se buscar o fundamento axiológico desse tributo, assim como também o fez Geraldo Ataliba[3].

---

2 Pinto, Bilac. Contribuição de Melhoria. Rio de Janeiro: Forense, 1937.

3 Ataliba, Geraldo. Natureza Jurídica da Contribuição de Melhoria. São Paulo: Revista dos Tribunais, 1964.

Diversamente, João Batista Moreira[4] opta pelo critério "custo", como causa da aplicação do tributo, e Alfredo Augusto Becker[5] vê a contribuição de melhoria como taxa, se o critério for o do custo, e, como imposto, se o critério for o da valorização.

Além dos critérios objetivos mediatos valorização/custo, que ensejaram a contribuição de melhoria, sabe-se que a razão imediata, que provavelmente trouxe à tona tal instituto, foi a de fornecer às nossas Administrações, nova fonte de tributos, para se enfrentarem as crescentes necessidades do erário. E, mais, promover a correção de uma situação injusta que o Poder Público não poderia, em tese, tolerar por muito tempo, a de que as obras públicas realizadas com o concurso de todos os contribuintes, beneficiavam, quase sempre, pequeno número deles.

Já a ideia de obra pública, pode ser compreendida, na obra de Bilac Pinto, que a conceitua conforme Hauriou, como *"todo imóvel pertencente a uma administração pública, por ela construído ou adaptado, tendo em vista um serviço ou um uso público."*

2. ANTECEDENTES HISTÓRICOS

2.4. NO DIREITO COMPARADO

A contribuição de melhoria possui precedentes históricos bem remotos. Aliomar Baleeiro[6] diz ter esse tributo base em certo fragmento do Digesto[7] e numa Ordenação Manuelina[8] que se refere a certa finta para "fazimento ou refazimento de muros, pontes e calçadas". João Batista Moreira[9], fervoroso estudioso desta espécie tributária, afirma ser muito citado pelos doutrinadores um voto de Sá Pereira, em recurso de con-

---

4 Moreira, João Baptista. Tratado de direito tributário brasileiro: A Contribuição de Melhoria e a Imposição da Valorização Imobiliária. Rio de Janeiro: Forense, 1981. Vol. III.

5 Becker, Alfredo Augusto. Teoria Geral do Direito Tributário. São Paulo: Saraiva, 1972.

6 Baleeiro, Aliomar. Uma Introdução à Ciência das Finanças. Rio de Janeiro: Forense, 1992.

7 Digestorum Lib. XLIII, tít., X, parágrafo 3º, fr.1, Digesto De via publica).

8 Liv. I, t. 47, parágrafo primeiro/e lei 6.07.1596.

9 Moreira, João Batista. Tratado de Direito Tributário Brasileiro: A Contribuição de Melhoria e a Imposição da Valorização Imobiliária. Rio de Janeiro: Forense, 1981. Vol.III.

tribuinte contra execução fiscal de Prefeitura, segundo o qual há vestígios de construção de ruas, pelos proprietários, no Direito Romano, consistindo, então, no berço da primeiras ocorrências da contribuição de melhoria. Informa ainda, que o Código de Justiniano (Corpus Juris Civilis), de 534, tem registro ainda mais aproximado do que viria a ser essa espécie tributária.

Nos Estados Unidos da América, por exemplo, o instituto equivalente à contribuição de melhoria recebeu a denominação de *special assessment*. Conta-se que os pioneiros das cidades nascentes contratavam com o poder instituído municipal o rateio dos custos de algumas obras públicas: a comunidade, seus membros assinavam um termo, declarando quanto dariam para a obra, cabendo ao Poder Público uma cota-parte, fórmula contratual semi-pública de financiamento de obras de interesse coletivo. Primeiro ocorreu essa disseminação costumeira, para depois firmar sua constitucionalidade, como resultante da lei. Apesar das semelhanças com a contribuição de melhoria, tem o *special assessment* uma diferença fundamental, qual seja, a do contribuinte ter a oportunidade de se manifestar sobre a imposição, antes que ela ocorra, ou poderá solicitar o melhoramento.

Na Inglaterra, reza a lenda que a coroa britânica resolveu retificar o rio Tâmisa, nas imediações de Londres e murar as suas margens, no trecho citadino, fazendo-se tal empreedimento a custos bem elevados. Após a retificação do rio, em razão direta da obra, estipendiada com tributos cobrados de todos os contribuintes, somente determinados proprietários das áreas rurais próximas à cidade haviam obtido uma extraordinária valorização para seus terrenos, valorização que não decorrera do espaço próprio de seus donos, nem de investimentos particulares em benfeitorias; decorrera da realização da obra pública. Ter-se-ia decidido, então, instituir um tributo específico, com a finalidade de capturar a mais-valia imobiliária decorrente da obra pública, cuja base de cálculo seria precisamente a expressão da valorização obtida por cada um dos proprietários. Esse tributo foi batizado de *betterment tax*, e, segundo Sacha Calmon[10], a técnica de sua cobrança consistia em cotejar o valor da terra antes e depois da obra, relativamente a cada proprietário, obtendo-se pelos preços de mercado, antes e depois, o *quantum* das valorizações. Sobre a base imponível ou base de cálculo, por este modo obtida, diz o professor, incidia a alíquota

---

10 Coêlho, Sacha Calmon Navarro. *Comentários à Constituição de 1988 – sistema tributário*. Rio de Janeiro: Forense, 1991.

do tributo, pagável em prestações, de modo a se tornar suportável. Certamente, quando a obra pública gerasse desvalorização, tributação não haveria. O objetivo era, dessa forma, captar a mais-valia, sem nenhuma correlação com o custo da obra, e, havendo desvalorização da mesma, os ingleses entendiam que caberia ao Poder Público indenizar os proprietários pela "pioria". Desse modo, demonstra-se a influência da *betterment tax* inglesa para a contribuição de melhoria, sobretudo a que adota o critério "valorização".

Já na França, desde 1672, o Conselho do Rei reconheceu às cidades o direito de impor contribuições de melhoria por motivo de *plus value* resultante da abertura ou embelezamento de ruas. Também vigorava no país a desapropriação, podendo os proprietários dos imóveis valorizados optar tanto pelo pagamento do *plus value*, como pela expropriação. Efetivamente, a lei tributária francesa de 1672, foi apontada por muitos estudiosos como o primeiro diploma legal do mundo que versou sobre esse tributo.

No que diz respeito à Itália, segundo Bilac Pinto[11], esse país oferece magníficos subsídios ao estudo do sistema de contribuições, seja porque a investigação dos estudiosos conseguiu remontar à sua adoção neste, ao século XIII, seja porque o nome que lhe foi dado no Brasil é exatamente o mesmo usado na Itália (*contributo di miglioria*), e, ainda, a influência americana do special assessment, assim como aconteceu em nosso país. Quanto ao termo contributo di miglioria, tem-se notícia de que foi criado por Roncalli, em 1896, e só vem a ser adotado, pela primeira vez, quando da autonomia do instituto, Reggio Decreto nº 2538 de 1923, separando este instituto dos processos expropriatórios e generalizando-o para toda e qualquer obra pública. E, do que se apurou, os fundamentos mais recentes da contribuição de melhoria italiana foram estabelecidos pela Lei nº 246 de 1963. Outro dado histórico italiano a se destacar é que foi a Lei Italiana nº 407 de 6 de abril de 1933, que motivou o constituinte brasileiro de 1934 a incluir a contribuição de melhoria no art. 124 da Constituição.

Na Alemanha, com suas vilas e cidades medievais, para fazer fazer aos custos da modernização e também para cobrar os custos das reconstruções determinados pelos estragos das guerras, logo encontrou meio autoritário, já que o tributo se caracteriza pela compulsoriedade, de recuperar os custos das obras públicas urbanas dos proprietários por elas beneficiados. Dessa forma, os alemães deixaram de lado o

---

[11] Pinto, Bilac. Contribuição de Melhoria. Rio de Janeiro: Forense, 1937.

fator "valorização", para se fixarem no "custo da obra", tomando o benefício como indicativo do contribuinte (qual foi beneficiado, para dele ser cobrada a contribuição), e não como base de cálculo. A *beitrag* alemã, assim sendo, liga-se aos planos de urbanização e às leis de construção, apresentando-se como tributo destinado a recuperar, *a posteriori*, o gasto estatal com obras públicas. Pode-se dizer que o modelo alemão da contribuição de melhoria deve seu sucesso, como descreve enfaticamente João Baptista Moreira, aos precisos modelos jurídico-matemáticos de determinação e cobrança, adaptados à realidade alemã, e a uma ousadia histórica, que foi a proposta de "Lei Federal de Construção" (entenda-se de âmbito nacional), que modificaria a própria Constituição, em prol de maior viabilização da cobrança da *Erschliessungsbeitrag*, que apesar de não vingar em seu projeto inicial, dá ensejo à "Lei Nacional de Construção", e assim, coroa de sucesso a instituição da contribuição de melhoria em território alemão.

2.5. NO BRASIL

Existem notícias históricas de institutos análogos à contribuição de melhoria, desde o Brasil Colônia, e também no Império. Porém, como relata o próprio Bilac Pinto, essa espécie tributária teve seu batismo entre nós, normativamente, na Constituição de 1934, em seu art. 124.

Após essa previsão constitucional, várias notícias históricas se têm em relação a alguns Municípios; entre eles, algumas capitais, que tentaram a implementação da contribuição de melhoria ou de instituto similar, não logrando êxito, pois, apesar da autorização constitucional, há enorme confusão quanto a sua aplicabilidade, com divergências doutrinárias a respeito de leis regulamentadoras da matéria, que aliás, perduram até nossos dias.

Desde a Constituição de 1934, somente a Carta de 1937 foi omissa em relação à contribuição de melhoria, pois, daí em diante, esta é texto consagrado das partes tributárias dos diplomas constitucionais. Figurou na Constituição de 1946, na sua Emenda Constitucional nº 18, na Constituição de 1967 e Emenda Constitucional nº 1, que lhe sucedeu. Na Constituição da República de 1988, tem previsão no art.145, III.

Em âmbito nacional, além das previsões constitucionais, ao longo dessas décadas, o Código Tributário Nacional – Lei 5.172, de 25 de outubro de 1966 – dispõe sobre a espécie tributária, em seus artigos 81 e 82, do Título V, do Livro Primeiro. O CTN trata da cobrança e do desenvolvimento institucional da contribuição de melhoria. Também disciplina a matéria, o Decreto-Lei nº 195, de 24 de fevereiro de 1967, adotando o critério da valorização; e, mais tarde, a Emenda Constitucional nº 23, de 1 de dezembro de 1983, que fixou apenas o limite global da contribuição de melhoria à importância final da obra pública.

Nas discussões sobre uma Reforma Tributária, em 1999, havia uma proposta de acrescentar ao art. 145, III, da Constituição da República, o limite total de sua cobrança como sendo a despesa orçada, o que poderia viabilizar sua aplicação, já que tal proposta teria feito uma opção pelo critério custo. Todavia, tal discussão não fora concretizada à época, o que não impediria que no atual contexto revolvessem tal proposta na Reforma Tributária, viabilizando a aplicação dessa justa e transparente espécie tributária.

3. CONTRIBUIÇÃO DE MELHORIA E MUNICÍPIO

Ao longo destes 30 (trinta) anos de vigência da Constituição da República de 1988, o Município vem assumindo, encargos, cada vez maiores, sem a correspondente compensação financeira, o que tem desencadeado, não raramente, crises centradas nas dificuldades relativas a finanças, sobretudo no contexto atual. Por isto mesmo, a instituição e a cobrança da contribuição de melhoria são mecanismos de grande valia para financiar obras públicas realizadas, direta ou indiretamente, pelo governo municipal, sobremais se se levar em consideração as implicações da LRF, em seus quase 20 (vinte) anos de vigência.

A competência para a instituição da contribuição de melhoria é comum; a União, os Estados, o Distrito Federal e os Municípios podem criar, *in abstrato*, esse tributo, bem como estabelecer o modo de lançá-lo e arrecadá-lo.

Por oportuno, transcreve-se pertinente observação de Hugo de Brito Machado[12]:

> "Acredito no Município como entidade pública a quem mais adequadamente se deve atribuir a competência para servir o cidadão, é no Município que se pode cobrar o Prefeito na esquina, no bar, numa reunião qualquer, é com ele que o cidadão tem contato mais direto e portanto é dele que o cidadão pode cobrar."

---

[12] Machado, Hugo de Britto. Impostos, Taxas e Contribuição de Melhoria em Nível Municipal – Isenções e Imunidades. BDM, ano XIII, n.7, p.410, jul.1997.

Sob esse fundamento, e pelo que já se expôs, centraliza-se no Município, para resgatar a ideia da contribuição de melhoria.

Hugo de Brito Machado[13] vai além, colocando a questão da competência em nível mais abrangente para o Município:

> "Sou municipalista, não nego essa condição. Mas quando defendo a competência residual para os Municípios, o faço por um argumento que até hoje não encontrei quem contestasse. O que é a competência residual? Disse eu, a competência para instituir os tributos não elencados. Quais são os tributos não elencados? Haveria algum fato econômico importante, realmente relevante, em nível nacional, que não estivesse elencado? Acho muito difícil. Agora, acho provável que algum fato de grande relevância num determinado Município não tenha relevância nenhuma no âmbito nacional. É perfeitamente possível que determinado fato econômico ocorra com muita frequência e movimente muito dinheiro, relativamente à riqueza do Município dentro de determinado Município, e aquele fato não seja de relevância tal que desperte interesse do legislador nacional para criar um tributo. Então é por este argumento que sustento que a competência residual deveria ser dos Municípios, porque o Município poderia criar e cobrar um tributo que não existe no resto do Brasil, não tem nenhuma importância. Desde que aquele fato é economicamente relevante no território daquele município, se justificaria plenamente a cobrança do tributo, com base na competência residual do município."

Não há como discordar da opinião do justributarista que, como se pode perceber, propõe mudança no texto constitucional, relativa à competência residual (aquela relacionada com tributos não elencados na Constituição).

Por tal razão, é que se procurou jungir contribuição de melhoria ao Município, por ser este ente da federação o mais adequado para se concretizar, com melhor perspectiva, a contribuição de melhoria. Sobremais no atual contexo da Reforma Tributária, e a possível fragilização da arrecadação própria, com a proposta de unificação de alguns tributos.

Demais disto, outro instrumento normativo vigente há quase 2 décadas, a Lei 10.257/2001 – Estatuto da Cidade – apresentou como um dos instrumentos tributários destinados à ordenação da cidade, a contribuição de melhoria – art.4º, IV,b; incentivando, dessarte, a instituição dessa espécie tributária, pois aponta, como lembrado, a recuperação dos investimentos do Poder Público de que tenha resultado a

---

13 Op. cit.

valorização de imóveis urbanos como diretriz geral da política urbana – art.2º, IX.

Donde se conclui então que, sendo a contribuição de melhoria meio de captação de recursos de proprietários particulares cujo patrimônio valorizou-se em decorrência de investimentos públicos, propicia que parte dessa riqueza retorne aos cofres públicos, em benefício da coletividade. Revela-se, assim, um tributo eminentemente social, justo e equânime.

4. PROBLEMA POLÍTICO OU TÉCNICO DA APLICAÇÃO

Um tributo com as peculiaridades da contribuição de melhoria não pode ser desprezado, é instituto de justiça fiscal, basicamente.

Todavia, a efetivação desta espécie tributária depara-se com problemas que a tornam apenas reivindicação dos estudiosos. A dificuldade estaria na técnica aplicada ou na falta de vontade e determinação política?

Autores colocam como a maior dificuldade para a cobrança da contribuição de melhoria, a determinação do *quantum debeatur*.

Ora, o problema do cálculo pertence mais aos matemáticos, economistas e engenheiros, do que aos juristas. Antes de mais nada, são necessários, efetivamente, determinados procedimentos técnicos comuns ao IPTU (como a aerofotogrametria, o mosaico terrestre corrigido, a interpretação contínua de chapas fotográficas, critérios arquitetônicos de construção, a definição de testada, profundidade, a área, o zoneamento), por este caminho, com apoio em normas firmes, instrumentos largos e bem definidos darão suporte ao lançamento e arrecadação do tributo.

Há, com efeito, conhecimentos técnicos especializados que transcendem o simples conhecimento do jurista, mesmo especializado em tributos. Contudo, se se constrói uma base teórica, legal e escorreita, cresce a perspectiva de efetiva implantação de tão útil instrumento de administração e consecução de objetivos fundamentais.

Uma dificuldade se instala, desde logo, no fato de que a obra se execute primeiro, vindo depois a cobrança da contribuição de melhoria; esta diretriz anula, praticamente, o financiamento, mediante o tributo.

A este respeito, é oportuno rever a lição de Hugo de Brito[14]:

---

14 Op. cit. p.408.

> "O que na verdade inviabiliza a contribuição de melhoria no Brasil é a exigência legal de transparência; o poder público no Brasil só pode cobrar contribuição de melhoria se houver previamente divulgado o orçamento detalhado da obra."

E continua:

> "Ora, se o contribuinte vai financiar a obra, é justo que tenha conhecimento prévio de todos os detalhes que compõem o custo da obra, para que possa impugnar esse orçamento. A meu ver, é exatamente esse aspecto que tem inviabilizado no Brasil a contribuição de melhoria; as administrações não estão desejosas de transparência total, como exige a lei para admitir a cobrança da contribuição de melhoria."

O registro que se contém na transcrição acima deve, no entanto, ser ajustado às exigências atuais de acesso à informação e transparência.

Na verdade, a maioria dos Administradores Públicos, notadamente os da entidade local, desconhece o tributo, o que é de fácil verificação, e isto insere elemento altamente perturbador, no quadro das expectativas, sem se desprezar, ainda, a presença negativa de fatores políticos, classicamente postos na gestão da coisa pública.

Não seria interessante para o legislador a facilitação da cobrança desse tributo? Por qual motivo?

Em termos políticos, vale reiterar que a LRF exige transparência, não podendo o Administrador Público ocultar qualquer receita propensa a receber, nem tampouco camuflar custo de obra, sem a devida prestação de contas, com finalidades não condizentes com o interesse público.

Em termos técnicos, faz-se necessário, além do auxílio de outras áreas afetas à cobrança da contribuição de melhoria, seu estudo sério e eficaz, ratificando-a como tributo autônomo, o STF, há tempos, se manifestou nesse sentido, no Recurso Extraordinário nº 140.799-4, julgando inconstitucional a taxa de pavimentação asfáltica, porque o tributo tinha como fato gerador benefício resultante de obra pública e o tributo próprio para esse fim não era a taxa, mas, sim, contribuição de melhoria. (1ª Turma do STF, Relator Ministro Ilmar Galvão, DJ de 08.09.1995).

Interessante notar que os próprios tribunais determinam a aplicação correta da contribuição de melhoria, quando a mesma é confundida com a taxa, vicejando sua existência e aplicação no sistema tributário nacional.

Destarte, pode-se dizer que a contribuição de melhoria estaria apta a ser cobrada; todavia, controvérsias ainda pairam sobre a necessidade de lei complementar para regulamentar a matéria. Sobre tal necessidade, mister que seja esse tributo especialmente instituído pelo Município, por meio de lei, para que se cumpra a competência constitucionalmente atribuída a cada ente da federação.

O conceito da contribuição de melhoria é claro e não obsta sua cobrança. É certo que técnicas fazem falta, mas a competência para implementá-las, bem como para definir as regras quanto ao fato gerador, base de cálculo ou contribuinte, não estaria reservada à lei local?

Em resumo, o Município é competente para legislar sobre contribuição de melhoria, dirimindo os problemas políticos e técnicos.

É também certo que uma questão constitucional subsiste: a seleção do critério custo ou valorização, para a fixação do valor da contribuição de melhoria.

5. COMO COBRAR A CONTRIBUIÇÃO DE MELHORIA

A ausência de instrumento normativo, a lei complementar ainda não editada, atribui-se, na verdade, a falta de vontade política.

Mas essa lei é necessária. Entretanto, os Tribunais, amparados inclusive em julgados do STJ, vêm exigindo a edição de lei prévia e específica para cada obra a ser realizada, como condição para a incidência da contribuição de melhoria. Tal posicionamento jurisprudencial fundamenta-se no princípio da legalidade – art.150, I, Constituição da República.

Contudo, esse direcionamento do STJ pode inviabilizar, ainda mais, a possiblidade de essa justa exação ser utilizada a contento, e por necessidade. Não há qualquer exigência constitucional ou legal de uma lei para cada obra, de modo que se a lei instituidora do tributo já existe, prevendo todas as nuances para o exercício da capacidade tributária, no caso, municipal, e é anterior à obra que se pretende basear a cobrança da contribuição de melhoria, nada obstaria, no nosso sentir, essa imposição. Claro que conforme a governança pública, com planejamento e previsão nas leis orçamentárias respectivas.

O artigo 82 do CTN, bem como o artigo 5 do Decreto-lei 195/67 prescrevem que deva haver lei instituidora do tributo – contribuição de melhoria – e essa lei deve estabelecer a necessidade de prévia publicação por edital dos requesitos ali previstos (memorial descritivo da obra, orçamento do custo da obra, etc) e não que estes devem constar de lei a ser editada para cada obra, em específico. Bastaria exigir um instrumento legal bem estruturado, com estudo do devido impacto da cobrança do tributo, em cada ente que pretenda fazê-lo.

A prevalecer tal exigência, que vem se consolidando no STJ, a cobrança da contribuição de melhoria, se já era complicada, torna-se-á quase impossível, não olvidando dos problemas com a aprovação de cada lei na esfera do Legislativo, que passaria a ter praticamente uma função executiva, nesse caso, bem como da obediência aos princípios da anterioridade e da noventena, como se fosse para cada obra, uma nova instituição tributária.

O potencial de geração de recursos da contribuição de melhoria é grande, podendo abranger todos os tipos de obras públicas, bastando, para tanto, que cada ente federativo, ao legislar sobre o tributo, o faça corretamente, para evitarem intermináveis pendências judiciais, que acabariam por inviabilizar, de vez, a cobrança do tributo.

O fato gerador da contribuição de melhoria requer a valorização da unidade imobiliária, beneficiada pela obra pública executada. Pondere-se, por necessário, que é indispensável, para o efeito de cobrança desse tributo, a existência de um nexo de causalidade entre a execução da obra pública e o benefício do imóvel, traduzido, entre outros elementos, pela sua valorização.

O critério do benefício[15], como elemento informador da hipótese de incidência da contribuição de melhoria, não sofreu, em virtude da Emenda Constitucional nº 23/83, qualquer descaracterização. A Emenda Passos Porto, de 1983, mencionava benefício decorrente de obra pública. Todavia, entende-se que toda valorização traz benefício, mas, em alguns casos, a obra pública gera benefício, sem valorizar o imóvel.

O STF, nesse sentido, já decidiu que, para gerar contribuição de melhoria, a obra pública deve acarretar valorização, mesmo durante o período de vigência da Emenda Passos Porto de 1983:

> "Recapeamento de via pública já asfaltada, sem configurar a valorização do imóvel, que continua a ser requisito ínsito para a instituição do tributo, mesmo sob a égide da redação dada, pela Emenda nº 23, ao art.18, II da CF/1967." (RE. Nº 116.148-5 – SP; 1ª Turma do STF, publicado no DJ de 21.05.1993).

Esclareça-se que, quando o poder tributante fixa a contribuição de melhoria, já deve ter o estudo do custo total da obra. Não faz sentido o poder público arrecadar valor superior ao custo da obra. O poder tributante estaria, neste caso, ultrapassando os limites de razoabilidade.

---

15 Diz-se aqui benefício, pela dúvida doutrinária que pairou em torno do elemento informador do fato gerador, se seria benefício ou valorização, prevalecendo este último, reconhecidamente, inclusive por jurisprudência oriunda do STF.

Sabe-se que os limites para a cobrança desse tributo são dois, o individual e o total, que, por sua vez, ensejam dois tipos de contribuição de melhoria: a primeira, levando-se em consideração o critério de valorização; e a segunda, o critério de custo, sendo que a coexistência destes dois critérios, na opinião de alguns, dificulta a prática da contribuição de melhoria.

Deste modo, a opção legal por um dos critérios auxilia na efetiva aplicação do tributo, já que a Constituição de 1988 não o fez.

Realizada obra pública, e, em decorrência desta, havendo valorização, nada mais justo que, observado o limite total, se rateie entre os beneficiados o custo da obra, recuperando o gasto público.

6. CONCLUSÃO

No presente estudo, o posicionamento é favorável à utilização do critério de custo, por ser o mesmo mais justo e adequado ao conceito da espécie tributária de que se trata.

Com relação ao critério de valorização, seria melhor se aplicasse um imposto sobre a mais-valia imobiliária ocorrida, tributando-se, fosse o caso, os especuladores imobiliários, o que configuraria pagamento de um imposto pelo ganho de capital. A contribuição de melhoria não estaria configurada, se baseada única e exclusivamente no critério de valorização.

Em geral, nos países em que o instituto da contribuição de melhoria ainda não "vingou", coincidentemente, a opção foi pelo critério de valorização. Já na Alemanha, Áustria, Suíça, por exemplo, a contribuição de melhoria faz parte do sistema tributário, e a preferência foi pelo critério de custo.

Por tudo quanto aqui se êxpos, a opção pelo critério de custo é a melhor. Todavia, urge se expresse a opção, pela via legal ordinária, ou mediante Emenda Constitucional, com direta referência ao critério, a oportunidade de tal discussão ressurge com a vindoura Reforma Tributária.

Finalmente, em derradeira análise, a Administração, em matéria de contribuição de melhoria, está diante de uma exigência, a de selecionar e capacitar seu pessoal à altura de novos métodos, suscitados por necessidades novas. Tributos são cobrados sem possuírem os atributos de justiça e equidade; mas a contribuição de melhoria não pode ser preterida em função de dificuldades que envolvem sua cobrança.

DA PRESCRIÇÃO TRIBUTÁRIA

DALMAR DO ESPÍRITO SANTO PIMENTA[1]

sumário: 1. Introdução; 1.1. Do Início do Prazo Prescricional; 1.2. Dos Fatores que causam a Interrupção do prazo prescricional; 1.3. Da Citação Pessoal e Despacho Judicial; 1.4. Do Protesto Judicial; 1.5. Da mora do Devedor; 1.6. Do ato Inequívoco que importe Reconhecimento do Débito pelo Devedor; 2. Da Prescrição Intercorrente; 3. Conclusão; Referências Bibliográficas

1. INTRODUÇÃO

O art. 146, III, b, da CF, ao exigir lei complementar para dispor sobre as normas gerais de Direito Tributário, refere-se expressamente à decadência e à prescrição. A prescrição é, assim, considerada pela própria Constituição, inequivocamente, norma geral de Direito Tributário sob reserva de lei complementar. E, como não se pode conceber prescrição sem termo inicial ou sem prazo, contagem, impõe-se concluir que todos estes aspectos, pois, estão sob reserva de lei complementar. Assim, não tem validade termos, prazos, hipóteses de suspensão ou de interrupção estabelecido que foi este como lei complementar[2].

Assim como a decadência, o instituto da prescrição encontra-se relacionado no art. 156, V do Código Nacional Tributário, como causa de extinção do crédito tributário:

> Art. 156. Extinguem o crédito tributário:
> [...]
> V- a prescrição e a decadência;
> [...]

---

1 Advogado, Mestre em Direito de Empresa pela Faculdade de Direito Milton Campos, Diretor da Associação Comercial e Empresarial de Minas Gerais. Sócio da PIMENTA & PIMENTA SOCIEDADE DE ADVOGADOS.

2 PAULSEN, Leandro. Direito Tributário: Constituição e Código Tributário à Luz da Doutrina e da Jurisprudência. 10. Ed., cit., p.86.

No âmbito do Direito Tributário, ao configurar a ocorrência da prescrição como uma das causas de extinção do crédito tributário, se estabelece que o sujeito ativo não possui mais o direito de exigir o cumprimento por meio do pagamento da obrigação tributária por parte do sujeito passivo. Ou seja, a prescrição do direito do Fisco é a perda de seu direito de propor ação executiva fiscal e para o contribuinte, é a perda do direito de ação para pleitear a repetição. Sendo assim, a prescrição relaciona-se com o direito a uma prestação, no momento em que se exige de uma das partes a obrigação de dar.

A prescrição, diferentemente da decadência, é passível de suspensão e interrupção, interrompendo-se assim, a contagem do prazo prescricional. Importante salientar que, a possibilidade da ocorrência da decadência é no lapso temporal anterior ao lado efetuado pelo Fisco, e a prescrição, após o lançamento. Sendo assim, o lançamento é o marco divisor entre os dois institutos.

Assim, temos que a prescrição é o instituto jurídico que demarca a perda do direito à pretensão executória, isto é, a prescrição sinalizará uma execução fiscal extemporânea. Sendo assim, podemos dizer que a prescrição no direito tributário seria a perda do direito da Fazenda Pública ajuizar a ação de execução contra o contribuintes, seja ele de fato ou de direito, ou seja, o Fisco perderá o direito de cobrança sobre o crédito tributário não pago e não poderá mais exigi-lo em decorrência do decurso do tempo.

O Professor Eduardo Sabbag, assim definiu a prescrição:

> Define-se como fato jurídico que determina a perda do direito subjetivo de ajuizamento da ação de execução (fiscal) do valor do tributo. Vale dizer que a prescrição, veiculando a perda do direito à ação (actio nata), atribuída a proteção de um direito subjetivo, e por isso mesmo, desfazendo a força executória do credor em razão de sua inoperância, apresenta-se como figura de direito processual. Se há prescrição, desaparece o direito de pleitear intervenção do judiciário, diante da falta da capacidade defensiva, que lhe foi retirada em consequência do não uso dela durante certo interregno, atingido pela força destrutiva da prescrição.[3]

A prescrição é uma das modalidades descritas no art. 156 do Código Tributário Nacional, que extingue o credito tributário, "portanto, havendo a prescrição nula será a ação executiva (artigo 618, I do Código de Processo Civil) e extinto estará o credito tributário (art. 156, V, Código Tributário Nacional). Sabe-se que tal inciso associa a extinção

---

3 SABBAG, Eduardo. Manual de Direito Tributário, 4. ed., p.807.

do crédito tributário, concomitantemente, à prescrição e a decadência. A prescrição, de modo induvidoso, extingue o credito tributário, surgido com o lançamento."[4]

1.6. DO INÍCIO DO PRAZO PRESCRICIONAL

Os atos jurídicos quando sujeitos a tempo certo, se não praticados, precluem. Os direitos, se não exercidos no prazo assinalado aos seus titulares pela lei, caducam ou decaem. As ações judiciais, quando não propostas no espaço de tempo prefixado legalmente, prescrevem. Se um direito, para aperfeiçoar-se depende de um ato jurídico que não é praticado (preclusão), acaba por perecer (caducidade ou decadência). Se um direito não auto executável precisa de uma ação judicial para efetivar-se e esta não for proposta ou for proposta a destempo, ocorre a prescrição, gerando a oclusão do direito, já que desvestido da possibilidade de ação. E a cada direito corresponde a uma ação[5].

O art. 174 do Código Tributário Nacional define a data inaugural para a contagem de prazo prescricional como a data em que ocorre a constituição definitiva do crédito.

> Art.174. A ação para a cobrança do crédito tributário prescreve em cinco anos, contados da data da sua constituição definitiva.
> i. Parágrafo único- A prescrição se interrompe:
> ii. Pela citação pessoal feita ao devedor;
> iii Pelo protesto judicial;
> iv. Por qualquer ato judicial que constitua em mora o devedor;
> Por qualquer ato inequívoco ainda que extrajudicial, que importe em reconhecimento do débito pelo devedor.

Como vimos acima, de acordo com o artigo 174 do Código Tributário Nacional a ação para a cobrança do crédito tributário prescreve em cinco anos, contados de sua constituição definitiva.

Neste momento, é importante perceber que o termo inicial se dará na data da constituição definitiva do crédito tributário. Note-se que o importante é perceber quando ocorrerá a definitividade na constituição do crédito, pois a definitividade é a eficácia que torna indiscutível o ato.

---

4 SABBAG, Eduardo. Manual de Direito Tributário, 4. ed., p.807.

5 CARVALHO, Aurora Tomazini de. Decadência e Prescrição em Direito Tributário.2. ed. ampliada, cit, p.179-187.

Paulo de Barros Carvalho explanando sobre o assunto, nos ensina que:

> Com o lançamento eficaz, quer dizer, adequadamente notificado ao sujeito passivo, abre-se à Fazenda Pública o prazo de cinco anos para que ingresse em juízo com a ação de cobrança (ação de execução). Fluindo esse período de tempo sem que o titular do direito subjetivo deduza sua pretensão pelo instrumento processual próprio, dar-se-á o fato jurídico da prescrição. A contagem do prazo tem como ponto de partida a data da constituição definitiva do crédito, expressão que o legislador utiliza para referir-se ao ato de lançamento regularmente comunicado (pela notificação) do devedor. [6]

A questão, entretanto, reside em saber o que é a constituição definitiva do crédito tributário. Não se pode deixar ao arbítrio da Administração decidir o *dies a quo* do prazo prescricional.

Deve-se entender a data da constituição definitiva do crédito tributário, como aquela em que o lançamento se tornou definitivo, insuscetível de modificação pelos órgãos incumbidos de fazê-lo.

Um lançamento é definitivo quando for efetivado e não mais puder ser objeto de recurso por parte do sujeito passivo ou de revisão por parte da Administração. Isso pode ocorrer em vários pontos do tempo, dependendo das leis, de cada ordem de governo, e das vicissitudes do próprio processo de efetivação e revisão do ato jurídico do lançamento[7].

Nos casos dos tributos sujeitos a lançamento por homologação, o termo inicial do prazo prescricional é a data em que ocorreu a homologação de maneira expressa ou tácita, devendo tal regra ser aplicada a todos os recolhimentos efetuados no período anterior à vigência da lei complementar número 118/2005.

1.7. DOS FATORES QUE CAUSAM A INTERRUPÇÃO DO PRAZO PRESCRICIONAL

As causas interruptivas do prazo prescricional tributário, são aquelas que estão elencadas no parágrafo único do artigo 174 do Código Tributário Nacional, elas provocam o reinício de contagem dos prazos de 5 anos com prejuízo do período transcorrido. A Lei Complementar n. 118, de 09 de fevereiro de 2005, trouxe novas hipóteses que assim se apresentam: i) citação pessoal; ii) protesto judicial; iii) qualquer

---

[6] CARVALHO, Paulo de Barros. *Curso de Direito Tributário*. 17. ed. São Paulo: Saraiva, 2005. P. 470.

[7] CARVALHO, Aurora Tomazini de. *Decadência e Prescrição em Direito Tributário*, cit., p.179-187.

ato judicial que constitua em mora o devedor; e, iv) qualquer ato inequívoco, ainda que extrajudicial, que importe em reconhecimento do débito do devedor.

Um dos elementos primordiais da prescrição é a não ocorrência de qualquer causa que venha a suspender ou interromper o fluxo de tempo previsto em lei para que a mesma se concretize.

Interrompido o prazo prescricional, o mesmo recomeça a correr desde o seu início, devendo ser totalmente desconsiderado o período até então transcorrido.

Nas palavras de Sebastião de Oliveira Lima[8] e Rubens Approbato Machado[9], o reinício do prazo de prescrição deve ocorrer a partir da data do fato interruptivo, Há que se dar razão aos autores acaso não ocorra nenhum outro impedimento para o fluxo prescricional, o que merece análise específica nas várias hipóteses interruptivas previstas em lei, bem como analisado à luz de cada caso concreto.

Hugo de Brito Machado nos ensina que "a interrupção da prescrição tem por fundamento um ato do titular do direito que consubstancia o seu exercício e, assim, indica haver cessado a inércia, que é fundamento da prescrição. Ou, então, um ato do devedor, de inequívoco reconhecimento do direito do credor"[10].

Sebastião de Oliveira Lima pondera que embora Rubens Gomes de Sousa tenha idealizado no anteprojeto do CTN um limite de 30 (trinta) anos para se evitar a perpetuação do direito da Fazenda Pública, referido preceito não aparece na lei tributária, motivo pelo qual conclui que a interrupção do prazo prescricional poderá ocorrer indefinidamente.[11]

---

8 LIMA, Sebastião de Oliveira. Prescrição Tributária. *In*: MARTINS, Ives Gandra da Silva. *Decadência e Prescrição*. Caderno de Pesquisas Tributárias, n. 13. São Paulo, Centro de Estudos de extensão Universitária/Resenha Tributária, 1976, p. 423.

9 MACHADO, Rubens Approbato. A prescrição em Matéria Tributária. *In*: MARTINS, Ives Gandra da Silva. *Decadência e Prescrição*. Caderno de Pesquisas Tributárias, n. 13. São Paulo. Centro de Estudos de Extensão Universitária/ Resenha Tributária, 1976, p.392.

10 MACHADO, Hugo de Brito. *O Parcelamento como Causa de Suspensão e de Interrupção da Prescrição no Código Tributário Nacional*. Revista Dialética de Direito Tributário, São Paulo, n. 148, p.67, jan. 2008.

11 LIMA, Sebastião de Oliveira. *Prescrição Tributária*, cit., p.424.

Com a entrada em vigor da Lei Complementar n.118/2005, a redação do inciso I foi alterada, substituindo a "citação pessoal" pelo "despacho do juiz que a ordenar".

Segundo Hugo de Brito Machado, tratam-se de atos pelos quais o titulo do direito deixa de ser inerte na busca de seu exercício, ou de ato em que o sujeito passivo admite a existência daquele direito.

Revela-se procedente, da mesma forma, a observação de Sebastiao Lima, no sentido de que o CTN não impõe qualquer limite à quantidade de vezes em que as aludidas interrupções possam ocorrer.

Assim, é de se concluir que todas as vezes em que se realizar uma das causas interruptivas do prazo prescricional prevista no artigo 174 do CTN, todo aquele período de tempo já decorrido deve ser desprezado, iniciando-se nova contagem do prazo de 5 (cinco) anos concedido à Fazenda Pública pelo artigo 174 do CTN para que então possa buscar o recebimento de seu crédito.

1.8. DA CITAÇÃO PESSOAL E DESPACHO JUDICIAL

Como já mencionado alhures, a Lei Complementar n°.118/2005, por meio de seu artigo 1, alterou a redação do inciso I do artigo 174 do CTN, substituído a expressão "citação pessoal do devedor" pelo "despacho do juiz que ordena a citação", como uma das causas de interrupção do prazo prescricional tributário.

Mesmo já contido no parágrafo 2° do artigo 8° da Lei 6.830/80, que já previa o despacho citatório como fato interruptivo do fluxo prescricional, a Lei Complementar n°. 118/2005 foi colocada em prática.

Desta forma, não se pode dizer que a referida Lei Complementar n°.118/2005 não trouxe qualquer novidade, veio, sim, trazer uma nova causa de interrupção ao prazo prescricional.

Apesar das controvérsias iniciais os Tribunais decidem utilizando a atualização do artigo 174 do CTN juntamente com a Lei Complementar n°.118/2005, a jurisprudência já se posicionou no entendimento de sua imediata atuação, pois no CTN, a interrupção somente ocorria pela citação pessoal feita ao devedor.

O Superior Tribunal de Justiça[12], entendeu no seguinte sentido de que a interrupção da prescrição ocorre a partir da citação pessoal.

---

12 EDcl no AgRg nos EDcl no REsp. 1038753/RJ; 2 Turma: Relator Ministro Humberto Martins; DJe de 28.11.2008.

EDcl no AgRg nos EDcl no RECURSO ESPECIAL N° 1.038.753 – RJ (2008/0053019-2)
RELATOR: MINISTRO HUMBERTO MARTINS
EMBARGANTE: FAZENDA NACIONAL
PROCURADOR: ROSANE BLANCO OZÓRIO BOMFIGLIO E OUTRO(S)
EMBARGADO: VIACÃO ESTRELA LTDA E OUTROS
ADVOGADO: FELIPE BELMONT CIGAGNA E OUTRO(S)
EMENTA TRIBUTÁRIO E PROCESSUAL CIVIL – EXECUÇÃO FISCAL – PRAZO PRESCRICIONAL – INTERRUPÇÃO – CITAÇÃO VÁLIDA – REDAÇÃO ORIGINAL DO ARTIGO 174, PARÁGRAFO ÚNICO, I, DO CTN – ERRO MATERIAL – OCORRÊNCIA – ANÁLISE DE MATÉRIA ESTRANHA AOS AUTOS – POSSIBILIDADE DE EFEITOS INFRINGENTES – EMBARGOS DE DECLARAÇÃO ACOLHIDOS.
1. Os embargos declaratórios são cabíveis para a modificação do julgado que se apresenta omisso, contraditório ou obscuro, bem como para sanar possível erro material existente na decisão.
2. Procede a afirmação da embargante acerca da existência de erro material quanto à questão tratada no recurso especial.
3. A prescrição do crédito tributário vem disciplinada no CTN e, por exigência constitucional, somente por lei complementar pode ser tratada.
Assim, não se aplica a regra do art. 219, § 1°, do CPC, segundo o qual a interrupção da prescrição retroage à data da propositura da ação, se a citação for válida. Aplica-se o disposto no art. 174, parágrafo único, I, do CTN. Embargos de declaração acolhidos, com efeitos infringentes, para sanar o erro material e negar provimento ao recurso especial da FAZENDA NACIONAL.
ACÓRDÃO
Vistos, relatados e discutidos os autos em que são partes as acima indicadas, acordam os Ministros da Segunda Turma do Superior Tribunal de Justiça 'A Turma, por unanimidade, acolheu os embargos de declaração, com efeitos modificativos, para negar provimento ao recurso especial, nos termos do voto do(a) Sr(a). Ministro(a)-Relator(a)'. Os Srs. Ministros Herman Benjamin, Mauro Campbell Marques, Eliana Calmon e Castro Meira votaram com o Sr. Ministro Relator.
Brasília (DF), 06 de novembro de 2008(Data do Julgamento)
MINISTRO HUMBERTO MARTINS
Relator

Do voto vencedor, podemos retirar que:

A prescrição do crédito tributário vem disciplinada no CTN e, por exigência constitucional, somente por lei complementar pode ser tratada.
Com efeito, consoante o entendimento pacífico de ambas as Turmas julgadoras integrantes da Primeira Seção desta Corte Superior, o art. 40 da Lei

n. 6.830/80 deve ser aplicado em harmonia com o art. 174 do CTN, devendo este último, todavia, prevalecer quando em colisão com o primeiro, vez que prescrição e decadência tributárias são matérias reservadas à lei complementar, nos termos do art. 146, inciso III, da Constituição Federal.332

Continuando

EDcl no AgRg nos EDcl no REsp. 1038753/RJ; 2ª Turma: Relator Ministro Humberto Martins; DJe de 28.11.2008.

De igual modo, não se aplica a regra do art. 219, § 1º, do CPC, segundo o qual a interrupção da prescrição retroage à data da propositura da ação, se a citação for válida. Aplica-se o disposto no art. 174, parágrafo único, I, do CTN. A propósito, as ementas dos seguintes julgados:

'TRIBUTÁRIO. PROCESSUAL CIVIL. EXECUÇÃO FISCAL. PRAZO PRESCRICIONAL. INTERRUPÇÃO. APENAS COM A CITAÇÃO VÁLIDA.

º1. A alteração do disposto no artigo 174, parágrafo único, I, do CTN, o qual passou a considerar o despacho do juiz que ordena a citação como marco interruptivo da prescrição é inaplicável na espécie, pois a lei tributária retroage apenas nas hipóteses previstas no art. 106 do CTN.

2. À época da propositura da ação, era pacífico o entendimento segundo o qual interrompia a prescrição a citação pessoal, e não o despacho que a ordenava. Prevalência do disposto no artigo 174 do CTN (com a redação antiga) sobre o artigo 8º, § 2º, da LEF - Lei nº 6.830/80. (REsp 754.020/RS, DJU de 1º.06.07).

3. Recurso especial não provido.' (REsp 966.989/RS, Rel. Min. Castro Meira, julgado em 6.9.2007, DJ 20.9.2007)

'RECURSO ESPECIAL. TRIBUTÁRIO, EXECUÇÃO FISCAL. IPTU PRESCRIÇÃO APLICAÇÃO DO ARTIGO 174 DO CTN. AÇÃO PROPOSTA EM 18/11/2002 E CITAÇÃO EFETIVADA EM 16/08/2005. CONSUMAÇÃO DO LAPSO PRESCRICIONAL. INAPLICABILIDADE DA LC 118/2005. RECURSO PROVIDO.

1. Em exame recurso especial interposto pela letra 'a' do permissivo constitucional alegando violação do artigo 174 do Código Tributário Nacional em face de acórdão que afirmou que 'a prescrição para cobrança do crédito tributário é interrompida pela citação válida retroagindo à data da propositura da ação'.

2. Nos termos da jurisprudência uníssona desse Sodalício o prazo prescricional para cobrança do crédito tributário rege-se pelo artigo 174 do Código Tributário Nacional. In casu, cuida-se da execução de IPTU relativo ao exercício de 1998. Tendo sido constituído definitivamente o crédito tributário com o lançamento em 31/12/1998, a ação executiva foi proposta em 18/11/2002 e o despacho citatório prolatado em Ementa 27.11.2002, sendo que a citação do executado se deu apenas em 16.08.2005, mais de cinco anos após a constituição do crédito tributário.

3. Se a ação executiva foi proposta em 18/11/2002 não se aplica a Lei Complementar n. 118/2005 que alterou a redação do artigo 174/CTN.

4. Recurso especial provido.'

Atualmente o Superior Tribunal de Justiça tem se manifestado favorável a atualização do artigo 174 do CTN, nos termos da Lei Complementar n°.118/2005, conforme acórdão:

AgInt no AREsp 392175 / SP

AGRAVO INTERNO NO AGRAVO EM RECURSO ESPECIAL
2013/0298833-6
Relator(a)
Ministro **NAPOLEÃO NUNES MAIA FILHO** (1133)
Órgão Julgador
T1 - PRIMEIRA TURMA
Data do Julgamento
25/02/2019
Data da Publicação/Fonte
DJe 28/02/2019

AGRAVO INTERNO NO AGRAVO EM RECURSO ESPECIAL. TRIBUTÁRIO. EXECUÇÃO FISCAL. A EXCEÇÃO DE PRÉ-EXECUTIVIDADE SOMENTE É CABÍVEL QUANDO AS PROVAS PRÉ-CONSTITUÍDAS FORAM DEMONSTRADAS À SACIEDADE. PRESCRIÇÃO.INTERRUPÇÃO PELA CITAÇÃO VÁLIDA (REDAÇÃO ANTERIOR À LC 118/05), CUJO EFEITO RETROAGE À DATA DA PROPOSITURA DA AÇÃO (ART. 219, § 1o. DO CPC C/C ART. 174, PARÁG. ÚNICO, I DO CTN). RESP. 1.120.295/SP, REL.MIN. LUIZ FUX, DJE 21.05.2010, JULGADO PELO RITO DO ART. 543-C DO CPC. IMPOSSIBILIDADE DE DISCUSSÃO A RESPEITO DA RESPONSABILIDADE PELA DEMORA NA CITAÇÃO. SÚMULA 7/STJ. RESP. 1.102.431/RJ, REL. MIN. LUIZ FUX, DJE 01.02.2010, JULGADO PELO RITO DO ART. 543-C DO CPC. AGRAVO INTERNO DA CONTRIBUINTE A QUE SE NEGA PROVIMENTO.

1. Nos termos da Súmula 393/STJ, a exceção de pré-executividade é admissível na execução fiscal relativamente às matérias conhecíveis de ofício que não demandem dilação probatória.

2. A 1a. Seção do STJ, por ocasião do julgamento do REsp.1.120.295/SP, da relatoria do eminente Ministro LUIZ FUX, submetido à sistemática do art. 543-C do CPC, firmou o entendimento de que, mesmo nas Execuções Fiscais, a citação retroage à data da propositura da ação para efeitos de interrupção da prescrição, na forma do art. 219, § 1o. do CPC, desde que não tenha havido inércia do exequente.

3. Também sob o rito do art. 543-C do CPC, consolidou-se a orientação nesta Corte de que rever a conclusão pela aplicação ou não da Súmula 106/STJ aos casos concretos é tarefa vedada nesta instância recursal, dian-

te da inviabilidade de se reexaminar o acervo fático-probatório dos autos (REsp. 1.102.431/SP, Rel. Min. LUIZ FUX, DJe 1.2.2010).

4. No caso, o Tribunal de origem entendeu que a demora na citação da agravante não pode ser atribuída à exequente (fls. 204), rever esse entendimento demandaria indispensável reexame do conjunto fático-probatório dos autos.

5. Agravo Interno da Contribuinte a que se nega provimento.

Acórdão

Vistos e relatados estes autos em que são partes as acima indicadas, acordam os Ministros da Primeira Turma do Superior Tribunal de Justiça, por unanimidade, negar provimento ao recurso, nos termos do voto do Sr. Ministro Relator. Os Srs. Ministros Benedito Gonçalves, Sérgio Kukina e Gurgel de Faria votaram com o Sr. Ministro Relator. Impedida a Sra. Ministra Regina Helena Costa (Presidente). Presidiu o julgamento o Sr.Ministro Gurgel de Faria.[13]

Marcos Cesar Pavani Parolin[14] entende que o prazo transcorre entre a data da constituição definitiva do credito e afirmou desta forma em sua obra, Curso de Direito Tributário:

> a investigação do transcurso do prazo prescricional deve ser feita entre a data da constituição definitiva do crédito e o despacho inicial que ordenar a citação do processo de execução fiscal, ou entre a data da constituição definitiva e qualquer outra causa de interrupção do prazo, ou seja, o protesto judicial, qualquer ato judicial que constitua em mora o devedor ou ainda qualquer ato inequívoco ainda que extrajudicial, que importe em reconhecimento do débito pelo devedor.

Diante de tal fato o prazo prescricional é interrompido pela confissão e parcelamento da dívida fiscal, recomeçando a fluir no dia em que o devedor deixa de cumprir o acordo celebrado. Tendo em vista que acarretam o prejuízo total do prazo já computado, as causas de interrupção são consideradas o termo final do prazo prescricional.

1.9. DO PROTESTO JUDICIAL

O caput do artigo 726 e o parágrafo 1º do Novo CPC assemelha-se ao artigo 867 do CPC/1973. Sendo extinta a figura do "protesto" puro e simples e ampliado o seu entendimento para qualquer "assunto ju-

---

[13] Site do STJ. Acesso em 01 de abril. 2019, às 11h, https://scon.stj.jus.br/SCON/jurisprudencia/toc.jsp?livre=EXECUCAO+PRESCRICAO+LC+118%2F05&b=ACOR&thesaurus=JURIDICO&p=true.

[14] PAROLIN, Marcos Cesar Pavani. *Curso de Direito Tributário*. / Marcos Cesar Pavani Parolin. 2 ed., revista, atualizada e ampliada. Belo Horizonte: Del Rey,2017.

ridicamente relevante" que pode ser objeto de notificação, judicial ou extrajudicial. O artigo manteve sentido semelhante ao do artigo 867 do CPC/1973, com algumas modificações substanciais, por exemplo não existe mais a figura do "protesto", e sim de "notificação". Também foi alterada a parte que relata, "quem tiver interesse em manifestar formalmente sua vontade a outrem sobre assunto juridicamente relevante, poderá notificar pessoas participantes da mesma relação jurídica para dar-lhes ciência de seu propósito".

> Art. 726. Quem tiver interesse em manifestar formalmente sua vontade a outrem sobre assunto juridicamente relevante poderá notificar pessoas participantes da mesma relação jurídica para dar-lhes ciência de seu propósito.
> § 1º Se a pretensão for a de dar conhecimento geral ao público, mediante edital, o juiz só a deferirá se a tiver por fundada e necessária ao resguardo de direito.
> § 2º Aplica-se o disposto nesta Seção, no que couber, ao protesto judicial.

Desta forma entendemos que não há mais a exigência para que a notificação seja realizada obrigatoriamente pela via judicial nesses casos para surtir efeitos, ou seja, ela pode ser encaminhada de forma extrajudicial, via Cartório de Títulos e Documentos ou até mesmo pelo correio e dela tome conhecimento o notificado, até porque como recentemente decidido pelo Egrégio Superior Tribunal de Justiça, é nula notificação por correspondência recebida por um terceiro alheio ao processo (Resp. n. 1.531.144-PB, rel. Min. Moura Ribeiro, j. 15.3.2016). Caso a "pretensão for a de dar conhecimento geral ao público, mediante edital", haverá necessidade da intervenção judicial, nesses casos, "o juiz só a deferirá se a tiver por fundada e necessária ao resguardo de direito" (parágrafo 1º).

Conclui-se então que a notificação extrajudicial, via Cartório de Títulos e Documentos, a que faz menção ao dispositivo ora comentado, dispensa maiores formalidades, mas, se a "pretensão for a de dar conhecimento geral ao público, mediante edital"(parágrafo 1º), a notificação haverá de ser sempre judicial, ficando, inclusive, o seu deferimento pelo juiz, condicionada ao fato de ser "fundada e necessária ao resguardo de direito".

1.10. DA MORA DO DEVEDOR

Esta forma de interrupção da prescrição ocorre com qualquer ato judicial que constitua ou venha a constituir em mora o devedor. Alguns doutrinadores entendem que esta forma de interrupção não se aplica na seara do direito tributário, entendendo que esta forma de suspensão é para obrigações sem prazo de vencimento, que não se verifica nos créditos tributários[15].

Entretanto, outros doutrinadores dos quais podemos citar Sebastiao de Oliveira Lima, Rubens Approbato Machado e Margarete Barsani, citam como exemplo desta interrupção a notificação ou a interpelação judicial. Rubens Approbato, indo mais além, nos ensina que as formas citadas são muito utilizadas nos casos de lançamento de oficio quando nas repartições se avolumam processos com dívida inscrita, face à dificuldade de localização dos devedores.

O Superior Tribunal de Justiça por sua vez, entende que a utilização do protesto judicial é plenamente possível no direito tributário, tanto que tem subsumido à esta hipótese normativa a citação por citação por edital realizada a tentativa frustrada de localização do devedor.

O que se pode concluir é que, havendo situação fática necessária, a Fazenda Pública poderá se utilizar de tal hipótese normativa e ,se assim proceder, o prazo prescricional de 5 (cinco) anos será tido como interrompido e reiniciado somente na data em que a Fazenda praticar o ato suspenso, nos termos do inciso III do parágrafo único do artigo 174 do CTN.

1.11. DO ATO INEQUÍVOCO QUE IMPORTE RECONHECIMENTO DO DÉBITO PELO DEVEDOR

Quanto a esta última hipóteses de interrupção da prescrição, prevista no inciso IV do parágrafo único do artigo 174 do CTN, temos como exemplo uma carta firmada pelo sujeito passivo, um pedido de concessão de moratória, de prazo para pagamento ou de parcelamento do débito, bastando que ela "reconheça expressamente o seu débito para com a Fazenda Pública"[16]

Outros exemplos típicos podem ser citados tais como o pedido de parcelamento de débito; o pedido de compensação como ato do sujeito passivo, entre outros.

Em nosso entender, todos os exemplos citados acima se enquadram na hipótese normativa em discussão, mas, a que nos parece ser de maior importância é a confissão do débito seguida de seu parcelamento, sobre a qual importa mencionar a Súmula 248 do extinto Tribunal

---

15 PRAXEDES, Francisco de Assis. A Decadência do Direito de Lançar e a Prescrição da Ação para Cobrar o Crédito Tributário, cit., p.157-158.

16 LIMA, Sebastiao de Oliveira. Prescrição Tributária, cit., p.423.

Federal de Recurso, que assim se expressava : "o prazo da prescrição interrompido pela confissão e parcelamento da dívida fiscal recomeça a fluir no dia em que o devedor deixa de cumprir o acordo celebrado".

Assim, temos que o reconhecimento pelo sujeito passivo de seu débito perante a Fazenda Pública, é fator de interrupção do prazo prescricional, reiniciando a sua contagem da data da prática do referido ato do obrigado. Entretanto, se o sujeito passivo reconhecer o débito e também realizar o seu parcelamento, além da interrupção da prescrição, ocorrerá a suspensão da exigibilidade do débito, voltando o mesmo a fluir somente na ocorrência de inadimplemento por parte do sujeito passivo.

2. DA PRESCRIÇÃO INTERCORRENTE

Conceitua-se a prescrição intercorrente como a perda do direito do sujeito ativo sobre o crédito inicialmente exigível, em face do escoamento de determinado prazo sem a promoção de ato capaz de provocar o andamento processual que culmine no impulsionamento da manifestação da autoridade competente.

Desta forma, após transcorrido o prazo da suspensão, os autos são remetidos ao arquivo (artigo 40, parágrafo 2º, Lei 6.830/80), e se após a suspensão decorrer mais de 5 (cinco anos) sem impulso do exequente para interromper a prescrição, a execução será considerada, de ofício pelo Juízo, como prescrita.

Desse modo, verifica-se que a prescrição intercorrente só terá o seu marco inicial após decorrer a suspensão do processo por um ano e, por ficar paralisado por mais de cinco anos, sendo desnecessário intimar a Fazenda Pública acerca da decisão de arquivamento do feito.

Recentemente, o Superior Tribunal de Justiça, no julgamento do REsp. nº. 1.340.553, definiu em julgamento de recurso repetitivo como devem ser aplicados o artigo 40 e parágrafos da lei de execução fiscal (6.830/80) e a sistemática para a contagem da prescrição intercorrente.

Por maioria, nos termos do voto do relator, ministro Mauro Campbell, o colegiado aprovou as seguintes teses:

> 1) O prazo de 1 (um) ano de suspensão do processo e do respectivo prazo prescricional previsto no art. 40, §§ 1º e 2º da lei 6.830/80 - LEF tem início automaticamente na data da ciência da Fazenda Pública a respeito da não localização do devedor ou da inexistência de bens penhoráveis no endereço fornecido, havendo, sem prejuízo dessa contagem automática, o dever de o magistrado declarar ter ocorrido a suspensão da execução;

1.1) Sem prejuízo do disposto no item 1, nos casos de execução fiscal para cobrança de dívida ativa de natureza tributária (cujo despacho ordenador da citação tenha sido proferido antes da vigência da LC 118/05), depois da citação válida, ainda que editalícia, logo após a primeira tentativa infrutífera de localização de bens penhoráveis, o Juiz declarará suspensa a execução.

1.2) Sem prejuízo do disposto no item 1, em se tratando de execução fiscal para cobrança de dívida ativa de natureza tributária (cujo despacho ordenador da citação tenha sido proferido na vigência da LC 118/05) e de qualquer dívida ativa de natureza não tributária, logo após a primeira tentativa frustrada de citação do devedor ou de localização de bens penhoráveis, o Juiz declarará suspensa a execução.

2) Havendo ou não petição da Fazenda Pública e havendo ou não pronunciamento judicial nesse sentido, findo o prazo de 1 (um) ano de suspensão inicia-se automaticamente o prazo prescricional aplicável (de acordo com a natureza do crédito exequendo) durante o qual o processo deveria estar arquivado sem baixa na distribuição, na forma do art. 40, §§ 2º, 3º e 4º da lei 6.830/80 - LEF, findo o qual o Juiz, depois de ouvida a Fazenda Pública, poderá, de ofício, reconhecer a prescrição intercorrente e decretá-la de imediato;

3) A efetiva constrição patrimonial e a efetiva citação (ainda que por edital) são aptas a interromper o curso da prescrição intercorrente, não bastando para tal o mero peticionamento em juízo, requerendo, v.g., a feitura da penhora sobre ativos financeiros ou sobre outros bens. Os requerimentos feitos pelo exequente, dentro da soma do prazo máximo de 1 (um) ano de suspensão mais o prazo de prescrição aplicável (de acordo com a natureza do crédito exequendo) deverão ser processados, ainda que para além da soma desses dois prazos, pois, citad os (ainda que por edital) os devedores e penhorados os bens, a qualquer tempo – mesmo depois de escoados os referidos prazos –, considera-se interrompida a prescrição intercorrente, retroativamente, na data do protocolo da petição que requereu a providência frutífera.

4) A Fazenda Pública, em sua primeira oportunidade de falar nos autos (art. 245 do CPC/73, correspondente ao art. 278 do CPC/15), ao alegar nulidade pela falta de qualquer intimação dentro do procedimento do art. 40 da LEF, deverá demonstrar o prejuízo que sofreu (exceto a falta da intimação que constitui o termo inicial - 1., onde o prejuízo é presumido), por exemplo, deverá demonstrar a ocorrência de qualquer causa interruptiva ou suspensiva da prescrição.

5) O magistrado, ao reconhecer a prescrição intercorrente, deverá fundamentar o ato judicial por meio da delimitação dos marcos legais que foram aplicados na contagem do respectivo prazo, inclusive quanto ao período em que a execução ficou suspensa.

O acórdão referente a tão importante decisão, foi assim apresentado:

RECURSO ESPECIAL Nº 1.340.553 - RS (2012/0169193-3)
RELATOR : MINISTRO MAURO CAMPBELL MARQUES
RECORRENTE : FAZENDA NACIONAL
ADVOGADO : PROCURADORIA-GERAL DA FAZENDA NACIONAL - PR000000O
RECORRIDO : DJALMA GELSON LUIZ ME - MICROEMPRESA
ADVOGADO : SEM REPRESENTAÇÃO NOS AUTOS - SE000000M
EMENTA
RECURSO ESPECIAL REPETITIVO. ARTS. 1.036 E SEGUINTES DO CPC/2015 (ART. 543-C, DO CPC/1973). PROCESSUAL CIVIL. TRIBUTÁRIO. SISTEMÁTICA PARA A CONTAGEM DA PRESCRIÇÃO INTERCORRENTE (PRESCRIÇÃO APÓS A PROPOSITURA DA AÇÃO) PREVISTA NO ART. 40 E PARÁGRAFOS DA LEI DE EXECUÇÃO FISCAL (LEI N. 6.830/80).

1. O espírito do art. 40, da Lei n. 6.830/80 é o de que nenhuma execução fiscal já ajuizada poderá permanecer eternamente nos escaninhos do Poder Judiciário ou da Procuradoria Fazendária encarregada da execução das respectivas dívidas fiscais.

2. Não havendo a citação de qualquer devedor por qualquer meio válido e/ou não sendo encontrados bens sobre os quais possa recair a penhora (o que permitiria o fim

da inércia processual), inicia-se automaticamente o procedimento previsto no art. 40 da Lei n. 6.830/80, e respectivo prazo, ao fim do qual restará prescrito o crédito fiscal. Esse o teor da Súmula n. 314/STJ: "Em execução fiscal, não localizados bens penhoráveis, suspende-se o processo por um ano, findo o qual se inicia o prazo da prescrição qüinqüenal intercorrente".

3. Nem o Juiz e nem a Procuradoria da Fazenda Pública são os senhores do termo inicial do prazo de 1 (um) ano de suspensão previsto no caput, do art. 40, da LEF, somente a lei o é (ordena o art. 40: "[...] o juiz suspenderá [...]"). Não cabe ao Juiz ou à Procuradoria a escolha do melhor momento para o seu início. No primeiro momento em que constatada a não localização do devedor e/ou ausência de bens pelo oficial de justiça e intimada a Fazenda Pública, inicia-se automaticamente o prazo de suspensão, na forma do art. 40, caput, da LEF. Indiferente aqui, portanto, o fato de existir petição da Fazenda Pública requerendo a suspensão do feito por 30, 60, 90 ou 120 dias a fim de realizar diligências, sem pedir a suspensão do feito pelo art. 40, da LEF. Esses pedidos não encontram amparo fora do art. 40 da LEF que limita a suspensão a 1 (um) ano. Também indiferente o fato de que o Juiz, ao intimar a Fazenda Pública, não tenha expressamente feito menção à suspensão do art. 40, da LEF. O que importa para a aplicação da lei é que a Fazenda Pública tenha tomado ciência da inexistência de bens penhoráveis no endereço fornecido e/ou da não localização do devedor. Isso é o

suficiente para inaugurar o prazo, ex lege. 4. Teses julgadas para efeito dos arts. 1.036 e seguintes do CPC/2015 (art. 543-C, do CPC/1973):

4.1.) O prazo de 1 (um) ano de suspensão do processo e do respectivo prazo prescricional previsto no art. 40, §§ 1º e 2º da Lei n. 6.830/80 - LEF tem início automaticamente na data da ciência da Fazenda Pública a respeito da não localização do devedor ou da inexistência de bens penhoráveis no endereço fornecido, havendo, sem prejuízo dessa contagem automática, o dever de o

Documento: 1371076 - Inteiro Teor do Acórdão - Site certificado - DJe: 16/10/2018 Página 1 de 20 Superior Tribunal de Justiça magistrado declarar ter ocorrido a suspensão da execução;

4.1.1.) Sem prejuízo do disposto no item 4.1., nos casos de execução fiscal para cobrança de dívida ativa de natureza tributária (cujo despacho ordenador da citação tenha sido proferido antes da vigência da Lei Complementar n. 118/2005), depois da citação válida, ainda que editalícia, logo após a primeira tentativa infrutífera de localização de bens penhoráveis, o Juiz declarará suspensa a execução. 4.1.2.) Sem prejuízo do disposto no item 4.1., em se tratando de execução fiscal para cobrança de dívida ativa de natureza tributária (cujo despacho ordenador da citação tenha sido proferido na vigência da Lei Complementar n. 118/2005) e de qualquer dívida ativa de natureza não tributária, logo após a primeira tentativa frustrada de citação do devedor ou de localização de bens penhoráveis, o Juiz declarará suspensa a execução. 4.2.) Havendo ou não petição da Fazenda Pública e havendo ou não pronunciamento judicial nesse sentido, findo o prazo de 1 (um) ano de suspensão inicia-se automaticamente o prazo prescricional aplicável (de acordo com a natureza do crédito exequendo) durante o qual o processo deveria estar arquivado sem baixa na distribuição, na forma do art. 40, §§ 2º, 3º e 4º da Lei n. 6.830/80 - LEF, findo o qual o Juiz, depois de ouvida a Fazenda Pública, poderá, de ofício, reconhecer a prescrição intercorrente e decretá-la de imediato;

4.3.) A efetiva constrição patrimonial e a efetiva citação (ainda que por edital) são aptas a interromper o curso da prescrição intercorrente, não bastando para tal o mero peticionamento em juízo, requerendo, v.g., a feitura da penhora sobre ativos financeiros ou sobre outros bens. Os requerimentos feitos pelo exequente, dentro da soma do prazo máximo de 1 (um) ano de suspensão mais o prazo de prescrição aplicável (de acordo com a natureza do crédito exequendo) deverão ser processados, ainda que para além da soma desses dois prazos, pois, citados (ainda que por edital) os devedores e penhorados os bens, a qualquer tempo – mesmo depois de escoados os referidos prazos –,considera-se interrompida a prescrição intercorrente, retroativamente, na data do protocolo da petição que requereu a providência frutífera. 4.4.) A Fazenda Pública, em sua primeira oportunidade de falar nos autos (art. 245 do CPC/73, correspondente ao art. 278 do CPC/2015), ao alegar nulidade pela falta de qualquer intimação dentro do procedimento do art. 40 da LEF, deverá demonstrar o prejuízo que sofreu (exceto a falta da intimação que constitui o termo inicial - 4.1., onde o prejuízo é presumido), por exemplo, deverá demonstrar a ocorrência de qualquer causa interruptiva ou suspensiva da prescrição.

4.5.) O magistrado, ao reconhecer a prescrição intercorrente, deverá fundamentar o ato judicial por meio da delimitação dos marcos legais que foram aplicados na contagem do respectivo prazo, inclusive quanto ao período em que a execução ficou suspensa.

5. Recurso especial não provido. Acórdão submetido ao regime dos arts. 1.036 e seguintes do CPC/2015 (art. 543-C, do CPC/1973).

3. CONCLUSÃO

Diante de todo o exposto e visando uma melhor análise e compreensão das considerações demonstradas neste trabalho acerca da PRESCRIÇÃO TRIBUTÁRIA, podemos concluir que a prescrição extintiva de direito pode ser definida como a extinção de uma ação ajuizável, por inercia de seu titular, durante certo lapso de tempo, com ausência de outras causas preclusivas de seu curso. Na prescrição o que se perece é a ação do titular do direito e não este.

Existem quatro condições essenciais para que ocorra a prescrição: a) a existência de uma ação exercitável; b) a inércia do titular da ação por não exercer o seu direito de ação; c) a continuidade dessa inércia durante certo lapso de tempo; e, ausências de causas preclusivas de seu curso.

O prazo pode sofrer impedimento, interrupção ou suspensão. A suspensão é a paralisação de seu curso face a circunstancias relevantes que podem se tornar um obstáculo ao exercício subjetivo do direito. A interrupção ocorre quando se inutiliza o prazo prescricional, que flui até a sua ocorrência. Finalmente, o impedimento tolhe a prescrição, impedindo o início do decurso de seu prazo. O prazo de prescrição inicia-se a partir daquele momento em que, ocorrendo lesão a direito subjetivo, pode o detentor de tal direito exercer o seu direito de ação. Esta é renunciável e pode acontecer de forma expressa ou tácita. A prescrição não pode ser decretada de oficio pelo juiz, a arguição pode ser feita por qualquer interessado, em qualquer momento processual e em qualquer instância.

Por fim, foi suscitada a prescrição intercorrente, sendo esta será aplicada nos casos em que não se localiza o devedor em execução fiscal, ou, na hipótese de localizá-lo, não encontrar bens suficientes para arcar com o tributo exequível. Trazendo dados jurisprudenciais, para melhor e maior aprofundamento acerca do entendimento dos Tribunais Superiores acerca do assunto.

REFERÊNCIAS BIBLIOGRÁFICAS

Ação para cobrar o Crédito Tributário, cit., p.157-158.

CARVALHO, Aurora Tomazini de. *Decadência e Prescrição em Direito Tributário*. 2. ed. Ampliada.

CARVALHO, Paulo de Barros. *Curso de Direito Tributário*. 17. ed. São Paulo: Saraiva, 2005.

EDcl no AgRg nos EDcl no REsp. 1038753/RJ; 2 Turma: Relator Ministro Humberto Martins; *DJe* de 28.11.2008.

LIMA, Sebastiao de Oliveira. Prescrição Tributária. In: MARTINS, Ives Gandra da Silva. *Decadência e Prescrição*. Caderno de Pesquisas Tributárias, n. 13. São Paulo, Centro de Estudos de extensão Universitária/Resenha Tributária, 1976.

LIMA, Sebastiao de Oliveira. *Prescrição Tributária*.

MACHADO, Rubens Approbato. A prescrição em Matéria Tributária. In: MARTINS, Ives Gandra da Silva. Decadência e Prescrição. Caderno de Pesquisas Tributárias, n. 13. São Paulo. Centro de Estudos de Extensão Universitária/ Resenha Tributária, 1976.

MACHADO, Hugo de Brito. O Parcelamento como Causa de Suspensão e de Interrupção da Prescrição no Código Tributário Nacional. Revista Dialética de Direito Tributário, São Paulo, n. 148, p.67, jan. 2008.

PAROLIN, Marcos Cesar Pavani. Curso de Direito Tributário. / Marcos Cesar Pavani Parolin. 2 ed., revista, atualizada e ampliada. Belo Horizonte: Del Rey,2017.

PAULSEN, Leandro. *Direito Tributário: Constituição e Código Tributário à Luz da Doutrina e da Jurisprudência*. 10. ed., cit., p.86.

PRAXEDES, Francisco de Assis. *A Decadência do Direito de Lançar e a Prescrição da Ação para Cobrar o Crédito Tributário*, cit., p.157-158.

SABBAG, Eduardo. *Manual de Direito Tributário*, 4. ed., p.807

Site do STJ. Acesso em 01 de abril. 2019, às 11h, https://scon.stj.jus.br/SCON/jurisprudencia/toc.jsp?livre=EXECUCAO+PRESCRICAO+LC+118%2F05&b=ACOR&thesaurus=JURIDICO&p=true.

RESPONSABILIDADE CIVIL, ADMINISTRATIVA E CRIMINAL DOS DIRIGENTES DE ENTIDADES FECHADAS DE PREVIDÊNCIA COMPLEMENTAR

ENÉAS VIRGÍLIO SALDANHA BAYÃO[1]

SUMÁRIO: Prolegômenos; 1. Breves noções acerca da responsabilidade; 2. A previdência complementar; 3. Um breve histórico acerca da tributação das entidades fechadas de previdência complementar

PROLEGÔMENOS

Na época em que defendi a minha dissertação de mestrado, sob a orientação do Ilustre Prof. Sacha Calmon Navarro Coêlho, perante a Banca Examinadora da Faculdade de Direito da universidade Federal de Minas Gerais, o tema proposto era sobre a "A Imunidade Tributária das Entidades Fechadas de Previdência Complementar".

O Supremo Tribunal Federal, após aguerridos debates judiciais, decidiu pela não incidência da imunidade tributária de tais Entidades Fechadas de Previdência Complementar e que, portanto, contrário ao tema defendido na dissertação (RE 202.700).

Naquela época, não obstante a decisão colegiada daquela Corte, optei por manter a defesa da dissertação, sendo aprovado pela Banca Examinadora, enfrentando todas as dificuldades encontradas.

Outrossim, em homenagem ao Prof. Sacha Calmon Navarro Coêlho, cuja a honra me foi dada para participar, escolhi outro tema, também de grande significado em tempos atuais, senão vejamos:

---

[1] Enéas Virgílio Saldanha Bayão é mestre em Direito Tributário pela UFMG, especialista em Direito Empresarial pela Fundação Dom Cabral, Diretor de Investimentos e Relacionamento com o Mercado da OABPREV MG.

1. BREVES NOÇÕES ACERCA DA RESPONSABILIDADE

A noção de responsabilidade advém da própria origem da palavra latina *respondere*, responder a alguma coisa, ou seja, a necessidade que existe de responsabilizar alguém por seus atos danosos. Essa imposição estabelecida pelo meio social regrado, através da sociedade humana, determina a todos o dever de responder por seus atos, traduz a própria noção de justiça existente no grupo social, donde se infere que as responsabilização é a tradução, para o sistema jurídico, do dever moral de não prejudicar a outrem, ou seja, o *neminem laedere*.

Na interpretação de Washington de Barros Monteiro, "ato jurídico é ato de vontade, que produz efeitos de direito; ato ilícito é também ato de vontade, mas que produz efeitos jurídicos independentes da vontade do agente. O ato jurídico, segundo o Código Civil, é ato lícito, fundado m direito, enquanto o ato ilícito constitui delito, civil ou criminal, e pois, violação da lei.

Em termos, Martin define a responsabilidade como "a situação de quem, tendo violado uma norma qualquer, se vê exposto às consequências desagradáveis decorrentes dessa violação, traduzidas em medidas que a autoridade encarregada de velar pela observância do preceito lhe imponha, providências essas que podem, ou não, estar previstas".

Por fim, Giorgio Giorgi conceitua a responsabilidade civil como a "obrigação de reparar mediante indenização quase sempre pecuniária o dano que o fato ilícito causou a outrem".

Os autores costumam diferenciar duas categorias de responsabilidade civil: uma derivada do descumprimento de acordo, dita contratual, e outra derivada do dever genérico de não lesar ninguém, dita extracontratual.

Nos ensinamentos de José de Aguiar Dias, atribui-se à responsabilidade o caráter de consequência de um comportamento, se este for conforme a lei, não gera obrigação para o autor; se contrário, acarretará sanção ao agente: "A responsabilidade é, portanto, resultado da ação pela qual o homem expressa o seu comportamento, em face desse seu dever ou obrigação. Atuando-se na forma indicada pelos cânones é supérfluo indagar da responsabilidade daí decorrente".

Entretanto, a doutrina é divergente quanto à elaboração de um conceito comum para a responsabilidade civil, em função de existirem duas teorias que disciplinam a matéria, com certas peculiaridades que as diferenciam substancialmente, conforme salienta José de Aguiar

Dias: "O dissídio que lavra na doutrina, com relação ao problema da responsabilidade civil, alcança todos os seus aspectos".

A responsabilidade civil no seu sentido mais amplo abrange na qualificação de responsável o causador do dano a si mesmo.

Por outro lado, Silvio Rodrigues tem outro posicionamento com relação à matéria quando descreve "A responsabilidade civil vem definida por Savatier como obrigação que pode incumbir uma pessoa a reparar o prejuízo causado a outra, por fato próprio, ou por fato de pessoas ou coisas que dela dependam. Realmente o problema é o de saber se o prejuízo experimentado pela vítima deve ou não ser reparado por quem o causou. Se a resposta for afirmativa, cumpre indagar em que condições e de que maneira será tal prejuízo reparado. Esse é o campo que a teoria da responsabilidade civil procura envolver".

Outrossim, as diferenças entre responsabilidade civil e penal cindem-se em caminhos diferentes. No caso da responsabilidade civil, o interesse é diretamente do lesado. É o interesse privado. O ato do agente pode ou não ter infringido norma de ordem pública. Como seu procedimento causou dano, deve repará-lo. A reação da sociedade é representada pela indenização a ser exigida pela vítima do agente causador do dano. Na responsabilidade penal, o agente infringe uma norma de direito público e seu comportamento perturba a ordem social. A reação da sociedade é representada pela pena. Provocando uma reação do ordenamento jurídico, não se pode compadecer com uma atitude individual desta ordem. Para a sociedade, é indiferente a existência ou não de prejuízos experimentado pela vítima.

No aspecto penal, o infrator desrespeita uma norma de direito público, perturbando a ordem social, tendo como punição uma pena. Porém, é indiferente para a sociedade a existência ou não de um prejuízo experimentado pela vítima. No campo cível, a preocupação passa a ser o aspecto privado, de forma que o prejuízo passa a ser olhado no aspecto patrimonial uma vez que a conduta do agente prejudica diretamente o interesse individual de alguém, e como causador de tal dano, ele deve repassá-lo. Neste momento, porém, pela natureza da matéria, todo o processo fica dependendo da manifestação da vítima, pois, sem seu interesse, não existe motivo para o causador reparar o dano.

Em ambos os casos, há, basicamente, a infração de um dever por parte do agente, sendo a responsabilidade, como dito no item anterior, a reação do ordenamento ante a violação havida, impondo obrigação, em alguma forma de sanção. No caso do crime, do delito, o agente malfere uma norma de direito público, e seu ato perturba a ordem social de modo direto e imediato, provocando a reação no ordenamento jurídico que, obviamente, não compadece com atitude dessa natureza, tendo em conta papel eminentemente apaziguador da sociedade que lhe é conferido.

A teoria da causalidade adequada, que é a prevalente no âmbito da responsabilidade civil (diferentemente da responsabilidade penal, onde tem prevalência a teoria da equivalência dos antecedentes por força do art. 13 do Código Penal), restringe o conceito de causa, estabelecendo como tal apenas a condição que, formulado um juízo abstrato, se apresenta adequada à produção de determinado resultado.

Após a verificação concreta de um determinado processo causal, deve-se formular um juízo de probabilidade com cada uma das múltiplas possíveis causas, de acordo com a experiência comum, em um plano abstrato. Se após a análise de certo fato for possível, concluir que era provável a ocorrência do evento, deve-se reconhecer a relação de causa e efeito entre eles.

No caso de ilícito civil, por outro lado, o interesse diretamente lesado, em vez de ser o interesse social, da coletividade, é o interesse privado. O ato do agente reputado ilícito, pode não ter violado ou irrompido norma de ordem pública, mas pode haver causado dano a alguma pessoa, motivo pelo qual o desencadear da obrigação ressarcitória se impõe. A reação do ordenamento jurídico. Em tal hipótese, seria representada não pela aplicação da pena, mas pela condenação do agente à indenização a ser paga para a vítima do dano experimentado.

A responsabilidade penal, por outra parte, busca a reparação do dano social, causado ao conjunto social sem repercussão patrimonial direta à sociedade, atentando contra a liberdade da pessoa, do agente, como forma de reprimir o ato ilícito, sem se importar com o equilíbrio econômico abalado. Merecedor de olhares o seguinte julgado, ante a similitude com a assertiva acima, que assim podemos descrever com o seguinte detalhe: "O direito civil é mais exigente que o direito penal, pois, enquanto este cada vez mais focaliza a pessoa do delinquente, aquele dirige sua atenção para o dano causado, objetiva a necessidade do ressarcimento e do equilíbrio[XXI]".

A responsabilidade civil envolve, e isto é confirmado pela jurisprudência transcrita, antes de tudo, o dano, o prejuízo, o desfalque, o desequilíbrio ou descompensação do patrimônio de alguém, ou seja, se impregna prevalentemente à ordem patrimonial e/ou moral.

Preocupando-se tão-somente com o restabelecimento do equilíbrio perturbado pelo dano, seja patrimonial, seja extrapatrimonialmente.

A responsabilidade penal ocorre pela reparação de um dano, mas um dano que vem a atingir a paz social, muito embora atinja muitas vezes um só indivíduo, não guardando preocupação com o restabelecimento do equilíbrio econômico ou moral da vítima. Daí, se dizer que a ação repressiva do ordenamento jurídico, na esfera penal, embora também combata um ou mais danos, não tem por objetivo o dano causado ao particular como tal, mas enquanto considerado ele como parte integrante do grupo ao qual pertence, ou seja a sociedade,

2. A PREVIDÊNCIA COMPLEMENTAR

Nas palavras do Prof. Rio Nogueira, a seguridade social é necessidade primária da ordem econômica-social, garantindo previdência e assistência em padrões comuns à maioria assalariada. Por isso gerida pelo Estado e sustentada pela contribuição obrigatória de todos, empregados, empresa e o próprio governo.

A Seguridade Básica não é completa. Depois de anos de serviços ou por idade, o empregado pode aposentar-se, mas não receberá do INSS o que vinha ganhando da empresa.

Ainda segundo o Prof. Rio Nogueira, a Petrobrás, em 1978, resolveu o problema criando a PETROS – fundação pioneira – não somente amparou a sua massa empregada, como também mostrou caminho às grandes empresas, gerando processo de crescimento dos fundos de seguridade social.

Esse processo é hoje reconhecido pelo Estado de relevante interesse social e econômico, merecendo os inúmeros incentivos desde a Lei Federal nº. 6.435, de 15.07.1977, que regulamentava a previdência complementar, atualmente regulada pelas Lei Complementares nºs. 108 e 109, ambas de 29.05.2001.

A essência comum dos denominados Fundos de Pensão, tradução literal de *Pension Fund*, reside no mecanismo de captação de recursos garantidores de rendas individuais, temporárias ou vitalícias.

Assim, o que caracteriza as Entidades Fechadas de Previdência Complementar é o seu caráter supletivo em relação à previdência oficial que permite, a custos reduzidos, o instrumento de imediata adequação da empresa ao plano governamental de previdência, para completa-lo sem excessos onerosos, e garantir, a qualquer hora, a seguridade total dos seus empregados.

Desta forma, os **Fundos de Pensão** sem fins lucrativos sob a forma de "**Fundação**" ou "**Sociedade Civil**", nos termos do art. 31, § 1º da Lei Complementar nº. 109/2001, têm como finalidade precípua a administração e execução de planos de benefícios de natureza previdenciária, mediante contribuição de seus participantes do respectivo empregador ou de ambos.

Para o exercício regular de suas atividades e em cumprimento de seus objetivos institucionais, as Entidades Fechadas de Previdência Complementar devem aplicar os seus recursos garantidores nos diversos segmentos da economia, constituindo reservas técnicas, fundos, provisões, e a cobertura das demais despesas, em conformidade com os critérios fixados pelo órgão regulador.

Previdência Complementar não é sinônimo de seguro privado, mesmo porque o termo indenização, elementar no ramo dos seguros privados, não é utilizado no cenário da previdência privada, que envolve o bem-estar social e proteção social.

No avanço do sistema de previdência complementar, através da Lei Complementar nº. 109/2001, cumpre destacar o seu acesso aos associados ou membros de pessoas jurídicas de caráter profissional, classista ou setorial, denominados instituidores.

A natureza jurídica da Previdência Privada no Brasil está concentrada na supletividade facultativa da Previdência Social.

Destaca-se aqui, que há estudos para tornar obrigatório o ingresso na previdência complementar, ainda em curso no âmbito legislativo, no momento.

Outrossim, a matéria está inserida na /Constituição Federal vigente no seu art. 202, com a redação dada pela Emenda Constitucional nº. 202, de 15.12.1998, que dispõe:

> **Art. 202.** O regime de previdência privada, de caráter complementar e organizado de forma autônoma em relação ao regime geral de previdência social, será facultativo, baseado na constituição de reservas que garantam o benefício contratado, e regulado por lei complementar.
> **§ 1º** A lei complementar de que trata este artigo assegurará ao participante de planos de benefícios de entidades de previdência privada o pleno acesso às informações relativas à gestão de seus respectivos planos.
> **§ 2º** As contribuições do empregador, os benefícios e as condições contratuais previstas nos estatutos, regulamentos e planos de benefícios das entidades de previdência privada não integram o contrato de trabalho dos participantes, assim como, à exceção dos benefícios concedidos, não integram a remuneração dos participantes, nos termos da lei.

§ 3º É vedado o aporte de recursos a entidade de previdência privada pela União, Estados, Distrito Federal e Municípios, suas autarquias, fundações, empresas públicas, sociedades de economia mista e outras entidades públicas, salvo na qualidade de patrocinador, situação na qual, em hipótese alguma, sua contribuição normal poderá exceder a do segurado.

§ 4º Lei complementar disciplinará a relação entre a União, Estados, Distrito Federal ou Municípios, inclusive suas autarquias, fundações, sociedades de economia mista e empresas controladas direta ou indiretamente, enquanto patrocinadoras de entidades fechadas de previdência privada, e suas respectivas entidades fechadas de previdência privada.

§ 5º A lei complementar de que trata o parágrafo anterior aplicar-se-á, no que couber, às empresas privadas permissionárias ou concessionárias de prestação de serviços públicos, quando patrocinadoras de entidades fechadas de previdência privada.

§ 6º A lei complementar a que se refere o § 4º deste artigo estabelecerá os requisitos para a designação dos membros das diretorias das entidades fechadas de previdência privada e disciplinará a inserção dos participantes nos colegiados e instâncias de decisão em que seus interesses sejam objeto de discussão e deliberação.

As leis complementares nºs 108 e 109, ambas de 29 de maio de 2001, regulamentam a previdência complementar em nosso país. A primeira contém regras específicas dirigidas aos planos de benefícios geridos por entidades fechadas de previdência complementar patrocinadas por unidades da administração pública, direta ou indireta. A Lei Complementar nº. 109/2001, por seu turno, contém o regimento geral para a previdência complementar brasileira e é aplicada subsidiariamente no âmbito de atuação das EFPC´s patrocinadas pelos entes públicos ou suas estatais.

A Constituição Federal em seu art. 21, VIII, diz que compete à União fiscalizar as atividades de previdência privada. Para a normatização e fiscalização das EFPC´s e respectivos planos, o art. 74 da LC 109/01, prevê a existência de um órgão federal, a PREVIC – Superintendência Nacional de Previdência Complementar.

O *caput* do art. 202 da Constituição Federal é repetido pelo art. 1º da LC 109/01 e o § 2º do mesmo dispositivo é repetido pelo art. 68 da referida LC 109/01, refletindo, assim, a natureza privada, contratual e autônoma do regime de previdência complementar brasileiro.

De fato, sendo facultativa a entrada em um plano de benefícios no âmbito de uma EFPC (LC 109/2001, art. 16, § 2), está-se diante de um nítido contrato de adesão, tipo de contrato regido pelo direito civil no qual a parte adere às suas cláusulas em bloco, ou, nas palavras de

LIMONGI FRANÇA, é aquele em que a manifestação de vontade de uma das partes se reduz à mera anuência a uma proposta da outra.

O Supremo Tribunal Federal já se manifestou afirmando que a previdência complementar é um contrato privado, no qual a relação jurídica, "embora de natureza previdenciária, se dá entre o beneficiário e o contratante". No mesmo sentido, o Superior Tribunal de Justiça entende que as questões concernentes à previdência complementar devem ser julgadas pela Justiça Comum e não pela Justiça do Trabalho, dado que as EFPC´s são de direito privado, mantendo com o trabalhador uma relação autônoma de direitos e obrigações na esfera civil.

Não obstante sua natureza privada e autônoma, no âmbito de uma EFPC a vontade das partes não é absoluta, ao contrário, observa-se um rígido controle estatal sobre o seu funcionamento, porque tais entidades exercem uma complementação ao dever do Estado de prover uma previdência social digna e justa, direito social e fundamental inscrito no *caput* do art. 6º da Constituição Federal. Está-se aqui, diante do princípio da supremacia da ordem pública que, de resto, ao lado dos princípios da autonomia da vontade e da obrigatoriedade, integram os fundamentos de qualquer contrato.

É o Estado, por meio da PREVIC, de acordo com art. 3 da LC 109/01, que determina padrões mínimos de segurança econômico-financeira e atuarial para os planos de benefícios disciplinando, fiscalizando, coordenando e supervisionando as atividades das EFPC´s, com a finalidade de compatibilizar tais atividades com as políticas previdenciária e de desenvolvimento social do país.

Deste modo, dependem da aprovação prévia da PREVIC, dentre outras, a instituição e a operação da EFPC (LC 109/01, arts. 6 e 33, I) a adesão a plano de benefício na condição de patrocinador ou instituidor (LC 109/01, art. 13; a extinção do plano ou retirada de patrocinador ou retirada de patrocínio (LC 109 109/01, arts. 25 e 33, III); as transferências de patrocínio, de grupos de participantes, de planos e de reservas entra a /EFPC (LC 109/01, art. 33, IV) e aplicação dos estatutos, regulamentos e suas alterações (LC 109/01, arts.33, I, e 17).

O Controle do Estado se estende à área meio, ou seja, as investimentos par capitalizar os recursos dos planos de benefícios .Tais investimentos não são de livre escolha das EFPC mas obedecem normas e diretrizes fixadas pelo Conselho Monetário (CVM), órgão vinculado ao Ministério da Economia, conforme determina o § 1º, do art. 9º da LC 109/01.

Assim, quando se fala em "natureza privada" como o inerente ao sistema de previdência complementar brasileiro não se pode olvidar que, em realidade, a autonomia da vontade das EFPC´s é bastante mitigada, haja vista o intensivo e necessário controle estatal incidente sobre tais entidades e seus planos de benefícios ou na aplicação de seus recursos.

Neste diapasão, em sintonia com os objetivos do /estado (LC 109/2001, art. 3º), na fiscalização e proteção dos interesses dos particulares e assistidos está condensado na nova legislação um rígido regime disciplinar disposto na norma citada, disposto nos arts. 63 a 67 da citada norma.

Havendo descumprimento das normas legais ou infralegais há previsão de severas penalidades que podem variar de advertência, suspensão ou até mesmo a inabilitação pra o exercício do cargo, além de pesadas multas pecuniárias impostas ao administrador responsável, estando prevista a solidariedade. A norma prevê, ainda, o alcance da responsabilidade para procuradores, com poderes de gestão, o interventor e liquidante, bem como os administradores de patrocinadores, ou instituidores, os atuários e de mais prestadores de serviços, sejam empregados ou terceirizados.

Nesse diapasão, a responsabilidade civil está prevista no art. 63 da LC 109/01.

> Art. 63. Os administradores da entidade, os procuradores com poderes de gestão, os membros de conselho estatuários o interventor e o liquidante responderão civilmente pelos danos ou prejuízos que causaram, por ação ou omissão, às entidades de previdência complementar.
> Parágrafo único. São também responsáveis na forma do caput, os administradores dos patrocinadores ou instituidores, os atuários, os auditores independentes, os avaliadores de gestão e outros profissionais que prestem serviços técnicos à entidade, diretamente ou por intermédio de pessoa jurídica contratada".

Destaque-se que a responsabilidade civil opera-se pela ação ou pela omissão do agente causador do dano, em concomitância com o nexo causal.

No campo da responsabilidade administrativa, define o art. 65 da LC 109/01:

> Art. 65. A infração de qualquer disposição desta Lei Complementar ou de seu regulamento, para a qual não haja penalidade expressamente cominada, sujeita a pessoa física ou jurídica responsável, conforme o caso e a gravidade da infração, às seguintes penalidades administrativas, observando o disposto em regulamento:

I – Advertência;

II – suspensão do exercício da atividade em entidades de previdência complementar pelo prazo de até cento e oitenta dias;

III – inabilitação, pelo prazo de dois a dez anos, para o exercício de cargo ou função em entidades de previdência complementar, sociedades seguradoras, instituições financeiras e no serviço público;

IV – multa de dois mil reais a um milhão de reais, devendo esses valores, a partir da publicação desta Lei Complementar ser reajustados de forma a preservar, em caráter permanente seus valores reais.

§ 1º A penalidade prevista no inciso IV será imputada ao agente responsável, respondendo solidariamente a entidade de previdência complementar, assegurado o direito de regresso e poderá ser aplicada cumulativamente com as constantes dos incisos I, II ou III deste artigo;

§ 2º Das decisões do órgão fiscalizador caberá recurso no prazo de quinze dias, com efeito suspensivo, ao órgão competente;

§ 3º O recurso a que se refere o parágrafo anterior, na hipótese do inciso IV deste artigo, somente será conhecido ser for comprovado pelo requerente o pagamento antecipado, em favor do órgão fiscalizador, de trinta por cento do valor da multa aplicada;

§ 4º em caso de reincidência, a multa será aplicada em dobro.

Em sede penal, é aplicável aos dirigentes as normas gerais previstas pelo Código Penal Brasileiro e outras normas especiais, tais como a que define os crimes contra a economia popular.

No presente estudo, destaca-se, ainda, a jurisprudência do Supremo Tribunal Federal, em decisão proferida no Habbeas Corpus nº. 85.094/SP de relatoria do eminente Ministro Gilmar Mendes, proferida em 15/02/2005:

> RECURSO ORDINÁRIO EM HABBEAS CORPUS 85.094-4 SÃO PAULO – RELATOR MIN. GILMAR MENDES – RECORRENTE(S) PAULO FERNANDO FALKENHOFF MOREIRA – ADVOGADO(A/S) RODRIGO FRANZ BECKER E OUTRO (A/S) – RECORRIDO (A/S) MINISTÉRIO PÚBLICO FEDERAL.
>
> EMENTA: Recurso Ordinário em habeas corpus. 2. Crime contra o Sistema Financeiro Nacional. 3. As entidades de fundo de pensão estão incluídas no Sistema Financeiro Nacional. 4. Fraude cometida contra entidade previdenciária. 5. Aplicação da Lei 7.492/86. 6. Competência da Justiça Federal. 7. Ordem denegada.
>
> Acórdão: Vistos, relatados e discutidos estes autos, acordam os Ministros do Supremo Tribunal Federal, em Segunda Turma, sob a presidência do Senhor Ministro Carlos Velloso (RISTF, art. 37, II), na conformidade da ata de julgamentos e das notas taquigráficas, por unanimidade de votos, negar provimento. Brasília, 15 de fevereiro de 2005. MINISTRO GILMAR

MENDES – RELATOR (Publicação: DJ 08-04-2005 PP-00039 EMENT VOL 02186-2 PP 00276 LEXSTF v. 27, n. 318, 2005, p. 434-453)

No bojo da decisão em comento, o magistrado denegou a ordem sob o argumento de que as "entidades de fundo de pensão estão incluídas no Sistema Financeiro Nacional" e que, portanto, os dirigentes estariam sob a ótica dos crimes do chamado "Colarinho Branco", insculpido na Lei Federal nº. 7492/86.

Pelo exposto, os dirigentes e demais administradores de entidades fechadas de previdência complementar devem pautar-se pela rigorosa administração e supervisão, apoiados em avaliações técnicas, visando à prevenção e redução de riscos, voltados para o equilíbrio econômico-financeiro e atuarial dos planos de benefícios, com base em valores éticos, zelo e diligência.

3. UM BREVE HISTÓRICO ACERCA DA TRIBUTAÇÃO DAS ENTIDADES FECHADAS DE PREVIDÊNCIA COMPLEMENTAR

Por fim, será abordado os principais marcos tributários das EFPC´s:

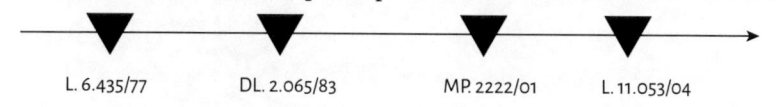

▼ L. 6.435/77   ▼ DL. 2.065/83   ▼ MP. 2222/01   ▼ L. 11.053/04

Por não terem finalidade lucrativa, a partir de edição da Lei Federal nº. 6.435/77, as entidades fechadas de previdência complementar, complementares do sistema oficial de previdência e assistência social (art. 34), foram equiparadas às instituições de assistência social para os efeitos da imunidade tributária (art. 39, § 3º), de acordo com o art. 19, II, c, dom texto constitucional vigente (de 1987).

A partir do Dec. Lei 2.065/83, os rendimentos passaram a sofrer a tributação do imposto de sobre a renda, tendo sido a matéria levada aos tribunais, passando a ser questionada a legalidade do decreto, bem como a natureza das entidades até que entrou em vigor a Constituição de 1988, quando a jurisprudência começou a pacificar o entendimento de que, de acordo com o novo texto constitucional, as entidades fechadas de previdência complementar deixaram de ter a mesma natureza das entidades de assistência social.

Em 04 de setembro de 2001 foi editada a Medida Provisória nº 2222, trazendo o regime especial de tributação para as entidades de previdência privada – abertas ou fechadas – e disposto que p "estoque" pendente de pagamento poderia ser pago em até seis prestações.

Logo em seguida, o Supremo Tribunal Federal derrubou de vez a tese da imunidade, decidindo que aquelas entidades, por receberem contribuições dos participantes, não podem ser consideradas de fins assistenciais, uma vez que a assistência, de acordo com a Constituição de 1988, é garantida.

Com a Lei nª 11.053/04, os rendimentos não são mais tributados, tendo sido criado opção de tributação pela tabela "regressiva" ao participante, ocorrendo redução da alíquota do IR no caso de permanência superiora 10 anos no plano. Esta legislação atualmente em vigor nos equiparou à prática da maioria dos países onde há tradição previdenciária privada, como Inglaterra, Suíça, Holanda, Canadá, Chile, Estados Unidos, a qual adota o regime de tributação somente na fase de pagamento do benefício, ficando excluídos da tributação os rendimentos decorrentes da aplicação das reservas.

DA INTERVENÇÃO DO ESTADO NO DOMÍNIO ECONÔMICO ATRAVÉS DA TRIBUTAÇÃO DA PREVIDÊNCIA COMPLEMENTAR

FÁBIO JUNQUEIRA DE CARVALHO[1]

MARIA INÊS MURGEL[2]

SUMÁRIO: 1. Introdução; 2. A extrafiscalidade no âmbito da Previdência Privada; 3. Conclusão

1. INTRODUÇÃO

Uma das formas de o Estado intervir no domínio econômico é através da criação de tributos. O tributo, como instrumento de intervenção no domínio econômico, não terá como objetivo a arrecadação de recursos para o custeio das despesas públicas, mas sim a interferência do Estado no meio social e na economia privada, através do estímulo ou freio de condutas, encorajando ou retraindo comportamentos e demandas.

A utilização de tributos para inibir ou incentivar comportamentos, hábitos ou atividades é denominada extrafiscalidade, que, nos ensinamentos do Professor Sacha Calmon Navarro Coêlho (2018, p. 251)[3], "é o manejo de figuras tributárias, diminuindo ou exasperando o quantum a pagar com o fito de obter resultados que transcendem o simples recolhimento do tributo, muito embora a instrumentação extrafiscal não resulta, necessariamente, perda de numerário".

---

[1] Doutor em Direito Econômico pela Universidade Presbiteriana Mackenzie. Mestre em Direito Tributário pela UFMG. Coordenador do IBET em Belo Horizonte.

[2] Doutora em Direito Tributário pela UFMG. Coordenadora do IBET em Belo Horizonte.

[3] COÊLHO, Sacha Calmon Navarro. Curso de direito tributário brasileiro. 16. ed. rev. e atua. Rio de Janeiro: Forense, 2018.

De fato, muito embora não objetive o aumento de arrecadação, esta pode ocorrer através da extrafiscalidade, seja pelo agravamento de alíquotas ou pelo aumento do consumo decorrente da redução da carga tributária. De todo modo, a tributação extrafiscal busca finalidades que estejam de acordo com políticas econômicas e sociais do Estado.

As normas tributárias que possuem o fim específico de influenciar condutas, são denominadas normas diretivas, que dizem respeito à persecução indireta e motivada de finalidades administrativas concretas. Por afetarem a prática econômica, tais normas devem ser compatibilizadas com os direitos fundamentais, tais como liberdade e propriedade. Justamente porque possuem eficácia formativa, exteriorizada por recomendações comportamentais, é que a intensidade de seus comandos merece atenção, de forma a preservar a proporcionalidade.

Trata-se de poderosa ferramenta da qual o Estado intervencionista exerce sua função regulatória. Merece atenção o alerta do Professor Sacha Calmon no sentido de que esse duplo poder, arrecadatório e intervencionista, deve ser monitorado, disciplinado e contido, em prol da segurança dos cidadãos. (2018; p.29).

Tal preocupação procede porque, na prática, é mais comum se deparar com tributações extrafiscais que acabam por majorar tributos, coibindo determinadas condutas (exemplo clássico é a tributação pesada sobre cigarros e bebidas, como forma de inibir o seu consumo), do que com tributações menos onerosas, que incentivam comportamentos.

É fato, porém, que a extrafiscalidade visando incentivar uma conduta pode ser verificada no âmbito da previdência privada, muito embora de maneira tímida. Tímida porque é realidade inconteste o esgotamento econômico do Estado, e mesmo a reforma da previdência recentemente aprovada não garante que, em médio prazo, o Estado possa promover, de forma direta, ampla e universal, os direitos sociais. Assim, uma alternativa para se garantir a aposentadoria menos dependente do Estado é o apoio e desenvolvimento, por este, da previdência complementar privada.

2. A EXTRAFISCALIDADE NO ÂMBITO DA PREVIDÊNCIA PRIVADA

A ponderação sobre as possibilidades futuras da Previdência Oficial, que vem gerando projeções estatísticas alarmantes, é que deve servir como norte obrigatório à necessidade do Estado de arrecadar. A tributação dos rendimentos destinados à formação de uma poupança previdenciária deverá observar, de um lado, a necessidade de arrecadação do Estado, e de outro, o interesse do Estado no crescimento de entidades previdenciárias alternativas, suplementares à Previdência Oficial.

É de se aplaudir o surgimento, nos últimos anos, de normas diretivas visando encorajar as pessoas a poupar o suficiente com o objetivo de manter o seu padrão de vida e a dignidade na terceira idade. Contudo, o incentivo à poupança previdenciária poderia ser maior. Normas tributárias mais flexíveis poderiam minimizar os riscos de problemas sociais na velhice.

A primeira norma efetivamente diretiva voltada para a previdência complementar, a Lei Complementar n° 109/2001, estabeleceu, em seu artigo 69, que as contribuições vertidas para as entidades de previdência complementar, destinadas ao custeio dos planos de benefícios de natureza previdenciária, são dedutíveis para fins de incidência de imposto sobre a renda, nos limites e condições fixadas na lei. Dispõe também que sobre tais contribuições não incidem tributação e contribuições de qualquer natureza. Dispensa, ainda, de tributação e contribuições de qualquer natureza, a portabilidade de recursos de reservas técnicas, fundos e provisões, titulados pelo mesmo participante de um plano de benefícios previdenciários, de uma entidade de previdência para outra.

Para melhor entendimento do direcionamento da norma tributária no âmbito da previdência complementar, faz-se necessária a compreensão dos diferentes regimes possíveis de tributação no contexto da tributação da poupança previdenciária. Três eventos cruciais constituem a essência do regime tributário a que essa poupança está sujeita, eventos estes que viabilizam três momentos possíveis de tributação. São eles:

a. a efetivação do aporte da contribuição para o plano de benefícios, seja por uma pessoa jurídica ou pela pessoa física;
b. aplicação financeira das reservas, fundos e provisões, ou seja, o retorno dos investimentos;
c. saídas de reservas para pagamento, seja dos benefícios de complementação de aposentadoria, benefícios de risco ou o resgate para o participante ou beneficiário.

De forma simplificada, este é o caminho do dinheiro em uma entidade de previdência. Primeiramente os recursos financeiros entram para o plano de benefícios sob a forma de contribuição. As contribuições formam a reserva, que é investida em diversas modalidades de aplicações financeiras. Por fim, a reserva é devolvida para os participantes através do pagamento de benefício de previdência ou resgate.

Os vários regimes existentes de tributação da previdência privada diferenciam-se um do outro pelo momento ou momentos em que a tributação irá ocorrer. A partir daí é que o regime de tributação é enquadrado. Assim, por exemplo, se a regra de tributação for a de tributar quando do aporte das contribuições à poupança previdenciária, isentando os retornos dos investimentos e o pagamento dos benefícios aos participantes, o regime tributário será o TII. Por sua vez, no regime ITT, ocorre a isenção do aporte das contribuições, e a tributação tanto dos retornos dos investimentos, como dos benefícios distribuídos ao poupador. E assim sucessivamente.

O quadro abaixo possibilita a identificação dos regimes de tributação que os países adotam para a poupança previdenciária complementar. Veja-se:

Regimes de tributação	IIT	TII	TTI	ITT	TTT
Contribuições	Isentas	Tributadas	Tributadas	Isentas	Tributadas
Rendimentos	Isentos	Isentos	Tributados	Tributados	Tributados
Benefícios	Tributados	Isentos	Isentos	Tributados	Tributados

O modelo de tributação da previdência complementar a ser escolhido por cada país deve levar em consideração uma série de fatores, tais como a eficiência do sistema arrecadatório, a necessidade de antecipação de receitas para incentivar o consumo ou a necessidade de incentivar e estimular a poupança interna. Assim, dependendo do que deseja o Estado, é possível ajustar a regra de tributação.

Uma das linhas de abordagem possível na escolha de um modelo de tributação parte da premissa de que o consumo e a poupança deveriam ser tributados de maneira equivalente. Este argumento reforça uma interpretação da ação do Estado menos intervencionista, partindo da premissa de que o Estado não deveria influenciar, via tributação, na forma de utilização da renda, de maneira tal que os tributos incidam igualmente sobre toda a renda, independentemente da sua origem e forma de utilização. Este é o chamado princípio do imposto amplo sobre a renda (*comprehensive income tax*). Para este perfil pouco intervencionista, as modalidades ITT, TTI e TTT seriam as mais indicadas.

A segunda corrente defende que a poupança não é um fim em si mesmo, mas apenas uma forma de diferir o consumo para um momento futuro. Assim, a ação estatal deve ser focada para tributar o consumo, seja ele no presente ou no futuro. Trata-se do princípio do imposto sobre gasto ou consumo (*expenditure tax regimes*) – o consumo é tributado à mesma proporção no presente e no futuro. É o caso dos regimes IIT e TII.

O modelo de imposto amplo sobre a renda acaba por gerar um maior impacto discriminatório na formação da poupança, se comparado ao impacto gerado pelo modelo de imposto sobre o gasto ou consumo. Isto porque tal modelo tributa a própria poupança, o que, para a previdência privada, faz pouco sentido, já que o regime financeiro é justamente o de capitalização para a formação de uma poupança previdenciária.

No modelo de imposto amplo sobre a renda, a poupança é equiparada a qualquer outra aplicação financeira. No entanto, a poupança em previdência complementar não é uma aplicação financeira como outra qualquer, mas um meio para viabilizar um consumo futuro de quem vai precisar de renda, já que não está mais em condição de trabalhar. Tributar a renda no momento da conformação da poupança previdenciária implicará na diminuição do benefício de aposentadoria.

Seguindo esta linha interpretativa, entendemos que o regime de imposto sobre gasto ou consumo para a previdência privada é o mais adequado, pois o modelo IIT apenas posterga o poder de compra, sendo também interessante ao Estado, vez que a gradual maturação dos planos de previdência enseja o pagamento de mais e mais benefícios e, consequentemente, a possibilidade de sua tributação no futuro.

Como o artigo 69 da Lei Complementar nº 109/2001 expressamente estipula que as contribuições vertidas para os planos de benefícios de previdência complementar devem ser dedutíveis do imposto de renda e ainda estabelece que, sobre estas contribuições, não pode incidir qualquer tributo ou contribuição, conclui-se que o sistema de tributação de previdência privada no Brasil é o IIT, pois não tributa os aportes e ainda ajuda no fomento da previdência privada. Neste caso, percebe-se claramente que o Estado, aqui representado pelo Legislador Complementar, desejou, mediante uma regra tributária, incentivar uma conduta, qual seja, o aporte de contribuições para a formação da poupança de previdência complementar, devendo, a legislação superveniente, dar efetividade a este mandamento.

Veja-se que o contribuinte poderá deduzir, da base de cálculo do imposto, os valores relativos a dependentes, gastos com educação, saúde e as contribuições vertidas para a previdência complementar. A dedução dos valores pagos para a previdência complementar está limitada a 12% do total dos rendimentos tributáveis. Significa isso dizer que, se uma pessoa verter o equivalente a 12% de seus rendimentos tributáveis para uma poupança previdenciária, tal rendimento estará isento de tributação pelo imposto de renda.

Por sua vez, os rendimentos auferidos nos investimentos desses valores, realizados por uma entidade de previdência complementar, são isentos de tributação pelo imposto de renda na fonte.

Finalmente, quando a pessoa física participante de plano de previdência complementar receber os respectivos benefícios, será, então, tributada pelo imposto de renda, incidente sobre o benefício previdenciário.

Como visto, o modelo adotado é mesmo o IIT – isento, isento, tributado, o mais adequado ao estímulo da poupança previdenciária.

Mas a ação intervencionista do Estado não se limitou ao modelo de tributação da poupança previdenciária. Alcançou também a tributação dos benefícios em si.

A tributação dos benefícios pode ocorrer de duas maneiras: pelo regime progressivo ou pelo regime regressivo de alíquotas, este último exclusivo para rendimentos de previdência privada. Nesse ponto é que se verifica, novamente, a utilização da extrafiscalidade na previdência complementar.

O regime progressivo de alíquotas é baseado no princípio de que, quanto maior a renda auferida pelo contribuinte, maior a alíquota do imposto de renda sobre ele incidente.

Assim, os valores que forem recebidos através da previdência privada pelos participantes que estiverem no regime progressivo de tributação, serão tributados na fonte pela entidade de previdência complementar e deverão ser levados para a declaração de ajuste anual.

Já o regime regressivo de alíquotas representa nitidamente a intervenção do Estado visando o incentivo da poupança previdenciária. O regime regressivo de tributação de imposto de renda, criado pela Lei n°11.053/2004, opcional aos participantes no momento em que aderirem ao plano de benefícios, baseia-se no princípio de que, quanto mais tempo os valores vertidos para a poupança previdenciária permanecerem nela aplicados, menor será a alíquota do imposto de renda, quando do recebimento dos rendimentos de aposentadoria privada.

Por esta modalidade de tributação, a variável *prazo de acumulação* é o que definirá a alíquota aplicável, independentemente do valor que o participante receberá. Assim, se o prazo de acumulação for de até 2 anos, aplica-se a alíquota de 35%; se o prazo de acumulação for superior a 2 anos e inferior a 4 anos a alíquota será de 30%, ocorrendo uma redução de 5 pontos percentuais na alíquota a cada intervalo de 2 anos; chegando à alíquota de 10% quando o prazo de acumulação for igual ou superior a 10 anos.

Evidente, portanto, a natureza indutora da norma que institui o regime regressivo de tributação pelo imposto de renda para a previdência complementar.

Há benefícios para todas as partes envolvidas – participantes, que terão uma tributação menos onerosa, União Federal, que terá suas dívidas alongadas e mais investimentos na economia nacional, e entidades de previdência, que terão um incremento no número de participantes e de valor poupado a ser investido.

De toda forma, é importante que haja sempre a coerência do Estado ao estimular uma determinada conduta, através da adoção de políticas extrafiscais, sob pena de anular os seus efeitos e não atingir o seu objetivo. Nesse aspecto, há necessidade urgente de evolução.

Se a política adotada no oferecimento de um regime regressivo de tributação é fomentar a poupança previdenciária a longo prazo, desestimulando o seu saque prematuro e fomentando o cidadão a ser menos dependente do Estado no momento de sua aposentadoria, não há como se admitir interpretações da norma que ensejam a maior oneração justamente daquele que optou por esse regime. E a realidade que vem batendo à porta dos contribuintes poupadores é, infelizmente, essa.

Mencione-se, como exemplo, a publicação, em dezembro de 2014, da Solução de Consulta nº 337 – COSIT, alterando o entendimento quanto ao alcance da regra de isenção relativa aos contribuintes a partir de 65 anos, posteriormente reforçada pela Solução de Consulta no. 2001, de 21/02/2018. Nestas Soluções de Consulta, a Receita Federal do Brasil se posiciona no sentido de que a isenção/dedução de parcela dos rendimentos de aposentadoria e pensão dos maiores de 65 anos, prevista no inciso XV, do art. 6º, da Lei nº 7.713, de 1988, não alcança os rendimentos de optantes pela tributação regressiva, prevista no artigo 1º da Lei nº 11.053, de 2004.

A Receita Federal do Brasil argumenta que a isenção mencionada foi concebida para rendimentos tributados pela tabela progressiva. E que, para que alcançasse também os optantes pela tabela regressiva, seria necessária previsão expressa do legislador.

Ora, a isenção conferida pela lei não restringe a sua aplicação a rendimentos tributáveis pela tabela progressiva. Ela consta na norma legal de forma genérica, e alcança os rendimentos auferidos que possuam a natureza de benefícios previdenciários auferidos por maiores de 65 anos. O que se pretende isentar de tributação é o rendimento descrito, não importando a forma como ele será tributado, seja através de alíquotas progressivas ou regressivas. A forma de tributação de qualquer rendimento só é aplicável a rendimento tributável, e não a rendimento isento. Significa isso dizer que, antes da aplicação da alíquota, deve-se verificar o que o legislador isentou de tributação. Decotada a parcela de rendimento isenta, aí sim, deve-se calcular o imposto, aplicando-se a alíquota sob o regime optado pelo participante.

Na lógica fiscal, expressa nas Soluções de Consulta mencionadas, nenhuma isenção poderia alcançar o rendimento tributado pela tabela regressiva, o que contraria a vontade do Estado de fomentar a poupança de longo prazo.

A falta de coerência na interpretação da norma tributária com escopo nitidamente extrafiscal, pode colocar a perder aquilo que ela originalmente busca salvaguardar, e jamais pode ser acatada.

Se o Estado acertou ao intervir para estimular a poupança previdenciária, através das regras de tributação mencionadas, equivocou-se ao criar uma regra de tributação mais benéfica para um produto específico de previdência complementar, qual seja, vida gerador de benefício – VGBL, exclusivo das entidades de previdência complementar com finalidades lucrativas (denominadas entidades abertas de previdência complementar).

De acordo com a legislação vigente, independentemente do regime de tributação pelo qual tenha optado o contribuinte, progressivo ou regressivo, a base de cálculo do imposto de renda do participante de um plano VGBL será tão somente a rentabilidade auferida durante o lapso temporal em que as contribuições permanecerem no plano, e não o valor total do benefício ou do resgate, como ocorre nas outras modalidades de plano de previdência complementar.

Assim sendo, os aportes realizados ao longo do tempo são segregados das rentabilidades das aplicações, e somente os ganhos auferidos nas aplicações serão tributados. Por exemplo: um participante aporta durante um período, R$10.000,00. Quando requer o resgate, recebe R$ 12.000,00, porquanto o valor aportado foi devidamente aplicado. Se se tratar de um plano VGBL, somente os R$ 2.000,00 adicionais serão considerados base de cálculo do imposto de renda. Nas outras modalidades de planos de benefícios, a tributação ocorreria sobre o valor total resgatado, qual seja, R$ 12.000,00.

Pelo fato de ser tributado somente sobre os ganhos da aplicação, o participante de um plano VGBL não poderá deduzir, de seu imposto de renda, os valores de contribuição aportados no plano. Isso significa dizer que a modalidade de tributação de previdência privada para os planos estruturados na modalidade VGBL é diferente daquela adotada para os demais planos, enquadrados na modalidade IIT. Como as contribuições são indedutíveis, a modalidade passa a ser TIt – tributado, isento e tributado (com t minúsculo), por representar tributação apenas do ganho financeiro.

A diferenciação entre a regra de tributação do VGBL e dos demais planos de previdência complementar causa um grave desequilíbrio no mercado de previdência. Isto porque, como consequência, possibilitou um impressionante crescimento de entidades abertas de previdência, com finalidades lucrativas e, em contrapartida, visível enfraquecimento e diminuição da atuação das entidades fechadas de previdência complementar, que não visam o lucro e que não podem administrar planos VGBL.

O Estado, ao intervir na economia, deve estar alerta aos efeitos de uma norma tributária indutora de comportamento. O incentivo fiscal ou a desoneração tributária não podem resultar em privilégios ou punições para contribuintes. A tributação diferenciada do VGBL não poderia ensejar o crescimento exclusivo deste modelo de plano de previdência em detrimento de outros modelos, a não ser que existisse um fundamento constitucional ou um objetivo econômico e social que justificasse tal prerrogativa.

Há quem argumente que o VGBL possui natureza securitária, assemelhando-se mais a um seguro de vida do que a um plano de previdência. E, por essa razão, o discrímen na regra de tributação seria justificável. Porém, se se analisar a estrutura de um plano VGBL e de um outro modelo de plano de previdência, verificar-se-á que não são tão diferentes. Pelo contrário. A própria SUSEP, órgão que regula e fiscaliza o mercado de seguros e de previdência complementar aberta, reconhece que o VGBL é um produto de previdência.

Schoueri (2005, p. 290)[4] condena a criação de privilégios tributários instituídos "que, se não forem fiscalizados em seus resultados, prolon-

---

[4] SCHOUERI, Luiz Eduardo. Normas tributárias indutoras e intervenção econômica. Rio de Janeiro: Forense, 2005.

garem-se excessivamente, ou servirem à cumulação e à concentração de renda, à proteção de grupos economicamente mais fortes, em detrimento da maioria, à qual serão transferidos seus elevados custos sociais".

Por óbvio, a tributação diferenciada dos planos VGBL trazem efeitos danosos para o segmento de previdência complementar, especialmente por acabar representando um incentivo às entidades de previdência com fins lucrativos, únicas autorizadas a administrar planos VGBL, em detrimento das entidades sem fins lucrativos.

Veja-se, pois, que não há como justificar uma tributação mais vantajosa para planos VGBL, quando a intenção do Estado é o estímulo da previdência privada. A coerência sistemática das normas tributárias é imprescindível para legitimar a tributação extrafiscal.

O caráter extrafiscal da tributação dos participantes de planos de benefícios pelo imposto de renda, culminando no incentivo da poupança previdenciária, alcança também a tributação das entidades de previdência privada propriamente ditas.

A regra atual de tributação de imposto de renda para as entidades de previdência privada está vigente desde 2005, quando ocorreu a efetiva harmonização na regra de tributação pelo imposto de renda dos rendimentos decorrentes de aplicações financeiras das entidades abertas e fechadas de previdência complementar. Pela Lei nº 11.053, de 29 de dezembro de 2004[5], ficou dispensada a retenção na fonte e o pagamento em separado do imposto de renda sobre os rendimentos e ganhos auferidos nas aplicações de recursos das provisões, reservas técnicas e fundos de planos de benefícios de entidades de previdência complementar.

Verifica-se, assim, uma tributação específica para a previdência complementar com o intuito incentivar a poupança de longo prazo, pois da leitura do artigo 5º da Lei nº 11.053/2004, infere-se que o legislador determinou que a dispensa da tributação estará reservada aos rendimentos auferidos em fundos de planos de benefícios de entidade de previdência complementar, de maneira ampla e genérica, não especificando as espécies de planos de benefícios passíveis de serem administrados por uma entidade de previdência complementar.

Com esta regra, as entidades de previdência privada passaram, a partir de janeiro de 2005, a ter o diferimento da tributação do momento da poupança para a fase de pagamento do benefício e, passaram a observar o regime IIT.

---

5 Lei resultante da aprovação da Medida Provisória nº 209/2004.

Sobre a tributação das entidades de previdência, Gaudenzi (2006, p.202-203)[6] destaca que esta postergação no momento da incidência do imposto de renda viabiliza "uma maior disponibilidade de recursos para investimento, com o adiamento da tributação para o momento em que os recursos sejam pagos ao seu beneficiário.", o que acaba por justificar a extrafiscalidade no tributação do imposto de renda para as entidades de previdência privada.

Como ressalta Nobrega (2017, p.99)[7] ao explanar que a extrafiscalidade como norma indutora deve buscar alcançar outros objetivos do Estado, "a indução tributária, lastreada pela intervenção do Estado no domínio econômico, e como corolário da extrafiscalidade, induz à cognição de que as atividades dos agentes também devem ser voltadas para o desenvolvimento econômico e social". Isso justifica o tratamento diferenciado que isenta de tributação os rendimentos auferidos nas aplicações financeiras de entidades de previdência complementar, pois o que se busca é o incremento de um setor vital para a economia.

Ainda nesta linha, atendendo ao mandamento do artigo 69 da Lei Complementar nº 109/2001, as empresas que fizerem contribuições para seus empregados em planos de benefícios administrados por entidades abertas ou fechadas de previdência complementar, poderão abater do cálculo do IRPJ e da CSLL o valor das contribuições, até o limite de 20% do valor da remuneração destes.

3. CONCLUSÃO

Da análise da tributação da previdência privada no Brasil, percebe-se que para a proteção dos direitos sociais promovidos pela Constituição Federal de 1988 é imprescindível a intervenção ativa do Estado. Sendo assim, depende de um programa de boa política social e econômica para sua implementação.

A boa política social e econômica pode ser verificada quando o Estado prevê uma tributação que incentiva a poupança previdenciária,

---

[6] GAUDENZI, Patricia Linhares. Tratamento tributário aplicado: patrocinadores, participantes e ativos financeiros dos planos de previdência complementar. In: GÓES, Wagner de (coord). Gestão de fundos de pensão – aspectos jurídicos. São Paulo: Associação Brasileira das Entidades Fechadas de Previdência Complementar – Abrapp, 2006.

[7] NÓBREGA, Felipe Crisanto M. Estado, mercado e tributação: normas tributárias indutoras e seus reflexos socioeconômicos sobre o subsetor da construção civil de edificações residenciais. Campina Grande: EDUEPB, 2017.

encorajando as pessoas a se prepararem para a aposentadoria, com o fim de manterem a dignidade na velhice, de forma a dependerem menos da aposentadoria oferecida pelo Estado que, como é sabido, possui recursos limitados. A indução da poupança a longo prazo através da norma tributária é essencial para a minimização dos riscos sociais e para a maximização da riqueza, o que confere à norma eficiência não apenas jurídica, mas também econômica.

O direito à dignidade da pessoa humana requer a intervenção ativa do Estado, e esta deve ser concreta e coerente, como meio de se atingir a eficiência máxima do Direito.

O IMPOSTO SOBRE VALOR AGREGADO E A NOVA REFORMA TRIBUTÁRIA –SEGURANÇA JURÍDICA, "GUERRA FISCAL" E A COMPLEXIDADE NORMATIVA

FLÁVIO COUTO BERNARDES[1]
VICTOR PIMENTA DE MIRANDA[2]

> SUMÁRIO: 1. Introdução; 2. (Re)pensando o Imposto sobre o Valor Agregado no Brasil; 3. O panorama do sistema tributário na democracia brasileira; 4. (Des)confiança no sistema: hermenêutica e normatividade; 5. A árdua missão de implementar o IVA no Brasil; 5.1. PEC nº 45/2019 – A Câmara dos Deputados e o IBS; 5.2. PEC nº 110/2019 – O Senado Federal e o IVA DUAL; 6. Conclusão; Referências Bibliográficas

1. INTRODUÇÃO

A presente pesquisa iniciou-se em meados de 1996, quando o co-autor Flávio Couto Bernardes ingressou no curso de Mestrado da Universidade Federal de Minas Gerais – UFMG na condição de orientando do Professor Sacha Calmon Navarro Coelho, a que esta obra faz justa e merecida homenagem, por tudo que representa ao Direito Tributário pátrio. Concluída a dissertação no ano de 2000, o tema continua atual, pois tão almejada reforma dos tributos incidentes sobre o consumo não foi realizada. Hoje, na qualidade de Professor do Progrma de Pós Graduação da Pontifícia Universidade Católica de

---

[1] Mestre e Doutor em Direito Tributário pela UFMG. Professor de Direito Tributário do Programa de Pós Graduação da PUC Minas e da UFMG. Coordenador do Curso de Especialização em Direito Tributário e Aduaneiro da PUC Minas Virtual. Secretário da Associação Brasileira de Direito Tributário – ABRADT. Procurador do Município de Belo Horizonte. Sócio da Bernardes & Advogados Associados.

[2] Mestrando em Direito Tributário pela PUC/MG. Especialista em Direito Tributário pela Faculdade Milton Campos. MBA em Gestão Financeira e Controladoria pelo SENAC/MG. Advogado.

Minas Gerais – PUC Minas, participa da orientação no mestrado do co-autor Victor Pimenta de Miranda, trabalhando o tema em comento no âmbito dos recentes projetos de modificação do sistema tributário nacional. Rende-se aqui o eterno agradecimento ao verdadeiro Mestre Sacha Calmon, por todo seu significado.

Os impostos sobre o consumo no Brasil foram divididos entre os entes federados, cabendo o IPI à União Federal, o ICMS aos Estados-membros e o ISS aos Municípios. Esta distribuição prejudica a racionalização lógica da tributação para fins de harmonização tributária, acarretando excessiva complexidade nas normas jurídicas. Não raras vezes, há fundadas dúvidas quanto à incidência de um desses impostos sobre determinado fato econômico, isto é, se há a subsunção do mesmo à hipótese de incidência tributária, ocasioando conflitos de competência entre os entes da federação.

Ademais, há uma complexa estrutura de obrigações tributárias previstas na legislação para cada um dos impostos e entes federados. Assim, quando o sujeito passivo se instala num determinado local, ele deve observar as regras dispostas nas normas jurídicas municipais, estaduais e federais. E caso ele realize operações com outros Estados-membros da federação, deve também seguir as diretrizes fixadas nas legislações desses outros entes. E na hipótese de existir filiais em diferentes Estados-membros, a complexidade é ainda maior.

Isto sem falar nos incentivos fiscais concedidos pelos entes federados, muitas vezes sem obedecer as normas legais, apenas com o intuito de atrair as empresas e arrecadar mais impostos. Com a Constituição de 1988, aliando-se à globalização que permitiu a entrada de recursos estrangeiros em grandes volumes, os Estados-membros passaram a disputar vultosos recursos na implementação e na ampliação de indústrias, acarretando a denominada "guerra fiscal".

Com efeito, essa confusão de incidências tributárias sobre o consumo talvez seja simplificada pela introdução do imposto sobre o valor agregado, como será analisado mais detidamente neste estudo, tornando o ordenamento mais eficiente e menos complexo para os administradores públicos e os sujeitos passivos do tributo, além de permitir uma economia na estrutura de fiscalização.

No espectro tributário, o imposto sobre o valor agregado foi um dos pontos fundamentais para a harmonização tributária dos países-membros da União Européia. Tratando-se de tributo indireto e não-cumulativo incidente sobre o consumo, e possuindo uma hipótese de incidência ampla, o IVA Europeu (apenas a título de comparação) engloba a totalidade dos produtos e serviços, constitui uma das principais fontes de arrecadação e evita a concorrência desleal (geralmente praticada através da "guerra fiscal" entre os países-membros).

A harmonização tributária visa facilitar as políticas comuns traçadas pelo União e pelos demais entes federativos brasileiros competentes. Deve-se garantir que a transmissão/circulação de bens, serviços e pessoas sejam integrados para garantir a manutenção da arrecadação tribubtária e ao mesmo tempo descomplicar o cumprimento das obrigações acessórias e das normas correlatas.

No entanto, a grande questão que se coloca para a instituição do imposto sobre o valor agregado é justamente sua compatibilidade com a estrutura do Estado Federal brasileiro. Extinguindo-se o IPI, o ICMS e o ISS, de quem ficaria a titularidade da competência impositiva do IVA? Tal arrecadação seria repartida de que forma com os demais entes federados? E o princípio federativo, pilar do Estado brasileiro, como ficaria em todo esse contexto?

Com a difícil tentativa de introduzir um tributo que englobe os impostos sobre o consumo, existem algumas propostas sendo discutidas no Congresso Nacional. Em linhas gerais, defendem a necessidade de simplificar a cobrança de tributos, unificando-os e equilibrando melhor o federalismo. A carga tributária, porém, seria, em tese, mantida para que não haja impacto nos lanejamentos orçamentários dos entes federados.

Dito isso, através das PEC's (Projetos de Emendas Constitucionais) pretende-se simplificar o sistema tributário nacional, avançar no processo de desoneração tributária e eliminar distorções que prejudicam o crescimento da economia e a competitividade de empresas brasileiras. Seguindo essa linha, atualmente são discutidos no Congresso Nacional dois projetos de reforma tributária: no Senado Federal a PEC nº 110/2019; enquanto a PEC nº 45/2019 tramita na Câmara dos Deputados.

Todavia, as alterações não pretendem promover, a princípio, adequações no sistema regressivo que vige atualmente no Brasil. A grande dificuldade da reforma está justamente em convergir os múltiplos e divergentes objetivos entre os contribuintes e os demais entes federados.

O governo, de modo geral, deseja aumentar a arrecadação, enquanto que o contribuinte deseja simplificar, reduzir a burocracia (necessidade de deburocratização), promover efetivas reformas que tributem majoritariamente a renda e o patrimônio (e não o consumo, como ocorre atualmente no sistema regressivo brasileiro).

Ocorre que não obstante as dificuldades de se viabilizar uma reforma tributária no Brasil, a premissa de sua urgência e necessidade é inquestionável para tornar mais eficiente a arrecadação governamental, ao mesmo tempo que concede maior liberdade e possibilidade de planejamento ao sujeito passivo.

Da forma como o ordenamento tributário está posto no Brasil, o contribuinte está adstrito a uma legislação confusa, complexa e que permite a ocorrência de uma "guerra fiscal" entre os entes federados. Não menos relevante, os tribunais ainda somam a isso a insegurança jurídica, a lentidão e a volatilidade nas decisões.[3] Há um desequilíbrio entre os poderes e os entes federados, sendo que os contribuintes acabam ficando à margem desta disputa.

O teórico Hans Kelsen defendia que o sistema jurídico deve funcionar como um fator de estabilidade que rege as regras da sociedade e confere segurança aos cidadãos, sendo construída justamente na coerência e estabilidade do próprio sistema. É a confiabilidade do sistema que permite a ocorrência de relações jurídicas estáveis e previsíveis.

Ao contrário de alguns anos atrás, o ambiente político para a efetivação da reforma tributária é muito mais favorável, tendo em vista que a "guerra fiscal" se mostrou prejudicial para todos os Estados e o atual sistema tributário tem-se mostrado caótico e incoerente.

Nesse contexto, a reforma tributária demonstra ser muito mais profunda e importante que a reforma da previdência (aprovada em outubro pela PEC nº 6/2019), pois ela pode viabilizar que o governo tenha os recursos necessários para implementar políticas públicas e custear os gastos com a previdência social. Primeiramente, foi necessário que o governo realizasse a reforma da previdência para que pudesse organizar o planejamento dos gastos sociais e, em seguida, avançar com a esta reforma tributária que pretende garantir mais simplicidade ao sistema e eficiência à produção/produtividade no Brasil.

---

3 "Faceta similar tem a desconfiança, contudo, esta traz junto com a redução da complexidade, sua capacidade destrutiva." (LOBATO, VALTER DE SOUZA. Estado democrático de direito. Segurança jurídica. A correta forma de interpretação dos benefícios fiscais e a concretização dos direitos sociais. Revista da Faculdade de Direito Milton Campos, Lucia Massara e Carlos Alberto Rohrmann (coord), v. 25, p. 440).

2. (RE)PENSANDO O IMPOSTO SOBRE O VALOR AGREGADO NO BRASIL

As normas jurídicas têm sido objeto de várias obras e estudos de diversos juristas nacionais e estrangeiros de escol. Surgiram diversas teorias para conceituá-las e explicar a sistematização da Ciência Jurídica. Dentre as diversas teorias, aquela que acarretou maior impulso à evolução dos trabalhos foi, indubitavelmente, a do Professor Hans Kelsen, que elaborou sua famosa "Teoria Pura do Direito". Foi a partir de sua imensurável e polêmica contribuição que apareceram inúmeros textos e livros acerca do tema e do pensamento do autor, culminando comn a publicação de sua obra póstuma, intitulada "Teoria Geral das Normas", onde se consolidou seu posicionamento sobre a matéria, modificando entendimentos anteriores.[4]

Para a análise do imposto sobre o valor agregado é importante tecer breves considerações sobre a estrutura da norma jurídica, quando nada porque a autonomização do Direito Tributário, com sua libertação da promiscuidade metodológica até então dominante no exame do fenômeno da tributação (com a conjugação de preceitos e conceitos da ciência das finanças, da economia, do direito financeiro, etc.) se dá, justamente, a partir do estudo da estrutura lógico-formal da norma tributária, com a identificação de seus dois núcleos fundamentais e a tentativa de descrição de seus elementos típicos.

Historicamente, o governo federal, em 1995, apresentou proposta de emenda no sentido de implementar uma reforma constitucional tributária ampla. A primeira sugestão foi a criação do ICMS federal, que nada mais representava do que a eliminação do IPI, substituindo-o por uma alíquota adicional do imposto estadual, na medida em que este possui uma hipótese de incidência mais ampla, permitindo maior arrecadação.

Diante da ausência de vontade política em conduzir qualquer proposta de reforma tributária, embora houvesse consenso de sua necessidade, o governo retirou a matéria de discussão, apresentando outros projetos de seu interesse.

A questão restou estagnada até que passou, posteriormente, a ser discutida pelo próprio governo federal. A ausência de interesse também foi evidente com relação aos Estados-membros, que não desejavam ver reduzida suas competências e arrecadações tributárias.

---

4 Embora alguns doutrinadores não concordem que as mudanças reflitam o pensamento do Mestre de Viena.

No tocante aos Municípios, ao mesmo tempo que não arrecadam e nem fiscalizam adequadamente os tributos de sua competência, com exceção dos grandes centros urbanos, pretendem não ver suprimida sua capacidade para instituir o imposto sobre serviços, ainda que compensada a "perda" de receita por outra fonte de recurso tributário, diretamente ou através de repasses.

Doutro modo, a legislação pátria ainda carece de regulamentação uniforme das obrigações acessórias, o que motiva reclamações dos sujeitos passivos, face à variação de exigências entre os Estados-membros. Há uma multiplicidade de legislações internas de cada Estado-membro que inviabilizam a padronização, a previsibilidade e a facilitação do entendimento do ordenamento que acaba até mesmo espantando os investidores estrangeiros. Esta harmonização deve ocorrer no campo de emissão de faturas, da escrituração contábil e das declarações a serem apresentadas aos agentes fiscalizadores, como se espera obter com a implementação do IVA.[5]

Na atualidade, além das PEC's nº 45 e 110/19, existem ainda propostas de reforma tributária (como a proposta do Governo Federal e também dos Governos Estaduais) que ainda não foram formalmente protocoladas na Câmara ou no Senado.

Assim, ao invés de estruturar a carga tributária como se faz necessário, procurando alternativas para não afetar o pacto federativo (o que seria inconstitucional), o entes federados, até o presente momento, resolveram o problema da arrecadação simplesmente criando mais regras e/ou formas de interpretação legislativa que acirram os conflitos existentes.

3. O PANORAMA DO SISTEMA TRIBUTÁRIO NA DEMOCRACIA BRASILEIRA

Sendo o Brasil uma federação, também aqui se impôs, como questão fundamental, o problema da repartição das competências tributárias entre as três esferas do poder federativo (União, Estados-membros/Distrito Federal e Municípios). Para tanto, mostrou-se necessário dotar cada uma destas esferas de poder compatível com sua necessidade de autonomia financeira, de modo a conferir, simultaneamente, certo grau de uniformidade ao sistema tributário nacional.

---

5 "Doutrina ligeira e leviana, quando não oportunista, casuística, procura, por motivos práticos, inserir distinções que tumultuam mais ainda o trato da matéria" (Coêlho, Sacha Calmon Navarro. Curso de direito tributário brasileiro. Rio de Janeiro: Ed. Forense, 1999, p. 399).

Ou seja, a fim de que as diferenças entre os entes não viessem a se tornar um entrave ao desenvolvimento econômico do país, o objetivo do federalismo era, em tese, evitar que, no exercício do poder de tributar, a União, os Estados e os Municípios se vissem envolvidos em conflitos de competência.

No tocante aos impostos, a Constituição Federal de 1988 discriminou as respectivas hipóteses de incidência cabíveis à União, aos Estados-membros (e Distrito Federal) e aos Municípios, assentando, destarte, os pilares da repartição de competências quanto a essa espécie tributária.[6] Com relação aos Estados-membros e Municípios, a discriminação constitucional foi taxativa, restando à União o poder residual de criar impostos não previstos expressamente na Carta Magna, desde que observados os requisitos estabelecidos em seu artigo 154, inciso I.

De forma simplificada, pode-se afirmar que a Constituição da República traçou o arcabouço fundamental do ordenamento jurídico, ditando suas linhas mestras, cujos sistemas tributários parciais extraem seu fundamento de validade. Todavia, o que se verifica na realidade é que na federação brasileira houve exacerbada concentração de poder na esfera federal em detrimento dos demais entes federados, que não vêm exercendo sua autonomia na plenitude que seria necessária, face à ingerência da União. A autonomia dos Estados-membros e dos Municípios da federação brasileira chega, em alguns pontos, a ser ilusória.[7]

Vários entes federados vêm demonstrando que não têm condições de assumirem sua própria estrutura, em virtude de sua falta de autonomia financeira. Sendo assim, ficam sempre na dependência do governo fe-

---

6 "A Constituição Federal, a um só tempo, outorga e limita o Poder de Tributar, repartindo-o entre os entes federados (por isso tributantes) e demarcando seus limites (seja mediante princípios, regras ou imunidades)." (SILVA, Paulo Roberto Coimbra. Legislação Tributária. Revista Faculdade Direito Universidade Federal Minas Gerais, v. 49, p. 201, 2006).

7 "A atuação da União deveria ser sempre supletiva e não o contrário como consagrado neste artigo. Aplicando-se a lógica do princípio das subsidiariedade à estrutura do Estado, percebemos que se deve concentrar poderes nos entes federados menores, valorizando a descentralização, deixando apenas e sempre de forma subsidiária a atuação dos Estados e por último da União." (MAGALHÃES, José Luiz Quadros de. O poder municipal: paradigmas para o Estado constitucional brasileiro. Belo Horizonte: Del Rey Editora, 1997, p. 210.

deral ou estadual (no caso das municipalidades), para assegurarem o cumprimento dos planejamentos orçamentários.

Este centralismo que ocorre na prática, existente na federação brasileira, vem dificultando a implementação de uma série de conquistas sociais necessárias numa democracia.[8] A ausência da autonomia financeira acaba por inviabilizar a consecução de projetos relevantes para as comunidades locais e estaduais, o que impede que os entes federados exerçam efetivamente as diretrizes constitucionais.

Pode-se identificar alguns fatores que colocaram a classificação das espécies tributárias, que vêm sendo adotada até o presente momento, em crise: a) insegurança dos doutrinadores e intérpretes quando se deparam com novas figuras tributárias; b) ausência de rigorismo técnico na linguagem do legislador; c) oscilações da jurisprudência na análise da matéria, como evidencia o póprio Supremo Tribunal Federal.

Poder-se-ia agrupar os diferentes tipos de tributos vigentes atualmente no sistema brasileiro em diversas categorias, dependendo apenas de quais seriam as variáveis empregadas. De todo modo, quanto maior o número de espécies tributárias, mais complexa se tornara a classificação e o entendimento da legislação.[9]

Tem-se, ainda, que a federação delineada pela Constituição Federal de 1988 não atingiu os anseios daqueles que vislumbravam na descentralização do poder o norte necessário ao ressurgimento da democracia. Aguardava-se acentuada descentralização caracterizada pela distri-

---

[8] "A Constituição da República de 1988 foi construída diante de uma realidade histórica peculiar, quando saímos de um processo autoritário – vale dizer, da ditadura civil/militar de 1964 – para a construção democrática de um projeto constitucional centrado na dignidade humana e na afirmação dos direitos socioeconômicos. A normatividade da Constituição de 1988 é fruto de um completo e rico processo de acontecimentos políticos, sociais e econômicos." (CLARK, Giovani. CORRÊA, Leonardo Alves. NASCIMENTO, Samuel Pontes do. A Constituição Econômica entre a Efetivação e os Bloqueios Institucionais. Revista da Faculdade de Direito da Universidade Federal de Minas Gerais. n. 71, jul/dez 2017, p. 677-700. Disponível em: <https://www.direito.ufmg.br/revista/index.php/revista/article/view/1886/1788>. Acesso em: 09 de novembro de 2019, p. 679).

[9] "Daí a importância de termos critérios científicos, que nos permita verificar, com acentuado grau de certeza, se estamos realmente diante de um tributo e de que tipo e se a pessoa política que o criou invadiu, ou não, esfera que a Constituição reservou a outra entidade tributante" (CARRAZZA, Roque Antonio. Curso de direito constitucional tributário. Editora Revista dos Tribunais, 1991).

buição de grande parte das competências para os Estados-membros e Municípios, restando para a União Federal os assuntos estritamente de interesse geral, compreendendo todo o território nacional.

Porém, na prática, houve um excesso de competências atribuídas ao governo central, em detrimento das esferas locais e estaduais, que culminou na subordinação financeira da repartição de receitas tributárias e na denominada "guerra fiscal" (entre os Estados-membros) pelos recursos essenciais à manutenção dos serviços públicos.

4. (DES)CONFIANÇA NO SISTEMA: HERMENÊUTICA E NORMATIVIDADE

O presente estudo igualmente surge como uma reflexão acerca de um dos pontos substanciais do direito: a segurança jurídica. A segurança sempre foi objeto de estudo de vários aplicadores do Direito, isto porque o ser humano busca incansavelmente a certeza dos fatos de seu cotidiano, do ambiente que o cerca, dos indivíduos de seu grupo social e dos relacionamentos que estabelece com cada uma dessas conjunturas.[10] E para garantir a segurança em suas relações, o homem utiliza o direito como seu instrumento de realização e manutenção da sociedade.[11] É em tempos de crise e instabilidade que surgem várias reflexões buscando esse complexo equilíbrio social.[12]

---

[10] "Além disso, não são poucos os autores a reconhecer que a noção de confiança transcende o próprio âmbito da boa-fé, refletindo-se sobre todo o direito civil e sobre o direito de forma geral." (SCHREIBER, Anderson. A Proibição de comportamento contraditório: tutela da confiança e venire contra factum proprium. Rio de Janeiro: Renovar, 2005, p. 85-86).

[11] "Deveres jurídicos do homem e do cidadão que, por determinarem a posição fundamental do indivíduo, têm especial significado para a comunidade e podem por esta ser exigidos" (NABAIS, José Casalta. O dever fundamental de pagar impostos. Coimbra: Almedina, 1998, p. 64).

[12] "Quando as desigualdades de riqueza excedem certo limite, a liberdade política tende a perder seu valor" (BATISTA JÚNIOR, Onofre Alves. O outro Leviatã e a corrida ao fundo do poço. Almedina, 2019).

O positivismo de Hans Kelsen[13] serve como marco teórico que evidencia assertivamente o que dispõe e o que se deve esperar da norma.[14] Nas palavras de Sacha Calmon Navarro Coêlho, "se a norma jurídica é o objeto do conhecimento jurídico na gnosiologia Kelseniana, o 'juízo hipotético' que o cientista do Direito constrói ao descrevê-la só pode ser uma 'proposição' a respeito da norma, nunca a 'norma-em-si'".[15] E exatamente por ser uma proposição, ou seja, a abstração da norma em um preceito linguístico descritivo, a análise do cientista do Direito deve ser revelada sem a influência de valores do tipo "norma má; norma boa" ou "norma justa; norma injusta".

Em linhas gerais, o princípio da segurança jurídica estabelece o "dever de buscar um ideal de estabilidade, confiabilidade, previsibilidade e mensuridade na atuação do Poder Público" (ÁVILA, 2012b, p. 297).[16] Sobre esse ponto, Heleno Torres (2012, p. 26) defende que a finalidade da segurança jurídica é "proteger direitos decorrentes das expectativas de confiança legítima na criação ou aplicação das normas jurídicas, mediante certeza jurídica, estabilidade do ordenamento ou efetividade de direitos e liberdades fundamentais".[17]

---

13 KELSEN, Hans. Teoria pura do direito. João Baptista Machado (Trad.). São Paulo: Martins Fontes, 1998, p. 387. Refere-se, de início, à obra do professor Hans Kelsen por ser adotada como o marco teórico do estudo da estrutura da norma jurídica tributária (normas de conduta e sancionantes), na sua concepção hipotética. Não constituindo objeto do presente trabalho a sistematização das diversas teorias que conceituam a norma jurídica, nem se pretende, obviamente, desprezar a importância de toda a evolução do estudo do Direito desde os jusnaturalistas, passando pela Escola Histórica do Direito, Escola do Realismo Jurídico, da Teoria Imperativista dos juízos categóricos e outras. Ressalva-se, contudo, que não há a adesão absoluta aos posicionamentos explicitados na obra Teoria Pura do Direito, mas apenas e tão-somente ao que se refere à estrutura normativa, não se adentrando nos demais aspectos do positivismo jurídico e seus diferentes formatos existentes.

14 BERNARDES, Flávio Couto; MIRANDA, Victor Pimenta de. Planejamento tributário e segurança jurídica. Revista ABRADT Fórum de Direito Tributário, v. 03, p. 1-279, 2018.

15 COÊLHO, Sacha Calmon Navarro. Teoria geral do tributo, da interpretação e da exoneração tributária (o significado do art. 116, parágrafo único do CTN). 3. ed. São Paulo: Dialética, 2003, p. 45.

16 ÁVILA, Humberto Bergmann. Sistema Constitucional Tributário. 5. ed. São Paulo: Saraiva, 2012b.

17 TORRES, Heleno Taveira. Direito constitucional tributário e segurança jurídica: metódica da segurança jurídica do Sistema Constitucional Tributário. 2. ed. São Paulo: Editora Revista dos Tribunais, 2012.

Entretanto, o problema surge justamente quando isto não ocorre e o juiz produz decisões lastreadas em sua opinião própria, com justificativas insatisfatórias, interesses diversos (estranhos ao sistema jurídico) e pontos contraditórios, evidenciando uma justiça particular divergente daquela preconizada pelo povo através das normas criadas democraticamente por seus representantes legais. Existem no Brasil diversas decisões judiciais com interpretações incoerentes sobre as competências, fatos geradores e aplicabilidades dos tributos na denominada "guerra fiscal".

Desta feita, é válido lembrar que não se pode falar em segurança jurídica quando não há respeito aos conceitos e às regras positivadas. O cidadão não pode esperar que um ministro do STF tenha liberalidade de fluir livremente no campo da subjetividade para decidir se uma determinada norma questionada judicialmente deve seguir o que predispõe a lei ou se, em virtude da economia, de interesses políticos de um determinado Estado-membro ou de estratégias governamentais da União, será decidido de outra e inesperada forma.[18]

Como assertivamente apontado pelo jurista Lênio Streck, "do que adianta discutir princípios, separação de Poderes, interpretação jurídica, se, ao fim e ao cabo, o Direito depende exclusivamente das preferências pessoais do juiz?" (STRECK, 2015, p. 43).[19] Alguns parâmetros vêm sendo selecionados pela doutrina especializada, na tentativa de estabelecer limites ao poder discricionário" (FARIA, 2004, p. 196).[20]

De fato, o sistema jurídico não é imodificável, pois a mudança é inevitável com as transformações da sociedade, mas ela deve ser exaustivamente justificada e sempre respeitar as posições anteriormente consolidadas, especificamente o texto normativo vigente nos demais entes federados. A complexidade para se encontrar um ponto comum entre os sistemas tributários dos países-membros, face às particularidades de cada um, é bastante acentuada.

---

18 "Um acúmulo de poderes e atribuições, até então inimagináveis, foram até agora concedidos ao Supremo Tribunal Federal, levando Ferreira (1983) a afirmar, tal como Charles Evans Hughes, *Chief Justice* da Suprema Corte americana nos primórdios do século passado que, no fundo, o nosso Direito Constitucional é o que o Supremo Tribunal Federal diz que ele realmente é." (CRUZ, Álvaro Ricardo de Souza. Jurisdição Constitucional Democrática. Belo Horizonte: Del Rey, 2004, p. 19).

19 STRECK, Lenio Luiz. O que é isto – decido conforme minha consciência? 5. ed. Porto Alegre: Livraria do Advogado, 2015.

20 FARIA, Edimur Ferreira de. Curso de Direito Administrativo Positivo. 5. ed. Belo Horizonte: Del Rey, 2004.

Caso contrário, haverá dissonância interpretativa entre tribunais superiores e os tribunais de base (notório conflito entre função institucional e segurança jurídica). E mais, os julgadores poderão entrar em contradição com a jurisprudência de outros tribunais ou até do mesmo órgão ao qual pertencem, instalando o verdadeiro "manicômio jurisprudencial" no Estado Democrático de Direito, como asseverou Ronaldo Brêtas ao se referir ao atual cenário contraditório e divergente dos tribunais brasileiros.[21]

Deve haver mudança para que as normas do Sistema não fiquem defasadas em relação à realidade. Não obstante, não pode haver alteração jurisprudencial que não possua sentido lógico normativo, ampla fundamentação e respeito ao entendimento vigente/coerente com as competências do pacto federativo. O que se busca é que haja, de certo modo, evidências de permanência na mutação.

Uma nova forma de interpretar a estrutura normativa pode ocasionar novo resultado jurídico não previsto. Logo, a interpretação sistêmica mostrou ser uma peça essencial para as atividades do magistrado. A rigor, o princípio da segurança jurídica,[22] respaldado pelo princípio da legalidade, traz em seu bojo toda uma esfera de parâmetros que devem ser observados com bom senso por qualquer autoridade operadora do direito.[23] É preciso atingir equilíbrio nesta relação.[24]

---

[21] "Os acórdãos gerados pelos Tribunais de Justiça dos Estados e do Distrito Federal desconhecem sumariamente a jurisprudência constitucional do Supremo Tribunal Federal, atentando contra a ordem constitucional, a estabilidade do direito e a segurança jurídica."(BRÊTAS, Ronaldo C. Dias. Processo Constitucional e Estado Democrático de Direito. 2. ed. Belo Horizonte: Del Rey, 2012, p. 139).

[22] "No caso do Sistema tributário, com maior razão, na medida em que a segurança, a estabilidade, a harmonia do complexo de normas que o rege, são que terminam por conferir-lhe o perfil do sistema, incapaz de ser deteriorado, corroído por legislações conflitantes das esferas parciais de poder em que a Federação se transformou. Lei complementar, portanto, não é lei federal, mas nacional" (MARTINS, Ives Gandra da Silva. Procedimento administrativo. Revista de direito tributário. São Paulo, 1999, 9-10/71).

[23] BERNARDES, Fávio Couto; MIRANDA, Victor Pimenta de. Jurisprudência Constitucional da Katchanga. Revista da Faculdade Mineira De Direito, v. 21, p. 77-94, 2018.

[24] "A diretriz do princípio da legalidade é exatamente a estipulação desses limites objetivos por meio da norma jurídica. Uma vez conhecidas as normas jurídicas, qualquer pessoa poderá planejar com previsibilidade suas ações futuras. Essa bidirecionalidade entre o passado e o futuro é fundamental para que se estabeleça a

Neste viés, o foco da questão não seria o liberalismo da subjetividade nas decisões judiciais, mas a necessidade de não engessar as deliberações necessárias dos problemas cotidianos que vão surgindo com o desenvolvimento da sociedade. De fato, não se pode pender para o exagero de nenhum dos lados. Porém, hoje vivencia-se no Brasil a era da insegurança, em que há nítidas evidências de que a maneira como ocorre as decisões judiciais postas pela própria Suprema Corte (e consequentemente pelas demais instâncias jurisdicionais) não possuem orientações padronizadas e bem desenvolvidas, necessitando, por isso, serem aprimoradas.

Deve haver limite para esse subjetivismo decisório ou, do contrário, a segurança jurídica de qualquer cidadão continuará totalmente comprometida.[25] O juiz não pode alterar seu entendimento com base apenas, por exemplo, no impacto econômico de determinada decisão de uma ou de outra forma de um Estado-membro.[26]

Logo, a falta de limites e de parâmetros soma-se ao livre convencimento do magistrado e ocasiona incoerências, decisões insustentáveis e insegurança para os contribuintes.[27] O ato de movimentar o ente es-

---

segurança jurídica" (CARVALHO, Paulo de Barros. Curso de Direito Tributário. 13. ed. São Paulo: Saraiva, 2000, p. 53).

25 "Apesar de bastante claras essas regras básicas, com relação às quais a doutrina é de certa forma pacífica, os verdadeiros limites entre a conduta lícita e a ilícita no campo da economia de tributos são controversos" (MOREIRA, André Mendes. Elisão e Evasão Fiscal–limites ao planejamento tributário. Revista da Associação Brasileira de Direito Tributário, Belo Horizonte, v. 21, p. 11-17, 2003).

26 "*Ipso facto*, não poderá, como sugerem alguns, utilizar a analogia imprópria para, com base nos resultados econômicos obtidos (idênticos), mas com inferior custo fiscal, desqualificar o negócio alternativo e a ele aplicar (negócio extra-típico) a tributação prevista para o negócio típico (ou seja, tipificado na lei). Seria a mais descarada utilização do arbítrio, contra a segurança jurídica e o princípio da legalidade, inclusive dos atos administrativos" (COÊLHO, Sacha Calmon Navarro. Evasão e elisão fiscal: o parágrafo único do art. 116, CTN, e o direito comparado. Rio de Janeiro: Forense, 2006, p. 61-63).

27 "O Estado de Direito significa, dentre outros aspectos, previsibilidade das ações do Estado; boa-fé no trato dos cidadãos contribuintes de forma segura [previsível, certa, limitada] e justa [porque certa, previsível, limitada]." (COÊLHO, Sacha Calmon Navarro; VALTER, Lobato. Reflexões sobre o art. 3º da Lei Complementar nº 118. Segurança Jurídica e a Boa-fé como Valores Constitucionais. As leis interpretativas no Direito Tributário Brasileiro. In: Revista Dialética de Direito Tributário, v. 117, jun. 2005, p. 109).

tatal para deliberar sobre um ponto consolidado na doutrina, jurisprudência ou legislação (como um conflito de competências da "guerra fiscal") não é garantia que a decisão ministerial corra no mesmo sentido. Nem se houver disposição expressa na Constituição Federal haverá uma efetiva posição pacificada pelo Poder Judiciário.

Nada mais é garantido, a não ser a certeza de que, até que ocorra alguma alteração relevante na legislação, os contribuintes continuarão arcando com uma alta, complexa e incoerente tributação em suas operações cotidianas. Exatamente o contexto descrito que se aplica à realidade do sistema tributário relativo às incidências sobre o consumo no país, motivando o tópico ora delineado e sua aplicabilidade para se justificar a introdução do IVA em substituição aos diversos tributos que atingem referida base econômica.

5. A ÁRDUA MISSÃO DE IMPLEMENTAR O IVA NO BRASIL

O imposto sobre o valor agregado vem sendo adotado em diversos países, demonstrando que sua instituição difundida a nível mundial decorre seguramente das vantagens comparativas a outras formas de tributação incidentes sobre o consumo. Isso representa a melhor forma de incidência quando se trata de integração de países num mercado comum, em blocos regionais de comércio, como ocorreu com a União Européia. A maior parte dos Estados da América Latina, especialmente os demais componentes do Mercosul, utilizam desta sistemática de tributação.

O IVA também vem sendo introduzido nos países integrantes da Associação de Cooperação Econômica Ásia-Pacífico (APEC). Na OECD (Organization for Economic Co-operation and Development), integrada por 55 países, somente os Estados Unidos da América e a Austrália não possuem um imposto sobre o consumo no molde do IVA, decorrente de sua forma peculiar de repartição de competências tributárias.

O imposto sobre o valor agregado é um tributo incidente sobre o consumo que é pago de forma fracionada, desde a etapa inicial de produção até a aquisição final do produto pelo consumidor final. Em cada elo da cadeia produtiva recolhe-se o imposto sobre o montante acrescido em seu valor venal, transferindo seu encargo nas operações realizadas até ser suportado na última etapa, pelo indivíduo que será tributado, indiretamente, sobre o consumo de sua renda, e não por sua obtenção.

Ressalte-se que a incidência é ampla, almejando atingir todo fato econômico que constitui o consumo. Ao invés de aprimorar, como os demais Estados, sobretudo os europeus (ex.: França, Dinamarca e

Uruguai), a estruturação tributária brasileira se tornou mais complexa e ineficiente.[28]

Na esteira dessas razões, surgiram vários conflitos sobre o eventual enquadramento de determinado fato econômico em cada uma das hipóteses de incidência, ocasionando várias disputas entre os entes federados. Isto resultou na elaboração de inúmeras leis e atos normativos, tornando mais confusa a incidência destes impostos.

Instalou-se no país uma "guerra fiscal" entre os Estados-membros e entre os Municípios, no sentido de atrair investimentos a serem tributados, concedendo uma série de privilégios e benfícios (para a disputa dos investimentos empresariais privados) que, na verdade, desestruturam o pacto federativo e o regular desenvolvimento da nação. Na tentativa de cada Estado-membro garantir a arrecadação primordial para a manutenção do seu aparato governamental, os entes acabaram desnaturando o federalismo.[29]

Logo, o novo imposto sobre o consumo deve possuir legislação uniforme em todo o território nacional, centrada na instituição de normas gerais e definidoras de seus aspectos normativos, inclusive no que se refere às alíquotas a serem aplicadas, penalidades, obrigações acessórias, assim como na restrição acentuada das exonerações tributárias, preservando incólume o principio constitucional da não-cumulatividade e a neutralidade de sua incidência. Possibilitará, dessa forma, a racionalização interna do sistema tributário, evitando o caos legislati-

---

[28] "A unidade da ciência jurídica e a eficácia do ordenamento somente ocorrem pela integração e coordenação de suas normas" (BERNARDES, Flávio Couto. O aspecto procedimental como elemento da norma jurídica tributária e seus reflexos na formação do título executivo. 2006. 463 f. Tese (Doutorado) – Curso de Doutorado da Faculdade de Direito, Universidade Federal de Minas Gerais, Belo Horizonte, 2006, p. 161-162).

[29] "Portanto, a decisão por um Estado federal é uma decisão pela liberdade e não deixa de ser uma decisão pela igualdade, na medida em que se respeitam as diferenças e peculiaridades locais e regionais. Tal respeito, ao mesmo tempo, torna essas disparidades menos relevantes ou menos radicais. Ora, a Constituição de 1988 representa a culminância de um processo de abertura política já lentamente iniciado, para o restabelecimento da vida democrática nacional. Por isso, como não poderia deixar de ser, cuidou de reforçar o federalismo, como garantia adicional da liberdade, cuidou de aumentar o espaço legislativo dos Estados, do Distrito Federal e dos Municípios." (DERZI, Misabel Abreu Machado apud COÊLHO, Sacha Calmon Navarro. Curso de direito tributário brasileiro. 3a ed. Rio de Janeiro: Ed. Forense, 1999, p. 60-61).

vo que existe atualmente com relação aos impostos sobre o consumo, além de permitir a harmonização tributária no mercado.[30]

A bem da verdade, em razão destas circunstâncias, aliadas a outras de natureza econômica e política, procurou-se debater e entender melhor os bastidores dessa reforma tributária.[31] Elaboradas estas considerações, torna-se imprescindível comentar alguns pontos dos projetos da reforma tributária para que se possa entender e destacar as principais diferenças dos projetos PEC's nº 45 e 110/2019.

5.1. PEC Nº 45/2019 – A CÂMARA DOS DEPUTADOS E O IBS

O texto que tramita na Câmara dos Deputados (PEC nº 45/2019) pretende substituir cinco tributos (IPI, PIS/COFINS, ICMS e ISS) pelo IBS (Impostos sobre Bens e Serviços), que incidiria sobre o consumo e seria cobrado no destino.

A base de cálculo prevista seria uniforme em todo o país, sendo que os entes federativos teriam autonomia para fixar as alíquotas, que seriam aplicadas a todas as operações, de modo que a alíquota final do IBS fosse a soma das alíquotas federal, estadual e municipal.

Nota-se, portanto, que nenhum dos aspectos de simplificação pretendidos numa reforma tributária fica atendido com projeto, pois permanece com a batalha fiscal entre os Estados na fixação das alíquotas e cria um sistema transitório de convivência de dois sistemas complexos por 10 anos! Além de uma regra de transição de arrecadação tributária de mais de trinta anos, algo inusitado para o objetivo proposto.

---

[30] "O grande desafio que se coloca é, justamente, conciliar o compromisso de harmonização tributária assumido pelo Brasil no contexto de integração do MERCOSUL, com o modelo de federalismo constitucionalmente adotado e seus reflexos no campo tributário" (COSTA, Gustavo de Freitas Cavalcanti. Federalismo e ICMS – reflexos tributários. Curitiba: Juruá Editora, 1999, p. 154-157).

[31] "A eficiência pública é muito mais complexa do que a eficiência privada, que se baseia no lucro como padrão fundamental de eficiência, enquanto as prestações administrativas não apresentam referenciais facilmente mensuráveis.66 As decisões administrativas são balizadas por posicionamentos políticos e referenciais hierárquicos dos agentes eleitos, que, no correr dos anos, podem se alternar no poder, trazendo para a Administração Pública uma reorientação nas diretrizes, por intermédio de reformas e contrarreformas, em usual descontinuidade administrativa, que tanto caracteriza a gestão pública." (BATISTA JÚNIOR, Onofre Alves. O estado democrático de direito pós-providência brasileiro em busca da eficiência pública e de uma administração pública mais democrática. Revista Brasileira de Estudos Políticos, v. 98, p. 119-158, 2008).

Igualmente não salienta a questão dos problemas de interpretação e competência de atuação derivados de uma atuação de competência fracionada, aspecto similar ao que já fora debatido por ocasião da proposta apresentada no governo Fernando Henrique Cardoso e que não prosperou.

5.2. PEC Nº 110/2019 - O SENADO FEDERAL E O IVA DUAL

A proposta que tramita no Senado Federal prevê a extinção do IPI, IOF, PIS/COFINS, CSLL, Salário Educação, Cide Combustíveis, ICMS e ISS. Assim, a PEC pretende criar o denominado "IVA DUAL": IBS (Impostos sobre Bens e Serviços) de competência Federal (com a fusão dos cinco impostos e contribuições da União – IPI, Cofins, PIS, IOF e salário-educação) e outro de competência subnacional, com a junção do ICMS (estadual) e do ISS (municipal) – tributação sobre o valor agregado.

Paralelamente ao IBS, a PEC nº 110/19 também possibilitaria a criação de um novo tributo Federal incidente sobre operações de bens e serviços específicos, denominado IS (Imposto Seletivo) – de competência federal que incidiria sobre itens como: petróleo e derivados; combustíveis e lubrificantes; cigarros; energia elétrica; e serviços de telecomunicações.

Infelizmente a proposta se afastou do conceito original de seu idealizador, que era justamente a aproximação do IVA, objetivando agradar uma série de correntes que buscam influenciar no debate, as vezes sem a visão necessária da solução ampla e irrestrita dos problemas que o sistema tributário nacional apresenta na atualidade.

Causa espécie que uma discussão que deveria ser mais simples e técnica tenha resultado em propostas absolutamente complexas, contrariando seu ponto fundamental de modificação do sistema. Para que inventar a roda se já existe o IVA, consolidado na União Europeia e em diversos países da América do Sul em mais de 50 anos de aplicação? Enquanto outros países adotam aquilo que é certo e ajustado, ainda se patina no Brasil exatamente pela ausência de uma maturidade democrática na discussão deste relevante tema.

6. CONCLUSÃO

A reforma tributária é um tema recorrente e de extrema importância para o desenvolvimento econômico do País, sendo que um dos problemas inerentes ao federalismo é a compatibilização das receitas com as funções a serem desempenhadas pelo ente federado. A autonomia financeira é elemento imprescindível para se caracterizar a descentralização de poder, típica do Estado Federal. Logo, a equacionalização das ações autônomas de cada entidade, face à necessidade de um planejamento econômico e fiscal nacional, é um grande obstáculo a ser superado (considerando a pluralidade das partes envolvidas, a multiplicidade de circunstâncias particularizadas e a necessidade de recursos).

Com isso, a prática tem demonstrado que a atribuição de receitas com base na mera repartição de competências tributárias não se mostrou suficiente para assegurar os recursos necessários aos entes estaduais e municipais. Por isso, criou-se essas PEC's para que o governo possa avaliar um modo de implementar a reforma que a economia do país necessita para continuar se desenvolvendo durante a hodierna crise econômica.

Evidencia-se, assim, a aceitação generalizada da ideia de que o IVA configura o imposto que reune as principais características necessárias para a reforma. A unificação da norma tributária do imposto sobre o valor agregado aniquilaria a concorrência predatória entre os entes federados na busca de investimentos privados, além de permitir uma possível ampliação da base de arrecadação face (i) à eliminação das exonerações tributárias e (ii) à efetiva exigência do imposto onde este não é cobrado.

Procura-se avançar numa reforma tributária para simplificar a tributação e descomplicar a base normativa, estimulando a economia e tornando competitiva a produção nacional, pois deslocaria a carga para o consumidor final, além de tentar promover o equilíbrio federativo e atenuar a sensação de insegurança jurídica que vige hoje no Brasil.

A divisão das incidências tributárias sobre o consumo, como decorrência do federalismo, não constitui uma realidade absoluta, tendo em vista que não só havia, como há, alternativas para viabilizar a unificação destes impostos pela criação do IVA brasileiro, sem afetar a repartição de competências do direito constitucional pátrio.

A reforma tributária tem que ser analisada sobre todos estes prismas, ou seja, o projeto a ser aprovado deve assegurar as condições de desenvolvimento do sistema produtivo (e não o seu retrocesso) – deve garantir o funcionamento harmônico do Estado como forma de atender aos interesses da coletividade e das empresas que não podem ficar a mercê da "guerra fiscal". Caso isso continue ocorrendo, a crise econômica pode se agravar e acabar perpetuando uma intervenção de Estado que continuaria prejudicando a iniciativa privada e a próprio coesão/coerência do ordenamento jurídico.

Exatamente por isso que os projetos atuais não atendem ao preceitos buscados para a mudança do sistema tributário nacional neste aspecto, tornando-se necessária a evolução do seu debate, aguardando-se as propostas dos entes federados, que deveria se basear naquilo que é realmente simples em razão de sua aplicação há mais de 50 anos em diversos sistemas tributários: o Imposto sobre o Valor Agregado – IVA.

REFERÊNCIAS BIBLIOGRÁFICAS

ÁVILA, Humberto Bergmann. *Segurança Jurídica: entre permanência, mudança e realização no direito tributário*. 2. ed. São Paulo: Malheiros Editores, 2012a.

ÁVILA, Humberto Bergmann. *Sistema Constitucional Tributário*. 5. ed. São Paulo: Saraiva, 2012b.

BATISTA JÚNIOR, Onofre Alves Batista. O estado democrático de direito pós-providência brasileiro em busca da eficiência pública e de uma administração pública mais democrática. *Revista Brasileira de Estudos Políticos*, v. 98, p. 119-158, 2008.

BATISTA JÚNIOR, Onofre Alves Batista. *O outro Leviatã e a corrida ao fundo do poço*. São Paulo: Almedina, 2015.

BERNARDES, Flávio Couto. *O aspecto procedimental como elemento da norma jurídica tributária e seus reflexos na formação do título executivo*. 2006. 463 f. Tese (Doutorado) – Curso de Doutorado da Faculdade de Direito, Universidade Federal de Minas Gerais, Belo Horizonte, 2006.

BERNARDES, Fávio Couto; MIRANDA, Victor Pimenta de. Jurisprudência Constitucional da Katchanga. *Revista da Faculdade Mineira De Direito*, v. 21, 2018, p. 77-94.

BERNARDES, Flávio Couto; MIRANDA, Victor Pimenta de. (Re)pensando a jurisprudência constitucional tributária e a (des)confiança jurídica. *Livro Direito Tributário e Financeiro I* – Grupo de Trabalho 16 do XXVII Encontro Nacional do CONPEDI Salvador – BA. Florianópolis: CONPEDI, 2018, p. 5-24.

BERNARDES, Flávio Couto; MIRANDA, Victor Pimenta de. Planejamento tributário e segurança jurídica. *Revista ABRADT Fórum de Direito Tributário*, v. 03, p. 1-279, 2018.

BRÊTAS, Ronaldo C. Dias. *Processo Constitucional e Estado Democrático de Direito*. 2. ed. Belo Horizonte: Del Rey, 2012. 196 p.

CARRAZZA, Roque Antonio. *Curso de direito constitucional tributário*. Editora Revista dos Tribunais, 1991.

CARVALHO, Paulo de Barros. *Curso de Direito Tributário*. 13. ed. São Paulo: Saraiva, 2000.

CARVALHO, Paulo de Barros. *Curso de Direito Tributário*. 5a ed. São Paulo: Ed. Saraiva, 1991.

CLARK, Giovani. CORRÊA, Leonardo Alves. NASCIMENTO, Samuel Pontes do. A Constituição Econômica entre a Efetivação e os Bloqueios Institucionais. *Revista da Faculdade de Direito da Universidade Federal de Minas Gerais*. n. 71, jul/dez 2017, p.

677-700. Disponível em: <https://www.direito.ufmg.br/revista/index.php/revista/article/view/1886/1788>. Acesso em: 09 de novembro de 2019.

COÊLHO, Sacha Calmon Navarro. *Curso de direito tributário brasileiro*. Rio de Janeiro: Ed. Forense, 1999.

COÊLHO, Sacha Calmon Navarro. *Evasão e elisão fiscal: o parágrafo único do art. 116, CTN, e o direito comparado*. Rio de Janeiro: Forense, 2006.

COÊLHO, Sacha Calmon Navarro. *Teoria geral do tributo, da interpretação e da exoneração tributária (o significado do art. 116, parágrafo único do CTN)*. 3. ed. São Paulo: Dialética, 2003.

COÊLHO, Sacha Calmon Navarro; VALTER, Lobato. Reflexões sobre o art. 3º da Lei Complementar nº 118. Segurança Jurídica e a Boa-fé como Valores Constitucionais. As leis interpretativas no Direito Tributário Brasileiro. *In: Revista Dialética de Direito Tributário*, v. 117, jun. 2005.

COSTA, Gustavo de Freitas Cavalcanti. *Federalismo e ICMS – reflexos tributários*. Curitiba: Juruá Editora, 1999.

CRUZ, Álvaro Ricardo de Souza. *Jurisdição Constitucional Democrática*. Belo Horizonte: Del Rey, 2004.

DERZI, Misabel Abreu Machado apud COÊLHO, Sacha Calmon Navarro. *Curso de direito tributário brasileiro*. 3. ed. Rio de Janeiro: Ed. Forense, 1999.

FARIA, Edimur Ferreira de. *Curso de Direito Administrativo Positivo*. 5. ed. Belo Horizonte: Del Rey, 2004.

GODOI, Marciano Seabra de. Uma proposta de compreensão e controle dos limites da elisão fiscal no direito brasileiro - estudo de casos. *In*: Douglas Yamashita. (Org.). *Planejamento tributário à luz da jurisprudência*. São Paulo: LEX, 2007, p. 237-288.

GRECO, Marco Aurélio. *Procedimentos de desconsideração de atos ou negócios jurídicos: o parágrafo único do artigo 116 do CTN*. São Paulo: Dialética, 2001.

HUCK, Hermes Marcelo. *Evasão e elisão: rotas nacionais e internacionais*. 10. ed. São Paulo: Saraiva, 1997. 346 p.

KELSEN, Hans. *Teoria pura do direito*. João Baptista Machado (Trad.). São Paulo: Martins Fontes, 1998.

LOBATO, VALTER DE SOUZA. Estado democrático de direito. Segurança jurídica. A correta forma de interpretação dos benefícios fiscais e a concretização dos direitos sociais. *Revista da Faculdade de Direito Milton Campos*, Lucia Massara e Carlos Alberto Rohrmann (coord), v. 25, p. 430-480.

MACÊDO, Lucas Buril. Os precedentes judiciais, a criatividade não reconhecida e a esquizofrenia jurisprudencial. *Revista Justificando*. 24 de abril de 2015, 8h00. Disponível em: <http://justificando.cartacapital.com.br/2015/04/24/os-precedentes-judiciais-a-criatividade-nao-reconhecida-e-a-esquizofrenia-jurisprudencial/>. Acesso em 09 de novembro de 2019.

MAGALHÃES, José Luiz Quadros de. *O poder municipal: paradigmas para o Estado constitucional brasileiro*. Belo Horizonte: Del Rey Editora, 1997.

MARTINS, Ives Gandra da Silva. Procedimento administrativo. *Revista de direito tributário*. São Paulo, 1999, 9-10/71.

MOREIRA, André Mendes. Elisão e Evasão Fiscal–limites ao planejamento tributário. *Revista da Associação Brasileira de Direito Tributário*, Belo Horizonte, v. 21, p. 11-17, 2003.

NABAIS, José Casalta. *O dever fundamental de pagar impostos*. Coimbra: Almedina, 1998.

OLIVEIRA, Júlio Aguiar de. *Os fundamentos da democracia: análise crítica da justificação funcional da democracia por Hans Kelsen*. Revista Videtur, n. 27, 2005.

SCHREIBER, Anderson. *A Proibição de comportamento contraditório: tutela da confiança e venire contra factum proprium*. Rio de Janeiro: Renovar, 2005.

SILVA, Paulo Roberto Coimbra. Legislação Tributária. *Revista Faculdade Direito Universidade Federal Minas Gerais*, v. 49, p. 201, 2006.

STRECK, Lênio Luiz. *O que é isto – decido conforme minha consciência?* 5. ed. Porto Alegre: Livraria do Advogado, 2015.

TORRES, Heleno Taveira. *Direito constitucional tributário e segurança jurídica: metódica da segurança jurídica do Sistema Constitucional Tributário*. 2. ed. São Paulo: Editora Revista dos Tribunais, 2012.

CASO SABOU E CASO JANYR - DIREITO DE DEFESA DOS CONTRIBUINTES NO CONTEXTO DA TROCA DE INFORMAÇÕES INTERNACIONAL EM MATÉRIA TRIBUTÁRIA

JOÃO DÁCIO ROLIM[1]
ANA CAROLINA MOREIRA GARCIA[2]

SUMÁRIO: PRIMEIRA PARTE: APRESENTAÇÃO DOS CASOS; 1. Apresentação do caso *SABOU*; 1.1. A decisão do Tribunal de Justiça Europeu; 1.2. Conclusões da Advogada-Geral; 1.3. Decisão Final do Supremo Tribunal Administrativo; 2. Apresentação do caso *JANYR*; 2.1. A decisão do Tribunal Europeu de Direitos Humanos; 2.2. Supervisão da execução da sentença pelo Comitê de Ministros; SEGUNDA PARTE: ANÁLISE; 3. Os direitos dos contribuintes após os julgamentos dos casos *Sabou* e *Janyr*; 4. Posição do Brasil no cenário internacional de Troca de Informações; 5. Conclusão

PRIMEIRA PARTE: APRESENTAÇÃO DOS CASOS

Em se tratando de respeito às garantias e direitos fundamentais dos contribuintes sobre o direito de participar do procedimento de troca de informações, o presente estudo tem por objetivo a análise de dois casos paradigmáticos decididos por dois diferentes Tribunais Internacionais, a saber: os casos *Sabou* (Tribunal de Justiça Europeu) e *Janyr* (Tribunal Europeu de Direitos Humanos).

---

[1] LLM pela London School of Economics, Doutor em Direito Tributário pela UFMG e Doutor em Direito Tributário Internacional pela Queen Mary University of London. Advogado.

[2] LL.M. em International Business Law pela Sorbonne University, Université Panthéon-Assas. Advogada.

1. APRESENTAÇÃO DO CASO *SABOU*

Trata-se de um caso de reenvio prejudicial em matéria tributária solicitado pelo Supremo Tribunal Administrativo da República Tcheca (*Nejvyšší správní soud*) ao Tribunal de Justiça Europeu (*European Court of Justice* – ECJ) [3].

Inicialmente, cumpre esclarecer, nos termos do Direito Europeu que o instituto do reenvio prejudicial, previsto pelo art. 267[4] do TFUE, pode ter por objeto a resposta a uma de duas questões: (i) a interpreta-

---

3 Case C-276/12., *Sabou* cuja ementa da decisão é a seguinte:

"1. European Union law, as it results in particular from Council Directive 77/799/EEC of December 1977 concerning mutual assistance by the competent authorities of the Member States in the field of direct taxation and taxation of insurance premiums, as amended by Council Directive 2006/98/EC of 20 November 2006, and the fundamental right to be heard, must be interpreted as not conferring on a taxpayer of a Member State either the right to be informed of a request for assistance from that Member State addressed to another Member State, in particular in order to verify the information provided by that taxpayer in his income tax return, or the right to take part in formulating the request addressed to the requested Member State, or the right to take part in examinations of witnesses organized by the requested Member State. 2.Directive 77/799, as amended by Directive 2006/98, does not govern the question of the circumstances in which the taxpayer may challenge the accuracy of the information conveyed by the requested Member State, and it does not impose any particular obligation with regard to the content of the information conveyed."

4 Tratado sobre o Funcionamento da União Europeia - TFUE

"Artigo 267.º

(ex-artigo 234.º TCE)

O Tribunal de Justiça da União Europeia é competente para decidir, a título prejudicial:

a) Sobre a interpretação dos Tratados;

b) Sobre a validade e a interpretação dos actos adoptados pelas instituições, órgãos ou organismos da União.

Sempre que uma questão desta natureza seja suscitada perante qualquer órgão jurisdicional de um dos Estados-Membros, esse órgão pode, se considerar que uma decisão sobre essa questão é necessária ao julgamento da causa, pedir ao Tribunal que sobre ela se pronuncie.

Sempre que uma questão desta natureza seja suscitada em processo pendente perante um órgão jurisdicional nacional cujas decisões não sejam susceptíveis de recurso judicial previsto no direito interno, esse órgão é obrigado a submeter a questão ao Tribunal.

ção de uma disposição de Direito Comunitário; ou (ii) a apreciação da validade de um ato emanado das instituições comunitárias, órgãos ou organismos da União Europeia.

Nesse sentido, vale citar trecho de acórdão proferido pelo referido Tribunal de Justiça que esclarece a natureza do instituto do reenvio prejudicial[5] e a delimitação de competências:

> "O reenvio prejudicial é um instrumento de cooperação judiciária instituída pelo artigo 267º, pela qual a jurisdição nacional e o Tribunal de Justiça, no âmbito das competências próprias, são chamados a contribuir direta e reciprocamente para a elaboração de uma decisão tendo em vista assegurar a aplicação uniforme do Direito da União no conjunto dos Estados-membros". (Acórdão *Schwarze*, de 01/12/1965, proc. 16/65).

No que se refere aos fatos do caso, o Sr. *Jiří Sabou*, cidadão Tcheco e residente fiscal naquele país, era um jogador de futebol profissional à época dos fatos e informou em sua declaração de imposto de renda do ano de 2004 que teria incorrido em gastos em diversos Estados Membros da União Europeia em vistas de uma possível transferência para um clube de futebol em um desses Estados.

Todavia, as autoridades fiscais Tchecas questionaram a veracidade de tais gastos declarados pelo Sr. *Sabou* e iniciaram uma fiscalização que envolveu a formulação de pedidos de informação às autoridades fiscais de outros Estados-Membros, baseando-se, para tal, entre outras na Diretiva 77/799[6] da União Europeia sobre a assistência mútua. Neste âmbito, foi pedido às autoridades fiscais Espanhola, Francesa e Britânica que esclarecessem se os clubes de futebol referidos por *J. Sabou* podiam confirmar a existência de negociações com o mesmo ou

---

Se uma questão desta natureza for suscitada em processo pendente perante um órgão jurisdicional nacional relativamente a uma pessoa que se encontre detida, o Tribunal pronunciar-se-á com a maior brevidade possível."

5 Sobre o tema vale citar ainda Sofia Oliveira Pais em *Princípios Fundamentais de Direito da União Europeia - Uma Abordagem Jurisprudencial*. 3. ed. Coimbra: Almedina, 2013:

"33. Acrescente-se que os Tratados, tendo como objetivo a garantia da uniformidade na interpretação e aplicação do Direito da União, consagraram um mecanismo (o reenvio prejudicial) que institucionaliza um diálogo interjurisdicional. Trata-se de um diálogo entre ordens jurisdicionais (a da União e as nacionais) e entre órgãos jurisdicionais (o Tribunal de Justiça e os 'órgãos jurisdicionais nacionais')."

6 Diretiva 77/799/CEE - Diretiva do Conselho de 19 de dezembro de 1977 relativa à assistência mútua das autoridades competentes dos Estados-membros no domínio dos impostos diretos.

com a *Solomon Group Kft*. No entanto, de acordo com as informações prestadas pelas referidas autoridades, estas negociações nunca teriam ocorrido, visto que todos os clubes de futebol em causa alegaram que não conheciam *J. Sabou* e nem seu empresário.

Além disso, a administração fiscal Tcheca pediu às autoridades fiscais Húngaras para analisarem a prestação efetiva dos serviços pela *Solomon Group Kft*. Para este efeito, a administradora da *Solomon Group Kft* foi inquirida como testemunha na Hungria. Esta tinha afirmado, entre outros pontos, que a sua empresa apenas funcionou como intermediária dos serviços, que, na realidade, tinham sido efetuados pela empresa *Solomon International Ltd*, com sede nas Bahamas. As autoridades fiscais Húngaras comunicaram à administração fiscal Tcheca que apenas uma fiscalização na *Solomon International Ltd* poderia confirmar a prestação efetiva dos serviços.

A fiscalização culminou na cobrança de diferença de imposto resultante de não terem sido reconhecidas como dedutíveis as despesas que *J. Sabou* tinha apresentado por serviços prestados pela empresa *Solomon Group Kft*, com sede em Budapeste, e que supostamente estariam, entre outros pontos, relacionadas com negociações sobre uma possível transferência para clubes de futebol estrangeiros. Consequentemente, o montante de imposto devido aumentou de aproximadamente EUR 1.100 para 9.800[7].

Jiří Sabou impugnou o aviso de cobrança de imposto junto à *Finanční ředitelství pro hlavní město Prahu* (Direção de Finanças da Cidade de Praga), com o fundamento no fato da administração fiscal Tcheca ter obtido ilegalmente as informações das autoridades fiscais dos outros Estados-Membros, com base nos seguintes argumentos principais:

i. o contribuinte devia ter sido informado previamente sobre o pedido de informação, de forma a poder formular as suas próprias questões;

ii. o contribuinte tinha direito de participar do interrogatório das testemunhas realizada pelas autoridades fiscais estrangeiras, visto que tinha o mesmo direito no âmbito doméstico, caso a averiguação das testemunhas fosse realizada por parte das autoridades fiscais Tchecas; e

---

[7] Após a impugnação o montante de imposto teria aumentado ainda mais, para aproximadamente EUR 11.000.

iii. não é possível depreender das informações fornecidas pelas autoridades fiscais Espanhola, Francesa e Britânica de que forma as referidas autoridades teriam obtido as suas informações.

Nesse contexto, o *Nejvyšší správní soud* (Supremo Tribunal Administrativo Tcheco) submeteu à ECJ, nos termos do artigo 267 do TFUE, as seguintes questões prejudiciais, através das quais pede, de acordo com os fundamentos da sua decisão, a interpretação do artigo 41.º, n.º 2, alínea a), da Carta dos Direitos Fundamentais da União Europeia, entre outros pontos:

> *"1. Decorre do direito da União Europeia o direito de um contribuinte de ser informado de uma decisão das autoridades fiscais de formularem um pedido de informação em conformidade com a Diretiva 77/799/CEE? Um contribuinte tem o direito de participar na formulação do pedido dirigido ao Estado-Membro requerido? No caso de esse direito não decorrer do direito da União Europeia, pode o direito nacional conceder a um contribuinte direitos semelhantes?*
>
> *2. Um contribuinte tem o direito de participar na inquirição de testemunhas no Estado requerido, no âmbito da tramitação de um pedido de informação nos termos da Diretiva 77/799/CEE? O Estado-Membro requerido é obrigado a informar previamente o contribuinte da data em que a testemunha vai ser inquirida, se o Estado-Membro requerente o tiver solicitado?*
>
> *3. As autoridades fiscais do Estado-Membro requerido, quando prestam uma informação em conformidade com a Diretiva 77/799/CEE, estão obrigadas a respeitar, na sua resposta, um determinado conteúdo mínimo, de modo a que fique claro quais as fontes e por que método as autoridades fiscais requeridas obtiveram a informação prestada? O contribuinte pode impugnar a exatidão da informação assim prestada, por exemplo com base em vícios processuais no Estado requerido, anteriores à prestação da informação? Ou é aplicável o princípio da confiança e cooperação mútuas, segundo o qual a informação prestada pelas autoridades fiscais requeridas não pode ser posta em causa?"*[8]

Isso porque dentre os direitos fundamentais dos cidadãos europeus está assegurado pelo artigo 41.º, n.º 2, alínea a), da Carta dos Direitos Fundamentais da União Europeia o direito de qualquer pessoa a ser ouvida antes de a seu respeito ser tomada qualquer decisão que lhe possa ser desfavorável. Confira-se o que diz o referido artigo:

---

8 As questões foram transcritas em sua integralidade com base na tradução oficial para a língua portuguesa do julgamento do Tribunal de Justiça Europeu. Disponível em: http://curia.europa.eu/juris/document/document_print.jsf?doclang=PT&text=&pageIndex=1&part=1&mode=req&docid=143341&occ=first&dir=&cid=1248056

"Artigo 41º
Direito a uma boa administração
1. Todas as pessoas têm direito a que os seus assuntos sejam tratados pelas instituições, órgãos e organismos da União de forma imparcial, equitativa e num prazo razoável.
2. Este direito compreende, nomeadamente:
<u>a) O direito de qualquer pessoa a ser ouvida antes de a seu respeito ser tomada qualquer medida individual que a afecte desfavoravelmente;"</u>

Em síntese, a questão principal submetida à ECJ foi se um contribuinte investigado por seu Estado-Membro teria o direito de participar do processo de troca de informações a seu respeito, através da formulação do pedido de investigação e do interrogatório de testemunhas, entre outras prerrogativas. Em outras palavras, buscou-se averiguar se no caso analisado houve violação aos direitos processuais do contribuinte no âmbito da investigação realizada pelos Estados-Membros.

1.1. A DECISÃO DO TRIBUNAL DE JUSTIÇA EUROPEU

O Tribunal de Justiça Europeu proferiu a sua decisão levando em consideração a interpretação do direito fundamental de ser ouvido, bem como da Diretiva 77/799, que trata da assistência mútua entre as autoridades competentes dos Estados-Membros no domínio dos impostos diretos. Referida Diretiva estabelece que os Estados-Membros devem trocar informações quando lhe sejam solicitadas e que o Estado a que foi feito o pedido deve promover as investigações necessárias para obter essas informações.

Isto posto, relativamente às duas primeiras questões levantadas pelo *Nejvyšší správní soud*, o ECJ entendeu que o sistema jurídico da União Europeia, especificamente a Diretiva 77/799 e o direito fundamental de ser ouvido previsto pela Carta dos Direitos Fundamentais da União Europeia, não garantem ao contribuinte o direito de ser informado do pedido de assistência mútua entre os Estados-Membros destinado a verificar os dados fornecidos pelo próprio contribuinte no âmbito de sua declaração de impostos sobre o rendimento. Ainda segundo o ECJ, também não decorre do direito da União Europeia a prerrogativa de participar na redação do pedido dirigido ao Estado-Membro a que o mesmo foi feito, tampouco de participar do interrogatório das testemunhas organizado pelo Estado-Membro requerido.

Esse entendimento baseou-se na Diretiva 77/799 que em princípio não confere direitos específicos ao contribuinte, tratando, tão somente, da colaboração entre as autoridades fiscais dos Estados-Membros, de forma que não há qualquer previsão quanto à obrigatoriedade de as autoridades competentes consultarem esse contribuinte. Outro argumento utilizado pelo ECJ foi que, no âmbito dos processos de fiscalização tributária, a fase de inquérito, à qual pertence o pedido de informações de uma autoridade tributária a outra, prescinde de comunicação das informações colhidas pela Administração ao contribuinte para que este exponha o seu ponto de vista. Isso porque a fase de inquérito não se confunde com a fase mais contraditória ou contenciosa, instaurada entre a autoridade e o contribuinte ao qual essa se dirige.

Quanto à terceira questão, o ECJ ressaltou que a Diretiva 77/799 não trata do direito do contribuinte de contestar a exatidão da informação transmitida e não impõe nenhuma exigência particular quanto ao conteúdo da informação transmitida. Tendo isso em vista, a fixação de regras a este respeito compete exclusivamente aos direitos nacionais, de modo que o contribuinte pode contestar a informação que lhe diz respeito, transmitida à autoridade tributária do Estado-Membro requerente, mas tomando como base as regras e os procedimentos aplicáveis no Estado-Membro em que reside e não o direito da União Europeia.

1.2. CONCLUSÕES DA ADVOGADA-GERAL

A Advogada-Geral responsável por analisar o caso submetido ao Tribunal de Justiça Europeu emitiu basicamente a mesma opinião apresentada pelo ECJ, com exceção apenas quanto à primeira parte da terceira questão levantada pelo Supremo Tribunal Administrativo.

Nesse sentido, quanto às duas primeiras questões, concluiu que o direito da União não confere a um contribuinte a prerrogativa de ser previamente informado acerca do pedido de assistência mútua a um outro Estado-membro ou de participar da formulação desse pedido, quando este diz respeito apenas à verificação de dados fornecidos pelo próprio contribuinte. Ademais, o Estado-Membro requerido não possui o dever de informar previamente um contribuinte sobre a realização de uma inquirição de testemunhas e tampouco de conceder ao contribuinte o direito de participar dessa inquirição formulando perguntas.

Relativamente à terceira questão, a Advogada-Geral entendeu que a mera comunicação do resultado das investigações pelo Estado-Membro requerido, sem a indicação das fontes que embasaram tal informação, não é suficiente para permitir a cobrança complementar do imposto, por não possuir valor comprobatório relevante. Assim, o Estado-Membro requerido possui a obrigação de prestar informações sobre as investigações subjacentes ao resultado comunicado. Por fim, a Advogada-Geral concluiu que o contribuinte poderia, no âmbito do procedimento tributário nacional, questionar a exatidão da informação prestada por outros Estado-Membros.

1.3. DECISÃO FINAL DO SUPREMO TRIBUNAL ADMINISTRATIVO

Após a manifestação do Tribunal de Justiça Europeu acerca das questões prejudiciais indicadas pelo *Nejvyšší správní soud*, o caso retornou para a análise das autoridades Tchecas. A decisão final do Supremo Tribunal Administrativo negou a apelação do Sr. *Jiří Sabou*, com os seguintes argumentos:

i. A Diretiva 77/799 não prevê que o contribuinte deve ser informado acerca do pedido de assistência mútua entre Estados-Membros.

ii. As autoridades fiscais Tchecas deveriam ter solicitado ao Estado-Membro requerido a presença do contribuinte durante a audiência de oitiva da testemunha, caso a legislação local permitisse. A ausência do contribuinte durante a audiência, mesmo que permitida pela legislação do Estado-Membro requerido, enfraquece o valor probatório do depoimento da testemunha.

iii. A mera comunicação do resultado da investigação por parte do Estado-Membro requerido, sem a indicação das fontes que o embasaram, denota um valor comprobatório limitado e pode ser utilizada como evidência apenas se acompanhada de outros fatos e informações que comprovem a informação fornecida.

Como se vê, a decisão do Supremo Tribunal Administrativo da República Tcheca adotou um entendimento em conformidade com as conclusões da Advogada-Geral, na medida em que reconheceu que o valor comprobatório das informações fornecidas pelo Estado-Membro requerido restaria enfraquecido caso tais informações não estejam acompanhadas da indicação das suas fontes.

Além disso, o Tribunal também ponderou que a ausência do contribuinte durante a inquirição da testemunha no Estado requerido enfraquece o valor probatório do depoimento, mesmo se a ausência do contribuinte for permitida pela legislação deste Estado-Membro.

2. APRESENTAÇÃO DO CASO *JANYR*

Trata-se de um julgamento (*Requête n° 42937/08 Janyr C. République Tchèque*) proferido em 31 de outubro de 2013 pela 5ª Câmara do Tribunal Europeu de Direitos Humanos que considerou que houve uma violação do direito do recorrente a um processo equitativo garantido pelo artigo 6 da Convenção Europeia de Direitos Humanos (CEDH) por conta da falta de audiência contraditória no processo perante o Constitucional Tribunal que não tinha transmitido ao requerente as observações das autoridades públicas em causa. Quanto ao restante do pedido, o Tribunal constatou que não houve violação da Convenção ou que as respectivas queixas eram inadmissíveis.

O Sr. *Philipp Janyr*, cidadão Tcheco residente na Áustria, foi alvo de investigação pelas autoridades fiscais da República Tcheca em razão de possível envolvimento em infrações aduaneiras praticadas pela sociedade P. em 1999, da qual era o representante legal e único sócio. Durante as investigações, o governo Tcheco requisitou às autoridades do território britânico Gibraltar informações sobre supostas operações realizadas entre a sociedade P. (sediada em Praga) e a sociedade N. (sediada em Gibraltar), uma vez que P. declarou ter realizado a importação de frangos e aves da sociedade N.

Em resposta ao pedido de assistência mútua, as autoridades de Gibraltar enviaram um documento confirmando a existência da sociedade N., regularmente inscrita no território, porém não autorizada a efetuar operações de comércio. Além disso, segundo o documento fornecido, o representante legal da sociedade N. negou qualquer transação com a sociedade P.

Diante das informações disponibilizadas por Gibraltar, em junho de 2000 a polícia da República Tcheca entrou em contato com o Sr. *Janyr* por telefone solicitando o comparecimento pessoal do investigado para prestar esclarecimentos sobre os fatos, bem como para apresentar os documentos contábeis da sociedade P. O Sr. *Janyr* se recusou a comparecer pessoalmente, oferecendo cooperar com as investigações através das autoridades austríacas, país onde residia, mas se prontificou a disponibilizar os documentos solicitados – o que nunca aconteceu.

Consequentemente, as autoridades policiais Tchecas promoveram buscas na sociedade P. com a finalidade de encontrar os documentos, mas não obtiveram sucesso, uma vez que estes estavam em posse do Sr. *Janyr* (na Áustria), que se recusou a assinar o mandado de busca e apreensão por meio de fax. Em razão dos fatos narrados, em março de 2001 o investigado foi formalmente acusado por sonegar impostos em dez operações de importação com faturas falsas, que continham valor aduaneiro inferior ao real.

Após um longo e confuso processo judicial, em 22 de janeiro de 2004 o Tribunal Municipal de Praga condenou o Sr. *Janyr* por fraude e a cinco anos de prisão. O acusado recorreu sucessivamente das decisões, tendo o seu pedido final negado em janeiro de 2005 pela Suprema Corte da República Tcheca.

Por fim, tendo em vista a negativa dos tribunais Tchecos em acolher os pedidos de revogação do seu julgamento, o Sr. *Janyr* apresentou Recurso Constitucional contra as decisões proferidas pelos tribunais, com fundamento nos artigos 5°, 6°, 7° e 13 da Convenção Europeia de Direitos Humanos. O acusado alegou falta de equidade, imparcialidade, independência dos juízes, desrespeito ao princípio da presunção de inocência e da igualdade entre as partes, bem como a falta de representação legal em uma audiência que ocorreu em junho de 2004. Além disso, o Sr. Janyr queixou-se a respeito da falta de convocação pelo Tribunal Tcheco de uma testemunha proveniente de Gibraltar, a qual poderia ter auxiliado sua defesa contra as acusações de fraude. Em resumo, o Sr. Janyr alegou a violação ao seu direito fundamental a um julgamento justo (*fair trial*).

A Corte Constitucional negou, em setembro de 2015, o Recurso proposto pelo Sr. Janyr sob o fundamento de que não havia qualquer violação aos artigos invocados pelo recorrente no caso examinado. A Corte entendeu que as informações obtidas através da troca de informações entre a República Tcheca e Gibraltar, as quais foram contestadas pelo requerente, compunham apenas uma parte do amplo rol de evidências contra ele. Assim, em razão das circunstâncias do caso analisado, a Corte Constitucional concluiu que, em uma avaliação global acerca do julgamento do requerente, não houve violação do direito fundamental a um julgamento justo.

2.1. A DECISÃO DO TRIBUNAL EUROPEU DE DIREITOS HUMANOS

Antes de aprofundarmos no conteúdo da decisão, entendemos ser pertinente fazer uma breve explanação sobre a competência do Tribunal Europeu de Direitos Humanos, que não é a mesma coisa que a Corte de Justiça da União Europeia e nem a mesma coisa da Corte Internacional de Justiça. Sua função é basicamente proteger a Convenção Europeia de Direitos Humanos (CEDH), assinada inicialmente em 1950 e hoje agregando 47 países (os 27 membros da União Europeia além de outros 20, como a Rússia, Ucrânia, Noruega, Mônaco, Turquia e Azerbaijão).

A Convenção é, em essência, similar aos principais incisos do art. 5o da Constituição brasileira, visando a proteção dos direitos humanos que incluem no elenco dos direitos fundamentais, nomeadamente o direito à proteção da propriedade, o direito à privacidade e o direito a um julgamento justo e imparcial.

E justamente por tratar de direitos tão básicos, os tratados da União Europeia reconhecem e fazem referência direta à Convenção, o que aumenta ainda mais sua importância. Mas, ao contrário das normas da União Europeia, que se sobrepõem às normas nacionais, as normas da Convenção Europeia de Direitos Humanos não se impõem às normas locais.

As cortes nacionais têm obrigação de interpretar as leis locais, o tanto quanto possível, de acordo com a Convenção. Mas se a Convenção e as leis locais entrarem diretamente em choque, as cortes locais podem declarar que elas são incompatíveis, decidindo o caso a favor do cidadão reclamante, cabendo recurso ainda ao Tribunal Europeu especialmente no caso da decisão ser contrária ao cidadão. Depois da decisão final declarando o direito fundamental ter sido violado e atribuída uma compensação por danos ao cidadão reclamante, cabe ainda ao governo nacional modificar as leis locais para se adequarem à Convenção ou declarar publicamente que embora a lei local desrespeite a Convenção, o governo pretende manter tal lei. Entretanto, qualquer reclamante que esteja na mesma situação ou similar ao caso final já decidido pode iniciar um processo que inevitavelmente vai adotar o mesmo entendimento estando presente as mesmas circunstâncias ou similares.

Assim, o caso em análise foi julgado pelo Tribunal Europeu pois o Sr. *Janyr* recorreu à corte contra a República Tcheca depois de já ter exaurido todas as instâncias e recursos no Judiciário local. O requerente alega ter ocorrido violação do seu direito de defesa e de ter um julgamento imparcial com base no artigo 6 §§s 1 e 3b), c) e d) da CEDH, que assim dispõe:

> "ARTIGO 6°
> **Direito a um processo justo**
> 1. Qualquer pessoa tem direito a que a sua causa seja examinada, equitativa e publicamente, num prazo razoável por um tribunal independente e imparcial, estabelecido pela lei, o qual decidirá, quer sobre a determinação dos seus direitos e obrigações de carácter civil, quer sobre o fundamento de qualquer acusação em matéria penal dirigida contra ela. O julgamento deve ser público, mas o acesso à sala de audiências pode ser proibido à imprensa ou ao público durante a totalidade ou parte do processo, quando

a bem da moralidade, da ordem pública ou da segurança nacional numa sociedade democrática, quando os interesses de menores ou a protecção da vida privada das partes no processo o exigirem, ou, na medida julgada estritamente necessária pelo tribunal, quando, em circunstâncias especiais, a publicidade pudesse ser prejudicial para os interesses da justiça.
(...)
3. O acusado tem, como mínimo, os seguintes direitos:
(...)
b) Dispor do tempo e dos meios necessários para a preparação da sua defesa;
c) Defender-se a si próprio ou ter a assistência de um defensor da sua escolha e, se não tiver meios para remunerar um defensor, poder ser assistido gratuitamente por um defensor oficioso, quando os interesses da justiça o exigirem;
d) Interrogar ou fazer interrogar as testemunhas de acusação e obter a convocação e o interrogatório das testemunhas de defesa nas mesmas condições que as testemunhas de acusação; (...)"

No que se refere à eventual violação dos direitos dos contribuintes em trocas de informações entre autoridades fiscais, que é o foco do presente artigo, o acórdão aduz que o Governo Tcheco observou que a condenação do recorrente foi principalmente com base nos documentos fornecidos pelas autoridades aduaneiras tchecas, nos depoimentos de testemunhas, nas provas documentais, incluindo documentos apreendidos durante a busca e apreensão no estabelecimento comercial e no resultado da perícia contábil. Após haver tentado, em vão, obter auxílio judicial internacional em matéria penal (*entraide judiciaire*[9]) por parte das autoridades de Gibraltar, o Tribunal Municipal de Praga baseou-se apenas em sua própria troca de correspondências com as autoridades gibraltinas e nas informações que estas lhe tinham autorizado a utilização. Limitando-se às próprias constatações das autoridades aduaneiras de Gibraltar sem fazer referência às declarações de G., o Tribunal, portanto, não considerou o seu testemunho. O Tribunal também considerou que a oitiva de G., além de ser difícil, era inútil à luz das informações de que dispunha e da incoerência da defesa do Sr. *Janyr*. Ademais, o requerente também não foi capaz de especificar como o depoimento de G. poderia ser útil para averiguação da verdade.

---

[9] Ver também: *Manuel sur l'entraide judiciaire et l'extradition*. NATIONS UNIES New York, 2012. Disponível em: https://www.unodc.org/documents/organized-crime/Publications/Mutual_Legal_Assistance_Ebook_F.pdf

Em suma, segundo o recorrente, os tribunais nacionais teriam se baseado notadamente em provas obtidas com violação dos princípios da equidade e justiça, quais sejam, as declarações de G. e a perícia contábil, e dos documentos coletados durante a busca e apreensão que teria sido realizada ainda em violação das regras do direito interno. No que se refere a G., o recorrente considera que os tribunais não teriam envidado esforços suficientes para ouvir tal testemunha, ao passo que o Tribunal Municipal, em vez de solicitar auxílio à autoridade judiciária competente de Gibraltar, pediu à autoridade aduaneira autorização para utilizar-se de informação por ela fornecida em 1999. O Sr. *Janyr* alegou que seu pedido para ouvir G., era no intuito de confirmar a realidade das transações entre as empresas e N. P., o que o Sr. G. já teria feito através de uma carta datada de março de 1999.

Nesse contexto, o Tribunal Europeu[10], por unanimidade, reconheceu ser admissível o recurso quanto às queixas da impossibilidade de o requerente para responder às observações apresentadas ao Tribunal Constitucional pelas outras partes no processo e à violação dos seus direitos de defesa garantidos pelo artigo 6 § 3 b) e c), e o restante inadmissível. No mérito, a CEDH entendeu que houve uma violação do artigo 6 § 1 da Convenção no processo perante o Tribunal Constitucional, porém que não houve violação do artigo 6º § 3 b) e c), da Convenção.

---

10 Acórdão disponível apenas em francês e tcheco. Abaixo ementa da versão em língua francesa:

PAR CES MOTIFS, LA COUR, À L'UNANIMITÉ,

1. Déclare la requête recevable quant aux griefs tirés de l'impossibilité pour le requérant de réagir aux observations soumises à la Cour constitutionnelle par les autres parties à la procédure et de la méconnaissance de ses droits de défense garantis par l'article 6 § 3 b) et c), et irrecevable pour le surplus;

2. Dit qu'il y a eu violation de l'article 6 § 1 de la Convention dans la procédure devant la Cour constitutionnelle;

3. Dit qu'il n'y a pas eu violation de l'article 6 § 3 b) et c) de la Convention;

4. Dit que le constat d'une violation fournit en soi une satisfaction équitable suffisante pour le dommage moral subi par le requérant ;

5. Rejette la demande de satisfaction équitable pour le surplus.

Fait en français, puis communiqué par écrit le 31 octobre 2013, en application de l'article 77 §§ 2 et 3 du règlement.

2.2. SUPERVISÃO DA EXECUÇÃO DA SENTENÇA PELO COMITÊ DE MINISTROS

O Comitê de Ministros, nos termos do artigo 46, parágrafo 2, da CEDH[11], supervisiona a execução das decisões finais do Tribunal Europeu dos Direitos Humanos.

No que se refere ao caso *Janyr*, após análise do relatório[12] enviado pelo Governo da República Tcheca indicando as medidas adotadas em cumprimento do julgamento em referência, o Comitê de Ministros entendeu terem sido satisfatórias as medidas adotadas[13].

Como medida individual direta decorrente da decisão do Tribunal Europeu, de acordo com o § 119 da Lei nº 182/1993[14], o requerente goza da possibilidade de solicitar a reabertura do processo perante a Corte Constitucional com base na constatação de violação seus direitos por um tribunal ou corte internacional. Segundo informado, o Sr. *Janyr* teria de fato aproveitado a oportunidade e apresentado um pedido junto à Corte Constitucional em 24 de setembro 2014. O pedido estava pendente de apreciação até dezembro de 2014.

No que se refere às medidas gerais, o Governo informou que a prática da Corte Constitucional que levou à violação constatada no pre-

---

11 Artigo 46

Força vinculativa e execução das sentenças

1. As Altas Partes Contratantes obrigam-se a respeitar as sentenças definitivas do Tribunal nos litígios em que forem partes.

2. A sentença definitiva do Tribunal será transmitida ao Comité de Ministros, o qual velará pela sua execução.

12 DH-DD(2015)78 - Action Report submitted by the Czech Government on 19 December 2014.

13 Resolution CM/ResDH(2015)13 Execution of the judgment of the European Court of Human Rights Janyr against Czech Republic. Adopted by the Committee of Ministers on 11 February 2015 at the 1219th meeting of the Ministers' Deputies.

14 Article 119 of the Constitutional Court Act as amended by Act no. 404/2012 provides, inter alia, that if the Constitutional Court has previously ruled in a case in which an international court finds a violation of human rights or fundamental freedoms guaranteed by an international treaty, it is possible to file a request for reopening of the proceedings in which the ruling was given. Article 119b provides, inter alia, that if Constitutional Court's previous judgment (*nález*) was inconsistent with the decision adopted by the international court, it must set it aside. If the Constitutional Court sets aside its judgment, it deals anew with the original constitutional appeal and the new judgment should be based on the legal opinion of the international court.

sente caso já teria sido alterada, em decorrência inclusive de outros acórdãos do Tribunal Europeu em assuntos semelhantes. Destarte, o plenário da Corte Constitucional adotou uma recomendação interna para juízes-relatores no sentido de que todas as observações das partes devem ser enviadas para a parte contrária para possível contraprova, mesmo quando existem dúvidas quanto à novidade de fatos ou argumentos neles contidos.

SEGUNDA PARTE: ANÁLISE

3. OS DIREITOS DOS CONTRIBUINTES APÓS OS JULGAMENTOS DOS CASOS *SABOU* E *JANYR*

No primeiro caso, a principal questão afetando o direito de defesa do contribuinte foi determinar em qual estágio o contribuinte teria de participar no procedimento de troca de informações. O Tribunal entendeu que na fase investigatória (quando a informação é requerida e trocada) os contribuintes não têm direto de participar, mas tão somente na fase contenciosa que se inicia com a notificação do contribuinte sobre o valor cobrado ou ajustado. Entretanto, o Tribunal afirmou que não havia qualquer proibição que impedisse que cada Estado Membro concedesse o direito do contribuinte de participar da fase investigatória.

Segundo entendemos, esta decisão em princípio não deveria influenciar diretamente as jurisdições de outros países fora da União Europeia por várias razões. Em primeiro lugar porque o caso *Sabou* interpretou uma Diretiva que não poderia impor obrigações além daquelas expressamente previstas aos Estados Membros em função da soberania fiscal em matéria de impostos diretos reservada aos Estados. Em segundo lugar, a decisão reconheceu aos Estados Membros a competência para conceder mais direitos ao contribuinte do que previsto na Diretiva em função exatamente das suas respectivas soberanias em matéria de impostos diretos. Se legislações domésticas não concederem mais proteção aos contribuintes, por exemplo, em situações de *fishing expeditions* (sem provas ou indícios claros) ou em situações em que testemunhas serão ouvidas, sem a prévia notificação e participação deles, elas poderiam ser questionadas perante o Poder Judiciário de cada país ou de jurisdições internacionais de direitos humanos, tal como o Tribunal Europeu de Direitos Humanos. Entretanto, os tribunais podem ter a mesma posição do Tribunal de Justiça Europeia, já que especialmente o Tribunal de

Direitos Humanos Europeu adota um padrão mínimo de proteção de direitos comum a todos os Estados Membros da Convenção.

A nosso ver esse caso é um marco que reflete a mais moderna interação entre o direito comunitário (EU Law) e temas tributários controversos no cenário atual, onde a União Europeia e a OCDE estão revisitando as medidas que devem ser tomadas com o objetivo de intensificar a cooperação entre os países, como o plano de ação do BEPS, por exemplo.

Assim sendo, se a maioria dos países membros garantem proteção somente na fase contenciosa e não na investigativa, a jurisprudência do Tribunal Europeu tende a aceitar tal padrão mínimo como razoável e proporcional.

Nesse sentido, P. BAKER e P. PISTONE[15] em seu estudo para elaboração do *General Report* do Congresso Internacional da IFA – *International Fiscal Association* realizado em Basel, na Suíça, afirmam que em decorrência do princípio da proporcionalidade, qualquer pedido realizado por parte das autoridades fiscais deve estar diretamente relacionado ao que for estritamente necessário para aquela fiscalização específica, nos seguintes termos:

> *"In application of the principle of proportionality, any request by the tax authorities must be linked to what they strictly need for a specific tax audit purpose, excluding therefore any request for materials already available to them or, more generally, that can otherwise be obtained. This principle balances the general interest of the community and fundamental rights."*

Esta parece ser a tendência do Tribunal Europeu de Direitos Humanos como demonstra a decisão no caso *Janyr*[16], em que ficou decidido pela não violação do direito a um julgamento justo, porque a prova obtida por troca de informações entre autoridades fiscais (que não pôde ser questionada pelo acusado) foi apenas uma das provas obtidas e não tinha sido a mais relevante para a acusação. Realmente um caso em que a prova não pode ser refutada ou notificada ao contribuinte antes do seu julgamento e que seja relevante pode ter um resultado diferente de maneira a prejudicar substancialmente o direito

---

15 J.D. Rolim, Proportionality and Fair Taxation, Kluwer, 2014, p. 66. Citado por P. BAKER e P. PISTONE In CAHIERS DE DROIT FISCAL INTERNATIONAL by the IFA. Vol. 100b, 2015. The practical protection of taxpayers' fundamental rights. General Report: Philip Baker e Pasquale Pistone. p. 36 e 37.

16 Ver também Baker, Philip, Some Recents Decisions of the European Human Rights Court on Tax Matters, European Taxation, June 2014, IBFD, pp 250-2.

a defesa e a determinação geral do direito a um julgamento justo, de acordo com o artigo 6 da CEDH (que assegura o direito a *fair trial* em matéria criminal).

De qualquer modo, deveria ser avaliado, em cada caso específico, se o fato de notificar o contribuinte com antecedência iria contra o propósito de verificar a procedência da informação, visto que o contribuinte poderia, neste caso, tentar anular provas ou influenciar indevidamente testemunhas, por exemplo.

No que diz respeito ao direito do contribuinte de contestar o conteúdo e acurácia da informação transmitida pelo Estado requerido, entendemos ser correta a posição do ECJ que reconheceu que esse direito deve ser concedido pelo Estado requerente, que utiliza a informação fornecida no contexto de administração dos processos judiciais em questões fiscais. No entanto, a ausência do direito do contribuinte de ser ouvido durante o processo de troca de informações conduzido no Estado-Membro requerido pode afetar a legitimidade dos direitos desses contribuintes. Por isso, concordamos com alguns doutrinadores[17] que defendem a introdução de um rol mínimo de direitos de participação do contribuinte no processo de troca de informações, notadamente no direito comunitário (EU Law), sem prejudicar a eficácia dos procedimentos para a troca de informações.

Percebe-se que o que está em jogo é a manutenção do equilíbrio entre os direitos legítimos das autoridades fiscais e os legítimos direitos dos contribuintes. No entanto, este não foi o caso para as trocas de informações efetuadas em ambos os casos analisados. Ademais, é fato que tem ocorrido um aumento significativo das possibilidades e instrumentos bilaterais e multilaterais para as autoridades fiscais para trocar informações, todavia sem um correspondente aumento da proteção dos direitos contribuintes. Pelo contrário, como a troca automática de informação tornou-se o novo padrão, várias salvaguardas existentes foram removidas, sob pressão da OCDE, a fim de melhorar a eficiência do processo de troca de informações.

Adicionalmente, há consenso no sentido de que o direito ao acesso a informações pessoais mantidas sobre o contribuinte juntamente com o direito de se corrigir imprecisões faria parte de um padrão mínimo de proteção dos direitos fundamentais dos contribuintes. P. BAKER e P.

---

[17] Ver também Niels, Diepvens. The taxpayer's rights in international exchange of information on request procedures: after the ECJ Sabou Case.

PISTONE[18], inclusive equiparam tal direito a um tipo de extensão do direito a um julgamento equitativo (*fair trail*) que foi o cerne da discussão no caso *Janyr*:

> "Perhaps one of the most significant safeguards for taxpayers is the right to access information held about them by the revenue authorities18 and, in the case of errors, to correct that information.19 <u>In some senses this is an early extension of the right to a **fair trial** since inaccurate information is likely to lead to wrong assessments and potentially unnecessary disputes.</u>
>
> (...)
>
> There is little point in the taxpayer accessing information if he does not have the opportunity to correct inaccuracies. Certain information fields could be corrected by the taxpayers themselves (updating addresses, telephone numbers and email addresses), while other information would only be corrected by the tax authorities on the basis of a specific request (backed up by evidence if necessary) from the taxpayer.
>
> <u>A right of access to personal information held about the taxpayer is, therefore, a **minimum standard**, together with a right to make applications to correct inaccuracies.</u>"

No que se refere ao direito do contribuinte de ser informado e de poder contestar a troca de informações a pedido, um aspecto que tem sido pouco discutido, é o direito do contribuinte de requerer que informações que possam estabelecer a sua não responsabilidade ou responsabilidade reduzida sejam solicitadas ao Estado requerido. Isso porque, o instituto da troca de informações existe para assegurar que a apuração de tributos seja correta, e não como uma ferramenta de uso exclusivo do Fisco. Nesse sentido, as conclusões do mencionado Relatório da IFA:

> "No branch reports specifically mentioned the right of the taxpayer to initiate EoI, or to ask for specific information to be sought from the requested state. In principle, we think that it is best practice that, whenever EoIR takes place, the requesting state asks the requested state not only for information that confirms the taxpayer's liability, but also for any other relevant information that might confirm the taxpayer's nil or reduced liability."

Todavia, deve ser ressaltado que muitas vezes o contribuinte não tem direito de ser informado ou de participar de qualquer forma do processo de troca de informações, com base no argumento de que esse processo ocorre na fase administrativa ou inicial de uma investigação; e, nessa fase ainda não haveria uma controvérsia ou disputa estabele-

---

18 CAHIERS DE DROIT FISCAL INTERNATIONAL by the IFA. Vol. 100b, 2015. The practical protection of taxpayers' fundamental rights. General Report: Philip Baker e Pasquale Pistone. p.25

cida entre contribuinte e Fisco e, portanto, o contribuinte não teria direito de se manifestar. A decisão do caso *Sabou* com relação ao estágio investigatório foi altamente criticada pela *Confederation Fiscale Europeenne*[19], que é uma organização que engloba 33 organizações privadas nacionais de 25 Estados europeus, cujo propósito é salvaguardar os interesses profissionais dos consultores fiscais e garantir a qualidade dos serviços tributários prestados ao público.

P. BAKER e P. PISTONE também entendem que essa abordagem é falha em princípio, e o erro também é visto na decisão do Tribunal de Justiça da União Europeia no caso *Sabou*[20]. O fato de que o pedido de troca de informações ocorre durante a fase de investigação não significa que o contribuinte não possua direito algum naquele momento. Com efeito, o contribuinte tem os direitos gerais de confidencialidade e privacidade em todas as fases. Mais especificamente, a maioria dos dispositivos normativos relacionados à troca de informações, baseados em Tratados Internacionais contra a Dupla Tributação ou TIEAs, excluem do processo de troca de informações qualquer assunto que possa revelar qualquer tipo de segredo comercial, industrial, ou processo comercial ou profissional ou qualquer informação cuja divulgação seja contrária à ordem pública. Questiona-se então como o contribuinte poderá fazer valer seus direitos, se ele não tem conhecimento do pedido de troca de informações para outro Estado e se não lhe é dada a oportunidade de contestar tais informações.

4. POSIÇÃO DO BRASIL NO CENÁRIO INTERNACIONAL DE TROCA DE INFORMAÇÕES

Em agosto de 2015 o Brasil aprovou a adesão ao *Foreign Account Tax Compliance Act* - FATCA[21] que é um mecanismo de controle fiscal e

---

19 A decisão do caso *Sabou* com relação ao estágio investigatório foi altamente criticada pela *Confederation Fiscale Europeenne*, "Opinion Statement ECJ-TF 2/2014 of the CFE on the case Sabou", at www.cfe-eutax.org/node/3673.

20 *Op. cit.* p.61. Nota de rodapé 224 ECJ, Case C-276/12, Sabou. There is, however, a view that this case was correctly decided in the context of the preliminary ruling procedure since the questions referred raised only the interpretation of the Directive on Administrative Cooperation and not the rights of the taxpayer under the Charter of Fundamental Rights.

21 Aprovado pelo Decreto nº 8.506, de 24 de agosto de 2015, o qual foi posteriormente regulamentado pela RFB no dia 3 de julho de 2015 (via Instrução Normativa 1.571/2015). Com a publicação da IN nº 1.571/2015, a Receita Federal institui uma nova obrigação acessória, denominada e-Financeira, cuja tecnologia de desenvolvi-

financeiro que exige o fornecimento de informações, por instituições financeiras, das contas de correntistas nacionais ou residentes do outro País signatário, para os fins de trocas espontâneas, automáticas ou a pedido. As instituições financeiras, nacionais ou estrangeiras, que não cooperarem ou cumprirem as regras de fornecimento de informações corretas serão oneradas em 30% sobre o montante integral de quaisquer transações financeiras realizadas nos EUA.

Além do FACTA, cumpre mencionar a Convenção Multilateral sobre Assistência Mútua Administrativa em Matéria Fiscal (*Multilateral Agreement on Mutual Administrative Assistance in Tax Matters*) da OECD que foi recentemente aprovada pelo Congresso Nacional[22]. Esta Convenção, desenhada no espírito do BEPS, prevê a troca automática de informações tributárias e tem o propósito de combater a evasão fiscal internacional e a recuperação das bases tributáveis nas suas múltiplas possibilidades.[23]

A entrada em vigor da Convenção, a partir de 01 de outubro de 2016[24], permitirá ao Brasil o acesso a informações tributárias e finan-

---

mento é a mesma utilizada no SPED, condição que proporcionará às instituições financeiras maior aderência ao padrão consolidado e reconhecido internacionalmente para captação de dados pelo fisco brasileiro. Entre os responsáveis por prestar as informações destacam-se os bancos, seguradoras, corretoras de valores, distribuidores de títulos e valores mobiliários, administradores de consórcios e as entidades de previdência complementar. A e-Financeira tem sua primeira entrega para maio de 2016, referente aos dados a partir de 1º de dezembro de 2015.

22 O Congresso Nacional concluiu, com a aprovação pelo Plenário do Senado Federal e a publicação no Diário Oficial do Decreto Legislativo nº 105, de 14 de janeiro de 2016, a apreciação da Convenção Multilateral sobre Assistência Mútua Administrativa em Matéria Tributária, que foi assinada pelo Brasil durante Reunião de Cúpula do G-20, em Cannes, no ano de 2011.

23 OECD. Standard for Automatic Exchange of Financial Account Information in Tax Matters. Paris: OECD Publishing, 2014. http://dx.doi.org/10.1787/9789264216525-en.

24 A data foi definida a partir do depósito do instrumento de ratificação na Organização para Cooperação e Desenvolvimento Econômico (OCDE) documento que confirma a participação do país na Convenção Multilateral sobre Assistência Mútua Administrativa em Matéria Tributária. Pelas regras da convenção, o acordo entraria em vigor no primeiro dia do mês seguinte a um período de três meses após o depósito. Como foi feito em junho, chegou-se à data 1º de outubro. Isso significa que, na prática, o Brasil estará apto a trocar informações com os demais países signatários da convenção a partir deste dia.

ceiras de quase uma centena de países e jurisdições, com destaque para os modelos de intercâmbio automático de informações: o "Padrão para o Intercâmbio Automático de Informações Financeiras para Fins Tributários" ("*Standard for Automatic Exchange of Financial Account Information in Tax Matters*"), que permitirá à Receita Federal receber dados financeiros de interesse de todas as jurisdições signatárias, inclusive as de tributação favorecida; e o relatório de operações de grupos multinacionais ("*Country by Country Reporting*"), que incluirá as informações sobre as operações globais de tais grupos, sempre que possuam filiais no País. Essa troca de informações, no entanto, poderá ser feita por meio de solicitação ao país onde estão os ativos dos contribuintes brasileiros. O intercâmbio automático principal mecanismo previsto na convenção começará a ser feito somente em 2018, com os dados referentes ao exercício de 2017.

Assim, com a internalização da Convenção Multilateral, o Brasil estará ampliando a sua rede de intercâmbio de informações e fortalecendo sua imagem internacional quanto à transparência em matéria tributária, confirmando seus compromissos perante o G20 e o Fórum Global sobre Transparência e Intercâmbio de Informações para Fins Tributários.

Vale mencionar ainda a proposta de convenção "*Automatic Exchange of Financial Information in Tax Matters*" (AEOI) publicada pela OCDE em julho de 2014 com o objetivo de obter informações de contas das instituições financeiras e oferecer aos países interessados, anualmente. Tal Convenção Multilateral foi aprovada na Reunião do G-20/2014, sendo o Brasil um dos signatários (seu texto encontra-se em tramitação na Casa Civil), sendo que o Brasil se comprometeu a implementar o AEOI em 2018.

Para garantir maior efetividade ao instituto da troca de informações, seja ele de qual modalidade for (bilateral ou multilateral, e a pedido ou automático), há que se priorizar a segurança jurídica no manejo dos dados e compatibilizar as garantias e direitos constitucionais dos diversos países com as referidas convenções para que os objetivos maiores de transparência e substância sejam atingidos com equilíbrio e proporcionalidade.

Aliás, nossa conclusão é no sentido de que a proporcionalidade, em conjunto com razoabilidade, representa um princípio fiscal internacional abrangente, aplicável em inúmeras situações, inclusive em casos de trocas de informações entre autoridades fiscais. Assim, como a proporcionalidade e a razoabilidade são princípios fundamentais para a devida determinação de direitos e obrigações no âmbito do direito nacional ou internacional, tais princípios também devem ser aplicados no caso de Convenções internacionais quando atingem direitos e liberdades fundamentais[25].

Finalmente, não se pode deixar de mencionar o desafio de compatibilizar a necessidade de uma efetiva troca de informações entre os Fiscos visando combater a elisão fiscal com as garantias e direitos individuais dos contribuintes ao sigilo fiscal e financeiro adotadas pela maioria dos sistemas tributários vigentes.

Em se tratando de Brasil, em 24/02/2016 o plenário do Supremo Tribunal Federal (STF) decidiu o RE 601314, submetido a repercussão geral, e mais quatro ADIs (Ações Declaratórias de Inconstitucionalidade 2386, 2390, 2397 e 2859). Por maioria de votos (9x2) o STF decidiu no sentido de ser constitucional o artigo 6º da Lei Complementar 105/2001[26], considerado desde a época da sua apro-

---

[25] J.D. Rolim, Proportionality and Fair Taxation, Kluwer, 2014, p. 199 e 200.

[26] Até o presente momento, o inteiro teor do Acórdão ainda não foi disponibilizado, mas apenas a Decisão de Julgamento. Confira-se:

"Decisão: Após o voto do Ministro Dias Toffoli (Relator), que conhecia da ação e a julgava improcedente, no que foi acompanhado pelos Ministros Edson Fachin, Teori Zavascki, Rosa Weber e Cármen Lúcia; o voto do Ministro Roberto Barroso, que acompanhava em parte o Relator, conferindo interpretação conforme ao art. 6º da Lei Complementar nº 105/2001, para estabelecer que a obtenção de informações nele prevista depende de processo administrativo devidamente regulamentado por cada ente da federação, em que se assegure, tal como se dá com a União, por força da Lei nº 9.784/99 e do Decreto nº 3.724/2001, no mínimo as seguintes garantias: a) notificação do contribuinte quanto à instauração do processo e a todos os demais atos; b) sujeição do pedido de acesso a um superior hierárquico do requerente; c) existência de sistemas eletrônicos de segurança que sejam certificados e com registro de acesso, d) estabelecimento de mecanismos efetivos de apuração e correção de desvios; e o voto do Ministro Marco Aurélio, que dava interpretação conforme aos dispositivos impugnados de modo a afastar a possibilidade de acesso direto aos dados bancários pelos órgãos públicos, o julgamento foi suspenso. Impedido o Ministro Gilmar Mendes. Ausente, justificadamente, o Ministro Luiz Fux. Presidência do Ministro Ricardo Lewandowski. Plenário, 18.02.2016."

"Decisão: O Tribunal, por maioria e nos termos do voto do Relator, julgou improcedente o pedido formulado na ação direta, vencidos os Ministros Marco Aurélio e Celso de Mello. Reajustou o voto o Ministro Roberto Barroso para acompanhar integralmente o Relator. Impedido o Ministro Gilmar Mendes. Ausente, justificadamente, a Ministra Cármen Lúcia. Presidiu o julgamento o Ministro Ricardo Lewandowski. Plenário, 24.02.2016."

vação como inconstitucional por grande parte da doutrina brasileira, representada dentre outros pelo ilustre prof Sacha Calmon Navarro Coelho, que defendeu a eventual possibilidade da quebra do sigilo fiscal somente por decisão judicial.[27]

Em linha com os padrões internacionais, o direito ao sigilo foi considerado por alguns Ministros como não absoluto, mas salvaguardado de medidas razoáveis e proporcionais para a sua proteção como no caso da obtenção direta pelo fisco de informações bancárias do contribuinte. O dever de sigilo se transfere a autoridade fiscal que somente poderia utilizar as informações para investigar sonegação ou falta de pagamento de imposto, dando posteriormente ciência ao contribuinte e observando o devido processo legal. Um dos Ministros afirmou que os instrumentos previstos na lei impugnada conferem efetividade ao dever geral de pagar impostos, não sendo medidas isoladas no contexto da autuação fazendária, que tem poderes e prerrogativas específicas para fazer valer esse dever. O Presidente do STF mudou seu posicionamento anterior, entendendo ser constitucional a LC e justificou sua atitude na "*efetiva necessidade de repressão aos crimes como narcotráfico, lavagem de dinheiro e terrorismo, delitos que exigem uma ação mais eficaz do Estado, que precisa ter instrumentos para acessar o sigilo para evitar ações ilícitas*".

Já o relator das ADIs, Ministro Dias Toffoli, adotou observações dos demais ministros para explicitar o entendimento do STF sobre a aplicação da lei:

> "Os estados e municípios somente poderão obter as informações previstas no artigo 6º da LC 105/2001, uma vez regulamentada a matéria, de forma análoga ao Decreto Federal 3.724/2001, **tal regulamentação deve conter as seguintes garantias**: pertinência temática entre a obtenção das informações bancárias e o tributo objeto de cobrança no procedimento administrativo instaurado; **a prévia notificação do contribuinte quanto a instauração do processo e a todos os demais atos**; sujeição do pedido de acesso a um superior hierárquico; existência de sistemas eletrônicos de segurança que sejam certificados e com registro de acesso; estabelecimento de instrumentos efetivos de apuração e correção de desvios."

No entanto, a troca de informações automática ou a pedido entre dois ou mais países ainda não foi especificamente analisada, mas a partir desta decisão nos parece que a Convenção Multilateral vai ser

---

27 "Dias angustiantes permeiam a tributação no Brasil". Jus Navigandi, Teresina, a. 5, n. 51, out. 2001.

legitimada pelo STF, restando apenas a possível dúvida sobre em qual momento e se o contribuinte teria de ser informado e se poderia ou não participar do processo de troca de informações.

5. CONCLUSÃO

Estamos vivenciando o desenvolvimento crescente e irreversível do instituto da troca internacional de informações em matéria de tributária. Todos os grandes *players*, como a União Europeia, a OCDE, o G-20 e os Estados Unidos estão engajados e criaram ferramentas para facilitar e regular essa troca de informações. Estamos na nova era do chamado "Fisco Global" onde as palavras de ordem são a transparência e a substância e o sigilo bancário e fiscal internacional foi bastante relativizado, tanto é que no comunicado final da reunião do G-20 em Londres em 2 de abril de 2009, consta a seguinte afirmação: "A era do sigilo bancário acabou".[28]

Até então, o padrão era a troca internacional de informações mediante requisição de uma autoridade competente de um Estado à autoridade competente de outro Estado (EoIR). Todavia, parece ser consenso que o novo padrão é a troca automática de informações (AEoI), haja vista as iniciativas da OCDE (*Common Reporting Standard*[29]), dos EUA (FATCA) e da União Europeia (Diretiva de Cooperação administrativa em matéria fiscal[30]). Com isso, os Estados signatários terão de enviar informações para as administrações fiscais dos outros Estados, independentemente de qualquer solicitação.

Assim, com o crescimento da AEoI, dentro de um curto espaço de tempo, grandes quantidades de dados financeiros relativos aos contribuintes estarão fluindo entre as autoridades fiscais. Isso pode fazer

---

28 Ver também The Era of Bank Secrecy is Over. THE G20/OECD PROCESS IS DELIVERING RESULTS 26 OCTOBER 2011. Disponível em: https://www.oecd.org/ctp/exchange-of-tax-information/48996146.pdf.

29 O *Common Reporting Standard* (CRS), desenvolvido em resposta ao pedido do G20 e aprovado pelo Conselho da OCDE em 15 de Julho de 2014, insta jurisdições para obter informações de suas instituições financeiras e automaticamente trocar essas informações com outras jurisdições em uma base anual. Estabelece as informações das contas a serem trocadas, as instituições financeiras obrigadas a comunicar, os diferentes tipos de contas e os contribuintes abrangidos, bem como procedimentos de *due diligence* comuns a serem seguidas pelas instituições financeiras.

30 Council Directive 2011/16/EU of 15 February 2011 on administrative cooperation in the field of taxation and repealing Directive 77/799/EEC.

com que a EoIR torne-se menos comum e mais focada na obtenção de informações específicas, indo além de detalhes puramente financeiros, e nessas circunstâncias, a proteção dos direitos dos contribuintes pode ser ainda mais importante.

Outra reflexão importante a se fazer, como bem apontam P. BAKER e P. PISTONE[31] no já mencionado Relatório da IFA de 2015, é que as questões relacionadas à proteção dos direitos dos contribuintes nos casos de trocas de informações mediante requisição e trocas automáticas não são idênticas. Destacamos abaixo um resumo de tais diferenças:

i. para EoIR uma das questões-chave é a obrigação de notificar o contribuinte em causa antes de a informação ser trocada; por outro lado, a questão da segurança dos dados é muito mais significativo para AEoI do que é para EoIR;

ii. para EoIR, o Estado requerente tem de decidir antes de fazer seu pedido quais direitos do contribuinte podem ser comprometidos quando procura informações de outro país, e como esses direitos podem ser melhor protegidos. E, uma vez que a informação foi fornecida, o Estado requerente tem o dever de proteger os direitos do contribuinte no que diz respeito a essas informações; da mesma forma, no caso da AEoI, o Estado que está levantando as informações financeiras para efeitos de troca deve avaliar quais direitos dos contribuintes estão envolvidos com o processo de levantamento e processamento dos dados, e também deve considerar quais as salvaguardas necessárias para a transmissão dos dados para o Estado destinatário, e que garantias são oferecidas por este para tais dados, uma vez recebidos. O Estado destinatário, uma vez que tenha recebido os dados financeiros, também tem de decidir como proteger os direitos dos contribuintes em relação a esses dados: por exemplo, no que diz respeito à segurança dos dados e em matéria de acesso do contribuinte aos dados para verificar a sua precisão e corrigir eventuais imprecisões;

iii. para fins de EoIR, a depender do propósito da troca de informações requerida, se a) a informação relativa ao contribuinte já está em poder do Estado requerido; b) o Estado requerido precisa obter a informação pessoalmente do próprio contribuinte; ou c) se o Estado requerido precisa obter a informação de um terceiro. Na

---

[31] CAHIERS DE DROIT FISCAL INTERNATIONAL by the IFA. Vol. 100b, 2015. The practical protection of taxpayers' fundamental rights. General Report: Philip Baker e Pasquale Pistone. p.59.

hipótese b), o contribuinte terá ciência da troca de informações e poderá questionar o procedimento quanto à sua confidencialidade, e eventual violação de segredo profissional, etc. Já na situação c) a questão é se o Estado requerido necessitaria informar o contribuinte e dar-lhe o direito de contestar a coleta das informações ou sua transmissão (que foi parte da discussão no caso *Janyr*).

Nesse contexto, deve-se buscar a conciliação entre uma efetiva e célere troca de informações fiscais e os direitos e garantias dos contribuintes. G. TEIXEIRA[32] enumera algumas ferramentas criadas com o objetivo de proteção dos direitos dos contribuintes, a saber:

> "A maioria dos ordenamentos jurídicos nacionais dispões de regimes procedimentais ou processuais que obrigam, por exemplo, as administrações fiscais a um dever de notificação, exceptuando-se as situações de crime ou risco de fuga, a um dever de audição, etc., quando em presença de uma situação de troca de informações fiscais que envolvam contribuintes residentes."

A aplicação dessas ferramentas pode levar a uma maior facilitação ou, diferentemente, criar mais obstáculos à troca de informações, podendo em alguns casos até 'desequilibrar' o princípio da reciprocidade, se, por exemplo, um Estado não estiver obrigado, ao abrigo da sua legislação interna, a notificar ou ouvir o contribuinte no caso de trocas de informações, não só a comunicação ao outro Estado será feita de forma mais célere como, possivelmente, a troca de informações será processada de um modo mais eficiente.

Ocorre que infelizmente, alguns Estados[33] fizeram o caminho inverso, e removeram de suas legislações internas alguns direitos dos contribuintes, cedendo à pressão internacional, notadamente da OCDE.

Por fim, no que se refere ao Brasil[34], o tema da troca internacional de informações ainda não foi objeto de debate significativo, especialmente em relação aos direitos fundamentais do contribuinte cuja informação está sendo trocada. Conforme mencionado, a única jurisprudência relevante tratou da constitucionalidade de Lei Complementar em relação ao direito ao sigilo. O Pleno do STF concluiu após um longo

---

32 Ver também Teixeira, Glória. Manual de Direito Fiscal - 3.a Edição. Almedina: Coimbra, 2015.

33 O Relatório da IFA cita como exemplo Áustria, Liechtenstein, Holanda, Portugal e Suíça. *Op. Cit.* p. 62.

34 Ver também CAHIERS DE DROIT FISCAL INTERNATIONAL by the IFA. Vol. 100b, 2015. Branch Report: Brazil. André De Souza Carvalho e Ricardo Lobo Torres. p.212.

julgamento que o direito ao sigilo não é absoluto, mas salvaguardado de medidas razoáveis e proporcionais para a sua proteção como, por exemplo, a prévia notificação do contribuinte quanto a instauração do processo e a todos os demais atos. Evidentemente, a Convenção Multilateral não seria declarada inconstitucional neste ponto, mas complementada por uma garantia interna do contribuinte presente no ordenamento constitucional dentro da cláusula do devido processo e de outras garantias individuais. Talvez uma exceção a esta não notificação prévia do contribuinte poderia ser um caso criminal grave e com evidências claras de que, se notificado, o contribuinte poderia destruir provas, resgatar imediatamente recursos financeiros e continuar lesando gravemente o Fisco. Nesta hipótese, a autoridade fiscal faria um juízo preliminar e deveria buscar autorização judicial para não notificar previamente o contribuinte.

NÃO CUMULATIVIDADE NO ICMS - QUE O FUTURO NÃO SEJA UM MUSEU DE SUPOSTAS NOVIDADES

LUCIANA BATISTA SANTOS[1]

SUMÁRIO: 1. Introdução; 2. O consumo como fato gerador de impostos; 3. Histórico da não cumulatividade no ICMS e importância para o desenvolvimento nacional; 4. Constituição Federal de 1988 e a não cumulatividade no ICMS; 5. Conclusão

1. INTRODUÇÃO

Este trabalho pretende reforçar a vontade de Constituição, expressão difundida por Konrad Hesse, e sua força normativa. E vontade de Constituição é sua aplicação efetiva, que supõe o conhecimento adequado dos seus princípios. Porém, para além do conhecimento dos seus princípios, mais que saber que eles existem, é imprescindível saber por que eles existem, como estão configurados e para que servem, para que se lhe apliquem corretamente.

O princípio em questão é a não cumulatividade no imposto sobre operações relativas à circulação de mercadorias e sobre prestações de serviços de transporte interestadual e intermunicipal e de comunicação (ICMS). Sua trajetória histórica nos permitiu averiguar por que ele existe e para que serve. A análise da Constituição Federal de 1988 delineou o modo pelo qual está configurado entre nós hodiernamente. Foi possível, assim, pretender averiguar a correção de sua aplicação, centrando nosso foco no Congresso Nacional, através da edição de leis complementares sobre o princípio.

A base dos argumentos aqui expostos foi desenvolvida na dissertação de mestrado por mim defendida, em 2004, na prestigiada Faculdade de

---

[1] Advogada. Bacharel em Direito pela Universidade Federal de Minas Gerais. Mestre em Direito Tributário pela Universidade Federal de Minas Gerais. Professora de Direito Tributário.

Direito de Minas Gerais, sob o título "Não cumulatividade no ICMS". Tive o imenso privilégio de ser orientada pelo ilustre professor Dr. Sacha Calmon Navarro Coêlho a quem agradeço as preciosas lições sobre o tema escolhido. Assim, é uma honra dedicar este trabalho em homenagem ao grande mestre que tem iluminado o fascinante caminho do direito tributário no país com seu notável saber jurídico.

A importância da retomada do tema advém da prorrogação, mais uma vez, do aproveitamento de créditos no ICMS operada pela LC 171/2019.Ademais, vivemos a iminência da concretização de reforma tributária no país, estando atualmente em tramitação no Congresso Nacional algumas propostas de Emenda à Constituição. Em linhas gerais, os textos propõem a extinção gradativa de vários tributos, dentre eles o ICMS, e a criação de um único imposto sobre bens e serviços (IBS) sob a justificativa de simplificar o sistema tributário. Isso porque um dos problemas do modelo brasileiro atual é a fragmentação da tributação sobre a produção e a circulação de bens e serviços. Em relação à não cumulatividade do ICMS as propostas pretendem eliminar as perniciosas restrições à recuperação de créditos. Quanto a esse último tópico, talvez não fosse necessária reforma alguma, caso a Constituição atual fosse simplesmente observada em sua inteireza, conforme explicitado adiante.

No presente artigo, faremos uma análise do tema tal como previsto na Constituição Federal de 1988 que ao tratar da ordem tributária nacional, elegeu a lei complementar instrumento-mor da complementação desse sistema, com múltiplas funções. Interessou-nos, particularmente, a atuação da Lei Complementar 87/96, e suas alterações posteriores, na disciplina do ICMS quanto ao princípio da não cumulatividade, a fim de averiguarmos se seus ditames condizem com o Texto Maior. O foco recaiu sobre o trato dado aos bens do ativo fixo, bens de uso e consumo e insumos especiais como energia elétrica e serviços de comunicação. Por fim, abordamos a disciplina do princípio da não cumulatividade nas principais Propostas de Emenda à Constituição em tramitação no Congresso Nacional.

2. O CONSUMO COMO FATO GERADOR DE IMPOSTOS

A tributação é, indubitavelmente, o instrumento mais importante que o Estado possui para angariar recursos a fim de arcar com as despesas a seu cargo. Tal fato aponta para a sua importância como fonte de abastecimento dos cofres dos entes políticos componentes da República Federativa do Brasil, quais sejam União, Estados, Distrito

Federal e Municípios, como consignado no art. 18 da Constituição Federal de 1988.

Ao desenhar, no plano normativo, a hipótese de incidência dos impostos, espécie de tributo, o legislador colhe fatos sociais alheios à atuação do poder público. Para tanto, analisando as variadas situações que compõem o tecido social, deve escolher aquelas que indicam algum nível de riqueza por parte de quem as realiza. Constatamos que os fatos, atuações ou situações do sujeito passivo, que servem de suporte para a incidência dos impostos, são *fatos-signos presuntivos de riqueza*, famosa expressão utilizada por Alfredo Augusto Becker[2], por exemplo ter renda, fazer circular mercadorias e certos serviços, ter a propriedade de um imóvel urbano, ter a propriedade de um veículo automotor.

Se não há nos impostos nenhuma contraprestação estatal causadora da obrigação de entregar dinheiro aos cofres públicos, nada mais lógico, então, que, pelos menos, os cidadãos sejam tributados ao demonstrarem alguma possibilidade de contribuir para as despesas do Estado. Basta rápido olhar sobre os fatos declarados na Constituição Federal como geradores de impostos da União, Estados, Distrito Federal e Municípios (artigos 153, 155 e 156, respectivamente) para percebermos que são todos indícios de capacidade econômica da parte de quem a eles se subsume no plano real.

É tão imperiosa e verdadeira essa diretiva a ser seguida na composição dos impostos que encontra expressão no direito brasileiro desde a primeira Constituição, evoluindo para formulação cristalina na Constituição Federal de 1988, na formulação do denominado princípio da capacidade contributiva.

> Art. 145. A União, os Estados, o Distrito Federal e os Municípios poderão instituir os seguintes tributos:
> (...)
> § 1º. Sempre que possível, os impostos terão caráter pessoal e serão graduados segundo a capacidade econômica do contribuinte, facultado à administração tributária, especialmente para conferir efetividade a esses objetivos, identificar, respeitados os direitos individuais e nos termos da lei, o patrimônio, os rendimentos e as atividades econômicas do contribuinte.

Todas as manifestações de riqueza que servem de lastro à incidência de impostos na lei tributária brasileira gravitam em torno dos seguintes momentos: aquisição de riqueza, riqueza transformada em patrimô-

---

[2] BECKER, Alfredo Augusto – Teoria Geral do Direito Tributário. 2. ed., São Paulo: Saraiva, 1972. p. 458.

nio, circulação de riqueza e transferência de riqueza. Exemplificando, o imposto sobre renda e proventos de qualquer natureza (IR) grava a percepção da riqueza, o imposto sobre a propriedade predial e territorial urbana (IPTU) onera a riqueza expressa no patrimônio, o imposto sobre transmissão causa mortis e doações colhe a transferência de riqueza, enquanto o imposto sobre operações relativas à circulação de mercadorias e sobre prestações de serviços de transporte interestadual e intermunicipal (ICMS) tem como fundamento a renda consumida, ou seja, a riqueza produzida e lançada ao consumo.

Foco dos nossos estudos, a tributação sobre o consumo flagra o princípio da capacidade contributiva no instante em que o sujeito passivo demonstra aptidão para a aquisição onerosa de bens e serviços destinados à satisfação das suas necessidades finais ou do próprio processo produtivo que, conforme veremos, merece tratamento especial a fim de fomentar o desenvolvimento econômico nacional.

A circulação da riqueza através da produção e da circulação de bens e serviços é fato tributável no Brasil por três impostos distintos: o imposto sobre produtos industrializados (IPI), de competência da União; o imposto sobre operações relativas à circulação de mercadorias e sobre prestações de serviços de transporte interestadual e intermunicipal (ICMS), alocado aos Estados e ao Distrito Federal; e o imposto sobre serviços de qualquer natureza, não compreendidos na competência estadual e definidos em lei complementar (ISSQN), reservado aos Municípios.

3. HISTÓRICO DA NÃO CUMULATIVIDADE NO ICMS E IMPORTÂNCIA PARA O DESENVOLVIMENTO NACIONAL

Conhecer as práticas tributárias engendradas ao longo do tempo é conhecer o próprio tempo de determinado povo. No mosaico de fatores que informam uma época, o tributo é certamente pedra singular a fundamentar a vida social. Vamos então a um pouco de história.

Em meio à complexidade crescente nos índices econômico e social, os anos que seguiram à promulgação da Constituição de 1946 foram marcados por intensa discussão acerca de reformulações na legislação tributária que acompanhasse e consolidasse o recente modelo de desenvolvimento em voga no país. Isso porque o sistema tributário esculpido na Constituição Federal de 1946 pouco evoluíra em relação ao sistema previsto em 1934 e mostrava sinais de esgotamento face às novas demandas econômicas e sociais existentes no país no início da década de 1960.

Nesse contexto, destaca-se a adoção da não cumulatividade no imposto de consumo pela Lei n. 3.520, de dezembro de 1958, ao determinar que, do imposto devido em cada quinzena, fosse deduzido o valor do imposto que, no mesmo período, houvesse incidido sobre matérias-primas e outros produtos empregados na fabricação e acondicionamento dos produtos tributados. Na realidade, iniciava-se, no Brasil, o mesmo processo de estímulo à produção e aos investimentos, pela possibilidade de se deduzir o imposto incidente nas aquisições de bens de produção, consagrado na França em 1954 com o nascimento da *taxe sur la valeur ajoutée* (TVA). Contudo, havia muito a ser feito para que o sistema tributário nacional avançasse em racionalidade e equidade, alavancando o desenvolvimento nacional.

As principais críticas ao sistema tributário então vigente foram resumidas por Bernardo Ribeiro de Moraes[3] nos seguintes tópicos:

> A tributação era ampla e variada, permitindo incidências tributárias sobre pessoas, bens, valores, atos e papéis; as áreas de incidência baseavam-se em distinções meramente jurídicas, não refletindo a situação econômica;
>
> A discriminação de rendas tributárias era meramente empírica, não decorrendo de análise econômica dos encargos das entidades políticas, colocando em risco o funcionamento econômico e harmônico do regime federativo;
>
> O Imposto de Exportação era estadual, não condizente com seu papel de política monetária e cambial. Somente a União é que poderia utilizá-lo para fomentar novas vendas externas ou mesmo para constituir fundos de estabilização cambial e monetária de que tanto depende a política econômica;
>
> O Imposto sobre Vendas e Consignações tinha incidência cumulativa, em cascata, que prejudicava a comercialização e a industrialização dos bens econômicos;
>
> O Imposto de Transmissão Imobiliária era destituído de racionalidade, resultando efeito negativo no sistema econômico;
>
> O sistema não levava em conta as inter-relações entre impostos federais, estaduais e municipais, a fim de poderem fortalecer o sistema federativo;
>
> Vários impostos eram destituídos de finalidade econômica e poderiam ser suprimidos.

---

3 MORAES, Bernardo Ribeiro de. Curso de Direito Tributário. Sistema Tributário da Constituição de 1969. p.92-93.

Tamanha era a balbúrdia tributária à época que alguns juristas cunharam mórbidas metáforas para referir-se ao quadro reinante. Alfredo Augusto Becker[4] advertia que, no Brasil, ocorria um fenômeno patológico-tributário: *todos os juristas que vivem na época atual – se refletirem sem orgulho ou preconceito – dar-se-ão conta que circulam nos corredores de um manicômio jurídico-tributário*. Com a mesma verve jocosa, o ex- ministro do Supremo Tribunal Federal Aliomar Baleeiro[5] titulou seu livro de Clínica Fiscal, em que pretendia tratar de algumas moléstias tributárias.

O vértice da reviravolta tributária tão almejada estampou-se na aprovação da Emenda Constitucional nº 18, de 1965, redesenhando o modelo de tributação praticado até então, operando uma reestruturação da economia do Brasil. A Reforma Tributária de 1965 deu possibilidades para que o Brasil sorvesse os aromas renovados do desenvolvimento econômico, ao eliminar vários entraves existentes no obsoleto texto constitucional de 1946. Novamente, primorosa síntese das alterações substanciais operadas no sistema tributário pela EC 18/65 é fornecida por Bernardo Ribeiro de Moraes[6]:

1. Procurou estabelecer um sistema tributário nacional;
2. Discriminou os impostos com referência às suas bases econômicas;
3. Alterou o nome de alguns impostos;
4. Suprimiu vários impostos do sistema tributário;
5. Alterou a competência fiscal de alguns impostos;
6. Manteve e reforçou certas normas objetivadoras da unidade econômica e política do país;
7. Trouxe incentivos à coordenação de atividades entre a União, Estados e Municípios;
8. Concentrou impostos na competência da União;
9. Alterou regras de distribuição da arrecadação;
10. Trouxe maior unidade para certas normas fiscais;
11. Estabeleceu nova discriminação de rendas tributárias.

O novedio sistema tributário somente entrou em vigor em 1º de janeiro de 1967. Antes disso, em outubro de 1966, a União promulgou o Código Tributário Nacional, Lei n.º 5.172, que dispôs sobre o sistema

---

4 BECKER, Alfredo Augusto – Teoria Geral do Direito Tributário. São Paulo: Saraiva, 1.963.p.6.

5 BALEEIRO, Aliomar. Clínica Fiscal. Salvador : Livraria Progresso, 1958. p.5.

6 MORAES, Bernardo Ribeiro de. Curso de Direito Tributário. Sistema Tributário da Constituição de 1969. p.104.

tributário nacional e instituiu normas gerais de direito tributário aplicáveis aos entes federativos.

Parece não haver vozes dissonantes no Brasil quanto ao aperfeiçoamento do sistema tributário, operado pela Reforma de 1965, que ganhou em racionalidade e aproximação às grandes diretivas econômicas pensadas para a nação. Logo, a importância da reforma não se restringe ao plano estritamente jurídico, oxigenando os setores mais variados da economia nacional e das instituições financeiras do país.

Na seara da tributação indireta, crescera, durante o período de 1946 a1966, a importância relativa dos impostos internos sobre produtos. E, por isso, justamente o grupo dos impostos sobre a produção e a circulação foi objeto das alterações mais significativas e que mais de perto interessam ao presente trabalho.

Em substituição ao Imposto de Consumo foi criado, no âmbito da competência federal, o Imposto sobre Produtos Industrializados (IPI), incidindo de forma não cumulativa, com alíquotas diferenciadas, estabelecidas na razão inversa à essencialidade dos bens. Alteração de monta também foi feita no âmbito da competência municipal, com a supressão dos impostos que incidiam sobre a mesma base econômica, substituindo-os pelo imposto sobre serviços de qualquer natureza (ISSQN), não compreendidos na competência tributária da União e dos Estados. Sob a nomenclatura de Impostos Especiais foram reunidos os impostos únicos sobre minerais, sobre energia elétrica, sobre combustíveis e sobre lubrificantes, todos de competência federal e de incidência monofásica.

Mas o ponto básico trazido pela Emenda Constitucional n.º 18/65, concernente ao tema sob análise, foi a introdução da norma que trazia o desenho inaugural do ICM e outorgava competência aos Estados e ao Distrito Federal para instituí-lo, cujo artigo segue transcrito:

> Art 12. Compete aos Estados o imposto sobre operações relativas à circulação de mercadorias, realizadas por comerciantes, industriais e produtores.
>
> § 1º A alíquota do imposto é uniforme para todas as mercadorias, não excedendo, nas operações que as destinem a outro Estado, o limite fixado em resolução do Senado Federal, nos termos do disposto em lei complementar.
>
> § 2º O imposto é não-cumulativo, abatendo-se, em cada operação, nos termos do disposto em lei complementar, o montante cobrado nas anteriores, pelo mesmo ou por outro Estado, e não incidirá sobre a venda a varejo, diretamente ao consumidor, de gêneros de primeira necessidade, definidos como tais por ato do Poder Executivo Estadual.

Após inúmeras discussões sobre o sentido jurídico preciso dos termos que compunham a norma impositiva do ICM, firmou-se o entendimento de que o vocábulo operação seria o núcleo do aspecto material da hipótese de incidência. Essa operação deve provocar a circulação de uma mercadoria. E qual o significado jurídico da expressão circulação no contexto do imposto sob comento? Circular implica a mudança de titularidade do bem, ou seja, a alteração, em virtude de um título jurídico, daquele que detém os poderes de disposição sobre a mercadoria. A circulação relevante para o ICM é aquela que corresponde a uma translação de direitos, assim entendida fundamentalmente a transmissão de poderes jurídicos de disposição sobre uma mercadoria[7].

Mas, indubitavelmente, toda a pujança da Reforma Tributária de 1965 cristalizou-se na adoção da não cumulatividade no nível constitucional. Em harmonia com os avanços mundiais quanto à tributação sobre o consumo, o Brasil passou a consagrar de maneira ampla para seus dois principais tributos indiretos, IPI e ICM, o citado princípio, desentravando a produção e o comércio e impelindo o avanço das exportações.

Pela não cumulatividade, de definição constitucional entre nós a partir de então, o contribuinte do ICMS deve compensar com o imposto incidente sobre as operações que realizar o imposto relativo às aquisições por ele anteriormente efetuadas. O contribuinte do imposto, nas operações de venda que promove, transfere ao adquirente o ônus do imposto que pagará ao Estado e, ao mesmo tempo, possa ele creditar-se do imposto que suportou em suas aquisições (embora, na posição de adquirente, apenas tenha sofrido a transferência e nada tenha pessoalmente recolhido aos cofres públicos). Assim, o adquirente da mercadoria no último elo da cadeia econômica, ou seja, o consumidor final, é quem verdadeiramente arca com o pagamento do imposto, pois vem embutido no preço do bem, desde a etapa produtiva até ele, como a rolar em um moto-contínuo.

Verifica-se, assim, que a EC 18/65 não se ateve a um caráter meramente revisionista da discriminação de rendas perpetrada pelo texto de 1946, mas sim operou profunda e ampla reforma nos pilares do sistema tributário nacional, visando ao seu aperfeiçoamento em prol da ascensão econômica do país.

A tributação cumulativa, que incidia sobre todo o processo produtivo até a venda ao consumidor final pelo valor integral do produto,

---

7 ATALIBA, Geraldo e GIARDINO, Cleber. *Núcleo Da Definição Constitucional do ICMS*. Revista de Direito Tributário 25-26. p. 112.

gerava um custo artificial sobre os preços dos bens e serviços comercializados. As consequências de tal fato foram nefastas ao desenvolvimento econômico porque ao encarecer o processo produtivo e comercial, inevitavelmente se reduziram os investimentos empresariais e a oferta de empregos.

É evidente que a tributação em cascata penaliza mais fortemente os processos produtivos extensos, pois quanto maior o número de operações tributadas maior será a carga tributária apurada ao final. Nota-se, por isso, um processo de verticalização das empresas, visto que, quanto mais reduzido o número de etapas a serem percorridas pelo bem, da produção ao consumo, menor o encargo tributário a ser suportado pelos empresários. O resultado final é a concentração, em poucos conglomerados empresariais, da exploração de determinado ramo de negócio, acarretando monopólio no oferecimento de bens e/ou serviços ao mercado.

Penalizado é também o consumidor final, que paga mais por bens e serviços cujos preços estão sobrecarregados por um custo artificial indesejável. Dessa forma, perde também a população pelo aumento do custo de vida.

Outro expressivo efeito deletério da incidência cumulativa é ser um entrave à promoção das exportações, devido ao elevado custo do produto nacional, enquanto as importações de produtos acabados diretamente para o consumidor acabavam estimuladas, pois sofriam uma única incidência, quando da entrada.

Ressalte-se que também é benefício inegável decorrente do sistema não cumulativo a maior possibilidade de controle fiscal, pois o imposto pago em cada etapa constitui crédito fiscal na etapa seguinte, interligando os contribuintes.

As vantagens da adoção da não cumulatividade foram expostas com magnificência pela professora Misabel Derzi[8]:

> Em economias que tendem à integração, como nos modelos europeus ou latino-americanos, um imposto não cumulativo (da modalidade do IPI e do ICMS) é considerado ideal, exatamente por suas qualidades:
> a. é neutro, devendo ser indiferente tanto na competitividade e concorrência, quanto na formação de preços de mercado (princípio da neutralidade);
> b. onera o consumo e nunca a produção ou o comércio, adaptando-se às necessidades de mercado;

---

8 DERZI, Misabel A. Machado. *Notas ao livro Direito Tributário Brasileiro* - Aliomar Baleeiro, 11ª ed. Rio de Janeiro: Editora Forense,1999, p. 337.

c. oferece maiores vantagens ao Fisco, pois sendo plurifásico, permite antecipar o imposto que seria devido apenas no consumo (vantagens financeiras), e coloca, ademais, todos os agentes econômicos das diversificadas etapas de circulação como responsáveis pela arrecadação (vantagens contra o risco da insolvência).

É verdade que a EC 18 à Constituição Federal de 1946 foi revogada com a superveniência da Constituição castrense de 1967. Porém, o novo texto de 1967, bem como a sua emenda n.° 1, em 1969, incorporaram, em linhas gerais, as várias formulações técnicas, introduzidas pela EC 18/65, que aprimoraram o nosso sistema tributário, dentre elas a não cumulatividade no ICM.

Por conseguinte, a consagração da não cumulatividade pela Emenda Constitucional n° 18 representa o ponto culminante de um lento processo evolutivo do sistema tributário nacional quanto à tributação sobre o consumo de bens e serviços no Brasil. Constata-se a evolução de uma tributação meramente predatória para abastecimento dos cofres portugueses quando do descobrimento do Brasil, passando por uma arrecadação com finalidades eminentemente fiscais para cobrir gastos públicos até chegarmos ao intuito de desoneração da produção e do comércio, com a adoção do princípio da não cumulatividade. De tributação monofásica para tributação plurifásica e cumulativa e daí finalmente para tributação plurifásica e não cumulativa, com a reforma do sistema tributário em 1965, mantida pelas Constituições posteriores, inclusive pela Constituição Federal de 1988.

Adotava o Brasil, a partir de então, nos principais impostos sobre a produção e a circulação de bens e serviços (IPI e ICM), tributação assentada na não cumulatividade e na plurifasia, buscando alcançar o valor adicionado em cada etapa, embora não seja juridicamente a base de cálculo do tributo.

Implantada a Assembleia Constituinte em 1987, a questão tributária seguia em evidência, sendo amplamente discutida em vários fóruns com participação social. As propostas para a nova Constituição, concernentes à matéria fiscal, gravitavam em torno dos seguintes pontos, segundo Bernardo Ribeiro de Moraes[9]:

> Descentralização e fortalecimento da autonomia dos Estados e dos Municípios; atenuação dos desequilíbrios regionais do país; maior justiça fiscal e proteção ao contribuinte; simplificação da tributação e sua ade-

---

9 MORAES, Bernardo Ribeiro de. Compendio de Direito Tributário. V. I. Rio de Janeiro: Forense, p.169.

quação às necessidades de modernização do sistema produtivo; garantia de um mínimo de uniformidade nacional ao sistema tributário, nos seus princípios básicos, mediante a preservação da figura da lei complementar em matéria tributária; crescente progressividade do imposto sobre produtos industrializados; criação de novos impostos.

Almejando conciliar as demandas expostas pelos diversos segmentos sociais diretamente interessados na nascente ordem tributária, foi promulgada a Constituição Federal de 1988, dedicando o extenso Título IV para a Tributação e o Orçamento. Contemplava, em linhas gerais, as normas regentes da tributação, as limitações ao poder de tributar, a distribuição das competências tributárias entre os entes da federação e, por fim, a repartição de receitas tributárias entre eles.

No capítulo seguinte, analisaremos, em linhas gerais, a estrutura da não cumulatividade no ICMS na Constituição Federal de 1988.

4. CONSTITUIÇÃO FEDERAL DE 1988 E A NÃO CUMULATIVIDADE NO ICMS

A nova ordem constitucional, inaugurada em 1988, trouxe em seu bojo mudança significativa na competência dos Estados e do Distrito Federal, que passaram a tributar, por via do ICMS, a prestação de serviços de transporte interestadual, intermunicipal e de comunicações que, anteriormente, era tributada pela União. Além disso, robusteceu a tributação sobre operações relativas à circulação de mercadorias ao incrustar em seu circuito os antigos impostos únicos federais sobre operações relativas a combustíveis, a lubrificantes, a energia elétrica e aos minerais. A não cumulatividade seguiu prevista na atual Constituição Federal que é incisiva ao traçar seu perfil para o ICMS, nos seguintes termos:

> Art. 155. Compete aos Estados e ao Distrito Federal instituir impostos sobre:
> II - operações relativas à circulação de mercadorias e sobre prestações de serviços de transporte interestadual e intermunicipal e de comunicação, ainda que as operações e as prestações se iniciem no exterior;
> (...)
> § 2º O imposto previsto no inciso II atenderá ao seguinte:
> I – será não cumulativo, compensando-se o que for devido em cada operação relativa à circulação de mercadorias ou prestação de serviços com o montante cobrado nas anteriores pelo mesmo ou outro Estado ou pelo Distrito Federal.

Pelo princípio constitucional da não cumulatividade o contribuinte do ICMS, extraído do comando do artigo 155, II, CF/88, deve compensar com o imposto incidente sobre as operações de circulação de mercadorias ou prestação de serviços de transporte interestadual ou intermunicipal ou de comunicações que realizar o imposto relativo às operações/prestações anteriormente efetuadas. Assim, o adquirente da mercadoria/serviço no último elo da cadeia econômica, ou seja, o consumidor final, é quem verdadeiramente arca com o pagamento do imposto, pois vem embutido no preço.

Não desconhecemos a grande celeuma doutrinária que há em torno do tema: é a não cumulatividade princípio ou regra entre nós? Entendemos que o mais importante, o que não deve ser esquecido é que a não cumulatividade é norma constitucional. E como tal deve ser compreendida e respeitada. Isso porque é possível avaliar uma norma constitucional, seja ela princípio ou regra?

Segundo a doutrina nacional mais abalizada[10], com a qual nos emparelhamos a não cumulatividade é princípio constitucional.

É princípio constitucional específico para o ICMS que determina que o seu contribuinte, extraído do comando do artigo 155, II, CF/88, compense com o imposto incidente sobre as operações de circulação de mercadorias ou prestação de serviços de transporte interestadual ou intermunicipal ou de comunicações que realizar o imposto relativo às operações/prestações anteriormente efetuadas.

É princípio constitucional específico e técnico para o ICMS, pois determina o modo de sua apuração, projetando-se para dentro da norma jurídica do ICMS, nos casos em que se aplica, especificamente no critério quantitativo da consequência normativa, conforme exposto pelo Professor Sacha Calmon[11]:

---

[10] MELO, José Eduardo Soares de. ICMS – Teoria e Prática. 5ª ed. São Paulo: Dialética, 2002. p. 209-262; CARRAZA, Roque Antônio. ICMS. 8ª ed. São Paulo: Malheiros Editores, 2.002. p. 247-311; 35. DERZI, Misabel A. Machado. Notas ao livro Direito Tributário Brasileiro. Aliomar Baleeiro. 11ª ed. Rio de Janeiro: Editora Forense,1999. p. 419 - 431; COÊLHO, Sacha Calmon Navarro. Curso de Direito Tributário Brasileiro. 17ª ed. Rio de Janeiro: Editora Forense, 2020. p. 479 - 512; ATALIBA, Geraldo; GIARDINO, Cléber. ICM: abatimento constitucional - princípio da não cumulatividade. Revista de Direito Tributário, São Paulo, n. 29-30, p. 110-126, jul/dez 1984.

[11] COÊLHO, Sacha Calmon Navarro. Teoria Geral do Tributo e da Exoneração Tributária. São Paulo: Editora Revista Dos Tribunais,1982. p. 96. Tais lições valem perfeitamente para o atual ICMS.

Não basta aplicar a alíquota interna, interestadual ou de exportação, sobre o valor das operações tributáveis ocorridas em lapso de tempo determinado. É necessário ainda que se deduza do montante achado pelo modo atrás descrito, o valor dos créditos pelas entradas ocorridas no período, assim como o valor dos créditos presumidos por ventura previstos na legislação. Sem essa dedução não se chega ao *quantum debeatur*. A dedução não é facultativa, é imperativa. Decorre de preceituação inserta no comando da norma. Uma preceituação que indica como calcular o tributo. Se por ventura o credor recebê-lo sem a referida dedução estará recebendo a mais do que o devido e o devedor pagando mal. Como e dever tributário é *ex lege*, será recebimento indevido, sem causa, ilegítimo, ilegal. Cabe ao devedor, na espécie, repetir o indébito, se o credor não restituir *ex officio* o valor excedentário. É que o princípio da não cumulatividade integra a norma de tributação do ICM. Está dentro dela e não fora. A norma, repita-se pela undécima vez, se não confunde com as leis.

A não cumulatividade apresenta grau de abstração e generalidade, próprio de princípios, para normatizar grande número de situações no âmbito do imposto a que se aplica. Por exemplo, o legislador infraconstitucional pode optar por concentrar a arrecadação sobre um dos sujeitos passivos, envolvidos no circuito plurifásico de circulação de mercadorias/prestação de serviços, como acontece nos casos de substituição tributária. Mas o tributo é não-cumulativo, significando com isso que tal técnica – que nada tem em si mesma de inconstitucional – deve se estruturar de forma a respeitar esse comando categórico da Constituição (artigo 150, §7°, CF/88).

Mas a não cumulatividade sendo princípio específico do ICMS não protege somente os interesses imediatos de seus contribuintes. O princípio da não cumulatividade move-se pela efetivação concreta de inúmeros valores prestigiados pelo texto constitucional. Ao desonerar a produção e a circulação de bens e serviços, a não cumulatividade almeja concretizar os objetivos fundamentais da República Federativa do Brasil, expressos no artigo 3° da Constituição Federal.

Essa a dimensão coletiva ou social do princípio transborda o campo específico do ICMS para emparelhar-se às grandes metas constitucionais. Assim, ao lado dos grandes princípios axiológicos do sistema, tais como legalidade, igualdade e segurança jurídica, a não cumulatividade não deixa de realizar uma técnica também embebida em valores constitucionais: o valor do desenvolvimento econômico que gera o pleno emprego; o valor da diminuição do preço do produto interno para o favorecimento das exportações e proteção do consumidor nacional.

Considerando que o princípio da não cumulatividade é determinação constitucional, deve ser cumprido tanto pelos contribuintes do imposto, como pelos próprios agentes da Administração Pública. Neste sentido a lição de Geraldo Ataliba[12], em conferência proferida a respeito:

> É a Constituição, meus senhores, que dá a mim, cidadão que pratica operação mercantil no Brasil, o direito de me creditar do ICM relativo a operações anteriores; não é lei nenhuma.
>
> Não é a lei complementar que dá; não é a lei ordinária do Estado; não é a doutrina: é a Constituição. Este é um direito constitucional, é um direito dado pela Constituição, é um direito público subjetivo constitucional de quem pratica operação mercantil. Portanto, a lei não pode diminuir, reduzir, retardar, anular, ignorar um direito que a Constituição deu.

Em síntese, o princípio da não cumulatividade transporta o tributo como se fosse um fluido a deslizar dentro de um ducto até escoar no consumidor final. Por isso, apesar da terminologia "imposto sobre operações de circulação de mercadorias e prestação de determinados serviços", o ICMS é verdadeiramente um imposto sobre o consumo. Ele grava a renda consumida, ou seja, a riqueza demonstrada pela capacidade de adquirir produtos e serviços.

Periodicamente, o realizador da operação de circulação de mercadoria ou prestação de serviços de transporte interestadual ou intermunicipal tem o dever [13]constitucional de abater do montante de ICMS a recolher os valores cobrados (na acepção acima fixada), a esse título, nas operações ou prestações anteriores. O contribuinte, se for o caso, apenas recolhe, em dinheiro, aos cofres públicos a diferença resultante da operação matemática. Nessa conta corrente fiscal, se o resultado for negativo, isto é, se os créditos forem superiores aos débitos, há saldo credor a transferir para o período de apuração subsequente.

Assumimos a técnica da subtração ou diferença imposto-contra-imposto para apurar o valor acrescido[14]. A quantia a ser desembolsada

---

12 ATALIBA, Geraldo – "Mesa de Debates" – no VIII Congresso Brasileiro de Direito Tributário. Revista de Direito Tributário, 64, pp.28 e ss

13 COELHO. Sacha Calmon Navarro. *Curso de direito tributário brasileiro.* 17ª ed. Rio de Janeiro: Forense, 2020. p.367.

14 Sobre as técnicas de apuração do valor adicionado, conferir CARRAZA,. Roque Antônio – ICMS .São Paulo: Editores Malheiros, 8 ed. 2002.; DERZI, Misabel A. Machado. Notas ao livro Direito Tributário Brasileiro. Aliomar Balleeiro. 11ª ed. Rio de Janeiro: Editora Forense,1999.

pelo contribuinte a título de ICMS é o resultado de uma subtração em que o minuendo é o montante de imposto devido e o subtraendo é o montante de imposto anteriormente cobrado.

A Constituição Federal no art 155, §2°, II estabelece apenas duas regras de exceção ao princípio da não cumulatividade (isenção ou não incidência), aplicável ao ICMS. Registre-se que, nesse ponto, a disciplina da não cumulatividade no ICMS é contrastável com a disciplina conferida ao IPI que não recebeu nenhuma regra de exceção no texto constitucional.

> Art. 155 (...)
> §2° (...)
> II – a isenção ou não incidência, salvo determinação em contrário da legislação:
> não implicará crédito para compensação com o montante devido nas operações ou prestações seguintes;
> acarretará anulação do crédito relativo às operações anteriores;

Entendemos que nenhuma outra exceção existe na Constituição em vigor ao princípio da não cumulatividade no ICMS.

A professora Misabel Derzi[15], interpretando o dispositivo à luz do princípio da não cumulatividade, preleciona que:

> a exceção apenas devolve ao legislador infraconstitucional a decisão política de graduar o incentivo, a isenção ou não incidência. Se mantidos integralmente os créditos, o incentivo será amplo; se reduzidos ou estornados, o incentivo terá alcance limitado. (...) Mas o estorno dos mesmos créditos, em caso de isenção, apenas reduzirá o alcance do benefício concedido, jamais transferindo o ônus do tributo para o contribuinte ou tornando cumulativo o imposto. A regra constitucional é a de que o imposto jamais seja suportado pelo contribuinte e essa regra, em nenhum caso, deverá ser quebrada.

5. Lei Complementar e a previsão de cumulatividade inconstitucional no ICMS

Lugar de destaque sempre mereceu a lei complementar no desdobramento do texto constitucional em relação ao ICMS, desde a sua introdução no ordenamento jurídico nacional pela EC 18/65. Especificamente no que tange à disciplina da não cumulatividade, porém, houve alteração profunda na Constituição Federal de 1988 em relação aos textos anteriores.

---

15 DERZI, Misabel A. Machado. Notas ao livro Direito Tributário Brasileiro. Aliomar Balleeiro. 11ª ed. Rio de Janeiro: Editora Forense,1999. p. 421-422.

Isso porque a Emenda Constitucional 18/65 à Constituição de 1946 dizia, em seu artigo 12, §2°, que o ICMS (à época ICM) seria não cumulativo, abatendo-se, em cada operação, **nos termos do disposto em lei complementar**, o montante cobrado nas anteriores, pelo mesmo ou por outro Estado (grifos nossos). Tal comando foi repetido na Constituição de 1967, seguindo no mesmo diapasão a EC 1/69.

Considerando a redação dos textos constitucionais citados, o entendimento que se consolidou, inclusive na jurisprudência dos tribunais superiores, era no sentido de que a aplicação da não cumulatividade poderia ser limitada por meio de lei complementar.

Assim, foi promulgado o Decreto lei 406/68, lei complementar *ratione materiae*, que adotou o credito físico, ou seja, somente propiciavam credito a compensar nas operações subsequentes as mercadorias destinadas a revenda ou materiais/insumos que se integrassem fisicamente ao produto resultante ou que, ao menos, se consumissem integralmente durante o processo de industrialização.

Porém, a CF/88 trouxe uma mutação profunda, não delegando a lei complementar estatuir o perfil do princípio da não cumulatividade, que, é, assim, autoaplicável, não carecendo de regramento infraconstitucional. Tudo o que precisa ser dito está de maneira clara no artigo 155, §2°, I da CF/88: **o ICMS será não cumulativo**, compensando-se o que for devido em cada operação relativa a circulação de mercadorias ou prestação de serviços com o montante cobrado nas anteriores pelo mesmo ou outro Estado ou pelo Distrito Federal (grifos nossos). Quanto ao princípio da não cumulatividade, caberia a lei complementar, como norma geral, apenas a função de disciplinar o regime de compensação do imposto (155, §2°, XII, 'c' da CF/88).

A mudança não foi meramente de *topoi, de local*. Mudou-se o lugar e mudou-se a função da lei complementar na matéria. Na Constituição Federal de 1988, não há como a lei complementar restringir o direito de crédito que se quer amplo, sem amarras, sem considerações quanto a destinação do bem, sua incorporação física no produto final ou se sua serventia será como insumo no processo produtivo[16]. Sendo custo operacional, poderá ser compensado o crédito na operação futura, car-

---

[16] Por conseguinte, as exclusões e restrições ao direito a dedução se referem somente aos bens adquiridos que não são necessários a exploração da atividade econômica ou que não estão afetados exclusivamente a tal exploração, como os gastos com a compra de artigos pessoais, privativos dos diretores de empresa ou de seus familiares, ou de bens utilizados indistintamente para necessidades profissionais e privadas, etc.

reando o valor do imposto até chegar ao consumidor final, acoplado ao preço da mercadoria/serviço.

Na verdade, conforme lição do professor Sacha Calmon [17], o campo material da lei complementar é a disciplina apenas de aspectos adjetivos do princípio da não cumulatividade, tal como definir o período[18] (mês, quinzena, bimestre) de apuração do imposto.

Portanto, a Constituição Federal consagrou um irrestrito direito a compensação para o ICMS, salvo as exceções nela mesma previstas, no artigo 155, § 2°. II , aplicáveis nas hipóteses de incentivo fiscal, isenção ou não-incidência. Não poderia mesmo ser de outra forma porque pela leitura sistêmica de seus preceitos percebe-se a pretensão de se fundar um novo Estado Democrático de Direito, sendo um dos seus pilares a tributação não impeditiva do desenvolvimento econômico.

Mas o tempo demonstrou que a mudança profunda só ocorrera na letra da lei constitucional. A leitura que se fez sobre o direito a compensação no maior imposto de consumo que temos, o ICMS, no Congresso Nacional foi filtrada em paradigmas ultrapassados, dissonantes da nova ordem jurídica instaurada pela Constituição Federal de 1988. E as inconstitucionalidades na matéria tem se renovado continuamente, conforme exposto em breve síntese a seguir.

Em 1996, foi publicada a Lei Complementar n° 87 contendo normas gerais sobre ICMS, inclusive quanto ao tema ora tratado, nos seguintes termos:

1. somente dariam direito de crédito as mercadorias destinadas ao uso ou consumo do estabelecimento, nele entradas a partir de 1º de janeiro de 1998. Porém, esta data foi sucessivamente postergada pelas Leis complementares 92/97, 99/99, 114/2002, 122/2006, 138/2010 e, por fim, 171/2019, estando hoje adiada para 1º de janeiro de 2033;
2. somente dariam direito de crédito a energia elétrica usada ou consumida no estabelecimento a partir da data da entrada da Lei Complementar em vigor. Porém, a LC 102/ 2000 limitou tal direito, ao estabelecer que somente dará direito a crédito a entrada

---

17 COELHO. Sacha Calmon Navarro. *Curso de direito tributário brasileiro.* 17ª ed. Rio de Janeiro: Forense, 2020. p.356.

18 A LC 87/96 instituiu o período (normalmente de trinta dias) como regime comum e genérico de apuração do ICMS com o cotejo de débitos e créditos, sendo que a liquidação entre nós se dá por compensação e por transferência (para períodos posteriores ou para outros estabelecimentos do mesmo contribuinte ou de terceiros).

de energia elétrica no estabelecimento: a) quando for objeto de operação de saída de energia elétrica; b) quando consumida no processo de industrialização; c) quando seu consumo resultar em operação de saída ou prestação para o exterior, na proporção destas sobre as saídas ou prestações totais; e d) a partir de 1º de janeiro de 2003, nas demais hipóteses. Porém, esta data foi sucessivamente postergada pelas Leis complementares 114/2002, 122/2006, 138/2010 e, por fim, 171/2019, estando hoje adiada para 1º de janeiro de 2033;

3. somente dariam direito de crédito as mercadorias destinadas ao ativo permanente do estabelecimento, nele entradas a partir da data vigência da Lei Complementar. Porém, a LC 102/ 2000 limitou tal direito, ao introduzir, no art. 20, § 5º, da LC 87/96, que a apropriação será feita à razão de um quarenta e oito avos por mês, sendo anulado o eventual saldo ao final desse período;

4. a LC 102/2000 incluiu na LC 87/96 o direito de crédito de serviços de comunicação utilizados pelo estabelecimento: a) ao qual tenham sido prestados na execução de serviços da mesma natureza; b) quando sua utilização resultar em operação de saída ou prestação para o exterior, na proporção desta sobre as saídas ou prestações totais; e c) a partir de 1º de janeiro de 2003, nas demais hipóteses. Porém, esta data foi sucessivamente postergada pelas Leis complementares 114/2002, 122/2006, 138/2010 e, por fim, 171/2019, estando hoje adiada para 1º de janeiro de 2033.

Do exposto, podemos concluir que a Lei Complementar 87/96 reconheceu que deveria haver crédito do ICMS para todas as aquisições, inclusive de bens de uso e consumo ou ativo permanente. Porém, incidiu em inconstitucionalidade quando fixou os termos iniciais para a fruição desse direito que a ela preexistia já que decorrente da própria letra do artigo 155, § 2º, I, do Texto Supremo.

Graves violações sofreu o princípio da não cumulatividade com a edição dessas leis complementares que, ao amesquinharem o aproveitamento de créditos do ICMS na aquisição de bens do ativo fixo, desestimulam o investimento em maquinário, atravancando a modernização ao dos estabelecimentos empresariais. Ainda mais pernicioso é o retorno, na prática, ao crédito físico para a energia elétrica e serviços de comunicação, insumos essenciais a qualquer atividade empresarial. Além disso, a previsão de aproveitamento de determinados créditos somente em data futura, constantemente postergada, torna o imposto cumulativo.

Conforme reiteradas vezes tem sustentado o professor Sacha Calmon[19], não sendo demais aqui repetir:

> é necessário desonerar o custo da produção e da comercialização de todo o imposto pago nas aquisições (sejam relativas a insumos, produtos intermediários ou bens do ativo fixo), sob pena de se ter nova tributação sobre esses bens, pois o custo deles integrara o preço do produto no momento da saída. A indedutibilidade dos créditos relativos a aquisição de bens de capital, máquinas e insumos diretamente utilizados na atividade econômica configura um rompimento com o princípio da não cumulatividade.

E o que se nos afigura mais grave é que tais dispositivos, que julgamos inconstitucionais pelos motivos citados, encontraram abrigo na jurisprudência do Supremo Tribunal Federal ao decidir que a Carta de 1988 adota o regime do crédito físico, facultado ao legislador infraconstitucional adotar o regime do crédito financeiro[20].

6. Propostas de Reforma Tributária e aplicação da não cumulatividade

Mais uma vez na nossa história, estamos diante de propostas de emenda à Constituição sob a justificativa de alcançar um modelo tributário mais justo, eficaz e transparente. Destacamos aqui a PEC 45/2019[21], oriunda da Câmara dos Deputados, e a PEC 110/2019[22], advinda do Senado Federal, porque encontram-se mais avançadas, no Congresso Nacional, as discussões em torno de seus textos.

Em síntese, tais propostas têm por objetivo operar uma ampla reforma do modelo brasileiro de tributação de bens e serviços, por meio da substituição de cinco tributos atuais por um único imposto sobre bens e serviços (IBS). Os tributos que serão substituídos pelo IBS são: (i) imposto sobre produtos industrializados (IPI); (ii) imposto sobre operações relativas à circulação de mercadorias e sobre prestações de serviços de transporte interestadual e intermunicipal e de comunicação (ICMS); (iii) imposto sobre serviços de qualquer natureza (ISS); (iv) contribuição para o financiamento da seguridade social (Cofins);

---

19 COELHO. Sacha Calmon Navarro. *Curso de direito tributário brasileiro*. 17ª ed. Rio de Janeiro: Forense, 2020. p.358.

20 COELHO. **Sacha Calmon Navarro. *Curso de direito tributário brasileiro*. 17ª ed. Rio de Janeiro: Forense, 2020. p.356, ao citar o AgR-AI n.º 848.516/PB, Rel. Min. Roberto Barroso, DJe 31.03.2014.**

21 Disponível em https://www.camara.leg.br/proposicoesWeb/fichadetramitacao?idProposicao=2196833. Acesso em 02.02.2020.

22 Disponível em https://www25.senado.leg.br/web/atividade/materias/-/materia/137699. Acesso em 02.02.2020.

e (v) contribuição para o Programa de Integração Social (PIS). O IBS terá as características de um imposto sobre o valor adicionado (IVA), modelo adotado pela maioria dos países para a tributação do consumo de bens e serviços.

Verifica-se nos textos citados que o novo imposto será não cumulativo, compensando-se o imposto devido em cada operação com aquele incidente nas etapas anteriores. Destaca-se que ambas as propostas de emenda à Constituição propõem uma garantia de crédito integral e imediato para os bens e serviços adquiridos em processos de investimento (bens de capital), bem como em relação aos bens e serviços utilizados na atividade produtiva, ressalvados aqueles de uso e consumo pessoal dos proprietários e dos empregados das empresas, o qual deve ser tributado normalmente. Enfim, os projetos trazem a previsão da adoção da não cumulatividade plena (também conhecida como "crédito financeiro") garantindo uma desoneração completa dos investimentos para que tenhamos, de fato, um imposto que incide apenas sobre o consumo.

Na prática, isso é o reconhecimento de que, até o momento, os objetivos da adoção do princípio da não cumulatividade entre nós, desde a Emenda Constitucional de 1965, restaram frustrados pela existência de uma série de inconstitucionais restrições à recuperação de créditos previstas em leis complementares.

5. CONCLUSÃO

Lamentável constatar, por conseguinte, que muitas das questões tratadas na reforma tributária de 1965 precisam ser novamente retomadas. estando na ordem do dia, no bojo das discussões atuais sobre a reformulação do sistema tributário, tais como a extinção das múltiplas incidências sobre as mesmas bases econômicas e a adoção efetiva da não cumulatividade na tributação sobre o consumo.

No que tange à não cumulatividade despicienda seria uma reforma tributária se o comando constitucional já tivesse sido adequadamente observado pelo Congresso Nacional em seu mister de produção da legislação complementar. Mas vamos renovar nossa esperança de termos realmente novidades no trato da matéria, para que possamos caminhar na concretização de um Estado Democrático de Direito que pressupõe o combate à miséria e à pobreza.

Enquanto isso, é forçoso concluir que, com a descaracterização e o desrespeito paulatinos dos princípios constitucionais, ainda não aprendemos a clássica lição de que o poder de tributar envolve o poder de destruir.

O PANORAMA ATUAL DO ARTIGO 146-A DA CONSTITUIÇÃO FEDERAL DE 1988 NO ORDENAMENTO JURÍDICO BRASILEIRO

LUIZ AUGUSTO DA CUNHA PEREIRA[1]
CAROLINA LABOISSIÈRE MUZZI[2]

SUMÁRIO: 1. As origens do artigo 146-A da Constituição Federal de 1988; 2. Limitações constitucionais à aplicação do artigo 146-A da Constituição Federal de 1988; 3. O emblemático caso American Virginia em diálogo com o enquadramento de sanções políticas; 4. Competência legislativa e interpretação do artigo 146-A da Constituição Federal de 1988; 5. Tentativas de regulamentação do artigo 146-A da Constituição Federal de 1988; 6. Considerações sobre o panorama atual; Referências Bibliográficas

1. AS ORIGENS DO ARTIGO 146-A DA CONSTITUIÇÃO FEDERAL DE 1988

A inserção do artigo 146-A no texto constitucional introduziu no ordenamento jurídico pátrio comando normativo expresso para a utilização da tributação com o propósito de atingimento dos princípios constitucionais da livre iniciativa e da livre concorrência. Os princípios estruturantes da ordem econômica almejada pelo Constituinte de 1987/1988, afinal, não deixam dúvidas acerca da legitimidade e do dever específico do Estado enquanto agente normativo e regulador para intervir sobre o domínio econômico e realinhar a atividade dos agentes econômicos aos eixos pretendidos e previstos na Constituição da República, inclusive valendo-se do Direito Tributário para tanto.

---

[1] Procurador da Fazenda Nacional.Bacharel em Direito pela Universidade Federal de Minas Gerais. Mestre em Direito Empresarial pelas Faculdades Milton Campos. Master of Laws (LL.M.) pela Barry University – USA. Juris Doctor (J.D.) candidate pela Barry University – USA

[2] Advogada. Bacharela em Direito pela Universidade Federal de Minas Gerais

O caráter extrafiscal dos tributos, faceta da exação legal que desprestigia a mera arrecadação para induzir condutas, passa a ser uma condição cada vez mais explorada. Partindo da ideia de indução de condutas, o Constituinte derivado, atento a este importante instrumento, incluiu o artigo 146-A na Carta Magna para, a partir da edição de lei complementar, explorar a feição extrafiscal dos tributos e realizar princípios da ordem econômica com a aplicação de regimes tributários especiais que objetivem amortecer falhas de mercado no campo da livre concorrência. Diego Bomfim assevera que:

> Ou seja, o tributo passa a ser utilizado como um instrumento indutor de realização de políticas públicas, como veículo de efetivação de valores previstos pelo próprio ordenamento jurídico, desde que sempre, por coerência, sejam respeitados os direitos e garantias constitucionalmente outorgados aos contribuintes. Na assertiva de PAULO CALIENDO, "os tributos no Estado social deixam de possuir uma finalidade meramente financeira e passam a ter finalidades extrafiscais, tais como a justa redistribuição de renda"[3].

Nesta toada, Marcus de Freitas Gouvêa[4], consigna que a extrafiscalidade se desdobra em determinadas classificações de acordo com o valor prestigiado, não se correlacionando apenas (mas inclusive) com valores econômicos. Os tributos podem, portanto, independentemente da existência de valor econômico a ser realizado, desempenhar uma função não arrecadatória exclusiva (sendo certo que jamais poderá ser retirado por completo o seu conteúdo fiscal, uma vez que se trata de uma retirada compulsória de dinheiro, da esfera privada para a esfera pública), isto é, extrafiscal. É neste contexto que se fortalecem as relações entre Economia e Direito, e em especial entre Economia e Direito Tributário. Com efeito:

> As relações do Direito Tributário com a economia são intensas. A tributação implica custo para a atividade econômica, sendo que a carga e os benefícios tributários têm efeitos sobre o seu livre exercício, podendo causar violação à isonomia ou prevenir desequilíbrios de concorrência como no caso dos mecanismos para onerar determinadas importações de modo a evitar *dumping*. A complexidade da legislação tributária, ademais, influi nos custos de transação e na segurança dos negócios. Isso sem falar que a des-

---

3 BOMFIM, Diego. *Tributação e Livre Concorrência*. São Paulo: Saraiva, 2011, p. 92.

4 GOUVÊA, Marcus de Freitas. *A extrafiscalidade no direito tributário e suas classificações*. Publicado em 11/2006. Disponível em: <http://jus2.uol.com.br/doutrina/texto.asp?id=9151>. Acesso: 10 de janeiro de 2020.

valorização da moeda tem efeitos sobre a carga tributária, dentre inúmeros outros pontos em que se tocam intimamente.[5]

Os tributos impactam o domínio econômico, seja pela incidência no preço da mercadoria ou serviço, como pela incidência sobre os insumos da produção, perturbando sensivelmente o equilíbrio dos mercados[6]. Por conseguinte, a íntima relação que entre o Direito Tributário e a Economia[7] só vem a encorajar a intervenção do Estado no domínio econômico mediante o exercício da competência tributária autorizada pela Carta Magna.

Foi exatamente em reconhecimento ao ora exposto que o artigo 146-A foi adicionado ao texto da Constituição, reconhecendo e declarando a tributação como instrumento de intervenção do Estado no domínio econômico, a ser utilizado para atingimento das finalidades constitucionais.

---

5 PAULSEN, Leandro. *Curso de direito tributário*. Porto Alegre: Livraria do Advogado Editora, 2008, p. 24.

6 BRAZUNA, José Luiz Ribeiro. *Defesa da concorrência e tributação* – à luz do artigo 146-A da Constituição – Série Doutrina Tributária Vol. II – São Paulo: Quartier Latin, 2009, p. 43.

7 "Richard Abel Musgrave, que defende a utilização de tributos para melhorar a eficiência da alocação de recursos ou para provocar mudanças estruturais na organização econômica, em razão de políticas governamentais determinadas, reconhecendo que, apesar do seu custo social mais elevado, a tributação pode ser utilizada com propósitos regulatórios; Celso Furtado, para quem a estrutura da carga fiscal pode ser um mecanismo de redistribuição de renda em favor de uns ou outros grupos; Raimundo Bezerra Falcão, que defende a utilização 'mudancista' da tributação, para a promoção, dentre outros objetivos: da redistribuição de riquezas, do incentivo à produção e à produtividade, do controle de preços, do equilíbrio do balanço de pagamento, do estímulo à educação e à pesquisa científica, da ordenação, das tendências populacionais, dos fluxos migratórios e da densidade demográfica regional, do planejamento familiar etc. Além disso, fala explicitamente na possibilidade de 'tributação extrafiscal' para o Estado exercer controle de preços; Washington Peluso Albino de Souza, para quem instrumentos tributários podem ser utilizados na política econômica desenvolvimentista, como, por exemplo, incentivos a investimentos; Eros Roberto Grau, que reconhece que a intervenção por indução sobre o domínio econômico pode se operar pelo uso da tributação; e Geraldo Biasoto Junior, para quem o sistema tributário pode se tornar um elemento condicional da evolução da estrutura industrial". (BRAZUNA, José Luiz Ribeiro. *Defesa da concorrência e tributação* – à luz do artigo 146-A da Constituição – Série Doutrina Tributária Vol. II – São Paulo: Quartier Latin, 2009, p. 54-55).

Não obstante a importância da temática, o artigo 146-A não foi objeto do devido debate perante o Congresso Nacional, relembrando José Luis Brazuna que:

> Apesar das referências à questão do desequilíbrio concorrencial provocado pelos diferentes regimes tributários relativos ao ICMS e da competição desleal gerada por práticas sonegatórias, não constava da PEC 41/03, qualquer tipo de alteração concreta do texto constitucional que se assemelhasse ao artigo 146-A. [...] Não obstante rápidas menções à questão concorrencial nos trabalhos legislativos de discussão da reforma, nem nos projetos apensados, nem nas emendas, houve qualquer referência a dispositivo parecido com o artigo 146-A. O artigo 146-A tomou forma em 03 de setembro de 2003, por ocasião da discussão e votação, em primeiro turno, na Câmara dos Deputados, da Emenda Aglutinativa Substitutiva Global de Plenário nº 27, concluída às duas horas e dez minutos do dia seguinte, após acaloradas discussões em torno do trâmite então adotado para votação de alterações legislativas de tamanha importância. Após 20 dias, ocorreram a votação e a aprovação do projeto em segundo turno na Câmara dos Deputados, sem qualquer discussão especial em torno do artigo 146-A. No trâmite da matéria no Senado Federal, o parecer proferido pela Comissão de Constituição, Justiça e Cidadania também não teceu qualquer consideração sobre o artigo 146-A [...]. Após aprovação pelo Senado Federal, em primeiro e segundo turnos, nos dias 11 e 17 de dezembro de 2003, respectivamente, a versão final do projeto de emenda foi finalmente promulgada, dando nascimento à EC 42/03, cuja feição final acabou bastante distinta do texto originalmente proposto pelo Poder Executivo, na PEC 41/03.[8]

O dispositivo, portanto, veio ao mundo do "dever-ser" sem o amadurecimento que se espera de um dispositivo que passaria, como de fato passou, a integrar o texto fundamental da nação. Assim, a doutrina jurídica, o Poder Judiciário e o Poder Legislativo têm buscado atribuir-lhe interpretação, escopo e espectro de validade, de modo a que seu objetivo seja cumprido, sendo certo que tal desafio deve também assegurar que o disposto no artigo 146-A respeite as demais normas jurídicas de igual envergadura.

2. LIMITAÇÕES CONSTITUCIONAIS À APLICAÇÃO DO ARTIGO 146-A DA CONSTITUIÇÃO FEDERAL DE 1988

Certo é que a interpretação e a aplicação do artigo 146-A devem, concomitantemente, respeitar os objetivos fundamentais do Estado brasileiro, os princípios do modelo econômico adotados pelo Constituinte

---

8 BRAZUNA, José Luis Ribeiro. *Defesa da concorrência e tributação* - à luz do artigo 146-A da Constituição – Série Doutrina Tributária Vol. II. São Paulo: Quartier Latin, 2009, p. 57-59.

de 1988, bem como os princípios sacramentados na Carta Política e que norteiam toda a base do arcabouço normativo. A norma não goza, assim, de especiais prerrogativas, vindo ao cenário jurídico para colaborar com a efetivação de outros importantes princípios constitucionais, devendo ser com eles constantemente sopesada e ponderada. Ao lado dos objetivos da ordem econômica a serem alcançados pelo artigo 146-A, estão incutidos os princípios tributários da neutralidade, da isonomia e da justiça fiscal.

Somos da concepção de que, embora já se pudesse extrair o princípio da neutralidade tributária da melhor exegese do texto constitucional anterior à Emenda Constitucional nº 42/2003, o artigo 146-A foi o responsável por sua positivação expressa, passando a ser tal princípio uma autêntica garantia do contribuinte e a integrar o rol das limitações constitucionais ao poder de tributar[9]. O objetivo da neutralidade tributária é a preservação da política tributária como fim arrecadatório e não como instrumento institucionalizado de embaraços ilegais ou pretexto para a imposição de gravames ou perseguições de natureza qualquer. Por outro lado, tal orientação pode ceder lugar para atingimento de princípios constitucionais outros, tal como o da livre concorrência, protegido pelo artigo 146-A da Carta Magna, que apenas trouxe mais uma hipótese de discriminação constitucional em matéria tributária, além das que já eram previstas ao longo da Carta Política[10]. O aparente

---

9 PEREIRA, Luiz Augusto da Cunha. *A tributação, a ordem econômica e o artigo 146-A da Constituição Federal de 1988*. Belo Horizonte: Mosaico Produções Gráficas e Editora Ltda., 2011, p. 107.

10 BRAZUNA aponta que são hipóteses de discriminação constitucionalmente previstas: o estabelecimento de tratamento tributário adequado ao cooperativo praticado pelas sociedades cooperativas (artigo 146, inc. IIII, alínea "c"), em prol do apoio e estímulo ao cooperativismo e outras formas de associativismo (artigos 174, §§ 2º a 4º, e 187, inc. VI); a criação de tratamento tributário diferenciado e favorecido para microempresas e empresas de pequeno porte (artigo 146, inc. III, alínea "d") em cumprimento à determinação do artigo 170, inc. VI, e como forma de promover a livre-concorrência (artigo 170, inc. IV), reduzindo para esses agentes econômicos a barreira natural à entrada representada pelas elevadas e complexas obrigações tributárias existentes (artigo 179); o estabelecimento de critérios especiais de tributação para prevenir desequilíbrios da concorrência (artigo 146-A), visando à proteção do princípio da livre concorrência (artigos 170, inc. IV, e 173, § 4º); a diferenciação de alíquotas ou bases de cálculo para contribuições sociais (artigo 149) em razão da atividade econômica, da utilização intensiva de mão-de-obra, do porte da empresa ou da condição estrutural do mercado de trabalho (artigo 195, § 9º), em prol da valorização do trabalho humano (artigo 170, *caput*); a discriminação de setores de atividade econômica em que as contribuições sociais sobre receita ou faturamento e sobre importações serão não-cumulativas (artigo 195, § 12), hipótese essa em relação à qual a não-cumulatividade pode se prestar a garantir a livre-concorrência (artigo 170, IV), como fator inibidor da concentração vertical do poder econômico (artigo 173, § 3º); a promoção do equilíbrio do desenvolvimento socioeconômico entre diferentes regiões do País, mediante instituição de tributo pela União de maneira não uniforme (artigo 151, inc. I), como instrumento de planejamento do desenvolvimento nacional equilibrado (artigo 174, § 1º) e da redução das desigualdades regionais (artigo 3º, inc. III, e 170, inc. VII); imunidade das exportações ao IPI (artigo 153, § 3º, inc. III) e ao ICMS (artigo 155, § 2º, inc. X, alínea "a") e das receitas de exportação, em relação às contribuições sociais e de intervenção no domínio econômico (artigo 149, § 2º, inc. I), como medida de estímulo ao desenvolvimento nacional (artigo 3º, inc. II) e de incentivo à atividade econômica (artigo 174); redução do impacto do IPI sobre a aquisição de bens de capital pelo contribuinte do imposto (artigo 153, § 3º, inc. VI), também como forma de promover o desenvolvimento da economia nacional e o incentivo à atividade econômica; a progressividade do ITR com o objetivo de desestimular a manutenção de propriedades rurais improdutivas (artigo 153, § 4º, inc. I) e a progressividade do IPTU (artigo 182, § 4º, inc. II), com o objetivo de promoção da função social da propriedade (artigos 170, inc. III, e 186); a imunidade das pequenas glebas rurais ao ITR, quando exploradas pelo proprietário que não possua outro imóvel (artigo 153, § 4º, inc. II), como forma de valorização do trabalho e da livre iniciativa (artigos 1º, inc. IV, 170, *caput*), busca do pleno emprego (artigo 170, inc. VIII) e cumprimento da função social da propriedade (artigo 170, inc. III); incidência única do ICMS (artigo 155, § 2º, inc. XII, alínea "h") e não-incidência sobre operações interestaduais com petróleo, inclusive lubrificantes, combustíveis líquidos e gasosos e energia elétrica (artigo 155, § 2º, inc. X, alínea "b"), como mecanismo de repartição da arrecadação tributária sobre essas mercadorias entre os Estados de origem e consumo (artigo 155, § 4º, incs. I a III); a diferenciação de alíquotas do IPVA em função do tipo e da utilização do veículo automotor (artigo 155, § 6º, inc. II), o que poderia ser utilizado como forma de adequar a tributação a aspectos de preservação do meio ambiente (artigo 178), à promoção da educação no ensino fundamental (artigo 208, inc. VII) ou à promoção do adequado acesso das pessoas portadoras de deficiência ao transporte coletivo (artigos 227, § 2º, e 244); a diferenciação de alíquotas do IPTU em razão da localização e do uso do imóvel (artigo 156, § 1º, inc. II), como forma de realização da função social da propriedade (artigo 170, inc. III) e adequação do uso do imóvel ao planejamento urbano (artigo 182, *caput*); o tratamento diferenciado de produtos e serviços, bem como dos seus processos de elaboração e prestação, de acordo com o impacto ambiental por eles gerados, como forma de promoção da defesa do meio ambiente (artigo 170, inc. VI) e de controle da produção, comercialização e emprego de técnicas, métodos e substâncias que comportem risco para a vida, a qualidade de vida e o meio ambiente (artigo 225, inc. V); e a tributação adicional do ICMS e do ISS sobre mercadorias e serviços supérfluos (artigo 82, do Ato das Disposições Constitucionais Transitórias), para composição de Fundos de Combate à Pobreza, conflito que se constata entre a neutralidade fiscal, a extrafiscalidade e a justiça fiscal deve, pois, ser solucionado com seu sopesamento, num verdadeiro "jogo de princípios"[11]. Nesse sentido, Priscilla Santana e Marcos Valadão destacam a inerência do sopesamento de princípios à aplicação do artigo 146-A:

> Em outras palavras, o art. 146-A ao mesmo tempo em que propõe a coexistência de princípios constitucionais relevantes, neutralidade tributária, livre iniciativa, livre concorrência, justiça fiscal, isonomia, dentre outros, **permite pelo sopesamento dos valores inerentes a cada um deles, para só assim permitir a intervenção estatal na exata medida do desequilíbrio identificado.** (grifo nosso)[12]

Os mesmos autores consignam, ainda, que tal aplicação deve observar a limitação temporal do período de duração da conjuntura de desequilíbrio concorrencial, sendo certo que *"[a] intervenção autorizada pelo art. 146-A também deve ser vista como algo temporário, isto é, cessado o desequilíbrio concorrencial, impõe-se de imediato o término dos efeitos na norma indutora validada pelo art. 146-A"*[13].

Em suma, enquanto estiver em jogo a realização de valores constitucionais, a neutralidade fiscal pode perder espaço para a atuação da extrafiscalidade afeta a objetivos essenciais do Estado brasileiro, na busca da realização da isonomia em sentido material e da justiça fiscal. Todavia, tal afastamento da neutralidade fiscal não se dá por qualquer motivo ou diante de qualquer condição simplória, devendo encontrar justificativa no próprio texto constitucional.

---

como forma de promoção da dignidade da pessoa humana (artigo 1º) e erradicação da pobreza e da marginalização (artigo 3º, inc. III)". BRAZUNA, José Luis Ribeiro. *Defesa da concorrência e tributação* - à luz do artigo 146-A da Constituição – Série Doutrina Tributária Vol. II. São Paulo: Quartier Latin, 2009, p. 118-122.

11 Expressão de Eros Roberto Grau.

12 SANTANA, Priscila Maria e VALADÃO, Marcos Aurélio Pereira. "O Artigo 146-A da Constituição Federal e os Princípios da Livre Concorrência e da Livre Iniciativa: Extrafiscalidade Explícita e suas Consequências". In: *Direito Tributário Constitucional: Temas Atuais Relevantes*. Marcos Aurélio Pereira Valadão, Liziane Angelotti Meira e Antônio de Moura Borges (Coordenadores). – São Paulo. Almedina, 2015. Vários autores.

13 Idem.

3. O EMBLEMÁTICO CASO AMERICAN VIRGINIA EM DIÁLOGO COM O ENQUADRAMENTO DE SANÇÕES POLÍTICAS

O Supremo Tribunal Federal, em isolado e notório caso envolvendo o segmento de cigarros, teve a oportunidade de se manifestar a respeito do tema em estudo:

> Não há impedimento a que a norma tributária, posta regularmente, hospede funções voltadas para o campo da defesa da liberdade de competição no mercado, sobretudo após a previsão textual do art. 146-A da Constituição da República. Como observa MISABEL DE ABREU MACHADO DERZI, "o crescimento da informalidade (...), além de deformar a livre concorrência, reduz a arrecadação da receita tributária, comprometendo a qualidade dos serviços públicos (...). A deformação do princípio da neutralidade (quer por meio de um corporativismo pernicioso, quer pelo crescimento da informalidade...), após a Emenda Constitucional n.º 42/03, afronta hoje o art. 146-A da Constituição da República. Urge restabelecer a livre concorrência e a lealdade na competitividade.".[14]

No referido caso iniciado em 2006, que ficou conhecido pelo nome da sociedade tabagista envolvida, a American Virginia Indústria e Comércio Importação e Exportação de Tabacos Ltda. protestou contra a forçada suspensão de suas atividades como resultado do cancelamento de seu registro especial – o qual é requisito para o exercício de sua atividade no setor –, nos termo do Decreto-lei 1.593/1977, em decorrência de inadimplemento reiterado da obrigação de recolhimento do Imposto sobre Produtos Industrializados – IPI.

O não recolhimento por determinada sociedade de um tributo devido, por qualquer motivo, tende a reduzir o preço de venda da mercadoria da sociedade em questão, criando vantagem concorrencial desleal em relação a seus concorrentes de mercado que estiverem adimplentes com o recolhimento de tributos. No caso dos segmentos sujeitos a regimes especiais, como o da indústria do tabaco no Brasil, a discrepância se torna ainda maior, considerando que o percentual representado pela parcela da carga tributária incidente sobre os produtos deste setor é consideravelmente superior.

Podemos afirmar com segurança que, no plano teórico, o Supremo Tribunal Federal considera inconstitucional todo e qualquer meio coercitivo indireto de cobrança de tributos, as chamadas sanções políticas, assim entendidas pela jurisprudência da referida corte como "*o*

---

14 SUPREMO TRIBUNAL FEDERAL. Ação Cautelar n.º 1.657/STF. AC 1.657 MC, voto do rel. p/ o ac. min. Cezar Peluso, j. 27-6-2007, P, DJ de 31-8-2007.

uso de meio coercitivo pelo Poder Público que, adotado com o propósito direto ou indireto de forçar o contribuinte a pagar tributo, cause restrição excessiva ou desproporcional ao direito fundamental de livre exercício de atividade lícita, já objeto de limitação intrínseca por outras liberdades"[15]. Prova disso é a existência de três súmulas do tribunal sobre o tema, quais sejam, as de número 70, 323 e 547.[16]

Não obstante, ao julgar o caso American Virginia, o Supremo Tribunal Federal afastou aplicabilidade das referidas súmulas por ter identificado que o remédio escolhido para o caso concreto – ou seja, o cancelamento do registro e interdição dos estabelecimentos da sociedade – observou o princípio da razoabilidade diante da verificação dos requisitos da necessidade, da adequação e da proporcionalidade. Veja-se a exação do voto do relator no acórdão que indeferiu a liminar pleiteada pela sociedade no referido caso:

> Noutras palavras, conquanto se reconheça e reafirme a aturada orientação desta Corte que, à luz da ordem constitucional **não admite imposição de sanções políticas** tendentes a compelir contribuinte inadimplente a pagar tributo, nem motivadas por descumprimentos de menor relevo, estou convencido de que **se não configura, aqui, caso estreme de sanção política**, diante, não só da **finalidade jurídica autônoma** de que se reveste a norma, em **tutela da livre concorrência**, mas também de sua **razoabilidade**, porque, conforme acentua TÉRCIO SAMPAIO FERRAZ JÚNIOR, coexistem aqui os requisitos da necessidade (*"em setor marcado pela sonegação de tributos, falsificação do produto, o aproveitamento de técnicas capazes de facilitar a fiscalização e a arrecadação, é uma exigência indispensável"*), da adequação (*"o registro especial, sob condição de regularidade fiscal, é específico para a sua destinação, isto é, o controle necessário da fabricação de cigarros"*) e da proporcionalidade (não há excesso, pois a prestação limita-se *"ao suficiente para atingir os fins colimados"*). (grifo nosso)[17]

---

15 ÁVILA, Humberto. "Comportamento anticoncorrencial e direito tributário". In: *Princípios e Limites da Tributação 2*, Roberto Ferraz (cord.), São Paulo: Quartier Latin, 2009, p. 429.

16 "70 – É inadmissível a interdição de estabelecimento como meio coercitivo para cobrança de tributo."

"323 – É inadmissível a apreensão de mercadorias como meio coercitivo para pagamento de tributos."

"547 – Ao contribuinte em débito, não é lícito à autoridade proibir que adquira estampilhas, despache mercadorias nas alfândegas e exerça suas atividades profissionais."

17 SUPREMO TRIBUNAL FEDERAL. Ação Cautelar n.º 1.657/STF. AC 1.657 MC, voto do rel. p/ o ac. min. Cezar Peluso, j. 27-6-2007, P, DJ de 31-8-2007.

Retomado em maio de 2013, mais uma vez o caso da American Virginia foi julgado de maneira desfavorável à sociedade. Na ocasião, o Supremo Tribunal Federal reforçou a posição de que a inconstitucionalidade das sanções coercitivas para arrecadação de tributos em linha com as mencionadas súmulas, *"não contempla o desrespeito reiterado às regras tributárias"*[18]:

> Em suma, a **Corte tem historicamente confirmado e garantido a proibição constitucional às sanções políticas**, invocando, para tanto, o direito ao exercício de atividades econômicas e profissionais lícitas (art. 170, par. ún., da Constituição), a violação do substantive *due process of law* (falta de proporcionalidade e razoabilidade de medidas gravosas que se predispõem a substituir os mecanismos de cobrança de créditos tributários) e a violação do devido processo legal manifestado no direito de acesso aos órgãos do Executivo ou do Judiciário tanto para controle da validade dos créditos tributários, cuja inadimplência pretensamente justifica a nefasta penalidade, quanto para controle do próprio ato que culmina na restrição. **É inequívoco, contudo, que a orientação firmada pelo Supremo Tribunal Federal não serve de escusa ao deliberado e temerário desrespeito à legislação tributária**. Não há que se falar em sanção política se as restrições à prática de atividade econômica objetivam combater estruturas empresariais que têm na inadimplência tributária sistemática e consciente sua maior vantagem concorrencial. **Para ser tida como inconstitucional, a restrição ao exercício de atividade econômica deve ser desproporcional e não-razoável.** (grifo nosso) [19]

Ademais, o voto do Ministro Luiz Fux retomou o julgado de 2007 para reiterar o caráter especial do caso que embasa o afastamento das súmulas que vedam a aplicação de sanções políticas:

> (...) por força dessas anomalias, é que **a Emenda Constitucional nº 42/2003 trouxe uma alínea ao artigo 146**, que na época foi muito debatido pelo meio tributário, exatamente sob esse enfoque que o Ministro Ricardo Lewandowski trouxe agora. Quer dizer, **isso não é uma política arrecadatória, isso é uma imbricação entre o problema tributário e o problema da livre iniciativa e da livre concorrência.** (...) Aqui, há uma **estratégia dolosa contra a administração tributária** que já levou a empresa a um patamar de um débito de dois bilhões de reais, que é efetivamente um capital irrecuperável pelo poder público, que concede esse regime especial para uma atividade nociva ao Estado, tendo em vista as moléstias que acarretam. Então, é uma **questão lindeira à ordem econômica e social. Daí o problema não poder ser resolvido com essas súmulas,**

---

18 SUPREMO TRIBUNAL FEDERAL, RE 550.769, rel. min. Joaquim Barbosa, P, j. 22-5-2013, DJE 66 de 3-4-2014.

19 Idem.

que pressupõem uma dívida tributária normal. E a interdição do estabelecimento. Aqui, a hipótese é completamente diferente. (grifo nosso)[20]

Cumpre observar que a preocupação do Poder Judiciário em relação ao mencionado caso não é apenas o benefício que possa ser auferido por um particular em relação a outro. O bem que se busca proteger – o equilíbrio entre a livre concorrência e a livre iniciativa – é um bem público que deve, portanto, ser tutelada pelo Estado. Na lição de Tiago Coster:

> Assim, o princípio da livre concorrência, ao estabelecer um estado ideal de garantia de funcionamento do mercado, não visa a proteger interesses individuais dos agentes, mas, contrariamente, visa a proteger os interesses do mercado como um todo, sendo este o interesse da sociedade.[21]

Note-se, contudo, que, fazendo coro à falta de uniformidade doutrinária sobre o tema, também não houve unanimidade no tribunal sobre o referido posicionamento no julgamento do caso American Virginia em 2013, tendo sido vencidos os votos dos Ministros Gilmar Mendes, Marco Aurélio e Celso de Mello, os quais entenderam que a disposição do Decreto-lei 1.593/1977 utilizada como fulcro para o cancelamento do registro especial e a interdição dos estabelecimentos da sociedade teria natureza de sanção política para forçar o contribuinte ao recolhimento de tributos.

A despeito da orientação do Supremo Tribunal Federal em relação à aplicação de sanções políticas, a verdade é que existem, sim, em nosso ordenamento jurídico, meios de indução do sujeito passivo em débito para com o fisco à quitação desses valores, em alguns casos sem que haja um reconhecimento explícito de que se tratam de sanções políticas.[22] Leciona Humberto Ávila que:

---

20 Idem.

21 COSTER, Tiago. "Critérios especiais de tributação para prevenir desequilíbrios da concorrência - análise do art. 146-A da CF/1988". In: *Revista Tributária e de Finanças Públicas*, Edvaldo Pereira de Brito (Coordenador), São Paulo: Thomson Reuters, 49, nov.dez.2014 p., n. 119, v.22.

22 Alguns exemplos de medidas que podem ser consideradas meios indiretos de cobrança, hoje existentes em nosso ordenamento (algumas delas existem há muito e não foram, até hoje, declaradas inconstitucionais pelo STF), são, a nosso ver, as seguintes: (i) a proibição de participação em licitações públicas se houver débito quanto a qualquer tributo (CTN, art. 193; Lei 8.666/1993); (ii) a proibição de concessão de benefícios fiscais federais quando houver débito relativo a qualquer tributo federal (Lei 9.069/1995); (iii) a perda de benefícios fiscais em todo

Não há sanção política (inconstitucional) se o exercício da atividade profissional ou econômica pelo contribuinte não puder ser considerado lícito ou se a **medida estatal for justificada pelo dever de assegurar coexistência harmoniosa de liberdades por meio do afastamento de concorrência desleal que causa comprovado desequilíbrio concorrencial.** [23]

Diante dos argumentos e posições apresentados acima, no nosso entender, a diferença entre o veneno e o remédio estará na dosagem com que a medida extrafiscal autorizada pelo artigo 146-A da Carta Magna será utilizada. Se corretamente, será muito eficaz no anseio constitucional de defesa da concorrência. Se inadvertidamente, ferirá direitos pétreos dos cidadãos e, em último grau, poderá prejudicar exatamente o que deveria proteger. Nesse mesmo sentido, ensina Maria de Fátima Ribeiro que:

> O estabelecimento de critérios especiais que menciona o art. 146-A não significa a imposição de medidas repressoras, mas a previsão de práticas que possam levar ao desequilíbrio e os instrumentos normativos capazes de evita-lo ou eliminar seus efeitos, se já ocorreram. Não tem, portanto, o referido artigo o propósito de coibir e punir o exercício abusivo da atividade econômica. **Seu propósito é justamente o contrário, ou seja, que o legislador complementar possa evitar que os efeitos de determinado tributo sejam diferentes para os contribuintes, que possam provocar desequilíbrios.** (grifo nosso) [24]

---

o ano, pela falta de emissão de notas fiscais (Lei 9.069/1995); (iv) a inscrição no Cadastro Informativo de créditos não quitados do setor público federal (Cadin), com diversas consequências restritivas, tributárias e creditícias, daí decorrentes (Lei 10.522/2002); (v) a vedação à opção pelo SIMPLES, ou a exclusão desse regime tributário, à pessoa jurídica que tenha débito inscrito em Dívida Ativa da União, aplicável, também, se o titular, ou sócio que participe do seu capital com mais de 10% (dez por cento), esteja inscrito em Dívida Ativa da União (Lei 9.317/1996); (vi) a exigência da quitação de todos os tributos para a obtenção de recuperação judicial (CTN, art. 191-A, com a redação dada pela LC 118/2005); (vii) os denominados regimes especiais de fiscalização (Lei 9.430/96 e outras); (viii) os chamados regimes especiais de funcionamento (Decreto Lei 1.593/77 e outros), dentre outras medidas do mesmo jaez.

23 ÁVILA, Humberto. Parecer, São Paulo, 2007.

24 RIBEIRO, Maria de Fátima. "Tributação e concorrência: breve análise sobre a aplicabilidade do art. 146-A da CF". In: *Estudos de Direito Tributário - em Homenagem ao Professor Roque Antonio Carrazza*. Fernanda Drummond Parisi, Heleno Taveira Tôrres, e José Eduardo Soares de Melo (Coordenadores). São Paulo: Malheiros, 2014, p. 557-588.

Ressaltamos, no entanto, que, apesar de o artigo 146-A permitir a utilização das obrigações acessórias com função extrafiscal, não se trata de um salvo conduto generalizado, pois será necessária uma instituição ponderada e razoável de tais obrigações, de modo a não se ferir os direitos fundamentais dos contribuintes, a livre concorrência ou a livre iniciativa.

4. COMPETÊNCIA LEGISLATIVA E INTERPRETAÇÃO DO ARTIGO 146-A DA CONSTITUIÇÃO FEDERAL DE 1988

No que concerne à competência legislativa, quando o Estado assume a posição de agente normativo e regulador em direito econômico, atuando sobre o domínio econômico, como se afigura na hipótese do artigo 146-A, é caso de competência legislativa concorrente, tal como imposta pelos artigos 24, I, e 30, I e II da Carta Magna. Numa leitura constitucional sistemática, o reconhecimento de tal competência concorrente deve respeitar os princípios dos demais subsistemas jurídicos que integram o ordenamento, principalmente a distribuição das competências tributárias entre os entes federados. Conforme esclarece Diego Bomfim:

> O **exercício da competência tributária com anseios extrafiscais**, portanto, além do respeito a todos os limites constitucionais ao poder de tributar, **deve ater-se aos limites impostos pela repartição da competência reguladora**. Assim, não caberá, portanto, aos Estados e Municípios, por meio de seus tributos, regular mesmo indiretamente, matérias de índole nacional reservadas à União, não cabendo a esta última, nas matérias afeitas à competência concorrente, invadir a competência de regulação econômica outorgada aos demais entes da federação. Nessa linha é que se argumenta que, **enquanto a União não pode intervir, mediante seus tributos, sobre o domínio econômico de maneira pontual em determinado Estado ou Município, não cabe a estes últimos preverem tributos que, indiretamente, regulem matérias destacadas pelo texto constitucional como de conformação nacional**. (grifo nosso) [25]

Dentre as possíveis leituras atribuídas pela doutrina ao artigo 146-A, jugamos que a adequada é no sentido de que o Congresso Nacional poderá, mediante lei complementar, estabelecer parâmetros gerais para os Estados, Distrito Federal e Municípios fixarem por leis próprias os critérios especiais de tributação para prevenirem desequilíbrios da concorrência, respeitada a competência regulatória e tributária de cada ente, o que poderá ser feito pela União, para os tributos de sua competência, por meio de lei ordinária e independentemente da edição da lei complementar. Não é possível o exercício da competência plena por

---

[25] BOMFIM, Diego. *Tributação e Livre Concorrência*. São Paulo: Saraiva, 2011, p. 267.

parte dos Estados, dos Municípios e do Distrito Federal sem a existência da lei complementar de normas gerais, conforme previsão do parágrafo 3º do artigo 24 do texto constitucional, na medida em que o artigo 146-A optou por qualificar a legislação das normas gerais para complementar, ressalvando a possibilidade de tão somente a União valer-se de normas ordinárias próprias independentemente da lei complementar. Ensina-nos Tércio Sampaio Ferraz Júnior que:

> Esse artigo mostra a preocupação do constituinte derivado com a tributação e as distorções em mercados concorrenciais, atribuindo competência à lei complementar para instituir critérios tributários capazes de fazer frente àquelas distorções. A menção à lei complementar, entretanto, não exclui, até expressamente inclui previsão de a União estabelecer, por lei (ordinária), critérios especiais de tributação, com o objetivo de prevenir desequilíbrios da concorrência, no âmbito de sua competência tributária, tudo em atenção ao art. 24, I e par. 1º (legislação concorrente) da Constituição Federal[26].

Hamilton Dias de Souza, na obra coordenada por Oscar Pilagallo, deixa muito claro seu posicionamento, com o qual coadunamos na íntegra:

> Se a lei complementar posterior às leis ordinárias da União regular a matéria diferentemente da antes tratada pela lei ordinária, haverá revogação. Se a lei complementar for insuficiente, ou seja, se não tiver densidade normativa suficiente para regular a matéria, e houver um vazio na lei complementar, nesse vazio será competente o legislador ordinário da União. A competência dos Estados e municípios nessa matéria nasce com a lei complementar. Sem a lei complementar não há competência dos entes locais. À lei complementar não compete disciplinar obrigações principais ou acessórias. Essa competência é da União, dos Estados, municípios e do Distrito Federal, através de leis ordinárias.[27]

Em razão da redação aberta do dispositivo, entendemos que critérios especiais de tributação advindos da aplicabilidade do artigo 146-A poderão estar centrados nos próprios elementos da obrigação principal (critérios materiais) ou também nas obrigações acessórias (critérios formais). Porém, deverão ser adotados com razoabilidade e proporcionalidade, sopesando os direitos fundamentais dos contribuintes com os valores constitucionais que se pretende tutelar com as normas que visam a proteção da livre concorrência e da livre iniciativa.

---

26 FERRAZ JÚNIOR, Tércio Sampaio. Parecer, São Paulo, 2005.

27 PILAGALLO, Oscar (org.). Tributo ao mercado: desequilíbrio concorrencial tributário e a Constituição: um debate. São Paulo: Saraiva, 2010, p. 54.

Os argumentos aqui articulados não são pacíficos, sequer majoritários. A doutrina diverge frontalmente sobre quase tudo que concerne ao artigo 146-A, desde sua adequada interpretação, até sua extensão. O Supremo Tribunal Federal, desde as decisões prolatadas no âmbito do caso American Virginia nos autos da Ação Cautelar n.º 1.657/STF e do Recurso Extraordinário nº 550.769, tendo sido determinado o arquivamento da primeira em março de 2008 e ocorrido o trânsito em julgado deste último em agosto de 2016, não se manifestou novamente a respeito.

5. TENTATIVAS DE REGULAMENTAÇÃO DO ARTIGO 146-A DA CONSTITUIÇÃO FEDERAL DE 1988

O Poder Legislativo tem tentado editar a lei complementar prevista no dispositivo do artigo 146-A, ainda que sem sucesso, transcorridos mais de dezesseis anos desde a Emenda Constitucional nº 42/2003. As principais tentativas de regulamentação do referido artigo foram traçadas no âmbito do Projeto de Lei Complementar (PLP) nº 121/2011[28], do Projeto de Lei do Senado (PLS) nº 161/2013[29] e do Projeto de Lei do Senado (PLS) nº 284/2017.

Cabe ainda mencionar duas iniciativas do legislativo que foram precursoras do PLP 121/2011, tendo surgido em conexão com o conceito introduzido pelo artigo 146-A da Constituição Federal e visando reequilibrar a concorrência para compensar os bens e serviços de menor impacto ecológico. O Projeto de Lei Complementar (PLP) nº 73, de 2007[30], apresentado pelos deputados Antônio Carlos Mendes Thame e Luiz Carlos Hauly, buscou introduzir uma reformulação fiscal com enfoque ecológico, tendo como ponto de partida o artigo 146-A, por meio da instituição de uma Contribuição de Intervenção no Domínio Econômico – CIDE para emissões de gases de efeito estufa. O PLP 73/2007 propôs a adoção dos princípios da essencialidade e do diferencial tributário para a criação de uma taxação sobre o carbono.

---

28 Arquivado em 01/02/2015 nos termos do artigo nº 105 do Regimento Interno da Câmara dos Deputados.

29 Arquivado em 27/12/2018 nos termos do § 1º do art. 332 do Regimento Interno do Senado.

30 Desarquivado em 20/02/2019, está atualmente tramitando na Comissão de Finanças e Tributação (CFT), aguardando parecer do relator designado desde 03/04/2019.

Por sua vez, o Projeto de Lei Complementar (PLP) n° 493, de 2009[31], proposto pelo deputado Antônio Carlos Mendes Thame, regulamentou o tratamento diferenciado para produtos e serviços de acordo com o impacto ambiental causado por meio do estabelecimento de critérios especiais de tributação[32].

Não obstante a existência dos dois projetos acima mencionados, a primeira tentativa expressa de regulamentar o artigo 146-A da Constituição Federal de forma ampla – extrapolando a esfera ambiental – se deu com a propositura do Projeto de Lei Complementar (PLP) n° 121/2011 pelo ex-deputado Anthony Garotinho, por meio do qual se buscou regulamentar o artigo 146-A com fulcro no princípio constitucional da livre concorrência. Com base no texto original do referido projeto, a força motriz e principal preocupação que motivou sua propositura em 14/12/2011 foi a formação de oligopólios e monopólios no mercado brasileiro, em especial no âmbito de importações e exportações de produtos. Diante do arcabouço legal então em vigor, o PLP 121/2011 teve como foco a diminuição do desequilíbrio concorrencial decorrente (i) de distorções criadas pelo descumprimento de obrigações tributárias e (ii) de incentivos fiscais assimétricos concedidos pelas autoridades fazendárias dos Estados.

O texto do PLP 121/2011 tem início com a identificação das causas de desequilíbrio concorrencial, quais sejam, (i) o domínio de mercados relevantes por bens ou serviços, (ii) o inadimplemento sistemático e isolado no cumprimento das obrigações tributárias em relação a bens ou serviços cuja estrutura de custos seja caracterizada por parcela significativa de pagamento dos tributos, (iii) a importação ou exportação de bens ou serviços que causem dificuldades adicionais ao controle aduaneiro e risco a mercado relevante ou permitam o subfaturamento ou superfaturamento do seu valor ou fraudes à legislação referente às regras de origem e aos direitos antidumping e compensatórios e (iv) a concessão irregular de incentivo fiscal ou atuação da administração tributária em desacordo com os princípios constitucionais da lega-

---

31 Desarquivado em 20/02/2019, está atualmente tramitando na Mesa Diretora da Câmara dos Deputados (MESA), aguardando Criação de Comissão Temporária pela MESA desde 20/02/2019.

32 PERALTA, Carlos E. "Reforma fiscal verde e desenvolvimento sustentável: tributação ambiental no Brasil. Perspectivas.". In: DE CARLI, Ana Alice; COSTA, Leonardo de Andrade; RIBEIRO, Ricardo Lodi (Orgs.). *Tributação e sustentabilidade ambiental*. Rio de Janeiro: Editora FGV, 2015.

lidade, impessoalidade, moralidade, publicidade e eficiência e/ou os princípios estabelecidos no Código Tributário Nacional, que gere privilégios para determinado contribuinte ou grupo econômico. Para endereçar o previsto no artigo 146-A e combater as causas listadas acima, o PLP 121/2011 prevê a possibilidade de instituição de Contribuição de Intervenção no Domínio Econômico – CIDE, a glosa de créditos referentes a eventual incentivo fiscal irregularmente concedido e o estabelecimento de regimes especiais de controle a serem implementados por ato do Poder Executivo.

Por meio do PLP 121/2011, o legislador optou por introduzir uma norma geral, indicando parâmetros gerais de balizamento para que cada ente da federação determinasse os critérios especiais de tributação por leis próprias e específicas. Assim, referido projeto foi elaborado em linha com a interpretação que entendemos ser a mais adequada para o dispositivo do artigo 146-A da Constituição Federal. No que diz respeito à competência concorrente esse projeto de lei atribui ao Poder Executivo a prerrogativa de definição da lista de bens e/ou serviços cujo custo contenha parcela significativa de tributos incidentes e que causem dificuldades adicionais ao controle aduaneiro e risco a mercado relevante ou permitam o subfaturamento ou superfaturamento do seu valor ou fraudes à legislação. Dessa forma, considerando que a referida lista seria aplicável a tributos de competência municipal, estadual e federal, nos parece que o legislador também coadunou com nossa interpretação do artigo 146-A na medida em que determinou que caberia aos órgãos do executivo de cada esfera a especificação da referida lista de bens e/ou serviços.

A segunda tentativa do Legislativo de regulamentar o artigo 146-A ocorreu por meio do Projeto de Lei do Senado (PLS) nº 161/2013, de autoria do senador Delcídio do Amaral. Desde as primeiras linhas do texto do PLS 161/2013, fica clara a adesão do legislador ao conceito da competência concorrente, ao estabelecer, em seu artigo 1º, que "*a União, os Estados, o Distrito Federal e os Municípios ficam autorizados a adotar, mediante lei específica, os critérios especiais de tributação disciplinados nesta Lei Complementar, em conformidade com o artigo 146-A da Constituição Federal*". Nesse mesmo sentido, o artigo 4º do projeto esclarece que cada ente da Federação poderá instituir os critérios especiais de tributação de acordo com a competência para instituição de cada tributo. Também este projeto adotou interpretação condizente com a que entendemos ser a mais adequada para o dispositivo do artigo 146-A da Constituição Federal.

O artigo 1º do PLS 161/2013 delimitou a competência dos legisladores ordinários para prever que estes apenas poderiam instituir critérios especiais de tributação com o intuito específico de prevenir desequilíbrios da concorrência, definidos no artigo imediatamente subsequente como "*anomalia no funcionamento de mercado capaz de afetar os mecanismos de formação de preços, a livre concorrência e a liberdade de iniciativa, em decorrência de atos sob qualquer forma manifestados por agente econômico, que possibilitem o não recolhimento de tributo suportado pelos demais contribuintes*". Ainda, a leitura do artigo 2º do PLS 161/2013 esclareceu dois pontos que vinham sendo discutidos pela doutrina sobre os limites da outorga concedida pelo artigo 146-A. O primeiro destes é que o intuito da regulamentação do artigo 146-A da Constituição Federal não foi o de justificar a criação de novos tributos para reestabelecer o equilíbrio concorrencial, mas sim a definição de regimes especiais de tributação. O segundo esclarecimento referiu-se à abrangência dos critérios especiais de tributação advindos da aplicabilidade do artigo 146-A, ao permitir que estes sejam centrados tanto nos elementos da obrigação principal (critérios materiais) como de obrigações acessórias (critérios formais)[33]. Passando ao artigo 3º do projeto, observa-se que os incisos "I" a "IV" descrevem critérios especiais materiais, enquanto os incisos "V" e "VI" relacionam critérios de natureza formal das obrigações tributárias[34].

Por fim, a mais recente, e ainda em curso, investida do Legislativo referente à regulamentação do 146-A é o Projeto de Lei do Senado (PLS) nº 284/2017, que buscou, em especial, endereçar os distintos impactos das condutas de devedores contumazes, reiterados e even-

---

[33] "Art. 2º Para os efeitos desta Lei Complementar, entende-se como:

I – critério especial de tributação: forma diferenciada de tributação, em relação ao regime aplicável aos contribuintes em geral, para cumprimento de **obrigação tributária principal ou acessória**;" (grifo nosso)

[34] "Art. 3º Ficam estabelecidos os seguintes critérios especiais de tributação:

I – antecipação do fato gerador, inclusive mediante substituição tributária;

II – concentração da incidência do tributo em determinada fase do ciclo econômico;

III – pauta de valores mínimos na determinação da base de cálculo para fins de incidência de alíquota ad valorem, tendo em vista o preço normal do produto ou serviço, em condições de livre concorrência;

IV – alíquota específica, tendo por base unidade de medida adotada;

V – instalação obrigatória de medidores de peso, volume ou vazão;

VI – regime especial de fiscalização e apuração de tributos;"

tuais. O PLS 284/2017, de autoria da ex-senadora Ana Amélia foi alterado em 2018 por um texto substitutivo do ex-senador Ricardo Ferraço, está atualmente sob a relatoria do senador Rodrigo Pacheco, encontrando-se na etapa de comissões. A despeito da apresentação de um pedido de urgência que levou o PLS 284/2017 para votação pelo plenário do Senado, um novo pedido o remeteu para a análise na Comissão de Transparência, Governança, Fiscalização e Controle e Defesa do Consumidor – CTFC, onde está atualmente aguardando, desde 19/03/2019, a emissão do relatório de Pacheco.

A substituição do texto teve como foco a definição dos segmentos abrangidos pelo PLS 284/2017, a saber, a produção, a importação e o comércio de combustíveis, de biocombustíveis, de cigarros e de outros produtos que atendam aos critérios mínimos estabelecidos no referido projeto, *i.e.* tenham carga tributária igual ou superior ao percentual de lucro adotado para o setor na apuração do imposto de renda por lucro presumido e estejam sujeitos a desequilíbrios concorrenciais decorrentes do não recolhimento de tributos.

Conforme mencionado, um dos pontos centrais do PLS 284/2017 é a distinção entre três espécies de devedores.[35] Segundo o mais recente parecer da Comissão de Assuntos Econômicos – CAE, para o primeiro tipo de devedor, chamado de eventual, o qual não recolhe tributos esporadicamente, a atuação da Administração Tributária deveria seguir procedimentos regulares (inscrição em dívida ativa, execução fiscal, arrolamento de bens, medida cautelar fiscal, protesto de CDA, etc), sendo-lhes asseguradas as proteções das súmulas 70, 323 e 547 do Supremo Tribunal Federal que tratam do tema das sanções políticas, não devendo ser a estes aplicáveis os regimes especiais de fiscalização. Por sua vez, o posicionamento em relação aos devedores reiterados, aqueles que não recolhem tributos com frequência, é o de que estes podem afetar o mercado e, portanto, podem estar sujeitos a regimes especiais de pagamento e fiscalização, devendo ser observadas, em regra, as garantias das súmulas do Supremo acima mencionadas. Ainda no que diz respeito aos devedores reiterados, o parecer da CAE indica que eventuais medidas impostas pela Administração Tributária sejam direcionadas ao reestabelecimento do equilíbrio do mercado e proporcionais ao caso concreto. Diferentemente das duas primeiras, a terceira

---

[35] SENADO FEDERAL, Parecer (SF) N° 100 da Comissão de Assuntos Econômicos, sobre o Projeto de Lei do Senado n° 284, de 2017 - Complementar, da Senadora Ana Amélia, que Regula o art. 146-A da Constituição Federal. RELATOR: Senador Ricardo Ferraço, PRESIDENTE: Senador Tasso Jereissati 07 de Novembro de 2018.

espécie, o devedor contumaz, atua ilicitamente no mercado para obter vantagem concorrencial desleal e prejudica a livre concorrência ao se organizar estrategicamente para o não recolhimento de tributos. Para este terceiro tipo de devedor, o parecer da CAE aponta que deveria ser permitida a cassação de sua inscrição cadastral.

Seguindo os passos do PLS 161/2013, o atual PLS 284/2017 também torna cristalina a existência da competência concorrente entre os entes da Federação para o estabelecimento de critérios especiais de tributação, bem como delimita o escopo de atuação do legislador ordinário ao estabelecimento de critérios especiais de tributação exclusivamente voltados para o combate a práticas anticoncorrenciais e, por fim, elimina quaisquer dúvidas sobre a possibilidade de estabelecimento de critérios referentes às obrigações tributárias principais (critérios materiais) e acessórias (critérios formais). De fato, veja-se a redação do artigo 1º do referido projeto:

> Art. 1º A **União, os Estados, o Distrito Federal e os Municípios poderão estabelecer, por lei específica,** os seguintes critérios especiais para o adequado cumprimento de obrigações tributárias **principal ou acessória, com o objetivo de coibir práticas** que possam interferir com o regular funcionamento do mercado: (grifo nosso)

A redação atual do PLS 284/2017, conforme alterado pela Emenda nº 2 apresentada em 07/11/2018 com as respectivas Subemendas nº 1 a 8 apresentadas em 19/12/2018, inclui uma série de critérios especiais para serem adotadas pela União, pelos Estados, pelo Distrito Federal e/ou pelos Municípios com o intuito de combater os efeitos causados pela contumácia dos referidos devedores. Dentre essas medidas, destacamos (i) como critérios que podem impactar os aspectos estruturais da obrigação tributária (critérios materiais) (i)(a) a antecipação ou postergação do fato gerador (i)(b) a concentração da incidência do tributo em determinada fase do ciclo econômico e (i)(c) a adoção de alíquota específica, por unidade de medida, ou *ad valorem*, incidindo sobre o valor da operação ou sobre o preço que o produto ou seu similar alcançaria em uma venda em condições de livre concorrência e (ii) como critérios que podem afetar as obrigações instrumentais adicionais (critérios formais) (ii)(w) a fiscalização ininterrupta no estabelecimento, (ii)(x) o controle especial do recolhimento do tributo, de informações econômicas, patrimoniais e financeiras, bem como da impressão e emissão de documentos comerciais e fiscais (ii)(y) a instalação compulsória de equipamentos de controle de produção, comercialização e estoque e (ii)(z) a antecipação ou postergação do fato gerador.[36]

6. CONSIDERAÇÕES SOBRE O PANORAMA ATUAL

Diante do exposto acima, também o PLS 284/2017, atualmente em curso, se mostra condizente com a nossa interpretação acerca da norma introduzida pelo artigo 146-A, na medida em que o Congresso Nacional está, mediante lei complementar, buscando estabelecer parâmetros gerais para que, posteriormente, os Estados, Distrito Federal e Municípios fixem por leis próprias os critérios especiais de tributação aplicáveis, respeitada a competência regulatória e tributária de cada ente federado, restando ainda ressalvada a competência da União para fazer o mesmo por meio de lei ordinária.

Cumpre mencionar recente discussão em pauta no Supremo Tribunal Federal sobre a possível criminalização do não recolhimento sistemático do Imposto Sobre Circulação de Mercadorias e Prestação de Serviços – ICMS nas hipóteses em que não exista a obrigação de retenção ou cobrança do tributo de terceiro e posterior repasse aos cofres públicos. Em decisão do Supremo Tribunal Federal datada de 18/12/2019, tal conduta foi enquadrada pelo voto da maioria no tipo penal do artigo 2º, II, da Lei 8.137/1990[37][38].

Tal decisão representa evidência adicional da urgência da edição da lei complementar do artigo 146-A da Constituição Federal. De fato, a despeito da clareza do objetivo do Supremo Tribunal Federal de coibir condutas de devedores contumazes, ou seja, de "estruturas empresariais que têm na inadimplência tributária sistemática e consciente sua maior vantagem concorrencial"[39], o remédio escolhido não nos parece ser o ideal para devedores eventuais e/ou reiterados. A solução mais adequada e completa para o caso seria justamente a determinação dos critérios especiais de tributação, conforme autorizado pelo artigo 146-A.

---

[36] SENADO FEDERAL, Parecer (SF) Nº 100 da Comissão de Assuntos Econômicos, sobre o Projeto de Lei do Senado nº 284, de 2017 - Complementar, da Senadora Ana Amélia, que Regula o art. 146-A da Constituição Federal. RELATOR: Senador Ricardo Ferraço, PRESIDENTE: Senador Tasso Jereissati 07 de Novembro de 2018.

[37] SUPREMO TRIBUNAL FEDERAL, RHC 163334, SC - SANTA CATARINA, Relator(a): Min. ROBERTO BARROSO, decisão do Plenário de 18/12/2019.

[38] "Art. 2º Constitui crime da mesma natureza: (...) II - deixar de recolher, no prazo legal, valor de tributo ou de contribuição social, descontado ou cobrado, na qualidade de sujeito passivo de obrigação e que deveria recolher aos cofres públicos;"

[39] SUPREMO TRIBUNAL FEDERAL, RE 550.769, rel. min. Joaquim Barbosa, P, j. 22-5-2013, DJE 66 de 3-4-2014.

Lamentavelmente, até o presente momento, boa parte das dúvidas e divergências referentes ao conteúdo, abrangência e aplicabilidade do artigo 146-A prevalecem, não se tendo aprovado a lei complementar nele prevista ou sequer se definido qual a adequada interpretação para sua harmônica aplicação entre os entes federados. Nesse ínterim, os abusos dos poderes tributantes, econômicos e também de parcela dos contribuintes continuam a ocorrer às claras.

Considerando o cenário político-econômico brasileiro, o país clama por segurança jurídica, sendo as searas fiscal e concorrencial especialmente estratégicas para tanto. Cabe ao Estado assegurar o equilíbrio da concorrência, inclusive por meio da função extrafiscal, devendo promover a aproximação entre o direito e seu objeto. Conforme leciona o professor Sacha Calmon:

> Insistimos que o Direito, exatamente por ser uma técnica de disciplina e planejamento de instituições e condutas humanas (superestrutura social junto com as instituições estatais e sistemas políticos, no dizer de ENGELS) não pode ser instituído, aplicado e compreendido, desligado de seu objeto, que é regular a vida em sociedade. O Direito deve estar conectado à Sociedade, como premissa maior, sob pena de não se mostrar adequado às novas realidades que atropelam o mundo moderno.[40]

Faz-se necessária e urgente, portanto, a aprovação da lei complementar autorizada pelo artigo 146-A da Constituição Federal para permitir aos entes federados, por meio de normativos adequados e condizentes com o pretendido pela Carta Magna, o pleno exercício de seu dever de intervir no domínio econômico quando o desequilíbrio provocado por um ou mais agentes ameaçar a livre iniciativa e a livre concorrência.

REFERÊNCIAS BIBLIOGRÁFICAS

ÁVILA, Humberto. "Comportamento anticoncorrencial e direito tributário". In: *Princípios e Limites da Tributação 2*, Roberto Ferraz (cord.), São Paulo: Quartier Latin, 2009.

ÁVILA, Humberto. Parecer, São Paulo, 2007.

BOMFIM, Diego. *Tributação e Livre Concorrência*. São Paulo: Saraiva, 2011, 306 p.

BRAZUNA, José Luiz Ribeiro. *Defesa da concorrência e tributação* – à luz do artigo 146-A da Constituição – Série Doutrina Tributária Vol. II – São Paulo: Quartier Latin, 2009.

COÊLHO, Sacha Calmon Navarro. *Curso de direito tributário brasileiro*. 9ª ed. Rio de Janeiro: Forense, 2006. 917 p.

---

40 COÊLHO, Sacha Calmon Navarro. *Direito Tributário e Conjuntura Econômica*, p. 9/10.

COÊLHO, Sacha Calmon Navarro. *Direito Tributário e Conjuntura Econômica.* Disponível em: <http://sachacalmon.com.br/biblioteca/artigos/direito-tributario--conjuntura-economica/> Acesso: 02 de janeiro de 2020.

COSTER, Tiago. "Critérios especiais de tributação para prevenir desequilíbrios da concorrência - análise do art. 146-A da CF/1988". In: *Revista Tributária e de Finanças Públicas*, Edvaldo Pereira de Brito (Coordenador), São Paulo: Thomson Reuters, 49, nov.dez.2014, n. 119, v.22.

FERRAZ JÚNIOR, Tércio Sampaio. Parecer, São Paulo, 2005.

GOUVÊA, Marcus de Freitas. *A extrafiscalidade no direito tributário e suas classificações.* Publicado em 11/2006. Disponível em: <http://jus2.uol.com.br/doutrina/texto.asp?id=9151>. Acesso: 10 de janeiro de 2020.

PAULSEN, Leandro. *Curso de direito tributário.* Porto Alegre: Livraria do Advogado Editora, 2008, 247 p.

PERALTA, Carlos E. "Reforma fiscal verde e desenvolvimento sustentável: tributação ambiental no Brasil. Perspectivas.". In: DE CARLI, Ana Alice; COSTA, Leonardo de Andrade; RIBEIRO, Ricardo Lodi (Orgs.). *Tributação e sustentabilidade ambiental.* Rio de Janeiro: Editora FGV, 2015, 312 p.

PEREIRA, Luiz Augusto da Cunha. *A tributação, a ordem econômica e o artigo 146-A da Constituição Federal de 1988.* Belo Horizonte: Mosaico Produções Gráficas e Editora Ltda., 2011, 178 p.

PILAGALLO, Oscar (org.). Tributo ao mercado: desequilíbrio concorrencial tributário e a Constituição: um debate. São Paulo: Saraiva, 2010, 88 p.

RIBEIRO, Maria de Fátima. "Tributação e concorrência: breve análise sobre a aplicabilidade do art. 146-A da CF". In: *Estudos de Direito Tributário - em Homenagem ao Professor Roque Antonio Carrazza.* Fernanda Drummond Parisi, Heleno Taveira Tôrres, e José Eduardo Soares de Melo (Coordenadores). São Paulo: Malheiros, 2014, p. 557-588.

SANTANA, Priscila Maria e VALADÃO, Marcos Aurélio Pereira. "O Artigo 146-A da Constituição Federal e os Princípios da Livre Concorrência e da Livre Iniciativa: Extrafiscalidade Explícita e suas Consequências". In: *Direito Tributário Constitucional: Temas Atuais Relevantes.* Marcos Aurélio Pereira Valadão, Liziane Angelotti Meira e Antônio de Moura Borges (Coordenadores). – São Paulo. Almedina, 2015. Vários autores.

SENADO FEDERAL, Parecer (SF) N° 100 da Comissão de Assuntos Econômicos, sobre o Projeto de Lei do Senado n° 284, de 2017 - Complementar, da Senadora Ana Amélia, que Regula o art. 146-A da Constituição Federal. RELATOR: Senador Ricardo Ferraço, PRESIDENTE: Senador Tasso Jereissati 07 de Novembro de 2018.

SUPREMO TRIBUNAL FEDERAL, RE 550.769, rel. min. Joaquim Barbosa, P, j. 22-5-2013, DJE 66 de 3-4-2014.

SUPREMO TRIBUNAL FEDERAL, RHC 163334, SC - SANTA CATARINA, Relator(a): Min. ROBERTO BARROSO, decisão do Plenário de 18/12/2019.

SUPREMO TRIBUNAL FEDERAL. Ação Cautelar n.° 1.657/STF. AC 1.657 MC, voto do rel. p/ o ac. min. Cezar Peluso, j. 27-6-2007, P, DJ de 31-8-2007.

LIMITAÇÕES ÀS SANÇÕES FISCAIS À LUZ DOS PRECEITOS CONSTITUCIONAIS

MÔNICA DE BARROS[1]
ANA PAULA OLIVA CARDOSO[2]
ANDRÉ FERRÃO DA COSTA[3]

SUMÁRIO: 1. Introdução; 2. Os princípios constitucionais limitadores das sanções fiscais e sua correlação com o Código Tributário Nacional; 2.1. Princípio da Legalidade; 2.2. Princípio da Confiança; 2.3. Igualdade, capacidade contributiva e não confisco: os critérios da razoabilidade e proporcionalidade; 3. O princípio da preservação das empresas como limitador da aplicação de sanções tributárias; 4. Limitações ao poder fiscal sancionador no Direito Brasileiro; 4.1. As sanções políticas. Um alerta; 4.2. Das limitações quantitativas às sanções tributárias; 5. Conclusão

1. INTRODUÇÃO

Primeiramente, sinto-me extrema e triplamente honrada e feliz com o convite feito pelos coordenadores da presente obra: primeiro, porque os coordenadores, todos eles, foram meus professores e deixaram lições que marcam minha carreira profissional; segundo, porque a obra homenageia o Professor Sacha Calmon, a quem – todos nós do Direito Tributário – devemos reverências e agradecimentos não somente pelas infindáveis lições doutrinárias, mas por sua luta incessante para que o contribuinte tenha uma relação com o Estado de verdadeira cidadania fiscal, ou seja, cumpridor de seus deveres, mas detentor de direitos

---

[1] Mestre em Direito Empresarial pela Faculdade de Direito Milton Campos. Especialista em Direito Tributário pela Faculdade de Direito Milton Campos (FDMC). Graduada em Direito pela Faculdade de Direito Milton Campos (FDMC) Advogada tributarista.

[2] Graduanda em Direito pela Universidade Federal de Minas Gerais (UFMG).

[3] Graduando em Direito pela Faculdade de Direito Milton Campos (FDMC).

que impedem os abusos que se fazem ainda constantes. As lições do professor Sacha são sempre atuais e, por isso, as homenagens a este grande Tributarista são sempre necessárias. E, por fim, o convite a esta obra advém da orientação que tive do Professor em meu Mestrado na Faculdade Milton Campos, título que tanto me orgulho.

Pois bem, o presente trabalho consiste em analisar questões alarmantes do sistema tributário pátrio, com alento à aplicabilidade das sanções fiscais previstas em nosso ordenamento jurídico. O que se busca é verificar, sob a ótica de preceitos constitucionais, se existem elementos que possam estabelecer limites à aplicação das sanções tributárias – que até o momento se apresentam em valores descabidos, gerando uma enorme insegurança jurídica e causando transtorno aos contribuintes, mesmo os que agem de boa-fé. Mais do que isso, além das limitações constitucionais, a imposição de penalidades exageradas, diante de uma legislação absolutamente complexa, leva ao aumento da litigiosidade, afastando a relação jurídica Fisco-Contribuinte da segurança jurídica e da confiança, valores tão caros ao nosso Sistema Constitucional.

De forma pioneira, o ilustre Professor Sacha Calmon Navarro Coêlho, em sua obra Teoria e Prática das Multas Tributárias: Infrações Tributárias, Sanções Tributárias, publicada em 1995, já trazia lições sobre o tema:

> O ato administrativo sancionatório, como todo ato administrativo, está sujeito aos princípios da legalidade, responsabilidade, competência e revisibilidade e deve, pois, ter motivo, forma e finalidade. Assim, como o ato de lançamento do tributo, o ato de imposição da penalidade não é discricionário, mas vinculado à lei.

O Sistema Tributário Nacional convive, hoje, com a desconfiança permanente. O Estado não confia nos contribuintes, em que pese delegar a eles interpretação, subsunção e recolhimento dos tributos (tributos lançados por homologação). Assim, o contribuinte - na quase totalidade dos tributos - deve conhecer a legislação, exercer sobre ela a interpretação, calcular o *quantum debeatur* e recolher aos cofres públicos.

Desse modo, como ponto de partida do tema, faz-se necessário analisar a estrutura da norma, em especial, a norma tributária sancionante, diferenciando-a da norma de conduta e realçando o que consta de sua hipótese.

Valendo-se dos irretocáveis ensinamentos do Professor Sacha Calmon Navarro Coêlho sobre a norma tributária[4], interessam ao presente estudo as normas impositivas e sancionantes.

A diferença entre elas, está na hipótese de incidência. Na norma impositiva, há a previsão de fatos jurígenos lícitos e, por consequência, comandos que impõem direitos e deveres. Já a norma sancionante parte de um comando de ocorrência de fatos ilícitos e de consequências que consubstanciam, sempre, sanções. Em ambas as hipóteses, basta ocorrer o fato típico descrito na hipótese para que as consequências jurídicas previstas se instalem.

Por consequência, tem-se o primeiro limitador qualitativo da norma: a sua incidência está condicionada à ocorrência de um ilícito, em outras palavras, só será plausível a aplicação de sanção àquele indivíduo que não agiu de forma correta à luz do Ordenamento Jurídico vigente. Logo, conclui-se que a conduta definida como infração parte de um comportamento típico. Desta feita, a sanção tributária incidirá toda vez que, no mundo real, ocorrer uma infração a um dever tributário estatuído em lei, quais sejam: (a) não pagar o tributo devido e/ou (b) não cumprimento dos deveres instrumentais.

Dentre as inúmeras indagações que ainda padecem, questiona-se, em especial, se somente o aspecto qualitativo bastaria para coibir abusos. Em nossa singela percepção, faz-se necessária uma análise sob a ótica dos princípios da razoabilidade, proporcionalidade, mas, sobretudo, acerca da percepção do princípio da preservação das empresas - este último, por sua vez, terá o devido enfoque no momento oportuno.

2. OS PRINCÍPIOS CONSTITUCIONAIS LIMITADORES DAS SANÇÕES FISCAIS E SUA CORRELAÇÃO COM O CÓDIGO TRIBUTÁRIO NACIONAL

De antemão, cumpre frisar que o presente trabalho não tem a pretensão de esgotar o estudo de todos os princípios aplicáveis às sanções tributárias, mas suscitar a questão do controle quantitativo das sanções pelo Poder Judiciário

---

4 Sobre a estrutura da norma tributária, Professor Sacha Calmon esgota o assunto na inesquecível obra: Teoria Geral do Tributo e da Exoneração Tributária (2000, Del Rey, 3ª edição), fruto da sua tese de doutoramento na UFMG.

2.1. PRINCÍPIO DA LEGALIDADE

Iniciando a descrição dos preceitos constitucionais aplicáveis, faz-se necessária uma inspeção ao princípio da legalidade. Não pairam dúvidas que a legalidade sofreu severas críticas ao longo dos anos, especialmente por aqueles que argumentam que o sistema jurídico é demasiadamente complexo para permanecer estático e "atrofiar" a evolução de conceitos. *Data vênia,* não há como coadunar com essa teoria! É certo que a sociedade atual goza da mais alta complexidade, mas não se pode atribuir à legalidade o momento de crise e conflitos que vive o Direito.

Em meio ao evidente caos instalado em nosso sistema tributário, tamanha é a importância da legalidade, ao passo que resguarda a segurança às regras a serem impostas. Verdadeiramente, a crise em nosso sistema se dá muito mais pela confusa lei tributária, que em inúmeras situações acarreta em litígios em torno do preenchimento dos conceitos constitucionais. Nesse compasso, o princípio-regra liga-se à democracia e à contenção do arbítrio como uma das formas de se legitimar a tributação e evitar abusos[5].

Como se sabe, o Direito Tributário invade a esfera patrimonial do particular sem o seu consentimento, em prol de sustentar as funções estatais. Logo, mediante um cenário tão evasivo, se fazem necessárias garantias ao particular para assegurar a realização da justiça e evitar o arbítrio.

Neste prisma de ideias, o primado da legalidade não se limita ao aspecto formal, pelo contrário, não basta a "mera" previsão do ato ilícito a ser punido. A segurança jurídica exige que a lei esgote todas as possibilidades que criam a obrigação tributária. Com efeito, jamais seriam atingidos os objetivos da legalidade (segurança, previsibilidade, democracia e justiça) caso a lei apenas fizesse uma breve enunciação e deixasse aos braços do Poder Executivo o restante. Incumbe frisar que seria ilógico aplicar o mesmo raciocínio às sanções fiscais.

À luz das sanções fiscais, significa dizer que não há qualquer possibilidade de aplicação de uma sanção não prevista em lei. Deturpar tal princípio seria violar o próprio princípio da legalidade para o tributo, pois é o receio da sanção que leva à obediência da conduta desejada.

---

[5] A legalidade da tributação, dizia Pontes de Miranda, significa o povo tributando a si próprio. Traduz-se como o povo autorizando a tributação através dos seus representantes eleitos para fazer leis, ficando o príncipe, o chefe do Poder Executivo - que cobra os tributos - a depender do Parlamento (COÊLHO, Sacha Calmon Navarro. Curso de Direito Tributário Brasileiro, p. 202).

Logo, uma sanção não constante em lei seria reprimir um comportamento que a lei não desejou fazê-lo, portanto, não há qualquer dúvida, à luz dos preceitos constitucionais e dos comandos do Código Tributário Nacional, que as multas tributárias estão absolutamente adstritas ao princípio da legalidade. A rigidez da legalidade para as sanções, assim como para os tributos, não apresenta maiores dissonâncias na jurisprudência e, via de regra, os Tribunais Superiores vêm rechaçando penalidades atípicas que são cominadas por outras instâncias[6].

O questionamento que fica e que será melhor desenvolvido nos tópicos seguintes é se - em detrimento da legalidade - poderia o Poder Judiciário criar um percentual de multa a cada caso concreto ou reduzir o valor da multa a patamares que considera mais razoáveis.

Isto posto, resta necessária a análise, em conjunto, dos demais preceitos da Carta Magna, para averiguar suas aplicabilidades ao presente estudo.

2.2. PRINCÍPIO DA CONFIANÇA

Para prosseguir com a análise do presente estudo, devemos vislumbrar o cenário de desconfiança instaurado em nosso sistema atual e a necessidade da retomada do princípio da confiança. A Professora Misabel Abreu Machado Derzi, de maneira pontual, lembra Mattern para quem a proteção da confiança e a boa-fé são componentes indivisíveis da legalidade, do Estado de Direito e da Justiça [7]. Nessa mesma esteira de ideias, o universo jurídico é visto como um instrumento de pacificação de conflitos, especialmente quando se está rompida a confiança entre as partes. Assim, a confiança permite maior estabilidade ao sistema, de modo que a certeza de que o melhor será feito é vista como uma premissa. Por outro lado, a desconfiança corrobora para a destruição do modelo, causando uma desestabilização social.

Pois bem, como muito já dito neste artigo, é de notório saber a complexidade do ordenamento jurídico tributário. Parece ser um consenso que a carga tributária nacional possui patamar elevado, não sendo necessário adentrar em tal seara para atestar se a mesma é ou não pro-

---

[6] O artigo 97, V do Código Tributário Nacional é bastante claro ao prescrever que somente lei pode estabelecer *"a cominação de penalidades para as ações ou omissões contrárias a seus dispositivos, ou para outras infrações nela definidas"*

[7] DERZI, Misabel Abreu Machado. Modificações da jurisprudência no direito tributário: proteção da confiança, boa-fé objetiva e irretroatividade como limitações constitucionais do poder judicial de tributar. São Paulo: Noeses, 2009.

porcional aos serviços e à estrutura social e econômica que o Estado Nacional propicia à sociedade. Entretanto, o que se deseja aqui é chamar a atenção para a complexidade existente no cumprimento das obrigações tributárias e nos elevados valores despendidos pelos contribuintes para com o chamado custo fiscal indireto ou, para outros, o custo de *conformidade* gasto no pagamento do tributo.

A questão supracitada padece de ser analisada sob o prisma da efetividade no cumprimento das obrigações. De fato, o Brasil tem forte tradição burocrática e com uma carga excessiva de deveres materiais e formais (ou instrumentais), mas que geram pouca eficiência administrativa.

Não obstante o cenário caótico do mundo jurídico, repleto de insegurança jurídica, desconfiança, a enorme burocratização e a baixa efetividade dos serviços administrativos, o sistema ainda convive com formas pesadas de penalização e uma vasta gama de legislações (federais, estaduais e municipais). Além disso, o contribuinte - em quase totalidade dos tributos - deve conhecer da legislação, exercer a interpretação sobre a norma e recolher o quantum aos cofres públicos. Contudo, a constatação de algum equívoco no recolhimento do tributo, por menor que seja, ensejará as mais severas sanções.

Nesta linha de pensamento, o CTN, de forma precisa, trouxe, por meio dos artigos 100 e 146, o princípio da confiança como pressuposto no qual deve se basear a relação entre o fisco e o contribuinte[8]. Em ambos os dispositivos, o Código Tributário visa proteger a legítima expectativa do contribuinte que age de boa-fé, resguardando-o de qualquer ato que lhe cause eventual surpresa. Neste óbice, importante mencionar os conceitos de *irrevisibilidade do lançamento* e *observância dos atos normativos*.

Sobre a questão, é mister transcrever trecho do voto proferido pelo Ministro Napoleão Nunes Filho à ocasião do julgamento do RECURSO ESPECIAL Nº 1.669.310 - RS[9]:

---

8 Sobre o tema, ver: LOBATO, Valter de Souza. O princípio da confiança retratado no Código Tributário Nacional. A aplicação dos arts. 100 e 146 do CTN. A análise de casos concretos. In: COÊLHO, Sacha Calmon Navarro. (Org.). Segurança jurídica: irretroatividade das decisões judiciais prejudiciais aos contribuintes. Rio de Janeiro: Forense, 2013, p. 417-445.

9 BRASIL. Superior Tribunal de Justiça. REsp 1669310/RS, Rel. Ministro NAPOLEÃO NUNES MAIA FILHO, PRIMEIRA TURMA, julgado em 11/09/2018, DJe 27/09/2018. Disponível em https://scon.stj.jus.br/SCON/jurisprudencia/toc.jsp?processo=1669310&tipo_visualizacao=RESUMO&b=ACOR&thesaurus=JURIDICO&p=-true. Acesso em: 11 de janeiro de 2020.

Todavia, no sistema tributário vigente, a revisão dos atos administrativos não pode ser admitida de forma indiscriminada, observando-se que a modificação empreendida sobre a interpretação tributária gera efeitos ex nunc, ou seja, somente pode ser considerada para os fatos geradores ocorridos posteriormente à sua introdução, a impedir que a autoridade coatora atribua à nova interpretação efeito retroativo, o que é vedado pelo art. 146 do CTN, como forma de conferir ao contribuinte maior previsibilidade e segurança jurídica.

Mais uma vez, apresentam-se necessárias as lições da Professora Misabel Abreu Machado Derzi sobre o tema:

> O que distingue o art. 146 do art. 100 é que o primeiro proíbe a retroação do ato, por mudança de critério jurídico, em relação ao mesmo fato gerador e contribuinte, enquanto o art. 100 é genérico e independe de ter havido lançamento. As consequências também são diferentes. O art. 146 proíbe que se edite outro ato administrativo individual, como o lançamento, relativamente ao mesmo fato gerador, uma vez aperfeiçoado e cientificado o contribuinte. Se a mudança de critério jurídico levaria à cobrança de tributo ou à sua majoração, em relação àquele mesmo fato jurídico, novo lançamento não poderá ser efetuado, nem mesmo para cobrar o singelo valor do tributo (como autoriza o art. 100, em se tratando de ato normativo).[10]

Desta maneira, o sistema jurídico nacional, em meio ao caos da insegurança jurídica **e das inúmeras obrigações acessórias - muitas vezes ineficazes, padece de maior utilização da** confiança entre os agentes da relação tributária para sanar a defasagem existente no cenário atual.

Neste contexto, importantes as lições de Valter Lobato, que, em sua dissertação de mestrado, demonstra a importância de limitar o poder de tributar, mas mostra que o sistema ainda não conseguiu se equilibrar de forma suficiente a dar segurança e estabilidade para a sociedade[11]. Significa dizer, o princípio da confiança precisa se manter vigilante no sistema, a ser invocado sempre que os princípios explícitos não deram conta de manter o valor segurança jurídica como objetivo maior do sistema jurídico, como afirma MISABEL DERZI:

> "No Direito Público, igualmente, onde fracassarem "ético-juridicamente" as garantias constitucionais dos direitos fundamentais, a proteção da con-

---

10 BALEEIRO, Aliomar. Limitações constitucionais ao poder de tributar, nota de Misabel AbreuMachado Derzi, p. 812.

11 LOBATO, Valter de Souza. *Os tributos destinados ao custeio da seguridade social*: a busca do equilíbrio de suas fontes, p. 38-39. Dissertação de Mestrado. UFMG. 2004.

fiança ressurgirá com toda sua força e, nos casos concretos, desdobrada em proteção da boa-fé objetiva."[12]

Isto porque, toda a atividade estatal em um Estado de Direito está limitada pelo princípio da segurança jurídica, expressamente previsto no caput do art. 5º da Constituição, e que submete o exercício do poder estatal à necessidade de garantir aos contribuintes a previsibilidade[13] das consequências jurídicas dos atos e fatos por eles empreendidos. Nesse sentido, CANOTILHO afirma que:

> "[...] o cidadão deve poder confiar em que aos seus atos ou às decisões públicas sobre seus direitos, posições jurídicas e relações, praticadas ou tomadas de acordo com as normas jurídicas vigentes, se ligam efeitos jurídicos duradouros, previstos e calculados com base nas mesmas normas."[14]

Sendo assim, enquanto face da segurança jurídica, a *"proteção da confiança se prende mais com as componentes subjectivas da segurança, designadamente a calculabilidade e previsibilidade dos indivíduos em relação aos efeitos jurídicos dos actos"*[15].

Em suma, do princípio da segurança jurídica decorre o direito do contribuinte de confiar que os atos por ele praticados sob a vigência de uma norma não terá seus efeitos repentinamente alterados, frustrando a confiança e a legítima expectativa nele depositadas. Em suma, a confiança, em nossa ordem jurídica, não se trata de princípio apenas ético, sem positividade. Ao contrário, a proteção da confiança e a boa-fé são filhos diretos da segurança jurídica, valor consagrado como princípio e como direito fundamental no art. 5º, caput, da Constituição da República e fartamente reconhecidos nas leis infraconstitucionais.

---

12 DERZI, Misabel Abreu Machado. *Modificações da jurisprudência: proteção da confiança, boa-fé objetiva e irretroatividade como limitações constitucionais ao poder judicial de tributar.* São Paulo: Noeses, 2009, p. 413-414

13 ÁVILA, Humberto. *Sistema Constitucional Tributário.* São Paulo: Saraiva, 2004, p. 295.

14 CANOTILHO, José Joaquim Gomes. *Direito Constitucional e Teoria da Constituição.* Coimbra: Almedina, 1998, p. 250.

15 CANOTILHO, José Joaquim Gomes. *Direito Constitucional e Teoria da Constituição.* Coimbra: Almedina, 1998, p. 256.

A obra tão citada de Canaris[16] elabora as características imanentes ao princípio da confiança, conjugando-as à teoria da responsabilidade pela aparência do Direito, à proibição de *"venire contra factum proprium"*, tudo confrontado com outros importantes baluartes do Direito, como a segurança jurídica, e a imputabilidade pela confiança gerada. O pressuposto lógico do princípio da proteção da confiança reside no fato de que haja confiança a ser protegida, portanto a responsabilidade pela confiança gerada depende da existência de uma correspondente confiança.

De modo geral, pode-se realçar que são necessários: (I) o pressuposto fático (o Tatbestand) da confiança, ou seja, o fato omissivo ou comissivo do Fisco, apto a provocar a confiança do cidadão; (II) a boa-fé daquele que confia, o que transparece a todas as luzes em favor do contribuinte, pois a confiança emanava da lei; (III) a confiança protegida não pode ser "interior", fruto singelo da consciência subjetiva ou subconsciência da pessoa que confia, mas ela deverá ter sido objetivada por meio de disposições tomadas ou por meio de investimentos de confiança.

2.3. IGUALDADE, CAPACIDADE CONTRIBUTIVA E NÃO CONFISCO: OS CRITÉRIOS DA RAZOABILIDADE E PROPORCIONALIDADE

A igualdade é um princípio básico de qualquer sistema que pretende ser justo, posto que não há injustiça maior do que o tratamento igual aos desiguais ou o tratamento desigual aos iguais, lembrando as palavras de Rui Barbosa[17].

Na Constituição Federal, o princípio da igualdade determina que cada qual deve ser tributado segundo a sua capacidade econômica, mas também determina que os contribuintes não podem sofrer tratamento desigual se estiverem em situação equivalente. Desse modo, a tributação deve guardar coerência entre o objeto a ser tributado e a riqueza que este pode gerar; a capacidade do sujeito de contribuir e, ao inverso, a sua impossibilidade de pagar tributos. É dizer que, mesmo na lei, é preciso dosar a tributação, graduá-la para que seja justa (não confisco).

Quando da imposição das multas (ou sanções pecuniárias fiscais), é preciso ter uma atenção especial para que a sanção não deturpe o

---

16 Cf. CLAUS-WILHEIM CANARIS. Die Vertrauenshaftung im Deutschen Privatrecht. C.H. Beck'She Verlags. Munchen, 1971, tradução não autorizada pelo autor de Juliana, Júlio César e Cláudio.

17 BARBOSA, Rui. **Oração aos Moços**. Edição popular anotada por Adriano de Gama Kury. 5. ed. Rio de Janeiro: Fundação Casa de Rui Barbosa, 1999, p. 26.

tributo, posto que, se às sanções não existissem limites, a insegurança jurídica voltaria a reinar. Frisa-se: não há mal algum em respeitar a capacidade econômica do infrator. Contudo, há de se lembrar que as sanções fiscais não visam onerar o signo de riqueza, mas sim punir um ato ilícito. Além disso, a função da sanção deve ser (a) educar, para que não mais se repita o ato; (b) punir, para que sirva de exemplo aos demais que desejarem a mesma conduta e (c) indenizar aquele que ficou restrito dos valores devidos. Assim, a infração pode ser proporcional à capacidade do infrator, desde que não se desvie dos objetivos para os quais a sanção foi criada.

Portanto, os mesmos critérios de quantificação aplicáveis aos tributos devem também ser aplicáveis às sanções, quais sejam, proporcionalidade, razoabilidade, mínimo vital, não confisco. Este último, por sua vez, busca o resguardo à propriedade privada, impedindo a cobrança exacerbada de tributos e a aplicação desarrazoada das multas. Em outras palavras, a multa deve ser razoável, proporcional, limitada, não excessiva, porque senão poderia, de forma indireta e via sanções, reinstalar o confisco no Sistema Tributário.

No âmbito administrativo, pela vinculação do julgador aos preceitos legais, as decisões são sempre pela manutenção das multas face ao seu caráter objetivo[18], mas é possível detectar precedentes que dispensam

---

18 A jurisprudência do CARF é predominante no sentido de impossibilidade do cancelamento da multa. Confira:

Acórdão 2301-006.829: ASSUNTO: OBRIGAÇÕES ACESSÓRIAS. Período de apuração: 01/01/2004 a 31/01/2004. CERCEAMENTO DE DEFESA. INEXISTÊNCIA. Não ocorre cerceamento de defesa quando consta no Auto de Infração a clara descrição dos fatos e circunstâncias que o embasaram, justificaram e quantificaram.

CONTRIBUIÇÕES PREVIDENCIÁRIAS. OBRIGAÇÃO ACESSÓRIA DECADÊNCIA. No caso de aplicação de multa pelo descumprimento de obrigação acessória não há que se falar em antecipação de pagamento por parte do sujeito passivo. Assim, para fins de contagem do prazo decadencial, há que se aplicar a regra geral contida no art. 173, inciso I do CTN. Súmula CARF nº 148: No caso de multa por descumprimento de obrigação acessória previdenciária, a aferição da decadência tem sempre como base o art. 173, I, do CTN, ainda que se verifique pagamento antecipado da obrigação principal correlata ou esta tenha sido fulminada pela decadência com base no art. 150, § 4º, do CTN. RELEVAÇÃO DE MULTA. NÃO CABIMENTO. Embora haja previsão de relevação de multa em Obrigações Acessórias, não se encontram presentes os requisitos formais de tal relevação Art. 291, §1º do Regulamento da Previdência Social - RPS, aprovado pelo Decreto 3.048/99. **OBRIGAÇÃO ACESSÓRIA - DESCUMPRIMENTO - AUSÊNCIA DE PREJUÍZO AO ERÁRIO – IRRELEVANTE. No caso de verificação de descumprimento de obrigação acessória é devida a** aplicação da multa punitiva sendo irrelevante a existência ou não de prejuízo ao erário. Recurso Voluntário Conhecido. Crédito Tributário Mantido. **Acórdão 3001-000.451:** Assunto: Obrigações Acessórias. Data do fato gerador: 19/04/2012. AÇÃO JUDICIAL. DECISÃO DO COLEGIADO A QUO. CONCOMITÂNCIA DE PEDIDO. MATÉRIA NÃO CONTESTADA. RENÚNCIAÀ INSTÂNCIA ADMINISTRATIVA. DEFINITIVIDADE DA EXIGÊNCIA. Tendo o Colegiado a quo decidido que a opção pela via judicial, quanto ao pleito referente a denúncia espontânea da infração, importa renúncia à instância administrativa, visto tratar-se de idêntica matéria impugnada, e não havendo expressa contestação, na espécie, pelo recorrente, torna-se definitiva, nesta esfera, a discussão da matéria sub judice. INCONSTITUCIONALIDADE DE NORMAS TRIBUTÁRIAS. INCOMPETÊNCIA. APLICAÇÃO DA SÚMULA Nº 2 DO CARF. Este Colegiado é incompetente para apreciar questões que versem sobre constitucionalidade das leis tributárias. LANÇAMENTO PREVENTIVO DA DECADÊNCIA. POSSIBILIDADE. A suspensão da exigibilidade do crédito tributário não obsta o lançamento preventivo da decadência. A administração, embora não possa praticar qualquer outro ato visando à cobrança do seu crédito, tais como inscrição em dívida ativa, execução, penhora, etc., tem o dever de proceder ao lançamento, para evitar o transcurso do prazo decadencial. INFRAÇÃO ADUANEIRA. MULTA REGULAMENTAR. DESCUMPRIMENTO DE PRAZO. BOA-FÉ. EXCLUSÃO. IMPOSSIBILIDADE. A multa por deixar de prestar informação à Administração fazendária, sobre veículo ou carga nele transportada, ou sobre as operações que execute, não exige que a conduta do autuado seja dolosa, bastando, para a sua imputação, que haja o descumprimento do prazo estabelecido pela Secretaria da Receita Federal do Brasil, de forma que a eventual presunção de boa-fé do recorrente não o exime da penalidade pela infração aduaneira. **INFRAÇÃO ADUANEIRA. MULTA REGULAMENTAR. DESCUMPRIMENTO DE OBRIGAÇÃO ACESSÓRIA. AUSÊNCIA DE PREJUÍZO AO ERÁRIO. RESPONSABILIDADE OBJETIVA. O caráter punitivo da reprimenda obedece a natureza objetiva. Ou seja, queda-se alheia à intenção do contribuinte ou ao eventual prejuízo derivado de inobservância às regras formais.** RECURSO VOLUNTÁRIO. QUESTÕES DE MÉRITO. REPRODUÇÃO EM PARTE DA IMPUGNAÇÃO. § 3º DO ART. 57 DO RICARF. APLICAÇÃO.

Se o relator registrar que as partes não apresentaram novas razões de defesa, quanto ao mérito, perante a segunda instância e propuser a confirmação e adoção da decisão recorrida, tem a faculdade de transcrever, naquilo que interessa a solução do litígio, a decisão de primeira instância. **Acórdão 3001-000.388.** Assunto: Obrigações Acessórias. Data do fato gerador: 27/02/2007 FORMALIZAÇÃO DA ENTRADA. VEÍCULO PROCEDENTE DO EXTERIOR. DENUNCIA ESPONTÂNEA. NÃO CABIMENTO. Depois de formalizada a entrada do veículo procedente do exterior não mais se tem por espontânea a denúncia de infração imputável ao transportador. INFRAÇÃO ADUANEIRA. MULTA REGULAMENTAR. DESCONSOLIDAÇÃO DE CARGA. PRESTAÇÃO DE INFORMAÇÃO EXTEMPORÂNEA. DENÚNCIA ESPONTÂNEA. IMPOSSIBILIDADE. O instituto da denúncia espontânea é incompatível com o cumprimento extemporâneo de obrigação acessória concernente à prestação de informação à Administração aduaneira relativa a carga importada, transportada por via marítima, desconsolidada no porto de destino, uma vez que tal fato configura a própria infração. INFRAÇÃO ADUANEIRA. MULTA REGULAMENTAR. DESCUMPRIMENTO DE PRAZO. BOA-FÉ. EXCLUSÃO. IMPOSSIBILIDADE. A multa por deixar de prestar informação à Administração fazendária, sobre veículo ou carga nele transportada, ou sobre as operações que execute, não exige que a conduta do autuado seja dolosa, bastando, para a sua imputação, que haja o descumprimento do prazo estabelecido pela Secretaria da Receita Federal do Brasil, de forma que a eventual presunção de boa-fé do recorrente não o exime da penalidade pela infração aduaneira. **INFRAÇÃO ADUANEIRA. MULTA REGULAMENTAR. DESCUMPRIMENTO DE OBRIGAÇÃO ACESSÓRIA. AUSÊNCIA DE PREJUÍZO AO ERÁRIO. RESPONSABILIDADE OBJETIVA. O caráter punitivo da reprimenda obedece a natureza objetiva. Ou seja, queda-se alheia à intenção do contribuinte ou ao eventual prejuízo derivado de inobservância às regras formais. Acórdão 1002-000.242:** Assunto: Obrigações Acessórias Período de apuração: 01/01/2010 a 31/12/2010 INFRAÇÃO DE NATUREZA CONTINUADA. AUSÊNCIA DE PREVISÃO LEGAL. NÃO CARACTERIZAÇÃO. O descumprimento de obrigação tributária acessória relativa à entrega do FCONT do exercício de 2010 sujeita-se à aplicação dos valores previstos no artigo art. 57, I, da MP n. 2.158-35/2001 incidentes sobre cada mês-calendário de atraso. Descabe falar-se em infração de natureza continuada por inexistência de previsão legal nesse sentido.

ARGÜIÇÃO DE INCONSTITUCIONALIDADE. MATÉRIA VEDADA À APRECIAÇÃO DO CARF. O CARF não é competente para se pronunciar a respeito de alegações de inconstitucionalidade de lei tributária, a teor do que dispõe a Súmula CARF n° 02. DENÚNCIA ESPONTÂNEA. IMPOSSIBILIDADE. APLICAÇÃO DA SÚMULA CARF N°. 49. A teor da Súmula CARF n. 49, a denúncia espontânea prevista no art. 138 do CTN não afasta a aplicação da multa por atraso no cumprimento de obrigações tributárias acessórias autônomas. **FCONT. MULTA POR DESCUMPRIMENTO DE OBRIGAÇÃO TRIBUTÁRIA ACESSÓRIA. RESPONSABILIDADE OBJETIVA. A multa por descumprimento de obrigação tributária acessória relativa à entrega do FCONT tem natureza objetiva e independe da intenção do contribuinte ou de eventual prejuízo derivado de inobservância às regras formais.** FCONT. ATRASO NA ENTREGA. APLICAÇÃO DA PENALIDADE. É devida a multa pelo atraso na entrega do FCONT do exercício de 2010, mesmo no caso de não existir na escrituração da pessoa jurídica qualquer lançamento com base em métodos e critérios diferentes daqueles prescritos pela legislação tributária, baseada nos critérios contábeis vigentes em 31 de dezembro de 2007, por força do disposto no § 4° do art. 8° da Instrução Normativa RFB n° 949, de 2009.

a multa na ausência de prejuízo ao Erário[19]. Assim, aqui é importante fixar mais um parâmetro na aplicação das penalidades, com base nas finalidades destas e no postulado da razoabilidade: possibilidade de cancelamento da multa quando esta decorrer do descumprimento de uma obrigação que não acarrete prejuízo ao Erário. Já existem decisões no Judiciário neste mesmo sentido[20].

Também com base nos princípios da vedação ao excesso (não confisco), da proporcionalidade e razoabilidade no domínio das sanções fiscais também a doutrina[21] e a jurisprudência permitem uma limitação quantitativa, o que privilegia sim o princípio da igualdade, de igual forma, uma vez que os postulados anteriormente mencionados orientam para que uma pena não pode ser aplicada de forma indiscriminada a situações que não se mostrem equivalentes.

---

19 Acórdão nº 3402-002.358: Assunto: Obrigações Acessórias. Período de apuração: 09/01/2008 a 12/07/2011

MULTA POR DESCUMPRIMENTO DE OBRIGAÇÃO ACESSÓRIA. INEXATIDÃO DE INFORMAÇÃO. AUSENCIA DE PREJUÍZO AO CONTROLE ADUANEIRO. PENALIDADE CANCELADA. **Ainda que entregue com informação inexata nas Declarações de Importação, uma vez reconhecida pela Autoridade Fiscal a ausência de prejuízo ao controle aduaneiro, deve ser cancelada a multa aplicada ao sujeito passivo.**

Recurso de Ofício Negado. Crédito Tributário Exonerado.

20 Neste sentido: TRIBUTÁRIO. IMPOSTO DE RENDA DE PESSOA FÍSICA. PREENCHIMENTO INCORRETO DA DECLARAÇÃO. MULTA POR DESCUMPRIMENTO DE OBRIGAÇÃO ACESSÓRIA. INAPLICABILIDADE. PREJUÍZO DO FISCO. INEXISTÊNCIA. PRINCÍPIO DA RAZOABILIDADE

(...) 7. Desta sorte, assente na instância ordinária que o erro no preenchimento da declaração não implicou na alteração da base de cálculo do imposto de renda devido pelo contribuinte, **nem resultou em prejuízos aos cofres públicos, depreende-se a ausência de razoabilidade na cobrança da multa de 20%**, prevista no § 2º, do Decreto-Lei 2.396/87. (BRASIL. Superior Tribunal de Justiça. REsp nº 728.999/PR. 1. T. Rel. Min. Luiz Fux, j. 12/09/2006. DJ, Brasília, 26 out. 2006. p. 229.

21 *A multa moratória jamais pode assumir caráter abusivo. Outrora, seguimos a orientação do STF, estabelecendo o limite máximo a ser admitido em 30%. Entendemos, contudo, agora, que o percentual de 20% já se situa na divisa entre a punição severa e o excesso vedado. Se de um lado, não cabe ao magistrado estabelecer percentual que entenda ideal, por certo que, sendo provocado, pode reduzir a multa a patamar suportável, tendo em conta a natureza da falta cometida, qual seja, a inadimplência.* (PAULSEN, Leandro. Direito tributário: constituição e código tributário à luz da doutrina e da jurisprudência, p. 1.070).

De se frisar: o desrespeito à propriedade privada não pode ocorrer, seja pela cobrança exacerbada de tributos, seja pela aplicação desarrazoada das multas, seja com a retenção de valores que pertencem ao contribuinte, posto que o Sistema Tributário não permite o confisco. Veja o que diz Humberto Ávila, ao relacionar o não confisco aos postulados da proporcionalidade e razoabilidade:

> "Aquilo que os tributaristas chamam de confisco é a invasão do núcleo essencial pela instituição de um tributo excessivo que viola o direito de propriedade. (...) Por isso, pouco importa que o artigo 150, IV, faça referência a tributos. Pelo próprio direito fundamental chega-se à proibição de excesso, que, no caso de instituição de tributos, se chama proibição de confisco."[22]

Conclui-se, portanto, que tais princípios aliados, a legalidade, a boa fé e a confiança na lei fiscal podem e devem permitir a atuação do julgador administrativo ou mesmo do Poder Judiciário para que reduza ou elimine a penalidade no caso concreto, buscando sempre patamares adequados.

3. O PRINCÍPIO DA PRESERVAÇÃO DAS EMPRESAS COMO LIMITADOR DA APLICAÇÃO DE SANÇÕES TRIBUTÁRIAS

Por fim, mas não menos importante, vale destacar o princípio da preservação das empresas que está ancorado pela Constituição Federal por meio dos ditames que norteiam a Ordem Econômica, presentes no art. 170 da Carta Magna: princípio da livre iniciativa, da função social, da propriedade privada e da busca do pleno emprego, tal princípio está positivado no ordenamento brasileiro por meio do art. 47 da Lei de Falências (Lei nº 11.101/05).

No período hodierno, a empresa não é mais encarada apenas como uma fonte de pagamento de tributos, do ponto de vista do Estado, sendo concebida como uma unidade produtiva, geradora de empregos, que exerce importante papel social e que deve ser preservada.

A empresa passou a ser encarada como uma *unidade econômica*, onde empregados, sócios e investidores devem conviver harmonicamente, comungando interesses individuais diversos, mas mantendo um interesse comum: a preservação da empresa geradora de riquezas (lucros, salários, tributos) que cumpre sua função social.

Apesar dos muitos abusos cometidos e da falta de uma legislação firme no que concerne à aplicação de multas, é possível perceber uma leve mudança de posicionamento no sentido de promover o empreen-

---

22 ÁVILA, Humberto. Multa de mora. Exames de razoabilidade, proporcionalidade e excessividade

dedorismo na sociedade. Um exemplo recente é a Lei da Liberdade Econômica (Lei nº 13.874 de 2019), que surge na tentativa de fortalecer o disposto no art. 170 da Constituição Federal. A legislação traz algumas alterações importantes para a atividade empresarial, v.g, o artigo 7º da Lei torna mais rígido o procedimento para desconsideração da personalidade jurídica, muito utilizado no Direito Tributário, principalmente nos processos executivos fiscais, onde o instituto é frequentemente utilizado de maneira indiscriminada e sem fundamentação.

Porém, apesar do início de uma mudança rumo à valorização cada vez maior dos empreendimentos, a legislação ainda é falha na determinação de parâmetros quantitativos e qualitativos para a aplicação de penalidades tributárias, que respeitem o princípio da preservação das empresas. Como leciona Misabel Derzi[23], é preciso dissociar a empresa do empresário, pois aquela é força-motriz da geração de empregos e desenvolvimento econômico.

Assim, é necessário frisar que a ordem jurídica deve ser observada como um todo integrado, de modo que, no momento de aplicação das penalidades, todo o sistema seja levado em consideração, evitando-se uma análise compartimentalizada do Direito. Por conseguinte, os aspectos quantitativos e qualitativos das sanções cominadas devem, sempre, estar em consonância com o princípio da preservação das empresas, de modo que as multas cumpram a sua finalidade educativa, mas sem obstar a continuidade das atividades empresariais realizadas pelo contribuinte.

Norteados pelas abalizadas construções trazidas acima, é mister analisar o sistema tributário sancionador atual à luz do princípio da preservação das empresas, identificando quais os principais problemas que assolam o contribuinte sujeito às sanções fiscais.

---

23 DERZI, Misabel Abreu Machado. O princípio da preservação das empresas e o direito à economia de imposto. In: ROCHA, Valdir de Oliveira (Coord.). Grandes questões atuais do direito tributário. proteção da confiança, boa fé objetiva e irretroatividade como limitações constitucionais no poder judicial de tributar. São Paulo: Noeses, 2009. v. 1, p. 356.

4. LIMITAÇÕES AO PODER FISCAL SANCIONADOR NO DIREITO BRASILEIRO

4.1. AS SANÇÕES POLÍTICAS. UM ALERTA

A jurisprudência brasileira vem construindo algumas balizas para a aplicação das penalidades por meio da edição de súmulas. Nesse espeque, fazendo jus ao pioneirismo que lhe é ínsito, desde 1995, quando publicou o livro *Teoria e Prática das Multas Tributárias*, o Professor Sacha Calmon já dispunha que as sanções fiscais somente podem ter natureza pecuniária. Assim, a fim de determinar parâmetros para a aplicação das penalidades, o STF já editou diversas súmulas sobre o assunto, veja-se:

> Súmula 323[24]: É inadmissível a apreensão de mercadorias como meio coercitivo para pagamento de tributo.
>
> Súmula n° 70[25]: É inadmissível a interdição de estabelecimento como meio coercitivo para cobrança de tributo.
>
> Súmula n° 547[26]: Não é lícito à autoridade proibir que o contribuinte em débito adquira estampilhas, despache mercadorias nas alfândegas e exerça suas atividades profissionais.

Apesar da existência de tais vedações, muitos são os abusos cometidos pela administração. Nesse sentido, é interessante perpassar sobre os casos de apreensão de mercadorias, que, segundo o Professor Sacha Calmon Navarro Coêlho, só se justificam nas situações em que há desacobertamento absoluto de mercadorias. Porém, a sanção vem sendo aplicada de forma desmedida, cabendo à jurisprudência coibir tais aberrações jurídicas, a ver precedente recente[27]:

---

[24] BRASIL. Supremo Tribunal Federal. Súmula n° 323, de 13 de dezembro de 1963. DJ de 13/04/1961, p. 143. Disponível em http://www.stf.jus.br/portal/jurisprudencia/listarJurisprudencia.asp?s1=323.NUME.%20NAO%20S.FLSV.&base=baseSumulas. Acesso em: 09 de janeiro de 2020.

[25] BRASIL. Supremo Tribunal Federal. Súmula n° 70, de 13 de dezembro de 1969. DJ, Brasília, 10 dez. 1969. p. 5.935. Disponível em: http://www.stf.jus.br/portal/jurisprudencia/listarJurisprudencia.asp?s1=70.NUME.%20NAO%20S.FLSV.&base=baseSumulas. Acesso em: 09 de janeiro de 2020.

[26] BRASIL. Supremo Tribunal Federal. Súmula n° 547, de 13 de dezembro de 1969. DJ, Brasília, 10 dez. 1969. p. 5.935. Disponível em http://www.stf.jus.br/portal/jurisprudencia/menuSumarioSumulas.asp?sumula=2201. Acesso em 13 de janeiro de 2020.

[27] Superior Tribunal de Justiça. AgInt no AREsp 1159120/MT, Rel. Ministra ASSUSETE MAGALHÃES, SEGUNDA TURMA, julgado em 05/04/2018, DJe 12/04/2018. Disponível em https://scon.stj.jus.br/SCON/jurisprudencia/doc.jsp. Acesso em: 13 de janeiro de 2020.

TRIBUTÁRIO E PROCESSUAL CIVIL. AGRAVO INTERNO NO AGRAVO EM RECURSO ESPECIAL. HIPÓTESE EM QUE O MANDADO DE SEGURANÇA, QUE IMPUGNA A APREENSÃO DE MERCADORIAS, FOI DENEGADO, EM 2º GRAU, AO FUNDAMENTO DE QUE HOUVE INFRAÇÃO MATERIAL, DECARÁTER PERMANENTE, À LEGISLAÇÃO TRIBUTÁRIA ESTADUAL. ALEGADA VIOLAÇÃO E INTERPRETAÇÃO DIVERGENTE DO ART. 1º DA LEI 12.016/2009. IMPOSSIBILIDADE DE REEXAME DE FATOS E PROVAS. ÓBICE DA SÚMULA 7/STJ. PRECEDENTES DO STJ. AGRAVO INTERNO IMPROVIDO.
I. Agravo interno aviado contra decisão monocrática publicada em 19/10/2017, que julgara recurso interposto contra decisum publicado na vigência do CPC/2015. II. Na hipótese, trata-se, na origem, de Mandado de Segurança, no qual a impetrante, ora agravante, requer seja garantido seu alegado direito líquido e certo de não sofrer retenção de mercadorias, em razão da suposta falta de recolhimento do ICMS, no regime de substituição tributária. Regularmente processado o feito, sobreveio a sentença concessiva do Mandado de Segurança. Por decisão monocrática do Relator da causa, a sentença foi reformada, em reexame necessário, para denegar o Mandado de Segurança. Interposto Agravo interno, o Tribunal de origem manteve a denegação do Mandado de Segurança, ao fundamento de que houve infração material, de caráter permanente, à legislação tributária estadual. No Recurso Especial, a pretexto de violação e interpretação divergente do art. 1º da Lei 12.016/2009, a ora agravante alegou que, "à época da impetração do presente writ, as mercadorias estavam apreendidas no Posto Fiscal de Alto Araguaia há dias, sem que a autoridade coatora sequer tivesse formalizado via autuação ou notificação qualquer justificativa para sua irresignação quanto ao ICMS supostamente não recolhido. **Não obstante, a recorrente juntou aos autos todos os documentos que comprovam a regularidade das mercadorias que entraram no Estado do Mato Grosso, a saber, notas fiscais idôneas e conhecimentos de transporte". Acrescentou que, "no presente caso, ficou evidente o abuso de poder da autoridade coatora ao apreender as mercadorias que estavam completamente acobertadas pela documentação fiscal exigida pela legislação estadual e federal. Sendo assim, ao contrário do que alega o v. acórdão aqui recorrido, os documentos juntados pela ora recorrente na petição inicial são mais que suficientes para demonstrar que a apreensão da mercadoria foi realizada de forma ilegal, ficando evidente o direito líquido e certo pleiteado no presente writ".**
III. A jurisprudência desta Corte é firme no sentido de que a análise da violação ao art. 1º da Lei 12.016/2009 - a fim de aferir a existência de direito líquido e certo à concessão da segurança - demanda exceder os fundamentos colacionados no acórdão guerreado, com a incursão no conteúdo fático-probatório dos autos, o que implica reexame de provas, inviável, em Recurso Especial, ante o óbice da Súmula 7/STJ. Nesse sentido: STJ, AgRg no REsp 1.366.994/CE, Rel. Ministro CASTRO MEIRA, SEGUNDA TURMA, DJe de 24/05/2013; AgRg no REsp 1.318.635/SP, Rel. Ministro HUMBERTO

MARTINS, SEGUNDA TURMA, DJe de 16/05/2013; REsp 1.231.325/DF, Rel. Ministra ELIANA CALMON, SEGUNDA TURMA, DJe de 20/11/2013.
IV. Agravo interno improvido.
(AgInt no AREsp 1159120/MT, Rel. Ministra ASSUSETE MAGALHÃES, SEGUNDA TURMA, julgado em 05/04/2018, DJe 12/04/2018) (destacamos)

Um alerta importante diz respeito às sanções processuais. Atualmente, os magistrados de todas as localidades vêm legitimando a apreensão de documentos como passaporte e CNH com vistas em coagir o contribuinte a pagar tributos. Tais medidas apresentam-se como verdadeiras aberrações jurídicas, já que as sanções fiscais apenas podem se dar por meio de prestação pecuniária, e com respeito ao princípio da legalidade.

Nesse caminhar, e sem respeito ao Sistema Tributário Constitucional, se tais atitudes continuarem a ser legitimadas pelo Judiciário, chegaremos ao ponto de necessitar de uma norma nos moldes da *LexPoeteriaPapira*, a fim de, assim como em Roma, acabar com o despautério que é execução de dívidas sobre a pessoa do devedor, que, no Brasil atual, se dá por meio da restrição do direito do contribuinte de ir e vir. É necessário que os casos cheguem aos Tribunais Superiores, onde os Ministros vêm construindo, a passos largos, entendimento de que tais medidas não são adequadas ao processo executivo fiscal. Nesse sentido, vejamos trecho do voto proferido pelo Ministro Napoleão Nunes, que, na oportunidade do julgamento do HABEAS CORPUS Nº 453.870[28] - PR, reputou como excessiva a apreensão de passaporte e CNH em execuções fiscais e concedeu o remédio constitucional ao paciente:

> Nesse raciocínio, é de imediata conclusão que medidas atípicas aflitivas pessoais não se firmam placidamente no executivo fiscal. A aplicação delas, nesse contexto, resulta em excessos. Frequentemente, tem-se visto a rejeição à ordem de Habeas Corpus sob o argumento de que a limitação de CNH não obstaria o direito de locomoção, por existir outros meios de transporte de que o indivíduo pode se valer. É em virtude dessa linha de pensamento que a referência ao Pacto de São José da Costa Rica se mostra crucial, na medida em que a existência de diversos meios de deslocamento não retira o fato de que deve ser amplamente garantido ao cidadão exercer

---

[28] Superior Tribunal de Justiça. HC 453.870/PR, Rel. Ministro NAPOLEÃO NUNES MAIA FILHO, PRIMEIRA TURMA, julgado em 25/06/2019, DJe 15/08/2019. Disponível em https://ww2.stj.jus.br/processo/revista/documento/mediado/?-componente=ATC&sequencial=94649198&num_registro=201801389620&data=20190815&tipo=51&formato=PDF. Acesso em: 09 de janeiro de 2020.

o direito de circulação pela forma que melhor lhe aprouver, pois assim se efetiva o núcleo essencial das liberdades individuais, tal como é o direito e ir e vir.

Assim, é possível inferir que a *práxis* vem aplicando sanções atípicas como forma de compelir o contribuinte ao pagamento de tributos. Tal atitude fere uma gama de princípios constitucionais, principalmente o da legalidade, tendo em vista que não é possível sequer cogitar uma penalidade que não tenha sido prevista por Lei. Desse modo, é premente a integração da norma com seus limitadores constitucionais, indispensável para evitar abusos cometidos contra os contribuintes e que obstam, sobremaneira, a continuidade das empresas, em detrimento do princípio da preservação das empresas.

> Significa dizer: as sanções devem ter sempre a dupla face da punição e da educação fiscal, mas não podem impedir atos que são lícitos ou mesmo impor penalidades a suprimir o *devido processo legal*. Manifestações sobre tal impedimento são fartas na jurisprudência:
> CONSTITUCIONAL. TRIBUTÁRIO. PIS E COFINS. RESSARCIMENTO. MULTA. LEI 9.430/96.
> 1. O contribuinte dotado de boa-fé não pode ser ameaçado de multa em caso de mero indeferimento de pedido de ressarcimento ou de compensação, apenas por exercer regularmente seu direito constitucional de petição.
> 2. Exceto se o contribuinte obrou de má-fé ao pleitear pedido de restituição ou declaração de compensação, não há que se falar na imposição da referida multa.
> 3. Não se trata de declarar a inconstitucionalidade dos parágrafos 15 e 17 do art. 74 da Lei 9.430/96, mas tão somente interpreta-los à luz da Constituição, de modo que a multa punitiva fique condicionada à verificação de má-fé por parte do contribuinte.
> 4. Apelação improvida.
> (TRF 3 - AMS - APELAÇÃO CÍVEL - 340621. PROCESSO Nº 0008193-05.2011.4.03.6109. DES. CONSUELO YOSHIDA. 6ª TURMA DO TRF DA 3ª REGIÃO. 13.12.2012.)

4.2. DAS LIMITAÇÕES QUANTITATIVAS ÀS SANÇÕES TRIBUTÁRIAS

A Constituição Federal consubstanciou a vedação do confisco no artigo 150, IV, entretanto, tal ditame constitucional apresenta-se como um parâmetro geral e aberto, necessitando de legislação e jurisprudência que defina um percentual aceitável para aplicação das penalidades. Sobre o tema, preceitua Sacha Calmon Navarro Coêlho[29]:

---

29 COÊLHO, Sacha Calmon Navarro. *Teoria e prática das multas tributárias*: infrações tributárias, sanções tributárias. 2. ed. Rio de Janeiro: Forense, 1995. p. 68.

> Pessoalmente, somos partidários de uma "lei sobre como fazer leis" (*lexlegum*) estatua o teto das penalidades, contingenciamento que seria obrigatoriamente observado pelo legislador ordinário das três ordens de governo da Federação Brasileira. Não obstante, diante dos exageros do legislador, compete ao Judiciário, baseado no princípio da não confiscatoriedade da multa fiscal, impor limites às penalidades desmedidas.

Desse modo, a tarefa primordial de estabelecer bases sólidas para a definição dos aspectos quantitativos das multas recai sobre o Legislativo, por meio da edição de normas gerais, e dos Tribunais, que detém a competência de estabelecer parâmetros que norteiem a aplicação das penalidades tributárias.

Entretanto, ao alvedrio da doutrina pátria, conforme explicitado acima, o Direito Brasileiro vem estabelecendo limites quantitativos somente por meio da atuação do Judiciário, já que o Legislativo se quedou inerte e se isentou de estabelecer normas gerais sobre o tema.

Assim, o STF, na tentativa de dirimir as questões que assolam o tema, consolidou tese no sentido de que não se apresenta como confiscatória a penalidade que atingir 100% sobre o valor do tributo, sobre o assunto observe-se precedente recente:

> Ementa: AGRAVO REGIMENTAL NO RECURSO EXTRAORDINÁRIO COM AGRAVO. REITERAÇÃO DA TESE DO RECURSO INADMITIDO. SUBSISTÊNCIA DA DECISÃO AGRAVADA.TRIBUTÁRIO. EXECUÇÃO FISCAL. OFENSA REFLEXA. MULTA PUNITIVA. CARÁTER CONFISCATÓRIO. AUSÊNCIA. AGRAVO A QUE SE NEGA PROVIMENTO, COM APLICAÇÃO DE MULTA. I - As razões do agravo regimental são inaptas para desconstituir os fundamentos da decisão agravada, que, por isso, se mantêm hígidos. II - O recurso extraordinário, por conter alegações de ofensas indiretas ou reflexas à Constituição, demanda a interpretação de legislação infraconstitucional. **III – As multas punitivas que não ultrapassem o patamar de 100% do valor do imposto devido não são consideradas confiscatórias.** Precedentes. IV - Agravo regimental a que se nega provimento, com aplicação da multa (art. 1.021, § 4º, do CPC).[30]
> (ARE 1122922 AgR, Relator(a): Min. RICARDO LEWANDOWSKI, Segunda Turma, julgado em 13/09/2019, PROCESSO ELETRÔNICO DJe-205 DIVULG 20-09-2019 PUBLIC 23-09-2019)

---

[30] Supremo Tribunal Federal. ARE 1122922 AgR, Relator(a): Min. RICARDO LEWANDOWSKI, Segunda Turma, julgado em 13/09/2019, PROCESSO ELETRÔNICO DJe-205 DIVULG 20-09-2019 PUBLIC 23-09-2019. Disponível em http://redir.stf.jus.br/paginadorpub/paginador.jsp?docTP=TP&docID=750920596. Acesso em: 9 de janeiro de 2020.

Entretanto, em outra oportunidade, o Pretório Excelso estabeleceu patamar diferenciado para as multas moratórias, estas estão sujeitas à limitação de 20% do valor principal. Na oportunidade, o Ministro Luís Roberto Barroso promoveu diferenciação das espécies de penalidades presentes no Direito Tributário Brasileiro, consolidando, na Primeira Turma do STF, que as multas punitivas podem alcançar até 100% do valor do tributo devido, enquanto que as moratórias devem ser estabelecidas em patamar mais baixo, por ser, segundo o Ministro, menos grave do que aquelas que visam coibir o descumprimento da legislação tributária. Nesse sentido:

> EMENTA: AGRAVO REGIMENTAL NO AGRAVO DE INSTRUMENTO. TRIBUTÁRIO. MULTA MORATÓRIA DE 30%. CARÁTER CONFISCATÓRIO RECONHECIDO. INTERPRETAÇÃO DO PRINCÍPIO DO NÃO CONFISCO À LUZ DA ESPÉCIE DE MULTA. REDUÇÃO PARA 20% NOS TERMOS DA JURISPRUDÊNCIA DA CORTE. 1. É possível realizar uma dosimetria do conteúdo da vedação ao confisco à luz da espécie de multa aplicada no caso concreto. 2. Considerando que as multas moratórias constituem um mero desestímulo ao adimplemento tardio da obrigação tributária, nos termos da jurisprudência da Corte, é razoável a fixação do patamar de 20% do valor da obrigação principal. 3. Agravo regimental parcialmente provido para reduzir a multa ao patamar de 20%.
> (AI 727872 AgR, Relator(a): Min. ROBERTO BARROSO, Primeira Turma, julgado em 28/04/2015, ACÓRDÃO ELETRÔNICO DJe-091 DIVULG 15-05-2015 PUBLIC 18-05-2015)[31]

Sobre a questão, o voto do Ministro Luís Roberto Barroso, no julgado acima, apresenta, sem aprofundamento, a justificação da diferenciação dos patamares aplicáveis às multas punitivas e moratórias, não sendo a fundamentação suficiente para definir um percentual aplicável. É ver:

> O montante coaduna-se com a ideia de que a impontualidade é uma falta menos grave, aproximando-se, inclusive, do montante que um dia já foi positivado na Constituição.
> (...)
> E nesse particular, parece-me adequado que um bom parâmetro seja o valor devido a título de obrigação principal. Com base em tais razões, entendo pertinente adotar como limites os montantes de 20% para multa moratória e 100% para multas punitivas.

---

[31] Supremo Tribunal Federal. AI 727872 AgR, Relator(a): Min. ROBERTO BARROSO, Primeira Turma, julgado em 28/04/2015, ACÓRDÃO ELETRÔNICO DJe-091 DIVULG 15-05-2015 PUBLIC 18-05-2015. Disponível em http://redir.stf.jus.br/paginadorpub/paginador.jsp?docTP=TP&docID=8479282. Acesso em: 9 de janeiro de 2020.

No cenário atual, o Legislativo se ausenta da produção de normas gerais de direito tributário para a definição de parâmetros quantitativos para a aplicação das sanções fiscais, de modo que recai sobre o Judiciário a tarefa de regular os abusos cometidos. Entretanto, a esfera judicial vem coadunando com patamares elevados, ignorando a razoabilidade e proporcionalidade. Nesse sentido cumpre ressaltar que a atuação dos magistrados na redução dos valores das multas aplicadas a patamares razoáveis e proporcionais não fere a Separação dos Poderes, pois (a) nada mais faz do que reduzir quantitativamente a norma aos ditames constitucionais (vedação ao excesso); (b) segue parâmetros ditados pelo próprio legislador e (c) tem expressa autorização no art. 108, IV do CTN.

Assim, é premente a necessidade de ação do Legislativo a fim de determinar critérios mais palpáveis, e que regulem o que seja efetivamente confisco, com vistas no princípio da preservação das empresas. Ao Judiciário, recai a tarefa, também árdua e desafiadora, de definir o que seja adequado ao caso concreto, não podendo compactuar com os abusos cometidos pela administração, em total descompasso com a Constituição Federal.

5. CONCLUSÃO

As sanções tributárias padecem de uma urgente solução sistêmica, pois o que se verifica hoje é um sistema de punição que vai muito além da busca pelos reais e constitucionais objetivos constitucionais. A legislação não estabelece critérios razoáveis de punição, não segregando contribuintes que agem com boa-fé, inibindo a própria atividade empresarial[32]; cria sanções para procedimentos lícitos, como no caso das compensações; estabelece sanções com valores absolutamente confiscatórios, o que será brevemente analisado pelo Supremo Tribunal Federal[33]; desconsidera os

---

[32] Como exemplo, podemos citar a própria questão do planejamento tributário, absolutamente indefinida no Ordenamento Jurídico Pátrio.

[33] Tema 487: Caráter confiscatório da "multa isolada" por descumprimento de obrigação acessória decorrente de dever instrumental.

Tema 214: a) Inclusão do ICMS em sua própria base de cálculo; b) Emprego da taxa SELIC para fins tributários; c) Natureza de multa moratória fixada em 20% do valor do tributo. Tema 816: a) Incidência do ISSQN em operação de industrialização por encomenda, realizada em materiais fornecidos pelo contratante, quando referida operação configura etapa intermediária do ciclo produtivo de mercadoria. b) Limites para a fixação da multa fiscal moratória, tendo em vista a vedação constitucional ao efeito confiscatório.

dispositivos do Código Tributário Nacional (arts. 100, 112 e 146) e o princípio da confiança; aplica punições onde os erros não descaracterizam o cumprimento das obrigações e nem trazem qualquer prejuízo ao Erário[34] e, vez por outra, cria mecanismos de anistias que somente estimulam a postergação do cumprimento das obrigações tributárias.

Desse modo, a fim de limitar os abusos cometidos pelo aplicador da norma, cabe enfatizar alguns preceitos, que devem observados de maneira objetiva, quais sejam: (a) não poderá ensejar qualquer penalidade quando a norma sancionante não residir em uma lei formal (legalidade formal), e nem quando todos os elementos necessários à qualificação do ilícito e à quantificação da pena não constem de forma

---

34 PROCESSUAL CIVIL. TRIBUTÁRIO. AGRAVO REGIMENTAL NO RECURSO ESPECIAL. MANDADO DE SEGURANÇA. MULTA APLICADA EM RAZÃO DE INEXATIDÃO EM DECLARAÇÃO DE IMPORTAÇÃO. ART. 69 DA LEI N. 10.833/2003 E ART. 84 DA MP N. 2.158-35/2001. AUSÊNCIA DE PREQUESTIONAMENTO. SÚMULA N. 211 DO STJ. ACÓRDÃO RECORRIDO QUE DECIDE A QUESTÃO COM BASE NO PRINCÍPIO DA PROPORCIONALIDADE. FUNDAMENTO CONSTITUCIONAL. AUSÊNCIA DE RECURSO EXTRAORDINÁRIO. SÚMULA N. 126 DO STJ.

1. A recorrente defende a tese de que o mero descumprimento de formalidade é suficiente à imposição da penalidade pecuniária, mesmo que não reflita na exigibilidade de tributo; e alega que o acórdão recorrido nega vigência ao art. 69 da Lei n. 10.833/2003 e ao art. 84 da MP n. 2.158-38/2001.

2. Não obstante a recorrente tenha manejado o recurso de embargos de declaração contra o acórdão objeto do recurso especial, as disposições dos artigos de lei tidas por violadas não foram objeto de debate no Tribunal de origem, o que atrai a incidência do entendimento da Súmula n. 211 do STJ.

3. O acórdão proferido pelo TRF da 4ª Região consignou que: "A pretensão da recorrente não merece prosperar porquanto a sentença monocrática soube bem dosar com razoabilidade a norma aduaneira ao caso concreto. [...] Resta claro que não restou caracterizado dolo ou má-fé por parte da impetrante, ocorrendo tão-somente equívoco quando da descrição do produto importado, sem que tal fato alterasse a classificação deste na NCM. Ademais, nenhum dano houve ao erário nacional, se revelando descabida a aplicação da punição pretendida pela apelante, a multa de 1% sobre o valor da mercadoria".

4. O Tribunal de origem deu enfoque constitucional à matéria, ao fundar-se em princípios constitucionais, mas a Fazenda Nacional não interpôs o necessário recurso extraordinário contra o acórdão, deixando transitar em julgado a fundamentação constitucional, o que atrai a incidência da Súmula n. 126 do STJ. 5. Agravo regimental não provido.

STJ. AgRg no REsp 1.146.345/RS. Rel. Ministro BENEDITO GONÇALVES. Primeira Turma – T1. Julg.: 23/03/2010. E-DJ 08/04/2010.

expressa e clara na lei (legalidade material); (b) da mesma maneira, o contribuinte não pode ser penalizado quando age de boa-fé, confiando na lei tributária.

No atual cenário em que penalidades quantitativamente absurdas vêm sendo legitimadas, é premente a necessidade de edição de normas gerais de Direito Tributário que estabeleçam concretamente o que seja confisco, e dê efetividade ao ditame constitucional. Ademais, o Judiciário tem um papel indispensável na consecução dos objetivos dispostos na Constituição, devendo ter como norte os princípios da legalidade, proporcionalidade, razoabilidade e preservação das empresas, além de que não podem guiar as decisões por aspectos fora do direito, pois como preconiza acertadamente o Professor Sacha Calmon[35] ao criticar posicionamento que não coaduna com o ordenamento: "*O argumento é extra jurídico e só nestes termos pode ser contradito.*"

Isto posto, somente o caminhar nos limites ao poder de tributar, a homenagem aos princípios constitucionais e a efetivação da norma constitucional poderão reaproximar o Direito do fato social e dar-lhe legitimidade. No campo das sanções fiscais, somente a correta dosimetria da pena, no caso concreto, em obediência a tudo que se falou, poderá retomar este domínio às suas reais funções: punição, educação e prevenção.

---

35 COÊLHO, Sacha Calmon Navarro. *Teoria e prática das multas tributárias*: infrações tributárias, sanções tributárias. 2. ed. Rio de Janeiro: Forense, 1995. p. 110.

FATO GERADOR E NATUREZA DAS ESPÉCIES TRIBUTÁRIAS: A NARRATIVA JURÍDICA ADEQUADA AO ESTADO DEMOCRÁTICO DE DIREITO

NATÉRCIA SAMPAIO SIQUEIRA[1]

SUMÁRIO: Introdução; 1. O papel da tributação: diferentes dinâmicas tributárias; 1.1. Breve Parênteses: a função do mercado em uma sociedade democrática; 1.2. As várias narrativas do direito tributário; 2. A classificação dos tributos por Sacha Calmon; 2.1. O lugar do fato gerador: sua relevância à estruturação de um justo modelo tributário; Conclusões; Referências Bibliográficas

INTRODUÇÃO

A narrativa do direito tributário tradicionalmente se apresenta na modalidade conceitual, que se desenvolve a partir do pressuposto fático da exação. Tal metodologia discursiva mostrou-se especialmente condizente com a segurança jurídica, a previsibilidade e a neutralidade que se têm demandado do direito tributário. Não obstante, a constituição de 1988 trouxe consigo uma diferente narrativa jurídica, que se tem legitimado ao dirigismo, à realização da justiça social, à transformação e melhoria da qualidade de vida e à ética, o que se tem feito sentir no direito tributário.

O discurso finalista foi fincando raízes cada vez mais profundas no direito tributário. Dele utilizando-se, se tem trabalhado a classificação do tributo em suas diferentes espécies, o respectivo regime jurídico, a extrafiscalidade e a principiologia que lhe seria própria. Em razão da

---

[1] Mestre em Direito Tributário pela UFMG. Doutora em Direito Constitucional pela Unifor. Pós-doutoranda em Direito Econômico na Faculdade de Direito da Universidade de Lisboa. Professora da pós-graduação (Mestrado e Doutorado) em Direito Constitucional na Unifor. Membro do Grupo de Pesquisa REPJAL. Procuradora Fiscal do Município de Fortaleza.

atratividade dessa narrativa, por vezes utilizada ao limite de substituir a conceitual, faz-se necessário averiguar a metodologia discursiva que melhor se adequa à dinâmica tributária própria de uma democracia.

Neste intuito, recorre-se à doutrina de Sacha Calmon acerca da classificação do tributo nas suas diferentes espécies e da função do fato gerador como elemento de classificação e parâmetro de delimitação do regime jurídico aplicável a cada tipo de tributo. Explora-se o caráter conceitual e principiológico da narrativa proposta por Sacha Calmon, mediante a hipótese de que ela é a mais adequada ao direito tributário no Estado Democrático de Direito da contemporaneidade.

Para comprovar a referida hipótese, trabalha-se, inicialmente, com a exposição, em caráter exemplificativo, de diferentes dinâmicas de tributação, contingenciadas a momentos históricos específicos, manifestas por diferentes narrativas. Neste primeiro momento, pretende-se ressaltar que o diferente papel desempenhado pela tributação à cada período da história manifesta-se em uma distinta estrutura discursiva.

Concomitante, trabalha-se a correlação axiológica entre mercado, igualdade, liberdade e democracia, ocasião na qual se pontua que a narrativa finalista da qual se tem lançado mão no direito tributário deve observar a neutralidade tributária, que se realiza na preservação da espontaneidade de funcionamento do mercado econômico diante da tributação.

A partir deste ponto, se passa a demonstrar que as diferentes narrativas desempenham papéis contemporaneamente relevantes à dinâmica democrática, de maneira que se deve optar por um esforço de sistematização ao invés de se investir na exclusão. Por esta precisa perspectiva, demonstra-se a adequação da doutrina de Sacha Calmon à democracia contemporânea: a conceituação da espécie e delimitação do regime tributário, a partir do fato gerador, seguidas da agregação de elementos acidentais, mediante uma narrativa finalística, possibilita o diálogo entre as diferentes estruturas discursivas que são relevantes aos complexos e distintos propósitos que caracterizam a dinâmica tributária numa democracia.

1. O PAPEL DA TRIBUTAÇÃO: DIFERENTES DINÂMICAS TRIBUTÁRIAS

É interessante resgatar o papel da tributação a partir do liberalismo burguês, que é o germe dos Estados contemporâneos. Naqueles, a concepção da igualdade como ausência de hierarquia social e da liberdade como abstenção estatal trouxe duas consequências à tributação: a) ela adquire caráter, eminente, público, ou seja, migra dos proprietários de terras (nobreza e clero) para o Estado; b) paga-imposto pela perspectiva de que se deve custear atividades institucionais que assegurem o gozo das liberdades individuais.

Neste contexto, Cassalta Nabais adverte que o modelo de Estado fiscal característico do Estado liberal oitocentista apresenta peculiaridades que o distinguem do atual modelo do Estado fiscal próprio dos Estados democráticos de direito:

> Não se deve identificar o estado fiscal como estado liberal, uma vez que aquele, no entendimento que dele temos, conheceu duas modalidades ou dois tipos ao longo da sua evolução: o Estado fiscal liberal, movido pela preocupação de neutralidade econômica e social, e o estado fiscal social economicamente interventor e socialmente conformador. O primeiro pretendendo-se um estado mínimo, assentava numa tributação limitada – a necessária para satisfazer as despesas estritamente decorrentes do funcionamento da máquina administrativa do Estado -uma máquina que devia ser tão pequena quanto possível [...][2].

No estado fiscal característico do liberalismo burguês, a exação tributária não se prestava a políticas de distribuição de riquezas, de controle e direção da economia ou de estímulo e desestímulo a hábitos sociais, que contrariariam a compreensão da liberdade como abstenção estatal e da igualdade como igual sujeição ao mesmo regime jurídico. Antes, o imposto justificar-se-ia no custeio das despesas estatais necessárias à paz social. Ou seja, a tributação se legitimaria enquanto suficiente ao cumprimento, pelo Estado, das funções de segurança e estabilidade que lhe foram atribuídas pela sociedade burguesa.

A tributação, mediante palavras mais sintéticas, seria o preço e a condição da liberdade, sem conotação com a solidariedade. No Estado Liberal do final do século XVIII e do século XIX, a tributação, no seu todo, consubstanciava uma relação de remuneração e de trocas de utilidades, de maneira que predominava a teoria do benefício e do imposto-preço[3]. Pagava-se o imposto no interesse individual de proteção e segurança e não para possibilitar uma vida melhor às classes menos favorecidas.

---

2 NABAIS, José Casalta. *O dever fundamental de pagar impostos*. Coimbra: Almedina, p. 194.

3 FERNANDES, Simone Lemos. *Contribuições neocorporativas na constituição e nas leis*. Belo Horizonte: Del Rey, 2004, p. 29.

Mas à medida que se concebeu e experimentou o Estado social, no final do séc. XIX e no começo do Séc. XX, a tributação muda de função. A perspectiva interventiva e finalista que se atribuiu ao Estado administrativo do começo do séc. XX, lhe legitimou a utilizar-se sem parcimônia das contribuições sociais: de mecanismo do Estado liberal burguês à manutenção da neutralidade na tributação, a contribuição passou a ser instrumento corporativo nas mãos dos Estados sociais. Concomitante, passa-se a lançar mão da parafiscalidade[4], em um processo de crescente sofisticação e desenvolvimento do corporativismo tributário.

Não só: no Estado social, o imposto muda significativamente de função. Ele não mais se limita ao preço que se paga pela liberdade numa dinâmica de não intervenção estatal no mercado e na sociedade. Antes, passa a ser relevante instrumento de realização dos direitos sociais:

> [...] Y en relación con esto último, se destaca que la transformación en las funciones del Estado, con la imposición a los poderes públicos de asumir la dirección de la economía nacional, habría afectado igualmente a la esencia del impuesto, que de ser considerado un instrumento mínimo y neutral, y con finalidad exclusivamente financiera, habría pasado a integrar una segunda finalidad, de ordenación económica y social, y a ocupar un lugar central dentro del catálogo de los instrumentos de política económica[5].

A intervenção na economia, a distribuição de riqueza e o corporativismo incorporam-se à dinâmica da tributação. Na época em que o planejamento estatal Keynesiano angaria preferências em relação à economia clássica, os mecanismos de tributação se diversificam: tipos são criados e modificados, numa dinâmica em que a finalidade passa a ser um elemento de validação mais importante do que conceitos ou arquétipos classificatórios.

A boa reputação do planejamento estatal, angariada em especial pelo sucesso de políticas intervencionistas após o *crash* da bolsa de Nova York, lhe atribui a aura de normalidade. O julgamento individual passa a ser fortemente tutelado pelo Estado, seja em razão da eficácia dos direitos sociais ou mesmo da economia. Neste contexto, perde-se por perspectiva a relevância de alguns instrumentos burgueses à realização da igualdade, liberdade e responsabilidade, que até hoje informam, embora com significativas alterações de conteúdo, a axiologia democrática.

---

[4] FERNANDES, *Contribuições neocorporativas na constituição e nas leis*, p. 39.

[5] ESTEVAN, Juan Manuel Barquero. *La función del tributo en el estado social y Democrático de derecho*. Madri: Centro de estudios políticos y constitucionales, 2002, p. 38.

1.1. BREVE PARÊNTESES: A FUNÇÃO DO MERCADO EM UMA SOCIEDADE DEMOCRÁTICA

No presente momento e por breves considerações, se enfrenta, em conformidade com referências bibliográficas contemporâneas, a questão da axiologia democrática que fundamenta o mercado, no propósito de demonstrar a sua relação com a igualdade e liberdade.

Um dado significativo às democracias contemporâneas é que a igualdade que lhe é própria se realiza pela igual relevância e importância de todos perante o Estado. Desta concepção de igualdade resulta o dever de neutralidade axiológica do governo, do que decorre a problemática de qual instrumento deve ser o utilizado para a tomada de decisões sobre a alocação de bens e recursos sociais, que são escassos. Para Dworkin (2000, p. 288-289), uma vez que o Governo deve se guardar neutro acerca dos vários modelos de vida boa, o instrumento para tanto adequado apenas poderia ser o mercado: "não existem à disposição mecanismo melhores, como instituições políticas gerais, que as duas principais instituições de nossa própria economia política: o mercado econômico, para decisões sobre que bens serão produzidos e como serão distribuídos"[6].

A adequação do mercado como o instrumento a ser utilizado para as decisões sobre que bens serão produzidos e como serão distribuídos se dá em razão de que ele é função da soma das preferências pessoais. Vale explicitar: no mercado, cada qual amealha o seu quinhão de bens em conformidade com as suas preferências, interesses e necessidades, mas sob o custo determinado pela soma das escolhas pessoais de consumo[7]. O conjunto das escolhas pessoais, sobre que bens se pretende adquirir e por quanto, é o instrumento por excelência para determinar a) à produção de quais bens e serviços serão direcionados os recursos sociais e b) a que custo. Referidas deliberações/determinações, volta-se a afirmar, são função das escolhas de cada um, ainda que marcadas por automotismos, equívocos e manipulações.

O mercado, portanto, resguarda a igualdade de liberdades nas escolhas econômicas. Nele, não há uma determinação oficial a impor uma específica distribuição de recursos sociais com esteio no que se compreende como "melhor", seja por uma perspectiva axiológica ou de

---

6 DWORKIN, Ronald. **Uma questão de princípio.** Tradução: Luís Carlos Borges. São Paulo: Martins Fontes, 2000, p. 288-289.

7 DWORKIN, *Uma questão de princípio*, p. 290.

eficácia. Na dinâmica do mercado econômico, os preços possibilitam informações igualmente acessíveis a todos, o que assegura ambiente equitativo para desenvolvimento de estratégias pessoais voltadas à alocação de recursos e bens.

Por outro lado, a reafirmação do mercado pelos valores da igualdade e liberdade pressupõe a recuperação de prestígio do julgamento individual, concomitante à desconfiança da eficácia e possibilidade do planejamento estatal: não seria possível conhecer o todo, nem dele se deduzir a vontade geral[8]. Junto ao ceticismo quanto ao planejamento, a concepção de que ele implica, em verdade, a imposição de preferências dos grupos que chegaram aos meandros do poder ao todo da sociedade, com prejuízo da igualdade, ganha voz com a *public choice,* que parte do pressuposto de que políticos e servidores públicos agem na gestão da coisa pública no propósito de imediatamente satisfazer os seus interesses particulares. A *public choice* "tende a encarar a própria legisferação como o resultado negociado entre grupos de pressão e grupos de legisladores, no quadro de um amplo jogo de "rent-sheeking" através do qual se opera uma transferência de recursos"[9].

Por esta miríade de advertências, às quais de forma otimista se poderia contrapor instrumentos dialógicos democráticos, vai-se reafirmando, axiologicamente, o mercado como um instrumento da democracia, ainda que demande políticas públicas de controle, de ajustes, de distribuição de riquezas e equalização de oportunidades. O mercado como uma reserva de equanimidade no exercício de liberdades básicas, tais quais a de iniciativa, associação, profissão e (por que não?) de consumo, asseguraria a igual relevância de todos perante o Estado, uma vez que a alocação dos recursos sociais não resultaria da vontade de alguns, mas seria função da soma das preferências individuais.

Neste contexto de revalidação do mercado como instrumento democrático, as estratégias de tributação ganham destaque: ainda que, contemporaneamente, se esteja a conceber e vivenciar o mercado como prática receptiva a políticas públicas interventivas, no que for essencial para se assegurar a igualdade de liberdade nas escolhas econômicas de aplicação de recursos sociais, não se lhe pode prejudicar a espontaneidade de funcionamento.

---

8 HAYEK, Friedrich. *Law, legislation and liberty: rules and order.* Vol. I. Chicago: The university of chicago press, 1983, p. 14.

9 ARAÚJO, Fernando. *Teoria econômica do contrato.* Coimbra: Almedina, 2007, p. 89.

Isto significa, especificamente, acerca da tributação: a) como relevante política pública de intervenção na economia e sociedade, ela se presta ao controle e ajuste do mercado e à distribuição de riqueza de forma que se possam construir oportunidades equitativas de participação na vida social e econômica; b) por outro lado, seu poder interventivo encontra como limite a espontaneidade de funcionamento do mercado. Ou seja, a tributação não deve intervir nas escolhas de produção e consumo, sob pena de se prejudicar ao mercado a sua função na dinâmica democrática: a igualdade de liberdade nas escolhas econômicas de emprego dos recursos sociais.

Neste ponto, a política tributária se movimenta por condicionamentos e objetivos complexos que exigem crescente sofisticação arquitetônica, apta a equilibrar a intervenção com a liberdade, o planejamento com a espontaneidade. Ou seja, a política tributária não se desenvolve mais por uma única ordem de consideração, mas por uma miríade de contrários que não apenas coabitam num mesmo sistema como se comunicam. Neste desafio do equilíbrio, não se deve abandonar, de forma irredutível, as diversas narrativas, para aferrar-se a uma, exclusivamente: as diferentes narrativas servem a diversas finalidades, de maneira que o desafio deve ser, também aqui, uma busca do equilíbrio.

1.2. AS VÁRIAS NARRATIVAS DO DIREITO TRIBUTÁRIO

Ao acima falar das narrativas se o fez para tratar das diferentes perspectivas da tributação: a cada uma sua perspectiva, corresponde determinada narrativa, seja legiferante, seja doutrinária. À perspectiva da tributação no estado liberal burguês correspondeu a narrativa jurídica que reforça os propósitos de liberdade e não intervencionismo mediante a utilização de uma linguagem inequívoca e axiologicamente neutra. E referida linguagem, mesmo diante da complexidade de instrumentos necessários à vivência de uma democracia (que vão do mercado a políticas de justiça social), não se encontra ultrapassada, haja vista a exigência democrática de se manter a espontaneidade do funcionamento do mercado.

Nisto se realiza a neutralidade tributária: a tributação não deve, significativamente, intervir nas escolhas de produção e consumo. Em razão da neutralidade deve-se evitar uma narrativa de fins e se ater a uma narrativa de meios, à qual a linguagem conceitual e o raciocínio silogístico ainda se mostram os mais adequados. Nestas sendas, foi pioneira Misabel Abreu Machado Derzi ao, no seu livro "Direito Penal, Direito tributário e tipo", tratar da narrativa especificamente adequada ao direito tributário: a natureza eminente restritiva desse ramo jurídico, como o é a do direito penal, gera uma mais intensa demanda pela segurança jurídica que, por sua vez, realiza-se na linguagem que se formula pelo silogismo conceitual.

Não obstante, o entusiasmo por uma democracia pluralista, socialmente comprometida, no contexto do constitucionalismo dirigente, levou à irrefletida adoção de uma linguagem irrestritamente axiológica, própria do neoconstitucionalismo. O pêndulo mudou de lado, o que se fez sentir, também, na tributação.

Após 1988, a perspectiva interventiva e dirigente sobre o mercado ganha força, à medida que se proclama a democracia social. Fala-se da necessidade de uma tributação mais eficaz, que avance pelo PIB, que financie as crescentes políticas sociais do Estado, que realize a distribuição de riqueza e, consequentemente, institucionalize a equalização de oportunidades e a redução de desigualdades. Para tanto, tem-se, à fartura, fundamentação teórica e variadas experiências de políticas tributárias das quais outros países já lançaram mão: nas democracias ocidentais mais desenvolvidas, o intervencionismo tributário o foi fortemente praticado, com substancial avanço sobre o PIB e o desenvolvimento de políticas extrafiscais, parafiscais e corporativistas. E a mudança do pêndulo, um tanto quanto tardia no Brasil, tornou por especial atrativa a narrativa da finalidade, da intervenção estatal, do dirigismo, o que se refletiu, de forma impactante, no direito tributário, ainda que, em um Estado social, permaneça a ser (e crescentemente) um direito de restrição.

A linguagem intervencionista no direito tributário foi adquirindo fóruns de normalidade, com fragilidade da linguagem conceitual e classificatória. Tudo isto numa perspectiva em que não se tem levado a sério o mercado, mediante certa displicência ao essencial papel que desempenha na realização da igualdade de liberdades. O dirigismo constitucional, no ímpeto de realização da justiça social, se tem servido de uma linguagem finalista que se mostra, por vezes, inadequada ao direito tributário, pois ao superar conceitos e classificações tradicionais, tem abandonado a arquitetura e dinâmica do modelo de tributação que se vem utilizando nas democracias.

Neste preciso ponto, se propõe a trabalhar a obra de Sacha Calmon: a adequação da narrativa que emprega ao direito tributário. É o que se propõe a demonstrar mediante a análise da sua concepção de espécies tributárias, construída numa linguagem conceitual e classificatória que manifesta uma interpretação fiel e comedida da Constituição Federal. A hipótese que se propõe a demonstrar é que referida narrativa do direito tributário guarda conhecimentos e experiências acumuladas na vivência da tributação no contexto democrático, sendo a mais apta a compatibilizar a dinâmica do custeio coercitivo do Estado com a democracia.

2. A CLASSIFICAÇÃO DOS TRIBUTOS POR SACHA CALMON

A Constituição Federal, ao empregar específica metodologia na regulação do sistema tributário, intitulando "a Seção I como sendo a dos 'Princípios Gerais'", assim o teria feito por inspiração da teoria dos fatos geradores vinculados e não vinculados, considera Sacha Calmon[10]. E isto, porque os princípios gerais implicam a abordagem da natureza jurídica do tributo a partir do fato gerador: cada pressuposto fático implica uma específica relação de custeio que é informada por um específico feixe de princípios.

Seguindo por esta trilha, Sacha Calmon manifesta-se no sentido de que "a natureza jurídica da espécie do tributo é encontrada pela análise do seu fato gerador, pouco importando o motivo ou a finalidade (elementos acidentais)"[11]. Após a análise do fato gerador e a sua subsunção a um dos três pressupostos fáticos disponíveis à tributação, "será possível saber se se trata de imposto, de taxa ou de contribuição (na espécie contribuição temos duas subespécies: as contribuições de benefícios e as contribuições de melhoria"[12].

Esta é a primeira fase classificatória e conceitual, o que não significa que o esforço de classificação, conceituação e delimitação do regime jurídico se esgote aqui. "Nada impede que haja imposto restituível, com regime constitucional próprio, nem obsta a existência de impostos ou taxas afetados a finalidades específicas"[13]. "É claro que nem a restituição e nem a afetação parafiscal decidem sobre a natureza jurídica da espécie tributária. Contudo, estes aspectos constitucionais que vimos de ver conferem matizes (secundários) que singularizam para

---

10 COÊLHO, Sacha Calmon Navarro. *Curso de direito tributário brasileiro.* 14ª. Rio de janeiro, Editora Forense, 2015, p.63

11 COÊLHO, *Curso de direito tributário brasileiro,* 66.

12 COÊLHO, Sacha Calmon Navarro. *Comentários à constituição de 1988: sistema tributário.* Rio de janeiro, Forense, 2006, p. 43.

13 COÊLHO, Sacha Calmon Navarro. *Comentários à constituição de 1988: sistema tributário,* p. 43.

fins de regulamentação jurídica"[14]. Ou seja, a restituição e a afetação das receitas ou especificação da finalidade são elementos acidentais que se agregam ao regime jurídico da espécie tributária já (na primeira fase) delimitada. O que significa que não afastam a classificação e a conceituação com parâmetro no pressuposto fático, mas criam especificidades com a inovação do respectivo regime jurídico.

Referido entendimento é de grande relevância, ao se constatar não ser "crível a instituição de impostos sem substrato na capacidade das pessoas para pagá-los"[15]. Isto significa que ao classificar um pressuposto fático como inerente ao imposto, deve-se nele reconhecer a manifestação de capacidade contributiva caracterizada pela pessoalidade, que na ótica do constituinte "significa o desejo de que a pessoa tributada venha a sê-lo por suas características pessoais"[16]. Igual é a sorte que se segue na empreitada de classificação e conceituação das outras espécies de tributos: a instituição de uma taxa deve ter como pressuposto fático a atuação pública prestada de forma específica e divisível ao contribuinte, ao passo que a instituição de uma contribuição encontra por necessário pressuposto a geração de benefícios particulares. Não se pode fugir a uma dessas razões iniciais para tributar, seja a que título for: os elementos da vinculação e restituição são complementares, acidentais, como o diz Sacha Calmon, mas não excludentes.

2.1. O LUGAR DO FATO GERADOR: SUA RELEVÂNCIA À ESTRUTURAÇÃO DE UM JUSTO MODELO TRIBUTÁRIO

Em uma breve síntese do que se falou no tópico anterior: a Constituição federal se teria utilizado da teoria do fato gerador vinculado e não vinculado para diferenciar os tributos em suas espécies, o que significa que o determinante à definição do regime jurídico a ser aplicado é o fato gerador. Claro que isto não afasta a relevância da finalidade do tributo para a definição do regime jurídico. Mas tal não gera um regime jurídico autônomo, mas um que se agrega ao já delimitado pelo fato gerador.

A hipótese que se inicia a comprovar é que a melhor opção narrativa à questão de definição das espécies tributárias foi a utilizada por Sacha Calmon, ou seja, aquela que finca o marco inicial da conceituação e classificação do tributo na análise do fato gerador, com a consequente

---

14 COÊLHO, *Curso de direito tributário brasileiro*, p. 67.

15 COÊLHO, *Comentários à constituição de 1988: sistema tributário*, p. 47.

16 COÊLHO, *Comentários à constituição de 1988: sistema tributário*, p. 51.

subsunção ao regime jurídico que foi talhado mediante específica referência a si, para, em seguida, dar lugar à análise dos elementos acidentais e especializar o regime jurídico mediante linguagem finalista. Referida metodologia guarda narrativa que é tradicional no direito tributário e que corporifica vivências e experiências testadas e aprovadas no transcurso do Estado liberal.

Não obstante o acima afirmado, a relevância do fato gerador como critério principal a determinar a natureza jurídica do tributo passou a ser seriamente contestada diante da figura dos tributos finalísticos, como as contribuições. A questão é que ao se especializar o regime jurídico das contribuições, pretendeu-se negar-lhes a natureza de taxa, imposto ou contribuição de melhoria. Isto seria apenas uma discussão formal, sem consequências jurídicas, se o entendimento de que a contribuição é uma nova espécie tributária não levasse à consequência de se lhe negar um dos pressupostos fáticos enumerados no art. 145 da Constituição Federal, com a obliteração da razão ou causa jurídica da criação e incidência do tributo.

Melhor explicando: em razão da afetação das receitas da contribuição à finalidade específica, passou-se a compreender que, em vez do fato gerador, outros elementos seriam relevantes para definir a natureza e o regime jurídico do tributo. Com isto, os princípios atrelados ao fato gerador não seriam aplicados às contribuições. Nelas, as considerações acerca da razão jurídica dos tributos cederiam ao exame da finalidade, do que decorre o risco à adequação do regime tributário ao Estado democrático de direito.

Isto, porque o pressuposto fático permite análises referentes à razão do tributo, que são essenciais à compatibilidade da dinâmica tributária com o modelo do Estado democrático brasileiro. As razões ou as causas do tributo envolvem diferentes relações de custeio que demandam, cada qual, regime jurídico específico, de maneira a adequar o financiamento compulsório do Estado aos propósitos e elementos de uma democracia: distribuição de riqueza, equalização de oportunidades, espontaneidade e eficiência do mercado, liberdades fundamentais e mínimo vital.

Aí está, precisamente, a atratividade da teoria do fato gerador vinculado e não vinculado, que sistematiza as diferentes razões de tributar que vêm sendo experimentadas com sucesso, desde o liberalismo burguês até o atual modelo do Estado democrático de direito. A taxa, por exemplo, caracteriza-se por apresentar fato gerador vinculado a uma atuação pública – serviço público ou poder de polícia – prestada de forma específica e divisível, ao passo que as contribuições de melhoria têm por fato gerador vinculado uma atividade pública, que ainda que prestada universalmente, traz benefícios particulares a determinadas pessoas: é o caso da valorização imobiliária decorrente de obra pública. Em ambas as espécies tributárias, o fato gerador implica uma relação de remuneração ou de trocas com o Estado, o que realiza um primeiro ideal do liberalismo vinculado à república: ninguém se beneficiará particularmente da máquina pública.

Essa razão tributária foi testada e confirmada como legítima pela experiência em uma democracia liberal, não obstante as advertências que a ela se tenham construído, com o avanço da cláusula do Estado Social e com a crescente legitimação das suas funções de distribuição de riqueza e equalização das oportunidades, que interagem em uma dinâmica recíproca de implicação: com a distribuição de riqueza se equalizam as oportunidades, ao passo que a equalização das oportunidades não se operacionaliza sem a redução das desigualdades. Ora, neste contexto, a ênfase no custeio compulsório do Estado pela dinâmica da remuneração mostra-se inadequada, uma vez que este tipo de tributação (taxa e contribuições de melhoria) não se mostra apta à distribuição de riqueza, à equalização de oportunidades e à redução da desigualdade; ao contrário, apresenta tendência regressiva.

De outra sorte, à realização desses propósitos – distribuição de riqueza, equalização de oportunidades e redução da desigualdade – tem-se experimentado uma tributação que tenha outra função que não a relação de trocas com o Estado e outra causa jurídica que não a equivalência: está-se a falar da tributação com finalidade contributiva, em relação a qual pareceu adequado e justo adotar por causa jurídica a riqueza do contribuinte. Não de outra forma, manifestou-se a Constituição Federal, em seu art. 145, parágrafo primeiro: a capacidade econômica é o critério de graduação do imposto, e sempre que fática e juridicamente possível, deverá ser pessoal.

O fato gerador revela a função de troca ou de contribuição (para os gastos gerais ou setoriais) do tributo, a partir da qual se aplicam os princípios jurídicos que sejam adequados a uma e à outra. Nos tributos cuja *ratio* é de troca, o regime tributário é gerido pelo parâmetro da equivalência: a pessoa deve retribuir ao Estado o custo da atuação pública da qual foi destinatária ou o valor do benefício do qual foi a beneficiária, de maneira a não onerar ou beneficiar-se particularmente da máquina pública. Ainda, como o adverte o prof. Sacha Calmon[17], que a equivalência seja rebelde aos critérios de precisa mensuração, ela se realiza pela razoabilidade na fixação do quantum tributário: o definitivo é que não se utilize da metodologia aplicável à quantificação dos tributos de *ratio* contributiva aos de função remuneratória (art. 145, Parágrafo 2º/CF), e que não haja uma clara desproporção ou desmedida entre o custo da atuação ou o valor do benefício e o montante do tributo.

Já nos tributos de função contribuiva, a causa jurídica é a capacidade econômica informada pela pessoalidade, o que os permite realizar a distribuição de riqueza, a equalização de oportunidades e a redução das desigualdades, sem o prejuízo da espontaneidade do funcionamento do mercado e dos direitos fundamentais do contribuinte. À medida que a tributação eleja de forma adequada os critérios para identificar a riqueza, mensurá-la e onerá-la equitativamente, a tributação incidirá sobre o mercado sem interferir nas escolas de produção e consumo, pois terá o efeito de igualmente subordinar quem se encontre em igual situação a um mesmo regime tributário.

Por esta prerrogativa – a habilidade de revelar a causa ou razão jurídica do tributo – a análise do fato gerador não deve ser desconsiderada em espécie tributária alguma, nem quando em relação ao tributo passa a ser determinante a finalidade. As narrativas finalísticas sobre a tributação, que impacto tiveram na doutrina e no judiciário brasileiros, devem ser elaboradas a partir da função do fato gerador de revelar a razão e a causa do imposto.

No momento, irá seguir-se mais de perto a narrativa finalística ou funcional do tributo. Marco Aurélio Greco[18] classificou os tributos entre os de validação condicional e os de validação finalística. Os tributos de validação condicional seriam aqueles cuja previsão e regulação constitucional teriam por critério o fato gerador; já nos tributos de validação finalística, a criação e a regulamentação teriam por parâmetro a finalidade. Aos tributos de validação condicional não se aplicaria o regime jurídico dos tributos de validação finalística e aos tributos de validação finalística não se aplicaria o regime jurídico dos tributos de validação condicional.

---

17 COÊLHO, *Comentários à constituição de 1988*, p. 151.

18 GRECO, Marco Aurélio. *Contribuições: (uma figura "sui generis")*. São Paulo: Dialética, 2000, p. 118-120.

Um dos resultados práticos desta proposta classificatória é que o princípio da competência privativa para se instituir impostos – um ente federado não pode criar imposto sobre fato gerador entregue à tributação por outro ente federado – não se aplicaria às contribuições. Referido princípio seria inerente ao fato gerador, desta feita, circunscrito aos tributos de validação condicional[19].

Mas em relação aos tributos finalísticos, a competência tributária seria delimitada não pelo fato gerador, mas pela finalidade da contribuição. À medida que recebesse competência para o custeio específico de determinada atividade ou segmento mediante a criação de contribuição, o ente federado poderia instituí-la sobre qualquer fato gerador, independente de ele ter sido entregue à tributação por outro ente federado mediante a criação de impostos. A única exigência seria que o fato gerador fosse adequado à finalidade da contribuição, "verificar se o fenômeno captado pela contribuição está em sintonia com a finalidade"[20].

Mas ao assim se posicionar, deixa-se ao largo duas considerações da maior relevância: o pacto federativo e a capacidade contributiva; consequentemente, o livre mercado. Acerca da cláusula da federação, pondera-se que a competência exclusiva para se criar imposto respalda-se na necessária delimitação das fontes recursais dos entes federados entre si, de forma que um não se apodere das rendas e riquezas de outro. Quando se entrega ao ente federado a competência exclusiva para a criação de imposto sobre determinado fato gerador, está-se a lhe possibilitar a competência exclusiva para explorar determinada fonte recursal – manifestação de capacidade contributiva – com finalidade arrecadatória e realizar as suas políticas econômicas mediante a extrafiscalidade. Referida constatação é tão e mais relevante à medida que se atem à distribuição de competência tributária para a instituição de contribuições, constante da CF: ao passo que aos Estados apenas é possível a criação de contribuição de melhoria e de contribuição previdenciária sobre os servidores públicos estaduais e que aos Municípios apenas cabe a criação de contribuição de melhoria, de contribuição previdenciária sobre os servidores públicos municipais e de contribuição de iluminação pública, à União Federal se atribui competência para criar contribuição de melhoria, contribuição previdenciária sobre os servidores públicos federais, contribuições sociais, contribuições

---

19 GRECO, *Contribuições: (uma figura "sui generis")*, p. 140-141.
20 GRECO, *Contribuições: (uma figura "sui generis")*, p. 142-143.

de intervenção no domínio econômico e contribuições corporativas. Ademais, a Constituição Federal não delimitou o fato gerador de todas as contribuições. Antes, em várias delas, limitou-se a regular competências mediante a atribuição de finalidades excessivamente vagas: intervenção na ordem social e no domínio econômico.

Isso significa que qualquer intervenção na ordem social e econômica seria passível de ser custeada mediante contribuição que, aplicando-lhes as conclusões acima mencionadas, poderiam ter fato gerador próprio dos impostos entregues à competência dos Estados-membros e dos municípios. Com isto, se franquearia à União Federal ampla exploração das mesmas fontes recursais entregues aos Estados e aos Municípios, com o enfraquecimento do pacto federativo para o qual é tão relevante uma precisa delimitação dos recursos entre os entes federados, de maneira a se assegurar a sua independência financeira e autonomia econômica.

Por outro lado, a precisa especificação do ente federado que irá explorar determinada riqueza possibilita o controle da razoabilidade da tributação pelo parâmetro do confisco. Se determinada manifestação de capacidade contributiva – o patrimônio imobiliário e automobilístico, o consumo de bens e serviços, por exemplo – for entregue à tributação por mais de um ente federado, difícil será o controle do confisco. Suponha-se que tanto o Estado 'A' esteja a tributar o consumo de determinado bem, como a União o esteja a fazer mediante a criação de contribuição de intervenção no domínio econômico. Suponha-se mais: que não obstante cada exação seja razoável, as duas, em conjunto, consomem parte substancial da riqueza, caracterizando-se o confisco. Neste caso, como debelar o confisco? Qual o limite de tributação para cada ente federado?

Ademais, a proliferação de contribuições que incidam sobre a riqueza do contribuinte implica, além do fomento ao confisco, ao qual o mercado e a concorrência são especialmente sensíveis, a substituição do julgamento pessoal pelo do Estado. O Estado, substituindo-se ao indivíduo e à iniciativa privada, faz escolhas específicas sobre a alocação de recursos, que caso não o seja feito com parcimônia e razoabilidade, prejudica a espontaneidade do funcionamento do mercado. Aqui, volta-se ao que já se considerou anteriormente: a distribuição da carga tributária, por entre os agentes econômicos, utilizando-se do critério da capacidade contributiva, tende à sua imposição equânime que deixa, significativamente, a salvo as escolhas de produção e consumo do intervencionismo público. Ou seja, a tributação de função contributiva, mediante a linguagem classificatória com parâmetro no fato gerador, ao manter o critério da capacidade contributiva como o único a definir a graduação do tributo, preserva a neutralidade axiológica do governo perante o mercado. Mas ao passo em que outros critérios e elementos narrativos são introduzidos, a tributação vai adquirindo caráter de fins com a consequente intervenção nas escolhas do mercado.

Entretanto, quando se fixa na narrativa finalística, essas considerações passam desapercebidas. Seria suficiente à legitimidade da tributação que a contribuição fosse necessária, adequada e não mais do que suficiente para atingir a finalidade interventiva que, especificamente, se pretende com a sua instituição. Por este viés, "capacidade contributiva é um conceito pertinente a exigências que sejam validadas condicionalmente pela Constituição. É algo inerente ao pressuposto de fato das exigências e serve como fundamento específico de um certo tipo de exação, qual seja o imposto"[21]. Ou seja, a capacidade contributiva não seria necessariamente aplicável, seja nas suas funções de causa da tributação, de critério de quantificação e de elemento de comparação, às contribuições; ficaria à discricionariedade do legislador.

Ocorre que desconsiderar a capacidade contributiva numa narrativa finalística da tributação é situação tão e mais grave à medida que em várias das contribuições surge o problema referente à delimitação do critério de custeio estatal e de quantificação. Muitas contribuições não são devidas por atuações públicas específicas e divisíveis, nem por benefícios particulares que gerem; nestes casos, o critério de custeio seria o da equivalência ao custo da atuação ou ao benefício gerado. Por outro lado, a necessária correlação entre o aspecto pessoal das contribuições e "aqueles que dela se beneficiam"[22] é um critério para se definir o contribuinte da contribuição; mas já não é a sua razão jurídica e nem mesmo o critério satisfatório de quantificação. Antes, o parâmetro quantificador se subsume a uma das específicas metodologias de mensuração próprias às três possíveis razões de tributar: a equivalência ao custo da atuação pública específica e divisível, a equivalência ao benefício particular e a riqueza do contribuinte.

---

21 GRECO, *Contribuições:* (uma figura "sui generis"), p. 195.
22 COÊLHO, *Comentários à Constituição de 1988*, p. 126.

Por conseguinte, se o pressuposto fático de uma contribuição não for atuação pública específica e divisível ou o benefício particular gerado por atuação pública, ele deverá ser a capacidade contributiva, de maneira que o critério de mensuração deverá ser uma das dimensões quantificáveis pecuniariamente da riqueza do contribuinte onerada. Ou seja, o fato de ser integrante de um grupo não é razão suficiente para que uma pessoa seja compelida a contribuir para os gastos públicos, mas uma razão adicional.

Ademais, o argumento de que "nas contribuições o fundamento da exigência não está na manifestação de capacidade contributiva, mas no princípio solidarístico que emana da participação a um determinado grupo social, econômico ou profissional"[23] não se detém na liberdade básica de associação, à qual é ínsita a liberdade de escolha sobre a axiologia que se pretende aplicada à relação da qual se participe. Ademais, a solidariedade – consubstanciada na realização de políticas distributivas – é também inerente ao imposto, que, aliás, é quando "a solidariedade refulge com esplêndido vigor"[24]. (COÊLHO, 2007, p.18). Por esta perspectiva, carece da lógica o argumento da solidariedade: se ela é menos intensa na contribuição do que nos impostos – uma vez que naquela se custeia atuação direcionada ao grupo da qual o contribuinte faz parte, ao passo que no imposto se custeiam os gastos gerais do Estado – porque na contribuição se fragilizaria ou mesmo derrogaria o estatuto do contribuinte, majoritariamente constituído por princípios delineados a partir do fato gerador, em nome da solidariedade?

De outra sorte, a questão da finalidade não mais se limita às contribuições, como se estende à tributação extrafiscal. Esta sim, seria o campo preferencial à narrativa finalística: a tributação perde o seu caráter de "meio" e adquire a natureza de "fim" específico, seja o estímulo ou desestímulo a determinado hábito, seja a obtenção de determinado efeito na economia. Neste caso, a análise da razão de tributar perderia o sentido, uma vez que a finalidade da tributação não é a arrecadatória (tributação de meio), mas a interventiva. Por consequência, o definitivo à validade da extrafiscalidade seria a observância à pro-

---

[23] GRECO, *Contribuições: (uma figura "sui generis")*, p. 195.

[24] COÊLHO, Contribuições no direito brasileiro – seus problemas e as soluções. In: COELHO, Sacha Calmon Navarro (Org.). *Contribuições para a seguridade social.* São Paulo: Quartier Latin, 2007, p.18.

porcionalidade: necessidade, adequação e suficiência do tributo para alcançar o fim da política extrafiscal[25].

Ocorre que se a proporcionalidade for o suficiente à validação, deixando-se de lado a análise da relação de custeio (pressuposto fático), não se teriam parâmetros de limite à intervenção estatal sobre o mercado, a iniciativa privada, as liberdades básicas. Essa foi, precisamente, a razão de se ter contextuado axiologicamente o mercado numa democracia, no propósito de se ressaltar a relação entre espontaneidade de funcionamento do mercado econômico e igualdade de liberdades. A neutralidade tributária, que se aperfeiçoa na preservação dessa espontaneidade do funcionamento, impõe-se à tributação como um todo e demanda a análise da relação de custeio, de maneira a assegurar a igualmente as liberdades básicas no mercado econômico. A tributação, sem a análise da relação de custeio, que é o flanco pelo qual se averigua o seu impacto no contribuinte, se dá de forma incontinente, à esquiva dos contingenciamentos necessários ao equilíbrio entre justiça social e mercado, entre planejamento e liberdade.

CONCLUSÕES

Os anseios de justiça social, no contexto de uma constituição democrática e do neoconstitucionalismo, teve por consequência a adoção de uma nova narrativa ao direito, que é ávida em avançar pela finalidade e um tanto quanto displicente em averiguar a pessoa do contribuinte. Mas isto pode ocasionar uma indevida intervenção tributária no mercado, de maneira a lhe prejudicar a espontaneidade de funcionamento e, consequentemente, a igualdade de liberdades básicas. Por conseguinte, a narrativa a ser empregada no direito tributário deve possibilitar a preservação dessa espontaneidade.

Dentro desse contexto, compreende-se que a narrativa conceitual e classificatória, com parâmetro no fato gerador, para se determinar as espécies de tributo (como o fez Sacha Calmon) é a que melhor se ade-

---

[25] Neste sentido, consigna-se no Informativo 905/STF, RE 656089/MG: "A imposição de alíquotas diferenciadas em razão da atividade econômica pode estar fundada nas funções fiscais ou extrafiscais da exação. Se fundada na função fiscal, a distinção deve corresponder à capacidade contributiva; se embasada na extrafiscal, deve respeitar a proporcionalidade, a razoabilidade bem como o postulado da vedação do excesso. Em todo caso, a norma de desequiparação e o seu critério de discrímen (a atividade econômica) devem respeitar o conteúdo jurídico do princípio da igualdade".

qua aos complexos e variados propósitos de uma democracia, que se vivencia no amálgama de contrários: espontaneidade e planejamento, liberdade e intervenção, mercado e justiça social. Nos passos de Sacha Calmon, faz-se necessário ler a Constituição no fiel propósito de interpretar e não de legislar: ou seja, de captar a narrativa que ela emprega e impõe que, no caso, é a construída a partir da teoria do fato gerador vinculado e não vinculado.

A partir desta narrativa, o Constituinte constrói o regime jurídico tributário, como bem o notou Sacha Calmon, para as diferentes espécies de tributo. O que significa: o fato gerador é ínsito à definição do regime jurídico tributário, de todo e qualquer tributo. Finalidade e razão de tributar não se excluem. Raciocinar de forma diversa gera o risco de que as mais elementares liberdades básicas, como a de ocupação, a de profissão e a de associação, sejam prejudicadas.

Isto, porque a finalidade falha ao possibilitar o exame referente à justiça da tributação em relação aos contribuintes. Ela permite que se averigue a adequação de políticas intervencionistas, mas não possibilita que se analise o impacto da tributação sobre o contribuinte, tanto em relação às liberdades básicas, como no tocante ao mínimo vital. De outra sorte, a finalidade também não permite que se verifique o efeito da tributação sobre o mercado. Desta feita, uma tributação, cujo regime jurídico se centre na finalidade, não se realizará dentro das balizas permissíveis em uma sociedade democrática.

Em suma: a análise de tributos que prescinde da razão tributária não possibilita o exame do impacto da tributação em áreas vitais, como o contribuinte, o mercado e o equilíbrio federativo. Não por menos, permanece atual a compreensão de que o fato gerador é de análise imprescindível no direito tributário; em especial, quando compreendido em seu aspecto funcional, que possibilita a apreensão da razão de tributar. O CTN dispõe que o fato gerador é o critério que determina a natureza jurídica do tributo e, por decorrência, que os tributos ou são taxas, ou contribuições de melhoria ou impostos, ao passo que a Constituição distingue as espécies tributárias entre taxas, impostos e contribuições de melhoria, para em seguida discriminar os princípios tributários, que ora se reportam à equivalência, ora à capacidade contributiva. Deduz-se, dessa ordem de regulação, que as razões tributárias se limitam: a) à remuneração por atuações públicas específicas e divisíveis; b) à remuneração por benefício particular resultante de atuação pública, ainda que a prestação seja de caráter universal; c) à manifestação de capacidade contributiva. Estas são as razões possíveis à operacionalização da política tributária, que são reveladas pelo fato gerador. Tributação alguma que se pretenda justa pode prescindir da análise da razão tributária e, consequentemente, do fato gerador.

Ainda que a narrativa da finalidade introduza novos elementos ao regime jurídico tributário, como a proporcionalidade, ou mesmo enfraqueça os princípios que normalmente são aplicáveis aos tributos, referenciados no fato gerador, a análise do pressuposto fático é inafastável, ainda que seja para se determinar o limite à derrogação do normal regime tributário. A tributação é um instrumento de política econômica e financeira que não esgota em si os seus efeitos; antes, está em íntima conexão com os vários instrumentos, elementos e propósitos que compõem uma democracia. Não se pode, consequentemente, fechar a comunicação com esses instrumentos, elementos e propósitos, dentre as quais se notabiliza o pressuposto fático do tributo.

Por todas essas razões, a narrativa que emprega Sacha Calmon se revela a mais adequada: uma narrativa que preserva as experiências bem sucedidas, sedimentadas na teoria do fato gerador vinculado e não vinculado, mas que se abre ao dinamismo e à axiologia democrática propulsionadas pelos princípios, à medida que os liga ao fato gerador, ao tempo que incorpora a narrativa finalística, adequadamente situada como elemento acidental à nota elementar, que é o pressuposto fático. As várias narrativas são sistematizadas de forma adequada, sem exclusões definitivas ou reduções inadmissíveis. Esse equilíbrio, é fundamental e adverte contra posicionamentos radicais que deixam a descoberto importantes flancos da justiça tributária.

REFERÊNCIAS BIBLIOGRÁFICAS

ARAÚJO, Fernando. *Teoria econômica do contrato*. Coimbra: Almedina, 2007.

COÊLHO, Sacha Calmon Navarro. *Comentários à constituição de 1988: sistema tributário*. Rio de janeiro, Forense, 2006, p. 43.

———. *Curso de direito tributário brasileiro*. 14ª. Rio de janeiro, Editora Forense, 2015, p.63

———. Contribuições no direito brasileiro – seus problemas e as soluções. In:COELHO, Sacha Calmon Navarro (Org.). *Contribuições para a seguridade social*. São Paulo: Quartier Latin, 2007, p.18-63.

DERZI, Misabel Abreu Machado. *Direito tributário, direito penal e tipo*. São Paulo: Revista dos Tribunais, 2007.

DWORKIN. *Uma questão de princípio*. Tradução: Luís Carlos Borges. São Paulo: Martins Fontes, 2000.

———. *Virtude soberana: teoria e prática da igualdade*. Tradução: Jussara Simões. São Paulo: Martins Fontes, 2005.

ESTEVAN, Juan Manuel Barquero. *La función del tributo en el estado social y Democrático de derecho*. Madri: Centro de estudios políticos y constitucionales, 2002.

FERNANDES, Simone Lemos. *Contribuições neocorporativas na constituição e nas leis*. Belo Horizonte: Del Rey, 2004.

GRECO, Marco Aurélio. *Contribuições: (uma figura "sui generis")*. São Paulo: Dialética, 2000.

HAYEK, Friedrich. *Law, legislation and liberty: rules and order.* Vol. I. Chicago: The university of chicago press, 1983.

NABAIS, José Casalta. O dever fundamental de pagar impostos. Coimbra: Almedina, 2004.

A CFEM À LUZ DA TEORIA DA NORMA – BREVES COMENTARIOS E CRÍTICAS A ALGUMAS MODIFICAÇÕES PRETENDIDAS PELA LEI 13.540/2017

PAULO ROBERTO COIMBRA SILVA[1]

SUMÁRIO: 1. Introdução; 2. O Antecedente Normativo ou Hipótese de Incidência da CFEM; 2.1. O Aspecto Material; 2.2. O Aspecto Temporal; 2.3. O Aspecto Espacial; 2.4. O Aspecto Pessoal; 3. O Comando Normativo da CFEM; 3.1. Critério Subjetivo; 3.2. Critério Quantitativo; 3.3. Critério Operacional; Referências Bibliográficas

1. INTRODUÇÃO

Prevista na Constituição da República Federativa do Brasil de 1988 (CRFB/1988), no § 1º de seu artigo 20, foi a Compensação Financeira pela Exploração de Recursos Minerais (CFEM) instituída pela União mediante a edição da Lei nº 7.990, de 28 de dezembro de 1989, posteriormente alterada pela Lei nº 8.001, de 13 de março de 1990 e pela Lei nº 9.993, de 24 de julho de 2.000, passando a onerar as atividades de exploração de recursos minerais para fins econômicos.

Não obstante haver conferido à União o domínio sobre as jazidas e demais recursos minerais, reserva-se aos particulares a garantia à pesquisa e à lavra mediante autorização ou concessão do Poder Público.[2] Constitucionalmente distintas as figuras do proprietário do solo e do

---

[1] Sócio Fundador do Coimbra & Chaves Advogados. Professor Associado de Direito Tributário da UFMG. Doutor e Mestre em Direito pela UFMG. Pós-Graduado em Direito pela Harvard Law School (USA). Expert en Fiscalidad Internacional - Universidade de Santiago de Compostela (ESP)

[2] Vide artigo 176, § 1º da CRFB/1988.

concessionário, a este se garante a propriedade sobre o produto da lavra,[3] enquanto ao primeiro assegura-se a participação em seus resultados.[4]

Inserida no Programa de Revitalização da Indústria Mineral Brasileira,[5] a edição da Medida Provisória nº 789, publicada em 26 de julho de 2017, introduziu significativas alterações no regime da CFEM. Na Exposição de Motivos, justificou-se, em grande parte, a adoção da medida com fundamento na necessidade de saneamento pela qual urgia a legislação. Conforme extrai-se do documento, os responsáveis pela elaboração do projeto sustentaram que a antiga norma seria portadora de defeitos que obstaculizavam a sua regular execução e gestão, de modo a incitar múltiplos questionamentos judiciais.

Resultante da conversão da medida provisória, a Lei nº 13.540/2017 foi publicada em 19 de dezembro de 2017 e inaugurou um novo marco na estruturação normativa da CFEM. Com modificações concernentes a elementos sensíveis ao instituto, as novas feições da legislação convidam a um atento e detalhado exame apto ao alcance de sua compreensão. As principais alterações, ao versarem sobre a ampliação da base de cálculo e a redefinição das alíquotas estabelecidas, bem como a duplicação dos prazos decadencial e prescricional, implicam em potencial majoração dos custos de operação das atividades empresariais que atuam no ramo, bem como da própria administração pública, e suscitam questionamentos de ordem constitucional.

A despeito de não se cuidar, nesse capítulo, da CFEM *como tributo* ou de sua classificação como qualquer outra categoria jurídica, não se deve desprezar, porquanto deveras útil mesmo aos demais ramos da

---

3 Vide artigo 176 da CRFB/1988.

4 Vide artigo 176, § 2º da CRFB/1988.

5 Estruturado pelas Medidas Provisórias nº 789, 790 e 791, editadas em 25 de julho de 2017, o Programa promoveu a alteração de regras no setor da mineração por meio da modificação de diversos pontos no Código de Mineração, dentre os quais podem ser destacados: a transformação do Departamento Nacional de Mineração em uma agência reguladora, a Agência Nacional de Mineração (ANM), e a majoração nas alíquotas da CFEM, além de pretender mudar o momento da ocorrência de seu fato gerador; alargar sua base de cálculo; introduzir novas obrigações acessórias; tipificar infrações e cominar as correlatas sanções; e a duplicação dos prazos decadencial e prescricional para a cobrança da exação.

ciência jurídica, o grande avanço da tributarística pátria no estudo da estrutura normativa.[6]

Por certo, grandes são os méritos e o proveito metodológico fornecido pela *teoria da norma tributária*, na medida em que, partindo do caráter lógico-dogmático do juízo hipotético contido e que constitui a norma jurídica *quae nore*, abre ensanchas à melhor compreensão do fenômeno jurígeno a partir de um plexo normativo que irradia da norma matriz instituidora do *dever-ser* e incide sobre o fato adrede positivado. Valiosos são os subsídios urdidos pela melhor doutrina na construção da aludida teoria, cuja utilidade ultrapassa as estreitas raias do Direito Tributário, espraiando-se por todas as ciências dedicadas ao estudo da norma.

De seu estudo, exsurge a elementar conclusão de serem as normas jurídicas em geral, ressalvadas algumas parcas exceções, formuladas mediante um juízo hipotético decomponível em duas partes, *antecedente* e *consequente normativo*.

---

[6] A doutrina pátria deve a Geraldo Ataliba a primeira e decerto a mais influente monografia sobre a estrutura dual das normas jurídicas , na qual assim definiu o seu antecedente: "A hipótese de incidência é primeiramente a descrição legal de um fato: é a formulação hipotética, prévia e genérica, contida na lei, de um fato (é o espelho do fato, a imagem conceitual de um fato, é seu desenho). [...] O paralelismo feito por muitos autores com o conceito de crime, formulado pela lei penal, é rigorosamente apropriado. Na 'figura típica' temos a descrição hipotética de um comportamento humano (fato), que, se concretizado, acarreta a incidência das consequências previstas pela própria lei." (ATALIBA, Geraldo. *Hipótese de incidência tributária*. 6ª ed. 4º t. São Paulo: Malheiros, 2003, p. 58-59). Após Ataliba, Paulo de Barros Carvalho aprimorou a teoria ao destacar o fracionamento de cada uma das partes da estrutura normativa, dissecando-as em diferentes critérios ou aspectos (Cf. CARVALHO, Paulo de Barros. *Teoria da norma tributária*. São Paulo: Max Limonad, 1998). Mais adiante, atinge a teoria da norma tributária o seu ápice com o trabalho de Sacha Calmon Navarro Coelho, que contribuiu de forma significativa para que dela fosse extraído todo o seu notável potencial. A propósito do tema, por todos, vide a meritosa obra deste último que, ampliada, atualizada e republicada em 2003, contém o extrato de sua tese com a qual alçou o título de Doutor e na qual, a um só tempo, relata e protagoniza significativa evolução do estudo da norma tributária (COELHO, Sacha Calmon Navarro. *Teoria do tributo, da interpretação e da exoneração tributária: o significado do art. 116, parágrafo único, do CTN*. 3ª ed. São Paulo: Dialética, 2003).

No antecedente normativo, delineia o legislador o fato jurígeno.[7] Nessa primeira parte da norma reside, pois, a descrição abstrata do evento que, uma vez verificado no mundo fenomênico, atrai a incidência dos efeitos jurídicos prescritos no correlato comando normativo. No consequente, a segunda parte da norma, encontra-se, por sua vez, a prescrição, *in abstracto*, do dever-ser decorrente do fato jurígeno, com todos os seus elementos essenciais.[8]

Indesviável a correlação lógica entre as duas partes que constituem o juízo hipotético normativo: jamais podem ser gerados os efeitos jurídicos prescritos no *comando* normativo sem a ocorrência prévia do respectivo fato jurígeno, fato concreto adrede descrito no *antecedente*. Decorre daí a relevância da verificação da ocorrência, no mundo fenomênico, do fato que se enquadra perfeitamente no arquétipo abstratamente delineado na hipótese de incidência. Com o nítido propósito de sistematizar e teorizar tal conferência, a melhor doutrina há muito tem destacado diversos aspectos na hipótese de incidência, cuja subsunção completa e simultânea revela-se imprescindível à ocorrência do fato jurígeno e, *ipso facto*, à irrupção das consequências jurídicas que lhe são imputáveis.

Sem margem a dúvidas, a norma instituidora da CFEM é também composta por dois elementos estruturais – um *antecedente* e um *consequente*. Muito embora sejam partes integrantes de um único ente lógico-normativo, revela-se conveniente à melhor compreensão da exação em foco o estudo minudente de cada uma delas isoladamente, sob seus diferentes prismas. Esse é o objeto do presente ensaio, que não tem a pretensão de esgotá-lo, mas sim de gerar provocações sobre o tema, tecendo-lhe críticas pontuais e relevantes. Certamente outros estudos mais profundos a sucederão, pois assim o tema ainda requer e merece.

---

7 Ao antecedente da norma tributária, por influência de Geraldo Ataliba, convencionou-se atribuir a alcunha de *hipótese de incidência*. Trata-se, pois, de mera nomenclatura, preferindo os penalistas, *exempli gratia*, designá-lo da norma penal por tipo.

8 Em torno do consequente normativo, não há em geral consenso terminológico entre os autores, podendo ser assinalado como *comando, preceito, mandamento, estatuição, obrigação, dever jurídico, consequência jurídica* ou expressão equivalente. No âmbito do Direito Penal, diferentemente, é usual designar a parte da norma que comina os efeitos jurídicos imputáveis ao fato delineado no antecedente, como *pena*.

2. O ANTECEDENTE NORMATIVO OU HIPÓTESE DE INCIDÊNCIA DA CFEM

Conforme já asseverado, a norma jurídica instituidora da CFEM consiste numa categoria lógica hipotética dotada de um antecedente, que contém a suficiente e necessária descrição abstrata do fato jurídico, cuja verificação no mundo dos fatos acarreta, inexoravelmente, a produção dos efeitos prescritos no respectivo mandamento normativo.

Nenhuma objeção pode haver em designar o antecedente normativo da CFEM por hipótese de incidência. Trata-se de nomenclatura predileta pela tributarística pátria, mas não é e nem poderia ser uma exclusividade sua, porquanto assinala uma entidade teórica presente na avassaladora maioria das normas jurídicas.[9] Até mesmo a própria legislação da CFEM, a despeito de não se posicionar expressamente no que concerne a sua natureza jurídica e, *ipso iure*, ao seu regime jurídico, em diversas hipóteses utiliza-se da terminologia própria do Direito Tributário,[10] ao utilizar, e. g., as expressões *fato gerador*[11] e *lançamento*.

Para fins pedagógicos e pragmáticos, na esteira da melhor doutrina, decompõe-se o antecedente normativo em quatro diferentes aspectos, a saber: material, temporal, espacial e pessoal. A dissecação da hipótese de incidência, já realçada pelo saudoso Geraldo Ataliba em múltiplas facetas,[12] foi merecidamente avultada e desenvolvida pela melhor doutrina, sendo exposta por Hector Villegas com notável poder de síntese:[13]

---

9 Dessa generalidade, escapam as exceções, dentre as quais se destacam as normas estruturais, as de competência, as programáticas e algumas adjetivas ou processuais.

10 Decreto nº 01/91, artigos 15 e 16.

11 Mercê da usual confusão, muitas vezes presentes na própria lei, já tivemos o cuidado de advertir, em diferentes oportunidades, que as expressões *hipótese de incidência* (ou antecedente normativo) e *fato gerador*, não obstante possuírem sentidos correlatos, não se confundem.

12 Nesse sentido, já prelecionava Geraldo Ataliba, ao destacar, com sobras de méritos, que "hipótese de incidência é a descrição legislativa (necessariamente hipotética) de um fato a cuja ocorrência *in concreto* a lei atribui força jurídica de determinar o nascimento da obrigação tributária... esta categoria ou protótipo (hipótese de incidência) se apresenta sob vários aspectos, cuja reunião lhe dá entidade." (ATALIBA, Geraldo. *Hipótese de incidência tributária*. 4ª ed. São Paulo: RT, 1991, p. 73 e 75).

13 Cf. VILLEGAS, Hector. *Curso de finanzas, derecho financeiro y tributário*. 7ª ed. Buenos Aires: Depalma, 1999, p. 272-273.

> *La creación normativa de un tributo implica que su hipótesis condicionante (hecho imponible) debe contener em forma indispensable diversos elementos: a) la descripción objetiva de un hecho o situación (aspecto material); b) los datos necesarios para individualizar la persona que debe 'realizar' el hecho o 'encuadrarse' en la situación en que objetivamente fueron descritos (aspecto personal); c) el momento en que debe configurarse o tenerse por configurada la 'realización' del hecho imponible (aspecto temporal); d) el lugar donde debe acaecer o tenerse por acaecida la 'realización' del hecho imponible (aspecto espacial).*

Nesse particular, digna de referência a monumental a obra de nosso orientador e mestre, Sacha Calmon Navarro Coelho, a quem devotamos nossa gratidão, respeito e admiração indeléveis, resultante da tese com a qual alçou o título de doutor em direito na Vetusta Casa de Afonso Pena. O livro Teoria Geral do Tributo e da Exoneração Tributária[14], no qual nosso querido professor expõe, de forma genial a fenomenologia da incidência e do afastamento da obrigação tributária, de leitura obrigatória para todos os que pretendem singrar com segurança nos revoltos mares do Direito Tributário, serve como marco teórico e segura fonte de inspiração para esse e para muitos outros trabalhos técnicos científicos nesse campo das Ciência do Direito.

Com firmes âncoras nos aspectos mais basilares da Teoria Geral do Direito, e nas indeléveis lições do Prof. Sacha Calmon, por certo — mesmo na CFEM, independente de se tratar ou não de tributo —, tão-somente com subsunção simultânea do fato concreto (no plano concreto da realidade fática) a todos os aspectos do antecedente normativo, será a norma jurídica apta a deflagrar a incidência de seus efeitos, fazendo nascer a obrigação (dever jurídico pecuniário) de recolhimento da exação. E, por essa razão, convém estudá-los separadamente.

2.1. O ASPECTO MATERIAL

O aspecto material do antecedente normativo descreve *in abstracto* o fato, conduta ou situação, cuja ocorrência atrai a incidência dos efeitos prescritos no respectivo consequente ou comando. Nele aloja-se a designação dos elementos de ordem objetiva que, a um só tempo, identificam e delimitam a realidade alvejada pelo legislador como apta a deflagrar os efeitos ou consequências jurídicas cominadas.

No caso da CFEM, a sua regra-matriz encartada na *Lex Mater* aponta, como seu pressuposto fático, a apuração de <u>resultado</u> (positivo) decorrente da <u>atividade de exploração de recursos minerais</u> para fins

---

14 COÊLHO, Sacha Calmon Navarro. Teoria Geral do Tributo e da exoneração tributária. 1ª. ed. São Paulo: Editora Revista dos Tribunais, 1982.

econômicos ou a <u>compensação financeira por essa exploração</u>.[15] Digno de nota, portanto, haver a CRFB/1988, em seu art. 20, §1º, outorgado uma competência alternativa para a União instituir, mediante lei, a exação ali prevista, a saber: apuração de resultado (positivo) na *exploração* de recursos minerais *para fins* de aproveitamento econômico <u>ou</u> compensação financeira por eventuais *danos* dela decorrentes. O fato gerador, portanto, da intitulada CFEM, independente do *nomen juris* que lhe tenha sido (ou venha a ser) atribuído, deverá ser um <u>ou</u> outro, de acordo com a opção feita pelo legislador federal. Cuidam-se, pois, de caminhos mutuamente excludentes, devendo o legislador realizar sua escolha.[16]

Nesse contexto, especificamente em relação aos minérios extraídos do subsolo, o aspecto material do antecedente de sua norma instituidora, sob o esteio do texto constitucional, descreve como seu "fato gerador" (*sic*) a atividade de "exploração de recursos minerais para fins econômicos".[17]

A escolha pela participação, em detrimento da compensação nos parece muito clara. De se ver que ambos institutos são distintos e não se confundem. Têm pressupostos, requisitos e limites distintos. Esta última, a **compensação**, tem como pressuposto um dano, um prejuízo de-

---

15 A CRFB/1988, no § 1º do art. 20, em uma redação bastante vaga, reconheça-se, cria a CFEM como uma forma de "participação no resultado da exploração... ou compensação financeira por essa exploração". A Lei nº 7.990/89, instituidora da CFEM, em seu preâmbulo, a estabelece como "uma compensação financeira pelo resultado da exploração". Ora, de se ver que a CRFB/1988 outorgou a competência à União para instituir, em prol dos entes federados, uma participação no resultado ou uma compensação financeira. O legislador federal, imbuído de coerência e bom senso, instituiu uma "compensação financeira pelo resultado", concluindo-se que se não houver resultado, não haverá compensação cabível.

16 Sobre a escolha ofertada pela CRFB/1988, precisas são as lições do saudoso Prof. Ricardo Lobo Torres, ao pontificar que: "Podem a União, os Estados e Municípios receber **participação** representada pelas importâncias calculadas sobre o resultado da exploração... Ou podem receber **compensações financeiras**, que têm a natureza de <u>indenização</u> pela perda de recursos naturais situados em seus territórios e/ou contraprestação pelas despesas que as empresas exploradoras de recursos naturais causam aos poderes públicos, que se veem na contingência de garantir a infraestrutura de bens e serviços e a assistência às populações envolvidas em atividades econômicas de grande porte [...]." Cf. TORRES, Ricardo Lobo. *Curso de direito financeiro e tributário*. Rio de Janeiro: Renovar, 1971, p. 162-163. (g. n.)

17 Lei nº 7.990/89, art. 6º, *caput*, c/c art. 13, *caput* e art. 14, I, estes últimos do Decreto nº 01/1991.

corrente da exploração minerária, devendo ser restrita e corresponder, com maior precisão possível, ao dano que busca reparar. Assim acontece nas sanções com função indenizatórias, admissíveis sob a condição de dano prévio e a ele econômica e financeiramente limitadas.[18] Doutra margem, aqueloutra, a **participação**, contempla a ideia de associação ou compartilhamento nos benefícios, o que necessariamente pressupõe um resultado positivo, assim entendido a geração que riqueza que enseje acréscimo patrimonial.

O STF, numa das poucas vezes que arrostou com alguma profundidade o tema (*venia rogata*, ainda rasa, mercê da relevância e complexidade que lhe são inerentes), pelo voto-guia de seu i. Min. Sepúlveda Pertence, bem identificou a escolha feita pelo legislador federal. Entre compensação e participação, optou por essa última, senão confira-se:[19]

> Na verdade – na alternativa que lhe confiara a Lei Fundamental – o que a Lei 7.990/89 institui, ao estabelecer no art. 6º que "a compensação financeira pela exploração de recursos minerais, para fins de aproveitamento econômico, será de até 3% sobre o valor do faturamento líquido resultante da venda do produto mineral", não foi verdadeira **compensação financeira**: foi, sim, **genuína "participação no resultado** da exploração" [...]. (g.n.)

De forma mais minudente e pragmática, considerando-se a opção do legislador, pode-se dissociar o aspecto material do antecedente normativo da CFEM em **dois elementos cumulativos**, a saber, (i) realizar a atividade de *exploração* de recursos minerais e (ii) atribuir às substâncias econômicas uma *destinação* que lhe confira proveito econômico. De se notar que a ocorrência de apenas um desses pressupostos, a rigor, não enseja a incidência e, *ipso iure*, a cobrança da CFEM. Não basta apenas explorar os recursos minerais, entenda-se, promover com sucesso a sua retirada do subsolo, porquanto se não lhe for atribuía uma destinação econômica, não haveria do que o Estado participar.

Importa perceber, desde logo, e isso é fundamental, que integra a hipótese de incidência (segundo núcleo) a destinação, o propósito, a finalidade de aproveitamento econômico à exploração (primeiro núcleo, assim entendida a retirada da substância mineral do subsolo), mas não o aproveitamento econômico em si, como se verá mais adiante.

---

18 A propósito dos pressupostos fáticos, requisitos e limites das sanções compensatórias, indenizatórias ou ressarcitórias, vide nosso *Direito tributário sancionador*. São Paulo: Quartier Latin, 2007.

19 RE nº 228.800-5/DF, 1ª Turma, julgado em 25/09/2001. (g. n.)

Vale ressaltar que o Decreto n° 01/1991, editado no exercício da competência regulamentar confiada ao Poder Executivo, explicita o primeiro núcleo do aspecto material do antecedente normativo da CFEM (exploração de recursos minerais) como a "retirada de minerais da jazida, mina, salina ou outro depósito mineral para fins de aproveitamento econômico".[20]

De se ver, pois, que para a realização do fato gerador da CFEM, a exploração dos recursos minerais deve ser direcionada ao seu aproveitamento econômico. Nota-se, pois, a inserção de um caráter finalístico ou de um claro propósito: a exploração deve se dar para fins de aproveitamento econômico. Importa, contudo, frisar, com a merecida ênfase, que apenas o **propósito** de aproveitamento para fins econômicos foi inserido no aspecto material da hipótese de incidência, mas não aproveitamento econômico em si. Como aponta o citado decreto n° 01/1991 (no art. 14, I), apenas se verifica a incidência quando ocorre a *retirada de substâncias minerais da jazida, mina, salina ou outro depósito mineral* para fins de aproveitamento econômico. Nesse diapasão, se não houver posterior transformação do recurso mineral em um bem ou produto, não haverá incidência de CFEM. Portanto, o propósito de aproveitamento econômico, materializado pela ulterior operação de industrialização, é imprescindível à incidência da CFEM, mas não lhe está sujeito. A operação de industrialização, em si mesma, em qualquer modalidade que ocorra, não atrai, e nem pode atrair a incidência da CFEM. Entenda-se, o aproveitamento econômico em si mesmo (materializado pela ulterior industrialização), enquanto fato econômico realizado pelo particular é *signo presuntivo de riqueza* e, por isso, gerador próprio de tributo (não vinculado), podendo ser alcançado (e de fato o é), pelo *jus tributandi*. Mas não está sujeito à CFEM.

Crucial, pois, notar-se que a atividade *exploração* (insista-se, retirada dos recursos minerais do subsolo) sujeita-se à CFEM, enquanto o aproveitamento econômico dela decorrente e que lhe sucede sujeita-se ao IPI. A primeira (CFEM sobre a exploração), *receita originária patrimonial*, legitimada pela titularidade da União sobre os recursos minerais tal qual retirados do subsolo, enquanto o segundo (IPI sobre operações de industrialização, inclusive o beneficiamento) deflui do *poder de tributar*.

---

20 Decreto n° 01/1991, art. 13, *caput*, e art. 14, I.

Por tal motivo, qualquer iniciativa do legislador ou das autoridades competentes para inserir operações de industrialização, qualquer delas, inclusive o mero beneficiamento, para dentro, *primus*, do espectro de incidência ou, *secundus*, da base de cálculo da CFEM, padece de flagrante inconstitucionalidade.

Nesse particular, importa, pois, destacar, com firmes traços, a fronteira que segrega (i) os fatos sujeitos ao *poder de tributar* daqueles (ii) sujeitos à alguma forma de *compensação* ou, nos termos da opção feita pelo legislador federal, à *participação* nos resultados. Para tanto, não se pode olvidar que **CFEM não é tributo**, mas *receita originária patrimonial*[21] e, por isso, sua materialidade deve restringir-se à extração dos recursos de propriedade da União, não podendo se estender a fatos que lhe sucedam, e agreguem valor, já alcançados pelas incidências tributárias (receitas derivadas).

Uma determinada materialidade fática pode estar apta a ensejar uma receita originária ou derivada. Sempre que se pretenda exigir receitas originárias e derivadas sobre uma mesma materialidade fática, há fortes indícios de abuso. Apesar de sua possível inconveniência, pode-se imaginar o *ius tributandi* atingir um fato que enseje a geração de receitas originárias. Contudo, o inverso não se aplica. Fatos de conteúdo econômico próprios de tributos, *signos presuntivos de riqueza*, na feliz expressão de A. A. Becker, posteriores ao fato ensejador de receitas originárias, não legitimam e, por isso, não servem e não podem ser fonte ou causa de arrecadação de receitas patrimoniais.

No caso específico CFEM, seu fato gerador, a saber, a exploração de recursos minerários para fins de aproveitamento econômico, assim entendida como a *retirada de minerais da jazida, mina, salina ou outro depósito mineral para fins de aproveitamento econômico*,[22] não pode se

---

[21] Ao comentar o fato de consistir a CFEM em receitas para os três entes políticos diretamente afetados pode sua exploração, a despeito de decorrer da exploração de bem (recursos minerais) de titularidade apenas da União, esclarece, de forma elucidativa, Prof. Fernando Scaff: *Claro que, observada a classificação entre 'originárias' e 'derivadas', essas receitas permanecem como 'originárias', mas não de patrimônio próprio dos entes subnacionais, mas da União, que as transfere àqueles. Trata-se de um problema classificatório, pois essas receitas, quanto à natureza do vínculo que as origina, podem ser originárias ou derivadas, mas quanto à fonte, podem ser próprias ou transferidas (...)".* SCAFF, Fernando Facury. *Royalties do petróleo, minério e energia. Aspectos constitucionais, financeiros e tributários.* São Paulo: Revista dos Tribunais, 2014, p. 133.

[22] Decreto nº 01/1991, art. 14, I.

estender para ensejar sua cobrança sobre os fatos posteriores à sua extração, realizados pelos particulares, sobre produtos que já lhe pertencem (porquanto já extraídos do subsolo, mediante o sinalagmático dever de pagar por isso a respectiva *compensação* ou *participação*).

Ora, ser (a União) titular do bem (recursos minerários) legitima a instituição e cobrança de **receita originária patrimonial**[23] decorrente de sua exploração destinada a fins de aproveitamento econômico, mas não pode amparar a oneração das atividades econômicas que se sucedam à sua extração. Tais fatos (encetados para aproveitamento econômico), de conteúdo econômico, não podem ensejar receitas originárias, mas somente podem ser alçados – e, efetivamente, o são – pelo **poder de tributar** (do qual decorrem receitas derivadas), regularmente exercido, no caso da União, mediante a instituição do IPI, nos termos do art. 153, IV, da CRFB/1988 c/c art. 46, do Código Tributário Nacional (CTN). Extraem-se, pois, dos contornos da regra matriz do IPI[24] (receita derivada) os limites intransponíveis de incidência da CFEM[25] (receita originária, decorrente da exploração do patrimônio da União): quaisquer operações de industrialização, sujeitas ao IPI, ainda que realizadas sobre bens que foram da União, escapam do espectro de incidência (materialidade da hipótese de incidência) da CFEM.

Por certo, no caso dos minérios, a materialidade da CFEM está adstrita e restrita à atividade de exploração desses recursos, assim entendida a atividade de sua extração do subsolo, nos claros termos do art. 14, I, do Decreto nº 01 de 1991,[26] para fins de aproveitamento econômico. Ainda que se promova alteração ou revogação do aludido dispositivo regulamentar, de sua lógica não poderão autoridades e contribuintes se afastar. Sujeita, pois, à CFEM, e apta a ensejar receitas originárias patrimoniais, é a exploração, entenda-se, "a retirada das

---

23 **Receita originária patrimonial** *própria*, no concernente à União, e **receita originária patrimonial** *transferida*, no caso dos Estados e Municípios.

24 Enquanto **tributo**, o IPI é **receita derivada**, que emana de fatos geradores alcançados pelo *ius tribuandi*, uma das formas de manifestação da soberania do Estado, nos termos que permitido pela Norma Fundamental.

25 Enquanto *compensação* ou *participação*, a CFEM é **receita originária**, e seu fato gerador consiste na exploração do **patrimônio** a União, sem espaço para os atos de soberania que se observam no exercício da tributação (receitas derivadas).

26 Art. 14. Para efeito do disposto no artigo anterior, considera-se: I- atividade exploração de recursos minerais, a retirada de substancias minerais da jazida, mina, salina ou outro depósito mineral para fins de aproveitamento econômico; [...].

substâncias minerais", de propriedade da União, mas não o posterior aproveitamento econômico lhe que for atribuído, pela pelo minerador ou por terceiros. Os atos posteriores à extração, realizados para se dar o aproveitamento econômico às substâncias que eram da União (e que após a sua retirada do subsolo, pertencem aos particulares), são atos de conteúdo econômico suscetíveis de serem atingidos pela tributação (receita derivada), e não pela CFEM.

São portanto inconstitucionais quaisquer pretensões normativas e administrativas de estender a incidência e, *ipso jure*, a base de cálculo da CFEM à quaisquer etapas do aproveitamento econômico posteriores à extração, a exemplo do beneficiamento ou de qualquer outra operação de industrialização, já sujeitas, nos termos do art. 46 do Digesto Tributário, ao *jus tributandi* do Estado.

Em desrespeito à lógica inerente às receitas originárias, a Lei nº 13.540/17, no §4º de seu artigo 1º pretende alterar o conceito de bem mineral (substância mineral de propriedade da União) para que passe a ser compreendido como "substância mineral já lavrada após a conclusão de seu beneficiamento".[27] Ora, o bem mineral, de propriedade da União, apto a ensejar a cobrança da CFEM, é aquele retirado do subsolo, sem qualquer beneficiamento. O beneficiamento[28], se houver, será feito sobre produto já retirado do subsolo e que não mais pertence à União, mas ao particular. Exações sobre o beneficiamento, ou qualquer outra operação de industrialização que suceda a extração das substâncias minerais, repise-se, somente podem ocorrer mediante manifestação do *ius trubutandi*, nos termos e limites outorgados pela CRFB/1988.

---

27 Em extenso rol, o inciso II do §4º, do art. 1º, da Lei nº 13.540/17 descreveu uma série de operações que resultam no beneficiamento do minério, quais sejam, a fragmentação, pulverização, classificação, concentração, separação magnética, flotação, homogeneização, aglomeração, aglutinação, briquetagem, nodulação, pelotização, ativação e desaguamento, além de secagem, desidratação, filtragem e levigação, ainda que exijam adição ou retirada de outras substâncias. Curiosamente, houve a supressão das operações mediante processos de sintetização, coqueifação e calcinação.

28 De forma mais genérica, e não casuística, recorde-se, o RIPI (Decreto 7.212, de 15 de junho de 2010), em seu art. 4º, define o conceito de beneficiamento, que deve ser compreendido como qualquer operação de industrialização que "modificar, aperfeiçoar ou, de qualquer forma, alterar o funcionamento, a utilização, o acabamento ou a aparência do produto".

Sob o pretexto de corrigir falhas e superar a litigiosidade em torno da CFEM, a Lei nº 13.540/17 pretendeu, na verdade, exceder os limites materiais entabulados pelo art. 20, § 1º, da CRFB/1988, ao, a um só tempo, (i) extrapolar o espectro de incidência (materialidade) da exação *sub examine*, e (ii) alargar sua base de cálculo para alcançar fenômenos econômicos, posteriores à extração, somente alcançáveis mediante o exercício do *ius tributandi*, outorgado a União pelo art. 153, IV da CRFB/1988.

2.2. O ASPECTO TEMPORAL

Pela expressão *aspecto temporal* do antecedente normativo quer-se designar o átimo de tempo em que se considera ocorrido, de forma completa e acabada, o *fato gerador* da obrigação pecuniária. É aquele marco temporal preciso eleito – pela lei, no caso das obrigações *ex lege* ou heterônomas, ou em contrato, nas obrigações autônomas – no qual se considera consumada a subsunção do fato concreto à fonte do dever jurídico, que a um só tempo autoriza e determina o desencadeamento dos efeitos normativos previstos no respectivo comando ou consequente.

Em outras palavras, o aspecto temporal da hipótese de incidência identifica, com a necessária precisão, o momento exato em que se considera ocorrido o fato jurígeno e, *ipso facto et jure*, irradiados os efeitos jurídicos que foram cominados. Nele se determina o instante definido em que ocorre, ou é considerada ocorrida, a subsunção do fato concreto à norma de incidência. Somente nessa ocasião, no tempo, consideram-se geradas as consequências adrede prescritas no comando normativo e, assim, nascida a correlata obrigação. Segundo didaticamente expõe Sacha Calmon, o aspecto temporal do antecedente normativo consiste na "dimensão temporal da hipótese de incidência que nos permite reconhecer o momento em que incide a norma jurídica sobre a realidade, e daí se irradiam os efeitos jurídicos previstos [...]."[29]

O aspecto temporal da CFEM, i. e., o momento em que se considera ocorrido o seu fato jurígeno e, consequentemente, nascida a correlata obrigação, foi definido no art. 1º da Lei nº 13.540/2017, por meio de incisos que definem as distintas circunstâncias que demarcam a ocor-

---

[29] Cf. COELHO, Sacha Calmon Navarro. Periodicidade do imposto de renda II. Mesa de Debates. In: *Revista de Direito Tributário*. nº 63. São Paulo: Malheiros, 1993, p. 51.

rência da hipótese no tempo. Em evidente ampliação[30] das situações que incitam o recolhimento da exação, considera-se ocorrido o fato gerador da CFEM por ocasião: (i) da *primeira saída por venda* do produto mineral das áreas de jazida, mina ou salina, ou de outros depósitos minerais de onde provêm; (ii) do *ato de arrematação*, nos casos de bem mineral adquiridos em hasta pública; (iii) do *ato da primeira aquisição de bem mineral* extraído sob o regime de permissão de lavra garimpeira; e (iv) do *consumo* de bem mineral.

Imperativo é não confundir os aspectos material e temporal da hipótese de incidência. Não haverá fato gerador da exação caso não se configure, de forma completa e cabal, os elementos indispensáveis à sua materialização (destacados no aspecto material da hipótese de incidência), servindo o aspecto temporal unicamente para se identificar o momento do nascimento da correlata obrigação. Nessa ordem indesviável de ideias, não será devida CFEM no caso da primeira saída, por venda, de bem mineral, tampouco nas demais hipóteses dos incisos do art. 6º da Lei nº 7.990/89, com a redação determinada pela Lei nº 13.540/17, que não tenha sido extraído do subsolo em território nacional.

A despeito de sua insuficiência para fazer nascer, per si, a obrigação de pagamento da CFEM, não é pequena a relevância do aspecto temporal do antecedente normativo na medida em que, ao identificar, com a desejável precisão, o momento da ocorrência do fato gerador, permite ao operador do direito identificar o comando normativo então em vigor, que regerá a correlativa obrigação, além de determinar o *dies a quo* do prazo decadencial para sua exigência.

2.3. O ASPECTO ESPACIAL

O aspecto especial da hipótese de incidência indica o lugar em que ocorreu ou se tem por ocorrido o fato gerador da obrigação jurídica, *in casu*, a exploração dos recursos minerais para fins econômicos. Estabelece, pois, a dimensão espacial do fato jurígeno, podendo ser

---

30 O regime legislativo considerava ocorrido o fato gerador tão somente por ocasião da *saída por venda* do produto mineral das áreas de jazida, mina ou salina, de outros depósitos minerais de onde provêm, ou de qualquer estabelecimento após a última etapa do processo de beneficiamento, que preceda a sua transformação industrial. Hipótese exceptiva ocorria mediante a ocorrência de consumo, utilização ou transformação da substância dentro das áreas de jazida, mina, salina ou depósito mineral, áreas limítrofes ou em qualquer estabelecimento do titular dos direitos minerários. Nesses casos, para efeitos de incidência da norma instituidora da CFEM, o consumo equiparava-se à saída por venda.

extremamente relevante ou decisiva para a definição da competência para a exigência da exação (quando outorgada a Estados, DF ou Municípios) ou para outros fins como, v. g., efetuação do rateio do produto arrecadado ou quantificação da receita a ser transferida em favor de outro ente federado.

A CFEM consiste em uma exação cuja competência para sua instituição foi confiada exclusivamente à União. Louvável a coerência, prudência, sensatez e acerto do legislador constitucional ao assim prescrever. Coerência por haver outorgado essa competência à União, que detém a titularidade das riquezas minerais, inclusive as do subsolo brasileiro. Prudência ao concentrá-la nas mãos da União, assegurando sua uniformidade e evitando os inexoráveis conflitos de competência que exsurgiriam caso pudesse ser a exação instituída pelos demais entes federados. Sensatez e acerto ao promover a repartição do produto de sua arrecadação entre todos os entes federados envolvidos/afetados pela atividade extrativista.

No âmbito da competência, pois, o aspecto espacial da CFEM não oferta grande relevância. Para haver a sua incidência, basta que a atividade de exploração de recursos minerais, e seu eventual beneficiamento, se verifique dentro do território nacional, cujo subsolo e suas riquezas naturais são de propriedade da União.

Não obstante, o local onde se considera ocorrida a exploração dos recursos minerais revela-se da maior importância, pode-se dizer, determinante, para o rateio do produto de sua arrecadação em favor dos entes federados em cujo território ela é levada a cabo.

A par disso, não se pode esquecer, como visto no item 2.1 supra, que exploração dos recursos minerais, para efeitos de incidência da CFEM e de pagamento da correlata receita originária patrimonial, deve ser entendida como a *retirada de substâncias minerais da jazida, mina, salina ou outro depósito mineral* para fins de aproveitamento econômico[31]. Tratando-se de premissa inafastável, a compreensão do conceito de exploração como retirada das substâncias minerais, o fato gerador da CFEM inexoravelmente ocorrerá no local de sua extração, a saber, na mina,[32] segundo a sua localização na natureza. Assim sendo, todos

---

31 Art. 14, I, do Decreto nº 1 de 11 de janeiro de 1991.

32 Mina, nos termos do art. 4º do Código de Mineração (Decreto-Lei nº 227/1967), é a "jazida em lavra, ainda que suspensa". Jazida, por sua vez, é definida no mesmo art. 4º do Codex Minerário como "toda massa individualizada de substância mineral ou fóssil, aflorando à superfície ou existente no interior da terra, e que tenha valor econômico".

os fatos ocorridos fora do estabelecimento responsável pela extração, estarão fora do espectro de incidência da CFEM. Nesse contexto, o § 15, do art. 2º, da Lei nº 8.001/90, introjetado pela Lei nº 13.540/17,[33] ao pretender estender o fato imponível a estabelecimentos de terceiros onde ser dê o beneficiamento do produto retirado da mina, viola não apenas o aspecto material da hipótese de incidência da CFEM, mas também seu aspecto espacial.

2.4. O ASPECTO PESSOAL

No aspecto pessoal do antecedente normativo é indigitada, *in abstracto*, a pessoa que realiza fato jurígeno-tributário, cujos atributos e qualificações podem ser decisivos para a geração ou não dos efeitos cominados no correlato comando. Nessa sua faceta, a hipótese de incidência aponta aquele sujeito que protagoniza e, no mais das vezes, a quem aproveita o signo descrito em seu aspecto material – na CFEM, quem explora, extrai, retira, os recursos minerais do subsolo para fins de aproveitamento econômico –, sendo indiferente se a outrem incumbir recolher o tributo aos cofres do Estado.

Importante esclarecer que nem sempre ao protagonista do fato jurígeno será imputado o dever de recolher a exação. A pessoa, pois, que realiza o fato gerador não será necessariamente o sujeito passivo da respectiva obrigação pecuniária. Fato jurígeno e sujeição passiva são assuntos distintos, disciplinados em partes distintas da norma jurídica, que não podem ser confundidos. *Fato jurígeno* está adrede descrito no *antecedente*, cujo aspecto pessoal, objeto de análise nesse ponto, aponta que deve ser seu protagonista. *Sujeição passiva*, enquanto elemento de obrigação pecuniária, está prescrita no *comando normativo*, que será estudado mais adiante.

No aspecto pessoal do antecedente normativo podem ser erigidas qualificações pessoais, características restritivas do protagonista do fato jurígeno, imprescindíveis à sua configuração (ou com cia incompatíveis). Sua relevância exsurge com maior notoriedade nas hipóteses de exonerações subjetivas.[34]

---

33 Art. 2º da Lei 8.001/90, em seu §15, incluído pela Lei nº 13.540, de 2017, prevê que o "beneficiamento de bem mineral em estabelecimento de terceiros, para efeitos de incidência da CFEM, será tratado como consumo."

34 Em matéria tributária, destacam-se as imunidades subjetivas (servem como exemplo a imunidade federativa e a imunidade dos partidos políticos, das instituições de assistência social e educacional, sem fins lucrativos) e as isenções subjetivas (v.g, do IPI e do ICMS em benefício dos portadores de deficiências físicas, na aquisição de veículos novos adaptados às suas limitações).

No que tange à CFEM, ocorrerá a sua incidência quando a exploração de minérios, para fins econômicos, sejam protagonizados pelos *detentores de direitos minerários*, ou quem regularmente lhe faça as vezes, a exemplo de arrendatários e/ou concessionários.[35] Para nascer o dever de recolher a CFEM, a exploração há de ser, pois, regular. Se houver uma exploração irregular, seu protagonista não se sujeita à CFEM (até mesmo porque não poderia haver participação estatal no resultado da ilicitude), mas sim às sanções ou penalidades cominadas em lei que, por razão de coerência devem ser significativamente superiores aos valores que seriam devidos a título de CFEM.

3. O COMANDO NORMATIVO DA CFEM

No comando das normas instituidoras de obrigações pecuniárias se encontra a prescrição, *in abstracto*, de todos os seus elementos constitutivos, *essenciais e acessórios*. A bem da verdade, nesses casos, dentre os quais se enquadra a CFEM, a obrigação é o objeto dos preceitos contidos no comando normativo.

É, pois, no comando da norma instituidora da CFEM que se poderá identificar seus sujeitos ativo e passivo, os critérios para a quantificação do quantum debeatur, o prazo, o local e o modo de seu recolhimento.

Impende recordar que as normas jurídicas projetam-se do plexo normativo vigente, facultando, impondo ou vedando comportamentos (*normas primárias*), ou imputando sanções à inobservância de seus mandamentos (*normas secundárias ou sancionadoras*).[36] Imperioso perceber que os conceitos de norma jurídica e lei não se confundem. As *leis* consistem em formulações verbais escritas, editadas por ente competente e de forma válida, e constituem o Direito Objetivo. As *normas jurídicas* constituem prescrições exsurgentes das inúmeras formulações verbais expressas no Direito positivo (conjunto de leis), das quais se extraem a lógica e coerência sistemática do ordenamento jurídico.

Lei, portanto, é o texto escrito consistente na expressão linguística assentada pelo legislador. *Norma jurídica*, por sua vez, constitui um comando que consigna um dever, comissivo ou omissivo (*normas de*

---

[35] Pode pessoa distinta do titular dos direitos minerários explorar regularmente os respectivos recursos, desde que seja sua atuação antecedida de expressa anuência do Poder concedente, por intermédio do DNPM (CRFB/1988, art. 176, § 3ª).

[36] Tivemos a oportunidade de discorrer sobre a evolução dessa distinção na teoria kelseniana em *Direito tributário sancionador*. São Paulo: Quartier Latin, 2007, p. 42-3.

conduta cogente), uma faculdade *(normas permissivas, autorizadoras ou de conduta opcional),* uma atribuição-competência *(normas estruturais)* ou, ainda, um processo ou procedimento *(normas processuais),* resultante da integração das diversas leis em vigor, num determinado momento e num certo ordenamento jurídico.

No estudo das normas jurídicas, os juristas propõem sua condensação lógico-sistemática mediante sua descrição estruturada, no mais das vezes, em juízos hipotético e condicionais. Nascem, assim, as *proposições jurídicas,* que não prescrevem condutas, mas tão-somente procuram descrever e estruturar racionalmente as condutas prescritas numa norma jurídica.

De se perceber que o comando normativo da CFEM há de ser extraído do respectivo conjunto de leis vigentes no ordenamento pátrio em certo momento. Resume-se, pois, numa formulação racional e integrativa dos diversos atos normativos validamente editados para a disciplina de sua obrigação. Nele, reside, *in abstracto,* a prescrição de todos os *elementos essenciais* ou *constitutivos* da obrigação imputável à ocorrência do correlato fato jurígeno, a saber, os sujeitos da relação jurídica, ativo e passivo, seu objeto e seus elementos *acidentais* ou *operacionais,* tais como vencimento, local e forma de cobrança e pagamento.

A riqueza do conteúdo do comando normativo da CFEM recomenda, para o seu estudo teórico e sistemático sua subdivisão em diversos critérios, cada um deles responsável pelo estabelecimento dos elementos *essenciais* ou *acidentais* da obrigação tributária, dentre os quais destacam-se: o critério subjetivo, o critério quantitativo, e o critério operacional, este último fracionado nos aspectos temporal, espacial e operacional.

3.1. CRITÉRIO SUBJETIVO

O critério subjetivo do comando normativo identifica os sujeitos integrantes do pólo passivo e do pólo ativo da obrigação pecuniária. Nele define-se, respectivamente, quem deverá pagar e quem deverá promover a exação.

a. Sujeição ativa

Sujeito ativo é a pessoa indicada, no comando normativo, para ocupar o polo ativo de uma obrigação. É, pois, o titular do direito subjetivo de arrecadar a CFEM e, mercê da indisponibilidade dos créditos públicos, do dever de fiscalizar o seu escorreito recolhimento ao erário. Enquanto elemento essencial do dever jurídico que impõe a transferência compulsória de valores dos particulares para a burra estatal, trata-se de matéria jungida ao primado da legalidade, devendo ser disciplinada por lei *stricto sensu*, no sentido formal e material.

A respeito do tema, uma advertência se faz necessária, não se podem confundir os conceitos de competência e de capacidade arrecadatória. A competência é definida no texto constitucional, consiste na aptidão legislativa para instituir e regular a exigência da CFEM, mediante lei. A capacidade arrecadatória ou ativa, por sua vez, reduz-se tão-somente à aptidão administrativa para cobrar e fiscalizar o cumprimento da obrigação, tarefa essa delegável por lei.[37]

Evidente e forçosamente, antes de se buscar conhecer o titular da capacidade ativa para promover a exação, há de se identificar o ente político titular da competência para instituí-la, pois não é possível admitir o risco de se consultar a legislação de um ente federado incompetente. Nesse mister, *ab initio*, deve-se sempre identificar a competência na Constituição Federal[38] e, após, buscar nas leis de regência editadas pelo ente competente e, mais especificamente, no critério subjetivo do comando normativo, a quem deve ela ser recolhida.

Relevante perceber que nem sempre a pessoa política competente para instituir uma determinada prestação pecuniária será aquela competente para arrecadá-lo ou fiscalizar o seu recolhimento, porquanto, insista-se, essas atividades podem ser delegadas. Assim sendo, não se deve perquirir ou identificar o sujeito ativo da obrigação tributária no texto constitucional, mas sim nas leis que instituem ou disciplinam a exigência do respectivo tributo ou exação.

---

[37] Uma das mais relevantes distinções entre competência legislativa e capacidade ativa consiste na indelegabilidade da primeira e na delegabilidade da segunda. A *competência* é absolutamente *indelegável*. À pessoa política destinatária da norma constitucional que lhe outorga a competência legislativa cabe-lhe exercê-la, não podendo delegá-la a quem quer que seja (mesmo que seja outro ente federado). A *capacidade ativa*, d'outra margem, é *delegável*. A aptidão para promover a cobrança e fiscalização do recolhimento de receitas publicas pode ser delegada, por lei, a terceiro, a quem melhor aprouver ao legislador na definição de suas técnicas de arrecadação e/ou fiscalização. Vale somente excluir do rol dos possíveis delegatários da capacidade ativa as entidades com fins lucrativos, porquanto esses não se coadunam com o múnus público inerente à arrecadação de receitas públicas.

[38] No caso de tributos, eventualmente pode ser necessária a consulta à lei complementar, veículo normativo adequado para dirimir eventuais conflitos de competência tributária.

No caso específico da CFEM, cuja competência legislativa é exclusiva da União. E andou bem o legislador constituinte ao assim decidir. Ao centralizar a competência legislativa nas mãos do ente titular da riqueza extraída, evita o concurso de pretensões normativas pelos diversos entes federados em cujo território se realizar a atividade extrativa, podendo gerar insegurança na estruturação de investimentos, via de regra, de grande porte e de longo prazo.

A despeito da centralização da competência legislativa, a CRFB/1988, valorizando pacto federativo nela idealizado, assegurou a participação dos demais entes federados no produto da arrecadação, determinando que seja feito um rateio de suas receitas entre todos os entes federados direta ou indiretamente afetados pela atividade extrativista. A previsão vem prestigiar o federalismo brasileiro, demonstrando-se medida de grande importância na consecução do modelo de federalismo albergado já no artigo inaugural da *Lex Mater*.[39] Nesse sentido, confira-se o entendimento do Prof. Yves Gandra Martins, ao comentar a regra matriz constitucional da CFEM:[40]

> O artigo tem nítido objetivo desconcentrador. Pretende fortalecer a federação na medida em que a exploração de um bem que o constituinte outorgou à União, embora situado em Estados e Municípios, inclusive no Distrito Federal, representa uma perda de patrimônio destes a favor da entidade maior do Estado Federativo. Por essa razão, de forma mais explícita, o constituinte houve por bem centralizar a propriedade do bem e descentralizar o resultado de sua participação.

Nesse caminho, a Lei nº 7.990/89, em sua redação originária, disciplinou expressa e escorreitamente o tema,[41] delegando a sua arrecadação diretamente para as pessoas políticas e órgãos destinatários de suas receitas. Nesse rumo, são sujeitos ativos da CFEM:

---

39 Nesse sentido, considerando a relevância da participação assegurada pela CRFB/1988 (art. 20, §1º) para a implementação de um federalismo cooperativo e mais equilibrado, mormente ao se considerar a preocupante concentração de receitas nas mãos da União, ente mais distante das necessidades dos cidadãos, bem como a periclitante situação de penúria e dependência financeira de diversos Estados e Municípios, entendemos ser sua modificação ou alteração vedada, nos termos do art. 60, § 4º, I, do mesmo texto constitucional.

40 Cf. MARTINS, Yves Gandra da Silva. *Comentários à Constituição do Brasil, promulgada em 5 de outubro de 1988*. São Paulo: Saraiva, 1992, p. 96.

41 Lei nº 7.990/89, artigo 8º, com a redação determinada pela Lei nº 8.001/90.

- Os Estados e Distrito Federal, em relação à sua cota-parte;
- Os Municípios, atinentes aos seus respectivos quinhões; e
- Os órgãos da Administração Direta da União.

No modelo adotado, não há (e nem seria adequado haver) entre os diversos sujeitos ativos qualquer tipo de solidariedade no polo ativo, devendo cada qual promover os atos necessários à cobrança e fiscalização da parcela que lhe faz jus, podendo, contudo, ser formalizados convênios para colaboração recíproca.

Contudo, a Lei nº 13.540/17 introduziu o art. 2º-F ao texto da Lei nº 8.001/90[42], no qual centraliza na Agência Nacional de Mineração não apenas as atividades de regulamentação e fiscalização, mas também de arrecadação, cobrança e distribuição da CFEM. O dispositivo merece críticas. Mais uma vez percebe-se a preocupante concentração de poderes arrecadatórios nas mãos da União, minando a competência dos Estados, DF e Municípios que se sintam preparados para cuidarem, per si, de seus interesses. O modelo anterior, com a possibilidade de celebração de convênios, de acordo com o interesse e necessidade dos entes federados envolvidos, parecia respeitar mais certos níveis de autonomia que podem ser sadios para os desafios atualmente enfrentados pelo federalismo brasileiro.

b. Sujeição passiva

O sujeito passivo é a pessoa indicada para ocupar o polo passivo da obrigação pecuniária. Em outras palavras, é quem deve pagar a CFEM, mas, frise-se, não é, necessariamente, quem realiza o seu fato jurígeno (o minerador).

No que concerne ao pagamento da CFEM, estão obrigados[43] ao seu pagamento a pessoa jurídica ou física: (i) titular de direitos minerários que efetivamente exerça a atividade da mineração; (ii) primeira adquirente de bem mineral que tenha sido extraído sob o regime de permissão de lavra garimpeira; (iii) adquirente de bens minerais quando da arrematação em hasta pública; (iv) a que exerce a atividade de exploração de recursos minerais com base nos direitos do titular original, a título oneroso ou gratuito.

---

42 Art. 2º-F. Compete privativamente à União, por intermédio da entidade reguladora do setor de mineração, regular, **arrecadar**, fiscalizar, **cobrar** e **distribuir** a CFEM.

43 Lei 8.001/90, art. 2º-A, com nova redação dada pela Lei nº 13.540/2017.

Salienta-se a ampliação promovida pela Lei nº 13.540/2017 no referido aspecto, uma vez que, ante a inexistência de indicação legal de pessoa distinta no regime anterior, regra geral o sujeito passivo da CFEM era tão somente o titular dos direitos minerários. No que concerne aos casos de extração de minérios sob o regime de permissão de lavra garimpeira, já havia previsão de recolhimento atribuída ao primeiro adquirente.

Apesar de não ter sido reconhecida como um tributo, notáveis diversas similitudes entre diversos de seus dispositivos ao regime jurídico próprio dos tributos. Nesse particular, as previsões do art. 2º-A, da Lei nº 8.001/90,[44] muito se assemelham (se não, adotam) o modelo estabelecido no art. 121, do CTN, mediante a dicotomia na sujeição passiva entre contribuintes e responsáveis. Nesse exercício comparativo, é bastante intuitiva, *mutatis mutandi*, associação do minerador, titular dos direitos minerários que exerça atividade extrativa (inciso I), ou quem lhe faça as vezes (inciso IV) à figura do contribuinte (pessoal e diretamente vinculado ao fato gerador), e às pessoas descritas nas demais hipóteses (incisos II e III, c/c previsão dos §§ 2º e 3º, todos do mesmo artigo 2º-A) à figura do responsável tributário (que não realiza o fato gerador – atividade de extração das substancias minerais –, mas a ele vincula-se indiretamente).

---

[44] Art. 2º-A. Ficam obrigadas ao pagamento da CFEM as seguintes pessoas jurídicas ou físicas:

I - o titular de direitos minerários que exerça a atividade de mineração;

II - o primeiro adquirente de bem mineral extraído sob o regime de permissão de lavra garimpeira;

III - o adquirente de bens minerais arrematados em hasta pública; e

IV - a que exerça, a título oneroso ou gratuito, atividade de exploração de recursos minerais com base nos direitos do titular original.

§ 1º Os instrumentos contratuais de que trata o inciso IV do caput deste artigo deverão ser averbados no órgão ou na entidade reguladora do setor de mineração.

§ 2º Na hipótese de arrendamento, o arrendante de direito minerário responde subsidiariamente pela CFEM devida durante a vigência do contrato de arrendamento.

§ 3º Na cessão parcial ou total do direito minerário, o cessionário responde solidariamente com o cedente por eventual débito da CFEM relativo a período anterior à averbação da cessão.

§ 4º Os sujeitos passivos referidos no caput deste artigo serão cadastrados e manterão seus dados atualizados perante a entidade reguladora do setor de mineração, sob pena de multa, nos termos do regulamento.

3.2. CRITÉRIO QUANTITATIVO

No *critério quantitativo* do mandamento da norma instituidora de uma obrigação pecuniária, denota-se, com a necessária exatidão, a extensão econômica do objeto da prestação jurídica. Indicam-se, pois, os elementos necessários à apuração do *quantum debeatur* a título da exação que deverá ser recolhido pelo sujeito passivo em prol do(s) sujeito(s) ativo(s), usualmente definidos mediante o binômio base de cálculo e alíquota.

a. Base de cálculo

A base de cálculo consiste numa determinada dimensão econômica ou expressão monetária tomada como referência inicial para a apuração do valor da prestação pecuniária. Importante asseverar, com a merecida ênfase, não possuir o legislador ampla liberdade para definição da base de cálculo. Mercê da necessária lógica e coerência exigida pela cópula entre o *antecedente* e o *consequente* de uma norma, a dimensão economicamente apreciável do aspecto material da hipótese de incidência impõe-se como limite intransponível para a fixação da base imponível.

Nessa ordem de ideias, a base de cálculo, estipulada no critério quantitativo do comando normativo, não poderá ultrapassar a expressão monetária inerente à riqueza manifesta com a realização do fato gerador. De se ver a existência de uma necessária correlação lógica indissociável entre as duas partes integrantes da norma instituidora de obrigações pecuniárias sobre pressupostos lícitos, hipótese de incidência e comando, não podendo a base de cálculo fixada no consequente superar a expressão monetária imanente ao aspecto material do fato jurígeno descrito no *antecedente*, sob pena de distorção da lógica e maior propensão a abusos e inconstitucionalidades, mediante a extrapolação da competência legislativa outorgada.

Com a mesma convicção que se afirma estar a base de cálculo fixada no comando normativo, pode-se asseverar que seu limite máximo inicial de referência é explicitado, intrinsecamente, com a ocorrência do pressuposto fático da obrigação. O fato jurígeno, pois, consigna, em sua extensão quântica, as balizas da base de cálculo da obrigação pecuniária dele decorrente.

Insista-se que o legislador não possui ampla liberdade para estabelecer como base de cálculo de uma exação a grandeza que bem lhe aprouver, porquanto neste particular sua criatividade deve respeitar um necessário nexo de coerência entre a hipótese de incidência e o comando normativo. Com efeito, no núcleo da hipótese de incidência exsurge um referencial de base imponível, não livremente manipulável pelo legislador, senão mediante reduções decorrentes da política eventualmente adotada. Sua majoração não se revela juridicamente viável, a menos que haja prévia ou, ao menos, concomitante mudança válida do próprio fato delineado no antecedente normativo, o que, no mais das vezes, demandaria uma ampliação da competência legislativa constitucionalmente outorgada.

Indelével a conclusão de não poder a dimensão econômica do fato jurígeno ser desprezada quando da prescrição dos elementos necessários à apuração do *quantum debeatur* da obrigação pecuniária dele decorrente, mas, ao contrário, sua perspectiva dimensível deve servir de parâmetro inicial e limite máximo à determinação da *base de cálculo*. Deve a base de cálculo, estipulada no comando normativo, guardar relação de fidelidade e pertinência para com a materialidade manifesta com a realização do fato jurígeno lícito que lhe é pressuposto.

Nessa ordem de ideias, a lei de instituição da CFEM deve guardar a necessária coerência lógica entre a sua base de cálculo e o fato gerador (descrito *in abstracto* na hipótese de incidência) que lhe é pressuposto. Tomando como pressuposto fático da exação o exercício efetivo de atividade de exploração de recursos minerais, assim considerada a "retirada de substâncias minerais da jazida, mina, salina ou outro depósito mineral para fins de aproveitamento econômico",[45] a sua base de cálculo deve refletir os custos de extração de tais recursos do subsolo.

Neste particular, pecou gravemente a Lei nº 13.540 ao pretender fazer a CFEM incidir sobre a receita bruta da venda dos produtos minerários após haver sofrido agregação de valores decorrente de operações de industrialização, em especial o beneficiamento. Ora, o bem da União a ser compensado, ou sobre o qual deve ela (e os demais entes federados) ter participação, não é o minério industrializado (ainda que por mero beneficiamento, antes da etapa de transformação), mas sim o recurso minerário tal qual encontrado e extraído da natureza.

Assim, com as alterações promovidas em 2017, restaram ainda mais agravadas as distorções então existentes, quando era prevista como base de cálculo o faturamento líquido das vendas "do produto mineral das áreas da jazida, mina, salina ou de outros depósitos minerais de onde provêm... sempre após a última etapa de beneficiamento adotado

---

45 Decreto nº 1, de 11 de janeiro de 1991, art. 14, I.

a antes de sua transformação industrial"[46], entendendo-se por faturamento líquido o "total das receitas de vendas excluídos os tributos incidentes sobre a comercialização do produto mineral, as despesas de transporte e as de seguro".[47]

Ora, sob o pretexto de pretender superar os altos níveis de litigiosidade em torno dos valores a serem pagos a título de CFEM,[48] a Lei nº 13.540/17, resultante da conversão da MP nº 789, agravou os vícios de indevido alargamento da hipótese de incidência e da base de cálculo da exação.

Um mérito, contudo, há de se reconhecer à mencionada lei. Põe em maior evidência o abuso de se pretender exigir receitas originárias patrimoniais sobre valores que não integram o patrimônio da União, quais sejam, todos os valores agregados à substância mineral após sua extração do subsolo.

É preciso entender que não se está aqui a dizer que a União não pode exigir a transferência compulsória de valores dos particulares com base nos valores adicionados a substâncias minerais após sua retirada do subsolo, seja pelo beneficiamento ou qualquer outra operação, processo ou procedimento de industrialização. Ela pode sim fazê-lo, o faz, mediante a cobrança de **TRIBUTO** (mais precisamente, do IPI). O que não pode, a União fazer (tampouco qualquer outro ente tributante) é pretender cobrar **receitas originárias patrimoniais** sobre agregação de valor (geração de riqueza) pelos particulares após a extração. Por certo, os valores adicionados pelos particulares não pertencem à União, e não devem, à toda evidência, ser objeto de compensação ou participação. A esta pertenciam tão somente os recursos minerários, entenda-se, as substâncias minerais tais quais encontradas na natureza e extraídas do subsolo. Seu valor, portanto, prévio e destituído de qualquer adição de valor posterior pelos particulares, é que devem se sujeitar ao pagamento da CEFEM.

A agregação de valores adicionados pelos particulares, repise-se, podem ser alvo da **TRIBUTAÇÃO**, com a observância de todos os limites que lhe são impostos pela *Lex Mater*, mas não de *indenização, compensação* ou *participação* que se busca justamente implementar mediante a exigência da CFEM. Não se pode, pois, admitir a exigência de re-

---

46 Decreto nº 1, de 11 de janeiro de 1991, art. 15.

47 Decreto nº 1, de 11 de janeiro de 1991, art. 14, II.

48 A propósito, vide a Exposição de Motivos com os quais foi endereçada a MP nº 789 ao Congresso Nacional.

ceita originária patrimonial sobre riquezas excedentes, sobrepostas, adicionadas ao bem público, em fases posteriores à sua extração. Tais riquezas (excedentes, adicionadas, agregadas aos recursos extraídos do subsolo, e posteriores à sua retirada) podem sim, repita-se, ser atingidas (e o são) por TRIBUTOS (**receitas derivadas**, que defluem do exercício do *ius tributandi*, e não do patrimônio da União) mas não podem legitimar ou serviem de causa de **receitas originárias**.

Importa perceber que, na opção levada a cabo pelo legislador federal, que adotou a participação nos resultados da exploração de recursos minerais de propriedade da União, em detrimento do modelo de compensação,[49] a CFFEM deve incidir e atingir o resultado de tal exploração, da qual redunda a "retirada de substâncias minerais da jazida, mina, salina ou outro depósito mineral para fins de aproveitamento econômico".[50]

Frise-se, mais uma vez, que a incidência da CFEM deve ser dar sobre a exploração (retirada) dos recursos minerários para fins de aproveitamento econômico. O núcleo do aspecto material da hipótese de incidência reside e restringe-se no verbo **explorar**, que não se confunde, tampouco abrange, a ação de **aproveitar** os recursos extraídos economicamente. A **exploração** (atividade extrativa) enseja, pois, a cobrança de *receitas originárias patrimoniais*, enquanto o **aproveitamento econômico** que lhe sucede pode legitimar (e legitima, enquanto signo presuntivo de riqueza) a exigência de *tributos* regularmente instituídos, a exemplo do IPI.

Assim, por força das inafastáveis lógica e fundamento que devem legitimar, inspirar e restringir as *receitas originárias patrimoniais*, a base imponível da exação é a substância extraída de propriedade da União, tal qual encontrada no subsolo, cuja extração resulta da atividade de exploração (entenda-se "retirada") que lhe é pressuposta. Nesse sentido, a base de cálculo deve ser o valor do recurso mineral extraído, devendo-se, caso adotado como referência inicial para apuração do *quantum debeatur* o faturamento ou receita do minerador, ser permitida a dedução, além dos tributos incidentes sobre a venda,[51] de todos os valores agregados pelo particular em atos posteriores à extração propriamente dita.

Ao pretender fazer incidir a CFEM sobre a receita bruta da atividade de mineração, que englobam eventuais riquezas adicionadas pelos particulares, a Lei nº 13.540/17, em flagrante despautério, busca ensejar

---

[49] A propósito, vide decisão do STF proferida no RE 228.800-5, Rel. Min. SEPÚLVEDA PERTENCE, j. 25/09/2.001.

[50] Decreto nº 1, de 11 de janeiro de 1991, art. 14, I.

[51] Tributos incidentes, frise-se, e não apenas os tributos pagos ou devidos.

participação sobre parcelas que não são, e nunca foram, da União. Em tal descaminho, as alterações promovidas pela mencionada lei agravaram ainda mais os vícios da legislação que lhe antecedeu, que reconhecia, ao menos, o direito à dedução das despesas com frete e seguro.[52]

Os *recursos minerários*, esses sim, de propriedade da União, tal qual encontrados e extraídos do subsolo, que atraem a incidência da CFEM, não se confundem com o *produto minerário*, dele resultante após beneficiamento ou demais operações industrialização. Recursos minerários, sobre o qual há de incidir a CFEM, nada mais é do que o principal insumo (matéria-prima) do produto minerário, mas com ele não se confunde. Não merece, pois, prosperar a exigência da CFEM sobre quaisquer valores que excedam os recursos minerais, tais quais retirados do subsolo, sob pena da União "apropriar-se", tomar como seu, para fins de arrecadação de receitas originárias em excesso, todos os valores adicionados pelos particulares em sucessivos atos posteriores à extração. Tais acréscimos de valor, realizados pelos particulares, podem ser atingidos pela tributação, mas jamais podem dar ensejo à cobrança da CFEM, sob pena de sua total desnaturação e desqualificação como receita patrimonial, o que inexoravelmente acarretaria sua sujeição ao regime jurídico próprio dos tributos.

b. Alíquotas

Consistente em coeficiente percentual a ser multiplicado pela base de cálculo para a apuração do valor da prestação pecuniária, as alíquotas da CFEM foram estabelecidas de acordo com a substância mineral.

Estatuído o limite de 4% (quatro por cento)[53], são as seguintes alíquotas da CFEM:

---

[52] Lei 8/001/90. Art. 2º Para efeito do cálculo de compensação financeira de que trata o art. 6º da Lei nº 7.990, de 28 de dezembro de 1989, entende-se por faturamento líquido o total das receitas de vendas, excluídos os tributos incidentes sobre a comercialização do produto mineral, as despesas de transporte e as de seguros (Revogado).

[53] Originariamente, a Lei nº 7.990/89, em seu artigo 6º, fixou a participação estatal, de forma indistinta, em 3% (três por cento). Pouco depois, a Lei nº 8.001/90, no parágrafo 1º de seu artigo 2º, discriminou as seguintes alíquotas aplicáveis em função dos diferentes gêneros de substâncias minerais. A fim de recolhimento de "alumínio, manganês, sal-gema e potássio - 3%; ferro, fertilizante, carvão e demais substâncias minerais, exceto ouro – 2%; pedras preciosas, pedras coradas lapidáveis, carbonados e metais nobres e demais hipóteses de extração de ouro – 0,2%; ouro, quando extraído por empresas mineradoras – 1%".

Substância Mineral	Alíquota
Rochas, areias, cascalhos, saibros e demais substâncias minerais quando destinadas ao uso imediato na construção civil; rochas ornamentais; águas minerais e termais	1% (um por cento)
Ouro	1,5% (um inteiro e cinco décimos por cento)
Diamante e demais substâncias minerais	2% (dois por cento)
Bauxita, manganês, nióbio e sal-gema	3% (três por cento)
Ferro, observadas as letras *b* e *c* deste Anexo	3,5% (três inteiros e cinco décimos por cento)

De se ver que a Lei nº 13.540/17 promoveu, ou viabilizou, o aumento de alíquotas da dita compensação. Sem adentrar no mérito de serem tais alíquotas mais ou menos adequada para cada uma de suas variações, o eventual aumento decorrente da variação de alíquota se faz de forma clara, transparente e, por assim dizer, "honesta" e condizente com a confiança que se espera reger todas as relações entre Estado e administrados. Diferentemente, majorações por vias transversas, decorrentes de ampliações artificiosas e inconstitucionais da base de cálculo da exação, buscando fazer a CFEM alcançar novas riquezas, adicionadas pelos particulares, não se revela, *venia rogata*, compatíveis com a moralidade e com os (demais) limites constitucionais que se podem claramente extrair de seu arcabouço constitucional.

3.3. CRITÉRIO OPERACIONAL

No critério operacional do comando normativo são estabelecidos os chamados elementos acidentais ou acessórios da obrigação pecuniária, tais como o seu vencimento, local e forma de pagamento. Subdivide-se, pois, em três partes, quais sejam, o critério temporal, o espacial e o modal.

a. Critério temporal

No critério temporal do comando normativo é fixada a data do recolhimento da prestação pecuniária, definindo-se o momento a partir do qual ela se torna exigível, e caso não adimplida, sujeita aos consectários de mora.

Deverá a CFEM ser recolhida "até o último dia útil do segundo mês subsequente ao do fato gerador".

O inadimplemento, total ou parcial, do pagamento da CFEM no prazo devido ou em desacordo com a lei, implicará em incidência de atualização monetária sobre o valor não relhido, juros e multa calculados na forma estabelecida no art. 61 da Lei n° 9.430/2017, qual seja o acréscimo de multa de mora, calculada à taxa de 0,33% (trinta e três centésimos por cento), por dia de atraso, limitado ao percentual de 20% (vinte por cento).[54]

b. Critério espacial

O critério espacial do comando normativo determina o local do cumprimento da obrigação. Tratando-se de prestação pecuniária, tornou-se pouco relevante após a informatização do sistema bancário, podendo ser recolhido até mesmo via *internet*, perante a rede bancária conveniada.

c. Critério modal

No critério modal do comando normativo é disciplinado o *modus operandi* do cumprimento da prestação pecuniária, instituindo-se, não raro, obrigações acessórias em prol das atividades de arrecadação e fiscalização de seu escorreito recolhimento. Nesse rumo, o artigo 16 do Decreto n° 01/91 estabeleceu que a CFEM será *"lançada (sic) mensalmente pelo devedor"*, em documento específico que contenha a descrição da operação, a identificação do produto e das parcelas deduzidas na apuração de sua base de cálculo.

Algumas novidades, dignas de destaque, são:

a. Dever de averbar perante a ANM os instrumentos contratuais firmados entre o titular dos direitos minerários e terceiros, que permitam a estes realizar atividades de exploração cuja regularidade sejam deles (dos direitos minerários) dependentes;[55]

b. Dever de manter, perante ANM, cadastro atualizado de todos os possíveis sujeitos passivos da CFEM;[56]

c. No caso de apresentação de informações contraditórias, a adoção pela fiscalização daquelas mais favoráveis aos interesses arrecadatórios.[57] Tal possibilidade somente se revela sustentável caso a presunção nela subjacente seja relativa, devendo ceder espaço à

---

54 Vide art. 2°-B da Lei 8.001/90, incluído pela Lei n° 13.540/2017. No regime anterior, aplicava-se multa de 10% (dez por cento) e juros de mora, a partir do mês seguinte ao do vencimento, à base de 1% (um por cento) ao mês ou fração de mês.

55 Artigo 2°-A, § 1°, da Lei n° 8.001/90, com redação determinada pela Lei n° 13.540/17.

56 Artigo 2°-A, § 4°, da Lei n° 8.001/90, com redação determinada pela Lei n° 13.540/17.

57 Artigo 2°-D, *caput*, da Lei n° 8.001/90, com redação determinada pela Lei n° 13.540/17.

real verdade dos fatos que vier a ser comprovada, administrativa ou judicialmente;
d. Possibilidade de arbitramento pela fiscalização, nos casos ausência ou insuficiência das informações necessárias, do valor a ser pago a título de CFEM, com requisitos bastante similares aos previstos no art. 148 do CTN, que o condicionam à rigorosa observância do contraditório e da ampla defesa.[58]

Ponto que acende maior controvérsia é a questionável ampliação, em 100%(!), do então já dilatado prazo decadencial para a cobrança da CFEM[59].

Desde logo, denuncie-se sua patente inconstitucionalidade, porquanto contraria abertamente ao princípio da eficiência administrativa, consistindo em intolerável e excessiva leniência do legislador com a ineficiência da administração pública na cobrança de suas receitas. Tal iniciativa encontra-se na contramão da história, na medida em que o diversos recursos tecnológicos postos à disposição dos gestores (privados e públicos) permitem automação de processos, tornando-os mais céleres, lépidos, simples e baratos... paradoxalmente ao princípio da praticidade, que traduz os reclamos do princípio da eficiência da administração pública no desempenho das funções arrecadatórias, a

---

[58] Artigo 2º-D, § único, da Lei nº 8.001/90, com redação determinada pela Lei nº 13.540/17.

[59] A Lei nº 13.540/17 pretendeu inserir o art. 2º-E no texto da Lei nº 8.001/90, que assim dispõe: "Os prazos decadencial e prescricional estabelecidos no art. 47 da Lei nº 9.636, de 15 de maio de 1998, aplicam-se aos créditos da CFEM."

A Lei n. 9.636/98, por sua vez, prevê, no mencionado dispositivo:

"Art. 47. O crédito originado de receita patrimonial será submetido aos seguintes prazos:

I - Decadencial de dez anos para sua constituição, mediante lançamento;

II - Prescricional de cinco anos para sua exigência, contados do lançamento.

§ 1º O prazo de decadência de que trata o caput conta-se do instante em que o respectivo crédito poderia ser constituído, a partir do conhecimento por iniciativa da União ou por solicitação do interessado das circunstâncias e fatos que caracterizam a hipótese de incidência da receita patrimonial, ficando limitada a cinco anos a cobrança de créditos relativos a período anterior ao conhecimento.

§ 2º Os débitos cujos créditos foram alcançados pela prescrição serão considerados apenas para o efeito da caracterização da ocorrência de caducidade de que trata o parágrafo único do art. 101 do Decreto-Lei no 9.760, de 1946, com a redação dada pelo art. 32 desta Lei."

modificação não tende a tornar as atividades de fiscalização e cobrança da CFEM mais ágeis, mas, ao contrário, hospeda a ineficiência, acomodando-a em inadmissível zona de conforto.

A rigor, tal dispositivo também se mostra contrário aos trechos da própria Exposição de Motivos da MP nº 789/17, posteriormente convertida na Lei nº 13.540/17, que, ao justificar as mudanças introduzidas, apresenta como pretexto a superação de defeitos da CFEM que "embaraçam sua boa execução prática e regular gestão", a fim de "permitir a gestão pública mais eficiente da CFEM, diminuindo os "altos custos administrativos para a União, além da demora na arrecadação". Ironicamente, as alterações promovidas justificaram-se sob o pretexto de poderem acarretar "acentuada melhoria da eficiência do processo arrecadatório da CFEM".

Ora, se as mudanças propostas realmente tendem a proporcionar *"acentuada melhoria da eficiência do processo arrecadatório"*, não seria necessário, tampouco coerente, ampliar-se o já então generoso prazo para a cobrança da CFEM. Se as modificações pretendidas genuinamente voltam-se a superar os alegados "atos custos administrativos para a União, além da demora na arrecadação", o prazo decadencial (e também o prescricional) deveria ser reduzido, e não aumentado. Evidente que, quanto maior o prazo dos procedimentos de cobrança, maiores tendem a ser os seus custos e, portanto, menor a sua eficiência.

A bem da verdade, insista-se, a ampliação exponencial do prazo decadencial para a cobrança da CFEM, que permite à "eficiente" União se delongar por uma década (ou mais, como sói ocorrer nos casos de impugnação, *e. g.*) para realizar os (quase todos) autômatos procedimentos prévios à judicialização, não vem atender aos reclamos do princípio da eficiência, mas sim amparar injustificável e inconstitucional desídia e negligência na persecução dos créditos públicos, albergando, em zona de conforto, inconcebível lentidão no impulso do interesse público.

A inconstitucionalidade da conivência com a lentidão e ineficiência refulgiria, de forma clamorosa, ao se admitir que a ampliação em 100% do então já longo prazo decadencial (recorde-se, que se soma ao prescricional em desfavor dos sujeitos passivos e da eficiência administrativa) teria atendido os requisitos de urgência e relevância que devem inspirar e restringir a edição de medidas provisórias. Ora, com todo o respeito, à Sua Excelência Sr. Presidente da República, então no exercício das elevadas funções de Chefe do Poder Executivo da União, urgente deveria ser a adoção dos recursos tecnológicos, humanos e gerenciais disponíveis para tornar os procedimentos de cobrança mais céleres, baratos e eficientes, e não acobertar a vagareza e desídia em seu impulso.

Não menores e menos contundentes críticas merecem o *dies a quo* atualmente previsto para o computo do prazo decadencial. Esse termo inicial, se levado ao extremo, poderia, *reductio ad absurdum*, sob a singela alegação de ignorância, albergar a cobrança de obrigações sem prazo efetivo de extinção pelo decurso do tempo.

A ampliação dos prazos decadencial e prescricional militam, pois, em sentido diametralmente oposto às ideais de eficiência administrativa, de economicidade, de pacificação social e de redução de litigiosidade. Porquanto contrário ao princípio da eficiência administrativa, lapidarmente esculpido no art. 37, *caput*, da *Lex Mater*, e, por não atender aos requisitos de urgência e relevância do art. 62 da CR/88, entende-se que o art. 2º-E, que se pretendeu introjetar no texto de Lei nº 8.001/90, padece da insanável pecha de inconstitucionalidade, material e formal.

REFERÊNCIAS BIBLIOGRÁFICAS

ATALIBA, Geraldo. *Hipótese de incidência tributária*. 4ª ed. São Paulo: RT, 1991.

———. *Hipótese de incidência tributária*. 6ª ed. 4º t. São Paulo: Malheiros, 2003.

CARVALHO, Paulo de Barros. *Teoria da norma tributária*. São Paulo. Max Limonad, 2003.

COELHO, Sacha Calmon Navarro. *Teoria do tributo, da interpretação e da exoneração tributária: o significado do art. 116, parágrafo único, do CTN*. 3ª ed. São Paulo: Dialética, 2003.

———. Periodicidade do Imposto de Renda II. Mesa de Debates. In: *Revista de Direito Tributário*, nº 63. São Paulo: Ed. Malheiros, 1993.

JÚNIOR, Paulo Honório de Castro; SILVA, Tiago de Mattos. *CFEM: Compensação financeira pela exploração de recursos minerais*. Belo Horizonte: D' Plácido, 2018.

MÁYNEZ, Eduardo García. *Introducción al estúdio del derecho*. México, 1971.

SCAFF, Fernando Facury. *Royalties do petróleo, minério e energia. Aspectos constitucionais, financeiros e tributários*. São Paulo: Revista dos Tribunais, 2014.

SILVA, Paulo Roberto Coimbra. *Compensação Financeira pela Exploração de Recursos Minerais: Natureza Jurídica e questões correlatas*. São Paulo: Quartier Latin, 2010.

———. *Direito tributário sancionador*. São Paulo: Quartier Latin, 2007

VILLEGAS, Hector. *Curso de finanzas, derecho financeiro y tributário*. 7ª ed. Buenos Aires: Depalma, 1999.

NORMAS ANTIELUSIVAS INTERNAS E TRATADOS INTERNACIONAIS TRIBUTÁRIOS: REANÁLISE DE PROBLEMA DE PESQUISA NA ERA PÓS BEPS

PAULO ANTÔNIO MACHADO DA SILVA FILHO[1]

SUMÁRIO: 1. Introdução; 2. Relembrando o problema de pesquisa; 3. Principais considerações levantadas; 3.1. Elisão, Elusão, Evasão – Normas internas e internacionais e Normas gerais e específicas; 3.2. Tratados Internacionais Tributários e o artigo 98 do Código Tributário Nacional; 3.3. O Conflito Aparente; 4. Contextualização do momento atual – era pós BEPS; 5. Conclusões

1. INTRODUÇÃO

Durante o biênio de 2013-2014, ao realizar o mestrado em direito empresarial, tendo como referência o projeto "A Preservação da Empresa e o Poder de Tributar", vinculada à linha de pesquisa "A empresa na contemporaneidade", tive a honra de ser orientado pelo homenageado Professor Sacha Calmon Navarro Coêlho. A dissertação de mestrado recebeu o título "Conflito aparente entre normas domésticas antielisivas e normas de tratados internacionais tributários para afastar a dupla tributação da renda das pessoas jurídicas"[2] e, posteriormente,

---

[1] Doutor em Direito Público pela PUC/MG, Mestre em Direito pela Faculdade de Direito Milton Campos, Mestre em Tributação Internacional pela Faculdade de Direito da Universidade de Sydney, Austrália. Advogado e Bacharel em Ciências Contábeis, Professor de Direito Tributário e Financeiro, da PUC Minas Virtual e da Escola de Contas Professor Pedro Aleixo do Tribunal de Contas do Estado de Minas Gerais.

[2] MACHADO DA SILVA FILHO, Paulo Antônio. Do conflito aparente entre normas antielisivas e normas de tratados internacionais para evitar a dupla tributação da renda de pessoas jurídicas. 2014. 213f. Dissertação (Mestrado em Direito Empresarial) – Faculdade de Direito Milton Campos, Nova Lima.

publicou-se com o título "Normas antielisivas versus tratados internacionais tributários"[34], já no ano de 2017.

O presente artigo científico corresponde a uma singela colaboração a essa merecidíssima homenagem ao Professor Sacha Calmon Navarro Coêlho, orientador dos ilustres autores, dos quais tive o privilégio de ser aluno de alguns. Homenagem a qual agradeço ao convite dos organizadores para integrar. A ideia do artigo é apresentar uma visão da escola mineira, especificamente com relação à dissertação aprovada, por meio de uma visão atualizada do tema então analisado.

Neste sentido, buscou-se traçar as principais considerações feitas ao longo da pesquisa de mestrado, sob um enfoque atualizado no contexto atual, conhecido no Direito Tributário Internacional como Era Pós-BEPS.

Divide-se o artigo, então, em quatro partes. Em um primeiro tópico será apresentado o problema de pesquisa estudado durante a elaboração da dissertação de mestrado. Será, ainda, apresentada a justificativa da pesquisa e a metodologia traçada para responder à questão problema.

O segundo tópico apresentará as principais considerações alcançadas ao longo da pesquisa dissertativa, bem como as colaborações da escola mineira na pesquisa realizada, com destaque para a doutrina do Professor Sacha Calmon Navarro Coêlho, principalmente no tocante aos tratados internacionais tributários. Este segundo tópico foi dividido em três partes, buscando, assim, facilitar o desenvolvimento das ideias.

Já o terceiro tópico apresentará as principais conclusões alcançadas com a pesquisa de mestrado.

Feitas estas ponderações a respeito da dissertação de mestrado, passa-se a visão atualizada da questões. No caso presente, será analisado o problema de pesquisa sob o enfoque da "Era Pós-BEPS". Em seguida, chega-se ao tópico conclusivo do artigo.

---

3 MACHADO DA SILVA FILHO, Paulo Antônio. Normas antielisivas versus tratados internacionais tributários. Belo Horizonte: D'Plácido, 2017.

4 No presente artigo utiliza-se os termos elisão, elusão e evasão fiscal. A elisão fiscal no sentido de uma situação que contempla o planejamento tributário legítimo; a elusão fiscal para as situações que contemplam o planejamento tributário abusivo, que contenham algum elemento de artificialidade; e a evasão fiscal para as situações em que os atos praticados para não pagar o tributo correspondem a atos ilícitos.

Antes de relembrar o problema de pesquisa, no tópico seguinte, oportuno é uma rápida consideração a respeito da nomenclatura a ser utilizada ao longo do artigo. Assim, no presente artigo utilizam-se os termos elisão, elusão e evasão fiscal. A elisão no sentido de uma situação que contempla o chamado planejamento tributário legítimo, ou economia lícita de tributos; a evasão para as situações apontadas como ilegais, em que os atos praticados para reduzir a carga tributária correspondem a atos ilícitos; e, a elusão para as situações que correspondam ao planejamento tributário abusivo, possuindo, em suas características, o elemento da artificialidade.

Outra nomenclatura utilizada no presente artigo é "tratado internacional tributário" que será sempre utilizado para se referir aos tratados bilaterais para se evitar a dupla tributação da renda.

2. RELEMBRANDO O PROBLEMA DE PESQUISA

O tema tratado ao longo da dissertação foi o conflito aparente entre normas antielusivas internas e normas de tratados internacionais para se evitar a dupla tributação da renda. Investigou-se nessa pesquisa se uma norma antielusiva interna poderia ser aplicada a uma situação abrangida por normas de tratados internacionais tributários, sem que houvesse algum tipo de descumprimento ao pactuado entre os Estados signatários. Ademais, o uso da norma antielusiva interna se justificaria para impedir o abuso das normas de tratados internacionais tributários, interpretando-os com espeque no princípio da boa-fé.

Via de exemplo, pode-se imaginar uma situação em que se aplicaria, em um primeiro momento, uma norma do tratado internacional tributário afastando a competência tributária de determinado Estado, e afirmando a competência tributária do outro Estado. Ainda no exemplo, o Estado que teria a competência tributária afastada corresponderia ao Estado da fonte, e o outro seria o Estado da residência. Logo, se o Estado da fonte possuísse uma norma antielusiva interna que desconsiderasse as operações e os esquemas entendidos como artificiais, haveria uma imposição tributária por parte desse Estado, em detrimento do comando normativo do tratado internacional tributário que, em um primeiro momento, afastaria sua competência tributária (do Estado da Fonte) para aquela situação.

Na época da elaboração da dissertação de mestrado, ao dispor sobre as convenções internacionais para se evitar a dupla tributação da renda, teve-se o cuidado de apresentar a problemática estudada da seguinte maneira:

O Brasil, apesar de não ser membro dessa organização [OCDE], assina tratados internacionais tributários com diversos países, membros e não membros, tendo como base a referida Convenção Modelo. Um de seus objetivos primordiais é disciplinar a descarga tributária em operações internacionais, buscando estimular a circulação de riquezas e a neutralidade fiscal nas transações internacionais de capital e renda. Ocorre que, um problema comum ao sistema tributário de qualquer Estado Soberano toma proporções internacionais: a prática de esquemas e manobras para evitar a incidência tributária ou para mitigar a carga tributária. Concomitantemente, torna-se crescente a preocupação por parte das autoridades tributárias em conter planejamentos tributários vistos como agressivos e, portanto, abusivos, acarretando a elaboração de normas antielisivas, tanto no ordenamento interno quanto no internacional, que serve de solução para o combate aos esquemas e manobras artificiais praticados em busca de uma economia fiscal.[5]

Entendeu-se, então, que para responder a essa questão seria imprescindível analisar como o ordenamento jurídico brasileiro recebe os tratados internacionais tributários; o que seriam as normas antielusivas internas; e, se tais normas devem ser aplicadas em situações abrangidas pelos tratados tributários.

A pesquisa realizada desenvolveu-se com base em uma análise teórica documental, especialmente doutrinária e jurisprudencial. A pesquisa foi exploratória com relação aos seus objetivos, procurando apresentar informações sobre os pontos pesquisados até que fosse possível elaborar uma resposta ao problema estudado.

3. PRINCIPAIS CONSIDERAÇÕES LEVANTADAS

Para analisar a existência ou não de um conflito entre as normas antielusivas internas e as normas de tratados internacionais tributários, discorreu-se primeiramente sobre cada uma das variáveis do problema. Assim, importantes considerações foram feitas sobre as normas antielusivas e sobre os tratados internacionais tributários, para posteriormente averiguar o aparente conflito dessas espécies normativas.

Sobre as normas antielusivas internas, apresentou-se a distinção com a evasão fiscal; entre normas gerais e normas específicas antielusivas; e, entre normas internas e internacionais. Já com relação aos tratados internacionais tributários, analisou-se a soberania tributária, a ques-

---

[5] MACHADO DA SILVA FILHO, Paulo Antônio. Do conflito aparente entre normas antielisivas e normas de tratados internacionais para evitar a dupla tributação da renda de pessoas jurídicas. 2014. 213f. *Dissertação* (Mestrado em Direito Empresarial) – Faculdade de Direito Milton Campos, Nova Lima, p. 13.

tão da incorporação no ordenamento interno (se por transformação ou adoção), a questão do monismo versus dualismo; o artigo 98 do Código Tributário Nacional; e a posição do judiciário brasileiro.

3.1. ELISÃO, ELUSÃO, EVASÃO – NORMAS INTERNAS E INTERNACIONAIS E NORMAS GERAIS E ESPECÍFICAS

Como dito alhures, no presente artigo científico passou-se a utilizar o termo elusão tributária (ao invés de elisão abusiva) para conceituar àquelas situações onde o contribuinte não teria praticado atos ilícitos para alcançar uma economia fiscal, mas o resultado a que se chega, por meio do planejamento tributário realizado, é considerado artificial, e, portanto, passível de desconsideração por parte da Administração Tributária.

Logo, se de um lado temos a elisão tributária como o planejamento tributário legítimo, e, na outra ponta, encontramos a evasão fiscal, correspondente a prática de atos ilícitos para se alcançar a economia fiscal, ao meio passamos a ter a figura da elusão tributária.

André Mendes Moreira[6], em artigo intitulado "Elisão e Evasão Fiscal – Limites ao Planejamento Tributário", destaca a utilização dessa "nova figura classificatória", afirmando, em seguida, que "[d]ivergências conceituais à parte, existe certo consenso no sentido de que elisão fiscal corresponde à economia lícita de tributos, e evasão fiscal à sonegação ou simulação (que pode ser absoluta ou relativa, está última denominada dissimulação".

Também fazendo uma análise sobre o tema planejamento tributário, Marciano Seabra de Godoi[7] leciona, em seu "Estudo comparativo sobre o combate ao planejamento tributário abusivo na Espanha e no Brasil", que "a imposição de limites a planejamentos tributários ditos sofisticados é tarefa necessária em qualquer Estado Democrático de Direito que pretenda aplicar com justiça o seu sistema tributário". Assim, como limites, destaca as situações que envolveriam a evasão fiscal (tratada também como sonegação fiscal, e correspondente à prática de atos ilícitos) e a elusão fiscal, apontada por esse autor como uma forma

---

6 MOREIRA, André Mendes. Elisão e Evasão Fiscal – Limites ao Planejamento Tributário. *Revista da Associação Brasileira de Direito Tributário*, Vol. 21, Belo Horizonte, mar. – abr. 2003, p. 11-17.

7 GODOI, Marciano Seabra de. Estudo comparativo sobre o combate ao planejamento tributário abusivo na Espanha e no Brasil – Sugestão de alterações legislativas no ordenamento brasileiro. Brasília: Revista Informação Legislativa Senado Federal. ano 49, n. 194 (abril/junho) 2012. p. 119-120.

de transcrever os planejamentos tributários "ilegítimos ou abusivos", sendo que dentro do limite tolerável pelo sistema tributário estaríamos diante da elisão tributária[8].

Marciano Seabra de Godoi[9] ainda afirma que "no Brasil, a maioria dos tributaristas atuais ainda recusa a admitir a existência de um terceiro campo distinto da elisão e da evasão tributária", se referindo à elusão tributária.

Certo é que, conforme corretamente adverte Marciano Seabra de Godoi[10], na ausência de uma norma geral antielusiva, o próprio sistema tributário acaba se adaptando e utilizando o instituto da simulação de maneira mais abrangente[11]. Essa posição, no que condiz à adaptação realizada por países que não possuem uma norma geral antielusiva, é mencionada por Luís Eduardo Schoueri e Ricardo André Galendi Júnior[12].

---

8 "No Brasil, a expressão elisão tributária é bastante utilizada e designa tradicionalmente os comportamentos lícitos por meio dos quais os contribuintes organizam e dispõem sua vida patrimonial e negocial de modo a, sem infringir o ordenamento jurídico, atrair a menor carga possível de obrigações tributárias (DÓRIA, 1971; MARTINS, 1988)." (GODOI, 2012, p. 119).

9 GODOI, Marciano Seabra de. Estudo comparativo sobre o combate ao planejamento tributário abusivo na Espanha e no Brasil – Sugestão de alterações legislativas no ordenamento brasileiro. Brasília: Revista Informação Legislativa Senado Federal. ano 49, n. 194 (abril/junho) 2012. p. 129.

10 GODOI, Marciano Seabra de. Estudo comparativo sobre o combate ao planejamento tributário abusivo na Espanha e no Brasil – Sugestão de alterações legislativas no ordenamento brasileiro. Brasília: Revista Informação Legislativa Senado Federal. ano 49, n. 194 (abril/junho) 2012. p. 136.

11 Godoi (2012, p. 136) assevera que: "Uma pesquisa promovida pela IFA no ordenamento de diversos países chegou à conclusão de que o instituto da simulação tem uma amplitude distinta segundo seu papel pragmático no ordenamento tributário: quanto maior é o espaço de atuação de uma típica norma geral antielusão, menor é o raio de amplitude do conceito de simulação, e vice-versa. O Relator Geral das conclusões da referida pesquisa notou que, em países sem típicas normas gerais antielusão, a fundamentação que o fisco e a doutrina utilizam para indicar que houve simulação é muito parecida com a lógica de funcionamento das típicas normas gerais antiabuso (ZIMMER, 2002, p. 30-31).".

12 SCHOUERI, Luís Eduardo; JÚNIOR, Ricardo André Galendi. Chapter 9 - Brazil. In: DOURADO, Ana Paula (Ed.) Tax Avoidance Revisited in the EU BEPS Context: 2016 EATLP Congress Munich 2-4 June 2016. Holanda, Amsterdam : IBFD, EATLP International Tax Series, 2017, Volume 15, Cap. 9, p. 199-232.

Para o Professor Sacha Calmon Navarro Coêlho[13], "[...] a simulação relativa ou dissimulação, diferentemente da absoluta, diz respeito à adoção abusiva das formas negociais de Direito Provado, utilizadas, muita das vezes, para ocultar um negócio real tributado ou menos tributado que o negócio aparente".

Na pesquisa desenvolvida[14] entendeu-se a simulação relativa como uma espécie de elusão tributária e que corresponderia ao planejamento tributário abusivo, principalmente em razão do elemento da artificialidade, que pode ser apontado como um elemento comum na maioria das situações de elusão tributária.

Definindo o que seria a norma antielusiva, é importante delimitar que a mesma pode ser classificada em razão de seu alcance, como geral ou específica, e de sua origem, como interna/doméstica ou internacional. A norma geral antielusiva é aquela que não foca em um tipo de planejamento tributário específico, ou ato jurídico específico, mas, desconsidera os atos, esquemas e manobras, que são considerados artificiais/abusivos. Já a norma específica antielusiva é aquela que foca em uma determinada situação específica e, buscando evitar algum tipo de planejamento tributário, amplia a hipótese de incidência tributária para fins de abranger àquela situação específica. Como exemplo temos as normas de tributação de lucros auferidos no exterior (conhecidas como *Controlled Foreign Companies - CFC Rules*).

Por outro lado, as normas antielusivas podem ser tanto internas como internacionais. No primeiro caso são normas que fazem parte do ordenamento jurídico interno, mesmo que o seu alcance possa abran-

---

13 COÊLHO, Sacha Calmon Navarro. *Teoria geral do tributo, da interpretação e da exoneração tributária*. São Paulo : Dialética, 2003, P. 177.

14 Nesse sentido, vale transcrever o seguinte trecho da dissertação: "Sucede que é controverso, ao diferenciar elisão e evasão tributária, apontaria qual realmente seria o correto enquadramento das hipóteses de simulação (absoluta ou relativa [dissimulação]). Não obstante, tal constatação, adotando o critério sistemático apontado, entende-se a simulação como forma de elisão fiscal abusiva, porque tanto o ato simulado como o ato encoberto são lícitos, apenas resultando, para fins fiscais, em uma economia fiscal manipulada em desacordo com os preceitos do Direito." MACHADO DA SILVA FILHO, Paulo Antônio. Do conflito aparente entre normas antielisivas e normas de tratados internacionais para evitar a dupla tributação da renda de pessoas jurídicas. 2014. 213f. *Dissertação (Mestrado em Direito Empresarial)* – Faculdade de Direito Milton Campos, Nova Lima, p. 28-29. MACHADO DA SILVA FILHO, Paulo Antônio. *Normas antielisivas versus tratados internacionais tributários.* Belo Horizonte: D'Plácido, 2017, p. 37-38.

ger situações ocorridas no exterior. E as normas antielusivas internacionais são aquelas previstas no próprio texto do tratado internacional tributário. Logicamente que, no caso de análise do conflito aparente entre as normas de tratados internacionais tributários e as normas antielusivas, estas correspondem às normas internas (podendo ser tanto gerais como específicas).

3.2. TRATADOS INTERNACIONAIS TRIBUTÁRIOS E O ARTIGO 98 DO CÓDIGO TRIBUTÁRIO NACIONAL

A celebração de um tratado internacional tributário, como ato de soberania de um Estado signatário, incorpora no seu ordenamento jurídico as normas internacionais pactuadas, podendo-se falar em "limitação advinda da ordem internacional"[15] ao poder de tributar.

A incorporação do tratado internacional ocorre por meio da adoção, ou seja, é realizado um ato determinando a execução do tratado internacional na ordem interna do Estado signatário, mantendo-se o seu *status* de norma internacional, o que tem por consequência uma interpretação pautada no Direito Internacional.

O decreto executivo corresponde a um ato que visa dar publicidade à ratificação do tratado internacional pactuado, informando a incorporação (por meio da adoção) ao ordenamento jurídico brasileiro. Logo, "sendo os tratados internacionais incorporados no ordenamento interno pela adoção imediata ou por meio da ordem de execução interna, as normas de interpretação a serem aplicadas não seriam as previstas no direito interno, mas aquelas oriundas do Direito Internacional"[16].

Ao entender que uma norma internacional é incorporada por adoção ao ordenamento interno, e não por intermédio de um procedimento de transformação em norma interna, pode-se concluir que o Estado soberano em questão adota o monismo, como teoria de Direito Público Internacional, tendo em vista uma evidente unidade do sistema jurídico.

---

[15] MACHADO DA SILVA FILHO, Paulo Antônio. Do conflito aparente entre normas antielisivas e normas de tratados internacionais para evitar a dupla tributação da renda de pessoas jurídicas. 2014. 213f. *Dissertação (Mestrado em Direito Empresarial)* – Faculdade de Direito Milton Campos, Nova Lima, p. 56.

[16] MACHADO DA SILVA FILHO, Paulo Antônio. Do conflito aparente entre normas antielisivas e normas de tratados internacionais para evitar a dupla tributação da renda de pessoas jurídicas. 2014. 213f. *Dissertação (Mestrado em Direito Empresarial)* – Faculdade de Direito Milton Campos, Nova Lima, p. 63.

Sobre o monismo com primazia do direito internacional, José Francisco Rezek[17], em seu "Direito Internacional Público – Curso Elementar", afirma que o monismo internacionalista tece em Hans Kelsen seu expoente maior, ensinando ainda que:

> [...] Os monistas kelsenianos voltam-se para a perspectiva ideal de que se instaure um dia a ordem [única, e denunciam, desde logo, à luz da realidade, o erro da idéia [sic] de que o Estado soberano tenha podido outrora, ou possa hoje, sobreviver numa situação de hostilidade ou indiferença frente ao conjunto de princípios e normas que compõem o direito das gentes.

No campo do direito tributário, a análise da aplicação das normas de tratados internacionais tributários em detrimento às normas internas deve ser realizada conjuntamente com a previsão do artigo 98 do Código Tributário Nacional (CTN).

Segundo a posição do Professor Sacha Calmon Navarro Coêlho, "[o] art. 98 *autonomiza o tratado* como *fonte autônoma de Direito Tributário*, desnecessária a sua *introjeção no sistema jurídico interno*, por ato legislativo específico"[18][19][20] Ainda segundo o Professor Sacha Calmon Navarro Coêlho[21], "[o] legislador distingue fontes *internas* e *externas* ao confrontar os tratados e as convenções com a legislação tributária interna, conferindo àqueles preeminência e domínio normativo nos pontos por eles regrados".

Observa-se, portanto, o posicionamento do ilustre homenageado no sentido de que o tratado internacional tributário é uma fonte primária de direito, possuindo superioridade hierárquica à legislação infraconstitucional. Em outras palavras, defende-se o monismo com primazia do direito internacional, posição da qual se concorda. Neste sentido, o

---

17 REZEK, José Francisco. *Direito internacional público: curso elementar*. 8. ed. rev. e atual. São Paulo : Saraiva, 2000, p. 4-5.

18 COÊLHO, Sacha Calmon Navarro. *Manual de Direito Tributário*. Rio de Janeiro : Forense, 2002, P. 340.

19 COÊLHO, Sacha Calmon Navarro. *Teoria geral do tributo, da interpretação e da exoneração tributária*. São Paulo : Dialética, 2003, P. 152.

20 COÊLHO, Sacha Calmon Navarro. *Conceito, vigência, interpretação, integração e aplicação da legislação tributária*. In: SEGUNDO, Hugo de Brito Machado; MURICI, Gustavo Lanna; RODRIGUES, Raphael Silva [Org.] O cinquentenário do código tributário nacional – vol. 2. Belo Horizonte : D'Plácido, 2017, Cap. 19, p. 489.

21 COÊLHO, Sacha Calmon Navarro. *Teoria geral do tributo, da interpretação e da exoneração tributária*. São Paulo : Dialética, 2003, P. 152.

Professor Sacha Calmon Navarro Coêlho[22] leciona que "a Constituição brasileira concede primazia aos tratados internacionais e manda observá-los e aplicá-los, bastando que o Brasil os tenha subscrito".

Analisando a posição da jurisprudência, Thiago Chaves Gaspar Bretas Lages e Kessler Cotta Gomes[23] destacam a posição do Superior Tribunal de Justiça cuja conclusão é de que o conflito aparente entre normas de tratados internacionais tributárias e a legislação tributária doméstica resolve-se pela prevalência das primeiras, em face de sua especialidade.

Contudo, o posicionamento do Superior Tribunal de Justiça deve ser criticado, uma vez que não investiga a questão da superioridade hierárquica dos tratados internacionais tributários, decorrente do monismo com primazia do direito internacional.

Uma correta interpretação do conflito aparente seria no sentido de sustentar a primazia do direito internacional, o que resultaria na prevalência das normas internacionais não pela especialidade, mas em razão do grau hierárquico. Não obstante a tal fato (o equívoco do Superior Tribunal de Justiça), espera-se que o Supremo Tribunal Federal caminhe para essa linha de raciocínio, a qual acredita-se ser a mais correta.

Neste diapasão, ainda se encontra pendente de finalização o julgamento do Recurso Extraordinário 460.320 (Volvo do Brasil Ltda. e outro versus União Federal), havendo voto proferido pelo Ministro Gilmar Mendes defendendo o monismo com primazia do direito internacional. Assim, "[c]om a adoção do Monismo com primazia do direito internacional pelo Supremo Tribunal Federal, observou-se uma mudança na jurisprudência que refletiu também na forma como o artigo 98 do Código Tributário Nacional passou a ser considerado"[24]. A

---

22 COÊLHO, Sacha Calmon Navarro. *Manual de Direito Tributário*. Rio de Janeiro : Forense, 2002, P. 348.

23 LAGES, Thiago Chaves Gaspar Bretas; GOMES, Kessler Cotta. Aplicação de tratados em matéria tributária: Fisco Global, FATCA, Plano BEPS, *Big Data*, Panóptico Fiscal e a posição do art. 98 do CTN. In: SEGUNDO, Hugo de Brito Machado; MURICI, Gustavo Lanna; RODRIGUES, Raphael Silva [Org.] O cinquentenário do código tributário nacional – vol. 2. Belo Horizonte : D'Plácido, 2017, Cap. 22, p. 591-612.

24 MACHADO DA SILVA FILHO, Paulo Antônio. Aplicação de tratados em matéria tributária (análise do comando disposto no art. 98 do CTN). In: SEGUNDO, Hugo de Brito Machado; MURICI, Gustavo Lanna; RODRIGUES, Raphael Silva [Org.] O cinquentenário do código tributário nacional – vol. 2. Belo Horizonte : D'Plácido, 2017a, Cap. 12, p. 350.

norma do artigo 98 do CTN passa, então, "[...] a ter uma função mais singela e meramente confirmatória da prevalência das normas internacionais sobre as internas, o que já estaria assegurado pelo caráter supra-legal dos tratados internacionais."[25].

3.3. O CONFLITO APARENTE

Apesar das constatações feitas sobre a supremacia das normas internacionais de um tratado internacional tributário em face das normas internas da legislação tributária, no caso da aplicação de uma norma antielusiva interna (seja essa específica ou geral), o resultado em um conflito aparente é diverso. Isto porque não seria o caso de retirar a aplicação da norma antielusiva, mantendo-se a aplicação das normas do tratado tributário, mas, por meio dos princípios da boa-fé e do *pacta sunt servanda*, alcançar os objetivos do que foi pactuado entre os Estados signatários, afastando situações abusivas e artificiais. Nesse sentido, destaca-se da conclusão da pesquisa então realizada o seguinte:

> Não obstante tal premissa, no caso das normas (gerais e específicas) antielisivas internas, a questão da superação do conflito aparente não cinge a uma aplicação da norma dos tratados internacionais tributários e afastamento das primeiras em decorrência de critérios de superação de conflito de normas como a hierarquia ou mesmo a especialização.
>
> Buscando a correta interpretação dos tratados internacionais tributários, imperioso a aplicação das regras constantes da Convenção de Viena sobre o Direito dos Tratados (CVDT), principalmente pelo fato de que, no ordenamento jurídico brasileiro os tratados internacionais são fontes primárias de direito e incorporam-se a este pela adoção e não transformação. Isto Faz com que suas normas devam ser interpretadas segundo o direito público internacional.
>
> Nesta trilha de raciocínio, os tratados internacionais tributários devem ser interpretados de acordo com o princípio da boa-fé e do pacta sunt servanda. A interpretação com espeque nesses princípios leva a uma conclusão lógica que os dispositivos do tratado internacional tributário não devem ser interpretados literalmente, e sim de maneira teleológica buscando os seus objetivos e propósitos.
>
> Dentro desse contexto, ressaltando que os tratados internacionais tributários objetivam a neutralidade fiscal nas transações internacionais através

---

25 MACHADO DA SILVA FILHO, Paulo Antônio. Aplicação de tratados em matéria tributária (análise do comando disposto no art. 98 do CTN). *In*: SEGUNDO, Hugo de Brito Machado; MURICI, Gustavo Lanna; RODRIGUES, Raphael Silva [Org.] O cinquentenário do código tributário nacional – vol. 2. Belo Horizonte : D'Plácido, 2017a, Cap. 12, p. 351.

do impedimento da dupla tributação da renda e do combate à evasão e elisão abusiva, torna-se salutar entender que normas antielisivas internas (gerais e específicas) não devem ser afastadas em caso de situações abrangidas pelos tratados.[26]

Para fundamentar tal posição, destacaram-se os comentários à Convenção Modelo da OCDE, que servem de base para os tratados tributários celebrados pelo Brasil. Com relação aos comentários ao artigo 1º da Convenção Modelo da OCDE de 2014[27], os parágrafos 7[28] e 7.1[29] ressaltam, como objetivos dos tratados internacionais tributários, o combate à elusão tributária internacional. Já o parágrafo 9.5[30] dos comentários ao artigo 1º da Convenção Modelo da OCDE de 2014[31]

---

[26] MACHADO DA SILVA FILHO, Paulo Antônio. Do conflito aparente entre normas antielisivas e normas de tratados internacionais para evitar a dupla tributação da renda de pessoas jurídicas. 2014. 213f. Dissertação (Mestrado em Direito Empresarial) – Faculdade de Direito Milton Campos, Nova Lima, p. 204-205. MACHADO DA SILVA FILHO, Paulo Antônio. Normas antielisivas versus tratados internacionais tributários. Belo Horizonte: D'Plácido, 2017, p. 37-38.

[27] OCDE Model Tax Convention on Income and on Capital – Condesed Version (as it read on 15 July 2014) OECD publishing : 2017 Disponível em: https://doi.org/10.1787/mtc_cond-2014-en

[28] The principal purpose of double taxation conventions is to promote, by eliminating international double taxation, exchanges of goods and services, and the movement of capital and persons. It is also a purpose of tax conventions to prevent tax avoidance and evasion.

[29] Taxpayers may be tempted to abuse the tax laws of a State by exploiting the differences between various countries' laws. Such attempts may be countered by provisions or jurisprudential rules that are part of the domestic law of the State concerned. Such a State is then unlikely to agree to provisions of bilateral double taxation conventions that would otherwise be prevented by the provisions and rules of this kind contained in its domestic law. Also, it will not wish to apply its bilateral conventions in a way that would have that effect.

[30] It is important to note, however, that it should not be lightly assumed that a taxpayer is entering into the type of abusive transactions referred to above. A guiding principle is that the benefits of a double tax convention should not be available where a main purpose for entering into certain transactions or arrangements was to secure a more favourable tax position and obtaining that more favourable treatment in these circumstances would be contrary to the object and purpose of the relevant provisions.

[31] OCDE Model Tax Convention on Income and on Capital – Condesed Version (as it read on 15 July 2014) OECD publishing : 2017 Disponível em: https://doi.org/10.1787/mtc_cond-2014-en

apresenta o princípio orientador. De acordo com tal princípio, os benefícios tributários oriundos dos tratados internacionais tributários não devem ser concedidos quando a economia fiscal é o principal objetivo do planejamento tributário realizado pelo contribuinte.

Logo, partindo das orientações constantes nos comentários à Convenção Modelo da OCDE, bem como na Convenção de Viena sobre o Direito dos Tratados, conclui-se que normas antielusivas internas, que buscam combater planejamentos tributários abusivos, não contrariam a correta aplicação de tratados internacionais tributários, uma vez que esses devem ser interpretados no sentido de evitar a concessão de seus benefícios a esquemas artificiais realizados com o principal objetivo de obter vantagens tributárias.

4. CONTEXTUALIZAÇÃO DO MOMENTO ATUAL – ERA PÓS BEPS

Após 2014, ano da defesa da dissertação de mestrado, houveram grandes mudanças relacionadas aos tratados internacionais tributários, principalmente dentro de questões envolvendo planejamentos tributários internacionais. Por meio do Projeto BEPS, a OCDE apresentou uma série de ações voltadas a combater planejamentos tributários considerados ilegítimos. Contudo, a ilegitimidade foi ampliada para além dos planejamentos tributários vistos como abusivos, alcançando também os planejamentos tributários agressivos, correspondentes a estruturas e esquemas internacionais, elaborados principalmente por grandes grupos de empresas multinacionais, em que um dos principais objetivos (e não mais o principal objetivo) seria a economia fiscal por meio de lacunas e brechas existentes entre sistemas tributários de Estados soberanos, buscando um resultado de dupla não tributação ou tributação reduzida.

As quinze ações do Projeto BEPS visam a adoção de medidas por diversos países, inclusive aqueles que não pertencem nem ao G20 nem à própria OCDE, perseguindo, dessa forma, a criação de um ambiente internacional de cooperação e transparência fiscal entre os Estados soberanos.

O apertado cronograma do Projeto BEPS previa o lançamento de relatórios finais dos planos de ação a partir de 2015, sendo apresentados padrões mínimos para que os países pudessem adequar suas normas internas e internacionais, evitando, destarte, a erosão da base tributária e a alocação artificial de lucros.

Na mesma linha ressaltada durante a pesquisa de mestrado, o Relatório Final do Plano de Ação 06 da OCDE deixou claro não haver incompatibilidade entre as normas antielusivas domésticas e as normas de tratados internacionais tributários. E tal conclusão não poderia ser diferente, haja vista os argumentos traçados ao longo da pesquisa de mestrado e relembrados no presente artigo. Assim, a Convenção Modelo da OCDE[32], em sua versão de 2017, possui, nos comentários ao Artigo 1, o parágrafo 66 que assim dispõe (tradução nossa):

> 66. Regras domésticas antiabuso e doutrinas judiciais também podem ser usadas para tratar de transações e acordos celebrados com o objetivo de obter benefícios de tratados em circunstâncias inadequadas. Essas regras e doutrinas também podem tratar de situações em que transações ou acordos são firmados com o objetivo de violar as leis domésticas e as convenções fiscais.[33]

Logo, o debate sobre a possibilidade de aplicação das normas antielusivas internas em situações abrangidas pelos tratados internacionais tributários foi reforçada com o Projeto BEPS. Permanece, pois, a ideia de que os tratados internacionais tributários devem ser interpretados de acordo com o princípio da boa-fé, impossibilitando a obtenção de vantagens tributárias por meio de planejamentos tributários abusivos, mesmo que para isso seja imprescindível a utilização de normas antielusivas internas.

5. CONCLUSÕES

A economia fiscal alcançada por meio de planejamentos tributários legítimos tem, cada vez mais, um campo de oportunidades limitado. Tal limitação é decorrente da utilização de normas antielusivas gerais e específicas que buscam desconsiderar situações abrangidas por planejamentos tributários em que há um certo grau de artificialidade (o que é variável a depender da legislação de cada país).

Além disso, a diminuição das hipóteses de planejamento tributário legítimos também decorre da busca promovida por organizações internacionais, como a OCDE, para combater situações de dupla não tributação, baixa tributação, concorrência tributária prejudicial, erosão

---

[32] OCDE Model Tax Convention on Income and on Capital – Condesed Version (as it read on 21 November 2017) OECD publishing : 2017 Disponível em: http://dx.doi.org/10.1787/mtc_cond-2017-en

[33] 66. Domestic anti-abuse rules and judicial doctrines may also be used to address transactions and arrangements entered into for the purpose of obtaining treaty benefits in inappropriate circumstances. These rules and doctrines may also address situations were transactions or arrangements are entered into for the purpose of abusing both domestic laws and tax conventions.

na base tributária e alocação de lucros, surgindo uma nova forma de planejamento tributário ilegítimo chamado de planejamento tributário agressivo (e que não necessita do elemento da artificialidade).

Especificamente com relação ao combate de planejamentos tributários ilegítimos, abrangidos por normas de tratados internacionais tributários, mas por meio de normas antielusivas internas, percebe-se que houve um consenso no sentido de que não haveria uma inobservância ao pactuado por meio do tratado. A aplicação dessas normas antielusivas, pelo contrário, evitariam um uso impróprio dos tratados tributários.

No campo do planejamento tributário abusivo, esse consenso pode ser visto pelas considerações advindas do Relatório Final do Plano de Ação 06 do Projeto BEPS, que versa sobre o abuso de tratados internacionais tributários, além, é claro, das constatações a que se chegou por meio da pesquisa desenvolvida durante o mestrado, e que foram expostas, de maneira sumária, no presente artigo.

Já no campo do planejamento tributário agressivo (foco na era Pós-BEPS), percebe-se que entre as orientações propostas pelo Projeto BEPS, há a inserção de normas domésticas para evitar situações de dupla não tributação pelo uso "indevido" de tratados tributários, como é o caso, por exemplo, das *linking rules* (norma específica antielusiva interna), utilizadas para evitar a dupla não tributação decorrente de situações envolvendo incompatibilidade de instrumentos híbridos.

Enfim, a conclusão a que se chegou na pesquisa realizada no biênio de 2013-2014, sob a orientação do homenageado Professor Sacha Calmon Navarro Coêlho, se confirma, na acepção de que normas antielusivas internas podem ser aplicadas a situações abrangidas por normas de tratados internacionais tributários, em virtude da correta interpretação que deve ser dada a tais convenções, evitando, destarte, a obtenção de benefícios tributários por meios artificiais.

DECADÊNCIA E PRESCRIÇÃO: MAIS DE UMA DÉCADA DE ORIENTAÇÃO

RAFHAEL FRATTARI[1]

SUMÁRIO: 1. Introdução; 2. A iniciação científica; 3. O mestrado e o tempo no direito; 4. O interesse pelas normas gerais no doutoramento; 5. Conclusões; 6. Referências Bibliográficas

1. INTRODUÇÃO

Embora clichê acadêmico, não se pode deixar de atestar que a presente obra já nasce grande. Não pelo ineditismo da homenagem, pois em face da influência e do bem-querer ao Prof. Sacha Calmon é mais do que esperado as obras escritas em sua honra.

O que faz desta obra ímpar é a ideia de seus idealizadores, os Professores André Moreira Onofre Batista, Paulo Coimbra e Valter Lobato, todos professores da Universidade Federal de Minas Gerais e amigos de décadas. O livro reúne orientandos do Professor Sacha Calmon no curso de pós-graduação *strictu sensu*, que devem reviver os problemas estudados, se possível, atualizando-os, destacando a influência do orientador nos trabalhos desenvolvidos. Por isso, o trabalho será escrito em primeira pessoa.

Neste aspecto, certamente tenho algo a dizer, pois fui orientando pelo Professor Sacha em três oportunidades, como bolsista do CNPQ na iniciação científica, no mestrado e no doutorado, para ficar apenas nas ocasiões institucionais. Ainda tivemos muitas preleções de trabalho, reuniões na Associação Brasileira de Direito Tributário (ABRADT) e encontros informais, quase sempre os melhores, já que neste caso não

---

[1] Mestre e doutor em Direito Tributário pela UFMG. Professor do curso de mestrado em Direito da FUMEC/MG. Membro das Comissões de Direito Tributário da Fecomércio/MG, Federaminas e OAB/MG. Vice-Presidente da Associação Brasileira de Direito Tributário – ABRADT. Sócio do Vilas Boas, Lopes e Frattari Advogados.

havia limites disciplinares ou profissionais, o que trazia à tona assuntos deliciosos de história, religião e tantos outros.

Por isso, usarei o critério cronológico para o relato dos temas abordados, lembrando que esse não é um artigo científico, senão um *paper* em que serão feitas algumas divagações disciplinares, sem maior rigor metodológico.

2. A INICIAÇÃO CIENTÍFICA

No ano de 1995 fui apresentado ao direito tributário da melhor forma possível, pelas mãos da Professora Misabel Derzi, cuja didática nas aulas e profundidade nas obras tiveram o efeito óbvio em um aluno do 2º ano da Faculdade de Direito da UFMG, apaixonei-me pelo direito tributário.

O problema é que a próxima disciplina de direito tributário era optativa, lecionada pelo Professor Sacha, e só acessível aos alunos em final de curso, segundo a Seção de Ensino da Casa. Depois de alguns dias de frustração, me dirigi novamente à Seção de Ensino para saber qual é exatamente a norma acadêmica que impediria a matrícula de um aluno do 5º período na disciplina, tradicionalmente destinada apenas aos alunos do 8º, 9º e 10º períodos. Bingo! À época não havia qualquer regra escrita que me impedisse de matricular-me na matéria.

Procurei então o Professor Sacha para saber se a quebra da tradição lhe traria algum desconforto e se poderia tornar-me aluno de tributário mais uma vez. Ele foi categórico, se não havia norma impeditiva, não haveria problema de sua parte. As aulas decorrentes deste episódio me trouxeram novas e preciosas lições, quase fruto da preleção dinâmica e não ensaiada das aulas, o que me fez propor um projeto de iniciação científica ao CNPQ.

O problema do trabalho era a definição das espécies jurídicas havidas no direito positivo brasileiro, sobretudo porque após a Constituição Federal de 1988 houve o crescimento da instituição das contribuições especiais ou parafiscais, na antiga terminologia de então.

O tema era bem tratado na UFMG, sobretudo pela Professora Misabel Derzi e os seus orientandos, especialmente pelos Professores Werther Botelho e Eduardo Maneira.

Na obra do Professor Sacha ainda constava a sua preferência pela "escola tricotômica", como se vê nos seus *Comentários à Constituição Federal de 1988*[2]. No desenvolvimento da pesquisa, fizemos um exaus-

---

[2] COÊLHO, Sacha Calmon Navarro. *Comentários à Constituição de 1988* - Sistema Tributário. Rio de Janeiro: Forense, 1990.

tivo recenseamento das posições havidas na doutrina nacional e em alguns países de tradição próxima a nossa. Havia entendimentos mil, mas já sobressaia aquela posição que defendia a existência de cinco tributos no sistema brasileiro, com regimes jurídicos próprios. Mesmo as discussões eram bastante discrepantes. Em muitos casos, buscava-se pela tão idealizada *natureza jurídica* das espécies tributárias. Preferimos um caminho diferente, certos de que a natureza jurídica de algo só esclarece quando implica na definição de regimes jurídicos próprios, entendidos como conjunto de regras aplicáveis a determinado instituto ou conceito jurídico. No mais, a exaltação da natureza jurídica *per si* não passava de maneirismo da academia jurídica, o importante era a definição do regime jurídico.

Embora não concordássemos em tudo, o Professor Sacha sempre foi generoso ao discutir as discordâncias, ainda que a distância intelectual fosse abissal. Na época, já experimentei a liberdade acadêmica de poder tomar os próprios caminhos, sem cerceamento do orientador, fato menos usual do que deveria, e mesmo incomum em certos ambientes, mas não na UFMG dos anos 90, pelo menos em relação ao direito tributário.

No entanto, as melhores lembranças que tenho do período não são relacionadas ao tema da pesquisa desenvolvida, muito preso ao direito positivo, percebemos não demorou, mas sim às leituras sugeridas e propiciadas pelo convívio com o Professor Sacha.

Esse período foi importante por me ter propiciado a leitura do que hoje podemos considerar como clássicos do direito tributário, como Amílcar Falcão, Ruy Barbosa Nogueira, Gilberto Ulhôa Canto, Rubens Gomes de Souza, Geraldo Ataliba, Alfredo Augusto Becker, José Souto Maior Borges, Paulo de Barros Carvalho, Roque Carraza e muitos outros, inclusive, dos Professores Mineiros Sacha Calmon e Misabel Derzi. Em voga ao final dos anos 90, o fortalecimento da formalização do direito tributário, analisado com o instrumental teórico da linguística formal, que já se via nas obras do Professor Paulo de Barros na década de 1970. A utilização da linguagem para a análise do fenômeno jurídico tornou-se imperativa no direito tributário brasileiro, sobretudo com destaque para os seus aspectos sintáticos e semânticos.

Na UFMG estudávamos a relação entre o direito e a linguagem numa outra perspectiva, em virtude da leitura de obras importantes como as do Professor Luís Alberto Warat, e de autores bastante lidos por aqueles tempos, como Searle, Gadamer, Chomsky, Luhmann, Habermas e outros. De todo modo, foi um período bastante promissor para o direito tributário, seja pelas oportunidades profissionais crescentes, seja pela relevância que a disciplina passou a ocupar no ambiente acadêmico.

Tão importantes quanto as lições de direito tributário tomadas do Professor Sacha, foi um prazer ouvi-lo sobre a teoria geral do direito, o direito constitucional e a filosofia do direito. Naquela época, havia um "movimento" de pesquisa em iniciação científica interessante na UFMG, capitaneado pelos Professores Menelick de Carvalho Netto, Miracy Barbosa de Souza Gustin, José Luiz Quadros, Misabel Derzi, entre outros. Todos discutiam, liam-se, estudavam obras sugeridas o que permitia uma consolidação de uma base teórica interessante em toda uma geração de estudantes, que, hoje, ocupam eles mesmos a maior parte dos postos acadêmicos de destaque em Minas Gerais. Foi a geração da iniciação científica dos anos 90.

Para não deixar de enumerar uma discussão acadêmica que tivemos no período, lembro-me de uma obra fundamental do Professor Sacha, a *Teoria do Tributo e da Exoneração Tributária*[3]. O livro demonstra a intimidade do autor com as categorias fundamentais da teoria do direito, para além de uma abordagem simplesmente normativa. Uma das teses da obra é a defesa de exonerações endógenas e exógenas à norma impositiva do tributo[4]. Para o Professor Sacha, tanto as *regras de imunidade* quanto as *regras de isenções* atuam diretamente na composição da hipótese de incidência das regras impositivas do dever tributário:

> À luz da teoria da norma jurídica, os dispositivos constitucionais imunizantes, 'entram' na composição da hipótese de incidência das normas de tributação, configurando-lhes o alcance e fixando-lhes os lindes.
> (...)
> O dispositivo constitucional que põe a imunidade atua na hipótese de incidência, excluindo certos fatos ou aspectos destes a virtude jurígena.
> Aliás, os dispositivos legais isentantes funcionam da mesma maneira. A diferença é que a imunidade radica na Constituição e que a isenção decorre da lei menor, complementar ou ordinária.
> (...)
> Os dispositivos isencionais assim como os imunizantes 'entram' na composição das hipóteses de incidência das normas de tributação, delimitando o perfil impositivo do 'fato jurígeno' eleito pelo legislador.

---

[3] COÊLHO, Sacha Calmon Navarro. *Teoria Geral do Tributo e da Exoneração Tributária*. 2. ed., ampliada e atualizada. Belo Horizonte: Ed. Del Rey, 1999, p. 144.

[4] COÊLHO, Sacha Calmon Navarro. *Teoria Geral do Tributo e da Exoneração Tributária*. 2. ed., ampliada e atualizada. Belo Horizonte: Ed. Del Rey, 1999, p. 144.

A isenção como também a imunidade não excluem o crédito, obstam a própria incidência, impedindo que se instaure a obrigação.[5]

Segundo tal esquema, os dois fenômenos exonerativos poderiam ser classificados como exonerações endógenas à hipótese de incidência da regra impositiva. O professor Sacha escora a sua construção teórica no fato de que as normas jurídicas não emanam de leis isoladas, mas antes do ordenamento jurídico considerado como um todo. São o resultado da conjugação de todas as leis constantes no sistema jurídico, pois para Sacha Calmon é evidente a distinção entre lei e norma. Sendo assim, as regras jurídicas de tributação seriam diretamente definidas em seus elementos através da conjugação dos preceitos imunizantes, isencionais e impositivos. De tal conjugação nasceria uma única hipótese de incidência: a da regra impositiva.

Neste ponto, discordamos do querido Professor Sacha Calmon. Parece-me que o fenômeno normativo não se passa deste modo.

Em primeiro lugar, é importante reconhecer que a premissa de que parte o raciocínio de Sacha Calmon é indiscutível. De fato, as normas jurídicas não se confundem com as leis, mas sim emanam da conjunção de diversos diplomas legais. Muitas vezes são necessários vários dispositivos legais para a construção de sentido de uma única prescrição legal. Tal tarefa lógica, sem dúvida, é uma constante na vida dos operadores jurídicos.

Contudo, daí não se pode concluir que as normas jurídicas tributárias são o resultado direto da miscelânea, da fusão de todas as leis presentes no ordenamento sobre a matéria, como as imunizantes, isencionais, atributivas de competência, que passariam todas elas a compor a hipótese de incidência da regra de imposição tributária. Ora, logicamente, uma coisa é identificar uma norma jurídica da conjugação de vários diplomas legais, outra diferente é identificá-la da comunhão de várias normas jurídicas, sem que estas últimas percam sua identidade funcional dentro do sistema jurídico. Em outras palavras, não é possível admitir-se o fenômeno tal como descrito por Sacha Calmon sem desfigurar as proposições normativas imunizantes e isencionais, colocando-as apenas como partes de outras normas, e não como normas autônomas que, inclusive, expressam-se como regras de estrutura dife-

---

[5] COÊLHO, Sacha Calmon Navarro. *Teoria Geral do Tributo e da Exoneração Tributária*. 2. ed., ampliada e atualizada. Belo Horizonte: Ed. Del Rey, 1999, p. 148-149.

rentemente das regras impositivas ou de conduta. Não se pode olvidar que tais normas apresentam sob formas diferentes.

Sem embargo, diversas são as relações ocorridas entre as normas jurídicas, sejam elas de coordenação, vinculação e hierarquia. Imiscuir as normas imunizantes "dentro" das hipóteses de incidência das regras de imposição do dever tributário é fazer tábula rasa da estrutura escalonada da ordem jurídica. Neste ponto, socorro-me das palavras de Paulo de Barros Carvalho:

> As proposições normativas do Direito posto se articulam segundo padrões associativos lógicos, entre os quais sobreleva o vínculo de subordinação, que conduz à hierarquia, ao lado das relações coordenativas, fatores determinantes da estrutura piramidal do ordenamento jurídico, assim como o concebera Adolph Merkl. Mas tal organização hierárquica pressupõe, de maneira indeclinável, que as entidades normativas preservam seu mínimo irredutível para que seja possível notar os laços subordinativos e reconhecer as linhas de coordenação que fazem do Direito um sistema, ainda que se utilize esse termo em seu sentido livre e, portanto, menos rigoroso. A tão decantada arquitetura piramidal se constrói pela distribuição escalonada das normas jurídicas, nos diversos patamares da ordem positiva, o que nos abre a possibilidade de contemplar a supremacia de umas em relação a outras. Acaso fosse dado promover a união das disposições prescritivas de estaturas diferentes, de tal forma que se interpenetrassem intrinsecamente, cairia por terra o edifício do Direito, abalado na razão última e primordial do seu equilíbrio, enquanto sistema. Rompidas as ligações hierárquicas, passaríamos, de imediato, para o âmbito de um singelo esquema linear, e, juntadas as normas dentro de um mesmo **status**, ao ponto de vê-las fundidas, encontraríamos uma figura punctiforme. Quando se menciona o equilíbrio da ordem jurídica em vigor, introduzimos, ao jeito de condição, que cada unidade normativa mantenha na íntegra a sua estrutura lógica, para que possamos contemplá-las, confrontá-las e coordená-las, respeitando sempre a posição que o sistema a elas atribuiu.
>
> Não é precisamente este o efeito que se obtém da aplicação da citada teoria. Seu autor predica o cruzamento dos arcabouços normativos, pela via de imiscuir o preceito imunizante, por inteiro, no antecedente da regra de tributação.[6]

Reduzir as *regras de imunidade* à sua atuação no interior das hipóteses de incidência das regras de tributação é não reconhecer a autonomia de tais regras e a sua importância dentro da estrutura escalonada do ordenamento jurídico.

---

6 CARVALHO, Paulo de Barros. Imunidades Tributárias. In Revista de Direito Tributário nº 27-28, São Paulo: Ed. Revista dos Tribunais, jan./jun., 1984, p. 98.

Demais disso, é importante reconhecer que as *regras de imunidade*, bem como as atributivas de competência, são como um *a priori* lógico das regras impositivas. Tanto é assim, que se tornou usual a afirmação de que a Constituição Federal não institui tributos, senão que outorga competências aos entes políticos para fazê-lo. A Constituição Federal não traz em suas normas a regra impositiva pronta e acabada, a promanar seus efeitos jurídicos. Simplesmente delineia o campo de competência - formado pela conjugação das regras atributivas de competência e das *regras de imunidade* - para que os entes políticos possam tributar determinados fatos através da norma impositiva, de sua competência e a seu cargo. Para que a regra exista e tenha validade jurídica, deve observar os lindes que lhe foram traçados pelas *normas imunizantes* em contraste com as normas atributivas de competência. Portanto, logicamente, a regra impositiva é sempre um *a posteriori* tanto às regras de imunidade, quanto às de competência. Veja o gráfico elaborado por Sacha Calmon:

> A hipótese de incidência apresenta a seguinte composição:
> $H = A (B + C)$
> Onde: H = hipótese de incidência.
> A = fatos tributáveis.
> B = fatos imunes.
> C = fatos isentos.[7]

Esse arcabouço faz com que as regras de imunidade sejam incluídas dentro da hipótese de incidência da regra de tributação. Mais, diz-nos que a identificação da hipótese de incidência, faz-se pela subtração dos fatos tributáveis, daqueles imunes e isentos. Aqui, avulta a nossa humilde discordância em relação à teoria ora analisada. Isto porque, a noção jurídica de fatos tributáveis só se dá após o delineamento constitucional do campo de competência, formado pelas normas atributivas de competência e pelas *imunidades*. Só há como o fato ser considerado tributável, se ele estiver incluído no campo de competência constitucionalmente conformado. O fato imune nunca é tributável, ao contrário, é justamente aquele subtraído à imposição tributária, já que sequer oferecido aos entes políticos para a tributação. O conceito de fatos tributáveis utilizados por Sacha Calmon só pode ser tido como noção pré-jurídica, representando todos os fatos do mundo fenomênico que podem ser dados à tributação. Neste sentido, afirmou Paulo de Barros Carvalho:

---

[7] COÊLHO, Sacha Calmon Navarro. Teoria Geral do Tributo e da Exoneração Tributária. 2. ed., ampliada e atualizada. Belo Horizonte: Ed. Del Rey, 1999, p. 156.

> O preceito de imunidade exerce a função de colaborar, de uma forma especial, no desenho de competências impositivas. São normas constitucionais. Não cuidam da problemática da incidência, atuando em instante que antecede, na lógica do sistema, ao momento da percussão tributária.[8]

Misabel Derzi, a par de não se manifestar pontualmente sobre a polêmica, deixa transparecer seu posicionamento quando, em obra monumental, asseverou:

> O que é preciso registrar é que as imunidades somente adquirem sentido e função, uma vez relacionadas com as normas atributivas de poder, cuja abrangência elas reduzem. Nesse sentido elas são:
> – **endógenas, em relação às normas de competência tributária**, porque lhes delimitam negativamente a extensão, atuando dentro delas para reduzir-lhes o âmbito eficacial;
> (...)
> Mas são radicais as diferenças entre a imunidade e a isenção, a saber:
> 1. a imunidade é norma de incompetência posta na Constituição, **que limita outra norma constitucional atributiva de poder**, modelando a competência de cada ente político da federação;[9]

Bem de ver, pelas passagens destacadas, que Misabel Derzi é enfática em conceber como objeto de incidência das *regras de imunidade* as normas atributivas de competência ou poder, em sua terminologia, nunca a hipótese de incidência das regras impositivas. Daí se conclui que a Professora Titular da UFMG comunga da opinião ora perfilada.

Portanto, considero que as *regras imunizantes* não podem ser tidas como endógenas às regras de tributação, uma vez que lhes são logicamente anteriores.

Ao contrário, as regras de isenção atuam diretamente na hipótese de incidência das regras de tributação, restringindo-lhes o alcance. É, sem dúvida, uma exoneração endógena, no sentido de Sacha Calmon. Nesta senda, é o magistério de João Régnier, ao oferecer critérios de distinção entre as imunidades e as isenções:

> Outro critério diferenciador é o referente à hipótese de incidência tributária. Na imunidade, por se tratar de vedação constitucional, a hipótese de incidência tributária não é considerada sob nenhum aspecto, uma vez que

---

8 CARVALHO, Paulo de Barros. *Curso de Direito Tributário*. 8. ed. São Paulo: Saraiva, 1996, p. 124.

9 BALEEIRO, Aliomar. *Direito Tributário Brasileiro*. 11. ed. *atual*. Misabel Abreu Machado Derzi. Rio de Janeiro: Forense, 1999, p. 921.

a regra imunitória independe da formulação legal da regra de tributação, preexistindo, até, à previsão legal hipotética da regra tributária.[10]

Portanto, apesar de ambas constituírem-se através de regras de estrutura, valendo-se do modal deôntico *proibido obrigar*, as imunidades e isenções diferem-se quanto ao seu âmbito de incidência e sua radicação no ordenamento. As primeiras radicam-se na Lei Maior e dirigem-se às normas atributivas de competência, fixando-lhes os limites e alcance, enquanto as últimas fazem parte da legislação infraconstitucional e atuam diretamente sobre as hipóteses de incidência das regras de tributação.

3. O MESTRADO E O TEMPO NO DIREITO

Iniciei o mestrado em direito tributário em 1999, novamente sob a orientação do Professor Sacha, época em que também trabalhava em seu escritório como advogado e participava da diretoria da recém criada Associação Brasileira de Direito Tributário, sendo responsável pela edição da Revista da ABRADT. Foi um período promissor na minha carreira acadêmica, em que também comecei a lecionar na Universidade Federal de Ouro Preto, que me abrigou no magistério por mais de 13 anos, em incontáveis viagens e noites de velha Vila Rica.

Nesta época, fui bastante marcado pelas aulas no mestrado dos Professores Misabel Derzi, Menelick de Carvalho Netto e Miracy Barbosa de Souza Gustin, além das aulas do Professor Sacha, naturalmente, para as quais eu era uma espécie de monitor informal. As intervenções que mais me marcaram foram as da Professora Miracy, especialmente nas disciplinas de *Metodologia da Pesquisa Jurídica* e de *História do Direito*. Fique tão empolgado que queria fazer o doutoramento na História, o que, para o bem da disciplina de Heráclito, felizmente não aconteceu!

De todo modo, no momento da definição do problema da dissertação, não consegui deixar de fora o meu interesse pelo *Tempo* e as suas relações para a instituição do fenômeno jurídico. Ainda no início dos anos 2000, passei a ler várias obras de ciências sociais, de física, e mesmo de direito sobre o assunto, sobretudo pelos livros de *François Ost*[11],

---

10 RÉGNIER, João Roberto dos Santos. *A norma de isenção tributária*. São Paulo: Ed. da Universidade Católica, 1975, p. 74.

11 OST, François. *O tempo do Direito*. Tradução Elcio Fernandes. Bauru: Edusc, 2005; Multiplicité et discontinuité du temps juridique. Quelques observations critiques. *Contradogmáticas*, Santa Cruz do Sul, v. 2, n. 4/5, 1985, p. 37-59; Júpiter, Hércules, Hermes: três modelos de juez. Tradução Isabel Lifante Vidal. *Doxa*, n. 14, p. 169-194, 1994.

àquela altura, inéditos no Brasil. Esse período foi recheado pelo estudo de filósofos, sociólogos e historiadores, que foram muito importantes para a minha formação, muito. No entanto, havia um problema, eu teria que escrever uma dissertação de direito tributário e não de história. Foi aí que apareceu a ideia de estudar instituição do tempo no Direito.

Naqueles tempos, havia uma acalourada discussão sobre o prazo para que o contribuinte pudesse pedir a restituição de tributos pagos indevidamente, que agarrei como problema porque isso me daria a chance de discutir a temporalização do direito e alguns assuntos que me interessavam sobre o controle de constitucionalidade.

Tudo porque o Superior Tribunal de Justiça estava vacilando sobre o marco inicial para a fruição do prazo para a repetição do indébito e algumas posições tinham como ponto de partida a primeira vez que o Supremo Tribunal Federal declarasse a inconstitucionalidade do tributo, mesmo que isso ocorresse no controle difuso.

Naturalmente, defendi que a data da decisão da primeira decisão do STF sobre a inconstitucionalidade do tributo não poderia servir como marco temporal para o início da fruição do prazo para a restituição, porque nada havia no sistema jurídico para sustentar essa tese, nem relação à normativa tributária, no CTN, nem em relação aos efeitos do controle de constitucionalidade naquele momento.

Ao fim, foi essa a posição que prevaleceu no STJ, como se vê no exemplo abaixo:

> O prazo de prescrição quinquenal para pleitear a repetição tributária, nos tributos sujeitos ao lançamento de ofício, é contado da data em que se considera extinto o crédito tributário, qual seja, a data do efetivo pagamento do tributo. A declaração de inconstitucionalidade da lei instituidora do tributo em controle concentrado, pelo STF, ou a Resolução do Senado (declaração de inconstitucionalidade em controle difuso) é despicienda para fins de contagem do prazo prescricional tanto em relação aos tributos sujeitos ao lançamento por homologação, quanto em relação aos tributos sujeitos ao lançamento de ofício.
> BRASIL. Superior Tribunal de Justiça. REsp. N. 1.110.578/SP, 1ª Seção, Min. Rel. Luiz Fux, in DJE de 21/05/2010.

Outra tese oferecida na dissertação não teve a acolhida posterior no STJ. No trabalho, apontei que o pedido administrativo de restituição de tributos haveria sempre de interromper o prazo para a propositura do pedido judicial. Em verdade, seria o caso para a aplicação do art. 169, do Código Tributário Nacional, que concede dois anos para que o contribuinte vá ao Judiciário, depois de ter o seu pedido de restituição negado pela Administração Pública. Veja-se o texto:

> De fato, esse é o correto entendimento do artigo 169. Imaginar o oposto seria sepultar o já combalido processo administrativo de restituição, vez que contribuinte algum se arriscaria a esperar a decisão administrativa, sob a ameaça de ver o tempo escoar-se e não mais lhe ser permitido agir na via judicial, especialmente diante da morosidade que costuma ser a tônica da restituição administrativa[12].

Nesse ponto, no entanto, andou mal o STJ que defende a ausência de interrupção do prazo judicial pelo pedido administrativo, sem perceber que a um só tempo descumpre o art. 169 do CTN e estimula a litigiosidade judicial, ao contrário do que deveria fazer:

> TRIBUTÁRIO. AÇÃO ANULATÓRIA CUMULADA COM REPETIÇÃO DE INDÉBITO. PRAZO PRESCRICIONAL. CASO CONCRETO. CINCO ANOS.
> 1. "O prazo de dois anos previsto no artigo 169 do CTN é aplicável às ações anulatórias de ato administrativo que denega a restituição, que não se confundem com as demandas em que se postula restituição do indébito, cuja prescrição é regida pelo art. 168 do CTN" (REsp 799.564/PE, Rel. Ministro Teori Albino Zavascki, Primeira Turma, DJ 05/11/2007).
> 2. Hipótese em que, em razão de confusão procedimental administrativa, a parte pretende não só a anulação das decisões administrativas mas também a repetição do indébito, razão pela qual a pretensão está submetida ao prazo quinquenal do art. 168, I, do CTN.
> 3. Recurso especial provido.
> (REsp 1489436/RN, Rel. Ministro SÉRGIO KUKINA, Rel. p/ Acórdão Ministro GURGEL DE FARIA, PRIMEIRA TURMA, julgado em 06/08/2019, DJe 05/09/2019)
>
> PROCESSUAL CIVIL E TRIBUTÁRIO. AGRAVO INTERNO. ENUNCIADO ADMINISTRATIVO Nº 3 DO STJ. REPETIÇÃO DE INDÉBITO. EXECUÇÃO DE SENTENÇA. PEDIDO ADMINISTRATIVO DE COMPENSAÇÃO. NÃO OCORRÊNCIA DE INTERRUPÇÃO E/OU SUSPENSÃO DA PRESCRIÇÃO. PRECEDENTES.
> 1. Esta Corte já se manifestou no sentido de que o pedido administrativo de compensação do crédito tributário não caracteriza a interrupção do prazo prescricional para a ação de execução.
> Precedentes: AgRg no REsp 1.575.004/PR, Rel. Ministro Mauro Campbell Marques, Segunda Turma, DJe 14/3/2016; REsp 1.248.618/SC, Rel.

---

[12] FRATTARI, Rafhael. Os tempos do contribuinte: o prazo para a restituição de tributos no direito tributário brasileiro. (Mestrado em Direito). 2003. - Faculdade de Direito, Universidade Federal de Minas Gerais, Belo Horizonte, 502 p.

Ministro Benedito Gonçalves, Primeira Turma, DJe 13/2/2015; AgRg no AgRg no REsp 1.217.558/RS, Rel. Ministro Arnaldo Esteves Lima, Primeira Turma, DJe 19/4/2013.
2. Agravo interno não provido.
(AgInt no AREsp 1394816/SP, Rel. Ministro MAURO CAMPBELL MARQUES, SEGUNDA TURMA, julgado em 09/04/2019, DJe 16/04/2019)

Ora, o sistema jurídico não pode espalhar armadilhas ao jurisdicionado. Se há a possibilidade de restituição administrativa o contribuinte deveria ser estimulado a persegui-la, não ao contrário. A posição do STJ ainda faz pouco de um dos elementos essenciais para a caracterização da prescrição: a inércia do credor. Contribuinte que vai à Administração buscar o que lhe é devido não está inerte. Por isso, espero que seja superado o entendimento ora vigente, seja porque equivoca-se em relação à configuração da prescrição, uma vez que inexiste inércia do credor, seja porque desconsidera o art. 169 do CTN, além de constituir péssima orientação de política legislativa, estimulando a litigiosidade judicial.

A dissertação foi sobre um problema bastante específico e até certo ponto desinteressante, de direito positivo. No entanto, como afirmei, isso foi um estratagema para a abordagem de assuntos deliciosos como os procedimentos de exigência do tributo, o controle de constitucionalidade e os seus efeitos para o contribuinte, sem falar na quantidade imensa de obras lidas sobre história e filosofia, sempre com o apoio do Professor Sacha Calmon.

4. O INTERESSE PELAS NORMAS GERAIS NO DOUTORAMENTO

No doutoramento, tive novamente a honra de ser orientado pelo Professor Sacha Calmon. Mais uma vez, tratei de uma das relações entre o tempo e o Direito, que já tinha passado a ser o centro das atenções da Professora Misabel Derzi, embora na perspectiva da segurança jurídica diante das alterações jurisprudenciais, que deu origem a uma das mais profundas obras do mundo sobre ao assunto[13].

No meu caso, o interesse era o de estabelecer padrões mais rígidas de interpretação das normas de decadência e de prescrição do crédito tributário, pois diante da incerteza vigente até então, os dois institutos "preclusivos" (em termos gerais) perdiam a sua principal função: que

---

13 DERZI, Misabel Abreu Machado. Modificações da jurisprudência no Direito Tributário: proteção da confiança, boa fé objetiva e irretoratividade como limitações constitucionais no poder judicial de tributar. 1. ed. São Paulo: Noeses Ltda, 2009

é a de estabilizar relações jurídicas. A tese era a de que os problemas ocorriam especialmente pela legislação ordinária contrária à legislação complementar, pela ausência de uma compreensão constitucional adequada da norma geral de direito tributário e pelas construções jurisprudenciais apressadas, quase sempre do Superior Tribunal de Justiça.

Embora o trabalho também tenha sido composto por reflexões metodológicas e teóricas sobre as relações entre o tempo e o direito, foi uma pesquisa intensa de direito positivo, com bastante análise de jurisprudências e inúmeras discussões sobre temas práticos, afeitos aos militantes do direito tributário, e isso se deveu em muito pelas conversas com o Professor Sacha Calmon, que depois falou sobre esse aspecto da tese:

> O Autor combate muito certos desvios que a jurisprudência está a criar. A esmo podemos mencionar a teoria do autolançamento, adotada pelo STJ, a afastabilidade do processo tributário administrativo, a tese da confissão de débito expressa ou tácita de dívida tributária, mesmo que tributo inexista (ou exista, mas em menor montante). O livro merece ser lido. Os temas versados são ricos, quer se queira teoria jurídica, quer se procure soluções práticas e argumentos para o afazer cotidiano do advogado e do juiz.[14]

Dentre os temas abordados, estava a definição de critérios mais seguros para a prescrição intercorrente, por exemplo. Naquela oportunidade, ainda em 2008, defendi que a prescrição intercorrente não poderia ser interrompida por qualquer manifestação da Fazenda Pública, senão que por atos constritivos de patrimônio, sob pena de o instituto ser simplesmente inviabilizado, já que bastaria peticionar repetidas vezes com alguma frequência que nunca ocorreria a prescrição intercorrente.

Exatamente neste sentido, foi o posicionamento do STJ anos depois:

> O prazo de 1 (um) ano de suspensão do processo e do respectivo prazo prescricional previsto no art. 40, §§ 1º e 2º da Lei n.
> 6.830/80 - LEF tem início automaticamente na data da ciência da Fazenda Pública
> a respeito da não localização do devedor ou da inexistência de bens penhoráveis no endereço fornecido, havendo, sem prejuízo dessa contagem automática, o dever de o magistrado declarar ter ocorrido a suspensão da execução. Havendo ou não petição da Fazenda Pública e havendo ou não pronunciamento judicial nesse sentido, findo o prazo de 1 (um) ano de suspensão inicia-se automaticamente o prazo prescricional

---

14 FRATTARI, Rafhael. Decadência e prescrição no direito tributário brasileiro: por uma compreensão constitucionalidade adequada da norma geral no direito tributário. Belo Horizonte: Arraes, 2010.

aplicável. A efetiva constrição patrimonial e a efetiva citação (ainda que por edital) são aptas a interromper o curso da prescrição intercorrente, não bastando para tal o mero peticionamento em juízo, requerendo, v.g., a feitura da penhora sobre ativos financeiros ou sobre outros bens. A Fazenda Pública, em sua primeira oportunidade de falar nos autos (art. 245 do CPC/73, correspondente ao art. 278 do CPC/2015), ao alegar nulidade pela falta de qualquer intimação dentro do procedimento do art. 40 da LEF, deverá demonstrar o prejuízo que sofreu (exceto a falta da intimação que constitui o termo inicial - 4.1., onde o prejuízo é presumido), por exemplo, deverá demonstrar a ocorrência de qualquer causa interruptiva ou suspensiva da prescrição.

BRASIL. Superior Tribunal de Justiça. REsp. N. 1.340.553/RS, 1ª Seção, Min. Rel. Mauro Campbell Marques, in DJE de 16/10/2018.

Também defendi que o início do prazo para o redirecionamento da execução fiscal ao sócio administrador, em casos de dissolução irregular, deveria ser a data da dissolução e não simplesmente a data da citação do devedor originário, entendimento também adotado posteriormente pelo Superior Tribunal de Justiça:

> (i) o prazo de redirecionamento da Execução Fiscal, fixado em cinco anos, contado da diligência de citação da pessoa jurídica, é aplicável quando o referido ato ilícito, previsto no art. 135, III, do CTN, for precedente a esse ato processual; (ii) a citação positiva do sujeito passivo devedor original da obrigação tributária, por si só, não provoca o início do prazo prescricional quando o ato de dissolução irregular for a ela subsequente, uma vez que, em tal circunstância, inexistirá, na aludida data (da citação), pretensão contra os sócios-gerentes (conforme decidido no REsp 1.101.728/SP, no rito do art. 543-C do CPC/1973, o mero inadimplemento da exação não configura ilícito atribuível aos sujeitos de direito descritos no art. 135 do CTN). O termo inicial do prazo prescricional para a cobrança do crédito dos sócios-gerentes infratores, nesse contexto, é a data da prática de ato inequívoco indicador do intuito de inviabilizar a satisfação do crédito tributário já em curso de cobrança executiva promovida contra a empresa contribuinte, a ser demonstrado pelo Fisco, nos termos do art. 593 do CPC/1973 (art. 792 do novo CPC - fraude à execução), combinado com o art. 185 do CTN (presunção de fraude contra a Fazenda Pública); e, (iii) em qualquer hipótese, a decretação da prescrição para o redirecionamento impõe seja demonstrada a inércia da Fazenda Pública, no lustro que se seguiu à citação da empresa originalmente devedora (REsp 1.222.444/RS) ou ao ato inequívoco mencionado no item anterior (respectivamente, nos casos de dissolução irregular precedente ou superveniente à citação da empresa), cabendo às instâncias ordinárias o exame dos fatos e provas atinentes à demonstração da prática de atos concretos na direção da cobrança do crédito tributário no decurso do prazo prescricional. (BRASIL. Superior

Tribunal de Justiça. REsp. N. 1.201.993/SP, 1ª Seção, Min. Rel. Herman Benjamin, in DJE de 12/12/2019).

Se acertei em algumas suposições, há várias outras teses sugeridas no trabalho que até hoje são repudiadas pela jurisprudência, como a permissão de que normas inferiores à legislação complementar continuem dispondo sobre as formas de constituição do crédito tributário. Em 2008, defendi que a ausência de uma compreensão adequada da norma geral era o elemento responsável pela criação de maluquices brasileiras relacionadas à constituição do crédito tributário. Embora a CTN diga com todas as letras que apenas a Administração Pública pode constituir o crédito, a legislação ordinária dá ao contribuinte esse poder, no que é chancelada pelo Poder Judiciário. No fim do dia, essa foi a melhor opção, sem dúvida, mas tomada de modo equivocado, dissonante do sistema existente no CTN, o que gerou décadas de discussões desnecessárias no STJ, que poderiam ter sido evitadas com uma boa reforma no Código.

5. CONCLUSÕES

Como já alertei, este é um trabalho diferente, estimulado pela brilhante ideia dos organizadores, e permeado da minha história acadêmica. E isso não é porque pretendo sobrepor-me ao homenageado, mas senão porque essa história não seria a mesma sem o Professor Sacha. Certamente, essas singelas linhas não estão à altura para homenageá-lo, mas que elas representem ao menos o agradecimento que tenho por tudo o que vivemos nos últimos anos 25 anos. Pudesse escolher, viveria tudo outra vez.

6. REFERÊNCIAS BIBLIOGRÁFICAS

BALEEIRO, Aliomar. *Direito Tributário Brasileiro*. 11. ed. atual. Misabel Abreu Machado Derzi. Rio de Janeiro: Forense, 1999, p. 921.

CARVALHO, Paulo de Barros. Imunidades Tributárias. *In Revista de Direito Tributário nº 27-28*, São Paulo: Ed. Revista dos Tribunais, jan./jun., 1984, p. 98.

CARVALHO, Paulo de Barros. *Curso de Direito Tributário*. 8. ed. São Paulo: Saraiva, 1996, p. 124.

COÊLHO, Sacha Calmon Navarro. Comentários à Constituição de 1988 - Sistema Tributário. Rio de Janeiro: Forense, 1990

COÊLHO, Sacha Calmon Navarro. *Teoria Geral do Tributo e da Exoneração Tributária*. 2. ed., ampliada e atualizada. Belo Horizonte: Ed. Del Rey, 1999, p. 144.

COÊLHO, Sacha Calmon Navarro. *Teoria Geral do Tributo e da Exoneração Tributária*. 2. ed., ampliada e atualizada. Belo Horizonte: Ed. Del Rey, 1999, p. 144.

COÊLHO, Sacha Calmon Navarro. *Teoria Geral do Tributo e da Exoneração Tributária*. 2. ed., ampliada e atualizada. Belo Horizonte: Ed. Del Rey, 1999, p. 148-149.

COÊLHO, Sacha Calmon Navarro. *Teoria Geral do Tributo e da Exoneração Tributária*. 2. ed., ampliada e atualizada. Belo Horizonte: Ed. Del Rey, 1999, p. 156.

DERZI, Misabel Abreu Machado. Modificações da jurisprudência no Direito Tributário: proteção da confiança, boa fé objetiva e irretoratividade como limitações constitucionais no poder judicial de tributar. 1. ed. São Paulo: Noeses Ltda, 2009.

FRATTARI, Rafhael. Os tempos do contribuinte: o prazo para a restituição de tributos no direito tributário brasileiro. (Mestrado em Direito). 2003. - Faculdade de Direito, Universidade Federal de Minas Gerais, Belo Horizonte, 502 p.

FRATTARI, Rafhael. Decadência e prescrição no direito tributário brasileiro: por uma compreensão constitucionalidade adequada da norma geral no direito tributário. Belo Horizonte: Arraes, 2010.

OST, François. A natureza à margem da lei: a ecologia à prova do direito. São Paulo. Edições Piaget; Edição: 1ª, 1997

OST, François. Contar a lei - As fontes do imaginário jurídico. São Leopoldo: Editora Unisinos; Edição: 1ª, 2005.

RÉGNIER, João Roberto dos Santos. *A norma de isenção tributária*. São Paulo: Ed. da Universidade Católica, 1975, p. 74

ARRECADAÇÃO MUNICIPAL DE VITÓRIA-ES, SOBRE O PATRIMÔNIO PARTICULAR. CONTRAPARTIDA FINANCEIRA OU OUTORGA ONEROSA? SUBSUNÇÃO AO DIREITO URBANÍSTICO, CIVIL OU AO DIREITO TRIBUTÁRIO? DEFINIÇÃO DA SUA RELAÇÃO JURÍDICA

RICARDO CORRÊA DALLA[1]

SUMÁRIO: 1. Introdução; Da natureza jurídica da contrapartida financeira; 2. Da ilegítima e ilegal delegação legislativa pela lei federal à câmara municipal para quantificação do tributo, que foi por esta repassada ao poder executivo para definir a alíquota por decreto; 3. Da ausência de competência legislativa municipal no que se refere a cobrança de taxas urbanísticas pelo município; 4. Da invasão pelo Município - do exercício do direito civil -, da competência legislativa dos Estados membros e da União federal; 5. A taxa contrapartida financeira possui a mesma base de cálculo do IPTU, ITBI e do ITCMD, adotando assim indevidamente característica própria de imposto. Da coincidência com os critérios material, e hipótese de incidência de tributos já existentes; 6. Da desimportância do *nomem juris* "contrapartida financeira". Rótulo este que não pode ser usado como fio condutor para se atribuir outra relação jurídica que não seja tributária; 7. O artigo 3º do CTN como fundamento de uma relação jurídica tributária; 8. Da falta de justificativa para se arrecadar sobre metros quadrados iguais a 13 vagas de garagem utilizando o mesmo critério material do IPTU e mesmo assim, tal metragem não existe; 9. Do efeito confiscatório da taxa de contrapartida financeira

---

[1] Ricardo Corrêa Dalla, formado em 1983 pela UFES em Direito e em 1981 pela UVV-ES no curso Administrador de Empresas, mestre em Direito Constitucional Tributário pela UFMG em 2002, pela apresentação da tese "Multas Tributárias Natureza Jurídica, Sistematização e Princípios Aplicáveis", posteriormente publicada em 2003 pela Ed. Del Rey – BH/MG, advogado desde 1983, eleito Acadêmico para a Cadeira 29 da Academia Brasileira de Direito Tributário – SP, 2018, Sócio Fundador em 2008 e Presidente do Instituto Brasileiro de Direito Tributário Internacional com sede em Vitória ES.

sobre a obra e sobre as 13 vagas faltantes. Violação aos princípios da vedação ao confisco, modicidade, proporcionalidade, razoabilidade e moralidade.; 10. A taxa contrapartida financeira tem dupla materialidade; 11. Da consolidada jurisprudência declarando inconstitucional outras taxas públicas, Municipais, Estaduais, do DF e da União federal que utilizaram mesma base de cálculo de outros impostos; 12. Conclusões

1. INTRODUÇÃO

Trata-se aqui de descortinar qual a relação jurídica de incidência da mais nova exação municipal de Vitória-ES, denominada de "*Contrapartida Financeira*", criada por lei usando como mote uma nova taxa pública, na medida em que essa é a única possibilidade de se criar novos fatos geradores e bases de cálculo, desde que obedecido o comando constitucional "<u>em razão do exercício do poder de polícia ou pela utilização, efetiva ou potencial, de serviços públicos específicos e divisíveis, prestados ao contribuinte ou postos a sua disposição</u>", e se demonstrará a sua ilegal e inconstitucional exigência. Taxas exigidas ao final do Programa de Regulamentação de Edificação (PRE)[2] sobre imóveis que tiveram transformação de uso residencial para uso misto (residenciais, serviços e comércios), ou então, colocadas as balizas legais, saber se tal exigência se configura como regra do direito urbanístico, do direito civil ou do direito tributário.

Diga-se, logo, que o referido executivo municipal ao longo dos últimos 20 anos, a despeito de editar o PDU[3] com diretrizes gerais, por meio da SEDEC[4]. Contudo não conseguiu conter o avanço comercial da cidade, seja por falta de uma fiscalização efetiva seja porque "deixou acontecer ou sucumbiu aos pedidos políticos" em especial no

---

[2] Taxa de contrapartida financeira criada ao final do PRE pela lei municipal de Vitória n. 8.859/15.

[3] Plano Diretor Urbano de Vitória PDU lei municipal em vigor nº 6.705/06.

[4] Secretaria de Desenvolvimento da Cidade (Sedec) planeja ações estratégicas que promovam os desenvolvimentos econômico e social de Vitória. A Sedec é responsável pela gestão urbana, realizando a análise de novos empreendimentos e a fiscalização de obras, calçadas e posturas. Além disso, a secretaria faz projetos que visam à mobilidade em um âmbito global e planeja projetos de revitalização dos imóveis históricos e do Centro de Vitória. Outras atribuições são conceder licenciamentos para a realização de eventos de pequeno a grande porte na capital e acompanhar a evolução da ocupação urbana e a aplicação das normas urbanísticas.

Bairro Enseada do Suá acatando novos prédios públicos tais como os Tribunais (de Contas da União e do Estado, o Eleitoral, do Trabalho e da Justiça Estadual e varas cíveis, criminais e de direito público), a sede da Promotoria Estadual, sendo que até mesmo a Sede de toda a SEDEC[5] da PMV e outros órgãos estão no mesmo bairro em questão, bem como dezenas de prédios comerciais, lojas , redes de supermercados, de fast food, etc... e ali deixou construir o Shopping Vitória que é o maior shopping center do Estado, academias de ginásticas, redes hoteleiras, secretaria estadual se Saúde, escolas de 1º e 2º graus, a maior distribuidora de vinhos da américa latina, a Escelsa/EDP, Mac Donalds, Corpo de Bombeiros, Assembleia Legislativa, Conselhos Regionais Profissionais, a Praça do Papa, etc.

Para suportar essa evolução comercial e de serviços – que impulsionaram ao longo dos anos o aumento do valor venal do metro quadrado, redundando significativamente no aumento do IPTU -, contribuintes passaram pela necessidade premente de modificar o uso residencial sob pena de o seu patrimônio sucumbir, motivação essa dado pelo próprio poder público municipal, transformando-se seus padrões residenciais, com esse novo timbre "bussines" dentro do limite de até 4 andares o que foi permitido a partir da lei municipal do PDU n. 6.705/2006[6].

O proprietário do imóvel sob análise alegou que – a burocracia municipal é enorme, daquelas que dificultam o desenvolvimento econômico e, se tivesse entrado com projeto, estudos, planos, pedindo depois alvará para início de obra, prorrogações e alvará de encerramento de obra, levaria anos para que isso ocorresse -, e assim teve uma oportunidade ímpar de construir, na medida em que comprou em uma excelente oportunidade de negócio a preço muito barato estruturas em aço e telhados de sobras de uma grande obra de terceiros, contendo proteções anticorrosivas já que a obra está a 20 metros da praia, e preferiu fazer a obra imediatamente e sem a autorização municipal e após, deu entrada no protocolo de um PRE para regularização da obra, o que ao final ocorreu somente em 2015 (7 anos depois) porém antes da lei do PRE n. 8.859/2015 pagando a multa de R$2 mil por essa infração urbanística.

O protagonismo dessa cobrança municipal ao que se depreende, surgiu com a figura da "Outorga Onerosa do Direito de Construir" que

---

5 SEDEC estabelecida à Rua Vitório Nunes da Motta, 220, Enseada do Suá, Vitória, ES, CEP: 29.050-915

6 Lei Federal 10.257/01 (lei das cidades) deu fundamento para municípios criarem a taxa "Outorga Onerosa do Direito de Construir".

nos termos da lei Federal 10.257/01 (lei das cidades) subsume-se **a prerrogativa de o proprietário de imóvel edificar "acima" do limite permitido em uma determinada área urbana, devendo por isso pagar uma contraprestação financeira ao município.** Veja-se que a expressão "acima" do limite consiste em construir área maior do que o limite do Coeficiente de Aproveitamento Básico, que é estabelecido no PDU Plano Diretor Urbano municipal para casos de instalações de grande prédio comercial, um shopping center, uma grande rede supermercados, etc... Então há que separar obras que tenham sido feitas "acima" do limite das obras que foram feitas "dentro" do limite de 12 metros de altura.

A obra em questão, no caso concreto aqui analisado, foi construída em 2008 e se exigiu do contribuinte a regularização do seu prédio por meio do PRE[7] para ao final exigir pagamento de vultosa conta, denominada por essa norma de "contrapartida financeira" pela ampliação de mais 287,03m2 e era compatível com o PDU em vigor (lei 6.705/06). No caso concreto, como não haviam 22 vagas de garagem na propriedade em discussão, e sendo assim, faltando 13 vagas pois 9 já haviam sido construídas à época em 2000, exigiu o poder municipal para aprovar o projeto residencial, a citada taxa quando calculou o seu valor da contrapartida financeira, pelo valor venal da metragem do IPTU para essa nova área e cobrada ainda sobre os metros quadrados faltantes das 13 vagas igual a 444,63m2, (assim exigida pela alteração do coeficiente de uso) tudo, por exercício de ficção futurística -, da citada lei municipal n. 8.859/15 (PRE), criando o município uma situação jurídica surreal, pois, mesmo estando o prédio com até 12 metros de altura (4 andares), nenhuma irregularidade ocorreu na medida em que o Anexo 9.2 da lei do PDU (6.705/06) que trata da Zona de Ocupação Restrita – ZOR na Coluna da Tabela de Controle Urbanístico, denominada de **"Altura da Edificação", tem a descrição na ZOR/02 de até 12,00 metro de altura** e caso ultrapassasse esse limite, nem teria sido deferido o PRE[8].

---

7 Programa Municipal de Regularizações de Edificações – PRE, criado pela Lei Municipal de Vitória – ES n°8.859/2015.

8 lei municipal de Vitória-ES n. 8.859/15 Art. 5° Serão indeferidas pelo Município as solicitações de regularização das edificações que:

I - extrapolarem a altura máxima da edificação, interferindo na zona de proteção do Aeroporto de Vitória, nas áreas de ambiência e proteção da visibilidade do Outeiro e Convento da Penha, ou ainda em quaisquer outras limitações dessa natureza, previstas em legislação especial;

O conceito jurídico de um plano diretor municipal também denominado de plano diretor urbano

Victor Carvalho Pinto[9], por meio do link https://www2.senado.leg.br/bdsf/bitstream/handle/id/150/54.pdf?sequence=4 preleciona que o plano diretor foi definido pela Constituição como o "instrumento básico" da política urbana (art. 182, § 1o). O Estatuto da Cidade (Lei 10.257/01) e a Lei de Parcelamento do Solo Urbano (Lei 6.766/79, alterada pela Lei 9.785/99), **reforçam o dispositivo constitucional, condicionando a aplicação de praticamente todos os demais instrumentos urbanísticos ao disposto no plano diretor. Esta primazia do plano diretor tem por finalidade impedir a ocorrência de abusos por parte do Poder Público na disciplina do direito de propriedade. Busca-se garantir que os enormes poderes conferidos ao Município para a regulação do mercado imobiliário sejam utilizados exclusivamente na busca do interesse público. De fato, caso sejam mal utilizados, os instrumentos urbanísticos, antigos e novos, podem causar muito mais prejuízos que benefícios.** Assim sendo, definição do regime jurídico do plano diretor constitui tarefa fundamental do direito urbanístico, caracterizando-se como condição prévia para a própria legitimidade da política urbana."

Nesse sentido **a estatuição da contrapartida financeira municipal de Vitória pela lei 8.859/2015 a despeito de não estarem as referidas normas incluídas no PDU da lei 6.706/06 já lhe retira pretensos foros de direito urbanístico** – e lhe alcunha natureza de direito tributário não só por ser uma norma isolada do PDU -, na medida em que quando se modifica o PDU há de se ter um conjunto preciso dos aspectos técnicos que devem ser observados pelo plano diretor tais como o regime previsto para o Estudo de Impacto de Vizinhança (EIV), incluindo no mínimo outras questões tais como o adensamento populacional, geração de tráfego e demanda por transporte público, equipamentos urbanos e comunitários, uso e ocupação do solo, valorização imobiliária, ventilação e iluminação, paisagem urbana e patrimônio natural e cultural, e o que se tem em mãos é uma lei municipal isolada de tudo isso, sem qualquer integração com a realidade, visando tão somente arrecadação fiscal. E nesse sentido, o município violou os §§ 1º e 2º do

---

9 É especialista em Direito Urbanístico, consultor legislativo do Senado Federal na área de desenvolvimento urbano. É doutor em Direito Econômico e Financeiro pela Universidade de São Paulo, autor do livro "Direito Urbanístico: Plano Diretor e Direito de Propriedade".

artigo 182 da CF/88 que prescrevem: "§ 1º O **plano diretor, aprovado pela Câmara Municipal, obrigatório para cidades com mais de vinte mil habitantes, é o instrumento básico da política de desenvolvimento e de expansão urbana.**" § 2º A propriedade urbana cumpre sua função social quando atende às exigências fundamentais de ordenação da cidade expressas no plano diretor."

DA NATUREZA JURÍDICA DA CONTRAPARTIDA FINANCEIRA

Por sua vez o município que não tipificou o caso concreto como "<u>Outorga Onerosa do Direito de Construir</u>" que estaria em tese autorizado pelo artigo 28 a 31 da lei federal das cidades n. 10.257/01, (porque sabia que tal conceito seria para obra "acima" do limite previsto de 12 metros de altura) preferiu então, dar um nome otimista, simpático, um "nomen juris" de **Contrapartida Financeira** para logo ganhar adeptos na Câmara Municipal o que fez pelo PL da lei municipal 8.859/15, aproximando-se – com a estatuição do fato gerador composto de (regularização de área construída e pela transformação do então uso residencial para uso misto comercial e serviços) e da base de cálculo pelo metro quadrado construídos e também sobre os não construídos (cuja base de cálculo é o valor venal do metro quadrado do IPTU)-, e assim criou um adicional desse mesmo imposto municipal se considerando então que há típica relação jurídico tributária, deixando de se conectar tanto com as regras do direito civil que nem competência tem para isso e quanto os da referida lei federal que criou regras urbanísticas de decorrência do artigo 182 §§ 1º e 2º da CF/88.

Enfim, a PMV trata os proprietários dos imóveis do Bairro Enseada do Suá como se eles estivessem comprando do município o direito de construir uma área maior do que a permitida (12 metros) pelo conceito de Outorga Onerosa do direito de construir e lhes cobra **sem previsão na lei federal n. 10.257/01 e no** <u>CTN</u>, no seu próprio PDU (lei 6.705/06) uma taxa confiscatória, de típica natureza tributária. Acresça-se que essa lei federal no inciso I do seu artigo 30, cedeu ao município o direito de elaborar a "fórmula de cálculo para a cobrança" mas isto evidentemente não significa "an passand" um cheque em branco a ser preenchido pelo município, não significa que possa utilizar o valor venal do metro quadrado do IPTU e muito menos significa que aquela disposição do inciso III possa dar ao município exegese diferente do inciso I na medida em que a contrapartida do beneficiário ali referida, longe de ser em dinheiro, está no sentido de o proprietário ceder um maior espaço - quando ele for maior do que 12 metros de altura -, para a calçada do prédio, ou um recuo frontal do prédio por exemplo, no sentido de que o proprietário ofereça para aprovação do PRE uma qualquer outra solução.

O que fez a lei municipal n. 8.859/2015 foi a criação de uma taxa pública pois assim é o único poder que tem para instituir novas cobranças denominando ela de contrapartida financeira, ou de reparações financeiras ou indenizações, ou contrapartidas pecuniárias urbanísticas por obra irregular, atacando-se tanto obras "maiores" do que 12 metros de altura, como restou também por atingir todos os proprietários com obras "abaixo" dos 12 metros de altura (como no presente caso).

2. DA ILEGÍTIMA E ILEGAL DELEGAÇÃO LEGISLATIVA PELA LEI FEDERAL À CÂMARA MUNICIPAL PARA QUANTIFICAÇÃO DO TRIBUTO, QUE FOI POR ESTA REPASSADA AO PODER EXECUTIVO PARA DEFINIR A ALÍQUOTA POR DECRETO

No processo administrativo do PRE autorizando a regularização de obra e calculada a taxa sobre discutível modelo de alíquotas variáveis e progressivas, fundamentada em gravidade máxima de 15% a ser aplicada quando faltarem vagas de estacionamento sendo que em nenhum lugar da Lei Federal n. 10.250/01, ou da lei do PDU n. 6.705/06 não passando de uma deliberação discricionária e ilegal de origem apenas municipal. Assim, se entende que restou ferido pela nulidade o Decreto[10] Municipal n. 16.399/2015 em seu artigo 1º, na parte em que fixou as alíquotas de 5%, 10% e 15% sem que tivesse sido fruto do debate na Câmara Municipal. Tem-se que restou violado o princípio da legalidade em matéria tributária e o § único do artigo 142 do CTN "(**A atividade administrativa de lançamento é vinculada e obrigatória, (...)**", que possui o poder de freios e contrapesos jurídicos na medida em que restou descumprida a regra maior (CTN, artigos 4º inciso II, 77 § único, 97 inciso IV, 110, 118 incisos I e II e CF/88 artigos 145, inciso II e § 2º e do artigo 150 inciso I, 154, I, e ainda o artigo 182 §§ 1º e 2º da CF/88).

---

10 Art. 1º. As contrapartidas financeiras terão os seguintes percentuais, considerando-se o valor venal do metro quadrado da edificação aplicado sobre a totalidade da área irregularmente construída, conforme classificação e variações previstas nos artigos 12 e 13 da Lei nº 8.859, de 10 de agosto de 2015: I - gravidade I - 15% (quinze por cento); II - gravidade II - 10% (dez por cento); III - gravidade III - 5 % (cinco por cento).

Depois disso tudo, em caso semelhante, em 13/11/2018 o STJ reconheceu a ilegalidade de cobranças por confecção e fornecimento de selos de controle de IPI instituída pelo Decreto-Lei 1.437/75. Para o colegiado, por se tratar de tributo, **ressarcimento dos valores** exige edição de lei federal para ser instituído. O ministro **Napoleão Nunes Marques**[11] explicou ainda que, embora o Fisco possa impor ao sujeito passivo certas obrigações acessórias por meio de atos infra legais, "**o mesmo não ocorre no âmbito das taxas, que devem obediência à regra da estrita legalidade tributária**", prevista no artigo 97, inciso IV, do CTN".

O artigo 4º, o § único do artigo 10, e 11, incisos I, e o artigo 13 e o seu parágrafo terceiro da lei municipal n. 8.859/15, criando aleatoriamente e sem parâmetros a sua base de cálculo e o artigo 1º de Decreto Regulamentador criando alíquotas progressivas, apurou realmente ser a mesma desproporcional somando mais de R$102 mil contra quem não cometeu infração alguma e essas normas descortinam a verdadeira natureza jurídica da taxa contrapartida financeira, verbis:

> **Art. 10** Após parecer favorável da Comissão do PRE, a edificação será regularizada pelo Município, podendo ser fornecido o Alvará de Aprovação, Certificado de Conclusão e Certidão.
>
> **Parágrafo Único -** O pagamento da **contrapartida financeira** para a regularização **será feito sem prejuízo do pagamento das taxas e das multas impostas.**
>
> **Art. 11:** A **contrapartida financeira** prevista nesta Lei poderá ser feita da seguinte forma: I - pecuniariamente;
>
> Artigo 13 - "As contrapartidas financeiras **serão aplicadas sobre a totalidade da área irregularmente construída...**"
>
> § 3º Nos casos previstos no inciso VIII do Art. 7º desta Lei, **o valor da contrapartida financeira será calculado sobre a área irregularmente edificada acrescida da área geradora do número de vagas de estacionamento obrigatórias que não forem disponibilizadas,** nos termos da Lei nº 6.705, de 2006, e da Lei nº 4.821, de 1998.
>
> Art. 7º Poderão ser regularizadas as edificações que apresentarem as seguintes condições:
>
> VII - forem identificadas como de interesse de preservação no grau de proteção do entorno - GP3, previsto na Lei nº 6.705, de 2006, cuja reforma ou regularização mantenha a mesma volumetria e afastamentos e não descaracterize ou prejudique as edificações objeto de proteção integral;

---

[11] 1ª seção do STJ no Processo REsp 1.405.244

Veja-se que a administração exige um parecer favorável da Comissão do PRE, que pudesse então sugerir, embargo do prédio, demolição, desapropriação, etc... ou que nos termos do artigo 5º do PRE municipal nem se poderia aprovar obra em áreas de invasão, de risco, instável, insalubre ou tombada, e se a obra foi objeto de manifestação favorável é porque não havia irregularidade. Essa é uma típica exigência de taxa pública específica e divisível,que deveria ser cobrada por valor fixo e não como adicional do IPTU.

Por certo que, **o Município cobrou a estratosférica quantia de R$102 mil (apurados sobre 287,03 m2 construídos irregularmente somadas 444,03m2 como sendo essa última metragem sobre 13 vagas de garagem que deveriam ter sido construídas nos termos do parágrafo terceiro do artigo 13 combinado com o inciso VII do artigo 7º da lei municipal 8.859/15), além de cobrar também mais o valor de multa em R$2.000,00 pela irregularidade por não ter requerido aprovação de projeto e licença de início de obra e ainda outra Taxa de aprovação de alvará ao final do PRE no valor de R$2.619,70, para dar um laudo/parecer técnico** nos termos do artigo 4º da Lei municipal nº 8.859/2015 que prescreve "**a previsão de ações da fiscalização municipal que servirá de fundamentação de parecer técnico identificando a situação da edificação em face da legislação urbanística e edílica**," e também para dar **um outro parecer favorável pela Comissão do PRE/PMV conforme artigo 10 da mesma lei.**

Enfim, pagou-se taxa pública específica e divisível para emissão de estudos, parecer técnico e laudo e mais a taxa contra partida financeira. Isso, contudo, não pode ter base de cálculo do IPTU utilizando-se o valor venal do metro quadrado.

3. DA AUSÊNCIA DE COMPETÊNCIA LEGISLATIVA MUNICIPAL NO QUE SE REFERE A COBRANÇA DE TAXAS URBANÍSTICAS PELO MUNICÍPIO

Como o município não possui competência para criar novos impostos além daqueles consagrados pela CF de 1988 sendo eles o ISSQN, o IPTU e o ITBI, no entanto a Carta maior permitiu a possibilidade de criação por eles de novas taxas além das existentes, sobretudo porque as taxas além de ser tributo direto, têm que ter valor expresso, em reais, e não ter alíquota e base de cálculo.

Nos termos do artigo 24 da CF/88 há espaço para os municípios legislarem concorrentemente em matéria de direito urbanístico, mas isto não significa que a lei federal 10.257/01, ainda que seja ela de caráter nacional pudesse dispor em seus artigos 29 e 30 incisos I a III[12] de delegação aos municípios de um poder que a CF/88 não contemplou, para editar lei urbanística com cobrança pecuniária. Assim lançou um adicional do IPTU instituindo tributos, em uma fácil tentativa de aplicar os citados artigos desta lei federal.

Esse confronto legal possibilita ver disparidades e incongruências legais. Em que pese a existência do artigo 182 §§ 1º e 2º da CF/88[13], o teor destas normas em nada afeta o caso concreto na medida em que se construiu dentro do limite de 12 metros de altura, autorizado pelo PDU existente à época e assim estando subsumido dentro do padrão legal, cumpriu o contribuinte a sua função social, pois está dentro do conceito de contribuir para o bem estar da cidadania.

O Estado do Paraná aviou no E. STF um pedido de Suspensão de Segurança que foi denegado pela MIN. **Carmem Lúcia Antunes Rocha**[14], cuja decisão foi a seguinte, trazendo aqui o que importa:

> a) o Estado do Paraná ao editar a Lei Estadual 18.878/2016, <u>afrontou uma sistemática constitucional de repartição de competências materiais comuns entre os entes da federação por sobrepor exercício de</u>

---

12 Art. 29. O plano diretor poderá fixar áreas nas quais poderá ser permitida alteração de uso do solo, mediante contrapartida a ser prestada pelo beneficiário.

Art. 30. Lei municipal específica estabelecerá as condições a serem observadas para a outorga onerosa do direito de construir e de alteração de uso, determinando: I – a fórmula de cálculo para a cobrança; II – os casos passíveis de isenção do pagamento da outorga;

III – a contrapartida do beneficiário.

13 "DA POLÍTICA URBANA": Art. 182. A política de desenvolvimento urbano, executada pelo Poder Público municipal, conforme diretrizes gerais fixadas em lei, tem por objetivo ordenar o pleno desenvolvimento das funções sociais da cidade e garantir o bem- estar de seus habitantes. § 2º A propriedade urbana cumpre sua função social quando atende às exigências fundamentais de ordenação da cidade expressas no plano diretor.

14 Digníssima Presidente do Excelso Supremo Tribunal Federal, Autos de origem nº 0000251-52.2017.8.16.0179 (Mandado de Segurança) sendo Impetrantes: (1) Associação Brasileira de Geração de Energia Limpa – ABRAGEL e (2) Associação Brasileira dos Produtores Independentes de Energia Elétrica - APINE e Impetrados: Inspetor Chefe do Setor Especializado em Comunicação e Energia Elétrica – SECE da Inspetoria Geral de Fiscalização da Coordenação da Receita do Estado do Paraná e outros, SS 5214 MC, Relator(a): Min. Presidente, Decisão Proferida pelo(a) Ministro(a) CÁRMEN LÚCIA, julgado em 22/12/2017, publicado em PROCESSO ELETRÔNICO DJe-019 DIVULG 01/02/2018 PUBLIC 02/02/2018)

poder de polícia a atribuição regular da União, sem lei complementar que preveja, neste caso, um conjunto entre os entes, violando o artigo 23, § único da CF / 88;

c) os artigos 77 do CTN e 145, II da CF / 88, conceituam como taxas como tributos, instituídos com base em poder de polícia com natureza de divisibilidade e mensurabilidade;

d) ambas como taxas - TCFRH e TCFRM -, instituídas por citada lei estadual, e **que tem como fatos geradores a exploração ou aproveitamento de recursos hídricos e atividades de Lavra, exploração e aproveitamento de recursos minerais,** conferem à Secretaria de Meio Ambiente do Estado do Paraná - SEMA/PR, a fiscalização de seu cumprimento, ou seja, deve se relacionar especificamente a trabalho realizado pela SEMA/PR, o que seria contra como normas constitucionais que existem sobre a competência;

e) **há desproporcionalidade entre como taxas e custo de atividade desenvolvida pelo órgão ambiental estadual, violando o artigo 150, IV da CF/88, considerando-se o valor da arrecadação das taxas, previsto para 2017 em R$100.000.000,00 (cem milhões de reais).**

43. Assim, não tendo sido editada a referida Lei Complementar, de caráter Nacional, falta aos Estados competência para a edição de normas visando à cobrança de taxas em razão do poder de polícia, tal qual pretendido pelo Estado do Paraná com a Lei nº 18.878/2016, **sendo imperativo reconhecer a inconstitucionalidade da referida lei por ofensa aos art. 22, incisos IV e XII, e parágrafo único, art. 23, parágrafo único, e art. 146, inciso I, todos da CF/88, havendo, ainda, ofensa ao art. 80 do CTN**, nos termos acima expostos."

Assim, parece que as justificativas para se auto atribuir competência legislativa não se encontram nas pontas dos argumentos municipais criando uma lei de PRE para regularizar usos e obras que na verdade em nada estavam irregulares, e atribuindo ao particular o dever de pagar por erros perpetrados pelas próprias administrações municipais que concederam livremente a verticalização e o crescimento do bairro ao longo dos anos. Enfim, inexiste competência legislativa municipal para atribuir esse abuso financeiro arrecadatório contra o particular, causando-lhe prejuízos e enriquecimento ilícito municipal.

4. DA INVASÃO PELO MUNICÍPIO - DO EXERCÍCIO DO DIREITO CIVIL -, DA COMPETÊNCIA LEGISLATIVA DOS ESTADOS MEMBROS E DA UNIÃO FEDERAL

Ainda que os propósitos da Lei Federal 10.257/01, em termos urbanísticos sejam os mais nobres possíveis, não poderia conceder ou delegar aos Municípios o direito de arrecadar valores sob a curiosa denominação de outorga onerosa ou contrapartida financeira. Assim, descortinados esses âmbitos de incidência dessas taxas fica clara a pretensão, que ora se fundamenta[15] no artigo 22, I, ora no artigo[16] 24, I da CF/88, mesclando conceitos de direito civil e de direito urbanístico mas cobrando como se tributo fosse.

No caso concreto, ainda que a lei federal 10.257/01 seja uma norma de caráter nacional, e que tenha ela fundamento no artigo 24, I da CF/88 não se pode conceber que por ela haja tentativa de abrir espaço para uma competência legislativa plena municipal. É de se notar que a lei local 8.859/15, da referida exação que não é uma lei urbanística, mas que pretende ser uma norma de direito civil, falece então competência municipal para a edição da lei municipal que trata de cobrar uma indenização, pela redação do artigo 13 parágrafo terceiro da mesma sobre a "(...) **área geradora do número de vagas de estacionamento obrigatórias que não forem disponibilizadas (...)**".

Então a lei municipal tem estreito vínculo com o parágrafo único do artigo 22 da CF/88. No caso de direito civil, ainda assim, veja-se que a autorização seria dada apenas aos Estados Membros e não aos Municípios. O certo é que a lei municipal[17] não tem lastro na CF/88, pois tão somente os Estados podem legislar sobre o tema, que não se confunde com a competência concorrente a que alude o art. 24 do mesmo texto Constitucional (direito urbanístico) e muito menos teria o município a capacidade de usar a mesma base de cálculo (valor venal do metro quadrado) do seu IPTU, do ITBI e do ITCMD, tentativa essa extravagante de impor um condenável adicional.

Nesse contexto, o artigo 109 do CTN[18] afasta também por concreto a lei federal 10.257/01 e afeta o fundamento de validade da lei municipal na medida em que nelas se contém tentativas de se estabelecer princípios de direito civil, afetando o direito privado de propriedade, inexistindo portanto foros de validade que pudessem suplantar a regra maior complementar.

---

15 Art. 22. Compete privativamente à União legislar sobre: I - direito civil,(...)"

16 Art. 24. Compete à União, aos Estados e ao Distrito Federal legislar concorrentemente sobre:

I - direito (...) e urbanístico;

17 Lei 8.859/2015;

18 Art. 109. Os princípios gerais de direito privado utilizam-se para pesquisa da definição, do conteúdo e do alcance de seus institutos, conceitos e formas, mas não para definição dos respectivos efeitos tributários.

Enfim o que se vê é uma ampla invasão de competências que não está autorizado o Município a exercê-las.

5. A TAXA CONTRAPARTIDA FINANCEIRA POSSUI A MESMA BASE DE CÁLCULO DO IPTU, ITBI E DO ITCMD, ADOTANDO ASSIM INDEVIDAMENTE CARACTERÍSTICA PRÓPRIA DE IMPOSTO. DA COINCIDÊNCIA COM OS CRITÉRIOS MATERIAL, E HIPÓTESE DE INCIDÊNCIA DE TRIBUTOS JÁ EXISTENTES

O § 2º do artigo 145 da CF/88 prescreve que "**As taxas não poderão ter base de cálculo própria de impostos**" e ainda o artigo 150 é vedado "exigir e aumentar tributo sem lei que o estabeleça."

A distância entre os propósitos da lei municipal e os termos do artigo 145 § 2º da CF/88 é abissal a ponto de em nada se justificar arrecadação muito maior inclusive do que o valor do IPTU e outros tributos se comparados o carnet municipal daquele ano, significando "N" vezes o valor cobrado do IPTU o que na verdade por ser a contrapartida financeira um verdadeiro imposto novo, repetição do mesmo, um adicional dele, se configura um verdadeiro confisco, quando exigido sobre obrigação acessória (444,03m2) por não estarem previstas 13 novas vagas de garagem, o que se avoluma em muito à previsão constitucional de se poder cobrar o IPTU inclusive na modalidade ali permitida, progressivamente.

O fato é que a arrecadação dessa taxa é feita aplicando-se alíquota sobre base de cálculo, da mesma forma como se arrecadam os impostos IPTU, ITBI, ITCMD, e até mesmo as taxas de marinha (foro, laudêmio e ocupação), todas incidentes sobre o mesmo valor venal do metro quadrado do imóvel fixado aleatoriamente pelas secretarias municipais de fazenda e pelo SPU/MF. E a sua grande expressão financeira, é uma arrecadação não vinculada a atividade estatal estando atada ao comando do inciso II do artigo 145 da CF/88.

Então tratando-se de arrecadação sem fim específico acentua assim a sua natureza jurídica como imposto.

6. DA DESIMPORTÂNCIA DO *NOMEM JURIS* "CONTRAPARTIDA FINANCEIRA". RÓTULO ESTE QUE NÃO PODE SER USADO COMO FIO CONDUTOR PARA SE ATRIBUIR OUTRA RELAÇÃO JURÍDICA QUE NÃO SEJA TRIBUTÁRIA

No entanto, ao usar a mesma base de cálculo do valor venal do metro quadrado da edificação lançado a título de IPTU Imposto sobre Propriedade Territorial Urbana, embora sua denominação seja **um** pomposo nome de "Contrapartida Financeira", rótulo este que não tem a capacidade de alterar a verdadeira relação jurídica entre o contribuinte e o fisco municipal, assegurada essa desimportância do nome pelo CTN, artigos 4º inciso II, 77 § único, 97 inciso IV, 110, 118 incisos I e II e CF/88 artigos 145, inciso II e § 2º e do artigo 150 inciso I, 154, I, e ainda o artigo 182 da CF/88.

Com efeito, **Sacha Calmon Navarro Coelho**[19] confirma o entendimento de que:

> "O CTN está, no tangente à qualificação do tributo, rigorosamente certo. O que importa é analisar o fato gerador e a base de cálculo do tributo para verificar se o mesmo está ou não vinculado a uma atuação estatal, específica, relativa à pessoa do contribuinte, indiferentes do "nomen juris", características jurídico formais e o desenho da arrecadação."

Por certo que o artigo 4º I e II do CTN prescreve a insignificância do rótulo contrapartida financeira, na questão tributária, verbis:

> **Art. 4º** A natureza jurídica específica do tributo é determinada pelo fato gerador da respectiva obrigação, **sendo irrelevantes para qualificá-la:**
> I - a denominação e demais características formais adotadas pela lei;
> II - a destinação legal do produto da sua arrecadação.

Ademais, o fato de o artigo 31 da referida lei federal n. 10.257/01 prever destinação dos recursos, (para a regularização fundiária, projeto habitacional, reserva fundiária, ordenamento urbano, etc...) e por mais nobre que tudo isso possa parecer, não altera a natureza jurídica específica tributária dessa taxa contrapartida financeira.

Para o artigo 118 incisos I e II do CTN, a "definição legal do fato gerador não leva em conta a validade jurídica e os efeitos efetivamente ocorridos". Assim, mesmo tendo acréscimo de área e transformação do uso, dentro do limite de 12 metros de altura, ou que faltem 13 vagas, e cobrada a taxa também pelo parágrafo terceiro do artigo 13 da lei 8.859/2015 sobre essa área não disponibilizada, além de surreal a criação desse vínculo, isso é irrelevante para definir a natureza jurídica da taxa contrapartida financeira, pois o fato gerador da mesma é "construir obra (critério material = verbo mais o seu complemento = IPTU e ser proprietário de área predial e territorial urbana). Faltando 13 vagas, é evidente que não existe propriedade urbana sobre elas e sendo assim, não se pode tributá-las.

---

19 COELHO, Sacha Calmon Navarro. Curso de Direito Tributário Brasileiro, 12ª Ed., Rio de Janeiro: Forense, 2012, p.88.

A lei municipal em questão em seu artigo 13 parágrafo terceiro, considera a base de cálculo o **valor venal do metro quadrado da edificação**, apurados pelo critério da planta genérica de valores imobiliários **utilizada para cálculo do Imposto Predial e Territorial Urbano - IPTU, aplicado sobre a totalidade da área irregularmente construída**, a incidir sobre área construída de 287,03m2, mais a área de 444,64m² não construída, não disponibilizada.

O fato é que não houve área irregularmente construída, houve sim acréscimo, mas pelo pedido de transformação do uso residencial para o misto, porque o patrimônio foi afetado pelas autorizações do mesmo poder público municipal, admitindo a chegada de "n" prédios públicos e privados, e por essa necessidade de adequação à realidade do patrimônio particular com o bairro se exigiu do contribuinte o pagamento da referida contra partida. Isto é o avesso do avesso.

O debate circula também uma hipótese de contribuição de melhoria a que se refere o artigo[20] 81 do CTN mas nem de longe poder-se-ia dizer que as leis (federal e municipal e o decreto) em questão tratam da mesma.

Agora, cobrar sobre área que não foi construída, isso é um malabarismo conceitual difícil de entender o que transforma essa pretensão em alguma coisa meta jurídica e totalmente fora do contexto do direito, aproxima-se claramente de uma obrigação acessória tributária e de natureza confiscatória.

Ademais esse "nomen juris" não passa de um rótulo cujo conteúdo é o que é significativo juridicamente, e não teria a lei municipal, competência para alterar a relação jurídica do artigo 110 do CTN que prescreve:

> a lei não pode alterar a definição, o conteúdo e o alcance de institutos, conceitos e formas de direito privado, utilizados, expressa ou implicitamente, pela Constituição Federal, pelas Constituições dos Estados, ou pelas Leis Orgânicas do Distrito Federal ou dos Municípios, para definir ou limitar competências tributárias.

---

20 Art. 81. A contribuição de melhoria cobrada pela União, pelos Estados, pelo Distrito Federal ou pelos Municípios, no âmbito de suas respectivas atribuições, é instituída para fazer face ao custo de obras públicas de que decorra valorização imobiliária, tendo como limite total a despesa realizada e como limite individual o acréscimo de valor que da obra resultar para cada imóvel beneficiado.

7. O ARTIGO 3º DO CTN COMO FUNDAMENTO DE UMA RELAÇÃO JURÍDICA TRIBUTÁRIA

Para assegurar essas conclusões, em termos de legislação infraconstitucional, inicia-se pelo começo do CTN[21], cujo artigo 3º dá os verdadeiros contornos dessa dimensão.

A lei municipal criou as hipóteses de ressarcimentos pecuniários em favor do Município por pedido de mudança de uso. Uma de caráter indenizatório, reparatório, retributivo ou sancionatória denominada contrapartida financeira. E outra sobre área de garagem indisponibilizada, a qual, pelo pedido de transformação do uso da propriedade, cujo bairro já estava todo transformado em uso misto, que o contribuinte não deu azo ou motivação a isso, mas nasceu à sua revelia essa obrigação, que não podendo ser criadas as vagas, transferiu-se essa obrigação de pagar ao particular.

Por certo que a lei municipal afirma categoricamente que é:

1º -uma prestação pecuniária compulsória. Ora, a lei municipal 8895/15 obriga o contribuinte nos termos do seu § único do artigo 10, 11 I e II e o § 3º do artigo 13 "**As contrapartidas financeiras serão aplicadas sobre a totalidade da área irregularmente construída.**", e mais outra sobre área faltante de 13 vagas;

2º -em moeda ou cujo valor nela se possa exprimir. A contrapartida financeira foi instituída em lei e deveria ser cobrada mediante atividade administrativa plenamente vinculada, mas entendeu atuar discricionariamente ao indicar a alíquota máxima de 15% criada esta pelo Decreto Municipal **16.399/15, violando o artigo 97 IV do CTN;**

3º - que não constitua sanção de ato ilícito. Neste aspecto por ser a contrapartida financeira fruto de um programa de regularização de obra PRE dando uma faculdade/liberdade aos proprietários possibilitando a transformação do prédio residencial em uso misto, admitida por lei. Por esta simples transformação de uso, considera-se também que está o município cobrando multa pecuniária por uma falta de 13 vagas de garagens – e é uma sanção de ato ilícito à toda evidência -, com o "nomen iuris" **contrapartida financeira de R$102 mil** de pretensão de origem no direito

---

[21] "Art. 3º Tributo é toda prestação pecuniária compulsória, em moeda ou cujo valor nela se possa exprimir, que não constitua sanção de ato ilícito, instituída em lei e cobrada mediante atividade administrativa plenamente vinculada."

civil de caráter indenizatório e sem competência legislativa para esse fim a taxa desvinculou-se também do direito urbanístico para ficar atada como obrigação acessória de direito tributário. (artigo 113 § 3º do CTN)

O imposto (adicional) do IPTU e a multa como sanção de ato ilícito estão tipificadas por ter acrescentado mais 287m^2 ao prédio sem ter requerido isso antes da obra. Passou-se a pagar o IPTU sobre a metragem quadrada sobre esse acréscimo. Ocorre que o contribuinte foi autuado pelo Código de postura municipal em 2 mil reais por fazer essa obra sem autorização. **Mudança de uso não é nenhuma infração do proprietário da obra, mas de origem e provocação exclusiva do executivo municipal** e a sanção é na verdade por faltarem 13 novas vagas de garagem calculada sobre área de 444,03 m^2 (inexistentes) e assim, por dever IPTU, deve-se arcar também com a contrapartida financeira por essa falta de garagens, cuja área nunca existiu e nem existirá.

Como se vê, a pretensão arrecadatória, tem de plano, enquadramento na natureza tributária na definição do artigo 3º do CTN ora indicando ser um novo imposto ora, indicando ser uma nova multa, e isto é inconstitucional e ilegal.

Já se manifestou o E. STF[22] em relação a Taxa Decex, que incidia à alíquota de 1,8% sobre o valor das Guias de Importação, cuja base de cálculo coincidia com o imposto de importação, verbis:

> EMENTA: TRIBUTÁRIO. TAXA DE LICENCIAMENTO DE IMPORTAÇÃO. ART. 10 DA LEI 2.145/53, REDAÇÃO DADA PELO ART. 1. DA LEI N. 7.690/88. Tributo cuja base de cálculo coincide com a que corresponde ao imposto de importação, ou seja, o valor da mercadoria importada. Inconstitucionalidade que se declara do dispositivo legal em referência, em face da norma do art. 145, par. 2º, da Constituição Federal de 1988. Recurso não conhecido.
>
> Acórdão, Vistos, relatados e discutidos estes autos, acordam os Ministros do Supremo Tribunal Federal, por seu Tribunal Pleno, na conformidade da ata do julgamento e das notas taquigráficas, por unanimidade de votos, em não conhecer do recurso e declarar a inconstitucionalidade do caput do art. 10 da lei 2.145 de 29/12/53, com a redação dada pelo art. 1º da lei 7.690 de 15/12/88. Votou a Presidente. Brasília, 23 de novembro de 1994. Octavio Gallotti – Presidente Ilmar Galvão – Relator.

---

22 RE 167992, Relator(a): Min. ILMAR GALVÃO, Tribunal Pleno, julgado em 23/11/1994, DJ 10-02-1995 PP-01888 EMENT VOL-01774-07 PP-01376 RTJ VOL-00161-01 PP-00358.

8. DA FALTA DE JUSTIFICATIVA PARA SE ARRECADAR SOBRE METROS QUADRADOS IGUAIS A 13 VAGAS DE GARAGEM UTILIZANDO O MESMO CRITÉRIO MATERIAL DO IPTU E MESMO ASSIM, TAL METRAGEM NÃO EXISTE

Além do mais, se têm – criados por lei -, estacionamentos rotativos em vitória – es, que asseguram o suprimento de eventuais ausências de vagas nas vias urbanas.

Destarte, o estacionamento rotativo pago é um preço público, compreendido como remuneração contratual livremente pactuada entre pessoas públicas e os usuários dos serviços realizados sob regime de direito privado, como o é a cobrança de valores por hora e dia e mês nos estacionamentos em vias públicas, tem a referência constitucional que lhes dá validade no artigo 150 § 3º da CF/88, no caso de "**serviços, relacionados com exploração de atividades econômicas regidas pelas normas aplicáveis a empreendimentos privados.**" Isto significa que pagar por estacionar na rua é um serviço público específico e divisível, muito embora definido como preço público.

A **taxa e o preço público, por definição constitucional, beneficiam apenas o interessado,** daí serem as taxas tributos contra prestacionais ou retributivos, porque remuneram as atividades públicas a teor do artigo 4º, e § único do 10, 11 e e o § 3º do artigo 13 da Lei Municipal 8.859/15 que exige parecer favorável da comissão do PRE, emitindo certificado de regularidade e fornecer alvará de Aprovação, Conclusão e Certidão o que significa o pagamento de taxa pública (artigo 145 II da CF/88). Aqui é que está a relação de causa e efeito jurídico.

Tudo isso tem a mesma dimensão do enunciado da Súmula Vinculante n. 41 do STF[23].

Os fundamentos para a fixação dessa tese da inconstitucionalidade estão no debate da sua proposta disponível no site do STF, ressaltando que "Somente a análise aprofundada de todos os aspectos da hipótese da incidência tributária de cada legislação in concreto permitirá a exata compreensão da controvérsia e o enquadramento em cada espécie tributária (taxa, imposto, contribuição especial, tarifa/preço), e na mesma anotação restaram consignadas ainda as seguintes expressões[24].

---

23 SV 41 – STF, "O serviço de iluminação pública não pode ser remunerado mediante taxa."

24 ""A orientação do Supremo Tribunal Federal é no sentido de que a Taxa de Iluminação Pública é inconstitucional, uma vez que seu fato gerador tem caráter inespecífico e indivisível." Mais adiante consta: "Aquela novel espécie tributária em

9. DO EFEITO CONFISCATÓRIO DA TAXA DE CONTRAPARTIDA FINANCEIRA SOBRE A OBRA E SOBRE AS 13 VAGAS FALTANTES. VIOLAÇÃO AOS PRINCÍPIOS DA VEDAÇÃO AO CONFISCO, MODICIDADE, PROPORCIONALIDADE, RAZOABILIDADE E MORALIDADE.

Desde 1992 quando o eminente jurista **Dr. Sacha Calmon** lançou o seu livro[25], sobre a natureza jurídica das multas fiscais, sendo esse o primeiro trabalho sério e científico sobre tais sanções, tivemos uma evolução enorme de multas declaradas inconstitucionais por abusar da mesma base de cálculo dos impostos e também da mesma base de cálculo do valor das mercadorias, bens e serviços, o que as tornou confiscatórias em 2003 com a edição da Súmula 551 do STF.

Foi com base no artigo 150 inciso IV da CF/88 que o **Ministro Celso de Mello**[26] em 2003 traçou os contornos do princípio da proporcionalidade e a sua aplicação no direito tributário, em caso que apreciava a abusividade da taxa de expediente de seguradoras para o DPVAT, verbis:

> **A questão da insuportabilidade da carga tributária.** TAXA: CORRESPONDÊNCIA ENTRE O VALOR EXIGIDO E O CUSTO DA ATIVIDADE ESTATAL. - A taxa, enquanto contraprestação a uma atividade do Poder Público, não pode superar a relação de razoável equivalência que deve existir entre o custo real da atuação estatal referida ao contribuinte e o valor que o Estado pode exigir de cada contribuinte, considerados, para esse efeito, os elementos pertinentes às alíquotas e à base de cálculo fixadas em lei. - <u>Se o valor da taxa, no entanto, ultrapassar o custo do serviço prestado ou posto à disposição do contribuinte, dando causa, assim, a uma situação de onerosidade excessiva, que descaracterize essa relação de equivalência entre os fatores referidos (o custo real do serviço, de um lado, e o valor exigido do contribuinte, de outro), configurar-se-á, então, quanto a essa modalidade de tributo, hipótese de ofensa à cláusula vedatória inscrita no art. 150, IV, da Constituição da República.</u>[...]

---

nada se assemelhava à taxa, "por não exigir a contraprestação individualizada de um serviço ao contribuinte"impossibilidade de os Municípios instituírem taxa para a remuneração relativa à iluminação pública, por se tratar de serviço "inespecífico, não mensurável, indivisível e insuscetível de ser referido a determinado contribuinte" (RE 233.332/RJ, Rel. Min. Ilmar Galvão, Plenário).

25 "Teoria e Prática das Multas Tributárias – Infrações Tributárias – Sanções Tributárias", Forense

26 STF - ADI-MC-QO: 2551 MG, Relator: CELSO DE MELLO, Data de Julgamento: 02/04/2003, Tribunal Pleno, Data de Publicação: DJ 20-04-2006 PP-00005 EMENT VOL-02229-01 PP-00025

Esse avanço jurisprudencial é – dentre outros -, mas especialmente fruto da Doutrina de **Sacha Calmon Navarro Coelho** trabalhadas por Ricardo Corrêa Dalla[27] ora autor desta homenagem ao querido Professor de direito constitucional tributário na UFMG/BH. Buscou-se promover avanços significativos a partir daquele extenso título dado por Sacha Calmon e incluiu ali, dentre outros o Princípio do Não Confisco Tributário, o qual, em seguida, no ano de 2003 o E. STF editou a Súmula 551, sendo que esse livro foi escrito sob a orientação para a dissertação de mestrado naquele mesmo ano, junto do conceituado Curso de Direito/Mestrado/Doutorado da UFMG/BH, por dedicação sua, pessoal e assídua do homenageado criador da Escola Mineira do Direito Tributário.

Enfim, Ricardo Dalla em seu livro[28] já acrescentava em 2002 abordando-se as multas confiscatórias nos seguintes termos:

> A ocorrência do confisco na hipótese corrente das multas tributárias, pelo inadimplemento dos deveres instrumentais e por descumprimento de obrigações principais, ocorrerá quando houver redução do padrão de vida do contribuinte, ou que importe na descapitalização, no giro comercial, e/ou redução no seu patrimônio naquele mês ou naquele(s) ano(s) de realização da hipótese.

Dalla[29], já asseverava:

> O critério quantitativo é a consequência pecuniária da aplicação do Direito. Na criação das hipóteses das multas, o legislador o prestigiou bastante. É facilmente perceptível que a base de cálculo, ora é o valor da mercadoria, bem ou serviço, ora o próprio tributo multiplicado por um dado percentual cuja natureza assemelha-se ao da alíquota, que no entanto, o legislador denominou de multa exatamente para mostrar o resultado da ilicitude.

No entanto, com base em tais estudos científicos se tem hoje outro desafio de afastar a contrapartida financeira incidente sobre o valor venal do metro quadrado do IPTU pelo que se considera ao fim, já que o município não pode criar nenhum adicional de imposto, a aplicação então de uma sanção tributária, em decorrência reflexa do descumprimento do pagamento do adicional desse imposto, motivação advinda pela alteração do uso residencial, que por si, impôs a sua cobrança sobre 13 vagas de garagens inexistentes somadas a área efetivamente construídas.

---

27 DALLA, Ricardo Corrêa. Multas Tributárias, Natureza Jurídica e Sistematização. 1.ed. Belo Horizonte: Del Rey, 2002, p. 99.

28 Op cit página 148

29 Op cit página 99

10. A TAXA CONTRAPARTIDA FINANCEIRA TEM DUPLA MATERIALIDADE

Uma de natureza jurídica de tributo, e outra de natureza sancionatória tributária quando incidente sobre infração pelo não pagamento do adicional do IPTU.

A despeito dos entendimentos anteriores de que a referida taxa contrapartida financeira nada tem de relação com o direito urbanístico porque é um adicional do IPTU mas que a lei municipal lhe deu inadvertidamente foros de matéria de direito civil (reparação, indenização até mesmo foros de uma sanção de direito administrativo, etc...) que também não se aplicaria ao caso, nesse sentido aprofunda-se em busca de uma similitude dela, agora, com as multas tributárias, e o seu descortino pois decorrente da cobrança com aquela mesma base de cálculo e porque a taxa não foi paga, ainda que se diga por inexistir 13 vagas, fez nascer a sanção tributária.

Pertinente aqui como fonte delimitadora da materialidade das multas tributárias, do adicional do IPTU e do direito urbanístico ou uma sanção por descumprimento de norma das cidades podendo-se sugerir a materialidade do pelo descumprimento de contrato civil (o que efetivamente não é) pelo que se decorre da obra de **Sacha Calmon Navarro Coelho**[30], **cujo subtítulo trata "dos quatro aspectos da hipótese de incidência e a estrutura do mandamento da norma tributária"**, com especial ênfase na descrição dos fatos, afasta essa hipótese, verbis:

> "Quanto ao fato mesmo (aspecto material) é mister frisar que necessariamente terá que ser um fato lícito. Se o fato for ilícito, não teremos tributo mas multa (norma sancionante), pois toda regra punitiva tem como hipótese, como suposto, um fato ilícito, razão para a aplicação da sanção. O fato, sobremais, não poderá ser contratual (não se contrai dever tributário por querer, por avença, ex-contractu). O fato jurígeno que desencadeia o dever-de-pagar-tributo é previsto unilateralmente."

A partir desse conceito se tem a certeza absoluta de que a natureza jurídica da taxa contrapartida financeira nada tem de relação com o direito civil.

Por certo que o eminente Jurista estava dando ao seu conceito a aplicação do artigo 3º do CTN no que se refere ao caráter compulsório. Essa lição é bastante pertinente ao presente estudo na medida em que no caso concreto se tem os seguintes fatos:

---

30 COÊLHO, Sacha Calmon Navarro. Teoria Geral do Tributo, da Interpretação e da Exoneração Tributária. 4.ed. Belo Horizonte: Fórum, 2018, p. 108.

1. construir sem autorização municipal um novo piso com 287 m²;
2. mudança do uso de residencial para comercial, dando nova utilização do imóvel, após a conclusão final do PRE cuja exigência de pagar mais de R$102 mil teve causalidade incursionada há mais de 20 anos pela atividade pública da municipalidade em permitir trazer para o bairro dezenas de grandes projetos, sendo que o contribuinte em nada fomentou isto, mas que por requerer mudança de uso teve contra si pesada exação, **como se tivesse praticada tal infração, que não deu causa;**
3. ausência de 13 vagas de garagens.

Aqui então se resume, o que o ilustre Professor aprofundou na ciência para encontrar o núcleo da materialidade:

a. mudança de uso desde que prevista para o bairro, não é nenhum infração ou ilicitude;
b. Sobre a parte lícita da obra de 283,03 m2 pague-se adicional do IPTU;
c. Sobre a parte ilícita da obra, como sendo ela, a infração pela falta de 13 vagas de garagem, pague-se contrapartida financeira sobre essas vagas que não foram disponibilizadas, calculada a base de cálculo ao valor de 35m2 por cada vaga (13) = 444,64 m2.

O Professor **Sacha Calmon Navarro Coêlho**[31] sintetiza todas essas definições, quando " in limine" afirma que: "(...) toda multa fiscal é punitiva (...)" e assim, ao nosso modo de ver, trata-se a taxa de contrapartida financeira de condenação pecuniária acessória por não pagar adicional do IPTU, (dada certa obrigação de, querendo expandir um prédio), o contribuinte faz construção que ao final restou regularizada, para ter um uso diferente do uso residencial, e, incorrendo na necessidade de abrir um PRE, teria por efeito reflexo criando uma relação jurídica de uma penalidade por infração de não se pagar o IPTU pelo acréscimo de 287,03 m2 objeto da regularização da edificação (PRE) somados a outra metragem não construída (aqui a sanção) pela falta de 13 vagas de 35m2 cada, totalizando 444,64 m2 quando se teria que pagar além da referida taxa, também o mesmo IPTU sobre essas vagas – na prática faltantes-, e assim, à toda soma de fundamentos e evidências, a segunda exação se constitui em multa tributária confiscatória porque o seu resultado financeiro é maior do que o IPTU.

---

[31] Op cit "Teoria e Prática das Multas Tributárias – Infrações Tributárias – Sanções Tributárias", Forense, São Paulo, 1992, 2ª edição

No contexto das lições de **Sacha Calmon**, "deve como consequência" – critério quantitativo -, ser o acréscimo da taxa, com fortíssima característica de multa tributária, estabelecendo então a relação jurídica tributária.

O E. TJES, em processos semelhantes a este, firmou entendimento no sentido de que são confiscatórias as multas fixadas exorbitantemente ou maior do valor do tributo devido, como se vê dos julgados da Desembargadora **Eliana Junqueira Munhos Ferreira**[32], destacando-se também o judicioso Voto do Desembargador Relator **DAIR JOSÉ BREGUNCE DE OLIVEIRA**[33], junto ao E. TJES, , ambos trazendo precedente da lavra do ministro **ROBERTO BARROSO**[34] do STF, que também encampou a tese do não confisco tributário, coincidentemente depois da edição do citado livro Multas Tributárias, o qual não está despretensiosamente nas prateleiras da portentosa Biblioteca Pública Ministro Victor Nunes Leal, do STF em Brasília DF, orientado pelo eminente **Dr. Sacha Calmon**, influenciou os julgadores no sentido de que "(...) 1. - Malgrado a multa por descumprimento de obrigação tributária acessória não tenha natureza de tributo, o princípio da vedação ao efeito confiscatório a ela deve ser aplicado. 2. (...) A Corte tem firmado entendimento no sentido de que o valor da obrigação principal deve funcionar como limitador da norma sancionatória, de modo que a abusividade revela-se nas multas arbitradas acima do montante de 100%".

Nessa linha, a mais alta Corte de Justiça do nosso país no ARE 836828 AgR, o **Relator Min. Roberto Barroso**[35], tem orientado que:

> [...] a multa punitiva é aplicada em situações nas quais se verifica o descumprimento voluntário da obrigação tributária prevista na legislação pertinente. É a sanção prevista para coibir a burla à atuação da Administração tributária. Nessas circunstâncias, conferindo especial destaque ao caráter pedagógico da sanção, deve ser reconhecida a possibilidade de aplicação da multa em percentuais mais rigorosos,

---

[32] Relatora da Terceira Câmara Cível no AGI 24179003793 em 05/09/2017

[33] Relator no AGI 24169010774, DOEES em 17/02/2017

[34] ARE 836828 AgR, Relator Min. Roberto Barroso, Primeira Turma, julgado em 16-12-2014, Acórdão eletrônico DJe-027, Divulg 09-02-2015 Public 10-02-2015) 4. - Recurso desprovido.

[35] AI 838302 AgR, Relator(a): Min. ROBERTO BARROSO, Primeira Turma, julgado em 25/02/2014, acórdão eletrônico, DJe-063 DIVULG 28-03-2014 PUBLIC 31-03-2014, STF.

respeitados os princípios constitucionais relativos à matéria. A Corte tem firmado entendimento no sentido de que o valor da obrigação principal deve funcionar como limitador da norma sancionatória, de modo que a abusividade revela-se nas multas arbitradas acima do montante de 100%"

Aqui então se encontram as lições do **professor Sacha Calmon** e o firme pensamento do **Min. Roberto Barroso** para se encontrar o núcleo da materialidade do adicional do IPTU no caso concreto pela leitura do Parecer Técnico municipal no processo do PRE na PMV para verificar o abuso e o excesso do cálculo a saber pela mais simples aritmética:

> Apurou-se o valor venal de R$790,14m2 do metro quadrado da edificação existente e assim, sobre a parte lícita da obra de 283,03m2 (R$790,14m2 X 283,03 m2) multiplicou-se pela alíquota máxima de 15%) e determinou-se o pagamento do adicional do IPTU no valor de R$33.544,99 ;
>
> Pela obra decorreu relação de causa e efeito a desencadear a infração pela falta de 13 vagas de garagem, acrescida essa parte como sendo obrigação acessória ao adicional do IPTU, impondo-se o pagamento de outra contrapartida financeira sobre essas vagas que não foram disponibilizadas, calculada a base de cálculo ao valor de 35m2 por cada vaga (13) = 444,64 m2, multiplicou-se pela alíquota máxima de 15% e o fisco determinou o pagamento de R$52.699,17;
>
> TOTAL R$33.544,99 + R$52.699,17 = R$86.244,16 e hoje esse valor parcelado em 60 meses está em mais de R$102 mil.

11. DA CONSOLIDADA JURISPRUDÊNCIA DECLARANDO INCONSTITUCIONAL OUTRAS TAXAS PÚBLICAS, MUNICIPAIS, ESTADUAIS, DO DF E DA UNIÃO FEDERAL QUE UTILIZARAM MESMA BASE DE CÁLCULO DE OUTROS IMPOSTOS

O prestigiado **Ministro Carlos Velloso**[36], na oportunidade em que proferiu o seu Voto como relator do que aqui se traz sobre a formação de cada custo de atuação do Estado, um **excerto do parecer do jurista Sacha Calmon**, acostado aos referidos autos, restando determinado pelo STF no sentido de que

> Não se pode ignorar, contudo, a virtual impossibilidade de aferição matemática direta do custo de cada atuação do Estado (a coleta do lixo de um determinado domicílio ao longo de um mês; a emissão de um passaporte; etc.). O cálculo exigiria chinesices como a pesquisa do tempo gasto para confecção de cada passaporte, e a sua correlação com o salário-mínimo dos funcionários encarregados e o valor do

---

36 RE 416.601/DF, Tribunal Pleno, julgado em 10/08/2005, DJ 30-09-2005 RIP v. 7, n. 33, 2005, p. 237-252)

aluguel mensal do prédio da Polícia Federal onde o documento foi emitido, entre outras variáveis intangíveis, de modo a colher o custo de emissão de cada passaporte, para a exigência da taxa co-respectiva (que variaria para cada contribuinte, segundo o seu documento tivesse exigido maior ou menor trabalho ou tivesse sido emitido em prédio próprio ou alugado).

Concluindo arremata:

> O mesmo se diga quanto à coleta de lixo: imagine-se o ridículo de obrigarem-se os lixeiros, tais ourives, a pesar com balança de precisão os detritos produzidos dia a dia por cada domicílio, para que a taxa pudesse corresponder ao total de lixo produzido a cada mês pelo contribuinte.

De grande aplicação ao presente estudo, esse precioso precedente acentua de um lado a verificação de que quem deu causa ao crescimento do bairro foi a administração municipal e os outros contribuintes proprietários tiveram contra si efeitos irrazoáveis e desproporcionais tendo que buscar a salvação econômica do seu imóvel pela mudança de uso, como sendo a única alternativa para lhe dar uma finalidade comercial, e arcou com o pagamento no caso de mais de 102 mil reais, por ter requerido essa mudança de uso arrastou para si uma pecha de infrator que não é, tendo que assumir o pagamento dessa extravagante taxa com natureza de imposto IPTU e uma multa confiscatória por não pagar o novo imposto (adicional) muito embora sempre estivesse em dia o IPTU natural do imóvel. O **Min. Moreira Alves**[37], declarou a Corte que: "não se pode exigir do legislador mais do que 'equivalência razoável entre o custo real dos serviços e o montante a que pode ser compelido o contribuinte a pagar, tendo em vista a base de cálculo estabelecida pela lei e o quantum da alíquota por esta fixado'. Ora, é razoável supor que a receita bruta de um estabelecimento varie segundo o seu tamanho e a intensidade de suas atividades. É razoável ainda pretender que empreendimentos com maior grau de poluição potencial ou de utilização de recursos naturais requeiram controle e fiscalização mais rigorosos e demorados por parte do IBAMA."

Caso bastante semelhante a este foi objeto de julgamento pelo Egrégio Tribunal Regional Federal da 4ª Região relativo à instituição da base de cálculo da Taxa de Saúde Suplementar (TSS) por mera Resolução da Agência Nacional de Saúde Suplementar. Tal jurispru-

---

37 Relator nos autos de Representação de Inconstitucionalidade nº 1.077/84.

dência acabou consolidada na **Súmula n° 89**[38] daquela Corte. Embora a Taxa de Saúde Suplementar tenha sido instituída pelo artigo 20, I, da Lei federal n° 9.661/2000, sua base de cálculo somente veio a ser definida pelo art. 3° da Resolução RDC n° 10/2000, em ofensa ao disposto no artigo 97 do CTN e ao princípio da legalidade.

O enunciado da Súmula 595 do E. STF é taxativo ao prescrever que "**É inconstitucional a taxa municipal de conservação de estradas de rodagem cuja base de cálculo seja idêntica à do imposto territorial rural.**"

Por sua vez a Súmula 551 do STF baixada em 2003 é determinante também quando afirma que "**É inconstitucional a taxa de urbanização da Lei 2.320, de 20-12-1961, instituída pelo Município de Porto Alegre, porque seu fato gerador é o mesmo da transmissão imobiliária.**"

Em 23 de fevereiro de 2007 o STF [39], decidiu que a celebração de contrato de compromisso de compra e venda não é fato gerador de ITBI e por reflexo muito menos da Taxa pública incidente sobre inscrição de ato cartorário de promessa de venda de imóvel, entendimento esse que restou normatizado por meio do enunciado da Súmula 82[40].

O **Ministro Marco Aurélio**[41] manifestou-se no sentido de que a "TAXA DE COMBATE A INCÊNDIO – INADEQUAÇÃO CONSTITUCIONAL. **Descabe introduzir no cenário tributário, como obrigação do contribuinte, taxa visando a prevenção e o combate a incêndios, sendo imprópria a atuação do Município em tal campo.** Acórdão Vistos, relatados e discutidos estes autos, acordam os Ministros do Supremo Tribunal Federal em fixar a seguinte tese de repercussão geral:

---

38 Súmula n° 89 – A instituição da base de cálculo da Taxa de Saúde Suplementar (TSS) por Resolução da Agência Nacional de Saúde Suplementar (RDC n° 10, de 2000) afronta o princípio da legalidade tributária, conforme o disposto no art. 97, IV do CTN.

39 O Supremo Tribunal Federal publicou acórdão e no que importa aqui, afirmou que "2. A celebração de contrato de compromisso de compra e venda não gera obrigação ao pagamento do ITBI. Agravo regimental a que se nega provimento. (AI-AgR 603309 / MG - MINAS GERAIS, Rel. Min. EROS GRAU, T2, Julgamento 18/12/2006)."

40 SÚMULA N° 82 - São inconstitucionais o imposto de cessão e a taxa sobre inscrição de promessa de venda de imóvel, substitutivos do imposto de transmissão, por incidirem sobre ato que não transfere o domínio.

41 Relator no Plenário do E. STF julgou em 2017 o Recurso Extraordinário 643.247/SP.

"A segurança pública, presentes a prevenção e o combate a incêndios, faz-se, no campo da atividade precípua, pela unidade da Federação, e, porque serviço essencial, tem como a viabilizá-la a arrecadação de impostos, não cabendo ao Município a criação de taxa para tal fim", nos termos do voto do relator e por unanimidade, em sessão presidida pela Ministra Carmen Lúcia, na conformidade da ata do julgamento e das respectivas notas taquigráficas. Brasília, 1º de agosto de 2017. Ministro Marco Aurélio – Relator.

Por fim, dentre tantos precedentes, tem-se similitude da referida taxa de contrapartida financeira como adicional do IPTU, quando o Eg. STF[42] em caso idêntico a este, decidido na sistemática de repercussão geral, tema 16, em que se discutiu a constitucionalidade da **taxa de combate a sinistros,** instituído por lei municipal do Estado de São Paulo como se vê da referida nota de rodapé.

12. CONCLUSÕES

Assim, nos termos dos incisos I e II do artigo 4º do CTN, toda essa robusta qualificação do gravame, da exação, acrescentando-se o pomposo nome de ser ela uma "contrapartida financeira", **longe de ser matéria urbanística ou que pudesse ser editada pelo município como se de direito civil fosse, a cobrança sobre metragem irregular construída que tornou-se depois regular, na verdade É UM ADICIONAL DO IPTU e a cobrança por falta de 13 vagas ao projeto por mudança de uso, como sendo uma sanção tributária na modalidade de multa por falta de áreas de vagas,** e pouco ou nada importou o que se contém no artigo 4º, no § único do artigo 10 e no § 3º do artigo 13 da Lei municipal nº 8.859/2015, "As contrapartidas financeiras serão aplicadas sobre a totalidade da área irregularmente construída", e sobre (vagas obrigatórias que não foram disponibilizadas). Diante disso não se tem como afastar a natureza jurídico tributária da mesma, como

---

42 RE 643.247 "No extraordinário, o Município de São Paulo defendeu a conformação da taxa instituída com o Diploma Maior, arguindo a existência de repercussão geral da matéria. Sustentou que o serviço público é específico e divisível, presente a possibilidade de determinar-se os beneficiados pela prestação estatal e a respectiva utilização. Diz que a base de cálculo prevista na legislação municipal é típica de taxa, usando apenas a metragem do imóvel como elemento em comum à base de cálculo do Imposto Predial Territorial Urbano."

O Relator do caso, Min. Marco Aurélio, negou provimento ao recurso. Concluiu, ainda, que, por ser de índole essencial, o serviço em questão deveria ser financiado por impostos, não viabilizando financiamento mediante taxas. A abordagem foi seguida pelos Ministros Edson Fachin, Roberto Barroso e Rosa Weber.

sendo um imposto à semelhança do IPTU, assemelhando-se também a uma imposição de multa de natureza tributária confiscatória, pois incidente e replicando sobre o mesmo valor venal do metro quadrado do imóvel.

Não se discute aqui a impossibilidade de uma lei federal dispor uma outorga onerosa sobre o direito de construir exercido "acima" do coeficiente de aproveitamento básico adotado de 12 metros de altura, mediante contrapartida a ser prestada pelo beneficiário. O que não se pode é promover a invasão no direito tributário e se confrontar com regras ali limitadoras constitucionais do direito de tributar. A simples transformação do uso do equipamento urbano, de residencial para misto que foi autorizada continuamente nos últimos 20 anos pelo executivo, à torto e direito, muitas vezes às cegas, não poderá ser o mote, a alavanca propulsora, de se afastar critérios rigidamente alocados na CF/88 e no CTN, todos eles aqui mencionados, mesmo porque os contribuintes proprietários não deram causalidade à essa situação do crescimento urbano da região, criada esta realmente pelo Poder Público Municipal o grande incentivador da ocupação comercial da área em questão, a quem a bem da verdade dos fatos, cabe a pecha insatisfatória da obrigação de responsabilidade urbanística ao menos nesse Bairro Enseada do Suá, ferindo o artigo 182 §§ 1º e 2º da CF/88.

Para encerrar, cabe a reprise do exemplo de substituição de cobrança de taxa criada com base "ad valorem" foi a aqui citada taxa decex cobrada pela União Federal nos anos 90 com alíquota de 1,8% sobre o valor de cada guia de importação a qual depois de ter sido declarada inconstitucional, foi eliminada e criada em seu lugar a Taxa Siscomex para importação e exportação cobrando à época um valor fixo em torno de R$180,00 por cada guia processada, ao tempo da sua instituição.

Pode sim uma lei federal ou municipal bem diferente do que ocorreu, estipular um valor fixo, em reais, e até mesmo em escala progressiva, uma taxa pública, criada por lei, pela realização efetiva ou potencial dos serviços públicos, específicos e divisíveis, no caso afastando-se as chinesices (nas palavras do Ministro Carlos Velloso), e estipular uma valor fixo em reais por cada PRE aberto visando regularização de obra e mudança de uso e pode fazer isto inclusive sobre o número de metros quadrados efetivos construídos irregularmente e sem vincular ao valor venal do metro quadrado de qualquer tributo e muito menos criando um adicional do IPTU.

Como se vê, a lei municipal de Vitória nº 8.859/2015, ao usar base de cálculo do IPTU fez incursão atécnica, nebulosa, ferindo a ordem jurídica por completo, impondo afronta aos jurisdicionados, invadindo e confiscando patrimônio, merecendo total e completa declaração de ilegalidade e inconstitucionalidade dos artigos 4º, o § único do artigo 10, e 11, incisos I, e o artigo 13 e o seu parágrafo terceiro da lei 8.859/15 para serem ab-rogados do sistema jurídico e, justamente com ela, o artigo 1º do Decreto Municipal n. 16.399/2015 na parte em que fixou as alíquotas de 5%, 10% e 15% sem que tivesse sido fruto do debate na Câmara Municipal pela sua flagrante ilegalidade **violando o artigo 97 IV do CTN;**

Vitória-ES, 27 de agosto de 2019.

RICARDO CORRÊA DALLA
Advogado OAB-ES 4.055
Mestre em Direito Constitucional
Tributário pela UFMG em 2002

NOVOS CONTORNOS DA GUERRA FISCAL NO BRASIL – PERSPECTIVAS PÓS LEI COMPLEMENTAR N° 160/2017

ROSÍRIS PAULA CERIZZE VOGAS[1]
PEDRO DE ASSIS VIEIRA FILHO[2]

SUMÁRIO: 1. Introdução; 2. Contexto da guerra fiscal no Brasil; 3. Panorama geral da Lei Complementar n° 160/2017; 4. Novos contornos da guerra fiscal no brasil; 4.1. Positivação da guerra fiscal; 4.2. A corrida pela concessão de incentivos por meio da "cola regional"; 4.3. Procedimentos para convalidação dos benefícios fiscais e falta de transparência; 4.4. Benefícios setoriais sem oferta de contrapartidas; 4.5. Gradação e prazos distintos conforme enquadramento de atividades; 4.6. Vedação do direito a restituição dos contribuintes que observaram a glosa de crédito de ICMS; 5. Conclusão; Referências Bibliográficas

1. INTRODUÇÃO

O atual pacto federativo brasileiro, estruturado a partir da autonomia financeira e da falta de coordenação e cooperação de seus entes políti-

---

[1] Mestranda em Tributação Internacional pela Universidade de Lausanne/Suíça. Mestre em Direito Empresarial pela Faculdade de Direito Milton Campos. Especialista em Direito Empresarial pela Universidade Federal de Uberlândia. Especialista em Direito Tributário pelo IBET. Graduada em Direito pela Universidade Federal de Uberlândia. Professora de cursos de especialização em Direito Tributário. Sócia Fundadora e Conselheira da Banca Cerizze Soluções Jurídicas Empresariais. Autora da obra "Limites Constitucionais à Glosa de Créditos de ICMS em um Cenário de Guerra Fiscal".

[2] Pós-Graduando em *Master of Business Administration* de Contabilidade e Gestão Tributária pela Universidade Federal de Uberlândia. Especialista em Direito Tributário pelo IBET. Especialista em Direito Empresarial pelo Damásio Educacional. Graduado em Direito pela Universidade Federal de Uberlândia. Sócio da Banca Cerizze Soluções Jurídicas Empresariais.

cos, é falho, ultrapassado e incapaz de viabilizar os primados constitucionais da redução das desigualdades regionais e neutralidade tributária.

A guerra fiscal, que há muitas décadas tem sido pauta nos Tribunais, é reflexo da utilização do ICMS pelos governos estaduais como instrumento de atração de investimentos para os seus territórios, por meio de concessão dos mais variados benefícios fiscais, postos sob as mais diversas e criativas roupagens jurídicas, sem a observância dos requisitos necessários para sua concessão, notadamente a sua aprovação pela unanimidade dos membros do Conselho Nacional de Política Fazendária – Confaz.

O efeito da guerra fiscal vai além das fronteiras interjurisdicionais, atingindo gravemente os próprios contribuintes, instaurando um cenário de extrema concorrência e insegurança jurídica, já que os Estados passaram a editar atos normativos unilaterais, tomados por flagrantes inconstitucionalidades, para subsidiar a prática da glosa de créditos do ICMS, apropriados pelos contribuintes que adquirem mercadorias em outras unidades federativas, com benefícios fiscais concedidos à revelia do Confaz.

Este anacrônico sistema brasileiro de aprovação de incentivos fiscais no âmbito do ICMS e severas penalidades por seu descumprimento previstas na longeva Lei Complementar Federal nº 24/1975, vem ensejando reações por parte do Supremo Tribunal Federal (STF), o qual tem reconhecido como contrários à Constituição, tanto os atos dos Estados que atacam, concedendo incentivos à revelia do Confaz, quanto os atos dos Estados que retaliam seus contribuintes, mediante imposição da glosa de créditos de ICMS. Não se acredita na coerência de um sistema que exija aprovação unânime de vinte e sete entes federativos, de modo a bastar um veto para que outro Estado não possa conceder estímulo fiscal, por vezes, essencial para fomentar o seu desenvolvimento socioeconômico.

No entanto, este cenário foi substancialmente alterado pela Lei Complementar nº 160/2017 que estabeleceu condições para um armistício com a pretensão de eliminação da guerra fiscal. A ideia do legislador foi implementar um regime de transição ordenado para um cenário sem incentivos, porém assegurando tempo certo para adequado planejamento dos contribuintes e das unidades federadas.

Em que pese a Lei Complementar nº 160/2017 ter sido recepcionada como um importante marco legal representativo do início da contagem regressiva para o fim da guerra fiscal, fato é que discussões laterais e não menos importantes surgem e alastram conflitos entre fisco e contribuintes, ensejando novas demandas que continuam a eternizar os nefastos efeitos da guerra fiscal.

O objetivo deste trabalho é avaliar algumas destas fontes de conflitos potenciais, dentre as quais destacam-se: (i) a positivação da guerra fiscal e elevada probabilidade de prorrogação do prazo de vigência dos incentivos; (ii) a chamada "cola regional" que continua a estimular a disputa fiscal entre os Estados, agravando o desequilíbrio do pacto federativo; (iii) os procedimentos para convalidação dos benefícios e a falta de publicidade dos atos normativos e concessivos publicados, registrados e depositados; (iv) a concessão de incentivos em igualdade de condições sem a obrigação de oferecer nenhuma contrapartida que impulsione a economia dos Estados; (v) a existência de prazos diferentes para a manutenção do benefício que pode ensejar divergências em como se dará o enquadramento pelas unidades federadas, no intuito de alongar ao máximo o prazo do benefício reinstituído; (vi) a violação ao princípio da isonomia, na medida em que privilegia aqueles que não observaram a glosa o crédito de ICMS, mas veda o direito de restituição, compensação ou apropriação de crédito extemporâneo por aqueles que observaram a legislação em vigor.

Todos estes temas merecem ser acompanhados de perto pelos juristas e amplamente debatidos, pois é evidente que a problemática está longe de ser resolvida, já que novos embates surgiram, ainda que com novos contornos e desdobramentos, restando agora legalizada a guerra fiscal no Brasil.

2. CONTEXTO DA GUERRA FISCAL NO BRASIL

A guerra fiscal vivenciada no Brasil decorre de inúmeros fatores, dentre eles: (i) a existência de um sistema federativo extremamente desigual; (ii) a competência estadual do principal imposto sobre o valor agregado está na contramão dos padrões mundialmente adotados; (iii) o ICMS é a principal fonte de financiamento dos Estados; (iv) falta de políticas nacionais bem delineadas de desenvolvimento regional; (v) benefícios concedidos pelos Estados de forma unilateral, sob diversas modalidades/estruturas, gerando um ambiente de concorrência predatória; (vi) atuação cada vez mais precária do Confaz, originariamente criado para garantir a harmonização entre os Estados; (vii) adoção do *princípio da origem*, que concentra o impacto fiscal no estado onde se localiza a empresa, que dará ensejo a operação de saída. (VOGAS, 2011, p. 104-106).

Este contexto é agravado pelo arcaico, porém vigente, modelo brasileiro de aprovação e concessão de incentivos fiscais. Isto porque, o artigo 155, §2º, inciso XII, alínea "g" da Constituição Federal, dirige à lei complementar a competência para deliberação conjunta dos Estados acerca da concessão e revogação de benefícios fiscais. Este papel coube a quadragenária Lei Complementar nº 24/1975[3], a qual exige decisão unânime dos entes federados para a concessão de benefícios. Como a obtenção de consenso absoluto entre 27 Estados nem sempre é algo simples ou óbvio, o que se verificou, na prática, foi a proliferação da concessão unilateral de favores fiscais pelos Estados de um modo generalizado, sem amparo em convênio firmado entre todas as unidades federativas.

Além disso, outro grave efeito da guerra fiscal é a glosa de créditos de ICMS, reação reprovável e arbitrária do estado destinatário de mercadorias, que se sentindo prejudicado por suposta concessão irregular de incentivos fiscais pelo estado de origem das mercadorias, impõe ao seu próprio contribuinte adquirente a obrigação de estornar todo o crédito de ICMS que presumidamente não foi pago na operação interestadual anterior.

Para ilustrar os impactos sofridos pelos contribuintes que têm seus créditos de ICMS glosados, imaginemos a hipótese de um atacadista mineiro, que adquiriu produtos de um fornecedor baiano. Suponha-se que este último usufruiu de benefício concedido unilateralmente pelo Estado da Bahia de redução de base de cálculo em 40% para as operações de venda realizadas por contribuintes baianos. Em suma, a operação em questão deveria observar os seguintes parâmetros:

---

3 Diante da inércia do poder legislativo em regulamentar o assunto, a Lei Complementar nº 24/1975, promulgada na vigência da Constituição Federal de 1967, vem sendo regularmente aplicada pelos estados, com base no entendimento de que teria sido recepcionada pela Constituição Federal de 1.988, por força do disposto nos §§ 4º e 5º do art. 34 do Ato das Disposições Constitucionais Transitórias. (MELO, José Eduardo, 2007, p. 233). O STF também reconhece que a Lei Complementar nº 24/1975 foi recepcionada pela atual Constituição (ADI nº. 902 MC/SP, DJ 22.04.1994).

Fornecedor Baiano		Atacadista Mineiro	
Preço de venda	100,00	Preço de venda	120,00
Base de cálculo reduzida (40%)	60,00	Base de cálculo	120,00
Alíquota interestadual	12%	Alíquota interna	18%
ICMS incidente	12,00	ICMS incidente	21,60
		Crédito de ICMS (operações anteriores)	12,00
ICMS recolhido	7,00	ICMS recolhido	9,60

Todavia, quando o Estado de Minas Gerais retalia o seu contribuinte em razão de benefício fiscal concedido de forma supostamente indevida pelo Estado da Bahia, o severo efeito fiscal é o seguinte:

Glosa de créditos de ICMS pelo estado de destino (MG)	
Crédito de ICMS utilizado pelo atacadista mineiro	12,00
Crédito admitido pelo Estado de Minas Gerais (valor efetivamente recolhido pelo fornecedor baiano)	7,20
ICMS devido pelo atacadista mineiro	14,40
ICMS recolhido pelo atacadista mineiro	9,60
Estorno de crédito	4,80

Com isto, o atacadista mineiro que sequer tinha conhecimento do incentivo fiscal concedido pelo Estado da Bahia ao seu fornecedor, terá que amargar o prejuízo de R$ 4,80 nessa operação, acrescido ainda de juros e multa, e não terá nem mesmo condições de repassar tal ônus para o preço das mercadorias que já foram vendidas aos seus clientes. (VOGAS, 2011, p. 124-125).

A pretexto de regulamentar o art. 8° da Lei Complementar n° 24/75[4] que dispõe sobre as sanções aplicáveis na hipótese de não observância das regras para concessão de incentivos fiscais, os Estados acabaram por criar instrumentos jurídicos (via de regra, normas infralegais) para anular créditos que resultem de benefícios concedidos à margem de convênios. Como exemplo destes instrumentos jurídicos que se pres-

---

4 Art. 8° - A inobservância dos dispositivos desta Lei acarretará, cumulativamente:

I - a nulidade do ato e a ineficácia do crédito fiscal atribuído ao estabelecimento recebedor da mercadoria;

ll - a exigibilidade do imposto não pago ou devolvido e a ineficácia da lei ou ato que conceda remissão do débito correspondente.

taram a retaliação de seus contribuintes no contexto da guerra fiscal, citem-se: Comunicado CAT n.º 36/2004 editado pelo Estado de São Paulo - objeto da ADI 3.692; e Resolução n.º 3.166/2001 editada pelo Estado de Minas Gerais - objeto do RMS nº 38041/MG[5].

Em suma, a glosa de créditos de ICMS fere princípios constitucionais como os princípios da não-cumulatividade do ICMS, usurpação da competência do STF para declarar a inconstitucionalidade de normas concessivas de benefícios fiscais, usurpação da competência do Senado Federal para fixação de alíquotas interestaduais, não discriminação em razão da origem, segurança jurídica, proteção da boa-fé e da confiança dos contribuintes. (VOGAS, 2011, p. 160-165). Sacha Calmon e Eduardo Maneira são contrários à postura das administrações fazendárias:

> Não se admite, ainda, aplicar automaticamente as sanções previstas sem que o ato que concedeu o benefício seja declarado nulo. Chega-se, então, a uma questão de extrema relevância: poderia o Estado prejudicado por benefício irregularmente concedido declarar, unilateralmente, por ato do Executivo, a inobservância e, consequentemente, a nulidade de um ato baixado por outro Estado? Uma resolução da Secretaria da Fazenda, ou um "comunicado" de um órgão da fiscalização teria legitimidade para declarar a nulidade de uma lei estadual que concede benefícios sem ter observado as disposições da LC nº. 24/75? Entendemos que não. A declaração de nulidade de um ato por alegada afronta a dispositivos de lei complementar é de competência exclusiva do Poder Judiciário. Um Estado se qualifica como Estado de Direito porque se submete ao arcabouço normativo por ele mesmo criado. Ora, admitir que uma autoridade fazendária seja competente para declarar a nulidade de um ato estatal que tem presunção de validade (uma lei estadual, por exemplo), é a total subversão da ordem jurídica. (COÊLHO; MANEIRA, 2010, p. 6).

O STF já analisou por vezes a matéria, havendo inúmeros precedentes no sentido de que os Estados não podem se utilizar de mecanismos de autotutela também inconstitucionais para contestar os benefícios fiscais concedidos por outros entes federados e tidos por inconstitucionais, pois "inconstitucionalidades não se compensam"[6]. No entanto, a

---

[5] AGRAVO INTERNO NO RECURSO EXTRAORDINÁRIO. TRIBUTÁRIO. ICMS. CONFAZ. INCIDÊNCIA EM OPERAÇÃO ORIUNDA DE OUTRO ENTE FEDERADO. CONCESSÃO UNILATERAL DE BENEFÍCIO FISCAL RECONHECIMENTO DA REPERCUSSÃO GERAL. SOBRESTAMENTO (STF, AgInt no RE nos EDcl no RMS 38041; 2012/0105358-8 de 16/12/2016).

[6] AC 2.611/MG, Decisão Min. Ellen Gracie, DJ 26.06.2010; ADI 2.377-MC, Decisão Min. Sepúlveda Pertence, DJ 7.11.2003; AC 3.828/SP, Relator Min. Marco Aurélio, DJ 24.04.2015.

matéria ainda não se encontra definida no âmbito da Corte Suprema, posto que pendente de julgamento o Recurso Extraordinário 628.075/RS com repercussão geral reconhecida[7].

E foi nesse cenário de perplexidade e indignação, onde o contribuinte estava sendo apenado por ato inconstitucional de estado que com ele não guardava qualquer vínculo jurídico, e onde a pena efetivamente ultrapassava a pessoa do infrator, que foi promulgada a Lei Complementar n° 160/2017, numa tentativa de coibir a guerra fiscal, tendo sido recebida pela maioria como uma importante medida combativa deste contexto degradante do progresso econômico.

3. PANORAMA GERAL DA LEI COMPLEMENTAR N° 160/2017

O STF sempre repudiou a guerra fiscal decidindo reiteradamente pela inconstitucionalidade das normas concessivas de incentivos fiscais à revelia do Confaz. Só no ano 2011, o STF julgou, simultaneamente e sem modulação de efeitos, onze Ações Diretas de Inconstitucionalidades – ADIs[8]. E foi justamente neste contexto de tentativa de dar um basta na guerra fiscal, que o STF editou a Proposta

---

7 Tema 490 - Creditamento de ICMS incidente em operação oriunda de outro ente federado que concede, unilateralmente, benefício fiscal. Ementa: CONSTITUCIONAL. TRIBUTÁRIO. ICMS. GUERRA FISCAL. CUMULATIVIDADE. ESTORNO DE CRÉDITOS POR INICIATIVA UNILATERAL DE ENTE FEDERADO. ESTORNO BASEADO EM PRETENSA CONCESSÃO DE BENEFÍCIO FISCAL INVÁLIDO POR OUTRO ENTE FEDERADO. ARTS. 1°, 2°, 3°, 102 e 155, § 2°, I DA CONSTITUIÇÃO FEDERAL. ART. 8° DA LC 24/1975. MANIFESTAÇÃO PELA EXISTÊNCIA DE REPERCUSSÃO GERAL DA MATÉRIA. DJe-228 01.12.2011.

8 Informativo STF n° 629, de 30.05 a 03.06 de 2011. - ADI 2906/RJ, rel. Min. Marco Aurélio, 1°.6.2011.(ADI-2906); ADI 2376/RJ, rel. Min. Marco Aurélio, 1°.6.2011. (ADI-2376); ADI 3674/RJ, rel. Min. Marco Aurélio, 1°.6.2011. (ADI-3674); ADI 3413/RJ, rel. Min. Marco Aurélio, 1°.6.2011. (ADI-3413); ADI 4457/PR, rel. Min. Marco Aurélio, 1°.6.2011. (ADI-4457); ADI 3794/PR, rel. Min. Joaquim Barbosa, 1°.6.2011. (ADI3794); ADI 2688/PR, rel. Min. Joaquim Barbosa, 1°.6.2011. (ADI-2688); ADI 1247/PA, rel. Min. Dias Toffoli, 1°.6.2011. (ADI-1247); ADI 3702/ES, rel. Min. Dias Toffoli, 1°.6.2011. (ADI-3702); ADI 4152/SP, rel. Min. Cezar Peluso, 1°.6.2011. (ADI-4152); ADI 3664/RJ, rel. Min. Cezar Peluso, 1°.6.2011. (ADI-3664); ADI 3803/PR, rel. Min. Cezar Peluso, 1°.6.2011. (ADI-3803); ADI 2549/DF, rel. Min. Ricardo Lewandowski, 1°.6.2011. (ADI-2549); ADI 2352/ES, rel. Min. Dias Toffoli, 1°.6.2011. (ADI-2352).

de Súmula Vinculante - PSV nº 69[9], a qual impunha às administrações fazendárias o dever de cobrar o ICMS dispensado em razão da concessão unilateral de incentivos fiscais, o que acabava por colocar os Estados e contribuintes em posição de extrema fragilidade e insegurança jurídica.

A situação tornou-se insustentável para todos os envolvidos. De um lado, os contribuintes que não fruíam incentivos fiscais unilaterais acabavam ficando não competitivos. De outro lado, os contribuintes que fruíam tais incentivos, estavam sujeitos a severas autuações fiscais, acumulando passivos tributários impagáveis. Noutro extremo, o contribuinte adquirente de mercadorias em operações interestaduais incentivadas também era penalizado com a glosa de créditos do ICMS. Evidente que a provocação do STF era combustível para uma vital e desejada reforma tributária. No entanto, a edição da referida Sumula Vinculante teria o súbito efeito de desestabilizar ainda mais os Estados, que já se encontravam em situação financeira difícil, razão pela qual a PSV nº 69 teve seu julgamento suspenso sob a promessa de que a solução seria dada pelo Poder Legislativo. (COLLICCHIO, 2018, p. 40).

A pressão do STF teve reflexos e a resposta do legislativo veio, enfim, com a promulgação da Lei Complementar nº 160 de 07 de agosto de 2017. Com razão, Plinio Marafon sustenta que esta Lei é fruto do temor das consequências da possível edição da Súmula Vinculante nº 69:

> Não houve na história tributária recente do Brasil um malfeito mais "ilegal", porém "politicamente correto", do que a guerra fiscal do ICMS entre os Estados. Ilegal porque o Supremo Tribunal Federal (STF), depois de muitos anos de espera e engavetamento, ia decretá-la inconstitucional e editar uma Súmula Vinculante constrangedora.
>
> Politicamente correta porque durante todos esses anos os legisladores e executivos em nenhum momento se sensibilizaram dos danos macro e microeconômicos que estavam sucedendo e foram empurrando o problema para as futuras gerações.
>
> O medo da Súmula do STF não era só pela legitimidade da glosa do crédito dos Estados de destino mas e, principalmente, porque os Estados concedentes deveriam cobrar os incentivos pretéritos dos beneficiários. (MARAFON, 2018).

---

9 A Proposta da Súmula Vinculante nº 69 editada em setembro de 2012 apresentava a seguinte redação: "Qualquer isenção, incentivo, redução de alíquota ou da base de cálculo, crédito presumido, dispensa de pagamento ou outro benefício relativo ao ICMS, concedido sem prévia aprovação em convênio celebrado no âmbito do Confaz, é inconstitucional".

A teor da Lei Complementar n° 160/17, a remissão e reinstituição de benefícios fiscais concedidos unilateralmente pelos Estados e pelo Distrito Federal no ambiente da guerra fiscal, deveriam ser regulamentadas por meio de Convênio a ser aprovado no âmbito do Confaz no prazo de 180 dias contados da publicação da Lei Complementar, mediante aprovação e ratificação de 2/3 das unidades federadas e 1/3 das unidades federadas integrantes de cada uma das 5 regiões do Brasil. Tal regulamentação competiu ao Convênio ICMS n° 190/2017.

A remissão aplica-se a quaisquer atos normativos concessivos de benefícios fiscais independentemente se estavam ou não vigentes à época da publicação da Lei Complementar. Já a reinstituição e convalidação dos benefícios fiscais, aplicam-se apenas aos atos normativos concessivos de benefícios fiscais vigentes à época da publicação da Lei Complementar, competindo aos Estados a alteração de benefício concedido apenas para restringir o seu alcance ou mesmo revogá-lo, ou seja, não há respaldo para revigorar incentivos que não estavam vigentes em 08 de agosto de 2017.

As restritas e taxativas hipóteses autorizativas da extensão de um tratamento tributário incentivado já em vigor são apenas as seguintes: (i) para outro contribuinte da mesma unidade federada, nas mesmas condições e prazos limites de fruição; e (ii) para contribuintes de outras unidades federadas da mesma região, desde que o benefício ainda esteja vigente quando da adesão.

Os benefícios fiscais poderão ser reinstituídos e convalidados por períodos que variam entre 1 a 15 anos, dependendo da natureza do benefício concedido, a saber: (i) 15 anos para os benefícios destinados ao fomento das atividades agropecuária e industrial, inclusive agroindustrial, e ao investimento em infraestrutura rodoviária, aquaviária, ferroviária, portuária, aeroportuária e de transporte urbano; (ii) 8 anos para os benefícios destinados à manutenção ou ao incremento das atividades portuária e aeroportuária vinculadas ao comércio internacional, incluída a operação subsequente à da importação, praticada pelo contribuinte importador; (iii) 5 anos para os benefícios destinados à manutenção ou ao incremento das atividades comerciais, desde que o beneficiário seja o real remetente da mercadoria; (iv) 3 anos para os benefícios destinados às operações e prestações interestaduais com produtos agropecuários e extrativos vegetais in natura; e (v) 1 ano para os demais benefícios, ou seja, para aqueles que tenham sido concedidos sem uma destinação específica.

No Estado de Minas Gerais, a reinstituição e convalidação dos benefícios fiscais relativos ao ICMS para os fins do disposto na Lei Complementar n° 160/2017, se deu por meio da Lei n° 23.090/2018[10].

Importante destacar que para viabilizar a trégua, foram afastadas as restrições previstas no artigo 14 da Lei de Responsabilidade Fiscal, dispensando-se estudo de impacto orçamentário decorrente da renúncia de receita advinda, seja da remissão seja da reinstituição dos benefícios fiscais irregulares. E isto por razões óbvias! É que na maioria das vezes este impacto orçamentário não foi observado para a concessão do benefício fiscal originário, de modo que a aplicação deste dispositivo acabaria por inviabilizar a finalidade que justificou a própria promulgação da Lei Complementar em questão.

Como mecanismo de penalizar o Estado que continuar concedendo ou mantendo benefícios fiscais em desacordo com a Lei Complementar n° 24/1975, previu a Lei Complementar n° 160/2017 a imposição das sanções previstas no artigo 23 da Lei de Responsabilidade Fiscal, quais sejam, (i) a vedação de transferências voluntárias pela União de recursos para os Estados; (ii) a obtenção de garantia, direta ou indireta, de outro ente ou (iii) contratação de operações de crédito, exceto as destinadas ao refinanciamento de dívida imobiliária e as que visem a redução das despesas com pessoal.

Em face do exposto, uma vez cumpridos todos os requisitos previstos na Lei Complementar n° 160/2017, as consequências podem ser assim sintetizadas: (i) validação dos benefícios por meio do Convênio aprovado no âmbito do Confaz; (ii) ficam afastadas as restrições relativas à renúncia fiscal; (iii) não serão aplicadas as sanções previstas no artigo 8° da Lei Complementar n° 160/2017, quais sejam a nulidade do ato concessivo do benefício fiscal tido por irregular e a malfadada glosa de créditos de ICMS.

Em linhas gerais, estes são os principais aspectos a serem destacados em relação a Lei Complementar n° 160/2017. Apesar do seu principal objetivo ter sido resolver questões pretéritas, especialmente em relação a medidas judiciais em curso, estabelecendo prazo certo para fruição dos benefícios fiscais concedidos irregularmente, conforme será de-

---

10 Todos as unidades federadas, com exceção do Estado do Amazonas, publicaram a relação dos seus incentivos fiscais unilaterais. O Estado do Amazonas deliberou por rejeitar a Lei Complementar n° 160/2017 e Convênio n° 190/2017 e pleitear inclusive a sua inconstitucionalidade, por intermédio da Ação Direta de Inconstitucionalidade n° 5902.

monstrado adiante, a problemática da guerra fiscal não fora solucionada em definitivo, havendo vários impactos a serem cautelosamente aferidos e monitorados.

4. NOVOS CONTORNOS DA GUERRA FISCAL NO BRASIL

A despeito de ter sido, à primeira vista, recepcionada e festejada pela maioria como o aparente "fim da guerra fiscal", a Lei Complementar Federal nº 160/2017, não obstante seu louvável intuito de preservar a isonomia e propiciar maior segurança aos contribuintes ao convalidar os benefícios concedidos à revelia do Confaz e afastar a malfadada glosa de créditos de ICMS, apresenta algumas fragilidades que podem continuar estimulando conflitos.

4.1. POSITIVAÇÃO DA GUERRA FISCAL

Na contramão da tendência mundial, que trata incentivos fiscais como medida de estrita exceção[11], percebe-se que o Brasil continua a privilegiar a concessão de benefícios fiscais, impulsionando a dependência da iniciativa privada do apoio estatal. Não se ignora que a Lei Complementar nº 160/2017 se esforça para pôr fim a guerra fiscal, ao prever o prazo de até 15 anos para manutenção dos benefícios convalidados, mas não é crível que referido lapso temporal seja determinante para o fim desse modelo intervencionista de utilização de incentivos como mecanismo de indução dos agentes econômicos.

Há uma evidente tendência de prorrogação dos prazos fixados na Lei Complementar nº 160/2017, dada a elevada dependência econômica da iniciativa privada de auxílios estatais, pautada no atual perfil jurídico extrafiscal do ICMS. A extinção dos incentivos fiscais pode inviabilizar a própria atividade econômica de diversos contribuintes. Esta pressão, inclusive de ordem político econômica, pode fazer

---

11 Os artigos 107-108 do *"Treaty on the Functioning of the European Union"* (TFEU) preveem que qualquer auxílio concedido por um Estado-Membro da União Europeia (EU) ou através da utilização de recursos estatais que distorce a concorrência, favorecendo certas empresas ou a produção de certas mercadorias são proibidas, a menos que tenham sido previamente aprovadas pela Comissão Europeia. Do mesmo modo, o Acordo da Organização Mundial do Comércio (OMC) sobre Subsídios e Medidas Compensatórias (*"WTO Agreement on Subsidies and Countervailing Measures – SCM"*) estabelece regras sobre o uso de subsídios e as ações que os países podem adotar para se proteger dos efeitos dos subsídios de outro país, no intuito de impedir que seus membros concedam vantagens às entidades de maneira a distorcer a concorrência no mercado.

com que a guerra fiscal apenas se perpetue, chegando a novo impasse ao final do prazo de convalidação previsto na Lei Complementar nº 160/2017.

Para Osvaldo Santos de Carvalho e Luis Fernando dos Santos Martinelli, é evidente a intenção do legislador em positivar uma norma que, ao fim de seu prazo, ensejaria a necessidade de prorrogação pelos seguintes motivos: (i) primeiro, porque a Lei Complementar nº 160/2017 não adota um critério de redução gradual dos benefícios, assim como o fez, por exemplo, o Convênio ICMS nº 70/14 quando implementou a redução gradativa das alíquotas interestaduais e migração da tributação da origem para o destino, fixando uma alíquota modal interestadual (4%) ao fim do regime de transição; e (ii) segundo, porque houve a supressão da redação original do projeto da própria Lei Complementar nº 160/2017, que continha a previsão da redução gradual dos benefícios, fazendo com que os contribuintes aos poucos fossem absorvendo a carga tributária equivalente aos patamares ordinários praticados pelos demais contribuintes que não são beneficiados. (CARVALHO; MARTINELLI, 2017, p. 954-955).

A ausência de disposição no texto normativo prevendo essa redução gradual dos incentivos leva a crer que o prazo previsto na lei poderá ser, e provavelmente o será, estendido, tal como já ocorreu, por exemplo, com a recente aprovação do Projeto de Lei Complementar nº 55/2019, que alterou a Lei Complementar nº 160/2017, para autorizar Estados e o Distrito Federal a renovarem, pelo prazo de 15 anos, benefícios fiscais concedidos a associações beneficentes e entidades religiosas de qualquer culto, em reforma do texto original da Lei, que concedia o prazo de apenas 01 ano para referidas entidades.

A Lei Complementar nº 160/2017 perdeu a oportunidade de determinar uma preparação dos contribuintes para um cenário de ausência total de incentivos fiscais mediante a redução gradual dos estímulos, deixando ao encargo dos próprios contribuintes a forma de reabsorção da carga tributária outrora desonerada. Mas se não houver uma significativa reforma tributária não só do ICMS, mas do próprio pacto federativo, como poderá o contribuinte sobreviver sem tais estímulos nas mesmas condições de "temperatura e pressão"? Ora, a exoneração tributária impacta diretamente na precificação dos produtos e serviços dos contribuintes e, consequentemente, no seu poder de penetração nos mercados e principalmente em suas margens de lucro.

O que se percebe é que a Lei Complementar nº 160/2017 de fato é uma medida combativa e escudo temporário às sanções previstas na Lei Complementar nº 24/1975. No entanto, fato é que acabou positivando atos normativos tidos por inconstitucionais, alongando a guerra fiscal, com tendências a sua perpetuação, caso não haja uma reestruturação absoluta do modelo tributário vigente.

A Procuradoria Geral da República (PGR) apresentou parecer favorável[12] à procedência da ADI 5902 proposta pelo Estado do Amazonas, o qual questiona a constitucionalidade da Lei Complementar nº 160/2017, sob alegação de que não poderia a nova lei convalidar atos que já nasceram inconstitucionais. Em que pese o esforço do referido Estado para atacar a lei, não se vislumbra ofensa ao artigo 155, parágrafo 2º, incisos VI e XII, alínea "g" da CF/88, porquanto o veículo normativo previsto na Carta Magna foi plenamente respeitado e, na incompatibilidade com a Lei Complementar 24/75, prevalece a norma mais recente. De todo modo, o resultado advindo da ADI poderá prejudicar todos os recentes esforços e movimentos de pôr fim à guerra fiscal, praticados com base na nova Lei.

4.2. A CORRIDA PELA CONCESSÃO DE INCENTIVOS POR MEIO DA "COLA REGIONAL"

Revestida da intenção de contornar as inconstitucionalidades e ilegalidades que permeavam a concessão de benefícios à revelia do Confaz, a Lei Complementar nº 160/2017 acaba estimulando a guerra fiscal ao permitir que os Estados possam tomar como base um benefício concedido por outra unidade federada da mesma região[13] - a chamada

---

[12] Em parecer enviado ao STF em 27.02.2019, a procuradora-geral da República, Raquel Dodge, opinou pela procedência da ADI 5.902 e destacou a exigência constitucional (art. 155, parágrafo 2º, XII, g) de prévia deliberação unânime dos estados e do Distrito Federal para a aprovação de benefício fiscal de ICMS e que, embora tenham competência para instituir e cobrar o imposto, as unidades federadas, para conceder isenções ou incentivos, devem celebrar convênio no Conselho Nacional de Política Fazendária (Confaz), para evitar a lesiva e reprovável prática da chamada 'guerra fiscal' em que unidades da federação disputam investimentos e concedem vantagens a empresas, na ânsia de captar empreendimentos, amiúde de maneira não só antijurídica como economicamente ruidosa, no longo prazo.

[13] De acordo com CARVALHO e MARTINELLI, 2017, como efeito inverso do que pretendeu a LC nº 160/17, a adesão a benefícios fiscais de unidades federadas da mesma região, também chamada de 'cola regional', poderá vir a fomentar ainda mais a guerra fiscal, com risco de degradação ainda maior para as já combalidas finanças estaduais.

"cola regional", sem se atentar para a realidade de que alguns Estados são economicamente vulneráveis à absorção do desencargo tributário decorrente de um benefício fiscal inicialmente criado por outra unidade federada, ocasionando o risco de desequilíbrio ao pacto federativo e agravamento da situação financeira dos Estados.

Como critério para permitir a adesão a benefícios de Estados vizinhos, a Lei condiciona que os contribuintes localizados no mesmo território estejam sob as mesmas condições e nos prazos-limites de fruição. Em que pese a intenção de preservar o princípio da isonomia, a utilização de critério vago e subjetivo - "sob as mesmas condições" - gera insegurança aos contribuintes e permite margem de liberdade e discricionariedade para autuação dos Estados.

No âmbito de São Paulo, por exemplo, o Decreto Estadual n° 63.342/18 estendeu o crédito presumido de ICMS aplicado em operações com carne bovina para operações envolvendo pescado, sob fundamento de que ambos tratam de proteína animal. Sem maiores embargos, não é difícil que outras unidades federativas questionem a extensão do benefício sob argumento de que se trata de produtos distintos, dando continuidade na guerra fiscal quanto a interpretação dos critérios subjetivos necessários para "cola" dos benefícios[14].

É o que tem acontecido também com inúmeros contribuintes, em especial no setor de varejo e e-commerce, que iniciaram uma corrida para avaliar incentivos fiscais em outras regiões que se apresentem mais eficientes em suas operações, sob a ótica tributária, fiscal e logística. (SANTANA, 2019).

Se por um lado é possível pressupor que o legislador, ao editar a Lei Complementar n° 160/17, pretendeu criar uma convergência de benefícios fiscais em garantia a isonomia aos contribuintes do mesmo setor e na mesma região, por outro lado, diante da lacuna na definição sobre os critérios e limites dessa "cola regional", vislumbra-se um perigoso caminho que fomenta a corrida por concessão irrestrita e descontrolada de novos incentivos fiscais, como medida protetiva das unidades federadas em não perderem empresas para Estados vizinhos.

---

14 De acordo com MELO, 2019, não é plausível o enquadramento de contribuinte no segmento do comércio (prazo máximo de fruição de benefício inferior à indústria), se o mesmo, antes da venda das mercadorias, as industrializa. Deve ser considerada a atividade do contribuinte de forma global, como um todo.

4.3. PROCEDIMENTOS PARA CONVALIDAÇÃO DOS BENEFÍCIOS FISCAIS E FALTA DE TRANSPARÊNCIA

A convalidação dos benefícios fiscais irregulares está condicionada à observância dos seguintes requisitos: (i) publicação, nos diários oficiais das unidades federadas, da relação com a identificação de todos os atos normativos relativos aos benefícios fiscais[15]; (ii) registro e depósito, na Secretaria Executiva do Confaz, da documentação comprobatória relativa aos atos concessivos dos benefícios fiscais a serem publicados no Portal Nacional da Transparência Tributária a ser criado e disponibilizado no sítio eletrônico do Confaz.

O descumprimento destes requisitos pelos Estados importa na revogação do benefício fiscal, não produzindo qualquer efeito a remissão aos créditos tributários concedidos sob o amparo da norma não publicada, não registrada ou não depositada. É exatamente este o posicionamento do Estado de Minas Gerais, como se denota de excerto da Solução de Consulta n°. 94 de 20.05.2019:

> Nestes termos, as limitações aos créditos do imposto previstas na Resolução nº 3.166/2001 apenas se aplicam, relativamente às operações ocorridas até 08/08/2017, sobre os benefícios fiscais nela relacionados que não foram objeto dos procedimentos de publicação, registro e depósito, conforme disposto no Convênio ICMS 190/2017, e, em relação às operações ocorridas a partir de 09/08/2017, se aplicam somente àqueles que não foram objeto de reinstituição ou revogação pela unidade federada que os instituiu, conforme sua cláusula oitava.

No que tange ao Portal Nacional da Transparência Tributária já instituído pelo Confaz, embora se reconheça um inegável avanço no que diz respeito a organização, consolidação e centralização das informações num só órgão, fato é que a restrição das consultas ao público em geral e acesso apenas ao fisco tem sido alvo de críticas (CARVALHO; MARTINELLI, 2018, p. 933). Isto porque, nesses moldes, o contribuinte fica impedido de saber se o Estado que lhe concedeu benefício fiscal cumpriu os requisitos da Lei Complementar n° 160/2017, notadamente o registro e depósito do incentivo no Confaz.

A limitação de acesso às informações revela um problema de ordem prática, qual seja, o contribuinte não possuir certeza se o próprio benefício foi convalidado, sem a necessidade de interveniência do fisco atestando essa informação (CARVALHO; MARTINELLI. 2018. p. 933).

---

[15] No Estado de Minas Gerais a publicação da relação dos atos normativos relativos a benefícios fiscais referentes ao ICMS tidos por inconstitucionais coube ao Decreto n° 47.394 de 26.03.2018, atualizado pelo Decreto n° 47.692 de 30.07.2019.

Em outras palavras, na falta de interesse e colaboração do Estado, o contribuinte não consegue obter segurança jurídica quanto a legalidade de se continuar fruindo o seu benefício, razão pela qual um caminho recomendável seria a formulação de consulta formal para que o Estado se manifeste quanto ao cumprimento de tais requisitos.

Destaca-se que em momento algum a Lei Complementar nº 160/2017 exige que a publicação dos atos ou a sua reinstituição deva ocorrer por meio de lei em sentido estrito, como fundamento de validade, o que tem levado o próprio Poder Executivo de cada unidade federada a elaborar e publicar seus respectivos atos normativos.

Compete aos Estados editar seus atos normativos para assegurar a remissão de créditos tributários e convalidação dos benefícios concedidos à revelia do Confaz. Enquanto não o fizer, os contribuintes permanecem em situação de insegurança jurídica, podendo sofrer glosas ou autuações fiscais, seja para fatos geradores ocorridos antes ou após a publicação da Lei Complementar nº 160/2017.

4.4. BENEFÍCIOS SETORIAIS SEM OFERTA DE CONTRAPARTIDAS

A Lei Complementar nº 160/2017, sob o manto da isonomia, objetiva criar uma zona de equilíbrio concorrencial quando compele os Estados a conceder os mesmos benefícios a todos estabelecimentos de um mesmo setor da economia, independentemente de contrapartidas que justificassem a desoneração da carga tributária, já que as empresas não mais estão obrigadas, por exemplo, a investir em seus parques industriais, gerar novos postos de trabalho ou incrementar seu faturamento, pressupostos que até então eram analisados pela unidade federada ao ser acionada para concessão de um incentivo fiscal a determinado contribuinte.

Se por um lado, a obrigação de conceder incentivos de forma setorial objetiva evitar a concorrência desleal via tributação dentro de um mesmo segmento – como ocorre, por exemplo, por meio dos Tratamentos Tributários Setoriais no âmbito do Estado de Minas Gerais, disciplinados na Resolução nº 4.751/2015 SEF/MG - por outro lado, ao compelir que o Estado deva conceder incentivos a todos contribuintes de um mesmo setor, a Lei Complementar nº 160/2017 acaba por fomentar a renúncia fiscal estadual e mitigar a própria finalidade do incentivo fiscal em estimular a expansão da iniciativa privada, tornando o benefício como subvenção para mero custeio que simplesmente reduz a carga tributária suportada pelo contribuinte, independentemente da comprovação de expansão e desenvolvimento por parte deste.

Apesar de aparentemente servir de estímulo para negócios que não teriam condições econômicas de concorrer no setor e que passam a receber o auxílio estatal para impulsionar suas atividades, essa positivação possibilita um cenário de desequilíbrio econômico, ao permitir utilização de recursos públicos para subsidiar empresas muitas vezes deficitárias, ineficientes e sem vocação para operar em determinada região, mas que passam a fruir de incentivos fiscais em detrimento àqueles que efetivamente contribuíram para o desenvolvimento econômico.

4.5. GRADAÇÃO E PRAZOS DISTINTOS CONFORME ENQUADRAMENTO DE ATIVIDADES

Outra fonte para controvérsias é a existência de gradação e prazos diferentes para a continuidade do benefício, disposta no §2º do art. 3º da referida Lei, conforme enquadramento da atividade do contribuinte beneficiado, o que permite que os Estados tentem classificar seus incentivos como aqueles passíveis de reinstituição pelo prazo máximo. Neste ponto, cita-se análise de Osvaldo Santos de Carvalho e Luis Fernando dos Santos Martinelli:

> A simples existência de gradação diferente para a continuidade do benefício já pode trazer divergências em como se dará o enquadramento por parte dos benefícios pelas unidades federadas. Afinal, questiona-se qual será o critério para conceituar, por exemplo, o que diferencia o 'fomento a atividade portuária e aeroportuária', previsto como passível de continuidade por 15 anos do 'incremento da atividade portuária e aeroportuária', passível de continuidade por 8 (oito) anos. A tendência é que as unidades federadas buscarão, na medida do possível, configurar seus benefícios como aqueles passíveis de reinstituição por 15 anos, alongando ao máximo o prazo do benefício reinstituído (CARVALHO e MARTINELLI, p. 958)

O fato é que, para definição do referido prazo, o enquadramento da atividade do contribuinte no setor da economia descrito na legislação não é uma análise objetiva e simples. Neste ponto, exemplifica Eduardo Soares de Melo, quanto ao desafio de serem conceituados os vocábulos 'fomento' e 'incremento', ambos voltados às atividades portuária e aeroportuária e cada qual com seu prazo máximo de aproveitamento do benefício reinstituído: até 31.12.25, para o 'incremento'; e até 31.12.32, para o 'fomento' (MELO, 2019).

Destaca-se a previsão do art. 3º, §2º, V, da Lei Complementar nº 160/2017, que disciplina a reinstituição limitada a um ano para benefícios de caráter residual, isto é, aqueles que não se enquadram nas categorias de: (i) industriais ou agropecuários; (ii) destinados ao incremento de atividades portuárias ou aeroportuárias, vinculados a importação; (iii) comerciais; ou (iv) com produtos agropecuários ou extrativos *in natura*. Isto é, incentivos desvinculados do setor produtivo com estímulos direcionados ao consumidor final. Historicamente, a resistência de algumas unidades federadas para a aprovação de convênios com esse tipo de benefício baseia-se na presunção de que eventual aprovação de incentivo de cunho social pressionaria as demais unidades federadas para aprovação de benefício semelhante. Com o advento da Lei Complementar nº 160/2017 e previsão de reinstituição específica para esse tipo de benefício, vislumbram-se possíveis contornos: (i) a flexibilização do Confaz para admitir a aprovação de benefícios de cunho social; ou (ii) a revogação desses benefícios pelas unidades federadas, em respeito a nova legislação; ou ainda (iii) uma nova fase de concessão de benefícios fiscais irregulares, sujeitos às sanções da Lei Complementar nº 160/2017. (CARVALHO; MARTINELLI, 2018, p. 942).

Logo, não bastasse a controvertida dificuldade no enquadramento da atividade, este critério pode configurar um quadro de insegurança jurídica a partir de dúvidas à diversos contribuintes quanto a determinação do prazo para fruição do benefício aplicável. Se, por um lado, um Estado compreender que o enquadramento do contribuinte no segmento deverá observar a atividade e operação de forma isolada, para fins de análise do prazo de manutenção do benefício, não se descarta a possibilidade de outro Estado, por exemplo, compreender que a atividade deve ser analisada como um todo, de forma global, aplicando prazo distinto para validade do incentivo. Esta situação controvertida, aliada às circunstâncias econômicas mutáveis em cada segmento da economia, poderá implicar não apenas em disputas fiscais, mas também na possível alteração dos referidos prazos como termos finais de fruição dos benefícios.

4.6. VEDAÇÃO DO DIREITO A RESTITUIÇÃO DOS CONTRIBUINTES QUE OBSERVARAM A GLOSA DE CRÉDITO DE ICMS

A Lei Complementar nº 160/2017, em seu art. 5º da Lei Complementar nº 160/2017[16], trata da remissão de forma ampla e irrestrita de créditos tributários constituídos ou não, possibilitando

---

16 Art. 5º. A remissão ou a não constituição de créditos concedidas por lei da unidade federada de origem da mercadoria, do bem ou do serviço afastam as sanções previstas no art. 8º da Lei Complementar nº 24, de 7 de janeiro de 1975, retroativamente à data original de concessão da isenção, do incentivo ou do benefício fiscal ou financeiro-fiscal, vedadas a restituição e a compensação de tributo e a apropriação de crédito extemporâneo por sujeito passivo.

aplicabilidade retroativa à data original de concessão do benefício fiscal irregular, com amparo na não aplicabilidade das sanções previstas no art. 8º da Lei Complementar Federal nº 24/75, ou seja, assegura-se que o incentivo não será glosado e que respectivo crédito tributário não será exigido.

É clarividente que referida remissão convalida atos contrários a legislação até então vigente e privilegia o contribuinte que não observou a lei, fruiu de benefícios irregulares e deixou de recolher aos cofres públicos os respectivos créditos tributários. A contradição, juridicamente questionável, revela-se na medida em que, ignorando o princípio da isonomia, veda o direito à restituição e compensação do indébito e a apropriação de crédito extemporâneo àqueles que observaram a legislação e, por óbvio, atuaram de maneira menos competitiva daquele que agora pode se beneficiar da remissão (AYRES, 2017, p. E2).

É o caso, por exemplo, do contribuinte que não se apropriou integralmente do crédito do ICMS destacado na nota fiscal, ciente que, em razão da irregularidade do benefício, apenas parte da carga tributária foi efetivamente suportada pelo fornecedor. Da forma como promulgada, a Lei implica em desprestigio a este contribuinte que, de boa-fé, agiu em consonância com a legislação, e acentua o desequilíbrio concorrencial, em flagrante violação aos princípios da isonomia, razoabilidade e proporcionalidade. Essa situação fomenta o ajuizamento de medidas judiciais por parte de contribuintes que se sentirem lesados, afinal não é razoável e muito menos proporcional convalidar atos ilícitos e premiar àqueles que se apropriaram de créditos de forma irregular e, de outro lado, sacrificar o direito daqueles que, em lisura e confiança ao Poder Público, observaram a lei.

5. CONCLUSÃO

Ao contrário do que se esperava, a Lei Complementar nº 160/2017, por si só, é incapaz de pôr fim à guerra fiscal, pois apesar de positivar critérios que instrumentalizam a futura extinção da concessão de benefícios fiscais, apresenta fragilidades legal e constitucionalmente questionáveis, capazes de impulsionar ainda mais a corrida por benefícios fiscais e acentuar as disputas entre Estados e contribuintes. Claramente, são inúmeros e inegáveis os desafios a serem transpostos para alcançar o fim da guerra fiscal.

Apesar de promulgada em 2017, a referida Lei esbarra nas propostas de emenda constitucionais em larga discussão no Poder Legislativo[17], que visam retirar de cena o imposto estadual (ICMS) para dar lugar a um imposto sobre o valor agregado (IVA), sob legislação federal, que traria consigo a impossibilidade de concessão de incentivos fiscais. De todo modo, a atual reinstituição de incentivos fiscais pelo prazo de até 15 anos adicionou um ingrediente a ser considerado nas propostas de reforma, notadamente quanto a transição do modelo atual para um novo modelo proposto, e como os contribuintes que tiveram seu benefício reinstituído por mais quinze anos poderão dele fruir, sob uma nova ordem jurídica vigente[18].

Outro fator que enseja apreensão e estado de alerta é o fato da Lei Complementar nº 160/2017 ser objeto de questionamento por meio da ADI nº 5902, sob fundamento de que não poderia a nova lei convalidar atos que já nasceram inconstitucionais. A depender do posicionamento do STF, se a Lei Complementar nº 160/2017 for julgada inconstitucional, retoma-se o cenário de total insegurança jurídica em relação à possibilidade de aplicação das sanções previstas no art. 8º da Lei Complementar nº 24/1975 e como serão disciplinadas as relações jurídicas consumadas no período em que vigorou a Lei Complementar nº 160/2017.

Enquanto isso, a atenção dos contribuintes deve se voltar para todas as cautelas necessárias a garantir que seu benefício fiscal foi convalidado, no sentido de que os Estados observaram todos os procedimentos formais necessários para reinstituição dos benefícios e remissão dos créditos tributários.

---

17 Propostas de Emenda Constitucional nº 45/2019 e nº 110/2019, respectivamente, da Câmara dos Deputados e do Senado Federal. Em ambas, a alteração do Sistema Tributário Nacional tem como principal objetivo a simplificação e a racionalização da tributação sobre a produção e a comercialização de bens e a prestação de serviços, base tributável atualmente compartilhada pela União, Estados, DF e Municípios.

18 CARVALHO e MARTINELLI, p. 930, notam que, embora o que se afirme acima não necessariamente seja juridicamente incontornável, visto que uma reforma constitucional não precisaria observar o período de reinstituição previsto na LC 160/17, a quebra pura e simples dessa regra tende a deixar a aprovação de qualquer proposta de reforma mais dificultosa, tendo em vista os aspectos políticos e econômicos envolvidos tanto na aprovação da LC 160/17 como também na aprovação da nova ordem jurídico tributária.

Os Estados, por sua vez, estão obrigados a estender os benefícios fiscais já concedidos até a publicação da Lei Complementar nº 160/2017 para contribuintes do mesmo setor econômico, localizados no mesmo Estado ou, ainda, concedidos para contribuintes de outro Estado da mesma região, suportando o impacto da perda de arrecadação, sem a correspondente contrapartida dos beneficiados.

De todo modo, no mínimo, foi dado um grande passo no sentido de viabilizar a cooperação e convergência entre os Estados, único meio de se concretizar o texto constitucional que prevê a união indissolúvel dos entes federativos, para ao menos tentar pôr fim à concessão dos estímulos fiscais que há muito assumiram feições predatórias e dar um basta ao desrespeito ao federalismo fiscal de equilíbrio, retomando o balizamento e calibração do exercício da competência tributária dos Estados, especialmente a competência exonerativa.

REFERÊNCIAS BIBLIOGRÁFICAS

AYRES, Fernando Gomes de Souza. *Incentivos fiscais e guerra fiscal*: origem e contextualização. In: SEMINÁRIO GUERRA FISCAL – questões atuais. Org. Escritório Pinheiro Neto Advogados. São Paulo, maio, 2010.

AYRES, Fernando Gomes de Souza, *Reflexos da Lei Complementar nº 160*. Valor econômico, v. 17, n. 4347, 25/09/2017. Legislação & Tributos, p. E2.

CARVALHO, Osvaldo Santos de; MARTINELLI, Luis Fernando. *A Lei Complementar nº 160 e seus reflexos nas Administrações Tributárias Estaduais. Será mesmo o fim da guerra fiscal?* 2017. Disponível em: https://www.ibet.com.br/wp-content/uploads/2018/06/LC-160-Prof.-Osvaldo.pdf. Acesso em: 20.01.2020.

CARVALHO, Osvaldo Santos de; MARTINELLI, Luis Fernando. *A "convalidação" de benefícios fiscais de ICMS, o Convênio CONFAZ 190/2017 e seus reflexos após um ano da publicação da LC 160/17.* 2018. Disponível em: https://www.ibet.com.br/wp-content/uploads/2019/03/Guerra-Fiscal-ICMS.pdf. Acesso em: 20.01.2020.

COÊLHO, Sacha Calmon Navarro; MANEIRA, Eduardo. *Parecer: Guerra fiscal – transferência ao contribuinte local de supostos prejuízos do erário estadual em decorrência de recebimento de mercadorias de terceiros – impossibilidade - irretroatividade da Resolução que veda direito ao creditamento de ICMS.* Belo Horizonte: 2005.

MANEIRA, Eduardo. *Direito Tributário: princípio da não-surpresa.* Belo Horizonte: Del Rey, 1994.

MARQUES, Klaus Eduardo Rodrigues. *A guerra fiscal do ICMS*: uma análise crítica sobre as glosas de crédito. São Paulo: MP, 2010.

MARTINS, Ives Gandra da Silva; MARONE, José Rubens. *O perfil jurídico da guerra fiscal e das variações das relações jurídicas dos estímulos de ICMS.* Revista Dialética de Direito Tributário, São Paulo, n. 134, p. 48-58, 2006.

MELO, Eduardo Soares. *Novas dimensões da guerra fiscal entre Estados e incertezas jurídicas*. Revista Consultor Jurídico de 09 de setembro de 2019.

ROSHANJAHROMI, Setareh. *A Comparative Analysis between EU State Aid and WTO Subsidies*. Lund Univertisy. 2017.

SANTANA, Ester. *Ganhamos a batalha, mas perdemos a guerra?* Valor Econômico. 2019. Disponível em: https://valor.globo.com/legislacao/noticia/2019/05/31/ganhamos-a-batalha-mas-perderemos-a-guerra.ghtml. Acesso em: 20.01.2020.

VOGAS, Rosiris Paula Cerizze. *Limites Constitucionais à Glosa de Créditos de ICMS em um Cenário de Guerra Fiscal*. Belo Horizonte: Del Rey, 2011.

DO CONFISCO À LEGALIDADE: HISTÓRIA DO TRIBUTO E INTERPRETAÇÃO DA NORMA TRIBUTÁRIA

SARAH AMARANTE DE MENDONÇA COHEN[1]

SUMÁRIO: 1. Introdução; 2. Breve história do tributo; 3. Conclusão; Referências Bibliográficas

1. INTRODUÇÃO

A relação entre tributo e poder é uma relação que pode ser constatada desde o surgimento do poder político ha mais de 20 séculos.

Como notado por Baleeiro[2], "onde se ergue um governante", a sombra do tributo se projeta sobre o solo de sua dominação.

Como tivemos a oportunidade de demonstrar[3], a relação entre o tributo e o poder politico é de tal monta, que as normas de tributação consideradas na dinâmica do processo democrático podem servir para evidenciar maiores ou menores graus de autoritarismo do Estado.

---

[1] Doutora e mestre em Direito Tributário pela UFMG. Advogada. Tax Manager na EY Tel Aviv (US Tax Desk). Professora visitante na Universidade de Tel Aviv em 2016-2017. Professora licenciada de Direito Financeiro e Tributário das Faculdades Milton Campos e Escola Superior Dom Helder Câmara.

[2] Aliomar Baleeiro ja notou que: "O tributo é vetusta e fiel sombra do poder político há mais de 20 séculos. Onde se ergue um governante, ela se projeta sobre o solo de sua dominação. Inúmeros testemunhos, desde a Antigüidade até hoje, excluem qualquer dúvida. No curso do tempo, o imposto, atributo do Estado, que dele não pode prescindir sequer nos regimes comunistas de nosso tempo, aperfeiçoa-se do ponto de vista moral, adapta-se às cambiantes formas políticas, reflete-se sobre a economia ou sofre os reflexos desta, filtra-se em princípios ou regras jurídicas e utiliza diferentes técnicas para execução prática [...]" (BALEEIRO, 1997, p.1).

[3] Cohen, S.A.M. O Tributo e o poder na reviravolta linguistica do pensamento contemporaneo. Dissertacao de Mestrado, UFMG, 2005.

Evidenciada a próxima relação entre poder político e tributação, esta constatação traz consequências de ordem metodológica, tais como a necessidade de se pensar qual o método ideal para se pensar e interpretar o Direito Tributário, e se um maior grau de segurança jurídica seria necessário neste contexto.

Com efeito, em termos de históricos, como se terá a oportunidade de demonstrar, pode-se citar o precedente paradimático norte americano de 1819 - Mc. Culloch vs. Maryland – em que o Justice Marshall declarou que o poder de tributar envolve o poder de destruir. Aquele caso envolvia a pretensão do Estado de Maryland de tributar um banco federal e tal pretensão tributária poderia acarretar a perseguição ou mesmo destruição das instrumentalidades de uma das esferas do poder federativo.

No decorrer a história, a relação tributária vai se alterando, e o tributo que outrora era simplesmente instrumento de imposição da vontade dos governantes sobre os governados, a partir do surgimento das democracias modernas, como se viu acima, vai se transformando em instrumento de realização dos objetivos do Estado através do consentimento do cidadão.

O primeiro tipo de Estado que se fundamenta na receita oriunda do patrimônio do cidadão, ou seja, no tributo, de forma consentida, pois instituído por lei votada pelos representantes do povo no parlamento, é o Estado Liberal, também chamado de 'Estado Fiscal' ou *Steuerstaat*[4].

Neste contexto, o presente artigo pretende discorrer brevemente sobre certos aspectos evolutivos da história do tributo na civilização ocidental – tema que encontra lacuna na doutrina brasileira -, para concluir brevemente sobre como a evolução da relação histórica entre o tributo e o poder podem contribuir para a identificação do método interpretativo mais adequado da norma tributária.

2. BREVE HISTÓRIA DO TRIBUTO

Conforme evidenciado, os principais cursos de direito tributário brasileiros carecem de explanações mais detalhadas sobre a história do tributo, razão pela qual se buscou fontes alienígenas para tentar suprir parte desta lacuna, ainda que parcialmente, para viabilizar ao leitor um

---

[4] TORRES, 1991, p. 96-97

conhecimento sobre alguns elementos mais relevantes, mediante uma abordagem crítica pessoal[5].

Pretende-se, em linhas gerais, discorrer sobre a evolução do conceito de tributo, situando-o na transição das sociedades organizadas sem o império da lei para o Estado de Direito e, neste contexto, discorrer sobre os fundamentos políticos, econômicos e jurídicos encontrados, em períodos históricos sucessivos, para dar respaldo à tributação. O tributo parte da idéia de agressão, pura e simples, ao patrimônio privado do indivíduo, e depois passa a se fundar no consentimento traduzido pelo conceito da legalidade.

O primeiro ponto que merece ser tratado, portanto, se refere ao nebuloso surgimento do tributo e, conseqüentemente, às condições que favoreceram a adoção dessa figura nas sociedades antigas.

Ardant (1971, p. 39), em completo estudo, admite que "não é fácil dizer nem saber em que medida os primeiros estados recorreram à corvéia, à requisição forçada e ao imposto". E ainda que "somos mal informados em razão da insuficiência de testemunhos escritos, naturalmente mais raros nos períodos mais antigos" e que "quando temos textos, estes são, às vezes, pouco explícitos sobre a existência ou pelo menos sobre o grau de generalização ou sobre as modalidades de aplicação do imposto".

Não obstante as propaladas lacunas históricas, o autor chega à conclusão de que " [...] os documentos que se demarcam na medida em que descemos no curso do tempo, parecem associar bem claramente a existência de estados fortemente organizados, cuja potência se revelava no plano interior e sobre o plano exterior, à aparição e ao desenvolvimento do imposto [...]" (ARDANT, 1971, p. 43).

Nessa linha, identifica a existência de formas de tributação presentes nos antigos impérios do oriente próximo e distante, há milênios antes de nossa era. Interessante notar que ressalta que os conquistadores dos primeiros impérios do Oriente Médio, há milhares de anos a.C, passaram a perceber que a dizimação e pilhagem dos povos conquistados não era uma estratégia que favoreceria os conquistadores a longo prazo.

Aduz, portanto, que no século VIII da Era Comum, o cádi de Bagdá - Abou Yousof Ya'Koub - escreveu sobre os deveres entre os soberanos e seus subordinados, fazendo referência a uma controvérsia havida em

---

5 Vide referencia completa sobre a historia do tributo em Cohen, S.A.M, 2016.

virtude da conquista do Iraque e da Síria: os combatentes, não satisfeitos com as quotas que lhes cabiam do produto da pilhagem, exigiam que as terras dos povos dominados fossem partilhadas em seu favor. Tal demanda teria sido rechaçada pelo Califa Omar, ao argumento de que a pilhagem seria uma 'política de visão limitada', mas a manutenção da prestação dos serviços públicos essenciais e a proteção das novas províncias, mediante cobrança de uma contraprestação - um imposto territorial, o chamado 'kharadj' - seria política muito mais favorável aos conquistadores.

Se a relação entre conquistadores e conquistados evoluiu da 'política' da pilhagem para a 'política' do tributo, também no plano doméstico a evolução foi análoga, na medida em que as requisições forçadas, desregradas e sem contrapartida, passaram a ser vistas como uma forma destrutiva da atividade produtiva. Por corolário, a existência de regras claras, traduzir-se-ia numa comodidade tanto para os 'contribuintes', quanto para os dominadores. Aqueles seriam beneficiados, evidentemente, por não se verem sujeitos aos anseios do poder. Estes, a seu turno, se veriam igualmente contemplados - não só por evitarem uma recusa sistemática dos 'contribuintes' às requisições forçadas - mas, sobretudo, ante a preservação das fontes produtivas e a possibilidade de uma organização financeira mais eficaz[6].

Outro aspecto interessante, realçado por Bouvier[7], atinente a um pressuposto para a instituição do tributo, é de que não seriam quaisquer grupos humanos que poderiam ser submetidos à tributação, mas apenas aqueles grupos capazes de 'se pensar no tempo', de 'se projetar para a posteridade', e "só poderia ter surgido a partir do momento em que as comunidades humanas estavam aptas a produzir um excedente de alimentos que não eram necessários para sua sobrevivência". Tal afirmação tem estrita relação com a posição de Ardant, transcrita *supra*, sobre a convergência entre a fiscalidade e o Estado. Segundo Bouvier "é dentro desse contexto de desenvolvimento econômico, mas

---

6 Interessante notar que o abandono da 'política' da pilhagem e a adoção da 'política' do tributo, parece ter trazido consigo as raízes do princípio do 'não-confisco'. Se hoje vemos tal princípio como uma garantia fundamental do contribuinte, percebemos que as origens da noção de 'tributação mediante a manutenção das fontes produtivas', foi muito mais uma estratégia pensada pelos conquistadores para garantir seus rendimentos a longo prazo, do que uma *benesse* concedida aos povos dominados.

7 Vide Bouvier, 2004.

também de maturação do pensamento coletivo, que o tributo nasceu e conduziu, ao mesmo tempo, à criação das primeiras formas de imposto e de organização política [...]".

Justamente no contexto do desenvolvimento econômico, da estabilização e, portanto, de uma sociedade organizada politicamente, é que se pode passar a falar da organização tributária da cidade-estado de Atenas, na Grécia clássica.

A liberdade individual, fundamento da democracia ateniense[8], tinha influência sobre o 'sistema tributário' da cidade-estado. Sáinz de Bujanda (1955, p. 135), com base nos escritos de Morselli, aduz que este último autor defende que a Fazenda ateniense se inspirava no princípio do interesse público, sendo que a sujeição ao imposto - conseqüentemente - não se baseava em uma relação de servidão, mas em uma relação de defesa do bem coletivo entregue aos cuidados do Estado.

Esta regra da liberdade individual, por sua vez, impediu que se criasse na Grécia um verdadeiro 'sistema fiscal', uma vez que se restringia a instituição de impostos pessoais sobre os cidadãos, favorecendo a instituição de impostos indiretos[9].

Os meios econômicos da cidade-estado, ainda segundo o autor espanhol (1955, p. 138), "foram fiel reflexo de uma dupla circunstância histórico-política: primeiro, a forma de governo – democracia ou tirania – que decidiu o caráter e a extensão dos impostos ordinários; e segundo, o estado de paz ou de guerra, que deu a medida do gasto

---

8 É importante estabelecer que a concepção grega de democracia diferia em muito da concepção burguesa de democracia. Aristóteles já dizia que a condição de cidadão ateniense era conferida apenas àqueles que tivessem parte na autoridade deliberativa e na autoridade judiciária, não devendo ser admitidos artesãos dentre os cidadãos. A virtude política, portanto, era apenas daqueles que não tivessem a necessidade de trabalhar para sobreviver, não sendo possível aos artesãos ou aos mercenários praticar a virtude. Apud Dallari, 2003, p. 146.

9 A classificação dos impostos em diretos e indiretos é baseada em critérios eminentemente econômicos. Spagnol, adotando a linha de Martín Queralt e Lozano Serrano, ensina que os 'impostos direitos são aqueles que gravam diretamente a riqueza, traduzida pela simples circunstância de o sujeito passivo possuir patrimônio ou obter renda. Os impostos indiretos gravam, por sua vez, não a riqueza em si mesma, mas sua utilização, sua circulação ou seu consumo.' SPAGNOL, 2004. p. 56 e 57.

público e com ela a necessidade de acudir ao estabelecimento de impostos extraordinários"[10].

Nesta senda, pode-se dizer que a Fazenda grega tinha particularidades que a distinguia das fazendas de alhures. Antes mesmo da instituição de impostos ordinários propriamente ditos, o sistema grego tinha como particularidade a obrigação da prestação pessoal de serviço militar obrigatório, o que não deixava que o gasto público se elevasse sobremaneira, principalmente em razão de não haver pagamento de soldos a mercenários. Outra particularidade era a utilização do sistema de 'liturgias' ou prestações voluntárias, o que reduzia a necessidade de instituição de impostos ordinários (pode-se dizer que tal voluntariedade teria relação direta com os próprios ideais democráticos de Atenas).

Não obstante, com o início de uma política expansionista, aumentaram-se os gastos públicos, o que fez com que o sistema de liturgias passasse a não mais ser suficiente para cobrir as despesas essenciais da cidade-estado. A solução para o impasse, diante da rejeição natural dos gregos aos impostos pessoais, como já se observou, foi a instituição de impostos indiretos sobre o consumo e de taxas de natureza diversa.

Não bastasse a instituição desses impostos indiretos sobre o consumo, nos tempos de guerra aumentavam-se ainda mais os gastos públicos e, conseqüentemente, surgia a necessidade de instituição de um imposto extraordinário de guerra (*eisphora*). Em tais circunstâncias, a imposição tributária era bem aceita pelos cidadãos gregos, mas com o passar do tempo, e com a freqüência cada vez maior das guerras, os impostos extraordinários de guerra passaram a ter um caráter permanente.

Interessante o comentário do já mencionado autor espanhol (1955, p. 142) sobre a guerra, que considera como um dos fatores que mais contribuíram para o desenvolvimento da técnica fazendária. Ao seu ver, "cada conflito bélico abriu os olhos dos governantes sobre fontes inéditas de tributação e obrigou a aperfeiçoar os métodos de aplicação das figuras fiscais pré-existentes"[11].

---

10 Tradução livre. Versão original: 'Los medios económicos del Estado-ciudad fueron, por tanto, fiel reflejo de una doble circunstancia histórico-política: primera, la forma de gobierno – democracia o tiranía – que decidió el carácter y la extensión de los impuestos ordinarios; y segunda, el estado de paz o de guerra que dió la medida del gasto público y con ella la necesidad de acudir al establecimiento de impuestos extraordinarios'.

11 11 Tradução livre. Versão original: "cada conflicto bélico ha abierto los ojos de los gobernantes sobre fuentes inéditas de tributación y ha obligado a perfeccionar los métodos aplicativos de las figuras fiscales preexistentes.'

Aduz ainda que "se as hostilidades obrigam a gastar vultosas somas, a chegada da paz não traz alívio algum à economia financeira dos povos. Só um consolo lhes resta: o gasto público muda de signo e o que antes se consumia na grande fogueira do combate, chegada a paz, se reverte na reconstrução das fontes de produção. Consolo efêmero, não obstante" [12].

Voltando, por fim, à questão do consentimento dos cidadãos gregos à imposição tributária, o que se conclui é que o consentimento aos impostos diretos só acontecia em tempos de guerra, sendo que nos tempos de paz os gregos só admitiam, voluntariamente, a imposição indireta.

Vale frisar que é instigante notar que o consentimento dos gregos à imposição tributária - talvez por não estarem temporalmente tão distantes da 'política da pilhagem' - só se dava nas situações em que os cidadãos não se sentiam subjugados pela imposição tributária do Estado. Ademais, este fato nos leva a pensar que o consentimento ao imposto pode estar diretamente relacionado aos objetivos do Estado, ou ao próprio modelo de Estado, uma vez que os cidadãos - gregos, no caso - consentiam com a tributação apenas quando sabiam que a receita arrecadada ia ser aplicada naqueles objetivos mais nobres que acreditavam caber ao Estado. É interessante notar, ainda, como o consentimento dos gregos ao imposto tinha relação com a escorreita aplicação dos recursos obtidos pelo Estado.

Destacados alguns dos principais aspectos da organização tributária de Atenas interessa, ainda no contexto das organizações políticas da antiguidade, saber um pouco da estruturação do sistema fiscal de Roma, dada sua representatividade no contexto da evolução das formas tributárias.

No século VIII a.C., na região do Lácio, grupos humanos constroem uma cidade-estado comandada, sucessivamente, por reis. Ao contrário dos gregos - interessados, como visto, no estudo das mais diversas ciências -, os romanos tinham um gosto especial pela dominação do *orbe* terrestre, o que trouxe influência para as características da cidade-estado.

---

[12] Tradução livre. Versão original: '...si las hostilidades obligan a gastar cuantiosas sumas, la llegada de la paz no trae alivio alguno a la economía financiera de los pueblos. Sólo un consuelo les queda: el gasto público cambia de signo y lo que antes se consumía en la gran hoguera del combate, llegada la paz se invierte en reconstruir las fuentes de producción. Consuelo efímero, sin embargo.'

Não obstante, a grandeza de Roma não é atribuível tão-somente à rapidez ou à extensão de suas conquistas, mas às suas leis e suas artes. É o que defende Gibbon, um dos grandes expoentes do Iluminismo do Século XVIII:

> Não é apenas pela rapidez ou extensão de suas conquistas que devemos estimar a grandeza de Roma. O soberano dos desertos russos reina sobre uma porção mais vasta do globo. No sétimo verão após sua travessia do Helesponto, Alexandre plantou os troféus macedônicos nas ribas do Hyphasis. Em menos de um século o irresistível Gêngis e os príncipes mongóis de sua raça espalharam suas cruéis devastações e estenderam seu transitório império desde o mar da China até os confins do Egito e da Germânia. Entretanto, o firme edifício do domínio romano foi erguido e preservado pela sabedoria dos tempos. As obedientes províncias de Trajano e dos Antoninos estavam unidas pelas leis e adornadas pelas artes. Podiam cultuar a religião de seus antepassados, ao mesmo tempo em que, no tocante a honras e vantagens cívicas, eram promovidas, por graus eqüitativos, até a igualdade com seus conquistadores (GIBBON, 2003, p. 46).

Evidentemente que as aventuras dominadoras da cidade-estado, desde a transformação da monarquia em república e, posteriormente, em império, não eram gratuitas e precisavam de financiamento. Daí, a necessidade do estabelecimento de um sistema fiscal com suas bases fundadas no Direito romano que, como visto, dava unidade a Roma[13].

Nesta senda, Roma adota o princípio da exploração tributária dos povos dominados, sendo que o cidadão romano passa a ser isento das imposições diretas a partir de 167 a. C.. Ardant[14] aduz que essa política tinha caráter de uma 'discriminação fiscal'.

A Fazenda romana dos primeiros tempos, portanto, se assemelhava à Fazenda grega, justo no que tange à repugnância à incidência de impostos diretos sobre os cidadãos. Entretanto, com o passar do tempo e com o avanço das conquistas de Roma, foram criadas novas figuras tributárias como o *tributum ex censu* que, configurado originalmente um imposto de capitação, passou depois a fazer as vezes de um imposto extraordinário sobre as fortunas para financiamento da guerra. Para preservar a idéia de liberdade do cidadão, tal imposto foi pensado, na realidade, como um empréstimo compulsório devido pelo cidadão romano, que lhe seria restituído, cedo ou tarde, pelo Estado.

---

13 Sobre o sistema fiscal de Roma *vide* ARDANT, 1971 e SÁINZ DE BUJANDA, 1955.
14 ARDANT, 1971, p. 110

Se os impostos diretos não eram bem aceitos entre os cidadãos romanos, os impostos indiretos, por outra via, acabaram por ganhar alguma repercussão, havendo a imposição de impostos aduaneiros (*portorium*), impostos sobre o preço de venda dos escravos, impostos sobre as compras, *et alii*. No que tange à imposição fiscal sobre os povos conquistados, como visto, fazia-se uso freqüente de pedágios, dízimos, como também de impostos fundiários sobre as terras que passavam à propriedade romana mantendo-se, freqüentemente, os povos conquistados na posse dos terrenos, mediante usufruto.

O novo regime do Império, entretanto, caracterizado pelo fortalecimento do poder e pela personalização do mando, trouxe uma maior sistematização ao sistema tributário romano por meio de uma reforma fiscal implementada por Augusto. Tal reforma baseou-se, fundamentalmente, no recenseamento da população, nas medições dos imóveis, territórios, superfícies das vinhas e oliveiras, enfim, no mapeamento das riquezas para fins de delimitação das bases tributáveis. Tal avaliação das riquezas existentes tinha por escopo permitir o aperfeiçoamento do sistema de arrecadação e uma eventual melhora na repartição do produto da arrecadação entre as províncias.

Os privilégios concedidos aos cidadãos romanos ou ao chamado 'povo do rei' (estendidos também – parcial ou totalmente - a outros habitantes do Império que adquiriam a cidadania) também foram objeto de reforma. Augusto, na tentativa de equilibrar as finanças romanas, instituiu sobre os cidadãos o *centesima rerum venalium* e o *vicesima hereditatum*, impostos sobre as vendas em leilão e sobre as sucessões, respectivamente.

Como é sabido, o Império Romano entra em declínio a partir de meados do Século II d.C., sendo que uma das principais causas apontadas para seu declínio e queda são as dificuldades financeiras encontradas pelo Império para manutenção do governo e da defesa, o que tem estreita relação com os ingressos tributários[15]. A redução da produção global, a inflação e a recessão trouxeram uma diminuição na arrecadação, tornando mais difícil a utilização da técnica fiscal. Nestas circunstâncias, a Administração teve que adotar bases tributáveis mais

---

15 Também são arroladas como causas da queda de Roma: as invasões bárbaras, o esgotamento do solo, a inflação, enfraquecimento do sistema monetário, a drenagem dos metais preciosos ao extremo oriente, as derrotas militares, as pesadas despesas, a corrupção da disciplina, a transferência da sede do Império, o abuso do cristianismo, etc. *Vide* ARDANT, 1971, p. 132; GIBBON, 2003, p. 442-443; CORNELL; MATTHEWS, 1990. p. 168-169.

simples[16], além de recorrer a requisições de materiais, suprimentos e facilidades de transportes.

Identificados alguns dos principais aspectos da estrutura tributária de Roma, sobre o declínio do Império Romano importa apenas destacar, em linhas gerais, que a regressão da economia traz, por conseqüência, a deserção das vilas, o abandono dos ofícios artesãos, o declínio do Império e, juntamente com ele, o desmantelamento da organização tributária romana, numa evidente preparação para a Idade Média.

Se as organizações políticas antigas – como Atenas e Roma – tinham, como se demonstrou, alguma organização tributária fundada em um sistema jurídico organizado, o mesmo não se pode dizer sobre a Idade Média. Pode-se destacar, em linhas gerais, uma descentralização típica do sistema feudal e, por conseqüência, a transferência da segurança, da justiça e da defesa para as mãos de particulares. Essa falta de centralização política e jurídica do modo de produção feudal não dava uniformidade às formas de imposição tributária[17]. O que nos concerne, por outra via, é entender o poder de tributar dentro de uma estrutura estatal, sendo que "nos primeiros séculos da Idade Média não ressurgira ainda a idéia de Estado, de nação e de pátria, que fora tão intensa e fecunda entre os gregos e os romanos, desaparecendo nos escombros do império esmagado pelas invasões dos bárbaros" (AZAMBUJA, 1941, p. 51).

Sem embargo da impertinência de uma abordagem mais detalhada do 'sistema' tributário medieval - se é que o termo 'sistema' pode ser usado - não se desconhece que foi na Idade Média que começam a surgir as primeiras instituições representativas dos súditos[18], sendo que na mes-

---

16 Já no Baixo império, foi instituída a 'capitação', que era um imposto devido pelo homem, cujo fato gerador era a sua própria existência. *Vide* ARDANT,1971, p. 154.

17 Segundo Van Creveld, "o sistema feudal da Europa ocidental que se seguiu à queda do império carolíngio – curta tentativa de impor ordem à desordem resultante da invasão bárbara que destruíra Roma – era descentralizado até mesmo pelos padrões de regimes semelhantes em outras regiões. No feudalismo, o governo não era 'público' nem se concentrava nas mãos de um único monarca ou imperador; pelo contrário, dividia-se entre um grande número de governantes desiguais que tinham entre si relações de lealdade e que o tratavam como propriedade privada. Na Europa ocidental, porém, a situação se complicava ainda mais em razão da posição excepcional ocupada pela Igreja [...]". VAN CREVELD, 2004, p. 83.

18 Segundo Spagnol, essas instituições medievais teriam sido o 'embrião do princípio da legalidade. SPAGNOL, 2004, p. 9.

ma época os teólogos católicos começaram a filosofar sobre as origens e as justificativas do poder estatal que, ao fim e ao cabo, eram sempre ancorados em Deus. Segundo Azambuja (1941, p. 55), "não há negar que as grandes teorias medievais foram o mais sistemático e profundo esforço para atingir, sob as aparências contraditórias das organizações políticas, a realidade permanente do poder" espiritual e temporal.

Não obstante a importância da filosofia medieval sobre o poder, foi a partir dos Séculos XII e XIII d. C., com a crise do sistema feudal e o florescimento das idéias do Renascimento, que a monarquia ganha força na Europa. Passa-se a abraçar a idéia de separação da religião e moral, do Direito e ordem civil, numa 'regressão revolucionária' aos ideais romanos. Tal transição, não obstante, não se deu sem antes haver uma dura batalha dos monarcas para impor sua soberania sobre os barões feudais, livrando-se do jugo do Santo Império Romano e do papado. Pouco a pouco, o poder se centraliza nos Estados modernos, sendo que os barões passam a ser *tributários* da coroa, ou seja, passam a lhe dever tributos.

O sistema de governo nesses Estados, não obstante, se estrutura de uma forma completamente pessoal e a soberania deixa de estar ligada à terra e passa a estar vinculada à pessoa do monarca, imbuído do poder por vontade divina. Nas palavras de Van Creveld (2004, p. 177), "o Estado na forma de entidade abstrata, com sua própria *persona*, separada da *persona* do governante, ainda não existia".

Nesta senda, os poderes - de legislar, de executar, de julgar, e evidentemente, de tributar - eram monopólio do príncipe. É interessante notar, não obstante, que mesmo as ideologias que amparavam as monarquias absolutistas desaconselhavam o príncipe a fazer uso do confisco. Nicolau Maquiavel, que expressou pioneiramente em "O príncipe" a idéia de Estado como forma de organização social como hoje o conhecemos, advertia os monarcas absolutistas contra os 'males' do confisco - evidentemente que para fins estratégicos[19].

No Estado monárquico absolutista, portanto, toda a tributação era imposta de cima para baixo, pela vontade do príncipe. Se abusos, confiscos e perda de bens eram evitados, isso se dava por razões estratégicas de mando e não por uma questão de solidariedade ou fraternidade (o que se vem de notar é que tanto Maquiavel no século XVI, quanto o Califa Omar, há milênios antes de Cristo, desaconselhavam o uso do confisco por questões estratégicas).

---

19 MAQUIAVEL, 2002, p. 101.

Não obstante, em alguns países europeus, as necessidades fiscais do príncipe deram ensejo à criação de assembléias consultivas que, em alguns países – como na Grã Bretanha – foram a semente da formação dos parlamentos, como hoje os conhecemos. Em outros casos, como na experiência francesa, as assembléias, que mais tarde formaram os estados-gerais (que serviam como órgãos de consulta fiscal), não tiveram evolução análoga na direção da criação de um regime representativo local. A monarquia acabou, por outro viés, desaguando na sangrenta Revolução Francesa de 1789 desencadeada, como se sabe, por motivos fiscais.

A semente mais longínqua do sistema representativo moderno, ao nosso ver, surge, portanto, na Inglaterra, ainda no final da Alta Idade Média, quando o rei João Sem Terra impõe uma dura tributação aos barões normandos, sob pretextos fúteis, o que dá ensejo a uma reunião dos barões para reivindicação de uma maior limitação à fiscalidade real. Pressionado, o rei jura a *Magna Charta* que abraçava, em 63 parágrafos, as garantias pelas quais os nobres reclamavam.

Sacha Calmon, de forma pertinente, nos mostra que esse evento histórico está diretamente relacionado com o controle parlamentar do poder de tributar:

> "O controle do poder de tributar tem a sua história emburilhada com o evolver das experiências jurídicas.
>
> Na Inglaterra, a primeira manifestação deu-se em 1215 com a *Magna Charta*, em frase mil vezes repetida: *no taxation wihout representation*. Na Inglaterra a criação de tributos é matéria sob reserva de autorização parlamentar [...]" (COÊLHO, 2000, p. 54)

Fantozzi também destaca a importância do princípio do '*no taxation without representation*' como precursor da idéia moderna do consentimento do tributo dado pelas instituições representativas[20].

---

20 Tradução livre. "[...] Na experiência inglesa, se faz remontar à *Magna Charta* de Henrique III de 1215 e à *Confirmatio Chartarum* de Eduardo I de 1297 o princípio conhecido com a fórmula '*no taxation without representation*' que, sem embargo, não foi tanto a afirmação da necessidade do consenso pelo povo soberano, quanto aquela do triunfo da nobreza nos confrontos do rei, num conflito no qual a nobreza pretendia impor ao soberano a necessidade do próprio consenso ao tributo. É todavia precisamente nessa situação de não plena supremacia do rei sobre a nobreza e sobre outras classes sociais que se consolida, no sistema constitucional inglês, o princípio da necessidade do consenso à imposição por parte das comunas que eram uma assembléia originária, representativa das diversas classes sociais [...]" (FANTOZZI, 2003, p. 84)

Na Inglaterra, portanto, nasce o sistema representativo moderno, sendo que no reinado de Edward III estabelecem-se os três princípios fundamentais do governo inglês: a ilegalidade dos impostos cobrados sem o consentimento do parlamento, a necessidade do concurso das duas câmaras para mudar a lei e o direito reconhecido aos comuns de investigar os abusos e de acusar os conselheiros do rei (GLASSON, 1882-1883 apud ARDANT, 1971, p. 512).

O princípio do consentimento do imposto passa, portanto, a ser a arma da oposição, sendo que em 1628, no reinado de Charles I, o parlamento apresenta o *'bill of rights'* ou 'petição de direitos', proclamando que o rei não poderia cobrar 'qualquer dádiva, empréstimo, benevolência, taxa ou carga semelhante sem o consentimento comum do parlamento'. Não obstante, foi só em 1688 que a supremacia do parlamento se consolida definitivamente na Inglaterra, num 'pacto' entre o parlamento e os novos monarcas, sendo o poder fiscal da assembléia é consagrado na declaração de direitos de 1689 (ARDANT, 1971, p. 521).

A própria idéia de um 'pacto de união' foi pensada filosoficamente (e originalmente) por Thomas Hobbes, da escola empirista inglesa, que parte da idéia de que o homem vivia em um estado de natureza e de egoísmo, tendo criado - por contrato - a sociedade política para pôr fim ao estado de guerra. Nesses termos, a intolerabilidade do estado de natureza fez com que o homem, racionalmente, decidisse coexistir pacificamente com os demais, vendendo a sua liberdade ao poder soberano em troca da paz.

A filosofia de Hobbes, embora fosse a 'primeira teoria moderna do Estado moderno', para usar uma expressão de Bobbio, era conservadora e não repercutiu imediatamente na Inglaterra. Segundo Azambuja (1941, p. 59) "os partidários da monarquia repudiavam a origem popular do poder que ele opunha à teoria do Direito divino dos reis ao governo de seus Estados; e os partidários do Parlamento na luta contra o poder da coroa a repeliam também, porque criava o absolutismo dos monarcas". Nesta senda, a influência de Hobbes não foi tão expressiva, dado o paradoxo de partir da idéia de liberdade dos homens para culminar no absolutismo monárquico.

Foi a filosofia liberal de John Locke, ao revés, que exerceu maior influência na organização política dos estados modernos, a partir da idéia do 'contrato social' que seria a criação por parte dos homens de uma sociedade política - o Estado - que deveria respeitar as leis naturais, para resguardar a harmonia entre os homens (a propriedade privada, nesse contexto, foi elevada a direito natural surgido ainda no estado pré-político). Locke, na realidade, defende a democracia como a melhor forma de governo, sendo que as leis deveriam ser elaboradas pelos representantes eleitos pelo povo. Assim, o poder legislativo, ao lado dos poderes judiciário e executivo[21], seria o órgão mais importante do Estado. Este, por sua vez, teria seus poderes restringidos pelos direitos naturais dos cidadãos, que poderiam dissolver o parlamento a qualquer tempo, podendo resistir a autoridades tirânicas. Desta forma, Locke inaugura, na Era moderna, a teoria filosófica de que a base do Estado está fundada na democracia, uma democracia baseada no consentimento dos cidadãos manifestado pela lei, portanto.

A evolução das instituições representativas francesas[22] – embora um tanto quanto diferente do caso inglês - também merece algum destaque, dado o seu caráter paradigmático.

As primeiras assembléias a que o rei recorre, motivado pelas dificuldades financeiras da monarquia, que podem ser chamadas de 'estados-gerais' (dada sua composição formada por representantes das três ordens do país – a nobreza, o clero e o terceiro estado), surgem no Século XIV, quando os soberanos tentam estabelecer um verdadeiro sistema fiscal na França, com um mínimo de consentimento das comunidades.

Mas apenas a partir do reinado de Jean Le Bon, ainda no Século XIV, que se pode dizer que surge uma maior necessidade do estabelecimento de um verdadeiro sistema representativo na monarquia francesa. Isso porque as mal sucedidas empreitadas francesas em diversas batalhas, ensejaram a necessidade de instituição de taxas sobre as vendas e impostos diretos (estes, historicamente antipatizados, como já se teve a oportunidade de ver), o que - curiosamente - acabou por enfraquecer o poder central do rei e fortalecer o sistema representativo.

A partir do reinado de Charles V, o governo passa a ter necessidade de cobrar impostos regulares, ao invés de impostos temporários e para necessidades especiais, sendo que no final do Século XV, por meio da convocação dos estados gerais, a monarquia consegue criar o hábito, entre os cidadãos, de se sujeitarem ao imposto. Tal hábito trouxe por conseqüência a falta da convocação dos estados-gerais nos

---

21 Azambuja aduz que Locke, ao se referir aos três poderes do Estado, inspirou a famosa teoria de Montesquieu. AZAMBUJA, 1941, p. 60.

22 Sobre o tema *vide* ARDANT, 1971, p. 524.

reinados de Charles VIII, Louis XII, François I e Henri II. A partir daí, as convocações dos estados-gerais passam a ser cada vez menos freqüentes, ou seja, o rei deixa de lançar mão do sistema do consentimento ao imposto.

O que se nota, nesta senda, é que o modelo francês não teve evolução análoga ao modelo inglês no qual, como visto, as assembléias representativas deram origem ao sistema parlamentar. Na França, a convocação dos estados-gerais entra em declínio e, para manter a 'falta' de consentimento ao imposto era necessário fortalecer a máquina de coerção e, para tanto, cobrar mais e mais impostos, o que acabou gerando uma maior sonegação fiscal.

A saída para tal situação, como se sabe, não poderia ter sido pacífica, sendo que Louis XVI, preocupado com a queda dos recursos do tesouro, decide finalmente convocar os estados-gerais para tentar dar uma solução às questões financeiras. Atendendo à demanda social, ele outorga o dobro de representação aos delegados do terceiro estado e a situação se agrava a partir da conclamação dos estados-gerais em Versailles, em 5 de maio de 1789.

Em junho do mesmo ano, o terceiro estado se auto-proclama Assembléia Nacional e declara que os impostos existentes eram nulos por terem sido instituídos sem o consentimento da nação. Em 9 de julho de 1789, instala-se a Assembléia Nacional constituinte e, após a tomada da bastilha - símbolo do absolutismo francês - em 14 de julho, a insurreição anti-fiscal se acentua e a população passa a destruir as instrumentalidades do fisco pertencentes ao antigo regime: as barreiras fiscais[23] são derrubadas, depósitos são pilhados, registros são queimados e unidades da administração saqueadas.

Em 4 de agosto do ano revolucionário, propõe-se a igualdade de todos perante o imposto, a supressão das corvéias e de outras servidões pessoais e a extirpação dos resquícios do antigo regime. Em 26 de agosto é adotada a Declaração dos direitos do homem e do cidadão, que condena todos os privilégios e afirma a soberania da nação que se exprime por meio da lei, que é a 'expressão da vontade geral', e que os

---

23 Do francês 'barrières de octroi' que eram administrações encarregadas de cobrar o 'octroi' - contribuição indireta que certas municipalidades podiam exigir sobre certas mercadorias de consumo local (direito de entrada). Vide LE ROBERT MICRO, 1995. p. 864.

cidadãos podem controlar através de seus representantes[24]. A separação de poderes, lançada por Montesquieu[25], é adotada, para evitar maiores abusos de poder. Para o que nos interessa, é a queda da monarquia absolutista e o fim da *societé d'états* e do *ancién régime* .

Por fim, vale dizer que, em termos de inspiração ideológica, foi grande a influência de Jean-Jacques Rousseau na Revolução Francesa, cujas idéias eram constantemente invocadas nas reuniões da Convenção Nacional, o que fez com que a 'religião civil' por ele defendida - e a racionalidade - acabassem por encontrar guarida no espírito jacobino.

Em sua filosofia, foi importante a concepção da 'vontade geral' - termo, como visto, adotado na Declaração dos direitos do homem e do cidadão – para o desenvolvimento dos ideais democráticos (pelo menos, no que tange à origem democrática do poder). A vontade geral foi pensada como a vontade própria da organização política formada a partir de um contrato social em que o homem cede ao Estado parte de seus direitos naturais. A controversa 'vontade geral', ora identificada

---

[24] Veja-se o artigo 6º da Declaração dos direitos do homem e do cidadão: "Artigo 6º. A lei é a expressão da vontade geral. Todos os cidadãos têm o direito de concorrer pessoalmente ou por seus representantes à sua formação. Ela deve ser a mesma para todos, seja para proteger, seja para punir. Todos os cidadãos, sendo iguais a seus olhos, são igualmente admissíveis a todas dignidades, lugares e empregos públicos, de acordo com sua capacidade e sem outra distinção que não seja de suas virtudes e de seus talentos". Tradução livre. Versão Original: "Article 6. La loi est l'expression de la volonté générale. Tous les citoyens ont droit de concourir personnellement ou par leurs représentants à sa formation. Elle doit être la même pour tous, soit qu'elle protège, soit qu'elle punisse. Tous les citoyens, étant égaux à ces yeux, sont également admissibles à toutes dignités, places et emplois publics, selon leur capacité et sans autre distinction que celle de leurs vertus et de leurs talents." NORDNET, Disponível em<http://home.nordnet.fr>.

[25] Montesquieu assim se expressa no 'Espírito das Leis': "Quando na mesma pessoa ou no mesmo corpo da magistratura o poder legislativo está reunido ao poder executivo, não há liberdade, porque se pode temer que o mesmo monarca ou o mesmo senado façam leis tirânicas para executá-las tiranicamente. Não há liberdade se o poder de julgar não está separado do poder legislativo e do executivo. Se ele estivesse confundido com o poder legislativo, o poder sobre a vida e a liberdade dos cidadãos seria arbitrário, pois o juiz seria legislador. Se ele estiver confundido com o poder executivo, o juiz poderá ter a força de um opressor. Tudo estaria perdido se o mesmo homem ou o mesmo corpo de principais, nobres ou o povo, exercessem estes três poderes: o de fazer as leis, o de executar as resoluções públicas e o de julgar as questões dos particulares". MONTESQUIEU, 1869 apud BANDEIRA DE MELLO, 2003, p.143.

como o somatório das vontades individuais, ora como uma vontade coletiva autônoma seria, na verdade, a manifestação da soberania que, por sua vez, não passaria da "vontade de todos, direta e igualmente consultados, de onde se infere que 'todo governo legítimo é republicano'" (SILVA, R.R in ROUSSEAU, 2002, p. 18).

O povo, na concepção de Rousseau, é titular do poder, mas o exercício desse mesmo poder poderia se dar de variadas formas, desde que quem o execute esteja encarregado de levar a cabo a vontade geral. Nesse ponto, há algumas semelhanças com o pensamento de Hobbes que também via a fonte do poder no povo. Não obstante, enquanto o homem de Hobbes, seria o 'lobo do próprio homem' no estado de natureza, o homem natural de Rousseau seria bom, tendo sido corrompido pela sociedade. De uma forma ou de outra o contrato social, tanto de Hobbes, quanto de Rousseau, vêm para salvar o homem da desordem (seja a desordem que lhe é intrínseca – Hobbes, ou a desordem gerada pela sociedade – Rousseau).

Apesar das semelhanças, a diferença entre as concepções desses filósofos é fundamental, uma vez as idéias de Hobbes legitimam o absolutismo, enquanto a filosofia de Rousseau acaba por dar respaldo à sua derrubada (quiçá, pela idéia da imprescritibilidade dos direitos do povo, que poderia deles sempre dispor)[26].

Assim, tem-se que a democracia moderna inspira-se nas concepções que vêem o povo como fonte de poder ou soberania. Tais concepções serviram de inspiração para as Constituições modernas, que separaram os três poderes, outorgando ao poder legislativo a função de representar o povo pela tradução de suas vontades.

Sobre a evolução do tributo no contexto do desenvolvimento das instituições representativas modernas, tomem-se as conclusivas palavras de Bouvier:

> "O consentimento do imposto e a constituição progressiva dos Estados parlamentares são estreitamente ligados. Com efeito, a história mostra que esses últimos foram o produto de uma lenta evolução que foi detonada a partir do momento em que o suserano, incapaz de cobrir as cargas com as receitas de seu domínio, freqüentemente de caráter militar, que eram seus, pôde negociar com as diversas ordens que compunham a sociedade, o recebimento extraordinário de subsídios que, progressivamente, passaram a ser regulares. Dentro da incapacidade de obrigar pela força os sujeitos a subvencionar, em parte, pelo menos, às necessidades do reino, os sobera-

---

[26] A respeito do tema *vide* AZAMBUJA, 1941, p. 62-63.

nos se viram diante da obrigação de os reunir pontualmente, uma vez que a necessidade se fazia sentir, depois periodicamente.

É sobre essa base que são constituídas as assembléias como os Estados Gerais na França ou o parlamento na Grã-Bretanha. Esse movimento que foi detonado nos séculos XIII e XIV, e que se apoiava sobre as antigas ajudas feudais, deu nascimento ao regime parlamentar, ainda como a uma expressão jurídica do consentimento do imposto pelos cidadãos, colocado como um princípio fundamental: o princípio da legalidade fiscal.

Esse princípio, expressamente reivindicado por Jean-Jacques Rousseau e por outros, figura, como se sabe, dentre os florões da Declaração dos direitos do homem e do Cidadão. Desde 1789 a junção foi também estabelecida entre o consentimento ao imposto e consentimento do imposto, conferindo uma legitimidade incomparável ao poder fiscal pelo enraizamento do segundo dentro do fértil terreno constituído pelo primeiro" (BOUVIER, 2004, p. 143-144)[27].

Posto isto, pode-se dizer que a ideia de consentimento do imposto está estrita e estreitamente vinculada à constituição e à consolidação dos estados parlamentares modernos.

---

27 Tradução livre. Versão original: *'Le consentement de l'impôt et la constitution progressive des États parlementaires démocratiques sont étroitement liés. En effet, l'histoire montre que ces derniers ont été le produit d'une lente évolution qui s'est amorcée à partir du moment où le suzerain, incapable de couvrir avec les revenus de son domaine les charges, le plus souvent d'ordre militaire, qui étaient les siennes, a dû négocier, avec les divers ordres composant la société, la levée extraordinaire de subsides qui, progressivement, sont devenus réguliers. Dans l'incapacité d'obliger par la force les sujets à subvenir, en partie au moins, aux besoins de leur royaume, les souverains se sont vus dans l'obligation de les réunir ponctuellement lorsque le nécessité se faisant sentir, puis périodiquement.*

C'est sur cette base que se sont constituées des assemblées telles que les États généraux en France ou le Parlement en Grande-Bretagne. Ce mouvement qui s'est amorcé aux XIIIe et XIVe siècles, et prenait appui sur les anciennes aides féodales, a donné naissance au régime parlementaire, ainsi qu'à une expression juridique du consentement de l'impôt par les citoyens, posé comme un principe fondamental : le principe de légalité fiscale.

Ce principe, expressément revendiqué par Jean-Jacques Rousseau et par d'autres, figure, on le sait, parmi les fleurons de la Déclaration des droits de l'homme et du citoyen. Depuis 1789 la jonction s'est ainsi établie entre consentement à l'impôt et consentement de l'impôt, conférant une légitimité incomparable au pouvoir fiscal par un enracinement du second dans le fertile terreau constitué par le premier'.

3. CONCLUSÃO

Vista a longa trajetória de evolução do tributo, pode-se concluir que este conceito percorre e acompanha a longa evolução histórica das formas de se pensar a sociedade. Os fundamentos para a tributação, com o evolver dos tempos, se modificaram drasticamente: de instrumento de submissão, o tributo passa a ser submetido à lei que, por sua vez, é vinculada à idéia da democracia, do governo do povo, da revelação do consentimento do cidadão.

Neste contexto surge o Estado Fiscal[28], em que a tributação é tecnicamente consentida, o que significa que esse é o Estado de Direito, fundado na lei, é o Estado que adota o modelo democrático moderno, técnico e formal, em que a democracia é pressuposta na medida em que existe lei veiculada pelo parlamento eleito pelo povo.

Desta forma, a evolução da concepção de tributo ao longo da história se mostra relevante, pois o tributo parte da ideia ou conceito de pilhagem até finalmente chegar ao Estado Fiscal, em que a democracia é pressuposta na medida em que existe lei veiculada pelo parlamento, ou seja, o tributo parte do conceito de confisco, de violência ao patrimônio do indivíduo, até ser envolvido pelo manto da legalidade, em que a 'agressão' ao patrimônio do particular por meio da tributação passa a ser tecnicamente consentida para atendimento dos fins do Estado.

Tem-se, portanto, que a) o tributo no decorrer da história, em diversas ocasiões, conforme demonstrado acima, foi usado como instrumento de poder e dominação do Estado e motivou diversas revoltas desencadeadas por razões fiscais; e b) justamente em razão da utilização do tributo desta forma pelo Estado e da possibilidade desta utilização poder acarretar a destruição da capacidade contributiva individual (the power to tax involves the power to destroy), e em razão da evolução da democracia representativa moderna, o tributo passa a ter que ser consentido pelo parlamento.

Posto isto, o próximo questionamento em um contexto atual não diz respeito mais apenas à aprovação técnica das leis pelo parlamento, mas deve tocar a questão do consentimento do tributo em si, e sobretudo da interpretação da norma tributária pelo Administrador e pelo Juiz, ou seja, sobre o método interpretativo mais adequado para se conceber a norma tributária.

---

28 TORRES, 1991, p. 97-98

Isto porque, a interpretação da norma tributária, no final das contas, e de acordo com a forma como o Estado moderno é estruturado, diz muito sobre a questão do autoritarismo do Estado, do consentimento do cidadão, e da existência de fato de um tributo consentido.

Por consequência, nos parece que, levando em consideração estritamente a abordagem histórica[29], e tendo em vista que a evolução histórica do tributo caminha em um crescendo ou tendência de "menos consentimento" para "mais consentimento", por razões justificáveis e justificadas pelo potencial destrutivo do tributo, nos parece que o próximo passo evolutivo da compreensão do tributo é partir para a idéia de que a interpretação da norma tributária deve ser levada a cabo de forma estrita, adotando uma metodologia que prestigia o consentimento e prestigia as escolhas dos representantes do povo. É dizer, que o método da interpretação estrita da norma tributária parece ser aquele que abre menos espaço para a discricionariedade do Adminstrador e do Juiz, que afinal não foram eleitos pelos representantes do povo.

Neste contexto, como anunciado na introdução, tendo em conta a evolução da relação histórica entre o tributo e o poder, a interpretação fluida da norma tributária, embora em voga em alguns círculos doutrinários, parece desprezar a longa trajetória de evolução conceitual do tributo e a longa evolução e luta história de tentativa de submissão deste à vontade do povo.

Por fim, espera-se, que este breve estudo possa dar embasamento para o jurista e doutrinador da atualidade para refletir sobre questões em voga na pós-modernidade, acerca da legalidade, da interpretação do Direito Tributário e da flexibilização do 'tipo' tributário, sem, a nosso aviso, desconsiderar a história do tributo e a longa luta para submetê-lo ao consentimento do cidadão. É hora, portanto, de partir para além da legalidade, sem, contudo, desconsiderar a luta histórica de submissão do tributo à lei.

---

[29] Seria possivel analisar a questao do consentimento do tributo e da metodologia da interpretacao da norma tributaria sob varias perspectivas, mas que fogem ao objeto deste artigo. O objetivo ora delineado optou por discutir a questao da metodologia adequada para se interpretar a norma tribuaria sob uma perspectiva estritamente historica.

REFERÊNCIAS BIBLIOGRÁFICAS

ARDANT, Gabriel. *Histoire de l'impôt – livre I: de l'antiquité au XVIIe siècle.* Paris: Librairie Arthème Fayard, 1971.

ARDANT, Gabriel. *Histoire de l'Impôt – livre II: du XVIIIe au XXIe siècle.* Paris: Librairie Arthème Fayard, 1972.

AZAMBUJA, Darcy. *Teoria geral do estado.* 44. ed. São Paulo: Ed. Globo, 1941.

BANDEIRA DE MELLO, Celso Antônio. *Curso de direito administrativo.* 16. ed. São Paulo: Malheiros, 2003.

BOBBIO, Norberto. *Thomas Hobbes.* Rio de Janeiro: Campus, 1991.

BOUVIER, Michel. *Introduction au droit fiscal général et à la théorie de l'impôt.* 6e ed. Paris: LGDJ, 2004.

COÊLHO, Sacha Calmon Navarro. *Curso de direito tributário brasileiro.* 5. ed. Rio de Janeiro: Forense, 2000.

COÊLHO, Sacha Calmon Navarro. *Curso de direito tributário brasileiro.* 16a. ed. Rio de Janeiro: Forense, 2018.

COHEN, Sarah Amarante de Mendonça. *O tributo e o poder na reviravolta linguística do pensamento contemporâneo: um estudo sobre a relação entre normas de tributação e poder do Estado, sob a perspectiva da teoria do Direito e da democracia de Jürgen Habermas.* Dissertação de mestrado. UFMG, Belo Horizonte, 2005, 199 fls.

COHEN, Sarah Amarante de Mendonça. *O princípio da legalidade no direito tributário revisto: uma questão de hermenêutica.* 278 fls. Tese de doutorado na área de concentração em Direito Tributário. Faculdade de Direito da UFMG, 2012.

COHEN, Sarah Amarante de Mendonça. O princípio da legalidade no Direito Tributário: uma releitura interpretativa. In: BREYNER, Frederico Menezes (org.). (Org.). Segurança jurídica e proteção da confiança no direito tributário: homenagem à Professora Misabel Derzi. Belo Horizonte: Initia Via, 2014. 01ed. Belo Horizonte: Initia Via, 2014, v. , p. 0

COHEN, Sarah Amarante de Mendonça. Breve história do tributo na civilização ocidental: da pilhagem à legalidade. Belo Horizonte: Revista Meritum, Vol. 10, n.2, 2015.

COIMBRA SILVA, Paulo Roberto. *Obrigação tributária: Regra matriz, hipótese de incidência e os limites da confiança outorgada aos legisladores e aplicadores da lei.* Colção Paulo Coimbra Vol. 1, 2018.

CORNELL, Tim; MATTHEWS, John. *Atlas of the Roman World.* New York/Oxford: Facts on File, 1990.

DALLARI, Dalmo de Abreu. *Elementos de Teoria Geral do Estado.* 24. ed. São Paulo: Saraiva, 2003.

DERZI, Misabel Abreu Machado. *Direito tributário, direito penal e tipo.* São Paulo: RT, 1988.

FANTOZZI, Augusto. *Il diritto tributario.* Torino: Utet, 2003

GIBBON, Edward. *Declínio e queda do império romano*. São Paulo: Companhia das Letras, 2003.

KELSEN, Hans. *Teoria pura do direito*. 6. ed. São Paulo: Martins Fontes, 1998.

LE ROBERT MICRO. *Dictionnaire de la langue française*. Paris: Dictionnaires Le Robert, 1995.

MAQUIAVEL, Nicolau. *O príncipe*. 10. ed. Rio de Janeiro: Paz e Terra, 2002.

ROUSSEAU, Jean-Jacques. *O contrato social e outros escritos*. 14. ed. São Paulo: Cultrix, 2002.

SÁINZ DE BUJANDA, Fernando. *Hacienda y derecho. Introducción al derecho financiero de nuestro tiempo*. Madrid: Instituto de Estudios Políticos, 1955.

SPAGNOL, Werther Botelho. *Curso de direito tributário – conforme a Emenda Constitucional n. 42/03 DOU 31.12.2003*. Belo Horizonte: Del Rey, 2004.

TORRES, Ricardo Lôbo. *A Idéia de liberdade no estado patrimonial e no estado fiscal*. Rio de Janeiro: Renovar, 1991.

NÃO CUMULATIVIDADE DO IPI E A INDÚSTRIA SIDERÚRGICA: O ATRASO QUE EMPERRA O PAÍS

VALTER DE SOUZA LOBATO[1]

sumário: 1. Homenagem. 2. Introdução. 3. Do direito ao creditamento sobre a aquisição de sobre produtos intermediários no IPI: o caso dos materiais refratários. 4. Crítica ao entendimento da CSRF. 5. Neutralidade fiscal, não-cumulatividade e as consequências econômicas do posicionamento da CSRF. 6. Considerações finais. 7. Referências bibliográficas.

1. HOMENAGEM

A vontade de homenagear Sacha Calmon vem de longe, vem sempre e de sempre. Nossos caminhos se entrecruzaram e o seu brilhantismo iluminou diversas esquinas em que me encontrei ao longo da minha carreira profissional.

Na Vetusta Casa de Afonso Pena, fui seu aluno de graduação, ao mesmo tempo em que fazia estágio na antiga Acesita, empresa para a qual o advogado Sacha Calmon prestou relevantes serviços. Lembro-me de ler pareceres e petições por ele elaborados, lembro-me de suas lições em sala de aula, com ensinamentos irretocáveis sobre nosso Direito Tributário. Aliás, lições de Teoria Geral do Direito que carrego em minhas peças até hoje.

Depois, contratado como advogado na Acesita, sendo o Jurídico da empresa na Rua Tupis, 38, Centro de Belo Horizonte, me disseram que eu estava na mesma sala por onde passou e – deixou sua marca – o advogado Sacha Calmon. Imaginem! Queria que seus ensinamentos estivessem impregnados nas paredes daquela sala para que deles usu-

---

[1] Professor de Direito Financeiro e Tributário da Universidade Federal de Minas Gerais (UFMG). Mestre e Doutor em Direito pela UFMG. Presidente da Associação Brasileira de Direito Tributário (ABRADT). Advogado.

fruísse um pouco mais. Nesta época, não foram poucas as oportunidades em que "subi" até Nova Lima para buscar pareceres nos casos intrincados, mas que, aos olhos de Sacha, a solução vinha com facilidade de sua mente privilegiada.

Mas meu caminho não parou de encontrar com Sacha. Nos momentos de descontração, como orientador de meu Mestrado e, finalmente, quando pude chamá-lo de amigo e sócio. Mesmo com a proximidade que ele sempre propiciou a este discípulo, jamais deixei de tê-lo e de tratá-lo como meu eterno Professor Sacha. Os caminhos que ainda percorremos juntos não são fáceis, os obstáculos são diários, mas sua tranquilidade e brilhantismo amenizam a dureza da advocacia.

Desde sempre, fui seu leitor, não apenas dos livros de Direito, estes de leitura obrigatória, mas de tudo que escrevia, de religião a política, das viagens à urbanidade. Uma leitura fácil diante de uma escrita que mostra quem é Sacha: português inigualável, com ironia, profundidade e simplicidade. A cada artigo, a cada parágrafo, um novo aprendizado (como pode saber tanto e de tanta coisa?), assim a admiração por este grande brasileiro só aumenta.

Nas palavras do Professor me inspiro para mais um artigo: "É penosa, mas gratificante, a busca do justo. Por isso as leis nos consideram indispensáveis à aplicação do direito e, portanto, e na medida do possível, da sempre almejada Justiça. É, por isso, uma nobre profissão, sem ofensa às demais, como a dos engenheiros que constroem o mundo dos homens e os médicos que lutam pelas nossas vidas fugazes!" (Estado de Minas, 26/08/2018).

Professor Sacha: muito obrigado por tudo! Obrigado por suas lições de vida, por nos tranquilizar nos momentos de aflição, por nos iluminar nos momentos de tormenta! Tenho muito orgulho e muita honra de considerá-lo professor, orientador, sócio e, especialmente, um fraterno amigo.

Pois bem, a escolha do tema também advém do homenageado, pois sempre que me encontrava em peças e sustentações orais defendendo a imposição constitucional de creditamento de IPI e ICMS nas aquisições, pela siderurgia, de produtos refratários, perguntava: *Lobato, isso ainda não foi resolvido? Não é possível!* Professor, continuam maltratando a não cumulatividade e a indústria nacional.

2. INTRODUÇÃO

O princípio da não-cumulatividade é, indubitável e infalivelmente, um dos temas de maior envergadura do Direito Tributário brasileiro. A pluralidade de diplomas normativos que com ele guardam relação (seja de cariz constitucional, legal ou infralegal), o grande volume jurisprudencial e a robusta reflexão doutrinária a ele pertinentes, somadas à importância econômica imanente a este princípio jurídico reclamam cada vez mais uma análise acurada sobre o tema.

Ciente disso, o presente estudo tem por objetivo sustentar a imperatividade do reconhecimento do direito dos contribuintes do IPI de creditamento dos valores relativos à aquisição de materiais refratários, uma vez que esses bens consistem em genuínos produtos intermediários. Trata-se de tema que, para além da indiscutível magnitude de que se reveste sob o ponto de vista estritamente doutrinário, adquire supina importância na diuturna prática tributária e no setor econômico da indústria siderúrgica, razão pela qual sua abordagem mostra-se necessária e atual. O corte metodológico para tratar tal princípio apenas à luz do IPI e para aquisição de produtos refratários na siderúrgica se justifica pela amplitude do assunto, como acima mencionado.

Nesse sentido, pretende-se, inicialmente, fixar as adequadas premissas que informam o princípio da não-cumulatividade tributária e o direito ao creditamento no âmbito do citado imposto federal. Para isso, abordar-se-ão diversos diplomas legais e regulamentares, bem como será colacionada e analisada a jurisprudência do STF sobre a matéria. Em seguida, pretende-se trazer à baila as razões que fundamentam o enquadramento dos materiais refratários na categoria dos produtos intermediários, apto a ensejar o creditamento dos contribuintes do IPI sobre esses bens. Neste último tópico, trago a experiência de 27 anos à frente de tais discussões.

Entretanto, lamentavelmente o recente entendimento da Câmara Superior de Recursos Fiscais – CSRF, ao arrepio do arcabouço normativo (sobretudo constitucional) e da jurisprudência das Cortes Superiores vem negando esse direito aos contribuintes do IPI da indústria siderúrgica. Pretende-se, pois, compreender os fundamentos que levaram a essa reviravolta jurisprudencial e tecer as críticas necessárias para o deslinde da questão, com vistas a contribuir para o aperfeiçoamento desta importante instituição brasileira.

Por fim, intenta-se demonstrar as consequências jurídicas e economicamente danosas do posicionamento da CSRF a respeito do tema.

Sob o prisma jurídico, a negativa do creditamento sobre os refratários transforma o IPI em tributo verdadeiramente cumulativo, uma vez que nem o modelo de crédito físico pode subsistir. Do ponto de vista econômico, prejudica-se a saúde financeira das empresas pertencentes a este ramo industrial no contexto de recessão econômica que o país enfrentava, agravado sobremaneira pela pandemia do Coronavírus (Covid-19).

3. DO DIREITO AO CREDITAMENTO SOBRE A AQUISIÇÃO DE PRODUTOS INTERMEDIÁRIOS NO IPI: O CASO DOS MATERIAIS REFRATÁRIOS[2]

O Imposto sobre Produtos Industrializados, cuja competência outorgada à União resta insculpida no art. 153, IV, da CRFB/88, tem suas raízes deitadas no antigo Imposto de Consumo.[3] Dentre suas múltiplas características, destaca-se, para os fins do presente trabalho, o disposto no art. 153, §3º, II, do texto constitucional, que determina que o referido imposto federal *"será não-cumulativo, compensando-se o que for devido em cada operação com o montante cobrado nas anteriores"*.

---

2 Não se pretende, no presente trabalho, esgotar todas as discussões pertinentes à temática da não-cumulatividade, compreendida globalmente. Também não constitui objeto deste estudo a abordagem geral do tema em matéria de IPI, em face da multiplicidade de questões que dela poderiam advir. Duas razões nos parecem razoáveis para tanto: *primus*, esgarçá-las demandaria uma profunda análise de extensa bibliografia nacional e alienígena, bem como de uma gama infindável de julgados das Cortes Superiores; *secundus*, ao fazê-lo, não se poderia, com isso, concentrar esforços na especificidade do que ora se pretende discutir, enfatizar e criticar.

3 A respeito do histórico do IPI, sua hipótese de incidência e demais características pertinentes, vale conferir os seguintes magistérios doutrinários: BOTALLO, Eduardo Domingos. IPI – Princípios e Estrutura. São Paulo: Dialética: 2009; TOLEDO, José Eduardo Tellini. IPI – Incidência Tributária e Princípios Constitucionais. São Paulo: Quartier Latin, 2006; REIS, Maria Lúcia Américo e BORGES, José Cassiano. O IPI ao Alcance de Todos. Rio de Janeiro: Forense, 1999; MELO, José Eduardo Soares de. IPI – Teoria e Prática. São Paulo: Malheiros, 2009; ESTURILIO, Regiane Binhara. A seletividade no IPI e no ICMS. São Paulo: Quartier Latin, 2008; VIEIRA, José Roberto. A Regra-Matriz de Incidência do IPI: Texto e Contexto. Curitiba: Juruá, 1993; ATALIBA, Geraldo. Conflitos entre ICMS, ISS e IPI. Revista de Direito Tributário, nº7/8, 1979, pp.105-131; ATALIBA, Geraldo e GIARDINO, Cléber. Hipótese de incidência do IPI. Revista de Direito Tributário, nº 37, 1986, pp. 147-151; CARVALHO, Paulo de Barros. Introdução ao estudo do Imposto sobre Produtos Industrializados. Revista de Direito Público, nº 11, 1970, pp. 75-85; LACOMBE, Américo Masset. IPI – Sua estrutura normativa. Revista de Direito Tributário, nº 27-28, 1984, pp.109-133.

O princípio da não-cumulatividade, segundo o magistério de MISABEL DERZI, "*veda a nova incidência do mesmo tributo (imposto ou contribuição) sobre valor já tributado na fase anterior (ou nas aquisições-entradas), evitando-se, então, a cumulatividade*".[4] Por essa razão, trata-se de uma norma jurídica fundamental na tributação sobre o consumo, que, orientada pelo valor da neutralidade fiscal, tem por objetivo impedir "*a mínima interferência possível da tributação no mercado*".[5]

Para SACHA CALMON, no mesmo sentido, o princípio da não-cumulatividade, por pressupor uma série de "*incidências sobre um ciclo completo de negócios (plurifasia impositiva)*" resta caracterizado como "*técnica de deduzir do imposto devido pelo produto acabado (o output) o imposto incidente sobre os inputs, arcado pelo industrial quando da aquisição dos mesmos*".[6]

Muito embora a não-cumulatividade consista, *per si*, em regra veiculadora de técnica arrecadatória, alçada ao plano constitucional a não-cumulatividade deve ser tomada como verdadeiro princípio jurídico, dotado de aspecto valorativo (axiológico). É importante notar que esta foi uma escolha da Constituição Federal e, ao fazê-la, não determinou apenas uma técnica de arrecadação, mas como deveria aquele tributo se postar. Neste sentido, a determinação constitucional deve ser interpretada como mensagem forte e certeira ao legislador para que aqueles tributos emanados de tal princípio sejam neutros, ou seja, não devem onerar a cadeia produtiva e seus agentes econômicos, mas repercutir e trasladar o tributo até o consumidor final. Mais do que isso, inclusive a obedecer outros comandos constitucionais, determinar o combate à cumulatividade, pois onera em excesso o consumo, encarecendo produtos afetados por este fenômeno, tornando a carga ainda mais regressiva ou, quando muito, manter a competitividade dos produtos nacionais frente aos produtos importados e, por fim, desonerar a cadeia produtiva exportadora, para busca do *superávit* primário.

Fácil depreender que o valor neutralidade fiscal, do qual a não-cumulatividade apresenta-se como concretização, possui inegável inspi-

---

4 BALEEIRO, Aliomar. Limitações constitucionais ao poder de tributar. – 8.ed. atualizada por Misabel de Abreu Machado Derzi. – Rio de Janeiro: Forense, 2010, p.734.

5 MOREIRA, André Mendes. Neutralidade, valor acrescido e tributação. Belo Horizonte: Fórum, 2019, p.19.

6 COÊLHO, Sacha Calmon Navarro. Curso de Direito Tributário Brasileiro. – 12. ed. – Rio de Janeiro: Forense, 2012.

ração econômica.[7] Entretanto, sendo distintos os sistemas econômico e jurídico, *"a definição de neutralidade no direito não equivale necessariamente à da economia"*.[8] A intenção constitucional, claramente, é assegurar a neutralidade na tributação plurifásica, ou seja, que independentemente do número de fases que envolve aquela cadeia produtiva o ônus final deve tendencialmente ser o mesmo.

Do que se pode concluir que, para que se possa falar em não-cumulatividade, é necessário que se tome por base e se leve em consideração dois pressupostos, sem os quais sua essência restaria violada: (i) o tributo deve ser plurifásico, i.e., deve incidir em pelo menos duas ou mais etapas ao longo da cadeia produtiva até o consumidor final e (ii) os contribuintes pertinentes e situados nessa cadeia devem poder se creditar desse mesmo tributo incidente nas fases antecedentes do processo produtivo.

Em análise ao atual texto constitucional vigente, as lições de SACHA CALMON não discrepam do que até então salientado:

> Ora, o sistema tributário está centrado na não cumulatividade (apesar das conhecidas exceções, admitidas na Carta Constitucional) e tende a seguir, como nos modelos europeus ou latinoamericanos, os ideais das economias de mercado, a saber:
>
> → neutralidade, devendo o imposto ser indiferente tanto na competitividade e concorrência quanto na formação de preços de mercado;
>
> → onerosidade exclusiva do consumo, nunca da produção ou do comércio;
>
> → rentabilidade e produtividade fiscal, pois, sendo plurifásico, o imposto permite antecipar o que seria devido apenas no consumo (vantagens financeiras), além de colocar todos os agentes econômicos das diversificadas etapas de industrialização e circulação como responsáveis pela arrecadação (vantagens contra o risco da insolvência).[9]

Entre nós, o princípio da não-cumulatividade alçou o altiplano constitucional com o advento da Emenda à Constituição nº 15/65, ainda à época da vigência da Carta de 1946. Naquela época, foram criados três impostos não-cumulativos: o IPI, sucessor do vetusto Imposto de Consumo – IC e o Imposto sobre Circulação de Mercadorias – ICM,

---

7 Sobre os sentidos econômicos da neutralidade, mediante a análise das posições de Smith, Malthus, Musgrave, Mirrlees, Stiglitz e Gruber, vale conferir MOREIRA, André Mendes. *Neutralidade...*, op.cit., p. 35-42.

8 MOREIRA, André Mendes. *Neutralidade...*, op.cit., p. 42.

9 COÊLHO, Sacha Calmon Navarro. Curso de Direito Tributário Brasileiro. – 12. ed. – Rio de Janeiro: Forense, 2012.

cobrado tanto pelos Estados quanto pelos Municípios, que congregava simultaneamente o Imposto sobre Vendas e Consignações – IVC e o Imposto de Indústrias e Profissões – IIP. A remontar o histórico de tais mudanças, constata-se que a EC nº18/65 buscou, de alguma forma, trazer ao Ordenamento Jurídico aquilo que o mundo já estava a descobrir, ou seja, as vantagens do tributo não cumulativo.

> Atento às qualidades da tributação não cumulativa, o relatório final da Comissão de Reforma Tributária propôs um modelo no qual o Imposto de Consumo seria mantido, porém com outro nome: Imposto sobre Produtos Industrializados. A não cumulatividade seria estendida ao IVC e ao IIP – a serem congregados em um só imposto, o ICM, cobrando tanto pelos estados quanto pelos municípios. Estes últimos, contudo, não poderiam instituir alíquotas que superassem 30% das fixadas pelos estados, o que conferiria certa harmonia ao ICM-municipal e evitaria excessos impositivos. A competência para a tributação de serviços de comunicação e de transportes não municipais seria atribuída à União, por meio do Imposto sobre Serviços de Comunicação (ISSC) e do Imposto sobre Serviços de Transporte (ISTR), enquanto todos os demais serviços seriam submetidos ao poder tributário dos municípios, agraciados com um novo tributo, o ISSQN (substituto do IIP na parte de serviços).[10]

Entretanto, tal modelo não prevaleceu por muito tempo, uma vez que a Carta de 1967 *"atribuiu o ICM exclusivamente aos estados e ao Distrito Federal, assegurando a participação das municipalidades em 20% do produto da arrecadação (art. 24, §7º, da CR/67)"*.[11] Já a Constituição de 1988 manteve o IPI tal qual se encontrava desde 1965. Para mais, incorporou os serviços de comunicação e transporte interestadual e intermunicipal ao âmbito do ICM, transformando-o em ICMS. A partir de 2003, por meio da EC nº 42, foram instituídas contribuições sociais não-cumulativas, incidentes sobre a receita bruta das empresas (PIS/Cofins e PIS/Cofins-Importação).

Esta sintética digressão histórico-constitucional, aliada às características gerais da não-cumulatividade a que se aduziu alhures permite adentrar na sistemática do direito ao creditamento inerente à não-cumulatividade, sobretudo no que diz respeito ao IPI.

Afirmou-se que um dos pressupostos para que se possa considerar determinado tributo como não-cumulativo é a possibilidade dos contribuintes pertencentes à cadeia produtiva de determinado produto ou pres-

---

10 MOREIRA, André Mendes. *Neutralidade...*, op.cit., p. 121.
11 MOREIRA, André Mendes. *Neutralidade...*, op.cit., p. 124.

tação de serviço de poder abater do *quantum* devido a parcela do tributo incidente nas operações anteriores. Eis o denominado direito ao crédito.

A doutrina e a jurisprudência, entre nós, convencionaram classificar o direito ao creditamento, sob o critério de sua amplitude, em dois modelos: o crédito físico e o crédito financeiro.[12]

No modelo do crédito físico, o ordenamento jurídico adota a não-cumulatividade sob uma postura mais restritiva, de modo a autorizar o creditamento sobre matérias-primas e produtos (bens) intermediários, consistindo estes últimos em *"insumos que se consomem no processo produtivo, mesmo não se agregando fisicamente ao produto final"*.[13]

Lado outro, possui cariz ampliativo o modelo do creditamento financeiro. Para além dos insumos (ou seja, do crédito físico), reconhece-se o direito ao crédito sobre os bens do ativo imobilizado e bens de uso e consumo das empresas. Patente, pois, a conclusão de que o crédito financeiro torna mais eficaz o princípio da não-cumulatividade tributária, uma vez que admite o creditamento sobre todos os bens e/ou serviços relacionados à atividade econômica dos contribuintes e que estejam sujeitos ao pagamento do tributo. Despicienda a afirmativa, outrossim, que também se realiza com maior intensidade o valor da neutralidade fiscal, uma vez que *"a neutralidade e a não-cumulatividade caminham pari passu"*.[14]

O modelo de creditamento físico foi o adotado para o IPI. Permite-se, portanto, o direito ao crédito dos valores relativos à aquisição de matérias-primas, materiais de embalagem e produtos intermediários. Para os fins do presente trabalho, passa-se à análise do arcabouço normativo e da jurisprudência dos tribunais superiores, em especial do STF, relativos aos produtos intermediários, objeto deste estudo.

Consoante afirmado alhures, a não-cumulatividade do IPI possui estatura constitucional desde 1965, com o advento da EC nº 18. Entretanto, daquele texto constitucional – e assim também o é na Carta de 1988 – não se pôde depreender a qual modelo de creditamento se filiou o reformador constitucional. Não é outra a situação no CTN, que reafirma a não-cumulatividade do imposto federal em

---

[12] Sobre o modelo do creditamento financeiro adotado na Europa e a evolução jurisprudencial da Corte de Justiça da União Europeia, vale conferir MOREIRA, André Mendes. *Neutralidade...*, op.cit., p. 49-100.

[13] MOREIRA, André Mendes. *A não-cumulatividade...*, op.cit., p.81.

[14] MOREIRA, André Mendes. *Neutralidade...*, op.cit., p. 26.

seu art. 49.[15] A celeuma se encontra, nesse sentido, nos planos legal, infralegal e jurisprudencial.

A lei de regência do IPI é a mesma que regia o Imposto de Consumo: a Lei nº 4.502/64.[16] Entretanto, o antigo imposto já era não-cumulativo por força da Lei nº 3.520/58, que modificou o art. 5º do Decreto-Lei nº 7.404/45. Eis a redação:

> Quando num mesmo estabelecimento produtor se fabricarem artigos sujeitos ao impôsto de consumo que, sem saírem dêste estabelecimento, forem utilizados na fabricação ou no acondicionamento de outros tributados, o impôsto incide sòmente no produto final, facultada ao fabricante a dedução dos impostos pagos sôbre as matérias primas que concorrerem para a sua produção.

Da leitura do supracitado dispositivo percebe-se que o creditamento fazia referência a duas categorias distintas de bens, ambas concorrentes para a fabricação do produto final sujeito à tributação: os *"produtos utilizados na fabricação ou no acondicionamento de outros produtos"* e as *"matérias-primas"* e aqui se inicia no país a discussão que até hoje persiste, ou seja, nem tudo que se utiliza na produção de bens é matéria-prima, pelo contrário, o *rol* de produtos, chamados de intermediários, bem como aqueles que são do uso e consumo da produção de mostram, muitas vezes, até mais relevantes.

O Decreto nº 45.422/59 regulamentava o Imposto de Consumo, replicando em seu art. 148 o supracitado dispositivo legal. Com o fito de determinar seu sentido normativo, sobreveio a Lei nº 4.153/62, que, em seu art. 34, "b", 1, conceituou os produtos intermediários como sendo aqueles *"consumidos total ou parcialmente no processo de sua fabricação"*.[17] Referido dispositivo teve o condão, portanto, de estabele-

---

15 *"Art. 49. O imposto é não-cumulativo, dispondo a lei de forma que o montante devido resulte da diferença a maior, em determinado período, entre o imposto referente aos produtos saídos do estabelecimento e o pago relativamente aos produtos nele entrados.*

Parágrafo único. O saldo verificado, em determinado período, em favor do contribuinte transfere-se para o período ou períodos seguintes".

16 Registre-se que o IPI recebeu esta denominação por força do art. 1º do Decreto-Lei nº 34/66: "*O Impôsto de Consumo, de que trata a Lei nº 4.502, de 30 de novembro de 1964, passa a denominar-se Impôsto sôbre Produtos Industrializados*".

17 *"Art. 34. O artigo 148 do atual Regulamento do Impôsto de Consumo aprovado pelo Decreto nº 45.422, passa a vigorar com as seguintes alterações:*

a) As palavras "nas vendas de mercadorias tributadas" são substituídas pelas seguintes: "nas entregas a consumo de mercadorias tributadas";

cer a seguinte diferenciação entre matérias-primas e produtos intermediários. Esta expressão, *produtos intermediários*, é até hoje utilizada, sem uma conceituação clara na lei, tendo a doutrina consagrado que seriam os produtos que, embora não se integrando física ou quimicamente ao produto final, se desgastam totalmente durante o processo de produção, de maneira essencial e necessária[18].

A Lei nº 4.502/64 consolidou as regras do Imposto de Consumo, veiculadas até então pelas leis nº 3.520/58 e 4.153/62, mantendo-se na ausência do que seria um *produto intermediário*. Vale registrar que o Decreto nº 56.791/65, em seu art. 27, I, reproduziu o conceito de produto intermediário veiculado pelo já citado art. 34, "b", 1, da Lei nº 4.153/62.

A jurisprudência do STF enfrentou a celeuma relativa ao conceito de produtos intermediários, no âmbito do Imposto de Consumo, no julgamento do RMS nº 16.625, do antigo Estado da Guanabara.[19] Naquela

---

b) Para os fins do art. 148, entendem-se como adquiridos para emprêgo na fabricação e acondicionamento de artigos ou produtos tributados:

1 - na fabricação - as matérias primas ou artigos e produtos secundários ou intermediários que, integrando o produto final ou sendo consumidos total ou parcialmente no processo de sua fabricação, sejam utilizados na sua composição, elaboração, preparo, obtenção e confecção, inclusive na fase de aprêsto e acabamento.

2 - no acondicionamento - Os materias ou artigos de que dependem proteção, conservação, aplicação, manuseio e uso do produto na sua entrega ao consumo."

18 Em comentário ao dispositivo, lecionou o grande RUBENS GOMES DE SOUSA: "Êsse texto, mais casuístico do que o dispositivo alterado, substituiu a expressão genérica 'outros produtos' (empregados na fabricação de artigos tributados) por uma referência a 'produtos secundários ou intermediários', e enumerou as finalidades para as quais esses, e as matérias-primas, poderiam ser utilizados no processo de fabricação. Da análise do texto resulta que êle consignava, com caráter alternativo, três requisitos: que se tratasse de produtos a) integrantes *do produto final, ou b) consumidos totalmente, ou c) consumidos parcialmente no processo de fabricação.* Na ausência de maiores esclarecimentos na própria lei, mas à vista do que até agora foi exposto, pode-se concluir que, dos três requisitos previstos, o da integração no produto final referia-se às matérias-primas; e que os outros dois (consumo total ou parcial no processo de fabricação) referiam-se aos produtos secundários ou intermediários" (SOUSA, Rubens Gomes de. O Impôsto de Consumo, o IPI e os "produtos intermediários". Revista de Direito Público, nº 12, 1970, p.46).

19 "IMPOSTO DE CONSUMO. FABRICAÇÃO DE CIMENTO. DEDUÇÃO DO IMPOSTO PAGO NA AQUISIÇÃO DOS CORPUS MOEDORES (ESFERAS DE ACO) QUE SE DESGASTAM NO PROCESSO DA INDUSTRIALIZAÇAO" (STF, Primeira Turma, RMS 16625/GB, Rel. Min. Victor Nunes Leal, jul. 20/06/1966, DJ 10/08/1966).

oportunidade, a indústria cimenteira pleiteava o reconhecimento do direito ao creditamento sobre a aquisição de "corpos moedores", utilizados na produção do cimento. Prevaleceu o entendimento favorável aos contribuintes, enquadrando aqueles materiais como produtos intermediários e não como bens do ativo imobilizado.[20]

Comentando o posicionamento do STF, ANDRÉ MENDES MOREIRA salientou dois pontos importantes que viriam pautar sucessivas discussões posteriores a respeito da matéria, sobretudo no âmbito do IPI: a Suprema Corte não erigiu como requisito ao direito ao crédito, para fins de enquadramento na categoria de produtos intermediários, a necessidade de consumição imediata (em que há um contato direto entre o insumo e o produto final) e integral (em que o insumo somente pode ser utilizado uma única vez):

> Assim, pode-se afirmar que, segundo o Supremo Tribunal Federal e à luz do Imposto de Consumo, bens que se desgastassem lentamente no processo produtivo, mas que não chegassem a ser incorporados ao ativo imobilizado, poderiam ser considerados intermediários. Note-se, aqui, dois pontos relevantes:
> (a) os acórdãos não exigiam o contato físico (consumo imediato) entre o bem intermediário e o produto final para legitimar o direito ao crédito. Ainda que esse contato fosse pressuposto no caso dos "corpos moedores", em momento algum a corte sustentou ser aquele um requisito válido para a dedução do IC;
> (b) a pugna se limitava à dicotomia bens do ativo permanente *versus* bens intermediários. A pergunta era: se os bens fossem consumidos no processo industrial, embora em várias utilizações, seriam insumos creditáveis ou bens do ativo imobilizado, impassíveis de dedução? Na França, como já multimencionado, a *Taxe à la Production* de 1948 exigia a consumição integral (em única etapa) do bem intermediário para legitimar o direito ao

---

20 O mesmo entendimento foi aplicado nos seguintes julgados:

"IMPÔSTO DE CONSUMO. DEDUÇÃO DE IMPÔSTO PAGO NA AQUISIÇÃO DE CORPOS MOEDORES UTILIZADOS NO PROCESSO DE FABRICAÇÃO DO CIMENTO. RECURSO PROVIDO" (STF, Primeira Turma, RMS 17845/SP, Rel. Min. Oswaldo Trigueiro, jul. 05/06/1967, DJ 27/06/1967) .

"O DESPACHO AGRAVADO ASSENTOU EM QUE O ENTENDIMENTO SEGUNDO O QUAL E LEGITIMA A DEDUÇÃO, PARA EFEITO DO IMPOSTO DE CONSUMO, DO IMPOSTO PAGO NA AQUISIÇÃO DE CORPUS MOEDORES (ESFERAS DE ACO), QUE SE DESGASTAM NA FABRICAÇÃO DE CIMENTO, NÃO IMPORTA EM NEGAÇÃO DE VIGENCIA DA LEI FEDERAL ADEQUADA, MAS EM RAZOAVEL INTERPRETAÇÃO. DAI, O DESCABIMENTO DO APELO EXTREMO. AGRAVO REGIMENTAL IMPROVIDO" (STF, Primeira Turma, AI 44149 AgR/MG, jul. 22/04/1969, DJ 27/06/1969).

crédito. Como o tributo francês inspirou o IC não cumulativo de 1958, o fisco federal passou a adotar linha argumentativa análoga – tendo restado vencido no STF, já que, além de o Regulamento do Imposto de Consumo não estabelecer tal restrição, a Lei n° 4.153/62 assegurava o crédito mesmo quando o consumo fosse apenas parcial.[21]

Em matéria de IPI, o dispositivo legal que mais interessa ao presente estudo é o art. 25 da Lei n° 4.502/64, que pedimos licença para reproduzir:

> Art. 25. A importância a recolher será o montante do impôsto relativo aos produtos saídos do estabelecimento, em cada mês, diminuído do montante do imposto relativo aos produtos nêle entrados, no mesmo período, *obedecidas as especificações e normas que o regulamento estabelecer* (grifos nossos).

A redação do supracitado dispositivo, vigente desde 1970, contribuiu enormemente para o problema da não-cumulatividade deste imposto federal. Isso porque, em sua redação original[22], a lei expressamente mencionava a possibilidade do direito ao crédito sobre *"matérias-primas, produtos intermediários e embalagens"*. A nova e cinquentenária redação, por sua vez, remete às especificações estabelecidas pelo poder regulamentador.

Trata-se de um paradoxo de fácil explicação, porém de difícil compreensão: a não-cumulatividade do IPI nasceu com assento constitucional, ao contrário do que ocorrera com o Imposto de Consumo, mas ao longo dos tempos tornou-se a não-cumulatividade mais restrita.

Pois bem, o Decreto n° 61.514/67 – RIPI/67 não inovou em relação ao que dispunha o último regulamento do IC: em seu art. 30, I, assegurava os créditos relativos às matérias-primas e produtos intermediários, sem a exigência de consumição imediata ou integral, bem como compreendendo-se como os insumos que não se integravam ao produto final.[23]

---

21 MOREIRA, André Mendes. *Neutralidade...*, op.cit., p. 170.

22 *"Art. 25. Para efeito do recolhimento, na forma do art. 27, será deduzido do valor resultante do cálculo.*

I – o imposto relativo às matérias-primas, produtos intermediários e embalagens, adquiridos ou recebidos para emprego na industrialização e no acondicionamento de produtos tributados".

23 *"Art. 30. Os estabelecimentos industriais e os que lhe são equiparados poderão creditar-se pelo imposto:*

I – relativo a matérias-primas, produtos intermediários e material de embalagem (...), compreendidos, entre as matérias-primas e produtos intermediários, aqueles que, embora não se integrando no novo produto, forem consumidos no processo de industrialização".

Outra foi a situação a partir do Decreto nº 70.162/72 – RIPI/72. Em seu art. 32, I, passou-se a exigir a consumição integral e imediata do bem no processo de fabricação para que ele pudesse ser considerado produto intermediário.[24] Objetivava-se, com isso, impedir o creditamento sobre bens do ativo imobilizado. Registre-se que tal exigência, para além de absolutamente desarrazoada, era desnecessária, uma vez que o creditamento sobre essa classe de bens jamais havia sido permitida anteriormente.

Acresça-se o advento do Parecer Normativo nº 181/74, da Coordenadoria do Sistema de Tributação, que passou a definir os conceitos de consumição imediata e integral. Consumo imediato seria a "necessária submissão dos bens intermediários ao processo de industrialização" (item 4 do Parecer). Exigia-se, portanto, o contato físico do bem com o produto final. A consumição integral, a seu turno, predicava que o bem deveria ser consumido em apenas uma única etapa da produção (inutilização posterior), tornando-se imprestável após sua utilização. Cabe aqui anotar dois pontos: a) os fatores colocados acima assumiram o papel de protagonismo para evitar o creditamento, mitigar a não-cumulatividade, com assento constitucional e trazer até os dias atuais o grande erro da tributação sobre o consumo no país. É de se notar que os Estados brasileiros, como Minas Gerais, passaram a adotar a mesma postura, com as mesmas restrições, mesmo após o Texto Constitucional de 1988, mesmo após a LC 87/96, que nada fala sobre intermediários.

Entretanto, em julgamento paradigmático em matéria de creditamento do IPI, o STF rechaçou a exigência cumulativa do que se chamou de consumo imediato e integral. Cuidava-se do RE nº 90.205/RS[25], cuja matéria de fundo era justamente a do presente trabalho – o

---

24 *"Art. 32. Os estabelecimentos industriais e os que lhes são equiparados poderão creditar-se do imposto:*

I – relativo a matérias primas, produtos intermediários e material de embalagem (...), compreendidos, entre as matérias-primas e produtos intermediários, aqueles que, embora não se integrando no novo produto, forem consumidos, imediata e integralmente, no processo de industrialização".

25 IPI. AÇÃO DE EMPRESA FABRICANTE DE ACO PARA CREDITAR-SE DO IMPOSTO, RELATIVO AOS MATERIAIS REFRATARIOS QUE REVESTEM OS FORNOS ELETRICOS, ONDE E FABRICADO O PRODUTO FINAL. INTERPRETAÇÃO QUE CONCILIA O DECRETO-LEI N. 1.136/70 E O SEU REGULAMENTO, ART. 32, APROVADO PELO DECRETO N. 70.162/72, COM A LEI 4.503/64 E COM O ART. 21, PARAGRAFO 3., DA CONSTITUIÇÃO DA REPUBLICA. AÇÃO JULGADA PROCEDENTE PELO

enquadramento dos materiais refratários utilizados pela indústria siderúrgica para a produção de aço na categoria de produtos intermediários. Naquela oportunidade, o Pretório Excelso entendeu pela ilegalidade do já citado art. 32, I, do RIPI/72. A delegação conferida ao Poder Executivo pelo art. 25 da Lei n° 4.502/64 diria respeito apenas para impedir o creditamento sobre bens do ativo imobilizado. Nesse sentido, a exigência de consumo imediato e integral do bem faria letra morta o princípio da não-cumulatividade, insculpido no texto constitucional de 1967/69. Para mais, especificamente quanto à matéria de fundo, entendeu o STF que devido ao fato de os materiais refratários serem utilizados para a produção do aço na indústria siderúrgica, ainda que não consumidos integralmente, a negativa do direito ao creditamento não poderia se harmonizar com o próprio princípio da não-cumulatividade. É ver uma passagem do voto do relator, Min. Soares Muñoz:

> Estou em que, tendo o acórdão recorrido admitido o fato de que os refratários são consumidos na fabricação do aço, a circunstância de não se fazer essa consumação em cada fornada, mas em algumas sucessivas, não constitui causa impeditiva à incidência da regra constitucional e legal que proíbe a cumulatividade do IPI.
> (...)
> A outra alternativa conduz ao reconhecimento de que o regulamento inovou em relação à lei, criando condição nela não prevista, o que configura hipótese de ilegalidade. Aliás, o acórdão recorrido, de certo modo, reconheceu a inovação regulamentar, julgando procedente a ação em relação ao creditamento durante a vigência dos decretos n°s 56.971/65 e 61.544/67, e, como incabível, após a vigência do Decreto n° 70.102/72.
> Ante o exposto, conheço do extraordinário pela letra a e lhe dou provimento para restaurar a sentença de primeira instância e o acórdão prolatado na apelação.

Em comentário a este importante julgado, alerta ANDRÉ MENDES MOREIRA que nem mesmo a tese do consumo imediato foi acolhida pelo STF, para fins de caracterização dos produtos intermediários, bastando que estes sejam utilizados e consumidos no processo produtivo, sem quaisquer adjetivações:

> Portanto, há que se registrar: em momento algum a Corte Suprema concordou com qualquer das duas condições erigidas pelo RIPI/72 para a caracterização do bem como intermediário – invalidando os requisitos de

---

CONHECIMENTO E PROVIMENTO DO RECURSO EXTRAORDINÁRIO (STF, Primeira Turma, RE 90205/RS, Rel. Min. Soares Muñoz, jul. 20/02/1979, DJ 23/03/1979).

consumo imediato e integral (ou, em outras palavras, interpretando-os conforme à Constituição).

Ao final, concluiu o tribunal que "desde que se trate de produto despendido no processo de fabricação, integrando ou não o produto final, desgastando-se imediatamente ou com maior lentidão, embora com certa regularidade, o desconto há de ser permitido". Portanto, *"só é necessário que não se introduza como insumo do processo de fabricação aquilo que constitua material permanente do processo de fabricação"*.

Do raciocínio da Suprema Corte, pode-se extrair que a teoria do crédito físico é assim denominada tão somente por negar a dedução do imposto pago na aquisição de bens do ativo imobilizado. É a nomenclatura nacional para o IVA-produto, adotado em diversos países, embora o direito ao crédito no IVA-produto seja mais amplo, pois abarca bens com o processo industrial *stricto sensu*, incluindo aqueles que, no Brasil, são nominados bens de uso e consumo.

Assim, pode-se afirmar que o crédito físico, consoante sua origem na *Taxe à la Production* francesa de 1948, sua adoção nas leis do Imposto de Consumo, sua incorporação ao IPI e sua posterior interpretação pelo STF, *autoriza dedução sobre bens consumidos na industrialização* (sem qualquer outro requisito adicional), sendo critério utilizável eminentemente para impedir a dedução do imposto incidente na aquisição de bens do ativo imobilizado e de bens não relacionados com o processo industrial em sentido estrito.[26]

Pouco tempo após o referido julgado editou-se o Decreto nº 83.263/79 – RIPI/79, que, em seu art. 66, I, assegurava o direito ao crédito relativo às matérias-primas, produtos intermediários e materiais de embalagem.[27] Nesse sentido, representou uma retomada aos moldes do RIPI/67. Duas observações devem ser feitas a respeito desse dispositivo: (i) tratou-se de um rompimento com a exigência cumulativa de consumição imediata e integral, tal qual o fizera o seu antecessor (RIPI/72); e (ii) explicitou o modelo de crédito físico o IPI – ainda que de forma desnecessária –, ao vedar expressamente o creditamento sobre os bens do ativo permanente.

---

26 MOREIRA, André Mendes. *Neutralidade...*, op.cit., p. 179-180.

27 *"Art.66. Os estabelecimentos industriais e os que lhe são equiparados poderão creditar-se:*

I – do imposto relativo a matérias primas, produtos intermediários e material de embalagem (...), incluindo-se, entre as matérias primas e produtos intermediários, aqueles que, embora não se integrando no novo produto, forem consumidos no processo de industrialização, salvo se compreendidos entre os bens do ativo permanente".

Não teria fim a controvérsia com o advento do RIPI/79. Isso porque editou-se o Parecer Normativo CST n° 65/79, que insistiu na necessidade de consumição imediata do bem para o seu enquadramento na categoria de produto intermediário, uma vez que *"como os regulamentos do IPI sempre se referiram aos bens intermediários em conjunto com as matérias-primas, haveria um elemento uníssono em ambos os conceitos: o contato físico com o produto industrializado".*[28]

Fato é que a jurisprudência do STF, lamentavelmente, interpretou erroneamente seus próprios julgados, de modo a convalidar os fundamentos esposados no Parecer Normativo CST n° 65/79, qual seja, a necessidade de consumo imediato (o consumo integral, vale dizer, nunca encontrou guarida no entendimento do STF), que, conforme analisado, não integrou o núcleo argumentativo dos julgados analisados.

A despeito do conceito errôneo de produtos intermediários que veio a prevalecer, a jurisprudência do STF sempre assegurou às indústrias siderúrgicas o direito ao creditamento dos valores relativos às aquisições sobre materiais refratários, enquadrando-os na categoria de produtos intermediários. Para além do já citado RE n° n° 90.205/RS, seja em matéria de IPI, seja em matéria de ICMS, não variou o entendimento do STF, elucidado por meio dos seguintes julgados: RE n° 79.601/RS[29], RE n° 93.768/MG[30] e RE n° 96.643/MG[31]. Não discrepou o enten-

---

[28] MOREIRA, André Mendes. *Neutralidade...*, op.cit., p. 143.

[29] ICM - NÃO CUMULATIVIDADE. Produtos intermediários, que se consomem ou se inutilizam no processo de fabricação, como cadinhos, lixas, feltros, etc., não são integrantes ou acessórios das maquinas em que se empregam, mas devem ser computados no produto final para fins de crédito do ICM, pelo princípio da não-cumulatividade deste. Ainda não integrem o produto final, concorrem direta e necessariamente para este porque utilizados no processo de fabricação, nele se consumido (STF, Primeira Turma, RE 79601/RS, Rel. Min. Aliomar Baleeiro, jul. 26/11/1974, DJ 08/01/1975).

[30] IPI. NÃO CUMULATIVIDADE. TIJOLOS REFRATARIOS. PRODUÇÃO DE ACO, ART-49 DO CTN. O DESGASTE NATURAL DO FORNO OU DAS MAQUINAS, NÃO SE SUJEITA A INCIDENCIA DO IPI, DEDUTIVEL DO IMPOSTO DE RENDA, PELO QUE NÃO PODE SER DEDUZIDO DO IPI A SER PAGO. RE NÃO CONHECIDO (STF, Segunda Turma, RE 93768/MG, Rel. Min. Cordeiro Guerra, jul. 26/03/1982, DJ 21/ 05/1982).

[31] TRIBUTÁRIO. ICM. NÃO-CUMULATIVIDADE, MATERIAIS REFRATARIOS, UTILIZADOS NA INDUSTRIA SIDERURGICA, QUE SE CONSOME NO PROCESSO DE FABRICAÇÃO, AINDA QUE NÃO SE INTEGRANDO NO PRODUTO FINAL. INTERPRETAÇÃO, PELO ACÓRDÃO RECORRIDO, DA LEI DO ESTADO DE MINAS GERAIS N. 6.763, DE 26.12.75, E DO SEU DECRETO REGULAMENTAR, SEM OFENSA

dimento o STJ. No julgamento do REsp n° 18.361/SP[32], reconheceu-se o creditamento de IPI sobre materiais refratários, ao argumento de que eles participam, efetivamente, da fabricação do produto final.

Nada mais correto. É devida a tomada de crédito sobre os materiais refratários, uma vez que utilizados no processo de industrialização siderúrgica, porque plenamente enquadráveis na categoria de produtos intermediário, nos termos do já citado art. 25 da Lei n° 4.502/64 c/c art. 226 do Decreto n° 7.212/10, atual Regulamento do IPI:

> Art. 226. Os estabelecimentos industriais e os que lhes são equiparados poderão creditar-se (Lei n° 4.502, de 1964, art. 25):
> I - do imposto relativo a matéria-prima, produto intermediário e material de embalagem, adquiridos para emprego na industrialização de produtos tributados, incluindo-se, entre as matérias-primas e os produtos intermediários, aqueles que, embora não se integrando ao novo produto, forem consumidos no processo de industrialização, salvo se compreendidos entre os bens do ativo permanente;

Devido à própria natureza dos materiais refratários (isolantes térmicos), que sofrem alteração em função da industrialização, é manifestamente necessária a garantia dos créditos de IPI nas aquisições destes bens, pois são essenciais ao processo produtivo da siderurgia e mantém contato direto com o produto em elaboração. Nesse sentido, até mesmo o mui questionável requisito do consumo imediato restaria plenamente atendido.

Saliente-se o intenso desgaste ao qual são submetidos os materiais refratários no processo produtivo da indústria siderúrgica. Aqui é preciso fazer um corte, pois estamos a tratar dos produtos refratários que têm durabilidade inferior a um ano (aqueles que estão mais próximos

---

A COMPETÊNCIA TRIBUTÁRIA DO ESTADO-MEMBRO, PREVISTA NO ART. 23, II, DA CONSTITUIÇÃO. DISSIDIO JURISPRUDENCIAL NÃO DEMONSTRADO PELA FORMA EXIGIDA NO ART. 322 DO REGIMENTO INTERNO. RECURSO NÃO CONHECIDO (STF, Segunda Turma, RE 96643/MG, Rel. Min. Décio Miranda, jul. 09/08/1983, DJ 02-09-1983).

32 TRIBUTARIO. IPI. MATERIAIS REFRATARIOS. DIREITO AO CREDITAMENTO AOS MATERIAIS REFRATARIOS EMPREGADOS NA INDUSTRIA, SENDO INTEIRAMENTE CONSUMIDOS, EMBORA DE MANEIRA LENTA, NÃO INTEGRANDO, POR ISSO, O NOVO PRODUTO E NEM O EQUIPAMENTO QUE COMPOE O ATIVO FIXO DA EMPRESA, DEVEM SER CLASSIFICADOS COMO PRODUTOS INTERMEDIARIOS, CONFERINDO DIREITO AO CREDITO FISCAL (STJ, Segunda Turma, REsp 18361, jul. 05/06/1995, DJ 07/08/1995).

da parte externa do forno têm maior durabilidade e, por isso, devem ser classificados como ativo).

Exsurge, pois, uma interessante questão: se os refratários acima referidos não puderem ser enquadrados na categoria de bens intermediários, como classificá-los? Não podem ser matéria-prima, uma vez que não se incorporam ao produto final; não podem ser bens do ativo permanente, porque conceitual e legalmente não possuem as características para tanto – em especial a durabilidade (lembrando que estamos a tratar de refratários com durabilidade inferior a um ano).[33] Por imperativo lógico, não poderiam ser considerados materiais de embalagem e bem de uso e consumo das empresas. Estes últimos, a despeito de sua importância para a atividade empresarial, mas não são essenciais ao processo produtivo. À guisa conclusiva, não há como classificar os materiais refratários de outro modo que não como produtos intermediários.

Para além destas considerações e da multicitada jurisprudência do STF e do STJ, a questão dos materiais refratários nas siderúrgicas já foi debatida à exaustão nos Tribunais pátrios, sempre com ganho de causa aos contribuintes[34]. Com efeito, os refratários, na condição de isolantes

---

[33] Lei nº 6.404/76, art. 179, IV e parágrafo único:

"Art. 179. As contas serão classificadas do seguinte modo:

IV – no ativo imobilizado: os direitos que tenham por objeto bens corpóreos destinados à manutenção das atividades da companhia ou da empresa ou exercidos com essa finalidade, inclusive os decorrentes de operações que transfiram à companhia os benefícios, riscos e controle desses bens; (Redação dada pela Lei nº 11.638,de 2007)

Parágrafo único. Na companhia em que o ciclo operacional da empresa tiver duração maior que o exercício social, a classificação no circulante ou longo prazo terá por base o prazo desse ciclo".

[34] No âmbito administrativo estadual a jurisprudência não destoa do entendimento aqui defendido. Citamos alguns precedentes paulistas:

"EMENTAS – CÂMARAS JULGADORAS – MASSA REFRATÁRIA MAGNESIANA – Remessas havidas como destinadas à industrialização – Produto aplicado como revestimento interno de equipamento que recebe aço líquido – Conceito de produto que se consome no processo produtivo – Provido o recurso – Decisão não unânime.

RESUMO DO VOTO: Tenho sustentado o entendimento de que, ainda que itens como os considerados não integrem o produto final, é evidente que concorrem, de forma necessária e insuperável, para sua formação, por isso que devem ser havidos como consumidos no processo de industrialização, valendo ressaltar que não se encontra, na norma de origem, afirmativa que imponha que a alíquota reduzida só é aplicável nas operações que destinarem mercadorias para serem inteira e, em uma só vez, consumidas no processo de industrialização, vedado ao intérprete aplicar o enten-

térmicos, são essenciais para atividades de uma usina siderúrgica cujo manuseio com altas temperaturas é constante e inerente à atividade.

Inquestionável, portanto, o enquadramento dos materiais refratários como autênticos e legítimos produtos intermediários, uma vez que se consomem em ação direta do aço inoxidável, são essenciais ao processo produtivo e nele se consomem com prazo de durabilidade inferior a um ano.

---

dimento restritivo. Voto, pois, pelo integral provimento ao recurso". (Processo n° DRT. 13-824/99 – 8ª Câmara – Relator Célio de Freitas Batalha – Sessão 20.10.92.)

EMENTAS – CÂMARAS JULGADORAS – PLACAS REFRATÁRIAS – Produtos consumíveis no processo de industrialização – Correta utilização de alíquota reduzida em operações interestaduais – Provido o apelo – Decisão não unânime. RESUMO DO VOTO: Com relação as placas refratárias, a Consultoria Tributária (Resposta . Consulta n° 10.497) admitiu que são usadas no processo produtivo, reconhecendo o direito ao crédito decorrente das respectivas entradas. Logo, aplica-se a alíquota reduzida. (Processo n° DRT. 1 – 13982/82 - 4ª Câmara – Relator: Edda Gonçalves Maffei – Ementa do voto do Juiz Álvaro Reis Laranjeira – Sessão 08.08.84 – publicado no boletim TIT n° 200, em 17/09/85)

No âmbito judicial não é diferente a conclusão. No TJMG, nos autos da Apelação Cível n° 0339906-50.2002.8.13.0313, o Desembargador Relator Belizário assim se posicionou quanto aos materiais refratários utilizados no processo siderúrgico: "*A questão de fundo a ser examinada é aquela referente ao mérito dos Embargos à Execução Fiscal que sustenta que a cobrança de ICMS exigida é indevida nos termos da prova produzida, desde que é legítimo o creditamento do referido imposto relativamente aos produtos chamados "REFRATÁRIOS". A perícia de fls. 273/274 responde ao questionamento ao afirmar o seguinte: "Os materiais REFRATÁRIOS, objeto deste processo, possuem função de isolamento térmico. O isolamento térmico é indispensável à produção, logo, a utilização destes materiais torna-se indispensável ao processo produtivo. Sem a utilização do isolamento térmico todo o equipamento poderia ser fundido em função da alta temperatura exigida no processo." O que se tem como conclusivo desta prova pericial e que de resto é de conclusão lógica é que a embargante não poderia produzir o aço sem o isolamento térmico de seus fornos, isto é, do equipamento onde seria fundido o aço. Logo, este material refratário é absolutamente indispensável no processo produtivo da embargante, integrando necessariamente seu ativo fixo. Seria como refrigerador na produção de sorvetes. E a Constituição da República de 1.988 em seu art. 155 § 2° já garante o direito de creditamento quando veda a não-cumulatividade dos tributos e, por isto mesmo a jurisprudência de nossos Tribunais Superiores sempre consagrou este princípio constitucional e garantiu o direito de o contribuinte se creditar do ICMS que foi pago na aquisição de produtos utilizados na sua atividade mercantil, considerando-a como de produtos que integram o ativo fixo e isto até mesmo antes da edição da legislação especial sobre a matéria, especialmente a LC 87/96 que foi editada em razão mesmo da jurisprudência dominante*" (TJMG, 7ª Câmara Cìvel, AC n° 0339906-50.2002.8.13.0313, Rel. Des.(a) Belizário de Lacerda, jul. 11/07/2006, DJMG 13/09/2006).

4. CRÍTICA AO ENTENDIMENTO DA CSRF

Na esteira do entendimento consolidado do STF e do STJ, o CSRF e o CARF também reconheciam a possibilidade de creditamento, em matéria de IPI, do valor relativo à aquisição de materiais refratários, por entendê-los como concernentes à categoria de produtos intermediários.

Aos 08 de dezembro de 2008, o CSRF julgou improcedente o Recurso Especial da Fazenda Nacional, nos autos do Processo n° 10320.002519/98-96.[35] Discutiu-se, naquela oportunidade, se o produto "tijolo refratário", utilizado na produção de anodos, se enquadrava no conceito de produto intermediário, hipótese na qual o contribuinte poderia gozar de uma redução de 50% do IPI devido, para fins do benefício BEFIEX — Certificado 281/84, em seu item II. Sustentava a Fazenda Nacional que os referidos materiais refratários deveriam ser enquadrados como bens do ativo imobilizado da empresa, razão pela qual o contribuinte não faria jus ao supracitado benefício.

Para a solução da controvérsia, o CSRF valeu-se de um laudo técnico elaborado pelo INT – Instituto Nacional de Tecnologia para decidir em favor do contribuinte, confirmando a natureza intermediária dos produtos refratários:

> Para finalizar em resumo, sem mais delongas, o abalizado Relatório Técnico produzido pelo INT, veio a demonstrar que a mercadoria importada pela Recorrente — Tijolos Refratários — que denominou de "concreto refratário", muito ao contrário do que entenderam o Fiscal que promoveu o Lançamento, bem como a I. Delegada julgadora de primeiro grau:
>
> - Trata-se de material cujo consumo se dá de forma continua ao longo do processo de fabricação, podendo ser totalmente consumido nos fornos de cozimento de anodos.
>
> - Como tal, evidentemente que não se incorpora ao ativo imobilizado da empresa;
>
> - Sem o tijolo (concreto) refratário, não há como se realizar a produção dos anodos nos fornos de cozimento dos mesmos. Isso os define como matéria prima ou produto intermediário.

---

[35] IMPOSTO SOBRE PRODUTOS INDUSTRIALIZADOS — IPI. IPI. REDUÇÃO. REGIME "BEFIEX". ENQUADRAMENTO DO PRODUTO "TIJOLO REFRATÁRIO".

O Relatório técnico elaborado pelo Instituto Nacional de Tecnologia não deixa dúvida quanto à qualidade de intermediário do produto "tijolo refratário". Dessa forma, é devida sua sujeição ao regime diferenciado do BEFIEX, e consequente redução da alíquota aplicável ao produto. Recurso Especial Negado (CSRF, 3ª Turma, Processo n° 10320.002519/98-96, Acórdão n° 03-06.230, Rel. Conselheira Rosa Maria de Jesus da Silva Costa de Castro, Sessão de 08/12/2008).

- Considerando-se as definições de que "produto intermediário" é aquele empregado diretamente no processo produtivo, integrando-se ao produto; mas também aquele que, embora não se integrando ao novo produto, é consumido integralmente no processo de industrialização, consideramos apropriado considerar o produto em questão como sendo produto intermediário em relação ao produto final.
- Na concepção dos 1. Peritos, emitentes do citado Laudo, todo o produto considerado "produto intermediário" é essencial ao processo produtivo, o que os faz considerar as denominações "produto intermediário" e "produto intermediário essencial", na essência, se equivalem.

Entendimento similar era adotado pelo CARF. Nos autos do Processo nº 10680.006760/2007-57[36], discutiu-se, entre muitos assuntos, a possibilidade de créditos sobre materiais refratários pela contribuinte, atuante na indústria siderúrgica. Lastreando-se nos entendimentos esposados pelo STF, no julgamento dos já citados RE nº 90.205/RS e RE 93.768/MG, bem como no REsp nº 1.075.508/SC, pelo STJ, prevaleceu

---

36 Assunto: Imposto sobre Produtos Industrializados – IPI. Período de apuração: 01/05/2002 a 30/09/2004. CRÉDITOS RELATIVOS A INSUMOS ISENTOS. O Princípio da não cumulatividade do IPI é implementado pelo sistema de compensação do débito ocorrido na saída de produtos do estabelecimento do contribuinte com o crédito relativo ao imposto que fora cobrado na operação anterior referente à entrada de matérias-primas, produtos intermediários e materiais de embalagem. Não havendo exação de IPI nas aquisições desses insumos, em razão dos mesmos serem isentos, não há valor algum a ser creditado. CRÉDITO BÁSICO DE IPI. OUTROS INSUMOS.

Os conceitos de produção, matérias-primas, produtos intermediários e material de embalagem são os admitidos na legislação aplicável do IPI, não abrangendo os produtos empregados na manutenção das instalações, das máquinas e equipamentos ou necessários ao seu acionamento, material de consumo e de limpeza. CRÉDITO PRESUMIDO. CUSTOS COM ENERGIA ELÉTRICA E COMBUSTÍVEIS. INCLUSÃO NO CÁLCULO. IMPOSSIBILIDADE. O crédito presumido do IPI diz respeito, unicamente, ao custo de matérias-primas, produtos intermediários e materiais de embalagem, não podendo ser incluído em sua base de cálculo, prevista na Lei nº 9.363/96, o valor do dos combustíveis e da energia elétrica. REFRATÁRIOS. DIREITO AO CRÉDITO. O material refratário contido em revestimento de fornos desgasta-se de forma direta na produção, gerando direito ao crédito do imposto. Precedentes do Supremo Tribunal Federal. PERFIS DE AÇO LAMINADOS. CLASSIFICAÇÃO FISCAL. Os perfis de aço brutos, simplesmente laminados, não perfurados, ajustados ou reunidos por meio de rebites ou de pernos ou pinos, ou por soldadura autógena ou elétrica, ou seja, não trabalhados devem ser classificados na posição 72.16. Recurso Voluntário Provido em Parte. Recurso de Ofício Negado (CARF, 3ª Câmara/2ª Turma Ordinária, Processo nº 10680.006760/2007-57, Acórdão nº 3302-001.954, Rel. Conselheiro Walber José da Silva, Rel. p/ acórdão José Antônio Francisco, Sessão de 26/02/2013).

o entendimento segundo o qual os materiais refratários se enquadram no conceito de produtos intermediários, razão pela qual assegurou-se ao contribuinte o direito de creditá-los para fins de determinação do *quantum debeatur* do IPI. O voto do Ilmo. Conselheiro José Antônio Francisco não deixa quaisquer dúvidas a respeito da matéria:

> Portanto, pode-se concluir que somente os insumos que se desgastem de forma imediata (direta) e integral no processo, ainda que não de uma só vez, geram direito de crédito, o que não ocorre com máquinas, equipamentos, produtos não utilizados diretamente na produção, peças e partes de máquinas etc.
>
> No caso, os refratários que compõem os fornos e entram em contato com o produto fabricado desgastam-se de forma direta e integral na produção e, ainda que acidentalmente, incorporam-se ao produto fabricado.
>
> Note-se que o desgaste de forma imediata deve ser considerado o desgaste direto, conforme antes esclarecido, e que o desgaste integral pode referir-se a vários ciclos de produção e ainda não necessariamente implicar o desaparecimento por completo do material, mas sua redução a um estado em que não possa mais ser utilizado.
>
> Portanto, nos termos da jurisprudência antiga do Supremo Tribunal Federal acima citada e da adoção recente de sua base teórica pelo Superior Tribunal de Justiça, tais insumos classificam-se como produtos intermediários e, portanto, geram direito de crédito.

Note-se que a interpretação conferida ao termo "integral", na esteira da jurisprudência do STF, não se deu no sentido da utilização do produto em apenas uma única etapa da produção. Pelo contrário, admitiu-se expressamente que o desgaste ao qual se submete o bem pode torná-lo imprestável após sua utilização em outros ciclos de produção. De todo modo, reconheceu-se a relação direta entre os produtos refratários e a atividade econômica exercida pela contribuinte, a saber: a produção do aço.

Não discrepou o entendimento proferido pelo CARF no Processo n° 11065.721468/2017¬50.[37] Uma vez mais, a fiscalização negou o direito ao abatimento do valor devido de IPI de créditos relativos a produtos

---

37 Assunto: Imposto sobre Produtos Industrializados – IPI. Período de apuração: 01/06/2012 a 31/12/2013. INSUMOS. REQUISITOS PARA CREDITAMENTO. PEÇAS, PARTES DE EQUIPAMENTOS E MATERIAIS REFRATÁRIOS. ITENS NÃO CONTABILIZADOS EM ATIVO IMOBILIZADO. POSSIBILIDADE. As peças, partes de equipamentos e materiais refratários que revestem os fornos e equipamentos das indústrias siderúrgicas, que se consumam em contato direito com o produto e que não devam ser contabilizados em Ativo Imobilizado, podem gerar crédito de IPI. Aplicação vinculante do Resp 1075508/SC. Recurso Voluntário Provido (CARF,

intermediários, ao argumento de que os refratários consistiriam em bens do ativo imobilizado.

Na linha de raciocínio do Ilmo. Conselheiro Marcelo Giovani Vieira, três seriam os requisitos para que se pudessem classificar os produtos em intermediários ou similares: (i) o consumo imediato (direto) do bem com o produto; (ii) a necessidade de que este bem não se incorpore às instalações industriais e (iii) que o bem não seja classificável como pertencente ao ativo imobilizado, ou seja, tenha duração menor que um ano (art. 179 da Lei nº 6.404/76).

Na oportunidade, o Relator, invocando o supracitado julgado do STJ e acompanhado à unanimidade por seus pares, concluiu pela possibilidade do referido crédito, valendo-se, entretanto, da argumentação de que o desgaste ao qual se submetem os materiais refratários na indústria siderúrgica impõe que sua vida útil seja menor que um ano. Nesse sentido, ante à impossibilidade de sua escrituração como bens do ativo imobilizado, seria impositivo reconhecer o direito creditório do contribuinte:

> Desse modo, embora os materiais refratários das indústrias siderúrgicas vinculem-se à proteção do equipamento, e não agreguem características peculiares ao produto, as normas e práticas contábeis indicam sua contabilização em separado do equipamento, quando tenham vida útil significativamente diferente, como é o caso presente. Como os itens têm vida útil inferior a 1 ano, são contabilizados diretamente como despesas (§ único do art. 179 da Lei 6.404/76), então não são contabilizados no Ativo imobilizado . Então, atendendo à decisão vinculante do STJ (art. 62, §2º, do Regimento Interno do Carf), e considerando a contabilização natural dos itens como despesas, é de se concluir pela possibilidade de crédito de IPI para o caso.

Entretanto, uma mudança da jurisprudência na CSRF estaria por vir.

Aos 11 de julho de 2018, o CSRF enfrentou a temática ora em discussão no julgamento do Processo nº 13609.720068/2008-77[38]. Naquela

---

2ª Câmara/1ª Turma Ordinária, Processo nº 11065.721468/2017-50, Acórdão nº 3201-004.300, Rel. Conselheiro Marcelo Giovani Vieira, Sessão de 23/10/2018).

38 ASSUNTO: IMPOSTO SOBRE PRODUTOS INDUSTRIALIZADOS IPI. Período de apuração: 01/10/2003 a 31/12/2003. DIREITO AO CRÉDITO. Geram direito ao crédito do imposto, além dos que se insumos que se integram ao produto final (matérias-primas e produtos intermediários, "stricto sensu", e material de embalagem), quaisquer outros bens que sofram alterações, tais como o desgaste, o dano ou a perda de propriedades físicas ou químicas, em função de ação diretamente exercida sobre o produto em fabricação, ou, viceversa, proveniente de ação exercida diretamente

oportunidade, o Recurso Especial da Fazenda Nacional foi provido, para negar o reconhecimento ao direito do contribuinte de se creditar dos valores relativos à aquisição de materiais refratários para fins de determinação do valor devido a título de IPI.

No CARF, a matéria havia sido julgada em favor do contribuinte, ao argumento de que os materiais refratários seriam essenciais para o processo produtivo nas indústrias siderúrgicas, bem como que sofriam desgaste quando da produção do aço. Ademais, não se poderia classifica-los como bens do ativo permanente da indústria siderúrgica, sob o critério de sua durabilidade.[39] A Fazenda Nacional, para demonstrar a divergência de entendimento do Tribunal Administrativo apta a ensejar a apreciação do Recurso Especial, valeu-se de dois vetustos entendimentos proferidos à época da existência do Segundo Conselho de Contribuintes (2006): um julgado que versava sobre colas e vernizes[40]

---

pelo bem em industrialização, desde que não devam, em face dos princípios geralmente aceitos, ser incluídos no ativo permanente. Recurso do Procurador provido (CSRF, 3ª Turma, Processo n° 13609.720068/2008-77, Acórdão n° 9303-007.143, Rel. Conselheira Vanessa Marini Cecconello, Rel. p/ acórdão Conselheiro Jorge Olmiro Lock Freire, Sessão de 11/07/2018).

39 Assunto: Imposto sobre Produtos Industrializados – IPI. Período de apuração: 01/10/2003 a 31/12/2003. CRÉDITO PRESUMIDO. Não são passíveis de ressarcimento os créditos presumidos do IPI apurados no trimestre-calendário anterior. Necessidade de requerimento. CRÉDITOS BÁSICOS. Geram créditos do IPI os produtos que são essenciais para o processo produtivo, desgastam-se com a utilização e não estão incluídos no ativo permanente (CARF, 4ª Câmara/1ª Turma Ordinária, Processo n° 13609.720068/2008-77, Acórdão n° 3401-002.023, Rel. Conselheira Ângela Sartori, Sessão de 23/10/2012).

40 Assunto: Imposto sobre Produtos Industrializados – IPI. Período de apuração: 01/07/2000 a 30/09/2000.Ementa: RESSARCIMENTO. Art. 11 da Lei n° 9.779/99. INSUMOS. Incluem-se entre os insumos para fins de crédito do IPI os bens que, embora não se integrando ao novo produto, forem consumidos, desgastados ou alterados no processo de industrialização, em função de ação direta do insumo sobre o produto em fabricação, ou deste sobre aquele. Produtos outros, não classificados como insumos segundo o Parecer Normativo CST n° 65/79, que, não são consumidos diretamente em contato com o produto em elaboração, ou vice-versa, bem como as partes e peças de máquinas não podem ser consideradas como matéria-prima ou produto intermediário para os fins de manutenção do crédito do IPI estabelecido no artigo 5° do DL n° 491/69 e no art. 11 da Lei n° 9.779/99. A cola de nome comercial Vibatex FPT, que é utilizada para fixar tapetes sobre os quais são colocadas máquinas de estamparia, os vernizes "Lockthone" e "esmalte poliuretano azul" não geram direito ao crédito. ALÍQUOTA DE IPI DESTACADO A MAIOR PELO FORNECEDOR DE INSUMOS. CRÉDITO. IMPOSSIBILIDADE. Não gera

e outro que dizia respeito ao creditamento de IPI sobre energia elétrica, GLP e querosene, além de materiais refratários.[41]

No CARF, os conselheiros pautaram-se na existência de um laudo pericial, que comprovava a essencialidade dos materiais refratários na atividade econômica do contribuinte. Entretanto, na CSRF, conforme se depreende da leitura do voto divergente, proferido pelo Ilmo. Conselheiro Jorge Olmiro Lock Freire e que veio a prevalecer por voto de qualidade, ignorou-se o laudo técnico arrostado ao processo: "*o voto condutor do aresto recorrido tomou como fundamento os termos das conclusões do laudo pericial. Embora, cediço, tratemse os laudos de prova técnica, certo é que eles não vinculam o julgador*".

---

direito ao crédito de IPI o valor pago a maior a esse título por erro do emitente da nota fiscal. Na forma do artigo 248 do RIPI/98, cabe ao adquirente de mercadorias verificar se o documento preenche todas as condições estabelecidas no Regulamento do IPI. DEVOLUÇÃO DE INSUMOS CUJO IPI TENHA SIDO APROVEITADO. ESTORNO. Impossível o aproveitamento de crédito de IPI incidente sobre insumos que tenham sido devolvidos sem que houvesse o correspondente estorno a débito em igual montante. PRINCÍPIO CONSTITUCIONAL DA NÃO-CUMULATIVIDADE. A não-cumulatividade do IPI é exercida pelo sistema de crédito, atribuído ao contribuinte, do imposto relativo a produtos entrados no seu estabelecimento, para ser abatido do que for devido pelos produtos dele saídos. ARGÜIÇÃO DE INCONSTITUCIONALIDADE E/OU ILEGALIDADE. Não compete à autoridade administrativa, com fundamento em juízo sobre constitucionalidade de norma tributária, negar aplicação da lei ao caso concreto. Prerrogativa exclusiva do Poder Judiciário, por força de dispositivo constitucional. Recurso negado (CARF, Segundo Conselho de Contribuintes, Processo nº 13962.000021/2001-98, Acórdão nº 203-11519, Rel. Conselheiro Odassi Guerzoni Filho, Sessão de 08/11/2006).

41 Assunto: Imposto sobre Produtos Industrializados – IPI. Período de apuração: 01/10/1997 a 30/06/1998. Ementa: IPI. DIREITO DE CRÉDITO. ENERGIA ELÉTRICA, FRETE, GLP, GÁS, QUEROSENE, QUEROSENE ILUMINANTE. ILEGITIMIDADE. Mantém-se a glosa de créditos relativos a produtos que, por não se enquadrarem nos conceitos de matérias-primas, produtos intermediários e material de embalagem, não ensejam direito de crédito do IPI, nos termos do inciso I do art. 66 do RIPI, Decreto nº 83.263/79, e do Parecer Normativo CST no 65/79. DIREITO DE CRÉDITO. FERRAMENTAL, REFRATÁRIOS E ÓLEOS. ILEGITIMIDADE. Somente são considerados produtos intermediários aqueles que, em contato com o produto, sofram desgaste no processo industrial, o que não abrange os produtos incorporados às instalações industriais, as partes, peças e acessórios de máquinas, equipamentos e ferramentas, ainda que se desgastem ou se consumam no decorrer do processo de industrialização. Recurso negado (CARF, Segundo Conselho de Contribuintes, Processo nº 13204.000026/98-45, Acórdão nº 201-79790, Rel. Conselheiro Fernando Luiz da Gama Lobo D'Eça).

No mérito, a CSRF, valendo-se do Parecer Normativo CST nº 65/79 e do multicitado REsp nº 1.075.508/SC, adotou o entendimento de que os materiais refratários teriam o cariz de bens do ativo permanente (parte das máquinas) das empresas siderúrgicas, razão pela qual não haveria de se falar em creditamento dos valores referentes à aquisição destes produtos. É ver:

> Para o contribuinte, todos itens refratários são "produtos intermediários" (PI), mesmo que não se integrem física ou quimicamente ao produto final, mas que se desgastem no curso do processo produtivo. Em verdade, os mesmos destinamse à manutenção do seu parque produtivo, das máquinas que vão produzir o produto industrializado e que não podem ser confundidas com o próprio processo produtivo e o produto final a ser obtido.
> No Recurso Especial nº 1.075.508SC, julgado em 23/09/2009, de relatoria do Ministro Luiz Fux, ele bem faz a distinção entre "consumo" do produto e o "mero desgaste" indireto do produto sem ação direta no processo produtivo, que é o caso dos materiais refratários, e que, por isso, não geram direito a crédito de IPI.

E prossegue o raciocínio, para tentar justificar a relação direta dos materiais refratários não com os produtos fabricados, mas sim com os equipamentos fabricantes:

> Embora o Parecer Normativo CST nº 65, de 1979, tenha reformulado parte do entendimento antes fixado no Parecer Normativo CST nº 181, de 1974, adaptandoo às inovações introduzidas pelo art. 66, inciso I, do RIPI/1979, que prevalecem até hoje, não alterou o entendimento segundo o qual o direito ao crédito não se estende a partes e peças de máquinas em nenhuma hipótese, ou seja, ainda que não incorporadas ao ativo imobilizado e mesmo que, por suas qualidades ou características tecnológicas, se desgastem em razão do contato direto que exercem sobre o produto em fabricação ou que o produto exerce sobre elas. Em tais condições, semelhante direito ao crédito só foi admitido, em virtude das inovações da legislação decorrentes do RIPI/1979, às ferramentas manuais e intermutáveis que não sejam partes de máquinas.
> Ademais, o refratário não agrega qualquer característica ao produto, mas sim ao equipamento: proteção das altas temperaturas, resistência à abrasão e isolamento térmico.
> Em outras espécies de equipamento, como os usados em indústrias químicas, os isolamentos térmicos são colocados no lado de fora dos equipamentos e tubulações, e também têm o objetivo de evitar a perda de calor e variações na temperatura. A única diferença para a siderurgia é que na indústria química não é necessário a proteção da parede interna do equipamento, cuja composição (seja metálica ou não), já oferece resistência à abrasão a ao ataque químico.

Os refratários colocados no interior de fornos terão sempre a função de proteger a parede metálica do forno, evitando o seu derretimento, ataque químico e perda de calor. E a função dos fornos será sempre a mesma: a queima de combustível gerando calor, que se pretende transferir a uma substância que se quer aquecer. Fica claro que o refratário faz parte do equipamento, e este tem a função de transferir calor gerado pela queima do combustível para a substância de interesse.

Não se questiona que o refratário tem contato com o produto. Mas este contato não tem o objetivo de agregar ao produto alguma característica especial. Se não houvesse a necessidade de proteger a parte interna do equipamento, os refratários seriam colocados do lado de fora, apenas com a função de isolamento térmico. E não teriam qualquer contato com o produto. Assim, o fato de ocorrer ou não contato com o produto fabricado não modifica as qualidades ou características tecnológicas dos refratários, que de qualquer maneira não podem ser incluídos entre as matériasprimas e os produtos intermediários a que ser refere a segunda parte do art. 226 do RIPI/2010.

A interferência nas propriedades do aço pela agregação de partículas do refratário é algo indesejado, um efeito colateral negativo, algo que deve ser minimizado tanto quanto possível. E tal efeito negativo só é aceito e suportado em nome do benefício de proteção do equipamento. Não há dúvida de que o refratário entra em contato com o aço. O que se questiona é se o refratário faz ou não parte de um equipamento. E a resposta é SIM. Todos os equipamentos que terão contato direto com o metal líquido já são construídos com a cobertura refratária, e não podem ser usados em separado.

Ou seja, os refratários aqui tratados são empregados nas indústrias siderúrgicas para o isolamento térmico dos fornos e panelas industriais, com a finalidade de evitarse a perda de calor para o ambiente externo, possibilitando, assim, a manutenção das temperaturas internas desses fornos e panelas necessárias ao processo de fundição e derretimento dos demais insumos para obtenção do aço. A substituição do material refratário danificado é um custo de manutenção no equipamento. Ele se desgasta com o uso do equipamento (do mesmo modo que o pneu de um caminhão, os rolamentos de um motor, etc). Não aumenta sua vida útil, apenas o mantém em funcionamento.

Embora sejam repostos com frequência devido às altíssimas temperaturas a que são submetidos, os refratários guardam similaridade não com MP e PI, mas sim com os bens do ativo permanente, pois apenas recondicionam os equipamentos ao seu estado funcional, restabelecendo a sua condição de uso.

Portanto, concluo os que materiais refratários (tijolos, blocos, concreto, massa e argamassa) não geram direito ao crédito do IPI, pelo que escorreita a glosa dos mesmos.

Infelizmente, tal entendimento veio a prevalecer em julgados posteriores da CSRF. No Processo nº 10640.721511/2014-91,[42] reproduziu-se o argumento supratranscrito. O mesmo se deu no julgamento do Processo nº 13629.721048/2014-23[43].

---

[42] Assunto: Imposto sobre Produtos Industrializados – IPI. Período de apuração: 01/06/2009 a 30/04/2014. CLASSIFICAÇÃO FISCAL. LAMINADOS PLANOS DE FERRO OU AÇO. POSIÇÃO 7211. Os produtos industrializados pelo estabelecimento identificados como "BARRA CHATA 1/2 x 3/16" e "BARRA CHATA 5/8 x 3/16" não poderiam ter sido classificados no Código NCM 7214.91.00, que contempla os produtos definidos como "Barras de ferro ou aço" (alínea m da Nota 1 do Capítulo 72 da TIPI), pois tais produtos possuem espessura igual a 4,76 mm e largura superior a duas vezes essa espessura, fato que os enquadra na posição 7211 (Produtos laminados planos, de ferro ou aço não ligado, de largura inferior a 600 mm, não folheados ou chapeados, nem revestidos), consoante alínea k da Nota 1 do capítulo 72, a qual estabelece a definição de "Produtos Laminados Planos", classificados na posição 7211 como: produtos laminados, maciços de seção transversal retangular, que não satisfaçam à definição da Nota 1-ij, em rolos de espiras sobrepostas, ou não enrolados , de largura igual a pelo menos dez vezes a espessura, quando esta for inferior a 4,75 mm, ou de largura superior a 150 mm ou a pelo menos duas vezes a espessura, quando esta for igual ou superior a 4,75 mm. ADEQUAÇÃO NA TIPI PROMOVIDA POR ATO DA RECEITA FEDERAL QUE IMPLIQUE ALTERAÇÃO DE ALÍQUOTA. EFEITOS RETROATIVOS. INEXISTÊNCIA. As adequações às quais a Receita Federal é autorizada a promover na TIPI, pelo Decreto que a aprovou, só têm efeitos retroativos se não implicarem alteração de alíquota (art. 4º do Decreto nº 7.660/2011 e art. 4º do Decreto nº 8.950/2016). DIREITO AO CRÉDITO. MATERIAIS REFRATÁRIOS. INEXISTÊNCIA. Somente são considerados produtos intermediários aqueles que, em contato com o produto, sofram desgaste no processo industrial, o que não abrange os produtos incorporados às instalações industriais, as partes, peças e acessórios de máquinas, equipamentos e ferramentas, ainda que se desgastem ou se consumam no decorrer do processo de industrialização. Assim, não geram direito a crédito os materiais refratários, pois não se caracterizam como tal. JUROS SOBRE A MULTA DE OFÍCIO. INCIDÊNCIA. Incidem juros moratórios, calculados à taxa referencial do Sistema Especial de Liquidação e Custódia - SELIC, sobre o valor correspondente à multa de ofício (Súmula CARF nº 108) (CSRF, 3ª Turma, Processo nº 10640.721511/2014-91, Acórdão nº 9303-007.865, Rel. Conselheiro Rodrigo da Costa Pôssas, Sessão de 23/01/2019) .

[43] ASSUNTO: IMPOSTO SOBRE PRODUTOS INDUSTRIALIZADOS (IPI). Período de apuração: 01/10/2009 a 30/09/2013. DIREITO AO CRÉDITO. MATERIAIS REFRATÁRIOS. INEXISTÊNCIA. Somente são considerados produtos intermediários aqueles que, em contato com o produto, sofram desgaste no processo industrial, o que não abrange os produtos incorporados às instalações industriais, as partes, peças e acessórios de máquinas, equipamentos e ferramentas, ainda que se desgastem ou se consumam no decorrer do processo de industrialização, a exemplo dos materiais refratários utilizados em siderúrgicas. PARTES OU PEÇAS DE MÁQUINAS,

Passa-se a proceder alguns esclarecimentos e tecer contundentes críticas ao novo posicionamento adotado pela CSRF.

Primus, é necessário compreender e delimitar a abrangência e o conteúdo do entendimento esposado pelo STJ no julgamento do REsp nº 1.075.508/SC[44], julgado sob a sistemática dos Recursos Repetitivos

---

AINDA QUE SE DESGASTEM NO PROCESSO PRODUTIVO E TENHAM VIDA ÚTIL INFERIOR A UM ANO. CREDITAMENTO. IMPOSSIBILIDADE. O conceito de insumo da legislação do IPI está detalhadamente consignado no Parecer Normativo CST nº 65/79, que interpreta que geram o direito ao crédito, além dos que se integram ao produto final (matérias-primas e produtos intermediários, "stricto sensu", e material de embalagem), quaisquer outros bens que, não sendo partes nem peças de máquinas (exceção ainda explicitada nos Pareceres Normativos CST nº 181/74 e Cosit/RFB nº 3/2018), sofram alterações, tais como o desgaste, o dano ou a perda de propriedades físicas ou químicas, em função de ação diretamente exercida sobre o produto em fabricação, ou, vice-versa, proveniente de ação exercida diretamente pelo bem em industrialização, desde que não devam, em face de princípios contábeis geralmente aceitos, ser incluídos no ativo permanente. INCLUSÃO DO FRETE NA BASE DE CÁLCULO DO IPI POR LEI ORDINÁRIA. IMPOSSIBILIDADE, CONFORME JURISPRUDÊNCIA CONSOLIDADA DO STF. É firme a jurisprudência do STF (aplicando o mesmo entendimento do RE nº 567.935/SC, julgado com repercussão geral, para os descontos incondicionais) no sentido de que o frete não poderia compor a base de cálculo do IPI, o que levou inclusive à edição da Nota PGFN/CRJ/Nº 623/2017, propondo a dispensa de recorrer também no caso das contestações quanto à inclusão desta parcela pela mesma Lei nº 7.798/89, por ser matéria reservada à lei complementar, conforme art. 146, III, "a", da Constituição Federal, estabelecendo o CTN, em seu art. 47, II, 'a', que a base de cálculo do imposto é o valor da operação de que decorrer a saída da mercadoria (CSRF, 3ª Turma, Processo nº 13629.721048/2014-23, Acórdão nº 9303-009.690, Rel. Conselheiro Rodrigo da Costa Pôssas, Sessão de 16/10/2019).

44 PROCESSO CIVIL. RECURSO ESPECIAL REPRESENTATIVO DE CONTROVÉRSIA. ARTIGO 543-C, DO CPC. TRIBUTÁRIO. IPI. CREDITAMENTO. AQUISIÇÃO DE BENS DESTINADOS AO ATIVO IMOBILIZADO E AO USO E CONSUMO. IMPOSSIBILIDADE. RATIO ESSENDI DOS DECRETOS 4.544/2002 E 2.637/98.

1. A aquisição de bens que integram o ativo permanente da empresa ou de insumos que não se incorporam ao produto final ou cujo desgaste não ocorra de forma imediata e integral durante o processo de industrialização não gera direito a creditamento de IPI, consoante ratio essendi do artigo 164, I, do Decreto 4.544/2002 (Precedentes das Turmas de Direito Público: AgRg no REsp 1.082.522/SP, Rel. Ministro Humberto Martins, Segunda Turma, julgado em 16.12.2008, DJe 04.02.2009; AgRg no REsp 1.063.630/RJ, Rel. Ministro Francisco Falcão, Primeira Turma, julgado em 16.09.2008, DJe 29.09.2008; REsp 886.249/SC, Rel. Ministro Luiz Fux, Primeira Turma, julgado em 18.09.2007, DJ 15.10.2007; REsp 608.181/SC, Rel. Ministro Teori Albino Zavascki, Primeira Turma, julgado em 06.10.2005,

(Tema nº 168), oportunidade na qual o Tribunal da Cidadania fixou a seguinte tese: "*a aquisição de bens integrantes do ativo permanente da empresa não gera direito a creditamento de IPI*". Tal julgado, consoante afirmado alhures quando da análise dos posicionamentos do CARF e da CSRF, foi utilizado como argumento tanto para assegurar quanto para negar o direito ao crédito sobre os materiais refratários.

Em verdade, o STJ não trouxe novidade interpretativa alguma em relação ao tema em comento: limitou-se a reafirmar que ao IPI aplica-se o modelo do crédito físico. Nada mais que isso.[45] Tanto assim o é que a matéria fática subjacente ao julgado dizia respeito a "peças e acessórios para o sistema motor" de indústrias metalúrgicas. Pessoalmente, melhor teria sido que este país adotasse o modelo de crédito financeiro em matéria de IPI. No entanto, a opção pelo crédito físico impede o creditamento sobre bens integrantes do ativo permanente, como é o caso dos bens supracitados.

DJ 27.03.2006; e REsp 497.187/SC, Rel. Ministro Franciulli Netto, Segunda Turma, julgado em 17.06.2003, DJ 08.09.2003).

2. Deveras, o artigo 164, I, do Decreto 4.544/2002 (assim como o artigo 147, I, do revogado Decreto 2.637/98), determina que os estabelecimentos industriais (e os que lhes são equiparados), entre outras hipóteses, podem creditar-se do imposto relativo a matérias-primas, produtos intermediários e material de embalagem,

adquiridos para emprego na industrialização de produtos tributados, incluindo-se "aqueles que, embora não se integrando ao novo produto, forem consumidos no processo de industrialização, salvo se compreendidos entre os bens do ativo permanente".

3. In casu, consoante assente na instância ordinária, cuida-se de estabelecimento industrial que adquire produtos "que não são consumidos no processo de industrialização (...), mas que são componentes do maquinário (bem do ativo permanente) que sofrem o desgaste indireto no processo produtivo e cujo preço já integra a planilha de custos do produto final", razão pela qual não há direito ao creditamento do IPI.

4. Recurso especial desprovido. Acórdão submetido ao regime do artigo 543-C, do CPC, e da Resolução STJ 08/2008 (STJ, Primeira Seção, REsp 1075508/SC, Rel. Min. Luiz Fux, jul. 23/09/2009, DJe 13/10/2009).

45 Aliás, o acórdão merece as mais pungentes críticas, por eivar-se de atecnia ao mencionar supostas exigências de consumo indireto e integral quanto a insumos para fins de creditamento ao IPI. Acredita-se não prevalecer esse raciocínio, uma vez que o STF já afastou a necessidade de consumo integral em vetusta interpretação sobre o tema há mais de quarenta anos, consoante afirmado alhures.

Para que não restem dúvidas quanto ao decidido pelo STJ, no voto condutor do Min. Fux resta gizado magistério doutrinário que expressamente admite o creditamento sobre materiais refratários: "Por outro lado, a lista dos supostamente excluídos vem sofrendo reparos ao longo do tempo por inúmeras decisões judiciais, dentre os quais: - materiais refratários consumidos no processo industrial, de maneira lenta mas integrando o novo produto, e não compondo o ativo fixo". Não restam dúvidas, portanto, de que o referido julgado não tem aplicação sobre os materiais refratários. Diz respeito a bens do ativo permanente.

Secundus, o posicionamento da CSRF não se atentou para a jurisprudência do STF, que, conforme analisado à exaustão no presente trabalho, sempre assegurou aos contribuintes da indústria siderúrgica o direito ao crédito sobre os materiais refratários. Ademais, ignorou a própria jurisprudência daquele tribunal administrativo, que igualmente enquadrava os refratários na categoria de produtos intermediários. Atente-se para o fato de que as modificações jurisprudenciais são ínsitas ao próprio fenômeno jurídico, sejam elas judiciais ou administrativas. O que se esperava era ao menos que a decisão que viesse a esposar o novo entendimento da CSRF sobre o assunto ao menos mencionasse a antiga jurisprudência do tribunal, ou, preferencialmente, que com ela dialogasse.

Tertius, a CSRF sobejamente ignorou o laudo técnico constante dos autos. Mencionou sua existência, mas limitou-se a afirmar que ele não seria vinculante, razão pela qual o julgador não estaria obrigado a se lastrear nas premissas científicas nele constantes. Em verdade, melhor teria sido se se fizesse o oposto. Isso porque os laudos técnicos não deixam dúvidas quanto à natureza intermediária dos materiais refratários, conforme nos informa a diuturna *práxis* tributária.

Repise-se para que não restem dúvidas a respeito. Os materiais refratários, utilizados no curso do processo de produção do aço, pela indústria siderúrgica, são utilizados nos altos fornos industriais, de modo essencial no processo produtivo. Em verdade, não se pode confundi-los com partes dos fornos produtores de aço, como quer a nova jurisprudência da CSRF. Isso porque é fato notório que o alto-forno funciona de forma autônoma ao refratário, sendo que este tem função diversa, que é a de evitar o contato do aço com a parede do forno. De novo, aqui estamos a tratar dos refratários com duração até 12 meses, pois estes, quando trocados, não aumentam a vida útil do forno.

No processo produtivo, os materiais refratários entram em contato físico com o produto final, uma vez que entre eles ocorre a transmissão de energia térmica, magnética, eletromagnética, elétrica e química. Por tal razão, em virtude das elevadíssimas temperaturas nas quais o processo produtivo é submetido e da transferência efetiva de energia, os refratários são consumidos no processo de industrialização, sofrendo intensa deterioração. São exemplos disso (i) as modificações estruturais, tais como o crescimento dos grãos, que diminuem a resistência mecânica dos materiais; (ii) as deformações (fluência), que, sucessivamente levam à sua fratura; (iii) a oxidação e corrosão; e (iv) a ação abrasiva. Tais fatores é que forçam a contínua e frequente reposição dos materiais refratários nas indústrias siderúrgicas.

Sobre o prisma jurídico, é mais do que evidente a natureza intermediária de tais produtos: (i) trata-se de bens essenciais ao processo produtivo da atividade siderúrgica; (ii) são consumidos no processo de produção de aço (frise-se, resta cumprido até o questionável requisito do consumo imediato do bem); (iii) e apresentam prazo de durabilidade inferior a um ano, o que impossibilita sua classificação como bens do ativo imobilizado, nos termos do art. 179, IV e parágrafo único da Lei nº 6.404/76. Não podem ser considerados matéria-prima, uma vez que, muito embora sejam essenciais ao processo produtivo, não se incorporam ao produto final. Por imperativo lógico, também não poderiam ser considerados materiais de embalagem. Bens de uso e consumo das empresas também não poderiam sê-lo, porquanto sejam essenciais ao processo produtivo. Insista-se na jurisprudência do STF e do STJ, que sempre reconheceram nos materiais refratários o cariz de produtos intermediários.[46]

Por tais razões, não pode continuar a prosperar a atual jurisprudência da CSRF.

---

[46] Permanece atualíssima a observação feita por Ruy Barbosa Nogueira em 1977 e, portanto, anterior até mesmo à decisão paradigmática do STF sobre a matéria, em 1979: *"O problema do crédito do IPI sobre insumos, que não integram um produto industrializado, mas se consomem ou se desgastam no processo industrial, não deveria mais, no Brasil, ser objeto de discussão. Na verdade, ela perdura, por um injustificável fiscalismo de certos setores da administração fazendária, que, no caso, representa um retrocesso do ponto de vista econômico-financeiro"* (NOGUEIRA, Ruy Barbosa. O direito de crédito em relação aos insumos empregados na industrialização. O entendimento da expressão "produto consumido" no processo de industrialização. IN: NOGUEIRA, Ruy Barbosa. Direito tributário aplicado e comparado por Ruy Barbosa Nogueira e Paulo Roberto Cabral Nogueira. 2.ed. Rio de Janeiro: Forense, 1977, p. 121).

5. NEUTRALIDADE FISCAL, NÃO-CUMULATIVIDADE E AS CONSEQUÊNCIAS ECONÔMICAS DO POSICIONAMENTO DA CSRF SOBRE O TEMA

São gravíssimas as consequências advindas do atual posicionamento da CSRF quanto à possibilidade de creditamento dos refratários no âmbito do IPI. Tais consequências, vale dizer, são de duas grandezas: uma é jurídica, relativa ao próprio princípio da não-cumulatividade pertinente ao imposto federal. A outra possui cariz econômico e decorre direta e necessariamente da consequência jurídica.

Conforme dito à exaustão no presente trabalho, a neutralidade fiscal tem por finalidade *"garantir que o tributo sobre o consumo não influa no processo decisório empresarial, assegurando a isonomia no âmbito do mercado"*.[47] Juridicamente, este grande valor se concretiza por meio do princípio da não-cumulatividade, que veda a cobrança sucessiva de uma mesma imposição tributária ao longo de uma cadeia produtiva ou circulatória de bens e serviços. Para tanto, dois são os pressupostos para que se possa falar em não-cumulatividade tributária propriamente dita: o tributo deverá ser plurifásico e aos contribuintes deve-se assegurar o direito ao creditamento dos valores relativos ao tributo incidente nas fases precedentes do processo produtivo.

Dois são os modelos em que se costuma classificar o direito ao creditamento: o modelo do crédito físico, no qual se reconhece o direito ao crédito sobre as despesas diretamente relacionadas à atividade empresarial, como os insumos (usualmente subdivididos em matérias-primas e produtos intermediários) e o modelo do crédito financeiro, abrangente do crédito físico e que, para mais, assegura o direito ao crédito sobre despesas que indiretamente se relacionam à atividade econômica dos contribuintes, tais como os bens do ativo permanente e os bens de uso e consumo das empresas. Como já dissemos em outras oportunidades, o STF permitiu que a legislação escolhesse modelos entre estes dois extremos, mas jamais permitiu que a legislação outorgasse o direito aquém do crédito físico, mitigando em demasia o princípio constitucional da não-cumulatividade.

O itinerário até então percorrido desemboca no ponto fulcral da problemática ora debatida. É que a opção pela escolha de qual modelo deve ser adotado para cada tributo que seja não-cumulativo compete ao Direito Positivo, que varia conforme as coordenadas de tempo e espaço. Entre nós, especificamente quanto ao IPI, não o fez o constituin-

---

47 MOREIRA, André Mendes. *Neutralidade...*, op.cit., p. 206.

te. Poderia tê-lo feito, porém não o fez. Do mesmo modo ocorreu com o legislador complementar, competente para estipular as normas gerais relativas ao IPI. Todavia o CTN se manteve lacônico quanto a este ponto. Coube ao legislador ordinário fazê-lo, muito embora tímido em sua escolha, de modo que, lamente-se, coube ao Poder Executivo a proeminência quanto a esta questão. De todo modo, optou-se pelo modelo do creditamento físico. Com efeito, mais consentâneo com a neutralidade fiscal teria sido a adoção do modelo de creditamento financeiro, mas fato é que prevaleceu a opção pelo crédito físico.

Com isto se quer dizer que o IPI é, sem sombra de dúvidas, um tributo não-cumulativo, a despeito de sua amplitude restritiva. Por esta razão é que se deve garantir o pleno direito ao creditamento sobre todas as matérias-primas e produtos intermediários, porquanto necessários ou essenciais à atividade empresarial, como afirmado acima. Negar o próprio crédito físico é negar o núcleo mínimo estabelecido pela Constituição Federal, como tivemos oportunidade de defender com os professores aqui homenageados, Sacha Calmon e Misabel Derzi, em parecer sobre o tema. Sem este núcleo mínimo, o comando constitucional da não cumulatividade se torna refém da própria lei. Menos do que isso equivale a transformar um tributo não-cumulativo em cumulativo. Nem se fale que está-se diante de cumulatividade residual, inerente ao próprio modelo do creditamento físico. Cumulatividade residual há justamente porque as despesas indiretamente relacionadas à atividade residual não geram direito ao crédito. Na hipótese em que se está a tratar, é cumulatividade, pura e simplesmente.[48] Trata-se, portanto, da constatação de um estado de coisas inconstitucional, reveladora, por isso mesmo, de uma situação constitucionalmente intolerável.

Eis a consequência jurídica do posicionamento da CSRF: tratar como cumulativo um imposto que não o é. E diz-se cumulativo ao menos para as empresas atuantes no ramo da siderurgia, em face das restrições ao direito de crédito sobre os materiais refratários, inconfundíveis produtos intermediários, pelas inúmeras razões às quais já se tratou de asseverar.

---

48 *"(...) em qualquer operação tributada pelo IPI, o crédito fiscal relativo ao IPI pago nas operações anteriores deve ser integralmente deduzido. Do contrário, isto é, se fôr excluída da dedução qualquer parcela do crédito fiscal, essa parcela excluída irá somar-se à base de cálculo do IPI na operação seguinte. Logo, essa parcela excluída, por menor que seja, tornará o IPI cumulativo, e, portanto, inconstitucional"* (SOUSA, Rubens Gomes de. O Impôsto..., op.cit., p.51).

A atual posição da CSRF causa espécie, em virtude da importância desta instituição para a democracia do país. Trata-se de um tribunal administrativo marcado pelo excelente nível técnico de seus membros, bem como pelo elevadíssimo grau de robustez jurídica que caracterizam suas decisões. Entretanto, nos parece desarrazoado seu entendimento atual sobre a matéria.

Passa-se à análise das consequências econômicas e, desde já, cumpre assinalar uma advertência: não se pretendeu, ao longo do presente trabalho, sustentar qualquer tipo de método de análise econômica do direito ou defesa de decisões (sejam elas judiciais ou administrativas) baseadas em argumentos consequencialistas. Tudo o que fora exposto até então pautou-se em análise doutrinária, constitucional, legal, infralegal e jurisprudencial quanto à questão. Os argumentos que autorizam o direito ao creditamento sobre materiais refratários, porquanto produtos intermediários, são eminente e estritamente jurídicos. A análise das consequências econômicas é feita apenas sob um outro ponto de vista, até mesmo porque advindas das consequências jurídicas danosas.

No que pertine às empresas atuantes na indústria siderúrgica, as primeiras consequências econômicas relativas à negativa de creditamento sobre os refratários correm o risco de coincidir com os próprios efeitos genéricos da cumulatividade tributária: (i) a verticalização dos agentes econômicos, (ii) a discriminação tributária, (iii) a impossibilidade de fetiva desoneração das exportações, (iv) o ferimento à isonomia de bens importados, (v) a falta de transparência, (vi) o incentivo à sonegação acompanhada da dificuldade de fiscalização e (vii) a complexidade tributária.[49]

Não se pode olvidar, outrossim, que sob a lógica empresarial a tributação assume a feição de custo de produção. Por isso mesmo, onera-se o setor siderúrgico ainda mais, uma vez que não poderá creditar-se dos valores relativos à aquisição dos materiais refratários, essenciais à própria atividade empresarial. Como bem salientado por RUY BARBOSA NOGUEIRA, *"a aquisição destes produtos não é um investimento e sim uma despesa direta da produção"*.[50] Como o valor com eles despendido é de

---

49 DUE, John F. Indirect Taxation in Developing Economies. Baltimore, London: Johns Hopkins, 1970, p. 120-123 apud MOREIRA, André Mendes. *A não-cumulatividade...*, op.cit., p.65-67.

50 NOGUEIRA, Ruy Barbosa. Imposto sobre Produtos Industrializados – Matérias-primas – Produtos Intermediários. Revista de Direito Administrativo, nº 98, 1969, p.326.

elevada monta, uma vez que sua reposição é contínua e necessária, em virtude do desgaste ao qual se submetem no processo produtivo, inevitável será o aumento dos preços dos produtos finais. Despiciendo salientar algumas das aplicações do aço em diversos setores da economia, tais como o Transporte, a Construção Civil, o Energético e a Agricultura. Por tal razão, a cumulatividade do IPI afetaria toda a economia brasileira, uma vez que a siderurgia representa um dos setores mais expressivos para o desenvolvimento nacional.[51]

Dados disponibilizados pelo avalizado INSTITUTO AÇO BRASIL informam que, em 2018, a siderurgia brasileira ostentou o posto de maior produtora de aço da América Latina[52] e nona maior em escala mundial.[53] Neste mesmo ano, o faturamento das empresas pertencentes a este ramo econômico alçou o valor de R$ 99.244.063.000, 00. O montante tributário recolhido, somadas as contribuições sociais e impostos, correspondeu ao valor de R$ 19.558.883.000,00.[54] O número de colaboradores atuantes no setor foi de 108.402 pessoas.[55]

Some-se a todas as consequências supramencionadas o agravamento da recessão enfrentada pelo país em virtude da pandemia do Covid-19.[56] O Fundo Monetário Internacional – FMI prevê uma retra-

---

[51] Sob uma perspectiva histórica, vale a leitura da obra NEVES, Osias Ribeiro; CAMISASCA, Marina Mesquita. Aço Brasil: uma viagem pela indústria do aço. Belo Horizonte: Escritório de Histórias, 2013.

[52] INSTITUTO AÇO BRASIL. Anuário Estatístico 2019. Rio de Janeiro: Instituto Aço Brasil, 2019, p.21.

[53] INSTITUTO AÇO BRASIL, *Anuário...*, op.cit., p. 20.

[54] INSTITUTO AÇO BRASIL, *Anuário...*, op.cit., p. 80-81.

[55] INSTITUTO AÇO BRASIL, *Anuário...*, op.cit., p. 82.

[56] Pedimos licença para transcrever o posicionamento do Instituto Aço Brasil logo do início da pandemia entre nós, em 27 de março de 2020: "*A primeira prioridade da indústria brasileira do aço é a saúde e a segurança de seus colaboradores. Por este motivo, todos os colaboradores que podem desenvolver suas atividades através do teletrabalho, estão em casa, atendendo as orientações de isolamento social para conter a propagação do vírus. Para preservar a saúde dos colaboradores que permanecem nas unidades de produção, assegurando a continuidade das operações, foram adotadas todas as medidas e orientações dos órgãos de saúde, visando evitar o contágio do COVID-19. A continuidade das operações nas plantas é vital para a manutenção de empregos, não só no setor, mas em toda a sua cadeia de produção, pois o aço é imprescindível nos projetos de infraestrutura, construção civil e na produção de bens essenciais à sociedade. Assim, a manutenção dos empregos no país também deve ter prioridade nas medidas que estão sendo adotadas pelos setores público e privado, para evitar que a crise de saúde cause, em breve, grave crise so-*

ção de 5,3% da atividade econômica do Brasil no ano de 2020[57], acompanhando uma tendência global.[58] No mesmo sentido, noticia-se que o setor industrial já vem sofrendo com a consequências da pandemia.[59] [60] [61] Em suma, salienta-se que pode haver uma drástica diminuição de investimentos, de vendas aos consumidores, de exportações, de produção do aço e do próprio nível de empregos do setor. Por isso mesmo, o grande desafio da indústria siderúrgica, no presente momento, é lidar com a queda nas receitas e a própria preservação da saúde financeira de seus caixas. Não haveria momento pior para que o atual posicionamento da CSRF pudesse prevalecer. Pelo contrário, contribui ainda mais para a agonia da economia nacional, ao macular o princípio da não-cumulatividade no âmbito do IPI.

---

cial. Também é necessário que portos, rodovias e ferrovias continuem a operar de forma a assegurar o recebimento de matérias primas e o escoamento de produtos finais. Ao mesmo tempo em que estamos lutando, juntos, para o fim da pandemia do COVID-19, é preciso unir esforços para manter a economia do país em pé e isto só será possível se a indústria tiver condições para operar. Mais do que nunca é preciso valorizar o que é produzido no Brasil e pelos brasileiros" (INSTITUTO AÇO BRASIL. Posicionamento da Indústria Brasileira do Aço e a Pandemia de COVID-19 (novo coronavírus) Disponível em: https://institutoacobrasil.net.br/site/noticia/posicionamento-da-industria-brasileira-do-aco-e-a-pandemia-de-covid-19novo-coronavirus/. Acesso em: 05 mai. 2020).

57 VALOR ECONÔMICO. FMI projeta retração de 5,3% para economia brasileira em 2020. Disponível em: https://institutoacobrasil.net.br/site/noticia/fmi-projeta-retracao-de-53-para-economia-brasileira-em-2020/. Acesso em: 03 mai. 2020.

58 VALOR ECONÔMICO. Economia global caminha para uma recessão histórica. Disponível em: https://institutoacobrasil.net.br/site/noticia/economia-global-caminha-para-uma-recessao-historica/. Acesso em: 05 mai. 2020.

59 VALOR ECONÔMICO. Confiança da indústria cai ao menor patamar desde 2010, diz CNI. Disponível em: https://institutoacobrasil.net.br/site/noticia/confianca-da-industria-cai-ao-menor-patamar-desde-2010-diz-cni/. Acesso em: 06 mai. 2020.

60 VALOR ECONÔMICO. Siderúrgicas podem diminuir produção. Disponível em: https://institutoacobrasil.net.br/site/noticia/siderurgicas-podem-diminuir-producao/. Acesso em: 06 mai. 2020.

61 VALOR ECONÔMICO. Indústria despenca em março e deve mostrar queda recorde em abril. Disponível em: https://institutoacobrasil.net.br/site/noticia/industria-despenca-em-marco-e-deve-mostrar-queda-recorde-em-abril/. Acesso em: 06 mai. 2020.

6. CONSIDERAÇÕES FINAIS

Por todo o exposto, em face dos argumentos normativos, jurisprudenciais e doutrinários apresentados, estamos plenamente convencidos da impossibilidade jurídica da negativa do direito ao creditamento sobre os valores relativos à aquisição de materiais refratários utilizados pela indústria siderúrgica nas suas atividades empresariais, por verdadeiros produtos intermediários que são, no âmbito do IPI.

Lamentavelmente, a atual jurisprudência da CSRF vem caminhando nesse sentido, o que acarreta gravíssimas consequências jurídicas e econômicas não só restritas ao ramo da siderurgia, mas também para toda a economia nacional, considerando-se a essencialidade deste setor econômico para o país. Se tratada desse modo a não-cumulatividade do IPI, está-se diante de um verdadeiro atraso que emperra o país.

Lado outro, quando tanto se faz alarde por uma reforma tributária do Sistema Constitucional, é preciso lembrar que os grandes erros cometidos no sistema não podem ser atribuídos ao Texto Constitucional, pois este deitou balizas adequadas em torno da tributação, mas não foi concretizado, não foi realizado. Se é tempo de falar de reforma tributária, poderia ser tempo de falar em respeito aos ditames constitucionais e restabelecer a não cumulatividade do IPI e do ICMS, desde sempre não aplicada. O país, seja na produção, seja no consumo, agradeceria. O meu professor, aqui homenageado, finalmente diria: *Lobato, este nosso velho problema da Acesita está finalmente resolvido!*

7. REFERÊNCIAS BIBLIOGRÁFICAS

ATALIBA, Geraldo. Conflitos entre ICMS, ISS e IPI. Revista de Direito Tributário, n°7/8, 1979, pp.105-131.

ATALIBA, Geraldo e GIARDINO, Cléber. Hipótese de incidência do IPI. Revista de Direito Tributário, n° 37, 1986, pp. 147-151.

BALEEIRO, Aliomar. Limitações constitucionais ao poder de tributar. – 8.ed. atualizada por Misabel de Abreu Machado Derzi. – Rio de Janeiro: Forense, 2010.

BOTALLO, Eduardo Domingos. IPI – Princípios e Estrutura. São Paulo: Dialética: 2009.

CARVALHO, Paulo de Barros. Introdução ao estudo do Imposto sobre Produtos Industrializados. Revista de Direito Público, n° 11, 1970, pp. 75-85.

COÊLHO, Sacha Calmon Navarro. Curso de Direito Tributário Brasileiro. – 12. ed. – Rio de Janeiro: Forense, 2012.

ESTURILIO, Regiane Binhara. A seletividade no IPI e no ICMS. São Paulo: Quartier Latin, 2008.

INSTITUTO AÇO BRASIL. Anuário Estatístico 2019. Rio de Janeiro: Instituto Aço Brasil, 2019.

INSTITUTO AÇO BRASIL. Posicionamento da Indústria Brasileira do Aço e a Pandemia de COVID-19 (novo coronavírus) Disponível em: https://institutoacobrasil.net.br/site/noticia/posicionamento-da-industria-brasileira-do-aco-e-a-pandemia-de-covid-19novo-coronavirus/. Acesso em: 05 mai. 2020.

LACOMBE, Américo Masset. IPI – Sua estrutura normativa. Revista de Direito Tributário, nº 27-28, 1984, pp.109-133.

MELO, José Eduardo Soares de. IPI – Teoria e Prática. São Paulo: Malheiros, 2009.

MOREIRA, André Mendes. A não-cumulatividade dos tributos. – 4.ed., rev. e atual. – São Paulo: Noeses, 2020;

MOREIRA, André Mendes. Neutralidade, valor acrescido e tributação. Belo Horizonte: Fórum, 2019.

NEVES, Osias Ribeiro; CAMISASCA, Marina Mesquita. Aço Brasil: uma viagem pela indústria do aço. Belo Horizonte: Escritório de Histórias, 2013.

NOGUEIRA, Ruy Barbosa. O direito de crédito em relação aos insumos empregados na industrialização. O entendimento da expressão "produto consumido" no processo de industrialização. IN: NOGUEIRA, Ruy Barbosa. Direito tributário aplicado e comparado por Ruy Barbosa Nogueira e Paulo Roberto Cabral Nogueira. 2.ed. Rio de Janeiro: Forense, 1977.

NOGUEIRA, Ruy Barbosa. Imposto sobre Produtos Industrializados – Matérias-primas – Produtos Intermediários. Revista de Direito Administrativo, nº 98, 1969, p.321-328.

REIS, Maria Lúcia Américo e BORGES, José Cassiano. O IPI ao Alcance de Todos. Rio de Janeiro: Forense, 1999.

SOUSA, Rubens Gomes de. O Impôsto de Consumo, o IPI e os "produtos intermediários". Revista de Direito Público, nº 12, 1970, pp. 40-55.

TOLEDO, José Eduardo Tellini. IPI – Incidência Tributária e Princípios Constitucionais. São Paulo: Quartier Latin, 2006;

VALOR ECONÔMICO. Confiança da indústria cai ao menor patamar desde 2010, diz CNI. Disponível em: https://institutoacobrasil.net.br/site/noticia/confianca-da-industria-cai-ao-menor-patamar-desde-2010-diz-cni/. Acesso em: 06 mai. 2020.

VALOR ECONÔMICO. Economia global caminha para uma recessão histórica. Disponível em: https://institutoacobrasil.net.br/site/noticia/economia-global-caminha-para-uma-recessao-historica/. Acesso em: 05 mai. 2020.

VALOR ECONÔMICO. FMI projeta retração de 5,3% para economia brasileira em 2020. Disponível em: https://institutoacobrasil.net.br/site/noticia/fmi-projeta-retracao-de-53-para-economia-brasileira-em-2020/. Acesso em: 03 mai. 2020.

VALOR ECONÔMICO. Indústria despenca em março e deve mostrar queda recorde em abril. Disponível em: https://institutoacobrasil.net.br/site/noticia/industria-despenca-em-marco-e-deve-mostrar-queda-recorde-em-abril/. Acesso em: 06 mai. 2020.

VALOR ECONÔMICO. Siderúrgicas podem diminuir produção. Disponível em: https://institutoacobrasil.net.br/site/noticia/siderurgicas-podem-diminuir-producao/. Acesso em: 06 mai. 2020.

VIEIRA, José Roberto. A Regra-Matriz de Incidência do IPI: Texto e Contexto. Curitiba: Juruá, 1993.

- editoraletramento
- editoraletramento
- grupoletramento
- editoraletramento.com.br
- company/grupoeditorialletramento
- contato@editoraletramento.com.br

- casadodireito.com
- casadodireitoed
- casadodireito

Grupo Editorial
LETRAMENTO